Jörg M. Fegert, Ute Ziegenhain, Heiner Fangerau
Problematische Kinderschutzverläufe

Studien und Praxishilfen zum Kinderschutz

Herausgegeben von Jörg M. Fegert und Ute Ziegenhain

Jörg M. Fegert, Ute Ziegenhain, Heiner Fangerau

Problematische Kinderschutzverläufe

Mediale Skandalisierung, fachliche Fehleranalyse und
Strategien zur Verbesserung des Kinderschutzes

Unter Mitarbeit von
Andrea Kemper, Heinz Kindler, Stefanie Kleidt,
Maria Schmitz und Kathleen Schnoor

Juventa Verlag Weinheim und München 2010

Die Autoren

Jörg Michael Fegert, Dr. med. habil., Jg. 1956, ist Professor für Kinder- und Jugendpsychiatrie und Psychotherapie an der Universität Ulm und Ärztlicher Direktor der Klinik für Kinder- und Jugendpsychiatrie/Psychotherapie. Er ist Mitglied im Wiss. Beirat für Familienfragen beim BMFSFJ, Entwicklungspsychopharmakologie und der Kommission Kinderarzneimittel beim BfArM. Seine Arbeitsschwerpunkte sind Frühe Hilfen und Kinderschutz, Familienforschung, sowie Versorgungsforschung für Kinder und Jugendliche mit seelischen Problemen und Behinderungen.

Ute Ziegenhain, PD Dr. phil., Jg. 1956, leitet die Sektion Pädagogik, Jugendhilfe, Bindungsforschung und Entwicklungspsychopathologie an der Klinik für Kinder- und Jugendpsychiatrie/Psychotherapie der Universität Ulm. Sie ist Mitglied der Kommission des 13. Kinder- und Jugendberichts. Ihre Arbeitsschwerpunkte sind klinische Bindungsforschung, Intervention, Frühe Hilfen und Kinderschutz sowie Versorgungsforschung im Frühbereich.

Heiner Fangerau, Dr. med. habil., Jg. 1972, ist Professor für Geschichte, Theorie und Ethik der Medizin an der Universität Ulm. Seine Arbeitsschwerpunkte sind Geschichte und Ethik der medizinischen Diagnostik, die Entwicklung medizinischer Diagnosesysteme, die Medikalisierung des Kinderschutzes, die Geschichte der Eugenik sowie die Ethik und Geschichte der Psychiatrie.

Bibliografische Information der Deutschen Nationalbibliothek

Die Deutsche Nationalbibliothek verzeichnet diese Publikation in der Deutschen Nationalbibliografie; detaillierte bibliografische Daten sind im Internet über http://dnb.d-nb.de abrufbar.

© 2010 Juventa Verlag Weinheim und München
Umschlaggestaltung: Atelier Warminski, 63654 Büdingen
Umschlagfoto: Klaus G. Kohn, Braunschweig
Printed in Germany

ISBN 978-3-7799-2261-2

Inhalt

Einführung:
Problematische Kinderschutzverläufe, Mediendebatten um Fehler im Kinderschutz und die Schwierigkeiten, aus ihnen zu lernen

In den letzten Jahren haben die mediale Berichterstattung und die öffentliche Auseinandersetzung mit gescheiterten Kinderschutzfällen in Deutschland zu zahlreichen politischen Aktivitäten zur Verbesserung des Kinderschutzes geführt. Zu begrüßen ist dabei, dass das lange vernachlässigte Thema des Kinderschutzes, nämlich die Vernachlässigung und das besondere Risiko von Kindern in den ersten Lebensjahren, stärker in den Mittelpunkt der Kinderschutzarbeit rückte. Gleichzeitig ist festzustellen, dass die in den Medien als Skandale behandelten Fälle, so der Osnabrücker Fall, der Fall Kevin, der Fall Lea-Sophie, um nur einige zu nennen, auch einem moralischen Agendasetting im Kinderschutz dienten. Diese Agenda wurde teilweise hektisch und in föderaler Konkurrenz in einem gut gemeinten Ringen um die Verbesserung des Kinderschutzes von der Politik aufgegriffen und führte in vielen Bundesländern zu flächendeckenden, verpflichtenden Früherkennungsuntersuchungen, allerdings ohne dass z. B. die Frage der Tauglichkeit dieser jeweils einmaligen Inaugenscheinnahmen für diese Aufgabenstellung fachlich hinreichend ausdiskutiert worden wäre. Auch nach Einführung dieser Untersuchungen stellen sich Fragen nach der Verhältnismäßigkeit. Darüber hinaus bleiben viele Probleme an Schnittstellen, gerade zwischen dem Gesundheitswesen und der Jugendhilfe, ungelöst. Schließlich scheiterte ein Bundeskinderschutzgesetz im Koalitionsgerangel kurz vor der Wahl im Sommer 2009, so dass keine bundeseinheitliche Befugnisnorm für Ärzte formuliert wurde. Die Folge davon ist, dass wir nun einen föderalistischen Flickenteppich in Bezug auf kinderschutzbedingte Eingriffe in die ärztliche Schweigepflicht haben, der sich von vorgeschriebenen „Frühwarnsystemen" mit Meldesystem über generelle Meldepflichten im Kinderschutz bis hin zu abgestuften Befugnisnormen erstreckt und in der Ärzteschaft nicht für mehr Sicherheit, sondern derzeit vor allem für Verwirrung sorgt.[1]

Auch die politische Debatte jenseits der fachlichen Debatte, ob Hausbesuche generell im Kinderschutz sinnvoll sind, nämlich die Auseinandersetzungen darüber, wer solche Standards in welcher Form vorschreiben können sollte, hat aufgezeigt, dass die mediale Skandalisierung von Kinder

---

1 Ausführlich zu den neuen Landesgesetzen vgl. Kap. 7.

schutzverläufen einerseits eine hohe politische Sensibilität, andererseits aber auch eine fachliche Verunsicherung und Schattendiskussionen hervorgerufen hat. Das Schema der Skandalisierung ist eigentlich immer dasselbe und wird in diesem Buch prototypisch am historischen Fall „Mary Ellen" in der Kinderschutzdebatte in den USA im Ausgang des 19. Jahrhunderts vorgestellt (vgl. Kap. 1). Deutlich wird hier, wie die Institutionalisierung im Kinderschutz mit der Skandalisierung von Einzelfällen und der medialen Debatte zusammenhängt. Es zeigt sich auch, dass die moralische Mediendebatte häufig und schnell zu Verzerrungen und Mythenbildungen führt. Insofern ist es verständlich, dass viele Fachkräfte der Jugendhilfe sich gegen das Bild wehrten, welches vermeintlich in den Presseberichten in den Jahren 2007 und 2008 von ihnen und ihrer Arbeit gezeichnet wurde. Als wir im Auftrag des Bundesministeriums für Familie, Senioren, Frauen und Jugend (BMFSFJ), in einer teilweise veröffentlichten Expertise, die sehr schnell vergriffen war und nachgedruckt werden musste, eine quantitative Analyse der Kinderschutzfälle im Spiegel der Berichterstattung veröffentlichten und davor warnten, jeweils im Einzelfall nach einem Schuldigen zu suchen (denn Schuldklärung ist Sache des Strafrechts), wurde zum Teil generell bezweifelt, ob die Darstellung von Scheitererverläufen in der Presse überhaupt einen konstruktiven Beitrag zur Debatte leisten könne. Auffällig war, dass für den beschriebenen Zeitraum dieser Zugang doch eine Vielzahl von Fällen offen legte und dass in Deutschland außer im strafrechtlichen Kontext sonst keine anderen verfügbaren Datenquellen systematisch zur Fehleranalyse zur Verfügung stehen. Die Daten der Strafverfolgungsbehörden sind bekanntermaßen hier aber auch mit sehr vielen Verzerrungen behaftet. Erstmals wird nun in diesem Buch die damals erarbeitete, ausführliche Einzelfallübersicht veröffentlicht, die teilweise emotional schwierig zu lesen ist und die natürlich emotionalisiert. Ziel ist dabei nicht, einen Berufsstand oder mehrere Berufsgruppen an den Pranger zu stellen oder generell unser an sich gutes Kinderschutzsystem in Frage zu stellen, sondern auch aus den medial aufbereiteten Fehlern zu lernen. Deutlich wird, dass in der medialen Debatte schnell nach einem Schuldigen gesucht wird. Der ist generell sehr häufig das Jugendamt, insbesondere dann, wenn Ärzte im Vorfeld Warnhinweise oder einen anderen Rat gegeben hatten, die dann nicht berücksichtigt wurden.

Parallelen zeigen sich auch im internationalen Kontext, insbesondere in Großbritannien, in diversen Untersuchungsberichten (s.u. Kap. 4). Unterschiedliche Staaten haben unterschiedliche Prioritäten beim diagnostischen Vorgehen, bei der Falldefinition und bei der Qualitätssicherung der Zusammenarbeit im Kinderschutz gewählt. Deutlich wird dabei die Dimension zwischen Medikalisierung im Kinderschutz mit möglichst standardisierten, nachvollziehbaren und dokumentierbaren Kriterien für die Diagnosestellung und der individualisierten sozialen Problembeschreibung von Notlagen in Familien, wie sie mehr im Bereich der Jugendhilfe und Sozialarbeit üblich ist. Dies wird bereits in der historischen Einführung angesprochen (vgl.

Kap. 1). Das Fallverständnis und die Definition teilweise gleicher Begrifflichkeiten sind in den einzelnen Disziplinen so unterschiedlich, dass auch dies schon wieder zu Missverständnissen über die Rolle und Möglichkeiten der Kooperationspartner in einem Netz führen kann. Generell sind wir der Auffassung, dass die Fachwelt sich nicht die fachliche Kinderschutzagenda von den Medien oder der Politik aus der Hand nehmen lassen sollte, denn die rein moralische Diskussion im Kinderschutz spielt sich in den emotionalisierten Skandalfällen, die meistens mit einem Kindernamen zusammengefasst werden, jeweils ähnlich ab: Vor allem wird nach individueller Schuld gesucht. Gerade auffälliges Fehlverhalten, gerade die empörenden und schrillen Komponenten dieser Fälle führen dazu, dass aus diesen katastrophalen Fehlern nicht gelernt wird, oder dass im Sinne einer Übergeneralisierung verschiedene Handlungsebenen übersprungen werden und dann plötzlich ein fachlich unumstrittenes Instrument aus dem Handlungsrepertoire, z. B. der Hausbesuch bei der Verdachtsklärung, quasi zu einer Alleinlösung, zu einem Totem wird, um das gestritten wird. Hinter diesem Totem verbirgt sich das Tabu, generell aus diesen Fällen zu lernen und ein vernünftiges Risikomanagement, welches die Bearbeitung kleinerer kritischer Ereignisse mit einbezieht, aufzubauen. Gerade die Skandalisierung der Problemfälle macht es uns im Einzelfall leicht, uns von solch schlechter Praxis zu distanzieren und uns innerlich zu sagen, dies hätte bei uns nicht passieren können oder die mangelnde Ausstattung der Jugendämter mit finanziellen Ressourcen oder mit mangelnder fachlicher Ausbildung des Personals etc. als Alleinursachen anzuprangern.

Eine kritische Aufarbeitung der großen Skandalfälle wie z. B. des Falls Kevin zeigt, dass es in diesem Fall, allein finanziell betrachtet, wirklich nicht an aufgewandten Ressourcen und teuren Maßnahmen fehlte. Das Problem liegt nicht allein beim Geld, sondern es liegt, wie schon auch in der englischen Tradition der Fehleranalyse vielfach gefolgert, vielmehr bei Haltungen, verzerrten Wahrnehmungen, nicht korrigierbaren Einschätzungen und Reibungsverlusten sowie Managementfehlern im System. Insofern lag es nahe, im Rückgriff auf Erfahrungswissen aus anderen gefahrgeneigten Bereichen (s.u. Kap. 3) wie der Luft- und Raumfahrt oder der Medizin, Methoden des Umgangs mit Fehlern mit „Critical Incident Reporting" und der Aufarbeitung von schwierigen Einzelfällen zu betrachten und zu überlegen, was davon auf den Kinderschutz übertragen werden kann. Einer ähnlichen Intention folgt die Analyse internationaler Ansätze des Fehlerlernens im Kinderschutz, wobei generell festgestellt werden muss, dass dies eine fast ausschließliche Domäne des anglo-amerikanischen Sprachbereichs ist. Im Rahmen eines Unterauftrags hat Dr. Heinz Kindler einen ersten Überblick über die internationale Situation zur Fehleranalyse im Kinderschutz erarbeitet. Eine vertiefte Auseinandersetzung mit den US-amerikanischen und englischen Vorgehensweisen erfolgte dann durch Frau Stefanie Kleidt.

Nach dem so genannten Osnabrücker Fall und insbesondere nach dem Fall Kevin ist auch in Deutschland nun eine Debatte auf der Basis von Prüfberichten und Untersuchungsberichten in Fällen gravierender Kindesmisshandlung/Kindesvernachlässigung mit Todesfolge oder schwerster Körperverletzung entstanden (s.u. Kap. 5). Für eine „Fehlerkultur" im Kinderschutz erscheinen uns eine Systematik solcher Untersuchungsberichte und eine regelmäßige Diskussion derartiger Fälle, die nicht nur in Reaktion auf die mediale Skandalisierung erfolgt, auch in der Fachwelt unabdingbar.

Allerdings bestehen derzeit, insbesondere wegen eines mangelnden Berufsgeheimnisses für Forschung, welche solche Qualitätssicherungsarbeit leistet, kaum rechtliche Voraussetzungen für Critical Incident Reporting Systeme im Kinderschutz in Deutschland. Auch das Verhältnis von Untersuchungskommissionen zu anderen Formen der Tataufklärung z. B. im Strafrecht und die rechtlichen Voraussetzungen für regelmäßige Fachdiskussionen über gescheiterte Kinderschutzfälle müssen kritisch reflektiert werden.

Deutlich wird, dass kritische Verläufe im Kinderschutz in der Tat teilweise mit Fehlhandeln, Versagen oder Überlastung von Einzelnen zu tun haben. Gleichzeitig rückt aber auch der systemische Aspekt im Kinderschutznetz immer mehr in den Bereich des Wahrnehmbaren und es wird deutlich, dass ein verbesserter Umgang mit Problemfällen im Kinderschutz eine Managementaufgabe und eine Aufgabe der Personalführung und Mitarbeitermotivation ist. Betrachtet man die deutsche Diskussion der letzten Jahre, bekommt man den Eindruck, dass man hier der eigenständigen Managementverantwortung der Beteiligten generell wenig zutraut. Vielmehr scheint der Gesetzgeber als Landesgesetzgeber und gescheiterter Bundesgesetzgeber der Auffassung zu sein, hier durch mehr Regulierung, durch stärkere Vorgaben, fachliche Funktionen verbessern zu müssen. Dies ist nicht unbedingt nur kritisch zu sehen, denn tatsächlich konnte man auch bei der Einführung des § 8a Achtes Buch Sozialgesetzbuch – Kinder- und Jugendhilfe (SGB VIII, Kinder- und Jugendhilfegesetz, KJHG) zum Schutzauftrag bei Kindeswohlgefährdung sagen, dass die Rahmenbedingungen welche in dieser Norm verdeutlicht wurden, ohnehin schon vorher klar rechtlich definiert waren. Dennoch hat die Einführung des § 8a eine nachhaltige fachliche Debatte in der Kinder- und Jugendhilfe ausgelöst und damit auch zur Qualifizierung in der Kinderschutzarbeit beigetragen. Zu befürchten bleibt derzeit, dass wir einerseits weder den Mut haben, z. B. im Rahmen von Aktenanalysen und standardisierten Bestandsaufnahmen vor Ort, Einzelprobleme mit Kommunalen Netzwerken des Kinderschutzes zu beschreiben und Lösungen zu erarbeiten und dass wir andererseits als Reaktion auf die Moralisierung der Kinderschutzdebatte diese stärker ideologisieren. Man spricht von erfolgreicher, deutscher Kinderschutzkultur, von einem System, nach dem sich andere Länder sehnen würden, ohne Kriterien für diesen angeblich überdurchschnittlichen Erfolg zu benennen. Man beschimpft Professionen mit denen man angeblich intensiv zusammenarbeiten möchte, indem

12

man der historisch bedeutenden und einflussreichen ärztlichen Kinderschutzbewegung, die in Denver/Colorado ihren Ausgang nahm, das Etikett einer „ärztlichen Kinderschutzindustrie" und damit den Makel von Profitinteressen und zielgerichteter Medikalisierung anhängt.

Im Vorwort zur ersten deutschen Ausgabe des klassischen amerikanischen Handbuchs „Das misshandelte Kind" von Helfer, Kempe und Krugmann, zuerst erschienen 1968 in den USA, habe ich zusammen mit Ludwig Salgo und Gisela Zenz nachhaltig auf die Bedeutung der dort dargelegten Kenntnisse zur medizinischen, psychologischen und sozialsituativen Diagnostik im Kinderschutz für die Deutsche Debatte um eine Qualitätsentwicklung im Kinderschutz hingewiesen (Fegert et al. 2002). Auch der Mangel an einer Auseinandersetzung mit dem Thema Vernachlässigung und Gedeihstörungen, die in diesem Buch ausführlich behandelt werden, wurde damals als Desiderat für die deutsche Kinderschutzdebatte betont.

Nach wie vor haben wir in Deutschland eine nicht hinreichende Datenlage, um die Entwicklung im Kinderschutz zu beschreiben. Wir haben keine einheitlichen diagnostischen Kriterien, kein gemeinsames Fallverständnis und wir haben aufgrund vieler gut gemeinter Initiativen der Länder nun auch eine so verwirrende Rechtslage an den Grenzen zwischen Gesundheitswesen und Jugendhilfe, dass die Situation, vielleicht in einer Übergangsphase durch die damit verbundene Verunsicherung, eher problematischer als besser geworden ist. Es ist das Verdienst der Presse und der Öffentlichkeit, uns in den letzten Jahren zum ersten Mal eine fachliche Debatte über Vernachlässigung aufgezwungen zu haben, die auch zu wissenschaftlichen Ergebnissen und zu veränderten Prozeduren geführt hat und die fachlich weitergeführt werden muss. Mit Hacking (1991) lässt sich fragen, ob diese moralischen Agenden im Kinderschutz nicht deshalb symptomatisch und auf ihre Art zeitgemäß sind, weil jeweils andere gesellschaftliche Veränderungen, die den Wert des Kindes, die das Eltern-Kind-Verhältnis betreffen, gesellschaftlich deutlich gemacht werden müssen.

So war z.B. zum Zeitpunkt der so genannten sexuellen Revolution mit der Aufgabe vieler sexueller Tabus und der damit verbundenen Befreiung, eine gesellschaftliche Neudefinition der Grenzen des Erlaubten in der Sexualität erforderlich, wobei nicht mehr Moral und Religion das zentrale normbildende Prinzip darstellen konnten, sondern dann die Frage der Autonomie und Selbstbestimmung. Sexueller Missbrauch, also Übergriffe von Mächtigeren auf Kinder und Jugendliche, die eben nicht autonom solchen sexuellen Kontakten frei zustimmen konnten, wurde deshalb zu einer zentralen gesellschaftlichen Diskussion, die auch Normatives, nämlich die Bedeutung der sexuellen Selbstbestimmung für sexuelle Beziehungen in unserer Gesellschaft, definierte (vgl. Fegert, Vortrag bei der World Childhood Foundation, im Druck). Ähnlich kann man jetzt sehen, dass die Debatte um Vernachlässigung mit einer verstärkten Auseinandersetzung mit der demographischen Entwicklung in Deutschland einhergeht und eine längst überfällige Debatte um Kleinkindbetreuung und Frühe Kindheit generell begleitet. Während sich in vielen umliegenden Ländern über Jahrzehnte hinweg hier modernere Formen der Kinderbetreuung und der Vereinbarkeit von Familie, Beruf und Karriere entwickelt haben, hat der ideologisierte Systemstreit in den beiden deutschen Staaten zu völlig kontradiktorischen Ansätzen geführt, die lange Zeit zementiert wurden. Nur in Deutschland gibt es den Begriff der „Rabenmutter", nur hier wird Betreuung als „Abschieben", als etwas Zweitrangigeres, als etwas Schlechteres per se angesehen und nur hier wird dabei häufig vergessen, dass frühe Bildung, frühe Förderung oft in adäquat ausgestatteten und hinreichend auch emotional betreuten Kleingruppen, in so genannten Erziehungspartnerschaften (vgl. Wissenschaftlicher Beirat für Familienfragen 2005, Erziehungsgutachten), am besten gelingen kann.

Wenn in der letzten Legislaturperiode fast schon ein Paradigmenwechsel in Bezug auf die Kleinkindbetreuung erfolgte und dabei noch einmal uralte ideologische Debatten aufbrachen, die in der Wissenschaft längst überwunden geglaubt waren, so war es offensichtlich gesellschaftlich notwendig, auch moralisch klarzustellen, was wirkliche „Rabeneltern" in einer Welt sind, in der die Inanspruchnahme von Hilfe bei der Betreuung der Kinder, in der Verantwortungsgemeinschaften in der Erziehung, als normal und wünschenswert angesehen werden. Die nachhaltige Auseinandersetzung um den Kinderschutz, um die Betreuungsnotwendigkeiten und Betreuungsqualität, um das Verhältnis zwischen staatlicher Gemeinschaft und Familie, um einen frühen Bildungsauftrag etc., hat den Wert des Kindes und die Bedeutung der Förderung, welche von der Gesellschaft unterstützt wird, für Familien im Anfang des neuen Jahrtausends in Deutschland radikal neu definiert. Die Fachwelt sollte diese zweifache Chance zu einer bislang nie so vorhandenen wissenschaftlichen Beschäftigung mit Vernachlässigung und gleichzeitig zu einem massiven Ausbau von Hilfs- und Betreuungsangeboten, welche auch so genannten Multiproblemfamilien die Inanspruchnahme solcher Angebote erleichtert, weil sie nicht mehr als stigmatisierend wahrgenommen werden, stärker aufgreifen. Hier hat PD Dr. Ute Ziegenhain mit unseren Mitarbeiterinnen und Mitarbeitern sehr viel dazu beigetragen, um die Grundvoraussetzungen an Betreuungsqualität, die Bedeutung der Interaktionsmerkmale in der Beziehung zur Einschätzung von Beziehungsqualität, herauszuarbeiten. Als Mitglied der Jugendberichtskommission zum 13. Kinder- und Jugendbericht ist es auch ihr stark zu verdanken, dass diese Aspekte der frühen Kindheit zur Bildung und Gesundheit, zur Entwicklung Erziehung und Beziehung in diesem Bericht deutlich vertreten sind.

Mit Blick auf die frühe Kindheit hat sich in den letzten Jahren die Grenze zwischen der Gesamtverantwortung der staatlichen Gemeinschaft und dem Alleinanspruch von Eltern und Familien langsam, aber mittlerweile doch sehr deutlich verschoben. Diese Entwicklung stellt eine Chance für neue Erziehungspartnerschaften und damit für Netzwerke dar, die Kindesent-

14

wicklung fördern und schützen. Diskurs und Debatten, welche in Bezug auf Fehler im Kinderschutz geführt werden, sind dann gesellschaftlich produktiv, wenn sie zu besserer interdisziplinärer Zusammenarbeit, zu stärkerer Fachlichkeit, ja letztendlich zu Veränderung und Anpassung an neue gesellschaftliche Erwartungen führen. Eine rein defensive Positionierung, die nur das viele Gute betont, welches über Jahre erarbeitet wurde und die Mängel und Probleme eher als bedauernswerte Einzelfälle darstellt, verpasst die Entwicklungschance, welche uns auch durch die gesellschaftlichen Veränderungen gegeben wurde. Es bleibt zu hoffen, dass das Scheitern eines Bundeskinderschutzgesetzes eher Zeichen mangelnder Kommunikation und mangelnden Mutes bei der Realisierung wirklich notwendiger Veränderungen war. Vielleicht kann deshalb in der Zukunft in einem neuen Anlauf ein Gesetzentwurf gelingen, der nicht nur einzelne Reparaturmaßnahmen des alten eilig vorschlägt, sondern der generell Änderungen ins System einführt, der z. B. im Kontext des § 16 KJHG frühe Hilfen unabhängig von elterlichem Scheitern oder einer akuten Bedrohung von Kindern als neue Palette im allgemeinzugänglichen Hilferepertoire einführt; ein Gesetzentwurf, der dann vielleicht auch auf Bundesebene das einlöst, was uns Politiker bei Sonntagsreden immer vorhalten, nämlich die vernetzte und interdisziplinäre Zusammenarbeit, indem an einem solchen Gesetz auch das Gesundheitsministerium und das Justizministerium mitwirken und entsprechende Regelungen zwischen Gesundheitshilfe und Jugendhilfe aufeinander abgestimmt vorgenommen werden. Man braucht sich nicht zu wundern, dass viele Ärzte gesetzliche Bestimmungen und Neuregelungen zur Schweigepflicht gar nicht wahrnehmen, wenn die entsprechende Debatte hierzu nur in einem anderen Ressort und überwiegend mit Fachvertretern anderer Professionen geführt wurde. Tatsächliche interdisziplinäre Lösungen in der Praxis bedingen auch eine Aufgabe des versäulten und eingemauerten Ressortdenkens in der Politik. Insofern ist auch das in der 16. Legislaturperiode gescheiterte Bundeskinderschutzgesetz ein Gegenstand zu einem produktiven Fehlerlernen und für eine Fehleranalyse, und nicht der Anlass für kurzfristige Häme und auch vielfach zu beobachtende klammheimliche Freude.

Das vorliegende Buch geht aus von zwei vom BMFSFJ in Auftrag gegebenen Expertisen zum Fehlerlernen im Kinderschutz. Teile der ersten Expertise sind bereits veröffentlicht. In der Vorbereitung des zweiten Gipfels der Bundeskanzlerin mit den Ministerpräsidenten der Länder sollte diese erste Expertise vor allem auch Themen umreißen die dazu führen, dass wir über solideres Datenmaterial für eine Fehleranalyse als nur Presseberichterstattung verfügen werden. Nach langer kritischer, auch sehr kontroverser Diskussion bei den föderalen und kommunalen Interessenvertretern ist ein solches Projekt nun vom Bund an eine Arbeitsgruppe vergeben worden und wir dürfen gespannt sein, ob hier in den nächsten Jahren eine bessere Daten- und Bewertungslage vorliegen wird.

Das vorliegende Buch macht zum ersten Mal den Kontext der damals vom BMFSFJ veröffentlichten Teilexpertise *„Lernen aus problematischen Kinderschutzverläufen. Machbarkeitsexpertise zur Verbesserung des Kinderschutzes durch systematische Fehleranalyse"* für die Fachwelt deutlich. Nach einer kurzen Einführung in die historische Dimension des Kinderschutzes und den Wandel des moralischen, rechtlichen und ökonomischen „Wertes" des Kindes in unserer Gesellschaft (vgl. Kap. 1) werden erstmals ungekürzt und in erheblichem Umfang die einzelnen Falldarstellungen wiedergegeben (Kap. 2). Vertieft werden auch internationale Ansätze kritisch dargestellt und gewichtet und die deutschen Versuche zur Aufarbeitung problematischer Kinderschutzfälle werden zusammenhängend dargestellt (Kap. 4 und 5). Den Abschluss dieses Buches bildet eine Analyse der gesetzgeberischen Reaktionen auf die Fehler in den Länderkinderschutzgesetzen und im gescheiterten Bundeskinderschutzgesetz (Kap. 7). Der Ausblick in Kapitel 8 versucht, eine aktuelle Agenda für die interdisziplinäre fachliche Weiterentwicklung im Kinderschutz zu formulieren.

Besonderer Dank geht hier zunächst an Frau Bundesministerin Dr. Ursula von der Leyen und Frau Ministerialdirektorin Dr. Annette Niederfranke, welche die ersten Expertisen in Auftrag gegeben und uns damit zu einer vertieften Auseinandersetzung mit der Problematik angeregt haben. Zwei Mitarbeiterinnen, Frau Dr. Kathleen Schnoor und Frau Stefanie Kleidt, welche als Juristinnen wesentlich zu diesem bestehenden Werk beigetragen haben, haben sich in die Methode der Fehleranalyse in anderen Anwendungsbereichen eingearbeitet und haben zum Teil bei der Schweizer Stiftung Patientensicherheit auch ausführliche Ausbildungen absolviert, um sich in die Lage zu versetzen, diese Methoden anwenden und auf andere Systeme übertragen zu können. Nachdem es uns nicht gelungen ist, Fördermittel zur tatsächlichen Durchführung einer Fehleranalyse im Feld einzuwerben, haben sie unsere Arbeitsgruppe verlassen. Ihnen gebührt an dieser Stelle noch einmal besonderer Dank für ihre exzellente Arbeit und ihren Mut, sich in ein für Juristinnen primär fremdes Praxisfeld fundiert einzuarbeiten.

Durch die vom Ministerium für Wissenschaft und Kunst in Baden-Württemberg geförderte Gründung des Zentrums Medizin und Gesellschaft an der Universität Ulm und die damit verbundene Berufung von Professor Heiner Fangerau als Lehrstuhlinhaber an das neu gegründete Institut für Geschichte, Theorie und Ethik der Medizin, hat sich gleichzeitig im Jahr 2009 im Ulmer Kontext eine Plattform und Basis für eine breitere Zusammenarbeit und wissenschaftliche Analyse der Frage der Medikalisierung bzw. Demedikalisierung des Kinderschutzes in unterschiedlichen Gesellschaften und in der historischen Entwicklung ergeben. Aus dieser Zusammenarbeit sind, insbesondere auch durch Mitwirkung von Frau Dipl.-Psych. Carolin Knorr und Frau Dipl. jur., Dipl. krim. Andrea Kemper, erste Publikationen über die Kinderschutzgesetze und das ärztliche Wissen um Regelungen im Kinderschutz in der Praxis entstanden. Frau Maria Schmitz hat sich als Medienspezialistin und Historikerin im Institut von Herrn Fangerau seit ihrer Ankunft in Ulm in dieses Projekt mit eingebracht und hat auch durch ihre Mitarbeit im vom Sozialministerium Baden-Württemberg geförderten Projekt zum E-Learning-Programm Frühe Hilfen eine Brückenfunktion zu unserer Arbeitsgruppe eingenommen.

Das vorliegende Buch markiert somit den Abschluss eines zunächst von der Politik in Auftrag gegebenen Rechercheprozesses und leitet über in eine breitere fachliche Diskussion im Rahmen einer wissenschaftlichen und gesellschaftlichen Debatte über Fragen der Definitionsmacht, Fragen des Begriffsverständnisses, Fragen der Zuständigkeit und Zusammenarbeit im interdisziplinären Feld des Kinderschutzes. Frau Andrea Kemper hat die verschiedenen bestehenden und neu ausgearbeiteten Textbausteine zusammengeführt und Frau Petra Weisenheimer hat wesentlich, in bewährter Weise, die Entwicklung und den Abschluss der Expertisen und des Buchprojektes begleitet. Ihnen allen sei an dieser Stelle recht herzlich gedankt.

Ulm, im Oktober 2009
Prof. Dr. med. Jörg M. Fegert
(für die Herausgeber)

1. Problematische Kinderschutzverläufe

Aus Fehlern lernen im Kinderschutz:
Zwischen medialer Skandalisierung von Einzelfällen
und der Qualitätssicherung in Institutionen

1.1 Geschichte, Theorie und Ethik des Kinderschutzes

Der Schutz von Kindern vor Misshandlung, Missbrauch und Vernachlässigung wird in unserer Gesellschaft als ein zentrales Gut angesehen.[2] Wie Ian Hacking vor mehr als 15 Jahren formulierte, gibt es öffentliche und private Übel, von denen im privaten Bereich die Kindesmisshandlung/der Kindesmissbrauch das Schlimmste darstellen (Hacking 1991). Die Sorge um das Wohlergehen von Kindern gestattet es folglich, staatlich sanktioniert in ebenfalls geschützte und privilegierte Familienverhältnisse einzugreifen.

Fast jeder wird den Kinderschutz als moralische Verpflichtung ansehen und der Forderung zustimmen, dass so viele Kinder wie möglich vor Misshandlung, Missbrauch und Vernachlässigung zu bewahren seien. Der Grund für diese Haltung liegt in unserem Konzept von Kindheit. Diese wird als eine eigene und besondere Lebensphase begriffen, die sich, immer im Kontrast zum Erwachsenenalter, auszeichnet durch Unschuld, Abhängigkeit und Verletzlichkeit. Zu diesen Charakteristika tritt der Umstand, dass junge Menschen eine soziale und individuelle Entwicklung durchlaufen, was wiederum die Notwendigkeit einer Förderung dieses Potentials ohne Benachteiligung mit sich bringt. Aus den Besonderheiten der Kindheit lassen sich im Wesentlichen zwei Erklärungen ableiten, warum Kindesmisshandlung als moralisch noch verwerflicher anzusehen ist, als die Misshandlung eines Erwachsenen. Zum einen stellt die Misshandlung bzw. der Missbrauch eines Kindes eine besondere Verletzung all der Eigenheiten dar, die das Kind zum Kind machen. Seine Abhängigkeit und Verletzlichkeit werden ausgenutzt und somit Gerechtigkeitsprinzipien, Vertrauensprinzipien und Verantwortungsprinzipien beschädigt. Darüber hinaus ist die Kindheit eine un-

---

2 In Deutschland hat sich der Begriff des „sexuellen Missbrauchs" für die sexualisierte Form der Kindesmisshandlung eingebürgert. Es handelt sich dabei um eine ungenaue Übersetzung des englischen „child abuse" oder „sexual abuse", wobei „abuse" jegliche Art von Misshandlung meint. Der Terminus der „Vernachlässigung" ist von dem der „Verwahrlosung" zu trennen. Während die „Verwahrlosung" sich historisch eher auf Ängste des Bürgertums vor proletarischen Jugendlichen bezog, meint „Vernachlässigung" heute fehlende elterliche Pflege und Fürsorge.

wiederbringliche einmalige Entwicklungsphase, so dass Schäden in dieser Phase als nur schwer oder gar nicht reversibel angesehen werden. Kinder werden somit durch Misshandlung um diese Entwicklungsphase betrogen. Hier liegt auch der zweite Begründungsansatz der besonderen Unmoral der Kindesmisshandlung/des -missbrauchs, demzufolge ein einem Kind zugefügter Schaden auch sein Erwachsenenleben und damit seine Chancen in der Gesellschaft massiv beeinträchtigen kann. Zuletzt spielen auch Fragen der Freiheit und des Selbstbestimmungsrechtes eines Kindes eine entscheidende Rolle bei der Einschätzung von Kindesmissbrauch als unmoralisch bzw. Kinderschutz als moralischer Forderung. Doch gerade an diesen Fragen offenbart sich die Fluidität von Kindheitskonzepten und Ideen von dem, was als Kindesmisshandlung bzw. -missbrauch begriffen wird. Während vielleicht im protektionistischen Sinne ein Kind vor Misshandlung nur geschützt werden kann, wenn man es von seiner Familie entfernt, so kann doch eventuell die Wahrung der Autonomie des Kindes diesem Schutz entgegen stehen, wenn es bei seiner Familie bleiben will. Hier können öffentliche Erwartungshaltungen, Handlungsmöglichkeiten und Akteure des Kinderschutzes miteinander in Konflikt geraten.

Ähnlich gelagerte Konflikte entstehen auch, weil der Kinderschutz Erwachsenen neben der Befriedigung moralischer Bedürfnisse zusätzlichen sozialen Zugewinn ermöglicht, der nicht gleich verteilt ist. Dies soll nicht bedeuten, dass Kinderschutz primär aus egoistischen Beweggründen betrieben würde. Im Gegenteil sind es gerade die tragischen Schicksale von Kindern, die zu altruistischen Taten rühren. Aber der Schutz von Kindern eröffnet Erwachsenen eben auch Wege, sich in einer zunehmend komplexer werdenden postmodernen Gesellschaft zurechtzufinden. Dies mag erklären, warum Kinderschutz derzeit neben seiner praktischen, realen, sozialpolitischen Notwendigkeit auch als Metapher begriffen werden kann (Kupffer 1999). In seiner gesellschaftlichen Bedeutung werden Erwartungen an ihn geknüpft, die zur gemeinschaftlichen Kontingenzbewältigung beitragen. Nach Kupffer bringt Kinderschutz in diesem Sinne a) eine anthropologische Gewissheit, indem er aus Defiziten des Kindes eine Schutzwürdigkeit ableitet, die des Schützers bedarf. Er gewährt b) gesellschaftlichen Durchblick, weil er den Platz des Kindes in der Gesellschaft klar verortet und die Überlegenheit des Erwachsenen wahrt und er kräftigt c) zugleich das Identitätsgefühl der Erwachsenen. Darüber hinaus erlaubt der Kinderschutz d) öffentliche, legitime Empörung über problematische Kinderschutzverläufe, wobei der Empörte einen moralischen Bonus für sich in Anspruch nehmen kann, ohne selbst Besserungen herbeiführen zu müssen. Moralisten, die sich zum Beispiel in den Massenmedien zum Kinderschutz äußern, sind nicht verpflichtet, Verbesserungen umzusetzen. Vielmehr verlagern sie den Druck auf andere Akteure wie beispielsweise Juristen, Ärzte, Jugendämter, die Politik etc. Moralische Prinzipien sollen deren Handlungen leiten. Wenn sie den in sie gesetzten moralischen Erwartungen dann nicht gerecht werden, wirft man ihnen Inkompetenz, Unfähigkeit oder Unmoral vor, wobei der

Empörte erneut für sich die Rolle des moralisch Privilegierten einnehmen kann (King 1999). Zuletzt schafft der Kinderschutz e) ein Definitionsmonopol und soziale Zugriffsmacht. In ausdifferenzierten Gesellschaften, in denen Funktionssysteme wie das Recht, die Religion, die Politik oder die Medizin um Einfluss und Beherrschung des öffentlichen Diskurses ringen, stellt auch der Kinderschutz ein Feld dar, in dem bei allem Streben zum Wohle des Kindes, der Suche nach der Diskurshoheit eine nicht unbedeutende Rolle zukommt.

In Anlehnung an Foucault bestimmen Form und Inhalt des Gesagten das Handeln von Akteuren. Institutionalisierte Redeweisen definieren danach das Sagbare und das Denkbare. Gesellschaftliche Funktionssysteme bemühen sich zum einen darum, in ihrer Kommunikation den für sie spezifischen Diskurs zu pflegen, zum anderen versuchen sie, ihre Einflusssphäre dadurch auszudehnen, dass sie ihren Diskurs in andere Funktionssysteme zu übertragen versuchen. So entstehen im Kinderschutz soziale Konstruktionen von Kindheit, Kind, Missbrauch und Misshandlung, die historischen Entwicklungsprozessen unterzogen sind, und in denen sich das *Ringen um Diskurshoheit als Medikalisierung (Ausweitung medizinischer Diskurse und Systeme), Ökonomisierung (Ausweitung des Marktes), Juridifizierung (Ausweitung des Rechts) oder die Entgrenzung der staatlichen Sozial- bzw. Fürsorgearbeit* beschreiben lässt. Zwischen den Sphären der Öffentlichkeit und den Funktionssystemen kommt es vor dem Hintergrund einer jeweiligen sozialen Wirklichkeit zur Ausdifferenzierung von Ideen zur Kindheit, die drastischen Wandlungen unterworfen sein können. Diese wiederum sind bestimmt durch rekursive und ständig wiederkehrende Wechselwirkungen zwischen den gesellschaftlichen Funktionssystemen und ihren Diskursen. Während beispielsweise im 19. Jahrhundert Kinderschutzbestrebungen sowohl von gesellschaftlichem Puritanismus, als auch von der aufkommenden Ersten Frauenbewegung getragen wurden, entwickelte sich in den 1920er Jahren ein eher an wissenschaftlichen Kriterien orientierter, umweltbezogener Zugang, der vor allem durch die Professionalisierung der Sozialarbeit befördert wurde. Somit wurde im 19. Jahrhundert Gewalt gegen Kinder eher mit der „moralischen Unreife", der Gewaltbereitschaft und den Trinkgewohnheiten der Männer der unteren Schichten erklärt.[3] Das wiederum bedeutete, dass die Kinderschützer selber als Vertreter oberer Schichten sich und ihre Gruppe für immun gegen das Problem der Kindesmisshandlung erklärten – eine diskursive Strategie, die sich im Laufe der Geschichte wiederholte. In den 1920ern hingegen lag der Fokus des Kinderschutzes auf der Vernachlässigung von Kindern. Die Vernachlässigung wurde als vor-

---

3 Eine prägnante Übersicht bietet eine Interpretation von Hogarths „Gin Lane" (Rodin 1981).

nehmlich weibliches Verbrechen angesehen und besonders das „Gefähr-
dungspotenzial" alleinerziehender Mütter stigmatisiert.[4]

Die Empfindung einer moralischen Notwendigkeit, Kinder zu schützen, ist
dabei kein reines Phänomen der Moderne. Auch die Tatsache, dass Kinder
misshandelt oder missbraucht werden, ist damit keineswegs eine Erscheinung unserer Tage. Ebenso hat die öffentliche Auseinandersetzung mit Fällen der Verletzung des Kindeswohls eine lange Geschichte. Schon in der
Vergangenheit paarten sich in der Bewertung von Gewalt gegen Kinder
Fragen der Moral mit denen der sozialen Fürsorge bzw. der religiösen
Nächstenliebe, des Rechts sowie der Medizin, die in der Öffentlichkeit ausführlich und detailreich ausgetragen wurden (Pollock 1983). So schildert
ein Chirurg im Jahr 1787 im Journal für Deutschland extensiv die „Unerhörte Grausamkeit einer Mutter" und die Sektionsbefunde eines an Misshandlungen gestorbenen neunjährigen Mädchens. Er beklagt die Un-
menschlichkeit und „teuflische Bosheit" des Falles. Gleichzeitig kündigt er
eine Fortsetzung der Schilderungen an, wenn ihm neben dem medizinischen
das rechtliche Urteil und genauere Umstände der Tat vorlägen (Jaßy 1787).
In der Tat folgt dann zwei Jahre später in den „Annalen der Gesetzgebung
und Rechtsgelehrsamkeit" eine noch ausführlichere Fallschilderung, die mit
der Einschätzung beginnt, dass das getroffene Urteil über die Mutter, obwohl härter als gefordert, noch viel zu gelinde sei (Anonym 1789). Die öffentliche Auseinandersetzung mit problematischen Kinderschutzverläufen
erfolgt bereits in diesem Fall des ausgehenden 18. Jahrhunderts in ähnlicher
nahezu ritualisierter Form wie es bei anderen emotional aufgeladenen The-
menkomplexen bis heute der Fall ist: Auf Berichte über Misshandlungen,
Missbrauch oder Vernachlässigung folgt eine Welle der berechtigten Empörung, auf die Politik,[5] Recht und andere Funktionssysteme der Gesellschaft
reagieren. Zu diesen gehört auch die Medizin, die sich im Rahmen der öffentlichen Gesundheitsfürsorge und als individueller Gesundheitsgarant für
Kinder und deren Schutz verantwortlich fühlt. Es entsteht ein Kreislauf, der
mit der Erzeugung einer öffentlichen Diskussion durch Moralisieren in den
Medien durch Politiker, Wissenschaftler, Ökonomen oder Journalisten beginnt.

Auch wenn also öffentliche Auseinandersetzungen um Kindesmisshandlungen keineswegs neuartige Erscheinungen darstellen, so besteht in unserer
Gesellschaft doch der Eindruck, als sei das Phänomen Missbrauch erst
kürzlich erkannt worden und als nähmen Misshandlungs-, Missbrauchs-
und Vernachlässigungsfälle zu. Gerade in der öffentlichen Auseinandersetzung findet sich eine zunehmende Beschleunigung von Kinderschutzdebat-

---

4 Für eine kritische Literaturübersicht zu dieser Thematik der wechselnden Konjunktu
  ren im Kinderschutz siehe Hooper 1989.
5 In diesem Zusammenhang sind auch die Landeskinderschutzgesetze zu sehen, vgl.
  Kap. 7.

ten seit dem 2. Weltkrieg und besonders seit den 1980er Jahren. Auffällig ist dabei in jüngerer Zeit die Fokusverschiebung in den deutschen Medien von Fällen der Misshandlung (1970er Jahre) über die des Missbrauchs (1980er Jahre) bis hin zu denen der Vernachlässigung (ab 2006) (vgl. Abbildung 1).

Abbildung 1: Spiegelartikel zu Kindesmisshandlung und -vernachlässigung sowie zur Begriffskombination „Überalterung" und „Bevölkerung" oder „demographischer Wandel" 1950 bis 2008

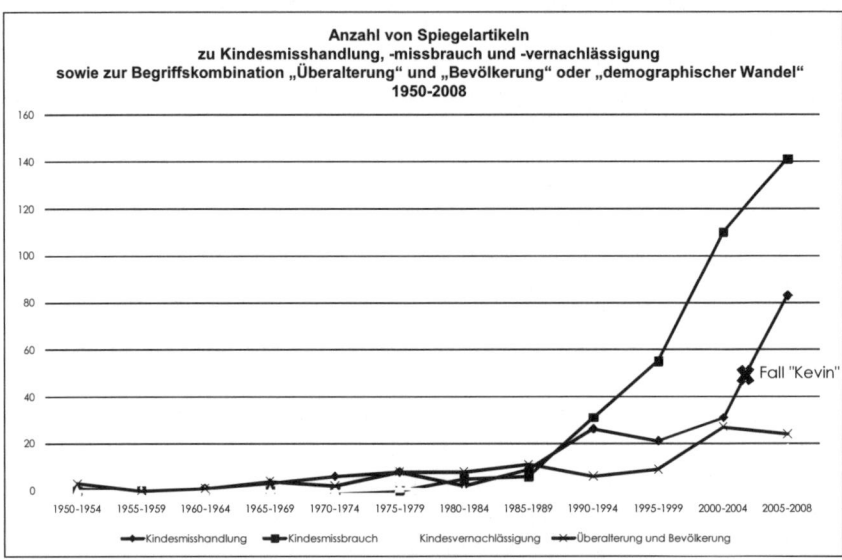

Hier zeigt sich, wie schwierig es für die Gesellschaft ist, zu definieren, was Misshandlung ist, wo sie beginnt und was die richtige Behandlung von Kindern ist. Das alte Problem der Moderne, das Normale vom Pathologischen zu trennen, zeigt sich in dieser Debatte nahezu paradigmatisch. Die Fragen lauten: Was genau ist Kinderschutz? Wie wird er legitimiert? Welchen Prozessen unterliegt die permanente Wandlung seiner Definition? Und – was für die zu schützenden Kinder real das wichtigste ist – welchen Mechanismen folgt die stetige Neuorientierung im Umgang mit misshandelten Kindern? Während die reine Tatsache, dass Kinder geschützt werden sollen, in unserer Gesellschaft beinahe uneingeschränkt anerkannt wird, so sind die Legitimationen hierfür vielschichtig und aus historischer Perspektive gerade deshalb interessant, weil sich in den Debatten um Kinderschutz offenbart, auf welche Weise Ideen, Moraldiskurse und Akteure innerhalb der meist öffentlich ausgetragenen Debatten miteinander verbunden sind, sich gegenseitig zum Handeln zwingen oder um Definitionshoheit kämpfen. Verwoben und verbunden mit Kinderschutzdebatten sind dabei unter anderem die Themen grundsätzlicher gesellschaftlicher Moral, des Feminismus, der Kinderrechte, der Gerichtsbarkeit, der Armut, der staatlichen Fürsorge, der medizinischen Fürsorge, der sozialen Fürsorge, der Psychologie, der Pädagogik, der Ökonomie etc (Hacking 1991).

In diesem Einleitungskapitel wird eine kurze Geschichte des Blicks auf „problematische Kinderschutzverläufe" in weiter Definition im deutschsprachigen Raum vorgestellt, die vor allem das Wechselspiel zwischen Ideen zur Kindheit, einem Agenda-Setting durch Öffentlichkeit und Politik und dem medizinischen sowie rechtlichen Blick auf den Kinderschutz in den Vordergrund rückt. Der „Wert" des Kindes in verschiedenen Denkwelten von miteinander verbundenen Funktionssystemen bildet dabei den Ausgangs- und Endpunkt der Darstellung.

Der „Wert" eines Kindes kann aus einer ideell-moralischen, anthropologischen und ökonomischen Perspektive bemessen werden. In der Entwicklung von Kinderschutzkonzepten kommt jeder dieser Perspektiven eine zentrale Bedeutung zu, wobei sie jeweils aufeinander einwirken. Es müssen individuelle, familiäre und gesellschaftliche Wertkonzepte voneinander unterschieden werden, die jeweils ideen- und sozialhistorisch zu erfassen sind. Während die Idee der Kindheit zum Beispiel einerseits eine anthropologische Größe im individuellen Lebensverlauf konstituiert, so bringt sie andererseits im sozialen Gefüge einer Gesellschaft je nach ihrer Bewertung das Kind als emotionale bzw. ökonomische Ressource oder Kostenfaktor hervor. Eine zynische Frage, die sich beispielsweise an den staatlichen Kinderschutz des 20. Jahrhunderts in Deutschland richtet, lautet, inwiefern der Staat mit Kinderschutzmaßnahmen auf individuelle oder familiäre Bedürfnisse seiner Bürger reagierte oder inwiefern er in Folge einer abnehmenden Geburtenrate den kollektiven Nutzen von Nachwuchs ins Zentrum seiner Überlegungen rückte. Gerade eine auf den ersten Blick vornehmlich nationalökonomisch begründete Frage wie die der Geburtenrate wirkte in longitudinaler Betrachtung auf die Idee vom einzelnen Kind und seinem Wert zurück und erst die Kombination des öffentlich-sozialen und des ideell-familiären Diskurses erlaubte eine Debatte um seine Schutzwürdigkeit. Ausgehend von diesem Wechselspiel zwischen Kindheitskonzepten und Kindern in einer sozialen Realität werden im Folgenden die Eckpfeiler des öffentlichen und privaten Umganges mit Kindern als Schutzobjekten in der Geschichte umrissen. Auf eine Skizzierung des Umgangs mit Kindern vor der Frühen Neuzeit folgt die ideell-moralische Neubewertung des Kindes in der Aufklärung, bevor die Ambivalenz zwischen aufgeklärtem Ideal bzw. romantischer Idealisierung und einer in der Industrialisierung veränderten sozialen Realität thematisiert wird. Zuletzt werden die Versuche zur Lösung dieser Spannungen durch die Institutionalisierung von Kinderschutz im 20. Jahrhundert beschrieben, wobei besonders das Streben verschiedener gesellschaftlicher Funktionssysteme, ein Definitionsprivileg und eine soziale Zugriffsmacht auf Kinderschutz und Kinder zu erringen, in den Mittelpunkt gerückt werden: Prozesse der Medikalisierung und Verrechtlichung, sowie das Verständnis dieser Prozesse als Auslöser von und Reaktion auf legitime öffentliche Empörung über problematische Kinderschutzverläufe oder politisches Agenda-Setting werden erörtert.

1.2 Die vorindustrielle, vorromantische Kindheit

Bis in die zweite Hälfte des 19. Jahrhunderts blieb die demographische Struktur in Europa über die Jahrhunderte weitgehend konstant: Hohe Geburts- und Sterberaten – letztere temporär stark schwankend durch Seuchen, Kriege oder Hungersnöte – bestimmten die demographische Entwicklung. Besonders gefährdet waren die Jüngsten, denn durchschnittlich starben 20 bis 25 % der unter Einjährigen. In Hunger- oder Seuchenzeiten schnellten diese Zahlen noch einmal nach oben. Wenn auch die Sterblichkeitsraten nach dem Säuglingsalter deutlich sanken, so blieben doch gerade die Kinder überdurchschnittlich gefährdet und fielen oft Hunger, Krankheiten, Unfällen oder Gewaltdelikten zum Opfer. Trotzdem stellten Kinder wegen der hohen Geburtenraten einen großen Anteil an der Gesamtbevölkerung: Vor dem 20. Jahrhundert waren nach Schätzungen zwischen einem Drittel und der Hälfte der europäischen Bevölkerung jünger als fünfzehn Jahre (Cunningham 2006, S. 144).

Die Behauptung von Ariès, das Konzept „Kindheit" habe es im Mittelalter und der Frühen Neuzeit nicht gegeben, sondern es sei erst im 17./18. Jahrhundert entstanden, ist von Historikern weitgehend revidiert worden.[6] Dennoch waren sich die Erwachsenen- und die Kinderwelt in Mittelalter und Früher Neuzeit unbestreitbar näher, als dies heute der Fall ist. Dies war zum einen durch die Lebensumstände in den Familien begründet, deren meist beengte Lebensverhältnisse für die Mitglieder kaum eine Rückzugsmöglichkeit boten. Zum anderen waren Wohn- und Arbeitsplatz häufig räumlich nicht getrennt, so dass Kinder direkt in eine altersmäßig gemischte Gesellschaft einbezogen wurden (Shahar 1991, S. 120 f.).

Das weitaus am häufigsten vertretene Haushalts- und Familienmodell war bis ins 19. Jahrhundert die *familia*, eine ökonomische Einheit, die sich nicht nur auf leibliche Familienmitglieder, sondern auch auf nicht-verwandte

---

6 Philippe Ariès' (1914-1984) „Geschichte der Kindheit" (1960, dt. 1975) gilt seit Jahrzehnten als – breit rezipierter und ebenso breit kritisierter – Klassiker der Kindheitsforschung. Ariès führt darin die schon von Norbert Elias vertretene These einer fortschreitenden Distanzierung der Erwachsenen- und Kinderwelt seit dem Mittelalter in Folge des gesellschaftlichen Zivilisationsprozesses weiter. Die Kindheit als eigenständige Lebensphase wird von ihm weitgehend negiert und eher als rein soziales Konstrukt, eine Erfindung der Moderne, präsentiert. Modernen Erziehungskonzepten gegenüber ist er kritisch, da er sie nicht einer Notwendigkeit, sondern nur der Moralisierung der Gesellschaft geschuldet ansieht. Siehe Ariès 1975.

Personen wie z.B. Bedienstete und den gesamten Besitzstand erstreckte.[7] Diese vor allem wirtschaftlich orientierte *familia* wurde im späten Mittelalter langsam durch einen Modell abgelöst, das der modernen Familienstruktur ähnlich ist. Die Familie entwickelte sich zunehmend von einer *„rein ökonomischen Einheit [...] auch zu einem Ort für emotionale Bindungen, für Zuneigung und Gefühle."* (Cunningham 2006, S. 61). Eine verheiratete Frau im gebärfähigen Alter bekam zu dieser Zeit durchschnittlich alle zwei Jahre ein Kind. Zwischen den einzelnen Geschwistern bestand allerdings trotzdem eine größere Altersabstufung als seit dem 20. Jahrhundert: durch die hohe Säuglings und Kindersterblichkeit und den frühen Eintritt in Lehr-, Ausbildungs- und Arbeitsverhältnisse lebten in einem Haushalt maximal drei Kinder gleichzeitig. Viele Kinder wurden aufgrund der geringen Lebenserwartung ihrer Eltern noch vor Erreichen des Erwachsenenalters zu Halb- oder Vollwaisen (Cunningham 2006, S. 144).[8]

Bevor in der Moderne Rechte, Pflichten und Ansprüche wie Strafmündigkeit, Arbeitsfähigkeit und Volljährigkeit feste gesetzliche Altersvorgaben erhielten, wurde ein Menschenleben in verschiedene Lebensalter eingeteilt, die sich bei Kindern durch alterstypischen Fertigkeiten definierten.[9] Die Auffassungen über die richtige Behandlung von Kindern und ihre Erziehung speisten sich im Mittelalter und der frühen Neuzeit vor allem aus antiken Überlieferungen und christlichen Quellen. Die Kindheit wurde allgemein als defizitäre Lebensphase und Teil eines Entwicklungsprozesses hin zum vollwertigen Bürger und guten Christen wahrgenommen, wobei der *adolescentia* (vom Beginn der Pubertät bis zum dritten Lebensjahrzehnt) die weitaus größte Bedeutung beigemessen wurde. Dem (kleinen) Kind dagegen „fehlten" wichtige menschliche Merkmale wie der aufrechte Gang, das Sprachvermögen und die Einsichtsfähigkeit bzw. Vernunft, so dass ihm

---

7 Nach dem Prinzip der aus römischem Recht stammenden *patria potestas* hatte das männliche Familienoberhaupt die Verantwortung und uneingeschränkte Verfügungsgewalt über die Mitglieder seiner *familia*. Dem *pater familias* der Antike oblag bis ins 4. Jahrhundert n.Chr. sprichwörtlich die Entscheidung über Leben und Tod, indem er allein darüber bestimmen konnte, ob ein Neugeborenes in den Haushalt aufgenommen oder ausgesetzt und seinem Schicksal überlassen wurde. (Gestrich 2003, S. 132)

8 Multiple oder erweiterte Haushalte waren nicht die Regel, vielmehr wurden die Haushaltsstrukturen erst im 18./19. Jahrhundert, im Zuge der Industriearbeit, komplexer. Gestrich sieht das Narrativ der *„vorindustrielle(n) Großfamilie"* als angebliche(r) *„Normalfamilie"* [...] als ein Konstrukt sozialkonservativer Kritiker des ausgehenden 19. Jahrhunderts" (Gestrich 2003, S. 389). Die heute noch populäre These eines durch die Industrialisierung bedingten Übergangs von der Groß- zur Kernfamilie gehört demnach laut Cunningham endgültig *„auf den Abfallhaufen der Geschichtswissenschaft"* (Cunningham 2006, S. 132).

9 Altersstufenmodelle wurden seit der Antike durch Philosophen und Gelehrte wie Cicero, Augustinus und Bartholomäus Anglicus entwickelt und umfassten meist zwischen vier und sieben unterschiedlich charakterisierte Lebensalter. Siehe hierzu Saake 2006, S. 102 ff.

von seiner Umwelt die Individualität abgesprochen wurde. Folgerichtig ging man davon aus, dass die Behandlung des Kindes weitgehend unerheblich für seine spätere Existenz als Erwachsener sei (Cunningham 2006, S. 42 und 62). Erst ab dem Hoch- und Spätmittelalter nahm das Konzept einer eigenständigen förderwürdigen Lebensphase *Kindheit* immer konkretere Formen an, so dass Eltern verstärkt materiell und emotional in ihre Nachkommenschaft investierten (Shahar 1991).

Während der *infantia*, den ersten sieben Lebensjahren, benötigte das Kind die meiste Zuwendung. Die Infantia sollte eine Zeit möglichst ohne die Zwänge des Erwachsenenlebens sein. Mit sieben Jahren endete die Kinderzeit und das Kind trat in die Phase der *pueritia* ein, die bis zum 14. Lebensjahr andauerte und als eine Zeit des Lernens und der schrittweisen Heranführung an die Arbeitswelt der Erwachsenen galt. Zu den ersten Arbeiten der Kinder zählten z. B. Botengänge, Haushaltstätigkeiten und die Sorge um jüngere Geschwister; im landwirtschaftlichen Bereich wurden ihnen oft Aufgaben wie das Hüten und Füttern des Viehs und Erntehilfe übertragen. Auch im Handwerk und Gewerbe wurden bereits sehr junge Kinder für einfache Arbeiten eingesetzt. Bis zum Ende der *pueritia* erweiterten sich die übertragenen Aufgaben schrittweise, bis mit 14 Jahren die *adolescentia* erreicht wurde, der Eintritt ins Erwachsenenalter und Beginn der Strafmündigkeit (Shahar 1991, S. 31 ff.). Zwischen dem zehnten und dreizehnten Lebensjahr begann die Lehrzeit, die zwischen drei und sieben Jahren dauerte und meist den Abschied von den Eltern und den Eintritt in den Haushalt des Lehrmeisters bedeutete. Eine Schulbildung kam im Mittelalter nur für die Oberschicht in Frage und diente fast ausschließlich als Vorbereitung für ein Leben im Klerus. Erst im 14./15. Jahrhundert wurde die Lehre als normale Sozialisationsinstanz langsam durch die Schule – wenn auch noch ohne Schulpflicht – abgelöst. Bürgerliche und kirchliche Schulen, die nun auch wohlhabenden nicht-adeligen Bevölkerungsschichten offen standen, traten in urbanen Gebieten zueinander in Konkurrenz.

In ihren ersten Lebensjahren stellten Kinder für die Familien also einen Kostenfaktor dar. Daher war es umso wichtiger, dass sie möglichst schnell zum Familieneinkommen beitragen konnten: Gerade für bäuerliche Familien waren Kinder als zukünftige Arbeitskräfte und Hoferben unverzichtbares Humankapital. Überstieg jedoch die Zahl der Kinder die Gelegenheiten zum ökonomischen Beitrag, bestand die Überlebensstrategie armer Familien häufig darin, ihre soziale Not durch ein Weggeben oder Aussetzen „überzähliger" Kinder zu lindern.

1.2.1 Gewalt gegen Kinder

Das Aussetzen (*expositio*) von Kindern wurde schon im antiken Europa praktiziert und als legitimes Mittel gesehen, sich unerwünschter Kinder zu entledigen (Schwarz 1993, S. 169 ff.). Seit dem Mittelalter war es zwar prinzipiell unter Strafe gestellt, Kinder auszusetzen, jedoch konnte bei einer weiterhin hohen Zahl ausgesetzter Kinder nur ein Bruchteil der Verantwortlichen ermittelt werden.[10] Orte der Aussetzung waren häufig Klöster und Kirchen; auch wurden viele Kinder außerhalb der Stadtgrenzen abgelegt, um eine Entdeckung und eine möglicherweise anschließende gerichtliche Verfolgung zu erschweren. In Wäldern oder Sümpfen zurückgelassene Kinder hatten kaum eine Überlebenschance.

Als Reaktion auf diese nicht seltene Praxis wurden ab dem 14. Jahrhundert neben den Klöstern, die oft als Waisenhäuser fungierten, von den Städten und Gemeinden oder der Kirche Findelhäuser eingerichtet und Ammen für die Versorgung der Säuglinge entlohnt.[11] Auch das Prinzip der Babyklappe war bereits im Mittelalter bekannt: Schon Ende des 12. Jahrhundert wurden auf päpstliche Anordnung hin an den Eingangstüren der Findelhäuser und Klöster Drehladen montiert, um anonyme Kindsaussetzungen zu ermöglichen. Zwar wurden viele Kinder unmittelbar nach der Geburt ausgesetzt, doch wurden einige der Kinder vorher noch getauft, um die eventuelle Bestrafung der Eltern abzumildern: Rechtlich wurde das Aussetzen eines getauften Kindes als weniger schwerwiegend bewertet, als das eines ungetauften, da nur ersteres im Todesfall die Aufnahme im Paradies gefunden hätte (Meier 2006, S. 72; Schwarz 1993, S. 27 f.). Die Anzahl der ausgesetzten Kinder variierte regional und epochal und war an Parameter wie Illegitimität und die wirtschaftliche Situation der Eltern gekoppelt. In urbanen Gebieten, in denen sich die Eltern durch das Vorhandensein von Findelhäusern Hoffnung auf ein Überleben der Kinder machen konnten, wurden deutlich mehr Kinder ausgesetzt als in ländlichen Regionen. Nachdem ab Ende des 17. Jahrhunderts die Zahl der Aussetzungen zunächst zurückging, wurden zwischen dem spätem 18. und der Mitte des 19. Jahrhunderts traurige Spitzenwerte erreicht: Jährlich wurden mehr als 100.000 Kinder in Europa von ihren Eltern ihrem Schicksal überlassen (Cunningham 2006, S. 138). Die Versorgung und Hygiene in den Findel- und Waisenhäusern war oft mangelhaft, so dass sehr viele der institutionalisierten Kinder dort starben.

Auch diejenigen Kinder und Säuglinge, die ihre Aussetzung und vor allem die ersten kritischen Monate überlebten, blieben gefährdet: Wenn sie nicht das Glück hatten, von ihren Familien zurück gefordert oder von anderen Haushalten aufgenommen zu werden, hatten Waisen und Findelkinder kaum eigene Rechte und konnten darum als freie Ware gehandelt werden. Mit dem Argument, man müsse Müßiggang der Kinder unbedingt vermeiden, um ihren Charakter zu formen, wurden sie mit Erreichen der „Arbeitsfähig-

---

10 Zu den einzelnen Bestimmungen in mittelalterlichen Rechtsquellen wie Leges, Kapitularien, Konzilien und Bußbüchern siehe auch Lutterbach 2003, S. 12 ff.; Schwarz 1993, S. 169 ff..

11 Die großflächige Einrichtung von Findelhäusern in der Frühen Neuzeit erfolgte überwiegend in katholischen Regionen, also vor allem in Südeuropa.

keit" oft in sog. Arbeitsschulen oder -häuser gebracht oder zu schwierigen und gefährlichen Arbeiten, z. B. als Soldaten, in Bergwerken oder auf Schiffen herangezogen.[12] Eine Besonderheit stellen die Legenden um die sog. „Wolfskinder" dar, Findelkinder, die fernab zivilisatorischer Einflüsse überlebt haben sollen und die dann nach ihrem Aufgreifen einer staunenden Öffentlichkeit präsentiert wurden (Bruland 2008).

Weibliche und illegitime Säuglinge hatten sehr viel schlechtere Überlebenschancen als legitime Söhne, da diese als Erben gesehen wurden und von der Familie für sie vor allem keine Mitgift zur Heirat aufgebracht werden musste. In Regionen mit bäuerlicher Realteilung der Höfe kam es jedoch zu existentiellen Problemen, wenn zu viele männliche Nachkommen geboren wurden und zu wenige Heiraten in dem Sinne als erfolgreich gewertet werden konnten, dass durch sie Land für die Familie des Bräutigams hinzu gewonnen wurde. Wenn der Besitz durch die Erbteilung in zu kleine Einheiten zerstückelt wurde, konnten die Familien vom Ertrag des Hofes nicht mehr leben.[13] Um der Zerstückelung von Höfen durch zu viele Erben vorzubeugen, war in Regionen wie der Schwäbischen Alb bis in die frühe Neuzeit das „Dummeln" der überzähligen Söhne gängige Praxis: durch die Gabe von Alkohol wurden die Säuglinge gezielt in ihrer geistigen Entwicklung geschädigt, so dass sie beim Erbe nicht berücksichtigt werden mussten (Meier 2006, S. 48).

Auch andere Formen von Gewalt gegen Kinder sind belegt. Vor allem die körperliche Züchtigung wurde als legitimes und notwendiges Mittel zur Erziehung gesehen und nur in Ausnahmefällen geahndet. Sexueller Missbrauch von Kindern, in zeitgenössischen Rechtsquellen als „Unzucht" oder „Notzucht" geführt, Inzest und die Anklage sexueller Handlungen unter Kindern waren keine Seltenheit.[14] So sind in Niederschriften von Verhören und Ermittlungsprotokollen, die zum Beispiel aus Köln in den sog. Turmbüchern übermittelt sind, mehrere Fälle von Übergriffen gegen Kinder dokumentiert (Fegert 1993, S. 50-54; Schwerhoff 1991, S. 390-402). Fälle von „Blutschande" wurden – besonders von kirchlicher Seite – scharf verurteilt und mit umfangreichen Einzelurteilen belegt (Lutterbach 2003). Auch die Praxis der „Verbotenen Ehen", also Ehen mit zumindest einem geschlechtsunreifen

---

12 Diese Rückforderung der Kinder durch die Eltern nach den ersten pflegeintensiven Lebensjahren geschah relativ häufig und stellte eine der familiären Strategien armer Haushalte dar: Das Kind wurde so als Säugling auf Kosten der Gemeinschaft von einer Amme versorgt, während die leibliche Mutter unbelastet ihrer Arbeit nachgehen konnte (Cunningham 2006, S. 140 ff., 186).

13 Wie hart der Existenzkampf im bäuerlichen Milieu war, und wie wenig Bedeutung die Einzelperson dabei hatte, drückt auch eine alte Redewendung aus der Gegend um das südwürttembergische Stockach aus: *„Weiber sterben, kein Verderben, Vieh verrecken, großer Schrecken ..."* Zitiert nach Meier 2006, S. 24.

14 Für kurze Übersichten siehe Fegert 1993; Lascaratos and Poulakou-Rebelakou 2000; Martin 1995.

Partner wurde von der Kirche abgelehnt. Zu der Bildung allgemeiner Normen kam es jedoch nicht, was wohl auch auf das Fehlen juristisch fest gelegter Altersgrenzen zurück geführt werden kann (Schwarz 1993, S. 100 ff.).

Während von Aussetzungen sowohl illegitime wie legitime Kinder betroffen waren, fielen der Kindstötung fast ausschließlich illegitime Säuglinge zum Opfer. Unehelich geborene Kinder wurden als „Bastarde" gebrandmarkt, ihre Mütter mussten oft mit gesellschaftlichen Sanktionen rechnen und zudem allein für das Kind aufkommen. Diese Diskriminierung und gesellschaftliche Ächtung der „Kegel" oder „Liebkinder" verstärkte sich ab dem Spätmittelalter, als Rechtstexte wie der Schwaben- und der Sachsenspiegel die Rechtlosigkeit der unehelichen Kinder in Bezug auf das Erbe und Standesrecht des Vaters festlegten (vgl. hierzu Meier 2006, S. 58-61).

Schon im Frühen Mittelalter galt die Kindstötung als Verbrechen, das mit verschiedenen Straf- und Bußformen belegt wurde. Gerade kirchliche Rechtsquellen urteilten nach subjektivem Tatbestand: Vorsatz und Motiv des Täters/der Täterin waren für die Höhe des Strafmaßes ausschlaggebend.[15] Der schon aus vorchristlicher Zeit stammende Glaube an „Wechselbälger", kränkliche, behinderte oder besonders häufig schreiende Kinder, von denen man annahm, sie seien von bösen Mächten gegen die eigenen gesunden Kinder ausgetauscht worden, lebte im christlichen Volksglauben des Mittelalters weiter. Diese Kinder wurden oft grausamen Ritualen unterzogen, um so die Dämonen zum Austausch gegen das „echte" Kind zu bewegen. Kam es dabei ums Leben, war dies aufgrund seiner „Besessenheit" kein Grund für Schuldgefühle oder Bestrafung (Shahar 1991, S. 156 ff.). Erst zwischen dem 16. und frühen 18. Jahrhundert rückte die Problematik des Neonatizids und Infantizids verstärkt ins öffentliche Bewusstsein und wurde nun systematisch gerichtlich verfolgt. So wurde z. B. Ende des 16. Jahrhunderts von Nürnbergs Stadtvätern *„mit sehr betrübtem gemüth in erfahrung gebracht, daß [...] unlangsten, so wol inn als auch ausserhalb der Stat Nürnberg neugeborene todte Kindlein in Bächen und Wassern gefunden werden, und sowol ire Erbarkeiten diesen kindsmörderin mit allem fleiss nachtrachten lassen, so haben sie doch derselben biss daher noch*

---

15 Ungeborenes und (neu)geborenes Leben wurden meist in einer Vorschrift behandelt, wobei der Entwicklungsstand und die Beseelung des Embryos entscheidend waren: Bis ins 19. Jahrhundert hielt die (christliche) Kirche an der Idee einer Sukzessivbeseelung des Embryos fest. Danach wurde dem männlichen Embryo am 40., dem weiblichen am 80. Tag der Schwangerschaft die Seele eingehaucht, der ab diesem Zeitpunkt als Mensch galt, vgl. u. a. Lutterbach 2003, S. 14 f. In den Stammesrechten des frühen Mittelalters, wie der „Lex Salica", regelte eine Art Bußgeldkatalog die Höhe der Strafe bei Schädigung oder Tötung von Kindern und Erwachsenen. Der „Gegenwert" der körperlichen Unversehrtheit wurde in Form eines „Wergelds" festgelegt, dessen Höhe abhängig von Alter, Geschlecht und sozialem Status des Geschädigten bzw. Getöteten war. Siehe dazu auch Schwarz 1993.

keine zu Hand bringen können. "[16] Durch regional unterschiedliche Strategien wurde versucht, die Tötung der zumeist illegitimen Neugeborenen und Säuglinge zu verhindern: Sei es, indem die heimliche Schwangerschaft unverheirateter Frauen oder Witwen zu einer Straftat erklärt wurde, sei es durch die Heranziehung der (unehelichen) Väter zu Unterhaltszahlungen, sei es durch Gesetze gegen außerehelichen Geschlechtsverkehr, Hilfsmaßnahmen für arme, verlassene Kinder oder auch – zur Abschreckung – durch eine äußerst harte Bestrafung der Verurteilten.[17]

Nach den Bestimmungen des ersten Strafgesetzbuches des Heiligen Römischen Reiches von 1532, der *Carolina* (auch *Constitutio Criminalis Carolina*, CCC) musste nach Auffinden eines toten Säuglings nach Frauen aus der Umgebung gesucht werden, die eventuell eine Schwangerschaft verheimlicht haben könnten. Diese wurden durch Ärzte und Hebammen auf Zeichen einer kurz zuvor erfolgten Geburt hin untersucht und mussten im Falle des Tatverdachts selbst den Beweis dafür erbringen, dass das Kind eines natürlichen Todes gestorben war.[18] Auf Kindsmord stand die Todesstrafe, die durch Ertränken, lebendig Begraben, Pfählen oder Zerreißen mit glühenden Zangen vollstreckt wurde. Zwischen 1500 und 1800 sollen in Deutschland mindestens 30.000 Frauen als Kindsmörderinnen hingerichtet worden sein (Jackson 2002, S. 98). Van Dülmen sieht dabei einen kausalen Zusammenhang zwischen der sich immer stärker durchsetzenden rigiden Sexualmoral des Protestantismus und der Kriminalisierung des Infantizids seit Mitte des 17. Jahrhunderts.[19]

In Fällen, die aufgrund fehlenden Vorsatzes oder einer offensichtlichen Notsituation der Täterin als minderschwer beurteilt wurden, konnte die verurteilte Delinquentin stattdessen auch mit Buße, Körperstrafen oder Verbannung belegt werden (Meier 2006, S. 73; Shahar 1991, S. 150).

---

16 Nürnberger Ratsbeschluss von 1598; zitiert nach Meier 2006, S. 77.

17 Im Zusammenhang mit in Stadtgebieten tot aufgefundenen Säuglingen und Kleinkindern hielt sich bis ins 19. Jahrhundert die Legende, die Kinder seien Opfer von durch Randgruppen – meist Juden – verübten Ritualmorden geworden. Diese Verleumdungen führten in ganz Europa zu Verfolgungswellen und Pogromen an jüdischen Gemeinden. Die toten Kinder wurden in einigen Fällen jahrhundertelang als Märtyrer verehrt, so z.B. „Anderl von Rinn" (1462, von der katholischen Kirche verehrt bis 1953) und „Simon von Trient" (1475, verehrt bis 1965). Siehe dazu z.B. Buttaroni 2003.

18 Vgl. Kohler 1968; Art. 35&36 „Von heymlichen Kind haben, und tödten durch ire Mütter/gnugsam anzeygung".

19 In den von van Dülmen untersuchten Städten Augsburg, Danzig, Frankfurt a.M., Memmingen, Nürnberg und Ulm machten Kindsmord-Urteile weniger als zehn Prozent der Hinrichtungen aus, stellten jedoch nahezu die Hälfte aller an Frauen vollstreckt Todesurteile. Siehe Van Dülmen, Richard (1991), *Frauen vor Gericht. Kindsmord in der frühen Neuzeit*. Frankfurt a.M., S. 60 u. 74; zitiert nach Jackson 2002, S. 98.

Die Aufzählung dieser Gewalttaten legt zunächst einmal den Schluss nahe, dass Erwachsene des Mittelalters und der Frühen Neuzeit dem Schicksal ihrer Kinder weitgehend gleichgültig gegenüber standen. De Mause geht in der von ihm formulierten „psychogenischen" Geschichtsphilosophie sogar davon aus, dass sich seit der Antike bzw. dem Frühen Mittelalter die Situation von Kindern stetig verbessert habe. Während in der Vergangenheit Gewalt gegen Kinder die Norm gewesen sei, die sich vollständig vom sonstigen moralischen Empfinden einer Gesellschaft dissoziiert hätte, habe sich die Qualität der Eltern-Kind-Beziehung in einem evolutionären Prozess von Reaktion und Gegenreaktion bis zum 20. Jahrhundert so positiv gewandelt, dass nun die Hilfe für Kinder und der individuelle Wert jedes Kindes im Zentrum stehe.[20] Jedoch müssen bei einer solchen Bewertung einige relativierende Punkte berücksichtigt werden: Von Kindstötungen und Aussetzungen waren fast ausschließlich Säuglinge betroffen, die in eine wirtschaftlich und/oder gesellschaftlich prekäre Situation ihrer Familien bzw. Mütter hinein geboren wurden. Auch kann davon ausgegangen werden, dass die ohnehin sehr hohe Kindersterblichkeit sich in einer gewissen fatalistischen Haltung der Erwachsenen niederschlug, was die ersten Lebensphasen ihres Kindes anging. Folglich intensivierte sich die emotionale Bindung an die eigenen Kinder erst, wenn diese ein gewisses kritisches Alter überstanden hatten. Der geschilderte Umgang mit Säuglingen und Kleinkindern lässt keine Rückschlüsse auf die Beziehung zwischen Eltern und überlebenden (älteren) Kindern zu, die durchaus von gefühlsmäßiger Nähe und Zuneigung geprägt sein konnte. Dies zeigt sich unter anderem daran, dass Fälle gravierender Gewaltexzesse gegen Kinder medial aufbereitet und mit z. T. großer öffentlicher Empörung aufgenommen werden konnten. Die Frage nach den verantwortlichen Personen wurde dabei ebenso gestellt, wie die nach den Lebensumständen und Motiven. So nimmt beispielsweise in der historischen Chronik des „Journals von und für Deutschland" ein Bericht über einen Vater, der seine drei Kinder *„an einem der kältesten Tage in eine finstre Kammer unter der Erde"* eingesperrt hatte, den größten Raum ein. Der Vater wird moralisch als grausam, Unmensch und gottlos beschrieben, während im Zusammenhang mit den Kindern von *„verlassenen Würmern"* und *„armen Schlachtopfern"* gesprochen wird. Einzig die sozialen Umstände, Armut und Winterskälte, werden als Erklärung für dieses Verhalten anerkannt, wodurch sich die moralische Empörung über den Fall auch auf das gesellschaftliche Umfeld des Täters ausweitet und öffentlichkeitswirksam der sozialen Ungleichheit eine Mitschuld am Fall zugewiesen wird.[21]

---

20 Für Lloyd De Mause gilt die Eltern-Kind-Beziehung und ihre Entwicklung sogar als Triebfeder aller historischer Prozesse. Historiker haben seine Theorie aber kaum angenommen. Der Universalitätsanspruch seiner Theorie zur Geschichtsentwicklung wurde ebenso kritisiert wie seine Methodik, sein unorthodoxer, selektiver Umgang mit historischen Quellen, vgl. Cunningham 2006, S. 21 ff..

21 Trotzdem gibt der Autor zu bedenken, dass er „diesen gottlosen Vater nicht ent-

1.3 Veränderungen im 18. Jahrhundert: Umwertung der Kindheit in der Philosophie

Während Ariès davon ausging, dass sich die stärksten ideengeschichtlichen Veränderungen in der Bewertung von „Kindheit" im 17. Jahrhundert vollzogen, sehen die meisten Historiker diese heute eher im 18. Jahrhundert. Ein Grund für die völlige Umwertung der Kindheit von einem reinen Stadium der Unvollkommenheit hin zu einer eigenen Lebensphase mit eigenem Wert und eigenen Fertigkeiten wird vielfach in der Säkularisierung der Haltung Kindern gegenüber gesehen. Durch den schleichenden Autoritätsverlust des Erbsünde-Gedankens kehrte sich die Wahrnehmung und Bewertung des Kindes und kindlichen Verhaltens fast vollständig ins Gegenteil um: hatte sein Wesen zuvor noch als verdorben und sündig gegolten, so wurden nun engelhafte Unschuld und natürliche Entwicklungsfähigkeit zu kindlichen Attributen (vgl. Cunningham 2006, S. 95).[22] Einen Beitrag zu dem Wandel leisteten nicht zuletzt die einflussreichen Schriften von Philosophen des 18. Jahrhunderts wie John Locke und Jean-Jacques Rousseau, die zu Klassikern der Erziehungsliteratur avancierten. Mit seinem Erziehungsratgeber „Some thoughts concerning education" (deutscher Titel: „Gedanken über Erziehung") legte der britische Philosoph John Locke (1632–1704), der bis heute vor allem als Vertragstheoretiker bekannt ist, 1693 das wohl wichtigste Buch zur Kindererziehung des 18. Jahrhunderts vor. Locke präsentiert seinen Lesern das Kind als eigenständiges Individuum, das zwar einige angeborene Charaktereigenschaften und Talente besitze, jedoch zur Herausbildung seiner Ideenwelt und Einstellungen unbedingt den Unterweisungen und der Regulation durch Erwachsene bedürfe. Sonst würde es sich in eine unerwünschte, nicht gesellschaftsfähige Richtung entwickeln. Durch eine dem jeweiligen kindlichen Temperament entsprechenden Erziehung solle es sich nach und nach seiner Rolle in der Gesellschaft bewusst werden und diese auszufüllen erlernen. Dem Erwachsenen als Vorbild und Erziehungsinstanz fällt nach diesem Tabula-rasa-Prinzip die Schlüsselrolle zu: er trägt die unmittelbare Verantwortung für die Persönlichkeitsentwicklung des Kindes hin zur Vernunft.

---

schuldigen" wolle, „aber es gibt doch Fälle, da die leidende Menschheit besserer Väter und guter Mütter, in einem solchen Winter, ohne ihr Verschulden, zur Verzweiflung getrieben wird, wenn sie nichts hat, nichts verdienen kann; die Kinder vor Hunger und Kälte erstarren siehet; sich Niemand um sie kümmert. Was soll sie machen; wozu greifen wenn sie das Wohlleben der Reichen siehet; wenn sie siehet, dass die Raben und Sperlinge sich ihr Futter von der Reichen Hören holen dürfen; arme Menschen aber abgewiesen werden?" (Anonym 1784).

22 Diese dem kindlichen Wesen zugeschriebenen Eigenschaften wurden im Laufe der Zeit zur gesellschaftlichen Maxime und begründeten ein Erziehungsideal, das jede Form einer kindlichen Sexualität negierte bzw. aufs Schärfste zu unterdrücken suchte (Fegert 1993, S. 50).

Die Rolle der (körperlichen) Bestrafung in der Erziehung wird in Lockes Ratgeber immer wieder aufgegriffen und die Frage der Verhältnismäßigkeit und Effektivität unter verschiedenen Blickwinkeln beleuchtet. Zwar verurteilt er körperliche Gewalt als Erziehungsmethode nicht grundsätzlich, er stellt jedoch immer wieder fest: *„great severity of punishment does but very little good, nay, great harm in education"*.[23] Lockes Schrift – die völlig von religiösen Themenfeldern und Argumentationsstrategien gelöst ist – zeigt mit der Anerkennung der Individualität des einzelnen Kindes einen deutlichen Schritt in Richtung Kindorientierung. Allerdings bleibt der kompetente Erwachsene die klare Zielvorstellung und Richtschnur aller Erziehungsmaßnahmen.

Einen weiteren wichtigen Schub bekam die Pädagogik (wörtl. Kunst ein Kind zu führen) durch ein Gedankenexperiment des Genfer Philosophen und Schriftstellers Jean-Jacques Rousseau (1712–1778), einem der wichtigsten geistigen Vordenker der französischen Revolution. In seinem 1762 erschienenen pädagogischen Hauptwerk „Emile oder über die Erziehung" brach er radikal mit der gängigen Vorstellung der Kindheit als reinem Durchgangsstadium zur Erwachsenenwelt und entwickelte stattdessen das Leitbild einer Kindheit als eigenständige, autonome Lebens- und Erlebensphase. Kinder sollen nach Rousseaus Ideal möglichst natürlich und ohne äußere Zwänge aufwachsen und sich die Welt nach und nach durch Sinneserfahrungen erschließen. Die Natur nimmt so die Position des Lehrmeisters ein, die Rolle des Erwachsenen beschränkt sich auf „negative Erziehung", also darauf, das Kind vor Schaden zu bewahren. Rousseaus Bild des kindlichen Wesens ist grundsätzlich positiv gefärbt, die Kindheit erfährt eine Interpretation als romantische Gegenwelt der Erwachsenen, und erstmals findet sich das Bekenntnis zur Kindheit als der vielleicht besten Zeit des Lebens. Zwar soll sich auch der Protagonist seines Erziehungsromans, Émile, langfristig zu einem guten Erwachsenen entwickeln, doch die unmittelbaren Zielsetzungen der zwanglosen, entmoralisierten Erziehung durch Rousseaus Alter-Ego des Romans Jean-Jacques sind die physischen Erfahrungen und das Glück des Kindes.[24] Rousseaus radikaler Ansatz wurde von vielen Seiten scharf kritisiert. Vor allem in Europa und Nordamerika jedoch erreichte er eine große Verbreitung in den gebildeten, wohlhabenderen Gesellschaftsschichten und wirkte auf die pädagogischen Arbeiten und Theorien von z. B. Immanuel Kant (1724–1804), Johann H. Pestalozzi (1746–1824), Maria Montessori (1870–1952) oder Ellen Key (1849–1926). Gleichzeitig mit Rousseau betrieb auch Dietrich Tiedemann (1748–1803) Studien „über

---

23 „I am very apt to think, that great severity of punishment does but very little good, nay, great harm in education; and I believe it will be found that, caeteris paribus, those children who have been most chastis'd, seldom make the best men."(Locke 1712, S. 47)

24 Die Erziehungsfragen in seiner eigenen Familie löste Rousseau, indem er seine fünf mit Thérèse Levasseur gezeugten Kinder ins Findelhaus gab, vgl. Meier 2006, S. 70.

die Entwicklung der Seelenfähigkeiten bei Kindern" (1787). Er legte ein Kindertagebuch vor und führte damit die biographische Methode in die Kinderpsychologie ein (Lamb/Keller 1991, S. 2).

1.3.1 „Rettungsmaßnahmen"

Bis zum 19. Jahrhundert war die Sorge der Öffentlichkeit um Belange von Kindern zumeist – im christlichen Kontext – auf deren Seelenheil oder – im wirtschaftlichen Sinne – auf ihre vom Staat benötigte Arbeitskraft gerichtet. Indem sich die „Ideologie der Kindheit", das romantische Bild der Kindheit als ein von der Erwachsenenwelt abgetrennter Schutzraum in bildungsbürgerlichen Kreisen verbreitete, trat ab den 1830er Jahren im öffentlichen Handeln verstärkt ein neuer Aspekt auf. Neue Kinderschutz-Akteure definierten das *Ziel „Kinder für den Genuss der Kindheit zu erretten"* (Cunningham 2006, S. 189). Philanthropen, die zumeist durch das christliche Prinzip der Nächstenliebe motiviert waren, setzten ihr Vermögen für Kinder-karitative Projekte verschiedenster Art ein. Sie errichteten Kindergärten, Schulen und Kinderheime, gründeten Vereine zum Schutz von Kindern vor Gewalt und Vernachlässigung und besuchten und unterstützten mittellose Familien. So gehörte beispielsweise Johann H. Wichern (1808–1881), der 1833 bei Hamburg das heute noch existierende „Rauhe Haus" als Zufluchtsstätte für gefährdete und straffällig gewordene Kinder und Jugendliche gründete, zu den führenden europäischen Philanthropen.

Das „Rauhe Haus" und das „Mettray", das 1840 nahe Tours eröffnet wurde, dienten mit ihrer ländlichen Lage und familiären Strukturen zum Vorbild für eine Vielzahl ähnlicher Heime und Kinderasyle in Europa und den USA. In der Konzeption dieser Häuser paarten sich medizinische und soziologische Vorstellungen von Kindheit und Kinderschutz. Das Zerbrechen von Familienstrukturen in Städten zwinge die Kinder dazu, auf der Straße zu leben. Die Straße der Stadt wurde für krankmachend und schädlich gehalten, sie nehme den Kindern das kindliche Wesen. Durch die Milieutherapie eines ländlichen Asyls sollte ein natürlicher Schutzraum nachbildet werden.

Die Nachfrage nach Heimplätzen war – trotz oft katastrophaler hygienischer Bedingungen und fehlender Zuwendung für die Kinder – enorm. Bei den meisten der institutionalisierten Kinder und Jugendlichen handelte es sich dabei nicht um Waisen, sondern sie wurden aus finanziellen oder sonstigen Notlagen heraus von ihren Familien in die Einrichtungen übergeben oder aufgrund von Straftaten zur Besserung aufs Land verschickt. Bis zu Beginn des 20. Jahrhundert (Deutschland 1908) eine eigene Kindergerichtsbarkeit eingerichtet wurde, wurden jugendliche Straftäter und verwahrloste Kinder häufig dauerhaft in Pflegefamilien überführt oder zur landwirtschaftlichen Arbeit ins Ausland „emigriert" (Cunningham 2006, S. 211).

1.4 Das 19. Jahrhundert

1.4.1 Industrialisierung, Verstädterung und Säuglingssterblichkeit

Im Zuge der Industrialisierung wuchsen die Städte seit Mitte des 18. Jahrhundert rasant an. Durch die große Wohndichte der Menschen und die katastrophalen hygienischen Zustände herrschten in den Städten ideale Voraussetzungen für die Verbreitung von Epidemien, die Folge war eine überdurchschnittlich hohe Sterblichkeit in urbanen Gebieten. So waren gastrointestinale Erkrankungen, von denen vor allem Säuglinge und Kleinkinder betroffen waren, in der Phase der Hochindustrialisierung bei Weitem die häufigste Todesursache, gefolgt von Erkrankungen der Atemwege und klassischen Infektionskrankheiten. Gerade in den heißen Sommermonaten, in denen sich Bakterien in Ersatzmilch bzw. -nahrung schnell vermehren konnten, erreichte die Sterberate unter den Säuglingen, die nicht oder zu kurz gestillt und ersatzweise mit Kuhmilch oder anderer künstlicher – oft zuckeralkoholbasierter – Nahrung versorgt wurden, Spitzenwerte. Ab den 1870er/ 80er Jahren sank die Sterblichkeit – mit einigen durch Kriege oder Epidemien bedingten Unterbrechungen – stetig ab. Das Modell des „Demographischen/Epidemiologischen Übergangs" ordnet diese phasenweise Entwicklung des Bevölkerungswachstums während des gesellschaftlichen Modernisierungsprozesses in ein regelhaftes Schema ein. Demnach bleiben während einer langen von Seuchen und Hungersnöten geprägten Periode Geburten- und Sterberaten auf hohem Niveau nahezu konstant und deckungsgleich, so dass höchstens ein geringfügiges Bevölkerungswachstum erreicht wird. In der sog. „frühen Transformationsphase" beginnt aufgrund rückläufiger Epidemien die Sterberate bei anhaltend hoher Geburtenrate zu sinken, so dass jährlich Geburtenüberschüsse entstehen: die Bevölkerung wächst in dieser Phase schnell. In der „mittleren Transformationsphase", in die Deutschland gegen Ende des 19. Jahrhunderts eintrat, geht dann langsam auch die Geburtenrate zurück, während die durchschnittliche Lebenserwartung noch deutlich zunimmt. Die „spättransformative Phase" zeichnet sich durch eine konstant niedrige Sterblichkeit, doch nun überproportional sinkende Geburtenraten aus, so dass sich das Bevölkerungswachstum abbremst und schließlich in einer „posttransformativen Phase" auf niedrigem Niveau stagniert bzw. sogar rückläufig ist (in Deutschland seit den 1970er Jahren; Spree 1998).

Der Rückgang der Sterblichkeit im späten 19. Jahrhundert ist auf eine Vielzahl von Faktoren zurückzuführen, doch vor allem die verbesserte Nahrungssituation durch die Professionalisierung der Landwirtschaft sowie die sanitären Reformen in den Städten, wie z. B. dem Ausbau von Abwasser- und Trinkwasserleitungen, Hygienekampagnen und Wohnungsbau hatten positive Effekte auf den Lebensstandard und damit auch die Lebenserwartung von Stadtbewohnern. Die fast zeitgleich sinkende Geburtenrate löste Ende des 19. Jahrhunderts gesellschaftliche Ängste aus und ließ die bis da-

hin als unvermeidlich und schicksalhaft hingenommene hohe Säuglingssterblichkeit als Gefahr für den wirtschaftlichen und militärischen Fortbe-
stand der Nation erscheinen, die es zu bekämpfen galt. Die Säuglinge und
Kleinkinder profitierten von dem neuen öffentlichen Interesse am Kind als
der „Zukunft" der Nation: die ab der Jahrhundertwende politisch forcierte
zunehmenden Stillbereitschaft der Mütter verringerte die Todesfälle durch
Mangel- und Fehlernährung nachhaltig (Vögele 2006).[25]

1.4.2 Kinderarbeit und staatliche Intervention

Als Folge der Industrialisierung wurde die Arbeitskraft der Kinder im ausgehenden 18. und beginnenden 19. Jahrhundert für ihre Familien in bis dahin unbekanntem Maße entscheidend. Da Kinder weniger Arbeitslohn als
erwachsene Angestellte erhielten, wurde die Beschäftigung von Kindern für
Betriebe zu einem unverzichtbaren Wettbewerbsvorteil. Folge waren sinkende Löhne der Erwachsenen, so dass Arbeiterfamilien zunehmend ver-
elendeten und zum Überleben immer stärker auf die Arbeitskraft ihrer Kinder angewiesen waren. Der Gegensatz von der Idee einer „natürlichen"
Kindheit zu den zumeist unmenschlichen, ausbeuterischen Arbeits- und Lebensbedingungen in den Städten war so offenkundig, dass die Programme
von Kinderschützern und Reformern auf die politische Agenda kamen.

Privates Engagement wurde ab den 1880er Jahren immer stärker durch
staatliche Intervention abgelöst, da sich die Überzeugung durchsetzte, dass
dem Staat die Schlüsselrolle bei der Rettung der Kinder zufallen müsse. Die
philanthropischen Hilfsangebote gerieten wegen ihres punktuellen, unkoor-
dinierten Charakters immer mehr in der Kritik, so dass das Kindeswohl in
der öffentlichen Wahrnehmung zunehmend dem Aufgabenfeld der Politik
zugeordnet wurde. Im Gegensatz zu den philanthropischen Ansätzen hatten
die staatlichen „Rettungsversuche" rückblickend zwar eine größere Reichweite, erscheinen jedoch insgesamt nicht kindorientiert: Nicht die Wahrnehmung, der Schutz oder die Pflege der Kindheit, sondern Wehrfähigkeit,
nationale Größe und „Zivilisierung" bestimmten die gesetzgeberische
Handlungsmotivation (vgl. Liebel 2007, S. 15).

Der erste gesetzgeberische Vorstoß zur Begrenzung der Arbeitszeit von
Kindern erfolgte bereits 1839 durch das „Preußische Regulativ" (eigentlich:
„Regulativ über die Beschäftigung jugendlicher Arbeiter in Fabriken"), das
für Kinder unter neun Jahren ein generelles Beschäftigungsverbot in Fabriken, Bergbau und Hütten vorsah.[26] Bis zum 16. Lebensjahr wurde die zu-

---

25 Zum Hygiene-Diskurs und Stillpropaganda siehe auch unten den Abschnitt zur Me-
    dikalisierung.
26 Das preußische Regulativ diente in der Folgezeit mehreren europäischen Staaten als
    best-practice-Modell für erste Regulierungsmaßnahmen der Kinderarbeit. Auch
    mehrere Staaten des Deutschen Bundes folgten dem Beispiel der preußischen Ge-
    werbeordnung (z. B. Bayern und Baden 1840) (Dörr 2004, S. 147).

lässige tägliche Arbeitszeit auf zehn Stunden herabgesetzt und an die Bedingung eines mindestens dreijährigen Schulbesuches geknüpft. Dieses Gesetz, dessen Reichweite sehr begrenzt war, und das leicht umgangen werden konnte, wurde in den folgenden Jahrzehnten immer weiter konkretisiert und das Mindestalter für die Beschäftigung von Kindern und Jugendlichen schrittweise nach oben gesetzt. 1903 wurde mit dem „Reichsgesetz betreffend Kinderarbeit in gewerblichen Betrieben" das erste Reichsgesetz zur Beschäftigung von Kindern verabschiedet. Dieses sog. „Kinderschutzgesetz" beendete zwar die Ausbeutung der Kinder in der Industrie. Landwirtschaft oder Heimarbeit wurden jedoch davon nicht berührt. Erst 1915 wurden in Deutschland die „Kindermärkte" abgeschafft, auf denen Kinder, vor allem in den Sommermonaten, ihre Arbeitskraft in der Landwirtschaft anboten. Vereinzelt noch bis in die 1930er Jahre wurden die sog. „Schwabenkinder" – Bergbauernkinder aus Vorarlberg, Tirol, Südtirol und der Schweiz, die im Frühling nach Oberschwaben zogen, um sich dort als Saisonkräfte zu verdingen – nach Württemberg vermittelt, da die dort bestehende Schulpflicht nicht für ausländische Kinder galt. Weitere Regulierungen der Arbeitszeit und des Mindestalters folgten 1939 durch ein nationalsozialistisches Arbeitsschutzgesetz, das der Erhaltung und Verbesserung der jugendlichen Wehrkraft dienen sollte (vgl. Dörr 2004).

Einen wichtigen Wandlungsschritt für den „Wert" des Kindes stellte in diesem Zusammenhang auch die Etablierung eines obligatorischen Schulbesuchs dar: Die „Kindheit" institutionalisierte sich so als eigene Lebensphase mit eindeutigem Aufgabenfeld. Der Wert eines Kindes wurde nun nicht mehr innerhalb der Familie bestimmt, das Kind trug nicht mehr zum Familieneinkommen bei. Vielmehr definierte nun der Staat den „Wert" des Kindes im nationalökonomischen Sinne und schränkte die Rechte der Eltern gesetzlich ein. Mit der Verrechtlichung des Kindeswohl-Gedankens im Bürgerlichen Gesetzbuch (BGB, 1900) lag die Definitionsmacht dessen, was als „Kindeswohl" zu gelten hatte – oder diesem entgegen stand, nun endgültig in staatlicher Hand. Dies brachte für Kinder und Jugendliche zum einen den Zuwachs an (Schutz-)Rechten und Garantien gegen Ausbeutung, doch bedeutete die Ausgrenzung Minderjähriger aus dem wirtschaftlichen – und gleichzeitig auch sozialen – Leben der Erwachsenen zum anderen auch eine stärkere soziale Kontrolle und Marginalisierung (Creydt 1996, S. 18).

1.4.3 Mary Ellen – Die mediale Skandalisierung eines Kinderschutzfalles

Gewalt gegen Kinder begann im 19. Jahrhundert bei Gerichten eine immer größere Rolle zu spielen. Der Fall „Mary Ellen" wird bis heute immer wieder als Präzedenzfall in der öffentlichen Wahrnehmung von Grausamkeiten gegen Kinder und als Ausgangspunkt einer großflächigen Kinderschutzbewegung angeführt.

Es handelt sich dabei um die rührende und dramatische Geschichte eines vernachlässigten und schwer misshandelten kleinen Mädchens, das 1874 nur dadurch vor seiner Pflegemutter habe gerettet werden können, indem man es zum „Tierchen" erklärte, da in New York zu dieser Zeit Tierquälerei im Gegensatz zu Kindesmisshandlung unter Strafe gestanden habe. Die Betroffenheit über den entsetzlichen Fall habe dann den Anstoß für die Gründung einer Kinderschutzgesellschaft durch den uneigennützigen Retter der kleinen Mary Ellen, einen populären Tierschützer, gegeben.[27]

Abbildung 2: Artikel in der New York Times über Kinder und Gewalt gegen Kinder 1860 bis 1890 (zitiert nach Eckhardt 1998, S. 9)

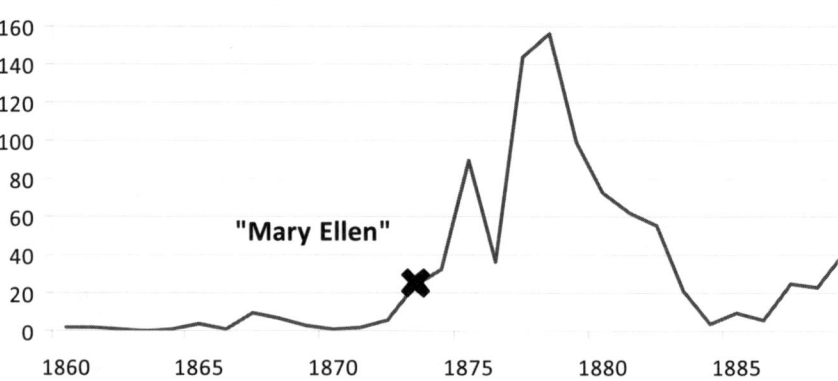

Blieben in früheren Fällen der Berichterstattung über Kindesmisshandlung die Opfer zumeist anonym und traten hinter reinen Tat- und Verletzungsschilderungen zurück, so berichtete die New Yorker Tagespresse monatelang über Mary Ellen und stilisierte das Mädchen zu einer Symbolfigur für unmenschliches Leiden und die bedrohte kindliche Unschuld. Der Fall markierte den Beginn einer Phase verstärkten medialen Interesses an Kindern gegen Ende des 19. Jahrhunderts, wie eine Auswertung der Anzahl von zwischen 1860 und 1890 erschienen Zeitungsartikeln der New York Times über Belange von Kindern zeigt (Abb. 2).

Zwischenzeitlich hat Eckhardt in ihrer Neubewertung des Quellenmaterials eindeutig nachgewiesen, dass es sich beim Fall „Mary Ellen" um eine bewusste mediale Inszenierung handelte, deren Fakten nur wenig mit der Legende zu tun hatten: Anders als von Mary Ellens „Rettern" behauptet, wurde das Mädchen weder mit Hilfe eines Tierschutzparagraphen aus der Familie genommen, noch folgte das Gericht in seinem Urteil den offensichtlich übertrieben blutrünstigen Anschuldigungen gegen die Stiefmutter, da

---

27 In jüngerer Zeit findet sich dieses Narrativ z. B. ausführlich bei Herrmann 2008, S. 6 f.; Matschke 2007; Shelman, Lazoritz et al. 2005; Zum Verhältnis von Tierschutz und dem Schutz von Kindern in der Geschichte in GB siehe auch Kapitel 4.

das Kind nur vergleichsweise leichte Verletzungen aufwies. Dem viktorianischen Klein-Mädchenideal der Reinheit und Unschuld, an das sich Mary Ellen nach dem Aschenputtelprinzip im Laufe der Berichterstattung immer mehr annäherte, sieht Eckhardt es auch geschuldet, dass Misshandlungen durch den Stiefvater im Prozess keine Rolle spielten. Zu groß sei die Gefahr gewesen, den Mythos Mary Ellen durch die Aufdeckung eines etwaigen sexuellen Missbrauchs des Mädchens zu „beschmutzen". Das äußere Erscheinungsbild des Kindes spielte in allen Zeitungsartikeln eine wichtige Rolle. Bis ins Detail wurde jede Veränderung protokolliert und durch dramatische „Vorher-Nachher-Fotografien" des Mädchens – zuerst in Lumpen, mit sichtbaren Misshandlungsspuren, später adrett frisiert und ausstaffiert – unterstrichen. Um ihren Sympathiewert in der Oberschicht noch zu erhöhen, versahen Mary Ellens Retter sie mit Attributen wie überdurchschnittlicher Intelligenz und Anmut und streuten sogar Gerüchte über eine illegitime Abstammung von prominenten Eltern. Diese Überhöhung, die ihren Niederschlag sogar in eigens komponierten Mary-Ellen-Musikstücken und Gedichten fand, kontrastierte scharf mit ausführlichen Schilderungen der Leiden des Kindes und der Abbildung der angeblichen „Tatwaffen" der grausamen Pflegemutter (Eckhardt 1998).

Die sorgfältig geplante Forcierung öffentlicher Empörung diente vor allen Dingen der Legitimation der Etablierung einer bereits geplanten und noch im gleichen Jahr gegründeten „Society for the Prevention of Cruelty to Children" (SPCC).[28] Diese stand in Tradition anderer *Preventive Societies*, mit deren Hilfe die protestantische Oberschicht die unmoralischen katholischen Einwanderer-Unterschichten zu zivilisieren gedachte. Wenn auch der Name der noch im gleichen Jahr gegründeten SPCC die Verhinderung von Grausamkeiten gegenüber Kindern ankündigte, diente „The Cruelty", wie sie im Volksmund genannt wurde, in ihrer frühen Phase vor allem dazu, Kinder – auch ohne ausdrücklichen Misshandlungshintergrund – aus ihrem „unmoralischen" familiären Umfeld zu entfernen und Institutionen zuzuführen. Der internationale Boom von Heimen und anderen Einrichtungen für verwahrloste Kinder und Jugendliche um die Jahrhundertwende kann so in direktem Zusammenhang mit dieser paternalistisch-moralisierenden Haltung der Ober- gegenüber den Unterschichten gesehen werden.[29]

---

28 Für eine Orientierung zur Geschichte des Kinderschutzes in den USA und vor allem zur SPCC siehe Myers 2008.

29 So führte z. B. 1904 der österreichische Reichstagsabgeordnete Heinrich Reicher in seinem mehrbändigen Werk „Die Fürsorge für die verwahrloste Jugend" best-practice-Modelle für Fürsorgegesetzgebungen aus ganz Europa an und forderte, die nationale Version in ihrer Reichweite der *patria potestas* gleichzustellen. Dieses römische Rechtsprinzip setzte die unumschränkte Macht des Familienoberhauptes (hier: des Staates) über Leben und Tod aller Mitglieder des Hausstands voraus (Reicher 1904). Zu *patria potestas* siehe auch Fn 7.

1.5 Medikalisierung

Das wissenschaftliche Interesse am Kind stieg im Rahmen der Entstehung der Nationalstaaten und ihrem Bedarf an leistungsfähigen Arbeitskräften und militärischem Personal stark an. Die sich professionalisierende und ausdifferenzierende Medizin des späten 19. Jahrhunderts erkannte in Kindern eine neue Gruppe potenzieller Patienten: Die Erkenntnis, dass der kindliche – noch „unvollkommene" Organismus sich von dem eines Erwachsenen unterscheidet und besonderen Schutzes sowie intensiver Pflege bedürfe, führte zur Entstehung einer eigenen Kinderheilkunde. Das bedeutet keineswegs, dass sich Therapien für Kinder nicht auch schon in der Frühen Neuzeit von denen für Erwachsene unterschieden hätten oder keine Einrichtungen der Krankenversorgung für Kinder entwickelt worden wären, doch brachte das frühe 19. Jahrhundert eine neue Qualität der besonderen Fokussierung der Medizin auf Kinder mit sich (Ritzmann 2008). Immer weitere Dimensionen des kindlichen Lebens wurden von Ärzten in den Bereich medizinischer Handlungsfelder überführt, mittels medizinischer Kategorien beschrieben und medizinisch gedeutet. Dieser Prozess der Ausweitung medizinischer Definitionssphären, der mitunter in sozial- und kulturwissenschaftlichen Debatten auch mit einer Biologisierung und Naturalisierung des Sozialen parallelisiert wird, lässt sich treffend mit dem Begriff der Medikalisierung beschreiben.[30] Für den Umgang mit Säuglingen und Kleinkindern bedeutete der Versuch der Erweiterung medizinischer Einflussbereiche, dass ihre Bedürfnisse zur idealen Entwicklung nun nicht nur pädagogisch, religiös oder psychologisch untersucht, sondern auch medizinisch definiert wurden und dass Eltern durch das immer detailliertere Wissen über Zusammenhänge von Entwicklungsschritten, Ernährung, Anregung, Pflege usw. medizinisch in die Verantwortung genommen werden konnten. Kinderaufzucht und -pflege war nicht mehr einfach spontan und nebenbei, geleitet von Instinkt, Menschenverstand und Tradition zu leisten, sondern stellte mehr und mehr ein Wissensgebiet dar, das den Eltern vom Arzt als Spezialisten vermittelt werden musste (Liebel 2007, S. 29 f.). Um 1900 bestimmten ärztliche Säuglingsfürsorgestellen, medizinische Kontrollen von Milch und medizinische Still- und Ernährungskampagnen die staatlich subventionierten Versuche in Europa und den USA, die Kindersterblichkeit vor allem im nationalökonomischen Interesse zu senken. Wie sichtbar diese Ansätze im öffentlichen Diskurs waren, und wie sehr sie im Zuge der Erfolge auch der Bakteriologie als medizinisch-hygienische Zugänge zum Kind begriffen wurden, zeigt u.a. der Weg, den das gerade gegründete New Yorker „Rockefeller Institute for Medical Research" wählte, um die Aufnahme seiner Tätigkeit öffentlichkeitswirksam zu annoncieren. Das Institut trat mit einer von den Medien begleiteten Kampagne zur Säuberung der

---

30 Zur Vielschichtigkeit der Biologisierungs- und Medikalisierungsdebatten in heutiger Zeit vgl. die Übersicht in Wehling 2007.

New Yorker Milchversorgung in Erscheinung, die darauf abzielte, die Säuglingssterblichkeit zu verringern (Fangerau im Druck). Auch in die vormals allein den Pädagogen zustehende Domäne der Schule drang die Medizin ein. Im Laufe des 19. Jahrhunderts etablierte sich eine ausdifferenzierte Schulhygiene zum Schutz vor Infektionskrankheiten oder zum Schutz vor angenommenen Schulkrankheiten wie Kurzsichtigkeit oder Wirbelsäulenverkrümmung.[31] Einen ersten Höhepunkt fand diese auch eng an nationalstaatliche Interessen gekoppelte Bewegung im neuen deutschen Kaiserreich (Hahn 1994). 1877 veröffentlichte der Kinderarzt Adolf Baginsky das erste Handbuch der Schulhygiene, in dem er die gesunden Gestaltung der Schuleinrichtung, die Verbesserung der Bildungsmittel, die Untersuchung des Schuleinflusses auf die Gesundheit und die Überwachung der Schule als seine Ziele definierte. So sah Baginsky eine Aufgabe der Schulgesundheitspflege gerade auch darin, die schulische Gewalt gegen Kinder medizinisch zu evaluieren. Wie die Gerichtsmedizin schon spätestens seit dem 16. Jahrhundert tödliche Misshandlungen von Kindern auf Grund von medizinischer Expertise rekonstruierte oder in Ergänzungen von juristischen Fallbeschreibungen (z. B. Höpler 1918) die medizinischen Zeichen für Gewaltformen gegen Kinder schilderte, so beschrieben Schulärzte die ernsten gesundheitlichen Folgen der Züchtigung von Schülern durch Lehrer wie zum Beispiel epileptische Anfälle. Gleichzeitig gingen sie davon aus, dass die meisten Fälle verschwiegen würden und machten Empfehlungen für Strafen, die der Gesundheit am wenigsten schadeten. Kopf oder Brust dürften durch Schläge nie getroffen werden und zu langes Stehenlassen der Schüler sei ebenfalls zu vermeiden (Baginsky and Janke 1900, S. 175-181, 347-349). Gerade Kopfverletzungen hatten schon früh Mediziner veranlasst, auf Kindesmisshandlungen zu schließen oder andersherum vor den Schäden durch Schläge auf den Kopf zu warnen (Al-Holou, O'Hara et al. 2009). Zunächst waren es vor allem Rechtsmediziner, die Fälle von Kindesmisshandlung und sexuellem Missbrauch unter medizinischen Gesichtspunkten beschrieben (Gries 2002, S. 87-102). Eine besondere Bedeutung kommt unter den vielen Ambroise Tardieu zu, der in detaillierten Berichten in mehreren Studien in den Jahren 1857 bis 1868 über 1.000 Fälle von sexuellem Kindesmissbrauch, gewalttätiger Kindesmisshandlung, Kindesvernachlässigung und Kindstötungen veröffentlichte. Er legte seine Erfahrungen als Gerichtsgutachter mit diesen Fallberichten offen und beschrieb wesentliche körperliche und psychische Zeichen, an denen Missbrauch und Misshandlung in der medizinischen Untersuchung zu erkennen seien. Hierzu zählten Angst, Blässe, trauriges Aussehen, multiple Hämatome unterschiedlichen Alters, eingerissene Ohren, mehrere Verbrennungen und Frakturen.[32]

---

31 Für eine orientierende v. a. transnationale Übersicht vgl. Umehara und Halling 2006.
32 Eine kurze Übersicht findet sich in Labbe 2005.

Tardieu's frühe Bestrebungen, Kindheit, Kindesentwicklung und auch Kindesmisshandlung im medizinischen Kontext zu definieren, wurden vornehmlich im gerichtsmedizinischen und kriminologischen Umfeld beachtet, so dass eine gesellschaftliche Durchschlagskraft seiner Befunde zunächst ebenso ausblieb wie die anderer Rechtsmediziner oder Kriminologen. Disputationen um die Wertigkeit und Korrektheit von Missbrauchszeichen spielten dabei ebenso eine Rolle wie die Sorge von Ärzten, durch Fehldiagnosen falsche Anschuldigungen zu erheben (Lyons 1997; Olafson, Corwin et al. 1993).[33] Es bedürfte eines Verfahrens, das dem beurteilenden Mediziner ein Instrument an die Hand gab, technisch eine Kindesmisshandlung zu diagnostizieren, bis die Frage der Kindesmisshandlung durch die Definition eines eigenen Symptomkomplexes einen derartigen Medikalisierungsschub erfahren konnte, dass sie in Teilen der Welt zur medizinischen Diagnose und Fragestellung avancierte. So boten vor allem Weiterentwicklungen der pädiatrischen Radiologie Medizinern nach 1946 die Sicherheit, verschiedene Verletzungen unterschiedlichen Alters miteinander und mit Misshandlungen in Verbindung zu bringen. 1946 beschrieb beispielsweise der Kinderradiologe John Caffey bei mehreren Kindern nicht erklärbare Knochenbrüche im Zusammenhang mit subduralen Hämatomen, an die sich neue Frakturen nach der Entlassung nach Hause anschlossen. Mittels der Radiologie wurde es möglich, Verletzungen sichtbar zu machen, die vorher unscheinbar waren und von den Verursachern versteckt werden konnten. Als technisches Verfahren erzeugte das Röntgenbild gleichzeitig den Eindruck der Unabhängigkeit der unbestechlichen Objektivität, die den im Vergleich hierzu subjektiv konstruierten Erklärungen z. B. der Eltern gegenübergestellt werden konnten (English and Grossman 1983; Evans 2004, S. 162). In der Folge Caffeys kommt Henry Kempe eine besondere Bedeutung zu, der den Mangel eines klaren Symptomkomplexes der Misshandlungsformen mit einem griffigen Namen erkannte und 1962 den Begriff des „Battered Child Syndrome" in die Debatte einführte (Lynch 1985; Williams 1983). Es ist kein Zufall, dass die Diagnosen „Battered Child Syndrome" oder „Shaken Baby Syndrome" im Krankenhauskontext entwickelt wurden. Nur hier gab es die nötig große kritische Masse, um Fälle bündeln und nach gleichen Mustern von Verletzungen und radiologischen Zeichen untersuchen zu können. Der Hospitalkontext und das technische Vorgehen waren die Grundbedingungen der Diagnoseentwicklung, die in den 1960ern auf eine Öffentlichkeit traf, die durch Debatten um Gewalt gegen Frauen, Minderheiten, ethnische Gruppen oder Arme für die Aufnahme der Diagnose sensibilisiert war. Gerade die Bezeichnung Syndrom erhöhte unter Medizinern die Bereitschaft, sich den Misshandlungsdiskurs zueigen zu machen und in der

---

33 Dieses Problem hatten aber auch schon Rechtsmediziner des 19. Jahrhunderts. Sie hatten in einigen Fällen Verletzungen an Leichen, die durch Insektenbefall hervorgerufen worden waren zunächst fehlerhaft als Missbrauchszeichen gedeutet (Benecke 2001).

Öffentlichkeit die Akzeptanz, weitere fachmedizinische Forschungen zu finanzieren bzw. die Ausdifferenzierung des neuen Syndroms als medizinischen Handlungsbereich anzuerkennen.[34] Die Diagnose der Kindesmisshandlung war nun zum einen kein Phänomen der Vergangenheit mehr, sondern ein täglich zu diagnostizierendes Syndrom.

Auch die Frage nach den Tätern erfuhr nach diesem Muster eine medizinische Definition. Ein Beispiel stellt die 1977 von Roy Meadow beschriebene aber nicht unumstrittene Diagnose des Münchhausen-Stellvertreter Syndroms (Munchausen by Proxy Syndrome) dar, dass sich nicht auf die Misshandlungen selbst, sondern auf die Täter bezieht, die durch Vortäuschen von Krankheiten ihren Kindern Schaden zufügen. Auch dieses Verhalten wird durch die Schaffung einer Diagnose aus dem Bereich des Sozialen in das Aktionsfeld der Medizin überführt. Die medizinischen Diagnosen der Kindesmisshandlung und die medizinische Klassifikation der Täter widerlegen so scheinbar die Annahme, dass die bisher diskursbeherrschenden Sozialarbeiter durch Prävention Misshandlungen vorbeugen könnten.

1.5.1 Kinderpsychologie

Neben der Medizin entdeckten die noch jungen Wissenschaften Psychologie und Pädagogik das Kind als Untersuchungs-, Beratungs- und Manipulationsobjekt. Ab dem späten 19. Jahrhundert setzte sich in bürgerlichen Kreisen die Auffassung durch, dass Eltern zum Besten ihrer Kinder nicht intuitiv handeln sollten, sondern ihre Erziehungsmethoden exakten, wissenschaftlich fundierten Regeln folgen sollten. Der Markt für Beratungsliteratur boomte und so konkurrierten in den folgenden Jahrzehnten verschiedene Erziehungskonzepte und Entwicklungstheorien darum, die universelle Anleitung zur Formung des Kindes zu einem körperlich wie geistig gesunden und leistungsstarken Erwachsenen zu bieten. Dieses Ideal einer Beziehung nach Anleitung auf Basis von Expertenwissen kann als weiterer Schritt einerseits einer Medikalisierung der Kindheit, zum anderen der Distanzierung von Erwachsenen zu Kindern gesehen werden. Nach den ersten Ansätzen in der Romantik wirkte besonders William T. Preyers (1841–1897) 1882 erschienene Schrift „Die Seele des Kindes" auf nachfolgende Psychologen ein. Er widersprach der Auffassung Lockes, dass Kinder einer „unbeschriebenen Tafel" glichen und postulierte im Gegenteil, dass ihr Entwicklungspotential schon vorgeburtlich vorgeformt sei. In seiner Tradition ist auch die Kleinkindforschung von William Stern (1871–1938) zu sehen, der ebenfalls den ehemals geistig wehrlosen Säugling als kompetenten und gene-

---

34 Darüber hinaus erlaubt erst eine definierte Diagnose eine Rechnungstellung an Leistungsträger im Gesundheitswesen. Mit der Diagnose Battered-Child-Syndrom war es für Ärzte nicht mehr nötig, in ihren Abrechnungen verklausulierte Ersatzdiagnosen für ihre Leistungen aufzuführen.

tisch vorbereiteten Kommunikationspartner etablierte. Stern war ein Kritiker der Psychoanalyse Sigmund Freuds (1856–1939), insbesondere warnte er vor „Übergriffen der Jugendpsychoanalyse", da er die Überbetonung der Sexualität für schädlich erachtete (Geuter and Nitzschke 1989). Anders als die ebenfalls sich in der Kinderpsychologie engagierenden Behavioristen, wie z. B. John B. Watson (1878–1958), die ab den 1920er Jahren Kindern die erwünschte Verhaltensweise durch Strafe und Belohnung „antrainieren" wollten und für die Beziehung zwischen Eltern und Kindern – gerade auch für die emotionale Ebene – rigide Regelkataloge aufstellten, argumentierte die Psychoanalyse umgekehrt: Kindliche Emotionen und Triebe zu unterdrücken, galt ihr als gefährlich und falsch, da diese bestimmend für das weitere Leben seien und sich sonst im Erwachsenenalter wieder zeigen würden. Freuds These einer kindlichen Sexualität stand in direktem Widerspruch zur vorherrschenden romantischen Vorstellung des reinen, unschuldigen – auch im Sinne von asexuellen – Kindes (Cunningham 2006, S. 240 ff. und 250 ff.). Nachdem Freud 1886 in der „Ätiologie der Hysterie" erlebten sexuellen Missbrauch als Ursache für psychische Störungen beschrieben hatte, widerrief er wenig später diese Thesen und deutete sie um in kindliches Wunschdenken nach sexuellem Kontakt mit Eltern im Rahmen des Ödipus-Komplexes (Martin 1995).

1.6 Das 20. Jahrhundert: Institutionalisierung der Kinderrechte

Neben den eher praktisch orientierten oder moralisch/ideologisch aufgeladenen Kinder-Wohlfahrtsbewegungen entstanden zu Beginn des 20. Jahrhunderts auch Kinderrechtsbewegungen, die sich für die Selbstbestimmungs- und Partizipationsrechte von Kindern einsetzten.

Mit ihrem Manifest „Das Jahrhundert des Kindes" läutete die schwedische Reformpädagogin und Frauenrechtlerin Ellen Key im Jahr 1900 hoffnungsvoll das 20. Jahrhundert ein (Key 2006). Ihre Zukunftsvision einer am Kindeswohl orientierten, reformierten und von Kapitalismus, Krieg und Christentum befreiten Gesellschaft wurde ein Welterfolg und erfuhr auch in Deutschland (dt. Erstausgabe 1902) eine breite Rezeption. In Tradition des romantischen Kindheitsideals und des Gedankens einer „Errettung der Kinder" als oberster gesellschaftlicher Pflicht entwarf sie für Kinder und Jugendliche einen umfangreichen Rechtekatalog: So sollten Kinder ein Anrecht auf eine gewaltfreie und liebevolle Erziehung in einer intakten, gesunden Familie haben, als Persönlichkeiten respektiert und geachtet werden, und sich keiner strengen Schuldisziplin unterwerfen müssen.[35] Zwar

---

35 Ellen Keys Forderungen nach einem Recht des Kindes auf zwei gesunde Eltern erscheint heute vor dem Hintergrund der nationalsozialistischen Eugenik höchst prob-

sollte nach Key die Erziehung möglichst fernab von staatlichen Einrichtungen – idealerweise zu Hause durch die allzeit verfügbare Mutter – erfolgen, doch als Verantwortlicher und Garant der geforderten Kindesrechte rückte der Staat als Akteur in den Vordergrund (vgl. Solzbacher 2001, S. 13 ff.).

Einen frühen radikalen, an anarchistische, sozialistische und antiautoritäre erzieherische Ideen angelehnten Entwurf zur gesellschaftlichen Neudefinition des kindlichen Rechtsstatus brachte der während der Oktoberrevolution entstandene Verein „Freie Erziehung der Kinder" 1918 auf der ersten „Proletkult"-Konferenz ein. Die „Moskauer Deklaration der Rechte des Kindes" forderte, das Kind – egal welchen Alters – solle nicht mehr als noch unvollkommenes Subjekt oder unfertiger Erwachsener, sondern als vollwertiges Mitglied mit besonderen Schutzrechten an der Gesellschaft partizipieren. Grundgedanke war die volle Autonomie des Kindes in Bezug auf alle Entscheidungen, die seine Person betreffen, sei es die Wahl des Erziehers oder der Religion, die Mitgliedschaft in Parteien oder das Recht, unter würdigen Bedingungen zu arbeiten Die Deklaration wurde, wohl aufgrund ihrer Radikalität, nie ratifiziert, gilt jedoch als wegweisend.[36]

Auch der polnische Kinderarzt, Schriftsteller und Pädagoge Janusz Korczak (1878/79 1942), der 1942 zusammen mit den Kindern seines Warschauer jüdischen Waisenhauses im Vernichtungslager Treblinka ermordet wurde, gilt als Vordenker dieser, die kindliche Freiheit und Autonomie betonenden Ideen. In seinem 1919 veröffentlichten pädagogischen Hauptwerk „Wie man ein Kind lieben soll" (dt. Erstausgabe 1974) entwarf er eine „Magna Charta Libertatis für das Kind", in der er die Rechte des Kindes, als eigenständige Persönlichkeit wahrgenommen zu werden und über die eigene Lebensgestaltung selbst zu bestimmen, formulierte (Korczak, Heimpel et al. 2008). In deutlichem Gegensatz zu dem traditionellen Schutz- und Errettungscredo im öffentlichen Diskurs um Kinderhilfe und -rechte stand seine Forderung, Kindern ein „Recht auf den eigenen Tod" zuzubilligen. Damit war gemeint, dass Eltern bzw. die Gesellschaft ihren Kindern nicht aus übertriebener Fürsorge oder Bequemlichkeit durch Verbote und Vorschriften Sinneserfahrungen vorenthalten und sie so dem Leben entziehen sollten (S. 40). Auch warnte er davor, die eigene Wahrnehmung und Erziehungsverantwortung zugunsten von „Expertenwissen" aufzugeben, da *„kein Buch und kein Arzt [...] das eigene wache Denken, die eigene sorgfältige Betrachtung ersetzen"* könne (S. 2). Erst das *Children's Liberation Movement*, eine US-amerikanische Kinderrechtsbewegung der 1970er Jahre griff diese Gedanken wieder auf und brachte sie in Kinderrechtsdebatten ein (Liebel 2007, S. 23) .

---

lematisch, um die Jahrhundertwende gehörte sie damit jedoch zum Mainstream des wissenschaftlichen Diskurses.

36 Siehe dazu auch Liebel 2007, S. 18 ff.. Volltext der Deklaration siehe: ebd. S. 19-21.

1.7 Institutionalisierung

Der Völkerbund, der 1920 unter dem Eindruck des Ersten Weltkriegs mit dem Ziel der dauerhaften Friedenssicherung gegründet worden war, ratifizierte 1924 mit der „Genfer Deklaration der Rechte des Kindes" das erste internationale Kinderrechtsdokument. Ausgearbeitet und eingebracht hatte es die „Save the Children International Union", der erste internationale Dachverband nationaler Kinderhilfsorganisationen. Dessen Gründung ging auf die Initiative der Präsidentin des britischen „Save the Children Fund", Eglantyne Jebb, zurück (Liebel 2007, S. 17). Die Genfer Erklärung bestand aus einem Fünf-Punkte-Programm, das einen Kompromiss über die grundlegenden Rechte von Kindern unter globaler Perspektive zusammenfasste. Die unterzeichnenden Staaten erklärten darin, die besondere Schutzwürdigkeit von Kindern anzuerkennen. Kindern – gleich welcher Nationalität, Rasse oder Religionszugehörigkeit – sollten so ein Anrecht auf würdige Lebensbedingungen, Erziehung, Hilfe und Schutz vor Ausbeutung zugesichert werden. Selbstbestimmungsrechte wurden in der Genfer Kinderrechtserklärung nicht thematisiert, das Kind somit als reines Fürsorgeobjekt verstanden. Zwar richtete der Völkerbund zur Implementierung und Überwachung der kinderrechtlichen Belange ein Komitee ein, die Deklaration blieb jedoch für die Mitglieder eine reine Willenserklärung ohne rechtliche Verbindlichkeit, da eine internationale Gerichtsbarkeit fehlte (Adick 2001, S. 29). Die Gräuel des Naziregimes und des Zweiten Weltkriegs mit ihren massiven Menschenrechtsverletzungen, von denen auch und im Besonderen Kinder betroffen waren, kontrastierten scharf mit den Zielsetzungen des Völkerbunds, der sich 1946 schließlich auflöste.

Die Vereinten Nationen, die nach dem offensichtlichen Scheitern der Bemühungen des Völkerbundes um eine tragfähige internationale Friedensordnung 1945 gegründet wurden, schufen mit der Internationalen Menschenrechtscharta (*Universal Bill of Rights*) die Basis aller universellen Menschenrechtsprinzipien.[37] Durch ihren universellen Charakter und die Tatsache, dass sie einige Passagen speziell für Kinder enthält, erschien die Formulierung spezieller Kinderrechte zunächst unnötig und unpassend. Seit der Allgemeinen Erklärung der Menschenrechte 1948 hatte es darüber einen Diskurs mit Kinderrechtsbewegungen und anderen gesellschaftlichen Gruppen gegeben; sie sahen die Interessen und Rechte der Kinder als durch die Allgemeinen Menschenrechte nicht stark genug vertreten an und hielten einen eigenen kodifizierten Rechtekatalog für Kinder für überfällig. 1959

---

37 Die Allgemeine Erklärung der Menschenrechte von 1948 bildet zusammen mit dem 1966 formulierten Internationalen Pakt über bürgerliche und politische Rechte (Zivilpakt) und dem Internationalen Pakt über wirtschaftliche, soziale und kulturelle Rechte (Sozialpakt) die Internationale Menschenrechtscharta (*Universal Bill of Rights*). Volltexte der Menschenrechtsdokumente finden sich z. B. auf den Internetseiten der Vereinten Nationen (www.un.org) oder: Bundeszentrale für politische Bildung 2004.

fanden diese Forderungen ihren ersten Niederschlag in der „Erklärung der Rechte der Kinder" nach dem Vorbild der Genfer Deklaration. Diese Erklärung der Rechte des Kindes hatte jedoch, ebenso wie die Allgemeine Erklärung der Menschenrechte, keinen völkerrechtlich bindenden Charakter. Die Schließung dieser Lücke und das Entstehen des bis heute wichtigsten Menschrechtsdokumentes für Kinder ging auf eine Initiative der polnischen Regierung zurück: Anlässlich des für 1979 ausgerufenen „Internationalen Jahres des Kindes" schlug sie vor, der Erklärung von 1959 rechtliche Verbindlichkeit zu verleihen. Nach einer fast zehnjährigen Beratungsdauer und zahlreichen Revisionen verabschiedete die Vollversammlung der Vereinten Nationen am 20. November 1989 schließlich das bis heute wichtigste Menschenrechtsdokument für Kinder: die UN-Kinderrechtskonvention (*Convention on the Rights of the Child*, CRC; Adick 2001, S. 31). Die Konvention besteht aus einer Präambel und 54 Artikeln, die die in der Internationalen Menschrechtscharta festgehaltenen Rechte an den besonderen Bedürfnissen von Kindern spiegeln und ergänzen. Wie allen Menschenrechtsdokumente der Vereinten Nationen liegen auch der CRC die Prinzipien der Universalität, Unteilbarkeit und Unveräußerlichkeit zugrunde.[38] Das Kind ist von Geburt an als Träger bürgerlicher und politischer sowie sozialer, kultureller und wirtschaftlicher Rechte definiert. Trotz enthaltener umfassender Schutz- und Versorgungsgarantien wird es so nicht nur zum Fürsorge- oder Schutzobjekt degradiert, sondern als eigenständig handelndes Individuum anerkannt.

Dem Schutz des Kindes „*vor jeder Form körperlicher oder geistiger Gewaltanwendung, Schadenszufügung oder Misshandlung, vor Verwahrlosung oder Vernachlässigung, vor schlechter Behandlung oder Ausbeutung einschließlich des sexuellen Missbrauchs*" ist Artikel 19 der CRC gewidmet. Dieser verpflichtet die Staaten, für präventive Schutzmaßnahmen und – in „*Fällen schlechter Behandlung von Kindern*" – für „*Maßnahmen zur Aufdeckung, Meldung, Weiterverweisung, Untersuchung, Behandlung und Nachbetreuung [...] und gegebenenfalls für das Einschreiten der Gerichte*" zu sorgen (zitiert nach Bundeszentrale für politische Bildung 2004, S. 173). Der besondere Schutz des Kindes „*vor allen Formen sexueller Ausbeutung und sexuellen Missbrauchs*" wird in Artikel 34 noch einmal konkretisiert (ebd., S. 179).

Die Überwachung der Einhaltung der so garantierten Rechte obliegt laut Artikel 43 dem „Ausschuss für die Rechte des Kindes" (*Commitee on the Rights of the Child*), der regelmäßig Berichte der einzelnen Staaten über ihre Kinderrechtssituation entgegennimmt, prüft und kommentiert. Eine internationale Gerichtsbarkeit hingegen ist nicht vorgesehen, so dass Verstöße gegen die CRC nicht an-, bzw. die durch sie verbrieften Rechte nicht eingeklagt werden können. Mit aktuell 191 Staaten hat die CRC einen sehr

---

38 Englischer Volltext der Kinderrechtskonvention unter: http://www.unicef.org/crc/.

hohen Ratifizierungsstatus. Unverständlich ist jedoch, dass sich unter den zwei Staaten, die die Ratifizierung bislang verweigerten, mit den USA ein ständiges Mitglied des UNO-Sicherheitsrates befindet.[39]

Auch muss ihre tatsächliche Reichweite und Durchsetzungskraft kritisch hinterfragt werden, da viele Staaten die Konvention nur unter Vorbehalt ratifizierten, wenn ihre Bestimmungen mit dem jeweiligen nationalem Recht kollidierten. Trotz Protesten gab auch die Bundesrepublik Deutschland bei der Hinterlegung der Ratifikationsurkunde der Konvention eine Vorbehaltserklärung ab, die dem deutschen Ausländerrecht Vorrang vor den Verpflichtungen der Konvention einräumt (Punkt 4). So sollte es Deutschland weiterhin möglich bleiben, Abschiebehaft gegen illegal eingewanderte Kinder und Jugendliche zu verhängen.[40]

Seit der Verabschiedung der Kinderrechtskonvention vor zwei Jahrzehnten und der zwei durch die Bundesregierung durchgeführten Kinderschutzgipfel wurden zu ihrer Umsetzung in vielen Ländern nationale Initiativen ins Leben gerufen und/oder Institutionen geschaffen. Einige Länder haben Ombudspersonen zur Überwachung der Wahrung der Kinderrechte bestimmt. In Deutschland soll der „Nationale Aktionsplan für ein kindgerechtes Deutschland 2005 – 2010" die Lebensbedingungen von Kindern verbessern und ihre Rechte stärken (BMFSFJ 2005).[41] Im nicht-staatlichen Bereich setzt sich u.a. die „National Coalition", ein Zusammenschluss von z. Zt. rund 100 deutschen Organisationen und Initiativen aus verschiedenen gesellschaftlichen Bereichen unter dem Dach der Kinder- und Jugendnothilfe e.V., für die Umsetzung und Bekanntmachung der CRC ein.

Deutschland hat dem „Ausschuss für die Rechte des Kindes" bislang zwei Berichte zur nationalen Umsetzung der CRC eingereicht; der dritte, eigentlich für April 2009 terminierte Bericht steht noch aus (Stand: Sept. 2009). In sei-

---

39 Eine offizielle Begründung der USA für ihre Verweigerung ist nie erfolgt. Wahrscheinlich ist, dass zum Einen der Einfluss christlich-konservativer Kreise, zum anderen das US-amerikanische Strafrecht dazu beitrugen, denn dass bis 2004 die Todesstrafe in den USA auch für unter 18-Jährige verhängt werden konnte, stand im krassen Widerspruch zu den Grundsätzen der CRC (Artikel 37a). Zwischenzeitlich wurde diese Praxis durch den US Supreme Court für verfassungswidrig erklärt, doch trotz Ankündigung ist eine Ratifizierung der CRC bislang noch nicht erfolgt. Bei dem zweiten Staat handelt es sich um Somalia (Liebel 2007).

40 Während einige Staaten „nur" einzelne Paragraphen (z. B. Erklärungen zur Versorgungsverpflichtungen, des Strafrechts, des Status' unehelich geborener Kinder usw.) mit Verweis auf die nationale Rechtstradition und staatliche Souveränität ablehnen, stellen andere alle Rechte prinzipiell in Frage. So akzeptieren viele islamische Staaten die von der Konvention eingeräumten Rechte nur, insoweit sie in Einklang mit der Schari'a stehen. Eine Übersicht der UN über den Ratifizierungsstatus ihrer Konventionen und die Vorbehalte der einzelnen Länder ist unter http://treaties.un.org abzurufen (CRC unter: Chapter IV, 11).

41 Zur Umsetzung der im Nationalen Aktionsplan formulierten Zielsetzungen siehe: BMFSFJ 2008.

nen Abschließenden Bemerkungen zu Deutschlands zweitem Bericht (CRC/C/83/Add.7) monierte der UN-Ausschuss 2004 die noch nicht vollständig erfolgte gesetzliche Umsetzung und Bekanntmachung der CRC und sprach diesbezüglich zahlreiche Empfehlungen aus (CRC/C/15/Add.226): Zu Gewalt und sexuellem Missbrauch von Kindern empfahl der Ausschuss Deutschland unter anderem die Durchführung einer umfassenden Studie zum Thema, sowie Aufklärungskampagnen, außerdem das Monitoring der institutionellen (Zusammen-) Arbeit und die Weiterbildung von Fachkräften in diesem Bereich (Punkt 40/41). Auch wurde Deutschland aufgefordert, sexuelle Ausbeutung und Menschenhandel strafrechtlich generell auf alle Kinder unter 18 Jahren auszudehnen und nicht weiter mit unterschiedlichen Altersstufen je Straftatbestand zu arbeiten (Punkt 56/57). Gesetzgeberische Maßnahmen zur Stärkung von Kinderrechten wie das „Gesetz zur Ächtung von Gewalt in der Erziehung" (2000) und die Stärkung der Kinderrechte im sog. „Kinderrechteverbesserungsgesetz" (2002, Langtitel: „Gesetz zur weiteren Verbesserung von Kinderrechten"), sowie die Annahme des „Aktionsplans zum Schutz von Kindern und Jugendlichen vor sexueller Gewalt und Ausbeutung" (2003) wurden durch den Ausschuss ausdrücklich begrüßt.

1.8 Ausblick

Zwei Positionen bestimmen im ausgehenden 20. und beginnenden 21. Jahrhundert den gesellschaftlichen Diskurs über Kinder und ihre Rechte: Zum einen die romantische Vorstellung von einem Recht des Kindes auf ein „Kindsein", zum anderen die auch in den Kinderrechtsdokumenten vertretene Auffassung von Kindern als Träger eigener Rechte (Cunningham 2006, S. 275). Der historische Überblick zeigt im Wesentlichen, dass der „Wert" des einzelnen Kindes im emotionalen, religiösen, gesellschaftlichen, nationalökonomischen, philosophischen, psychologischen, juristischen und medizinischen Sinne vom Stellenwert der Kindheit und der sie betreffenden Diskurse in einer Gesellschaft abhängt. Mit der Institutionalisierung der Freiheits- und Gleichheitsrechte von Kindern scheint sich Ellen Keys Prophezeiung eines „Jahrhunderts des Kindes" zumindest zum Ende des 20. Jahrhunderts noch bewahrheitet zu haben. Es lässt sich ein Zusammenhang zwischen der Demokratisierung von Gesellschaften und Kinderpolitik beobachten: Als potentielle zukünftige Wähler werden Kinder sprichwörtlich zur „Zukunft" von Staaten. Im krassen Widerspruch zu diesem Ideal und zu dem Schlagwort, von Kindern als unserer „Zukunft" stehen jedoch die großen Kriege des vergangenen Jahrhunderts und die unverhältnismäßig hohe Zahl von heute in Armut lebenden und unter Gewalt verschiedenster Art leidenden Kindern.[42]

---

42 Der Friedensforscher Johan Galtung erweiterte den klassischen Gewaltbegriff um den der „strukturellen Gewalt": Diese bezieht sich nicht auf einen destruktiven Akt

Kinderschutz wird heute wie in der Vergangenheit vornehmlich in der Öffentlichkeit propagiert und diskutiert, wobei verschiedene Funktionssysteme der Gesellschaft miteinander um die Diskurshoheit konkurrieren. Auch die Auseinandersetzungen um die jeweilige Rolle im Kinderschutz von z. B. der Medizin, der Sozialarbeit, der Politik oder des Rechts werden in den Medien ausgetragen, gerade wenn es zu problematischen Kinderschutzverläufen kommt. Je nach Interpretation des wissenschaftlichen Wertes, der Authentizität, der Zentralität und der systemrelevanten Funktionalität der jeweiligen Professionen fällt die öffentliche Schuldzuschreibung im Versagensfall aus. Akteure aller Professionen bewegen sich somit ständig im Spannungsfeld zwischen Aufgabenerfüllung, Kooperation, Abgrenzung und Rivalität um Ressourcen.[43] Gerade die folgenden aktuellen problematischen Kinderschutzverläufe zeigen dies überdeutlich.

---

einzelner, klar benennbarer Akteure, sondern auf Strukturen (z. B. Werte, Normen, Machtverhältnisse, Diskurse) innerhalb einer Gesellschaft, durch die Individuen daran gehindert werden, sich frei zu entfalten. Als typische Formen von struktureller Gewalt sieht Galtung z. B. Armut und Diskriminierung, aber auch die Zerstörung des Lebensraums durch Umweltverschmutzung etc. (Galtung 1982; Liebel 2007, S. 89 ff.). Die Debatte um strukturelle Gewalt hat auch eine große Bedeutung für die Einschätzung von Gewaltrisiken und Retraumatisierung von Kindern in Einrichtungen, welche eigentlich zu ihrem Schutz dienen (vgl. Fegert and Wolff 2006). Im folgenden Kapitel zeigt die Übersicht über die mediale Berichterstattung zu problematischen Kinderschutzverläufen genau dieses Spannungsfeld auf.

43 Zum Jugendamt aus Sicht der Medien und Öffentlichkeitsarbeit in Kinderschutzfällen vgl. Deutsches Institut für Urbanistik 2009.

2. Aktuelle Kinderschutzfälle im Spiegel der Berichterstattung

Errare humanum est,
in errore perseverare stultum.

Dieses lateinische Sprichwort, welches Irren als menschlich, das Verharren im Irrtum aber als Dummheit bezeichnet, belegt, dass Fehler und Krisen in Systemen von jeher als Veränderungs- oder Lernanreiz verstanden worden sind. Insofern ist es nicht verwunderlich, dass sehr viele Publikationen und Berichte zu dieser Thematik sich auf diesen Grundsatz zurückbeziehen, welcher in der Regel auf den Kirchenvater Hieronymus (57. Brief 12.) zurückgeführt wird. Aber auch in Ciceros Philipika findet sich die verständnisvolle Äußerung, „Cuiusvis hominis est errare" – jeder kann sich irren.

Fehler und Irrtümer einzelner sind Herausforderungen an Systeme, nicht dumm zu bleiben, sondern Rahmenbedingungen zu verändern. Die vorliegende Arbeit nähert sich der Problematik zunächst über die mediale Rezeption von Fehlern und Problemfällen, also über die in der Öffentlichkeit wahrgenommene Spitze des Eisberges. Ziel der folgenden Darstellung ist die Beschreibung des medialen Bildes des deutschen Kinderschutzes anhand von problematischen Extremfällen, die sich nach der breiten öffentlichen Diskussion im Fall Kevin im Jahr 2006 ereignet hatten. Dabei geht es einerseits um die Wahrnehmung der Häufigkeit von Fällen, die selbst nur als Spitze eines Eisbergs zu bezeichnen sind, und andererseits um den Eindruck, welchen die Leser dieser Publikationen, aber auch Politiker und andere Entscheidungsträger von der Qualität der Kinderschutzarbeit aufgrund dieser Datenlage bekommen müssen. Deutlich wird daraus, dass das Problem Fehlschläge, Fehlhaltungen, aus Fehlern lernen im Kinderschutz proaktiv thematisiert werden muss, wenn nicht verständlicher Weise vor dem Hintergrund dieser stark emotional bewegenden Fälle der staatliche Wächter permanent defensiv reagieren soll. Beachtet werden soll auch die öffentliche Wahrnehmung von Erklärungen bzw. Entschuldigungen von öffentlicher Seite bzw. die Darstellung medialer „Rückzugsgefechte" bis zum Eingestehen von Problemen.

Fast täglich berichten die Medien von Fällen, in denen Kinder verwahrlost aufgefunden, misshandelt und getötet wurden. Genaue statistische Angaben dazu, wie viele Kinder Opfer von Gewalt und Vernachlässigung in ihrer häuslichen Umgebung werden, gibt es nicht. Die Medienberichte geben aber einen Eindruck von der Art und den Folgen der Misshandlung und liefern in vielen Fällen Anhaltspunkte für Fehler der Verantwortlichen.

Nach Erhebungen des Statistischen Bundesamts kam es im Jahr 2006 in Deutschland in 25.847 Fällen zu einer Inobhutnahme durch das Jugendamt. Dabei war eine Überforderung der Eltern in 10.778 Fällen der Anlass für die Inobhutnahme, in 2.942 Fällen lag der Maßnahme eine Vernachlässigung und in 2.419 Fällen Anzeichen für eine Misshandlung des Kindes zugrunde.

Einen Anhaltspunkt für die Anzahl der Kinder, die in Deutschland getötet werden, bietet die polizeiliche Kriminalstatistik (PKS), die im Jahr 2006 157 Fälle von Mord und Totschlag zum Nachteil von Kindern unter 16 Jahren registrierte. Die Zahl der in Deutschland den Strafverfolgungsbehörden bekannten Fälle einer Misshandlung von Kindern ist in der PKS für das Jahr 2006 mit 3.639 Fällen ausgewiesen. In 1.597 Fällen kam es laut PKS im selben Jahr zu Ermittlungen wegen einer Verletzung der Fürsorge- und Erziehungspflicht. Die Todesursachenstatistik des statistischen Bundesamtes weist für das Jahr 2006 eine Zahl von 433 Fällen von Kindern und Jugendlichen im Alter von 0 bis 15 Jahren auf, die aufgrund von Verletzungen, Vergiftungen und bestimmten anderen Folgen äußerer Ursachen zu Tode gekommen waren.

Obwohl es, wie in Kapitel 1 gezeigt, schwere und massive Fälle von Vernachlässigung und Misshandlung von Kindern zu allen Zeiten gab und diese statistischen Angaben in den letzten Jahren keinen Anstieg in diesem Bereich widerspiegeln, greifen die Medien die Thematik in den vergangenen Jahren verstärkt auf. Spektakuläre Fälle wie der Fall Jessica aus Hamburg aus dem Jahr 2005 und der Fall Kevin in Bremen aus dem Jahre 2006 haben zu einer breiten öffentliche Diskussion über Fehler der Verantwortlichen und über strukturelle Mängel ausgelöst. Diese öffentliche Diskussion und die detaillierte Aufarbeitung der Vorkommnisse, wie sie z. B. im Rahmen des ausführlichen fundierten Untersuchungsberichts der Bremer Bürgerschaft erfolgt ist (vgl. dazu ausführlich Kap. 5), kann wichtige Erkenntnisse für den Umgang mit zukünftigen Fällen liefern und hat schon eine Reihe von Fachbeiträgen und Analysen hervorgebracht, die sich auf der Basis dieses Berichts mit der Praxis der Jugendhilfe auseinandersetzen (Emig 2007; Gehrmann und Müller 2008; Salgo 2007), und Aktivitäten dahingehend auslösen, welche Veränderungen vorgenommen werden müssen, damit Fehler zukünftig verhindert werden können. Dabei sollte die Diskussion in den Medien und in der Fachöffentlichkeit auch als Chance begriffen werden, aus den Fehlern, die im Einzelfall gemacht wurden, zu lernen und die Erkenntnisse entsprechend umzusetzen.

Im Folgenden wird eine umfangreiche Darstellung aller mehr oder weniger ausführlich in den Medien behandelten Fälle zwischen dem Jahr 2006 und April 2008 vorgenommen, die Aufschluss über die Umstände und Hintergründe des jeweiligen Falles und die Beteiligung von Behörden und Institutionen geben und Hinweise auf mögliche Fehler von Verantwortlichen und strukturelle Probleme offen legen. Durch die Darstellung der Fälle soll ein Problemaufriss vorgenommen werden, der Ansatzpunkte für einen Prozess des Lernens aus Fehlern zeigen kann.

Um einen Überblick über die Art und Häufigkeit von hochproblematischen Kinderschutzverläufen in Deutschland zu ermöglichen, wurde zunächst eine Internetrecherche mit den Stichworten „Misshandlung" „Vernachlässigung", „Verwahrlosung" und „Kindstötung" durchgeführt. Die genannten Begriffe wurden in eine Suchmaschine (Google) eingegeben. Zusätzlich wurden die Onlinearchive der überregionalen Tageszeitungen „Frankfurter Allgemeine Zeitung", „Süddeutsche Zeitung", „Bild", „Frankfurter Rundschau", „Die Welt" sowie der Wochenzeitung „Die Zeit" und der Wochenmagazine „Spiegel", „Stern" und „Focus" mit den genannten Stichworten durchsucht. Zu den hierbei ermittelten Fällen, die sich in den Jahren 2007 und 2008 ereigneten bzw. die in diesem Zeitraum bekannt wurden, wurde jeweils mit individuell auf den jeweiligen Fall bezogenen Stichworten weiterrecherchiert. Hier wurde insbesondere in den Onlinearchiven der Regionalzeitungen der betreffenden Region recherchiert. Zu den Fällen wurden zahlreiche Informationen zum betroffenen Kind, zu den Eltern, zur Art der Misshandlung, zu den Folgen, zur Beteiligung der Behörden, zu den Umständen des Bekanntwerdens und zum Ort des Vorfalls erfasst. Die Daten wurden quantitativ ausgewertet.

Der gewählte Zugang der Internetrecherche kann keine vollständige Erfassung aller in den Medien rezipierter Vorfälle garantieren. Aufgrund des bereits vor der Beauftragung liegenden Untersuchungszeitraumes konnte keine laufende Pressebeobachtung, sondern nur eine retrospektive Analyse der noch verfügbaren Informationen erfolgen. Erhoben werden konnten nur die Fälle, in denen zum Zeitpunkt der Recherche im März und April 2008 Medienberichte im Internet abrufbar waren. Wie bei Presserecherchen generell sind Einschränkungen in Bezug auf die Vollständigkeit und den Realitätsgehalt der Meldungen zu berücksichtigen. Die Fälle unterscheiden sich erheblich im Unfang der Berichterstattung. Während manche Vorfälle ausführlich analysiert wurden, fand sich zu anderen Fällen nur eine dreizeilige Meldung.

Die erfassten Fälle sind zunächst in tabellarischer Form dargestellt. Im Anschluss werden die Ergebnisse der quantitativen Auswertung beschrieben. Abschließend werden Hinweise auf mögliche Fehler oder strukturelle Probleme in ausgewählten Fällen skizziert.

2.1 Tabellarische Übersicht aller in die Analyse eingegangenen Fälle

Die Reihenfolge der Darstellung in der Tabelle der Kinderschutzfälle erfolgt gemäß dem Datum, an dem sich der Vorfall ereignet hat bzw. wenn dieses Datum nicht festgestellt werden konnte, nach dem Zeitpunkt der frühesten Veröffentlichung, die für die Auswertung herangezogen wurde (Tabelle 1).

Angegeben sind der Ort und das Bundesland, in dem sich der Vorfall ereignet hat, sowie der Name und das Alter der betroffenen Kinder. Überwiegend wurde der Name des Opfers jedoch in den Medien nicht wiedergegeben, so dass sich die Benennung in diesen Fällen auf das Geschlecht beschränkt. Die Tabelle enthält eine stichwortartige Beschreibung der Art der Misshandlung sowie der aufgrund der Misshandlung eingetretenen Folgen. Abschließend sind jeweils Angaben zur Beteiligung von Behörden, Ärzten und anderen Stellen sowie die eingeleiteten Maßnahmen aufgeführt.

Tabelle 1: Kinderschutzfälle aus den Jahren 2007 und 2008

Datum	Ort/Bundesland	Name und Alter des Kindes	Art der Misshandlung	Folge	Beteiligung Behörden
02.01.2007	Schneeberg/Sachsen	Laura (8 Jahre)	Kind von Mutter mit Medikamenten vergiftet	Tod	keine Informationen
09.01.2007	Berlin Marzahn	7 Kinder und Jugendliche (2, 5, 8, 12, 16, 17, 18 Jahre)	Kinder leben zwischen Müll und Schimmel	keine	Familie nicht bekannt
10.01.2007	Berlin Mitte	Mädchen (2 Jahre), Junge (4 Jahre)	verdreckte, vermüllte Wohnung, Alkohol für Kinder erreichbar	keine	keine Informationen
10.01.2007	Kamen/Nordrhein-Westfalen	Junge (15 Monate)	schwere Misshandlungen vermutlich durch Vater, Schütteltrauma	Tod	keine Information
12.01.2007	Berlin Marzahn	Mädchen (2 Jahre), Junge (10 Jahre)	völlig verwahrloste Wohnung	keine	ja, Kinder wurden bei Versuch eines Hausbesuches entdeckt
17.01.2007	Berlin Adlershof	Junge (10 Jahre)	total verwahrloste Wohnung, Berge von Müll	keine	ja, Sozialarbeiterin hatte Erkundigungen in Schule eingeholt

55

Tabelle 1 (*Fortsetzung*)

Datum	Ort/Bundesland	Name und Alter des Kindes	Art der Misshandlung	Folge	Beteiligung Behörden
17.01.2007 (25.01.2007) (25.01.2007)	Thörey/Thüringen	Mädchen (neugeboren), Junge (neugeboren), Mädchen (neugeboren)	Neugeborene Kinder nach der Geburt von Mutter in Plastikfolie gewickelt (2002, 2003, 2005)	Tod	keine Informationen
18.01.2007	Ludwigsfelde/ Brandenburg	Aron (4 Jahre), Amina (2 Jahre)	Kinder von Vater erschossen	Tod	Familie nicht bekannt
23.01.2007	Viernheim/Hessen	Mädchen (neugeboren)	Kind von Mutter nach Geburt in Plastiktüte gesteckt und in Gebüsch versteckt	Tod	keine Informationen
25.01.2007	Ulm/Baden-Württemberg	Mädchen (neugeboren)	Baby nach Entbindung in Klinik von Mutter erstickt und im Keller versteckt	Tod	keine Informationen
06.02.2007	Morbach/Rheinland-Pfalz	Säugling (neugeboren)	Kind von der Mutter nach der Geburt in Badewanne ertränkt	Tod	keine Informationen

Tabelle 1 (*Fortsetzung*)

Datum	Ort/Bundesland	Name und Alter des Kindes	Art der Misshandlung	Folge	Beteiligung Behörden
18.02.2007	Rhede/Nordrhein-Westfalen	Johannes (11 Jahre)	Kind vom Vater erstochen	Tod	Familie nicht bekannt
18.02.2007	Fürth/Bayern	Mädchen (5 Jahre), Mädchen (3 Jahre), Junge (1 Jahr)	verwahrloste Wohnung, Kinder über Tage auf sich allein gestellt, Wohnung voller Kot und Schimmel	keine	ja, Hausbesuche durch Jugendamt
18.02.2007	Neunkirchen/Saarland	Mädchen (18 Monate)	verwahrlostes Kind, unterernährt, mit Fäkalien verklebt	Mangel-erscheinungen	ja, keine Maßnahmen
21.02.2007	Esslingen/Baden-Württemberg	Mike (8 Jahre), Mark (12 Jahre)	mit Elektrokabel von der Mutter bewusstlos gedrosselt und danach erstochen	Tod	keine Informationen
01.03.2007	Herdorf/Rheinland-Pfalz	Junge (neugeboren)	Kind von der Mutter unmittelbar nach der Geburt getötet	Tod	keine Informationen
04.03.2007	Ackerende/Schleswig-Holstein	Junge (neugeboren)	Junge von der Mutter kurz nach der Geburt getötet und auf Parkplatz abgelegt	Tod	keine Informationen
08.03.2007	Rastede/Niedersachsen	Junge (3 Monate)	Säugling wurde vom Vater solange geschüttelt bis er starb	Tod	keine Informationen

Tabelle 1 (*Fortsetzung*)

Datum	Ort/Bundesland	Name und Alter des Kindes	Art der Misshandlung	Folge	Beteiligung Behörden
08.03.2007	Hötensleben/Sachsen-Anhalt	Junge (neugeboren)	neugeborener Junge von Mutter unter einem Bett versteckt	Tod	keine Informationen
11.03.2007	Sandersdorf/Sachsen-Anhalt	Mädchen (neugeboren)	neugeborenes Mädchen von der Mutter durch massive Gewalt nachder Geburt getötet	Tod	keine Informationen
17.03.2007	Hamburg Osdorf	Mädchen (neugeboren)	neugeborenes Mädchen von Mutter aus 10. Stock geworfen	Tod	keine Informationen
19.03.2007	Kiel/Schleswig-Holstein	Säugling (neugeboren)	Neugeborenes von Mutter in Badewanne ertränkt	Tod	keine Informationen
20.3.2007	Rosenheim/Bayern	Marcel (10 Monate)	von der Mutter heftig geschüttelt und auf Wickelkommode gepresst, Mund mehrfach mit Windel verstopft	Tod	ja, in Mutter-Kind-Heim
22.03.2007	Oberhausen/Nordrhein-Westfalen	Junge (8 Monate)	Kind in Kirche ausgesetzt	keine	keine Informationen

Tabelle 1 (*Fortsetzung*)

Datum	Ort/Bundesland	Name und Alter des Kindes	Art der Misshandlung	Folge	Beteiligung Behörden
24.03.2007	Bromskirchen/Hessen	Jaqueline (1 Jahr)	verhungert und verdurstet, rohes Fleisch war zu sehen – nicht gekümmert	Tod	keine Informationen
27.03.2007	Illertissen/Bayern	Sheila Selina (11 Monate)	desolater Versorgungs- und Ernährungszustand, Vernachlässigung	Mangelerscheinungen	Familie nicht bekannt
03.04.2007	Hirschberg-Baden-Württemberg	Darian (7 Monate)	von Vater massiv in Gesicht geschlagen Gliedmaßen und Rippen gebrochen, Zuführen von heißer bzw. ätzender Flüssigkeit	massive Verletzungen, schwere Mangelerscheinungen	Familie nicht bekannt, Kinderärztin hatte nach U4 Verdacht
04.04.2007	Nortrup/Niedersachsen	Janina (5 Jahre)	Kind von Mutter wurde erdrosselt	Tod	keine Informationen
13.04.2007	Erfurt/Thüringen	Paula (neugeboren) Paul (neugeboren)	neugeborene Kinder nach Geburt von Mutter getötet (2002 und 2004)	Tod	keine Informationen

Tabelle 1 (Fortsetzung)

Datum	Ort/Bundesland	Name und Alter des Kindes	Art der Misshandlung	Folge	Beteiligung Behörden
17.04.2007	Berlin	Junge (4 Jahre)	Kind balanciert auf Fensterbrett, Mutter im Drogenrausch, Wohnung völlig vermüllt	keine	keine Informationen
23.04.2007	Berlin Mitte	Junge (6 Monate)	Säugling von Stiefvater zu Tode geschüttelt, Spuren älterer Gewalteinwirkungen	Tod	keine Informationen
27.04.2007	Berlin Prenzlauer Berg	2 Mädchen, 2 Jungen (8, 9, 11, 12 Jahre)	Kinder waren fast ein Jahr auf sich allein gestellt – völlig vermüllte Wohnung, Mutter zog zu Freund	keine	ja, Gespräche in Amt
30.04.2007	Berlin Reinickendorf	Mädchen (4 Jahre), Junge (12 Jahre)	verwahrloste Wohnung	keine	keine Informationen
05.05.2007	Berlin Wilmersdorf	Amani (8 Jahre)	Kind wurde vermutlich von Mutter Kehle durchgeschnitten	Tod	ja, keine Maßnahmen
07.05.2007	Aue/Sachsen	Saskia (2 Jahre), Eileen (5 Jahre)	Kinder von Mutter mit Kissen erstickt	Tod	keine Informationen

Tabelle 1 (*Fortsetzung*)

Datum	Ort/Bundesland	Name und Alter des Kindes	Art der Misshandlung	Folge	Beteiligung Behörden
22.05.2007	Dippach/Thüringen	Junge (7 Monate)	Kind von Mutter mit Elektrokabel erwürgt	Tod	keine Informationen
24.05.2007	Sonthofen/Bayern	Junge (2 Jahre)	Kind von Partner der Mutter gebissen und geschlagen	Verletzungen	Familie war Jugendamt am früheren Wohnort bekannt
26.05.2007	Hürth/Nordrhein-Westfalen	Celina (2 Jahre)	komplexes Verletzungsbild, Todesursache möglicherweise Schlag in Magengrube durch neuen Partner der Mutter	Tod	ja, engmaschige Betreuung
31.05.2007	Berlin Prenzlauer Berg	Mädchen (3 Jahre), Junge (6 Jahre)	verdreckte Wohnung, penetranter übler Geruch	keine	keine Informationen
09.06.2007	Rheine/Nordrhein-Westfalen	Junge (7 Monate)	schwerste multiple Misshandlungen durch Partner der Mutter	schwere Verletzungen	keine Informationen
14.06.2007	Ursberg/Bayern	Anja (7 Jahre)	7 Jahre lang von der Mutter eingesperrt in einem abgedunkelten verwahrlosten Zimmer	sonstiges	Familie nicht bekannt

Tabelle 1 (*Fortsetzung*)

Datum	Ort/Bundesland	Name und Alter des Kindes	Art der Misshandlung	Folge	Beteiligung Behörden
17.06.2007	Leipzig/Sachsen	Fiona (3 Monate)	mehrfach von Mutter mit Kopf auf hölzerne Wickelkommode geschlagen	schwere Verletzungen	keine Informationen
20.06.2007	Hamburg Wilhelmsburg	Jonathan (3 Jahre), Lena (1 Jahr)	Kinder völlig verwahrlost, Vater völlig überfordert	keine	ja, Hausbesuche
22.06.2007	Iserlohn/Nordrhein-Westfalen	André (3 Monate)	Säugling verhungert und verdurstet, Vernachlässigung durch beide Eltern	Tod	ja engmaschige Betreuung
23.06.2007	Rheinland-Pfalz-Kreis/Rheinland-Pfalz	Mädchen (10 Wochen)	Kind von der Mutter durch stumpfe Gewalt auf den Kopf erschlagen	Tod	keine Informationen
26.06.2007	Bahlen/Mecklenburg-Vorpommern	Julian (10 Jahre)	Kind von Vater mit Wollschal erdrosselt	Tod	keine Informationen
27.06.2007	Berlin Wedding	Mädchen (8 Monate)	Vater führt heftige Schläge gegen das Kind aus	schwere Verletzungen	keine Informationen

Tabelle 1 (*Fortsetzung*)

Datum	Ort/Bundesland	Name und Alter des Kindes	Art der Misshandlung	Folge	Beteiligung Behörden
27.06.2007	Büren/Nordrhein-Westfalen	Christina (11 Jahre), Sergej (16 Jahre)	vom Vater durch Schnitte in den Hals getötet vom Vater mit Beil erschlagen	keine	keine Informationen
19.07.2007	Berlin Niederschönhausen	Junge (6 Monate)	verwahrlostes Kind in verdreckter Wohnung	keine	keine Informationen
22.07.2007	Bremen	Lukas (2 Monate)	Kind vom Vater massiv geschüttelt und mit wuchtiger stumpfer Gewalt auf Kopf verletzt	Tod	Familie nicht bekannt
06.08.2007	Sehmatal/Sachsen	Kevin (10 Jahre)	Kind vom Partner der Mutter im Schlaf erwürgt	Tod	keine Informationen
12.08.2007	Nürnberg/Bayern	Lisa (15 Jahre)	von der Mutter im Schlaf mit Stich ins Herz getötet	Tod	keine Informationen
28.08.2007	Ahrensfelde/Brandenburg	Junge (neugeboren)	Neugeborenes von der Mutter nicht versorgt, in Waschmaschine gewaschen	Tod	Familie nicht bekannt

63

Tabelle 1 (*Fortsetzung*)

Datum	Ort/Bundesland	Name und Alter des Kindes	Art der Misshandlung	Folge	Beteiligung Behörden
06.09.2007	Kamen/Nordrhein-Westfalen	Säugling (3 Monate)	vom Vater massiv geschüttelt	Tod	keine Informationen
15.09.2007	Gera/Thüringen	Lana (6 Wochen)	Mädchen von der Mutter zweimal mit dem Kopf auf den Boden geschlagen	Tod	ja, Angebot von soz.päd. Familienhilfe
19.09.2007	Schleiden/Nordrhein-Westfalen	Max Luca (2 Jahre)	vom Lebensgefährten der Mutter heftig geschüttelt und geschlagen	Tod	ja, Hausbesuche
21.09.2007	Wasserburg/Bayern	Junge (3 Monate)	Kind vom Vater stark geschüttelt, Gewalteinwirkungen	schwere Verletzungen	keine Informationen
02.10.2007	Oberhausen/Nordrhein-Westfalen	Junge (7 Jahre)	Kind von Mutter erdrosselt	Tod	keine Informationen
05.10.2007	Cuxhaven/Niedersachsen	Leon (11 Monate)	massive Gewalteinwirkung mit Fäusten durch Partner der Mutter	Tod	ja, Hausbesuche

Tabelle 1 (*Fortsetzung*)

Datum	Ort/Bundesland	Name und Alter des Kindes	Art der Misshandlung	Folge	Beteiligung Behörden
15.10.2007	Reilingen/Baden-Württemberg	Junge (neugeboren)	Babyleiche in Plastiktüte	Tod	keine Informationen
16.10.2007	Bremen	Mädchen (2 Monate)	Kind vom Vater an Wand geschleudert	keine	keine Informationen
18.10.2007	Fritzlar/Hessen	Junge (neugeboren)	Mutter tötet Kind nach Kaiserschnitt in Klinik – Todesursache noch unklar	Tod	keine Informationen
18.10.2007	Ilsenburg/Sachsen-Anhalt	Marco (neugeboren)	Kind von Mutter unmittelbar nach Geburt in Wassergraben abgelegt	Tod	keine Informationen
22.10.2007	Neudietendorf/Thüringen	Mädchen (neugeboren)	neugeborenes Mädchen lebend in Plastiktüte gesteckt	Tod	keine Informationen
30.10.2007	Grabow/Mecklenburg-Vorpommern	Junge (3 Jahre), Mädchen (7 Jahre)	Kinder lebten im Müll und verbrühten sich beim Spielen – völlig verdreckte und verwahrloste Wohnung	schwere Verletzungen	ja, keine Maßnahmen
02.11.2007	Mudersbach/Rheinland-Pfalz	Säugling (neugeboren)	Neugeborenes nach Geburt mit Handtuch erstickt	Tod	ja, engmaschige Betreuung

Tabelle 1 (*Fortsetzung*)

Datum	Ort/Bundesland	Name und Alter des Kindes	Art der Misshandlung	Folge	Beteiligung Behörden
06.11.2007	Wuppertal/Nordrhein-Westfalen	Mädchen (neugeboren)	Baby unmittelbar nach Geburt getötet und in Plastiktüte gesteckt	Tod	keine Informationen
06.11.2007	Betzdorf/Rheinland-Pfalz	Säugling (neugeboren)	Kind wurde nach der Geburt mit Handtuch erstickt	Tod	keine Informationen
10.11.2007	Nördlingen/Bayern	Leonie (1 Jahr)	zunächst Schläge ins Gesicht, anschließend erwürgt durch Partner der Mutter	Tod	ja, Ambulante Hilfen (18 Kontakte)
12.11.2007	Ihrlerstein/Bayern	7 Mädchen, 1 Junge (9 Monate bis 11 Jahre)	mit Kochlöffel blutig geschlagen, eingesperrt, in Kot gedrückt	keine	ja, Ambulante Hilfe
12.11.2007	Schwerin/Mecklenburg-Vorpommern	Mädchen (10 Jahre)	über zwei Jahre lang vom Stiefvater nachts aus Bett gezerrt und mit Eisenstange geschlagen	Verletzungen	keine Informationen
20.11.2007	Schwerin/Mecklenburg-Vorpommern	Lea-Sophie (5 Jahre)	Kind verhungert und verdurstet, übersät mit Wunden	Tod	ja, Einladungen zu Gesprächen

Tabelle 1 (*Fortsetzung*)

Datum	Ort/Bundesland	Name und Alter des Kindes	Art der Misshandlung	Folge	Beteiligung Behörden
22.11.2007	Berlin Adlershof	Junge (1,5 Jahre), Mädchen 3, Mädchen 7	Kinder lebten in verwahrloster Wohnung	keine	keine Informationen
24.11.2007	Berlin Spandau	Charise (2 Jahre), Angelique (2 Jahre), Ronja (5 Jahre)	verwahrloste Wohnung, mangelnde Aufsicht	keine	ja, Hausbesuche
26.11.2007	Bad Salzdetfurth/ Niedersachsen	Leonie (4 Jahre)	stumpfe Gewalteinwirkung auf Kopf durch Partner der Mutter	Tod	keine Informationen
27.11.2007	Berlin Wedding	Junge (1 Jahr), Mädchen (3 Jahre), Mädchen (6 Jahre)	totale Verwahrlosung der Wohnung	keine	keine Informationen
27.11.2007	Duisburg/Nordrhein-Westfalen	Junge (2 Jahre)	massive Misshandlungen durch Partner der Mutter, Verwahrlosung der Wohnung	schwere Verletzungen	ja, Hausbesuche
28.11.2007	Plauen/Sachsen	Celine (neugeboren), Mädchen (neugeboren), Mädchen (neugeboren)	Neugeborene Kinder nach der Geburt getötet (2002, 2004, 2005)	Tod	keine Informationen

Tabelle 1 (*Fortsetzung*)

Datum	Ort/Bundesland	Name und Alter des Kindes	Art der Misshandlung	Folge	Beteiligung Behörden
28.11.2007	Berlin Hellersdorf	Mädchen (9 Jahre), Mädchen (13 Jahre), Junge (17 Jahre)	totale Verwahrlosung der Wohnung	keine	Familie war Jugendamt bekannt
29.11.2007	Berlin Tempelhof	Sarah (2 Jahre), Mädchen (5 Jahre), Junge (5 Monate)	sexueller Missbrauch durch Vater, Verwahrlosung, Verwahrlosung	sonstiges	keine Informationen
01.12.2007	Westerstede/ Niedersachsen	Max (10 Wochen)	massives Schütteln durch Vater	schwere Verletzungen	Familie nicht bekannt
02.12.2007	Berlin Kreuzberg	vier Kinder (5, 7, 10 und 13 Jahre)	Kinder allein gelassen, keine ausreichende Nahrung	keine	keine Informationen
03.12.2007	Flensburg/Schleswig-Holstein	Mädchen (2 Jahre)	Kind mit Anzeichen von Vernachlässigung gestorben	Tod	keine Informationen
04.12.2007	Berlin Neukölln	Junge (neugeboren)	neugeborener Junge sollte in Gebüsch ausgesetzt werden	keine	keine Informationen

Tabelle 1 (*Fortsetzung*)

Datum	Ort/Bundesland	Name und Alter des Kindes	Art der Misshandlung	Folge	Beteiligung Behörden
05.12.2007	Schwarzheide/ Brandenburg	Junge (neugeboren)	neugeborenes Kind von Mutter mit Strumpf erdrosselt	Tod	keine Informationen
05.12.2007	Darry/Schleswig-Holstein	Justin (9 Jahre), Jonas (8 Jahre), Liam (6 Jahre), Ronan (5 Jahre), Aidan (3 Jahre)	Kinder von Mutter mit Tabletten betäubt und anschließend mit Plastiktüte erstickt	Tod	ja, Hilfe im Haushalt
05.12.2007	Berlin Treptow	Junge (4 Jahre), Junge (14 Jahre)	Wohnung verwahrlost, keine kindgerechte Nahrung,	keine	keine Informationen
06.12.2007	Berlin Charlottenburg	Mädchen (6 Wochen)	Kind stirbt neben toter Mutter an Flüssigkeitsmangel	Tod	ja, engmaschige Betreuung
06.12.2007	Nordhausen/Thüringen	Mädchen (neugeboren)	neugeborenes Kind unterkühlt und nicht versorgt	Tod	Familie nicht bekannt

Tabelle 1 (*Fortsetzung*)

Datum	Ort/Bundesland	Name und Alter des Kindes	Art der Misshandlung	Folge	Beteiligung Behörden
06.12.2007	Offenburg/Baden-Württemberg	Junge (4 Wochen)	Säugling bis zur Bewußtlosigkeit geschüttelt	Tod	keine Informationen
09.12.2007	Kleve/Nordrhein-Westfalen	Säugling (3 Monate)	Kind von Vater schwer misshandelt Misshandlung, Schütteltrauma	schwere Verletzungen	ja, sozialpädagogische Familienhilfe
10.12.2007	Greifswald/Mecklenburg-Vorpommern	Junge (3 Monate)	Kind von Mutter mehrfach mit Faust auf Kopf geschlagen	schwere Verletzungen	ja, Unterbringung in Mutter-Kind-Heim
14.12.2007	Nauen/Brandenburg	Junge (neugeboren)	Junge nach Geburt in Plastiktüte gesteckt und in Schrank gelegt	Tod	Familie nicht bekannt
19.12.2007	Nordhausen/Thüringen	Mädchen (6 Monate), Mädchen (18 Monate)	völlig vermüllte Wohnung	keine	keine Informationen
25.12.2007	Beratzhausen/Bayern	Junge (2 Jahre), Junge (3 Jahre)	von der Mutter mit Kissen erstickt bzw. erwürgt,	Tod	Familie nicht bekannt
25.12.2007	München/Bayern	Junge (8 Jahre)	Todesursache unklar – Abschiedsbrief des Vaters	Tod	Familie nicht bekannt

Tabelle 1 (*Fortsetzung*)

Datum	Ort/Bundesland	Name und Alter des Kindes	Art der Misshandlung	Folge	Beteiligung Behörden
26.12.2007	Kirchberg/Sachsen	Robin (2 Jahre)	Kind verhungert und verdurstet, Mutter lässt krankes Kind tagelang allein	Tod	ja, Maßnahmen wurden jedoch 3 Monate zuvor eingestellt
26.12.2007	Eichendorf/Bayern	Säugling (15 Monate)	Kind vom Partner der Mutter gebissen, mehrmals gegen den Kopf getreten, ins Gesicht geschlagen und versucht, wegzuschleudern	schwere Verletzungen	keine Informationen
30.12.2007	Potsdam/Brandenburg	Mädchen (5 Monate)	schwere Verletzungen an Stirn und Hinterkopf, Kratzspuren im Gesicht	schwere Verletzungen	Familie nicht bekannt
02.01.2008	Hannover/ Niedersachsen	Junge (neugeboren)	Kind verhungert und erfroren vor verschlossener Babyklappe gefunden	Tod	keine Informationen
02.01.2008	Karlsruhe/Baden-Württemberg	Mädchen (neugeboren)	toter Säugling in Babyklappe abgelegt	Tod	keine Informationen

Tabelle 1 (*Fortsetzung*)

Datum	Ort/Bundesland	Name und Alter des Kindes	Art der Misshandlung	Folge	Beteiligung Behörden
02.01.2008	Jarmitzow/ Mecklenburg-Vorpommern	Junge (7 Jahre), Junge (12 Jahre), Junge (14 Jahre)	Wohnung erschien verwahrlost	keine	Familie nicht bekannt
05.01.2008	Lüneburg/ Niedersachsen	Mädchen (neugeboren)	neugeborenes Mädchen erstickt und in Plastiktüte gesteckt	Tod	ja, keine Maßnahmen
09.01.2008	Waltenhofen/Bayern	Mädchen (4 Jahre), Junge (8 Jahre)	ungepflegte Kinder aus vermüllter und verwahrloster Wohnung geholt	keine	ja, Hilfen in Planung
15.01.2008	Behringen/Thüringen	Mädchen (1 Jahr), Junge (3 Jahre)	Flüssigkeitsmangel und Mangelernährung, Hautaufweichungen am Gesäß und in Leisten, Mangelerscheinungen, blaues Auge	Tod, Mangelerscheinungen	ja, keine Maßnahmen
17.01.2008	Dorsten/Nordrhein-Westfalen	Justin Jeremy (15 Monate)	Schütteltrauma führte zum Tode	Tod	ja, keine Maßnahmen

Tabelle 1 (*Fortsetzung*)

Datum	Ort/Bundesland	Name und Alter des Kindes	Art der Misshandlung	Folge	Beteiligung Behörden
20.01.2008	Dortmund/Nordrhein-Westfalen	Elisabeth (6 Jahre), Martina (8 Jahre)	Kinder auf sich allein gestellt auf engstem Raum mit sterbendem Vater	keine	ja, Ambulante Hilfe
22.01.2008	Berlin Reinickendorf	Mädchen (4 Jahre)	Verwahrloste, vermüllte Wohnung, keine kindgerechte Nahrung	keine	keine Informationen
23.01.2008	Berlin Spandau	Dennis (7 Wochen)	massive Gewalteinwirkung	Tod	ja, Hausbesuche
28.01.2008	Berlin Neukölln	Mädchen (12 Jahre),	vermüllte, unbeheizte Wohnung	Mangelerscheinungen	keine Informationen
28.01.2008	Raece/Nordrhein-Westfalen	Mädchen (2 Jahre)	Massive Gewalteinwirkung durch Partner der Mutter	keine	ja, nur im Rahmen von Trennung und Scheidung
04.02.2008	Mönchengladbach/Nordrhein-Westfalen	Yasmina (2 Jahre), Souheil (8 Jahre)	Kinder von Mutter getötet – Einzelheiten nicht bekannt	Tod	keine Informationen
05.02.2008	Gelsenkirchen/Nordrhein-Westfalen	Junge (5 Jahre)	Kind von Partner der Mutter massiv geschlagen und gequält, Versuch, Kind zu erwürgen	schwere Verletzungen	keine Informationen

Tabelle (*Fortsetzung*)

Datum	Ort/Bundesland	Name und Alter des Kindes	Art der Misshandlung	Folge	Beteiligung Behörden
07.02.2008	Bonn/Nordrhein-Westfalen	Junge (5 Monate)	zahlreiche Verletzungsspuren weisen auf Misshandlung hin	schwere Verletzungen	ja, engmaschige Betreuung
08.02.2008	Gersthofen/Bayern	Luka (5 Monate), Sara (2 Jahre)	Kinder von Mutter in Badewanne ertränkt	Tod	Familie nicht bekannt
13.02.2008	Frankfurt (Oder)/ Brandenburg,	Florian (6 Monate)	Kind verhungert	Tod	Familie nicht bekannt
13.02.2008	Lübben/Brandenburg	Mädchen (neugeboren)	neugeborenes Mädchen in Badewanne ertränkt	Tod	keine Informationen
13.02.2008	Schwanewede/ Niedersachsen	Mädchen (neugeboren)	Kind nach Geburt nicht versorgt, sondern in Eimer gesteckt und in Spind gestellt	Tod	Familie nicht bekannt
14.02.2008	Bitburg/Rheinland-Pfalz	Mädchen (5 Monate)	Kind vom Vater schwer misshandelt	schwere Verletzungen	ja, Ambulante Hilfe

Tabelle 1 (*Fortsetzung*)

Datum	Ort/Bundesland	Name und Alter des Kindes	Art der Misshandlung	Folge	Beteiligung Behörden
15.02.2003	Regen/Bayern	7 Kinder (9 bis 17 Jahre)	Misshandlungen, schwere Gewalt, Überforderung der Eltern	keine	ja, verschiedenste Maßnahmen
18.02.2003	Münster/Nordrhein-Westfalen	4 Kinder (3 bis 11 Jahre)	totale Verwahrlosung der Wohnung	keine	keine Informationen
20.02.2003	Berlin Neukölln	Junge (4 Jahre)	von Mutter mit Gürtel mehrfach heftig ins Gesicht geschlagen	keine	keine Informationen
23.02.2003	Berlin Marzahn	Junge (5 Monate)	Kind lag durchnässt in nassem, schmutzigen Bett	Mangelerscheinungen	keine Informationen
28.02.2003	Berlin Wedding	Junge (2 Jahre)	verdreckte und vermüllte Wohnung	keine	keine Informationen
29.02.2003	Berlin Reinickendorf	Amelie-Celine (7 Monate)	Kind von Vater mehrfach auf Boden geworfen und tödlich verletzt	Tod	ja, Unterbringung in Mutter-Kind-Heim

Tabelle 1 (*Fortsetzung*)

Datum	Ort/Bundesland	Name und Alter des Kindes	Art der Misshandlung	Folge	Beteiligung Behörden
02.03.2008	Dachau/Bayern	Junge (2 Jahre)	Kind vom Vater erstochen	Tod	Familie nicht bekannt
03.03.2008	Waren/Mecklenburg-Vorpommern	Junge (3 Jahre)	Kind von Partnerin des Vaters mit Kopf mehrfach auf Boden geschlagen und verbrüht	schwere Verletzungen	keine Informationen
16.03.2008	Berlin Prenzlauer Berg	Mädchen (6 Jahre)	Mädchen sitzt hungrig und weinend allein auf Straße, Wohnung völlig verwahrlost	keine	keine Informationen
18.03.2008	Wuppertal/Nordrhein-Westfalen	Talea (5 Jahre)	Todesursache ist massive Gewalteinwirkung durch Pflegemutter	Tod	ja, Unterbringung in Pflegefamilie
05.04.2008	Vechta/Niedersachsen	Junge (neugeboren)	Kind nach Geburt nicht versorgt, sondern in Sporttasche gelegt und im Wald abgestellt	Tod	keine Informationen

Tabelle 1 (*Fortsetzung*)

Datum	Ort/Bundesland	Name und Alter des Kindes	Art der Misshandlung	Folge	Beteiligung Behörden
06.04.2008	Ber in Köpenick	Mädchen (neugeboren)	Neugeborenes tot in Rucksack in Waldgebiet gefunden	Tod	Familie nicht bekannt
08.04.2008	Rosenheim/Bayern	Mädchen (2 Monate)	Kind von der Mutter mit Händen und Gegenständen geschlagen, Schädelfraktur und Hämatome	schwere Verletzungen	keine Informationen
10.04.2008	Hamburg Osdorf	4 Kinder (2 bis 8 Jahre)	Kinder allein in verqualmter Wohnung eingesperrt	keine	ja, Hilfen in Planung

2.2 Ergebnisse der quantitativen Analyse

Im Folgenden werden die im Rahmen der Analyse erfassten Fälle beschrieben. Schlussfolgerungen und Verallgemeinerungen der Ergebnisse sind aufgrund der Wahl des Datenzuganges nur sehr eingeschränkt möglich. Da die Informationen nur die in den Medien dargestellten Aspekte berücksichtigen und darüber hinaus gehende wesentliche Berichte nicht mehr zur Verfügung standen, lassen sich keine repräsentativen Schlüsse auf Kinderschutzfälle in Deutschland im Allgemeinen ziehen. Die Auswertung dient lediglich der Beschreibung der in die Untersuchung zu Hinweisen auf strukturelle Mängel oder Fehler berücksichtigten Fälle.

Für den Zeitraum vom 1. Januar 2007 bis zum 17. April 2008 wurden insgesamt 133 Kinderschutzfälle erfasst, die mehr oder weniger umfangreich Beachtung in den Medien fanden. Insgesamt waren in diesen Fällen 203 Kinder von Misshandlung, Vernachlässigung oder Gewaltdelikten betroffen.

2.2.1 Geschlecht und Alter der betroffenen Kinder

Die geschädigten Kinder waren zu gleichen Teilen Jungen und Mädchen. In jeweils 88 Fällen waren die betroffenen Kinder männlichen und ebenso häufig weiblichen Geschlechts. In 27 Fällen war das Geschlecht des betroffenen Kindes in den Medienberichten nicht angegeben.

Die jüngsten Kinder waren neugeboren, die ältesten waren 17 Jahre alt. Das Durchschnittsalter lag bei drei Jahren und 11 Monaten. Im Median waren die Kinder zwei Jahre alt. In der folgenden Tabelle sind Anzahl und Anteil der Kinder in den jeweiligen Altersgruppen angegeben (Tabelle 2).

Tabelle 2: Alter der betroffenen Kinder

Altersgruppe	Anzahl	Prozent
Neugeborene	35	18,2
unter einem Jahr	38	19,8
ein Jahr bis zwei Jahre	32	16,7
über zwei bis vier Jahre	22	11,5
über vier bis acht Jahre	33	17,2
über acht Jahre	32	16,7
Gesamt	192*	100,0

* bei 11 Kindern war das Alter nicht zu ermitteln

Opfer wurden Kinder aus allen Altersgruppen. Hinsichtlich der Art der Misshandlung gab es keine signifikanten Unterschiede zwischen den Gruppen.

2.2.2 Art der Misshandlung

Die unterschiedlichen Misshandlungs-, Vernachlässigungs- und Verwahrlosungsformen wurden in verschiedenen Kategorien zusammengefasst und in der folgenden Tabelle dargestellt:

Tabelle 3: Art der Misshandlung

Art der Misshandlung	Anzahl	Prozent
Tötung unmittelbar nach der Geburt	34	16,7
Vernachlässigung/ Verwahrlosung	82	40,4
Vernachlässigung/ Verwahrlosung mit Todesfolge	8	3,9
Misshandlung	30	14,8
Misshandlung mit Todesfolge	18	8,9
gezielte Tötung	31	15,3
Gesamt	203	100,0

Tötung unmittelbar nach der Geburt. In vielen Fällen haben die Frauen die Schwangerschaften vor ihrer Umwelt verheimlicht und das Kind allein und heimlich in der häuslichen Umgebung zur Welt gebracht. Um eine Entdeckung zu verhindern, wurde das Kind z. B. durch Zuhalten der Atemwege, durch Erdrosseln oder durch das Ablegen in einer Plastiktüte getötet. In anderen Fällen wurde das Kind nicht versorgt und starb an Unterkühlung und Nahrungsmangel. Die Leichen der Kinder wurden häufig in der unmittelbaren Umgebung der Mütter aufbewahrt und oder nur zufällig entdeckt. In anderen Fällen wurden die sterblichen Überreste in Parks, Wäldern, Mülltonnen, Kellern usw. abgelegt.

Verwahrlosung und Vernachlässigung: Die Fälle betrafen Kinder, die in vermüllten Wohnungen bzw. in unhygienischen Verhältnissen lebten, die nicht ausreichend ernährt und versorgt wurden, die auf sich allein gestellt waren oder nur mangelhaft beaufsichtigt wurden.

Misshandlung: Unter dieser Kategorie wurden Fälle des Schüttelns von Säuglingen, von massiven Gewalteinwirkungen auf den Körper, Treten, Schlagen, Beißen, Verbrühen, Quälen und anderen Formen von Gewalt erfasst, die vom Täter nicht mit dem unmittelbaren Ziel der Tötung des Kindes vorgenommen wurden.

Unter der Kategorie „*gezielte Tötung*" wurden die Fälle erfasst, in denen es der Täter gezielt darauf anlegte das Kind zu töten. Unter diese Kategorie fallen auch 15 Fälle des so genannten erweiterten Suizides. Dabei handelt es sich um Fälle, in denen der Täter vor seinem versuchten oder vollendeten Suizid eines oder mehrere seiner Familienangehörigen tötete, ohne dass diese(r) vorher zugestimmt hatte(n).

Nur in zehn Fällen wiesen der Täter oder die Täterin klare Anzeichen von geistiger Verwirrung bzw. einer psychischen Erkrankung auf.

2.2.3 Folgen der Misshandlung

In 85 Fällen wurde von keinen offensichtlichen körperlichen oder seelischen Beeinträchtigungen berichtet (41,9%). Hier waren in erster Linie Fälle von Kindern, die aus vermüllten, nicht kindgerechten Wohnungen befreit wurden, betroffen. Entwicklungsverzögerungen, Verhaltensauffälligkeiten oder sonstige Beeinträchtigungen aufgrund der Misshandlung wurden nicht berücksichtigt. Sie wurden in der medialen Darstellung nur sehr vereinzelt beschrieben.

In 20 Fällen wurde von teilweise erheblichen Verletzungen der betroffenen Kinder berichtet (9,9%). 91 Kinder (44,8%) sind infolge von Misshandlungen gestorben. Bei fünf Kindern wurde explizit von körperlichen Mangelerscheinungen berichtet (2,5%), zwei Kinder hatten sonstige Folgen.

2.2.4 Ort der Vorfälle

Aus den Medienberichten ließ sich ermitteln, an welchen Orten sich die Vorfälle zugetragen hatten. Die Angaben wurden jeweils nach Bundesländern geordnet und sind in der folgenden Tabelle erfasst (Tabelle 4).

Tabelle 4: Ort der Vorfälle nach Bundesland

Bundesland	Fälle			Kinder		
	Anzahl	je 100.000 Einwohner	Prozent	Anzahl	je 100.000 Einwohner	Prozent
Baden-Württemberg	6	0,06	4,5	7	0,07	3,4
Bayern	18	0,14	13,5	36	0,29	17,7
Berlin	30	0,88	22,6	55	1,62	27,1
Brandenburg	6	0,23	4,5	7	0,27	3,4
Bremen	2	0,30	1,5	2	0,30	1,0
Hamburg	3	0,17	2,3	7	0,40	3,4
Hessen	3	0,05	2,3	3	0,05	1,5
Mecklenburg-Vorpommern	7	0,41	5,3	10	0,59	4,9
Niedersachsen	9	0,11	6,8	9	0,11	4,4
Nordrhein-Westfalen	21	0,12	15,8	27	0,15	13,3

Rheinland-Pfalz	6	0,15	4,5	6	0,15	3,0
Saarland	1	0,10	0,8	1	0,10	0,5
Sachsen	6	0,14	4,5	9	0,21	4,4
Sachsen-Anhalt	3	0,12	2,3	3	0,12	1,5
Schleswig-Holstein	4	0,14	3,0	8	0,28	3,9
Thüringen	8	0,35	6,0	13	0,56	6,4
Gesamt	133	0,16	100,0	203	0,25	100,0

Insgesamt wurden 49 Fälle in den neuen Bundesländern (33,1%) und 89 Fälle in den alten Bundesländern erfasst (66,9%). Im Osten Deutschlands waren 70 Kinder und im Westen 133 Kinder betroffen (65,5%). Unter Berücksichtigung der Einwohnerzahl nach Angaben des Statistischen Bundesamtes für das Jahr 2006 ergibt sich in den neuen Bundesländern eine Häufigkeit von 0,29 Fällen pro 100.000 Einwohner, in den alten Bundesländern liegt sie deutlich darunter bei 0,13 Fällen pro 100.000 Einwohner.

2.2.5 Familienverhältnisse

Aus den analysierten Medienberichten wurden Angaben zu den Familienverhältnissen, in denen die betroffenen Kinder zur Tatzeit lebten, ermittelt. In 22 Fällen konnten hierzu keine Angaben erhoben werden. In den übrigen Fällen stellte sich die familiäre Situation, in denen die betroffenen Kinder lebten, wie in der folgenden Tabelle aufgelistet, dar (Tabelle 5).

Tabelle 5: Familiäre Situation der Kinder in den jeweiligen Fällen

Familiäre Situation	Anzahl	Prozent
zusammenlebende leibliche Eltern	53	47,7
alleinerziehende Mutter	42	37,8
alleinerziehender Vater	2	1,8
Mutter lebt mit neuem Partner	11	9,9
Vater lebt mit neuer Partnerin	1	0,9
Kind lebt bei Verwandten	1	0,9
Kind lebt bei Pflegefamilie	1	0,9
Gesamt	111	100,0

In 69 Fällen fanden sich in den Medienberichten keine Angaben zu Geschwisterkindern. Ob es sich in diesen Fällen um Einzelkinder handelt oder ob die Geschwister nur in den Darstellungen nicht erwähnt wurden, konnte

nicht ermittelt werden. In 36 Fällen lebten in der Familie zwei Kinder (37,1 %), in 14 Fällen 3 Kinder (10,5 %), in jeweils 5 Fällen waren 4 und 5 Kinder vorhanden (3,8 %), in zwei Fällen hatten die Eltern 6 Kinder (1,5 %) und in jeweils einem Fall gab es 8 und 11 Geschwister.

2.2.6 Täter der Misshandlung

Die in den Medienberichten benannten Täter der Misshandlungen sind in der folgenden Tabelle dargestellt (Tabelle 6). Dabei ist zu berücksichtigen, dass der Begriff Täter nicht im strafrechtlichen Sinne gebraucht wird. Die Bezeichnung sagt nichts über eine Verurteilung aus, sondern benennt den in den Medien dargestellten Urheber der Misshandlung.

Tabelle 6: Mutmaßliche Täter der Misshandlung nach Medienberichten

(mutmaßlicher) Täter	Anzahl	Prozent
leibliche Mutter	73	58,4
leiblicher Vater	21	16,8
neue Partnerin des Vaters	1	0,8
neuer Partner der Mutter	14	11,2
Vater und Mutter	14	11,2
sonstige Personen	2	1,6
Gesamt	125*	100,0

* keine Informationen in 14 Fällen

2.2.7 Alter der Eltern

Die Mütter der Kinder waren im Durchschnitt 28 Jahre alt. Der Median lag bei 27 Jahren. Die jüngste Mutter war 16, die älteste 46 Jahre alt. Das Durchschnittsalter der Väter wurde mit 32 Jahren errechnet. Der Median betrug 29 Jahre. Die Altersspanne bei den Vätern reichte von 18 bis 66 Jahren. Werden nur diejenigen (Stief-)Elternteile berücksichtigt, die als Urheber der Misshandlungen bekannt wurden, ergibt sich kein Unterschied in den Alterszahlen.

2.2.8 Herkunft der Eltern

Nur in wenigen Fällen wurden in den Medienberichten Informationen zur Herkunft der Eltern gemacht. In fünf Fällen wurde ausdrücklich erwähnt, dass es sich um eine deutsche Mutter handelt. Jeweils einmal wurden Kasachstan, Kongo, Kroatien, Lettland, Marokko, Mazedonien, Polen und Thailand als Herkunftsland der Mutter benannt. In drei Fällen wurde berichtet, dass die Mutter türkischstämmig sei. In 117 Fällen fehlten Angaben zur Herkunft. Bei zwei Vätern wurde ausdrücklich Deutschland als Herkunftsland angegeben. Jeweils ein Vater stammte aus Afrika, Nigeria, Kasachstan, Kroatien, Marokko, Mazedonien, Serbien, USA. Zwei der Väter stammten aus der Türkei. In allen anderen Fällen fehlen ausdrückliche Angaben zur Herkunft der Eltern in den analysierten Berichten (121).

2.2.9 Beruf und Berufstätigkeit der Eltern

Ebenfalls nur sehr vereinzelt wurde der Beruf der Eltern angegeben. Bei den (Stief-) Müttern wurden als Berufe jeweils einmal benannt: Altenpflegerin, Arbeiterin, Ärztin, Bäuerin, Einzelhandelskauffrau, Kindermädchen, Köchin, Konstrukteurin, Kosmetikerin, Modedesignerin, Polizistin, Schulsekretärin, Soldatin. In zwei Fällen wurde berichtet, dass die Mutter Schülerin sei, in drei Fällen sei die Mutter ungelernt. In 115 Fällen fanden sich bei der Recherche keine Angaben.

In 15 Fällen wurde angegeben, dass die Mutter zum Zeitpunkt des Vorfalls keiner Beschäftigung nachging. Von einer Berufstätigkeit wurde in lediglich vier Fällen berichtet. 2 Mütter befanden sich in der Schulausbildung. In den übrigen Fällen (112) konnten keine Informationen über die Berufstätigkeit der Eltern ermittelt werden.

Bei den (Stief-)Vätern wurden als Berufe jeweils einmal Akademiker, Arzt, Außendienstmitarbeiter, Autolackierer, Gelegenheitsarbeiter, Koch und Schweißer, Kraftfahrer, Schlosser und Schuhmacher angegeben. Zwei Väter (beide mutmaßliche Täter) waren Polizisten. In 122 Fällen fehlten entsprechende Angaben. Bei zehn Vätern wurde berichtet, dass sie keiner Berufstätigkeit nachgehen, acht Väter waren laut Medienberichten berufstätig. In 115 Fällen fehlten entsprechende Angaben.

2.2.10 Psychische Auffälligkeiten des Täters und Suchtmittelmissbrauch

Die Medienberichte wurden danach durchgesehen, ob sich Hinweise auf psychische Auffälligkeiten finden lassen. In 16 Fällen gab es entsprechende Informationen in den Veröffentlichungen. Bei sechs Personen wurde berichtet, dass sie sich wegen dieser Auffälligkeiten in Behandlung befinden. Informationen zu einem Suchtmittelmissbrauch waren in 17 Fällen vorhanden.

2.2.11 Benachrichtigung der Behörden

In 109 Fällen wurde zunächst die Polizei von dem Vorfall in Kenntnis gesetzt. In 13 Fällen wurde unmittelbar das Jugendamt informiert. Keine entsprechenden Informationen waren in 11 Fällen zu gewinnen. In der folgenden Tabelle ist dargestellt, durch wen die Behörden jeweils auf den Vorfall aufmerksam wurden (Tabelle 7).

Tabelle 7: Wer benachrichtigte die Behörden

Informant	Anzahl	Prozent
Anderer Elternteil	10	8,2
Nachbarn	21	17,2
Geschwister	3	2,5
Andere Verwandte	7	5,7
Behandelnder Arzt	43	35,2
Betroffene Kinder selbst	2	1,6
Jugendamt aufgrund eigener Wahrnehmung	2	1,6
Polizei aufgrund eigener Wahrnehmung	3	2,5
Lehrer und Kindergärtner	4	3,3
Täter selbst	5	4,1
Sonstige[44]	22	18,0
Gesamt	122*	100,0

* in 11 Fällen fehlten entsprechende Angaben

2.2.12 Beteiligung der Behörden

In 40 Fällen waren die jeweiligen Familien dem Jugendamt bereits vor dem Vorfall bekannt gewesen. In der Mehrzahl der Fälle (73) enthielten die Medienberichte jedoch keine Informationen darüber, inwieweit eine behördliche Beteiligung im Vorfeld bestand. In 20 Fällen war die Familie dem Jugendamt bzw. anderen Sozialbehörden nicht bekannt gewesen.

In 39 Fällen wurde über den Umfang der Aktivitäten und Hilfemaßnahmen des Jugendamtes berichtet.

- In neun Fällen hielt die Behörde keine Maßnahmen für erforderlich.
- In sieben Fällen wurden ambulante Hilfen geleistet.
- In fünf Fällen wurde die Familie engmaschig betreut.
- In drei Fällen wurde die Mutter in einer Mutter-Kind-Einrichtung untergebracht.
- In sieben Fällen wurden Hausbesuche durchgeführt.
- In einem Fall gab es Gespräche im Amt.
- In einem Fall wurde eine Einladung zu einem Gespräch im Amt ausgesprochen.

---

44 Unter der Kategorie „Sonstige" wurden Bauarbeiter, Spaziergänger, Passanten, Kirchenbesucher, Vermieter, Schulamt, Hilfsorganisation, Mitarbeiter einer Einrichtung, die eine Babyklappe unterhält, Supermarktpersonal, Mitarbeiter eines Mutter-Kind-Heimes und Tierschützer erfasst.

- In zwei Fällen waren Hilfen in Planung.
- In einem Fall war das Kind bereits in einer Pflegefamilie untergebracht.
- In einem Fall war ein weiteres Kind der Familie bereits in einer Pflege-familie untergebracht.
- In einem Fall holte die zuständige Sozialarbeiterin Informationen in der Schule ein.

2.3 Fallübersichten

Aufgeführt werden Fälle, bei denen sich aus den im Internet verfügbaren Medienberichten eine Beteiligung von Behörden, Ärzten und anderen Stellen ergab, deren Handeln oder Nichthandeln Hinweise auf Fehler oder strukturelle Probleme gibt. Ob im Einzelfall wirklich Fehler vorlagen, kann allein anhand der Pressemeldungen nicht beurteilt werden. Aus den Hinweisen lassen sich aber Anhaltspunkte für mögliche Fehler ermitteln, deren Analyse ein Lernen aus Fehlern ermöglicht.[45]

Berlin-Marzahn: Zweijähriges Mädchen und zehnjähriger Bruder aus völlig verwahrloster Wohnung befreit

Als den Mitarbeitern des Bezirksamts der Zugang zu der Wohnung durch die 35-jährige Mutter verwehrt wurde, alarmierten sie die Polizei. Erst beim Eintreffen der Beamten öffnete die Mutter die Tür. Nach dem Eintreten offenbarte sich ein furchtbarer Anblick. Die Toilette war mit Exkrementen überfüllt und auch die Badewanne war zu einem Drittel voller Exkremente. In der Küche stand ein gefüllter Eimer, den die Kinder zum Urinieren benutzen mussten. Lebensmittel waren verschimmelt, im Kühlschrank gab es kaum noch Essbares. Die zweijährige Tochter und der zehnjährige Sohn der Frau wurden in die Obhut des Jugendamtes übergeben.

Berlin: Zehnjähriger lebt in verwahrloster und vermüllter Wohnung

Der zehnjährige Junge lebte in der Wohnung seines 58-jährigen Vaters, der von der Mutter des Kindes getrennt lebte. Der zwölfjährige Bruder lebte bei der Mutter. Als die Mutter ihren zwölfjährigen Sohn in der Wohnung ihres Exmannes suchte, stellte sie die völlige Verwahrlosung der Räume fest und rief die Polizei.

Die Wohnung des Mannes war komplett zugemüllt. Die Fenster im Wohnzimmer und Kinderzimmer waren zugemauert. Bad und Dusche fehlten, die Toilette war mit Exkrementen verstopft. Ihre Notdurft hatten Vater und Sohn offenbar in einen Eimer verrichtet. Die Polizei stellte mehrere ungesicherte

---

45 Weitere ähnlich gelagerte Fälle (der Fall von Lea-Sophie aus Schwerin sowie der „Lüneburger Fall"), zu denen Untersuchungen stattfanden, finden sich in Kap. 5.2. Auf eine Darstellung in der folgenden Übersicht wurde verzichtet, um Wiederholungen zu vermeiden.

Stromleitungen fest. Die zuständige Sozialarbeiterin hatte sich wegen des verwahrlosten äußeren Eindrucks des Wohnhauses bereits vor einiger Zeit an der Schule des Zehnjährigen nach dessen Verhalten erkundigt. Der Junge war nach Angaben der Sozialarbeiterin von der Schule als sauber gekleidet, pünktlich und ohne Anzeichen von Verwahrlosung beschrieben worden. Er hätte auch immer sämtliche Unterrichtsmaterialien dabei gehabt.

Der zehnjährige Junge blieb zunächst in der Obhut des Kindernotdienstes, da die Wohnung nicht als kindgerecht bezeichnet werden konnte. Der Junge hatte jedoch geäußert, dass er zu seinem Vater zurück möchte. Gegen den Vater ermittelte zum Zeitpunkt des Medienberichtes die zuständige Fachdienststelle des Landeskriminalamtes wegen Verletzung der Fürsorge- und Erziehungspflicht.

Fürth: Drei verlassene Kinder aus verwahrloster Wohnung befreit

Als die Nachbarn aus der Wohnung der alleinstehenden 27-jährigen Mutter dreier Kinder Hilferufe vernahmen, alarmierten sie die Polizei. Da die Wohnungstür nach dem Klingeln der Beamten nicht geöffnet wurde, brach die Feuerwehr den Eingang auf. Die Beamten fanden die ein, drei und fünf Jahre alten Kinder in einer verwahrlosten Wohnung mit verdorbenen Lebensmitteln und kotverschmierten Wänden. Das Baby lag in Exkrementen im Kinderbett. Der Verbleib der Mutter war zunächst unklar. Sie hatte die Kinder etwa zwei Tage ohne Nahrung und Aufsicht allein gelassen. Die Polizei hatte die Mutter kurz auf ihrem Handy erreicht, dabei stand sie offenbar unter Alkoholeinfluss.

Nach Angaben des Jugendamtsleiters der Stadt Fürth hätte die Behörde bereits seit Wochen in engem Kontakt mit der alleinerziehenden Frau gestanden. Diese wäre mit ihrem Leben überfordert gewesen und hätte vor kurzem eine Kündigung ihrer Wohnung erhalten. Die angebotene Sozialpädagogische Familienhilfe hätte die Frau jedoch nicht in Anspruch genommen und sich immer wieder Bedenkzeit ausgebeten. Kontakte zwischen der Familie und dem Jugendamt hätte es seit etwa einem Jahr gegeben. Damals habe das Amt einen Hinweis der Polizei bekommen, wonach der Vater der Kinder, der zwischenzeitlich im Gefängnis säße, die Frau geschlagen habe. Mitarbeiter der Behörde hätten die Familie regelmäßig besucht, bis die Frau sich drei Wochen vor dem Vorfall zunehmend abweisend verhalten habe. Aus diesem Grund habe das Amt tägliche Besuche von Betreuern für notwendig erachtet, was die Mutter jedoch abgelehnt habe. Der Jugendamtsleiter der Stadt Fürth wies Vorwürfe, das Jugendamt habe zu lange zugeschaut, zurück.

Neunkirchen: Polizei findet verwahrlostes Kind

Am Abend des 18.2.2008 wollten die Fahnder der Kriminalinspektion in Neunkirchen die Wohnung einer Frau durchsuchen, weil sie vermuteten, dass dort Drogen deponiert sein könnten. Dabei stießen sie auf ein total verwahrlostes 18 Monate altes Mädchen. Das Kind war unterernährt und mit Fäkalien verklebt. Es wurde mit einem Rettungswagen in die Kinderklinik gebracht.

Das Kind lebte mit seiner Mutter, einer 29 Jahre alten Deutsch-Türkin, in unvorstellbar chaotischen Verhältnissen. In der Wohnung fanden sich Berge von Müll, Essensresten und gebrauchten Windeln. Die Mutter wurde in eine psychiatrische Klinik eingewiesen, sie soll an Depressionen leiden und total überfordert gewesen sein. An der Untätigkeit des Jugendamtes in diesem Fall wird Kritik geübt. Die Mutter war dem Jugendamt bekannt, ihr war bereits im Jahr 2003 das Sorgerecht für ihr erstes Kind entzogen worden, weil sie dieses vernachlässigt hatte. Fraglich wäre, warum der Zustand des zweiten Kindes dem Jugendamt und anderen Stellen unbekannt geblieben war. Ein Mitarbeiter des zuständigen Jugendamtes sah den Fehler jedoch nicht bei der Behörde. Mehrmals wären unangekündigte Kontrollbesuche bei Mutter und Kind vorgenommen worden, es wäre jedoch nichts zu beanstanden gewesen. Seit 2007 sind im Saarland Vorsorgeuntersuchungen verpflichtend. Das Mädchen wäre erst im Mai 2008 planmäßig mit einer solchen Untersuchung an der Reihe gewesen. Erst zu diesem Zeitpunkt wäre der verwahrloste Zustand des Kindes aufgefallen.

Rosenheim: 10 Monate alter Säugling stirbt in Mutter-Kind-Heim

Die zwanzigjährige Mutter lebte mit ihrem zehn Monate alten Sohn in einer privaten Mutter-Kind-Einrichtung. Der Einzug in die Einrichtung war drei Monate zuvor auf Initiative und Druck des Jugendamtes erfolgt. Hintergrund war die Misshandlung der 2005 erstgeborenen Tochter der Frau, die sie im Alter von wenigen Tagen bzw. Wochen mehrfach so heftig geschüttelt hatte, dass das Kind zweimal für mehrere Tage in eine Kinderklinik musste. Zudem hatte die betreuende Hebamme berichtet, dass sie das Kind bei ihrem Besuch im Mai 2005 in einem abgedunkelten Zimmer liegend, blau im Gesicht angetroffen habe. Der Säugling hätte Nasenbluten und Mundfäule gehabt und hätte fürchterlich geschrien. Als Erklärung für den Zustand des Kindes hätte die Mutter angegeben, ein Mobile sei auf das Mädchen gefallen. Die Hebamme schickte Mutter und Kind sofort in die Klinik – von da ab hätte ihr die Mutter Hausverbot erteilt. Die Ärzte der Kinderklinik stellten Hämatome am Auge und an beiden Wangen fest und schalteten wegen des Verdachts der Misshandlung das Jugendamt ein. Bei der zweiten Einlieferung Ende Juli 2005 befand sich das Baby bereits in Tagespflege. Erneut hatten die Ärzte einen Verdacht auf Kindesmisshandlung. Nach der zweiten Misshandlung kam das zehn Wochen alte Mädchen endgültig zu einer Pflegefamilie.

Zwei Wochen vor der Geburt des zweiten Kindes machte ein Jugendamtsmitarbeiter einen Hausbesuch und empfahl den Einzug in das Mutter-Kind-Heim. Einen Monat nach der Geburt zog die Frau dort ein. Dem Jugendamt berichtete das Heim, dass sich die Frau sehr angepasst und vorbildlich verhielte und den Eindruck vermittle, dass sie dort eigentlich fehl am Platze sei. Der zuständige Jugendamtsmitarbeiter habe aber wegen der vorausgegangenen Misshandlung der Tochter Bedenken gehabt. Aufgrund des positiven Eindrucks, den die Mutter in der Einrichtung machte, lockerte das Heim die Kontrolle – obwohl es von den Misshandlungen des ersten Kindes wusste.

Am 14. und am 20. März misshandelte die Mutter das schreiende Kind. In der ersten Nacht hat sie das Kind heftig geschüttelt und mit solcher Gewalt auf die Wickelkommode gepresst, dass dabei fünf Rippen brachen. Außerdem erlitt das Kind eine Schürfwunde am Kopf. Als das Kind in den frühen Morgenstunden des 20. März wieder unruhig war und geschrien hatte, schüttelte die Mutter das Kind erneut und würgte es. Als das Kind immer noch leise wimmerte, schob sie ihm zweimal eine Windel als Knebel in den Mund, hielt die Nase zu, und machte so das Atmen fast unmöglich. Das Kind trug Verletzungen im und am Mund sowie Einblutungen im Halsbereich davon. Zwischen Morgen und Mittag, als die Mutter nicht im Zimmer war, starb das Kind. Niemand hatte in dieser Zeit nach dem angeblich schlafenden Kind im Zimmer der Mutter gesehen.

Eine rechtsmedizinische Untersuchung ergab, dass das Kind zum Zeitpunkt der Misshandlungen schwer krank war. Es litt an beidseitiger Mittelohrentzündung, hochgradiger Bronchitis und lebensgefährlicher Lungenentzündung, vermutlich schon seit einigen Tagen. Die hochgradige Lungenentzündung konnte als Todesursache nicht ausgeschlossen werden. Niemandem in dem Heim war angeblich der schlimme Zustand des Kindes aufgefallen, obwohl das Kind nach Aussagen des rechtsmedizinischen Sachverständigen sehr starke Schmerzen und Fieber gehabt haben muss. Das Kind hätte nach Ansicht des Mediziners wegen des „ungeheuren Schmerzzustands" verstärkt geschrien, sich an die Ohren gefasst, hohe Temperatur gehabt, schlecht getrunken. Dass niemandem im Heim der Zustand des Kindes aufgefallen sei, hielt der Rechtsmediziner für verwunderlich.

Nach dem Eindruck der Mitarbeiter des Heimes sei die Frau eine vorbildliche Mutter gewesen. Die Zimmertür der Frau habe meist offen gestanden, der Raum habe eine friedliche Atmosphäre vermittelt. Die junge Mutter habe ihre Sache erstaunlich gut gemacht. Der Hintergrund des Heimaufenthalts – die Misshandlungen der Tochter – sei bekannt gewesen. Dem behandelnden Kinderarzt, zu dem die Frauen aus dem Heim regelmäßig mit ihren Kindern fuhren, sei an dem Baby ebenso wenig aufgefallen wie den Betreuerinnen. Bei der Vorsorgeuntersuchung im Januar 2007 und eine Woche vor dem Tod des Kindes habe es keine Hinweise auf mögliche Misshandlungen gegeben. Das Kind sei bei den Untersuchungen nackt ausgezogen gewesen, auch die Windeln seien entfernt worden.

Berlin-Pankow: Mutter lässt ihre vier Kinder fast ein ganzes Jahr unversorgt

Die Mutter und ihre vier Kinder wurden bereits seit 1998 vom Jugendamt betreut. Als man die Mutter Ende April 2007 zu einem Gespräch ins Jugendamt einlud, erschien an ihrer Stelle ihr zwölfjähriger Sohn. Dieser berichtete, dass er und seine Geschwister (acht, neun und elf Jahre) seit Sommer vergangenen Jahres allein in einer Vier-Zimmer-Wohnung gelebt hätten, nachdem ihre Mutter zu deren Freund gezogen sei. Der Zwölfjährige hätte seine jüngeren Geschwister fast ein Jahr lang allein versorgt. Die Mutter wäre nur ab und zu erschienen und hätte den Kindern fünf Euro hinterlassen.

Die Wohnung war in einem grauenhaften Zustand übersät von Müll, Unrat und Spinnweben, im leeren Kühlschrank fand sich Ungeziefer. In einem Zimmer stapelte sich der Müll so hoch, dass die Tür nicht mehr aufging. Die Toilette war völlig verkotet. Die Küche war unbenutzbar. Im Flur fanden sich Margarine und Toastbrot. Hiervon hatten sich die Kinder vermutlich ernährt. Weil die Kinder regelmäßig zur Schule gingen und keinen verwahrlosten Eindruck machen, hatten weder Lehrer noch Jugendamt Verdacht geschöpft. Auch in der Nachbarschaft hätte niemand die Verwahrlosung der Kinder bemerkt, auch wenn man die Mutter lange nicht gesehen hätte. Den Sozialarbeitern, die die alleinziehende Mutter seit Jahren betreuten, wäre nichts aufgefallen. Wann ein Mitarbeiter die Familie zuletzt besucht hatte, konnte die Jugendamtsdirektorin von Pankow nicht sagen.

Auf die Frage, wie es möglich sei, dass eine notleidende Familie vom Jugendamt betreut wird, und es verborgen bleibe, dass vier Kinder fast ein Jahr lang auf sich alleine gestellt sind, antwortete Pankows Jugendstadträtin, in deren Bezirk die Familie wohnt, dass dies kein Widerspruch sei. „Es kann keine hundertprozentige Durchsichtigkeit von Betroffenen geben", sagte sie. Die Familie sei seit 1998 von Sozialarbeitern betreut worden und habe manches Hilfsangebot wahrgenommen. „Der Sozialarbeiter hat sich intensiv um die Familie gekümmert." Den Umstand, dass niemandem auffiel, dass die Kinder allein und überfordert waren, erklärt die Stadträtin damit, dass die Betreuer lange den Schutz der Familie und ihre Integrität im Blick gehabt hätten. Es sei ein schwieriger Abwägungsprozess zwischen dem Ziel, der Familie die Selbstbestimmtheit zu lassen, und dem Misstrauen der Behörden. Weil bei dem Sozialarbeiter zuletzt das Misstrauen überwogen habe, habe man die Mutter Ende April zu einem Gespräch geladen. Als sie nicht erschien und stattdessen der Zwölfjährige von zu Hause erzählte, habe der Sozialarbeiter „sensibel und verantwortungsbewusst" gehandelt. Jetzt sind die Kinder vorläufig in einem Heim untergebracht – gemeinsam, um ihnen diese Sicherheit nicht auch noch zu nehmen. Als Beispiel für das Versagen der Kontrollsysteme sieht die Stadträtin den bundesweit Aufsehen erregenden Fall aber nicht. „Die Familie war bekannt, das Jugendamt hat verantwortlich gehandelt."

Berlin-Wilmersdorf: Achtjährige Amani getötet

Am 5. Mai 2007 fand ein Spaziergänger in einem Park in Wilmersdorf ein verblutetes achtjähriges Mädchen, dem die Kehle durchgeschnitten worden war. Eine Mutter, die ihr Kind vermisste, meldete sich bei der Polizei nicht. Unter dringendem Tatverdacht wurde die 32-jährige Mutter des Kindes festgenommen. Zu den Motiven der Tat gab es keine Erkenntnisse. Es gab Vermutungen über psychische Störungen und Wahnvorstellungen der Mutter, die mit afrikanischen Voodoo-Ritualen in Berührung gekommen sein soll. Beim Bezirksamt Charlottenburg-Wilmersdorf, das mit der Mutter seit fast einem Jahr in Kontakt stand, konnte man sich die Tat nicht erklären. Das Jugendamt hätte zu einem früheren Zeitpunkt einen Hinweis „auf eine Auffälligkeit der Mutter" erhalten. Von einer Vernachlässigung oder gar Gefährdung des Kindes wäre aber nicht die Rede gewesen. Mitarbeiter hätten daraufhin Kontakt zur Schule und zur Mutter persönlich aufgenommen, aber nichts Problematisches entdeckt. Das Kind wäre fröhlich und aufgeweckt und in der Schule voll integriert gewesen. Es wäre auch stets sauber gekleidet gewesen und regelmäßig zum Unterricht erschienen. Auch die Mutter wäre in der Schule präsent und als kluge und engagierte Frau bekannt gewesen. Als das Jugendamt im Sommer zuvor über das Familiengericht von der Trennung der Eltern erfahren hätte, wäre den Eltern ein Beratungsangebot gemacht worden, was von der Mutter auch angenommen wurde. Als gegen die Mutter um die Jahreswende eine Räumungsklage erhoben worden wäre, hätte sich das Amt erst um eine Einigung mit dem Vermieter bemüht und dann um eine neue Wohnung, was jedoch nicht gelungen wäre. Im Frühjahr wäre die Frau dann mit dem Kind in eine Obdachlosenunterkunft gezogen. Der Jugendstadtrat des Bezirksamtes Charlottenburg-Wilmersorf sieht keinerlei Fehlverhalten der Behörde: „Es gab nie eine Verwahrlosungssituation. Wir haben alle keine Erklärung, wie es zu der Tat kommen konnte."

Die Mutter wurde im Anschluss an einen langwierigen Strafprozesses im Juni 2008 vom Gericht aufgrund von Wahnvorstellungen für schuldunfähig erklärt und ihre Unterbringung in einem psychiatrischen Krankenhaus (§ 63 Strafgesetzbuch (StGB) angeordnet, weil von ihr nach wie vor eine Bedrohung ausgehe.

Sonthofen: Kleiner Junge vom Partner der Mutter schwer misshandelt

Kindergärtnerinnen in Sonthofen fielen bei einem zweieinhalbjährigen Jungen Bisswunden und Hämatome auf. Daraufhin schalteten sie das Jugendamt ein, das eine Untersuchung bei einem Kinderarzt veranlasste. Dieser stellte fest, dass die massiven Bisswunden von einem Erwachsenen stammten. Nach diesem Ergebnis wandte sich das Jugendamt an die Kriminalpolizei. Gegen den 25-jährigen Lebensgefährten der Mutter des Jungen wurde Haftbefehl erlassen. Er gab zu, den Jungen mit Schlägen und Bissen traktiert zu haben. Als Motiv für seine Tat gab er Beziehungsprobleme mit der

Mutter des Kindes an. Mit der Tat habe er seine Partnerin bestrafen wollen, die ihm ihre Zärtlichkeit entzogen habe. Die 37 Jahre alte Mutter habe nach Polizeiangaben von den Misshandlungen gewusst, habe aber nichts unternommen, um den Partner nicht zu verlieren. Das Paar war erst wenige Wochen zuvor mit dem Jungen aus Oberbayern nach Sonthofen gezogen. Auch in dem Kindergarten in Oberbayern, den der Junge zuvor besuchte, waren bereits Verletzungen festgestellt und das dortige Jugendamt verständigt worden. Das Paar war daraufhin ins Allgäu übersiedelt.

Hürth: Tod einer Zweijährigen

Die Mutter erzählte Nachbarn, dass ihr Kind krank sei und sich in der Nacht übergeben hätte. Am nächsten Morgen war die zweijährige Celina tot. In der gerichtsmedizinischen Untersuchung wurden schwere innere Verletzungen aufgrund von stumpfen Baucheinwirkungen sowie Würgemale am Hals festgestellt. Der Freund der Mutter steht in Verdacht, das Kind geschlagen zu haben. Das Jugendamt war bereits kurz nach Celinas Geburt auf die Familie aufmerksam geworden. Die Eltern des Mädchens und eines vierjährigen Jungen hatten sich getrennt und die Mutter hatte einen neuen Freund. Nach Einschätzung einer Nachbarin waren beide offensichtlich mit der Erziehung der Kinder überfordert. Zwischen der Mutter und dem Jugendamt sowie der Familienhilfe der Caritas sollen mehrere Gespräche stattgefunden haben. Nachbarn berichteten, dass die Kinder häufig krank gewesen wären. So hätte der vierjährige Junge ein Bein gebrochen gehabt und hätte nur im Rollstuhl fortbewegt werden können. Das Mädchen hätte nach einem angeblichen Treppensturz Hämatome am ganzen Körper gehabt. Insgesamt hätte sechsmal ein Krankenwagen vor der Tür gestanden, weil sich Sanitäter um die Kinder kümmern mussten. Das Jugendamt hatte Celina für mehrere Wochen in die Obhut der Schwester der Mutter gegeben. Die Mutter sollte während dieser Zeit in einem Kurs der Caritas den Umgang mit Kindern lernen. Die Mutter erhielt weitere Unterstützung durch die städtische Erziehungsberatung. Mit der Tante des Mädchens war abgesprochen, dass das Kind Ende Mai 2007 für eine Woche wieder bei der Mutter leben sollte, weil die Tante in den Urlaub fahren wollte. Als das Kind wieder in der Wohnung der Mutter lebte, schaute eine Mitarbeiterin der Familienpflege jeden Tag nach dem Kind. Zwei Tage vor dem Tod des Kindes war das Kind turnusmäßig beim Kinderarzt. Bei diesem Besuch wurden keine Auffälligkeiten festgestellt. Der weitere Verlauf ist unklar.

Hamburg: Psychisch kranker Vater mit Betreuung der Kinder überfordert

Als eine Nachbarin am 20.6.2007 den dreijährigen Jungen allein im Flur des Mehrfamilienhauses antraf und dessen einjährige Schwester durch die geöffnete Wohnungstür im Lautstall sah, war sie über den unhygienischen Zustand der Kinder so schockiert, dass sie die Polizei informierte. Die Beamten weckten den schlafenden Vater und übergaben die Kinder in die Obhut des Jugendamtes. Nach Angaben des Vaters hatte dieser bereits vor einer Woche beim Jugendamt um Hilfe gebeten. Er wäre mit der Betreuung der Kinder vollkommen überfordert gewesen. Hilfe hätte er aber nicht erhalten. Das Bezirksamt Harburg bestätigte, dass der Fall seit längerer Zeit dort bekannt war. Der Vater hatte zum Zeitpunkt seines Hilferufes seit einer Woche in der Mietwohnung seiner ehemaligen Lebensgefährtin auf die Kinder, zwei Hunde und zwei Katzen aufgepasst. Die Frau lag in dieser Zeit auf der psychiatrischen Abteilung eines Hamburger Krankenhauses. Der Vater hätte dem Jugendamt bereits am 12. Juni 2007 mitgeteilt, dass er selbst psychisch krank wäre und es ihm nicht möglich wäre, rund um die Uhr auf die Kinder aufzupassen. Er hätte jedoch keine Hilfe bekommen, sondern wäre vertröstet worden. In der seit dem Hilferuf vergangenen Zeit hatte er es nicht geschafft, die Kinder ordentlich zu versorgen und kaum Essen und Windeln gekauft. Ein Amtsmitarbeiter, der erst eine Woche nach dem Hilferuf des Vaters in der Wohnung erschien, hätte zugesichert, dass bald eine Haushaltshilfe kommen würde. Die Zimmer der Wohnung waren nicht sauber, aber auch nicht vermüllt. Außer Nudeln und Toastbrot war für die Kinder kein Essen vorhanden.

Nach der Benachrichtigung durch die Polizei zögerten die Mitarbeiter des Jugendamtes nicht und nahmen die Kinder sofort mit. Dem Vater wurde keine Möglichkeit gegeben, sich von den Kindern zu verabschieden, der Aufenthaltsort der Kinder wurde ihm nicht mitgeteilt. Der Vater gab an, nicht verstehen zu können, warum er keine Hilfe erhalten hätte. Er hätte versucht, die Kinder vernünftig zu versorgen, hätte aber gewusst, dass er nervlich und finanziell dazu allein nicht in der Lage sei.

Laut einer Sprecherin des Bezirksamts Harburg wäre der Fall seit längerer Zeit bekannt und Hausbesuche wären erfolgt. Auf die Fragen, warum es nicht früher konkrete Hilfen gab und warum die Behörde so drastisch reagierte, nachdem nun eine Nachbarin Alarm schlug, verwies die Sprecherin zunächst auf den Sozialdatenschutz. Später wurde erklärt, dass der Vater am 12. Juni mit seinem Betreuer im Jugendamt Wilhelmsburg gewesen wäre und die Situation geschildert hätte. Er hätte jedoch gesagt, dass er die Kinder allein versorgen wolle und die Großmutter der Kinder ihn unterstützen werde. Da der Mann einen Betreuer gehabt hätte, dem er sich hätte anvertrauen können und der mit der Behörde kooperiert hätte, wäre beschlossen worden, die Kinder zunächst bei ihm zu belassen. Es hätte keinen Anlass für eine sofortige Inobhutnahme gegeben, wohl aber sei man im Jugendamt einig gewesen, dass die Entwicklung im Auge behalten werden müsste. Am 19. Juni nach dem Besuch der Amtsmitarbeiterin wäre beschlossen worden, die Kinder am 21. Juni in der Wohnung abzuholen und in eine städtische Unterkunft zu verbringen. Laut der Bezirksamtssprecherin hätte der Vater jederzeit weitere Hilfe anfordern können. Hinweise auf eine Misshandlung der Kinder hätte es nicht gegeben. Nach Einschätzung der Jugendamtsmitarbeiter handelte es sich bei dem Mann um einen liebevollen Vater, der aber mit der Lage überfordert gewesen wäre.

Iserlohn: Säugling André verhungert und verdurstet

Am 22.6.2007 rief die Mutter des drei Monate alten Säuglings den Notarzt, weil das Kind unter Atemnot litte. Beim Eintreffen des Rettungsdienstes war das Kind bereits tot. Rechtsmedizinische Untersuchungen ergaben, dass der Junge an den Folgen von Unterernährung gestorben ist. Die 26-jährige Mutter und ihr 25-jähriger Lebensgefährte hatten das Kind verhungern und verdursten lassen. Das Kind hatte ein greisenhaftes Gesicht und eingefallene Augen. Zum Todeszeitpunkt wog der Junge nur noch 4100 Gramm. Die zwei anderen Kinder, ein elfjähriges Mädchen und ein 16 Monate alter Junge, litten nicht unter Ernährungsmangel. Die Wohnung war verwahrlost und erschien als Ansammlung von Sperrmüll, Unrat und ungewaschener Wäsche.

Die Behörden waren über die Zustände in der Familie informiert. Die Familie wurde seit Oktober 2006 betreut. Ab Mitte März 2007 besuchte eine Familienhelferin die Familie sechs bis acht Stunden in der Woche, um ihr zu helfen, den Alltag zu bewältigen. Hierbei wäre auch auf die Versorgung des jüngsten Kindes geachtet worden. Eine ärztliche Vorsorgeuntersuchung im Mai 2007 wäre erfolgt und ohne Befund gewesen. Eine Sozialarbeiterin wäre drei Tage vor dem Tod des Kindes bei der Familie gewesen. Der Frau, die als erfahrene Honorarkraft seit dreizehn Jahren für das Amt als Familienpflegerin tätig wäre, wäre bei diesem Besuch nichts aufgefallen. Die Stadt hätte den Besuch veranlasst, weil Polizeibeamten bei einem anderen Besuch in der Wohnung der verwahrloste Zustand der Kinder aufgefallen wäre. Ein Polizist hätte das Jugendamt danach in einem ausführlichen Bericht über die unhaltbaren hygienischen Zustände in der Wohnung informiert. Obwohl die Staatsanwaltschaft das Jugendamt am 27.6.2007 über das Ergebnis der Obduktion, Mangelernährung und mangelnde Flüssigkeitszufuhr als Todesursache informierte, wurden die anderen beiden Kinder erst am 13. Juli in Obhut genommen.

Der Fall wurde nur durch Zufall einige Wochen später öffentlich bekannt. Die Mutter und ihr Lebensgefährte waren wegen mehrerer Betrugsdelikte vor dem Amtsgericht verurteilt worden. Der Richter hatte in seinem Urteilsspruch erwähnt, dass noch ein Verfahren wegen des Todes ihres Babys auf sie zukommen würde. Erst aufgrund dieser Information waren die Medien auf den Fall aufmerksam geworden.

Das Jugendamt wies den Vorwurf zurück, Fehler bei der Betreuung der Familie gemacht zu haben: Es hätte keine Hinweise auf körperliche Vernachlässigung des Kindes gegeben. Die Familie wäre seit der Geburt des Babys im März mehr als 50 Mal von einer Familienhelferin des Jugendamtes besucht worden. Bereits zwei Tage nach der Geburt hätte die Familienhelferin den Jungen und seine Mutter im Krankenhaus besucht. Zudem hätte die Mitarbeiterin die Mutter bei Kinderarztbesuchen begleitet. Der Ressortleiter des Iserlohner Jugendamts wurde mit den folgenden Bemerkungen zitiert: „Der Junge starb nicht wegen, sondern trotz Betreuung." „André ist nicht gestorben, weil wir faul, untätig oder desinteressiert waren." Der Junge wäre gestorben, obwohl das Amt umfassend für ihn und seine Geschwister im Einsatz war. Die Hilfen für die unter Aufsicht des Jugendamtes stehenden Familien würden turnusmäßig alle sechs Monate auf ihre Wirksamkeit überprüft. „Die Zeit ist uns bei André leider nicht geblieben", sagte eine der zuständigen Bereichsleiterinnen. Wegen der Lautstärke in der Wohnung hätte sich eine Nachbarin schon Gedanken über die Kinder gemacht. Da sie aber wusste, das das Jugendamt informiert und auch zu Besuch gewesen war, hätte sie nach eigenen Angaben gedacht: „Dann kann ja nichts passieren, wenn sich das Amt kümmert." Die Staatsanwaltschaft ermittelte zum Zeitpunkt der Presseberichte wegen fahrlässiger Tötung auch gegen Mitarbeiter des Jugendamtes.

Gera: Kind zweimal mit dem Kopf auf den Boden geschlagen

Eine 24 Jahre alte Frau tötete in Gera ihr sechs Wochen altes Baby. Sie gestand der Polizei, ihre Tochter zweimal auf den Boden geschlagen zu haben. Weil es dem Kind danach schlecht gegangen wäre, hätte sie den Notarzt gerufen. Vier Tage später starb das Kind an einem Schädelbruch im Krankenhaus.

Die Frau war dem Jugendamt bekannt. Sie hatte sich selbst kurz vor der Entbindung im August 2007 bei der Behörde gemeldet und ihre Befürchtung geäußert, sie könnte mit der Erziehung des Kindes überfordert sein. Daraufhin wurde der Frau eine Hebamme angeboten sowie die Möglichkeit, vorübergehend in eine Einrichtung der Jugendhilfe zu ziehen. Die Frau hätte dies jedoch wenig später abgelehnt, da sie jetzt von ihrer Familie unterstützt werde. Das Jugendamt hätte zu keinem Zeitpunkt davon ausgehen können, dass etwas Schlimmes passieren könnte, äußerte eine Sprecherin der Stadt. Die Öffentlichkeit wurde erst drei Monate nach dem Vorfall über die Geschehnisse informiert. Die Polizei in Gera hatte eingeräumt, schlicht vergessen zu haben, die Öffentlichkeit und das Innenministerium von dem Fall zu unterrichten. Zur Begründung wurde angeführt, dass der Fall nicht vergleichbar sei mit jenen toten Babys, die in Plastiktüten verpackt oder einbetoniert worden seien.

Schleiden: Max Luca geschlagen und zu Tode geschüttelt

Die 21-jährige Mutter des zweijährigen Max Luca lernte ihren 41-jährigen Lebensgefährten über einen Internetchat kennen und zog mit ihrem Sohn Anfang August 2007 zu ihm und seiner Tochter in die Eifel. Die Eltern der Frau machten sich nach einiger Zeit Sorgen, weil sie nichts von ihrer Tochter und dem Enkel hörten. Die Großmutter rief am 31.7.2007 beim Kreisjugendamt an und teilte mit, dass sie ein schlechtes Gefühl hätte und sich Sorgen um das Kind machte. Eine Sozialarbeiterin und ein Teamkoordinator des Allgemeinen Sozialen Dienstes standen zwei Stunden später unangemeldet vor der Wohnungstür der Familie. Von der Mutter und deren Lebensgefährten wurden die Mitarbeiter des Jugendamtes, wie es später heißt, „kooperativ empfangen". Der Junge hatte eine kleine Schürfwunde über dem rechten Auge, die bereits wieder verheilte. Die Mutter erklärte die Verletzung mit einem Sturz aus dem Bett. Ansonsten erschien das Kind den Jugendamtsmitarbeitern unauffällig. Sie sahen keine Hinweise auf eine schlechte Behandlung oder gar Misshandlung. Sie benachrichtigten die Großmutter darüber, dass es dem Kind gut ginge.

Etwa zwei Wochen später brachte die Mutter das bewusstlose Kind in eine Arztpraxis in der Nähe ihrer Wohnung. Fünf Tage später starb Max Luca im Aachener Klinikum. Die Obduktion ergab, dass der Junge an den Folgen schwerer Misshandlungen gestorben war. Er hatte ein Hirnödem erlitten. Festgestellt wurden zahlreiche ältere Hämatome am Körper des Kindes. Zudem wurden Abwehrverletzungen an den Unterarmen festgestellt. Wie sich herausstellte, war das Kind vom Lebensgefährten der Mutter durch regelmäßige Schläge unter anderem auf Stirn und Auge sowie durch Schütteln „gezüchtigt" worden. Der Junge war zudem minutenlang unter eine eiskalte Dusche gestellt worden. Als das Kind am 14. September morgens aufwachte, geriet der Lebensgefährte der Mutter, der zu dieser Zeit im Internet gesurft hatte, durch die Rufe des Jungen so in Rage, dass er ins Kinderzimmer lief, den Jungen aus dem Bett holte und so heftig schüttelte, dass dieser ein Hirnödem erlitt, das zum Tode führte.

Der Mann war bei verschiedenen Behörden aktenkundig. Polizeilich war er wegen Körperverletzung und Verstoßes gegen das Betäubungsmittelgesetz und dem Jugendamt durch zahlreiche Kontakte aus der Vergangenheit bekannt. 1996 wurde dem Mann und seiner damaligen Partnerin das Sorgerecht für eine einjährige Tochter entzogen, das Kind wurde in einer Pflegefamilie untergebracht. 1997 brachte das Jugendamt eine weitere Tochter bei Pflegeeltern unter, die das Paar kurz nach der Geburt bei Bekannten abgegeben hatte. Noch im selben Jahr kämpfte der Vater um das Sorgerecht für eine bereits 1992 geborene Tochter. Da ihm ein Gutachten attestierte, für die Erziehung des Kindes geeignet zu sein, erhielt er das Sorgerecht. Die Tochter zog zu ihm und verblieb dort bis zu seiner Festnahme nach dem Tode Max Lucas. In der darauffolgenden Zeit kam es zur Trennung des Paares. Ab März 2003 erhielt das Jugendamt mehrfach Hinweise auf eine Kindeswohlgefährdung wegen Misshandlungen, diese konnten jedoch nie eindeutig nachgewiesen werden. In der Zeit ab 2004 gab es regelmäßige Kontakte zwischen Jugendamt und Schule, weil die Tochter häufig unentschuldigt fehlte, letztmalig im Frühjahr 2007.

Bei dem durch den Anruf der Großmutter ausgelösten Hausbesuch sahen die Jugendamtsmitarbeiter keinen Grund, weitergehende Maßnahmen zu veranlassen. Für eine genauere Untersuchung des Kindes, bei der die von Misshandlungen stammenden Hämatome hätten erkannt werden können, sahen die Mitarbeiter keinen Anlass, da die Großmutter nicht auf mögliche Misshandlungen hingewiesen hätte. Man hätte deshalb nicht so genau hingeschaut. Die Jugendamtsmitarbeiter hätten dem Paar aber den gut gemeinten Rat gegeben, auch mit solchen Verletzungen des Kindes, wie der Schürfwunde am Auge, einen Arzt aufzusuchen. Von den früheren einschlägigen Hinweisen im Bezug auf den Lebensgefährten der Mutter wussten diese beiden Jugendamtsmitarbeiter nichts. Damit waren andere Kollegen befasst. Den Mitarbeitern war zunächst auch nicht klar, dass es sich um die Wohnung des Mannes handelte. Die Großmutter hatte lediglich den Namen und die Adresse ihrer Tochter mitgeteilt. Auf dem Türschild stand aber nur der Name des Mannes. Die letztlich zum Tode führenden Misshandlungen wurden dem Kind erst nach dem Besuch der Jugendamtsmitarbeiter beigebracht.

Der zuständige Landrat konstatierte auf einer Pressekonferenz, dass die Vorgehensweise seiner Mitarbeiter „absolut korrekt" gewesen sei. Andererseits lerne die Kreisverwaltung in jedem Fall dazu: „Beim nächsten Mal werden wir in so einem Fall noch genauer hinsehen."[46] In der Presse wurden dem Jugendamt schlimme Versäumnisse vorgeworfen. Bei der Vorgeschichte hätte das Kind genauer angesehen werden müssen. Der Umstand, dass bei den verschiedenen Jugendamtseinsätzen verschiedene Mitarbeiter beteiligt waren, könnte im Zeitalter vernetzter Behördencomputer vom Kreis nicht als Entschuldigung dafür angebracht werden, dass man die Tragweite des Falles nicht habe ermessen können. Was ebenso verwunderte, wäre die offenbar fehlende Vernetzung mit anderen Behörden, in diesem Falle der Polizei. Es bestünde der Verdacht des Vorliegens eines organisatorischen Problems, das erst durch den tragischen Tod eines Kindes offenkundig geworden wäre.

Im Februar 2008 verurteilte das Aachener Schwurgericht den Lebensgefährten der Mutter zu zwölf Jahren Freiheitsstrafe wegen gefährlicher Körperverletzung mit Todesfolge in Tateinheit mit Misshandlung von Schutzbefohlenen, die Mutter wurde wegen Verletzung ihrer Fürsorgepflicht zu einer Bewährungsstrafe von einem Jahr verurteilt.

Cuxhaven: Leon durch massive Gewalteinwirkung getötet

Aus Wut über verschmierte Windeln schlug der 22-jährige Lebensgefährte der Mutter so stark mit Fäusten auf den elf Monate alten Leon ein, dass das Kind unter anderem massive Verletzungen der inneren Organe und zwei Rippenbrüche erlitt und schon beim Eintreffen des Notarztes tot war. Die Obduktion ergab, dass das Kind an inneren Verletzungen als Folge massiver Gewalteinwirkung gestorben war. Festgestellt wurden ein Schädelbasisbruch, zwei Rippenbrüche sowie Verletzungen an der Leber und der Bauchspeicheldrüse. Nach Aussagen einer Nachbarin wäre der Vater ag-

---

46 Günter Rosenke – Landrat des Landkreises Euskirchen auf einer Pressekonferenz am 25.9.2007.

gressiv gewesen und hätte das Baby häufig angeschrien. Da sie befürcht hätte, dass er das Kind irgendwann noch mal tot schüttele, hätte sie mehrmals beim Jugendamt angerufen. Der Mann ist nach Behördenangaben wegen verschiedener Gewaltdelikte vorbestraft.

Die Familie wurde engmaschig vom Jugendamt betreut. Seit April 2007 wurde die Familie im Rahmen Sozialpädagogischer Familienhilfe regelmäßig und auch unangemeldet aufgesucht und wurde unterstützt. Seinerzeit hätte es Hinweise auf eine Fehlernährung des Kindes gegeben. Diesen Hinweisen wäre die Behörde sofort nachgegangen. Nach der Einschätzung der eingesetzten Fachkräfte gab es bei den Besuchen keine Hinweise für eine Kindeswohlgefährdung. Sowohl die Mutter als auch deren Lebensgefährte hätten bemüht und aktiv bei der Hilfegewährung mitgewirkt. Der letzte Besuch fand einen Tag vor der Tat statt. Hierbei wurde kein Anlass zur Sorge entdeckt. Die familiäre Situation unter Einbeziehung des Lebenspartners und der Mutter war als stabil und tragfähig eingeschätzt worden.

Im Strafprozess gegen den Stiefvater beschrieben Mitarbeiter des Jugendamts den Lebensgefährten der Mutter als guten und „liebevollen" Stiefvater. Es habe keine Anzeichen von Gewalt in der Familie gegeben. Im Mai 2008 wurde Leons Stiefvater wegen Körperverletzung mit Todesfolge zu sechs Jahren Freiheitsstrafe verurteilt. Eine verminderte Schuldunfähigkeit aufgrund einer dissozialen Persönlichkeitsstörung, einer Aufmerksamkeitsdefizitstörung sowie einer Alkoholintoxikation (1,5 Promille) konnte nicht ausgeschlossen werden. In der Presse wurde die Frage aufgeworfen, ob das Jugendamt das Verbrechen hätte verhindern können. Nachbarn und Freunde würden schwere Vorwürfe gegen die Behörde erheben. Man spräche in Cuxhaven bereits von einem zweiten Fall „Kevin" (Bremen).

Grabow: Kinder leben in verdreckter und verwahrloster Wohnung

Ein dreijähriger Junge und ein siebenjähriges Mädchen verbrühten sich beim Spielen mit heißem Wasser und wurden schwer verletzt. Nachdem die Kinder mit dem Rettungshubschrauber ins Krankenhaus geflogen worden wurden, bot sich den Polizeibeamten vor Ort ein erschreckendes Bild. Die Wohnung war voller Müll und Dreck. Hier lebten offenbar sieben Menschen und schliefen in einem Bett bzw. auf den auf dem Boden liegenden Matzratzen darum herum. Das dreijährige Mädchen hatte bereits über Tage in der unbeheizten Nachbarwohnung geschlafen, allein bei 10 Grad Celsius unter zwei Decken. Die Mutter hatte mit ihren insgesamt drei Kindern bereits seit Monaten in diesem Zustand gelebt. Das Landratsamt war nicht eingeschritten. Kritik dahingehend, dass das Jugendamt sich nicht ausreichend um das Wohl der Kinder gekümmert hätte, wiesen die Verantwortlichen zurück. Der Landkreis Ludwigslust pflege seit 1992 Netzwerke, um Fälle von häuslicher Gewalt, Missbrauch oder Vernachlässigung aufzudecken. Die Zusammenarbeit mit Ärzten und Kindereinrichtungen funktionierte sehr gut. Keinem dieser Partner wäre im aktuellen Fall etwas aufgefallen. Scheinbar hätte die Mutter die Zustände, in denen die Kinder leben mussten, gut vertuschen können.

Die Familie war dem Jugendamt sei einigen Jahren bekannt. Zuletzt wurde Hilfe in Form von Erziehungsbeistand geleistet. Die Maßnahme war 2005 eingestellt worden. Ein weiterer Bedarf hätte darüber hinaus nicht bestanden. Diesen Schluss zog die Behörde auch deshalb, weil sich die Mutter nicht mehr hilfesuchend an das Jugendamt gewandt hätte. Weder Nachbarn noch Schule oder Kindergarten hätten Auffälligkeiten gemeldet.

Mudersbach: 22-jährige Mutter tötet ihr neugeborenes Kind

Eine Sozialarbeiterin, die eine 22-jährige Frau seit der Geburt ihres ersten Kindes im Jahr 2003 betreute, wurde stutzig, als sie die junge Frau nicht mit einem Baby sieht, nachdem sie Berichte von einer erneuten Schwangerschaft der Frau erreicht hatten und stellte Nachforschungen an. Später informierte sie die Polizei. Diese fand im November eine zum Teil bereits skelettierte Babyleiche in der Nähe des ehemaligen Wohnhauses der Frau. Ermittlungen ergaben, dass die Frau Schwangerschaft und Geburt des Kindes vor ihrem Lebensgefährten verheimlicht und das Kind im August 2007 unter der Dusche zur Welt gebracht hatte. Unmittelbar nach der Geburt erdrosselte die Frau das Baby mit einem Handtuch. Bei der Obduktion wurden Verletzungen am Schädel des Kindes festgestellt. Die Frau soll das tote Kind monatelang in einer Küchenschublade versteckt und anschließend in den Müll geworfen haben.

Nördlingen: Einjährige Leonie geschlagen und erwürgt

Die 35-jährige Mutter der einjährigen Leonie hatte insgesamt sechs Kinder von drei verschiedenen Männern. Drei der Kinder lebten beim früheren Ehemann der Frau, die anderen in ihrem Haushalt. Seit Sommer 2007 lebte sie mit ihrem 42-jährigen Lebensgefährten zusammen. Am 11. November 2007 meldete der Mann bei der Rettungsleitstelle, dass die einjährige Tochter seiner Lebensgefährtin leblos im Bett läge. Der Notarzt konnte nur noch den Tod des Mädchens feststellen. Die Obduktion ergab, dass das Mädchen Verletzungen im Bereich von Kopf und Brust hatte, unter anderem Rippenbrüche, die teilweise schon älter waren. Es war davon auszugehen, dass das Kind schon seit längerer Zeit misshandelt wurde. Der Lebensgefährte der Mutter räumte ein, das Mädchen ins Gesicht geschlagen und anschließend zu Tode gewürgt zu haben, weil es nachts aufgewacht war und anhaltend geschrien hatte. Die Mutter, die sich zu dieser Zeit in einem anderen Zimmer befand, will von dem Vorfall nichts mitbekommen haben.

Die Familie war dem Jugendamt seit 1994 bekannt. Die Mutter benötigte Hilfe wegen zweier Trennungen, wegen Umgangsstreitigkeiten mit den Vätern der Kinder, wegen schulischen Förderbedarfs der Kinder und wegen häufiger Wohnungswechsel. Unterstützung war nötig bei der Haushaltsführung und der Versorgung und Erziehung. Mitarbeiter des Jugendamtes hatten in den vier Monaten vor dem Tod des Mädchens insgesamt achtzehn Mal Kontakt mit der Familie. Der letzte Hausbesuch durch den Allgemeinen Sozialen Dienst fand zwei Tage vor dem Vorfall statt. Dabei hätte sich die Wohnung in einem akzeptablen Zustand befunden. Anzeichen von Gewalt hätte es nicht gegeben. Mitarbeitern des Jugendamtes wären nach Einschätzung der Behörde keine Vorwürfe zu machen. Es hätte keine Hinweise von Nachbarn, Verwandten, der Kindesmutter oder den Kindern selbst auf eine Misshandlung durch den Lebensgefährten gegeben. Das Verhalten des Mannes müsse als spontane, unvorhersehbare Tat gewertet werden. In Gesprächen mit den Sozialpädagogen hätte der Lebensgefährte der Mutter Leonie als seine „Prinzessin" bezeichnet. Hinweise auf mögliche Gewalttätigkeiten hätten sich nicht ergeben. Die Rippenbrüche älteren Datums hätten von den Mitarbeitern des Jugendamtes nicht bemerkt werden können, weil es sich um innere Verletzungen gehandelt habe. Auch der Arzt, der Leonie noch vier Tage vor ihrem Tod untersucht hatte, hätte nichts bemerkt. Die Mutter wäre zwar offensichtlich mit Haushalt und Kindern überfordert, wäre jedoch immer sehr kooperativ und froh über die Hilfe des Amtes gewesen. Vorwürfen zu einem Verschulden des Jugendamtes trat der Fachbereichsleiter entgegen: die beteiligten Sozialpädagogen hätten „korrekt, verantwortungsbewusst und fachlich sehr umsichtig" gehandelt.

In der Presse wurde diskutiert, ob der Tod des Kleinkindes hätte verhindert werden können, immerhin hätte die Familie unter der Betreuung des Jugendamtes gestanden. Gegen das Jugendamt wurden viele Vorwürfe erhoben, auch weil zwei Tage vor dem Tod des Kindes noch eine Mitarbeiterin des Jugendamtes in der Wohnung der Mutter gewesen wäre. Dem Jugendamt würden im Rahmen der Ermittlungen viele unangenehme Fragen gestellt werden.

Das Landgericht Augsburg verurteilte den Lebensgefährten der Mutter im Oktober 2008 zu einer lebenslangen Freiheitsstrafe wegen eines grausam begangenen Mordes.

Ihrlerstein: Acht Kinder eingesperrt, geprügelt und erniedrigt

Anfang November 2007 wandten sich die fünf älteren Kinder der zehnköpfigen Familie an ihre Lehrer bzw. Betreuer in ihren Schulen oder im Heim und beklagten sich unabhängig voneinander über die Behandlung durch ihre Eltern. Die Kinder gaben an, von ihren Eltern mit einem Kochlöffel geschlagen worden zu sein, bis sie bluteten. Sie wären in ihre Zimmer eingesperrt worden und hätten dort auch ihre Notdurft verrichten müssen, da sie das Zimmer nicht hätten verlassen können. Zwei Kinder wären von den Eltern in ihren eigenen Kot oder den der Geschwister gedrückt worden. Selbst der zehn Monate alte Säugling wäre geschlagen worden. Bei einem Mädchen wurde durch die Schule festgestellt, dass es einnässte. Wunde Stellen an ihrem Körper belegten, dass die Eltern sich darum jedoch nicht gekümmert hatten. Mitarbeiter des Jugendamtes erschienen, nachdem die Kinder entsprechende Angaben machten, unangemeldet bei der Familie. Man fand die Kinder tatsächlich eingesperrt vor. Die Zustände im Haus wurden als desolat beschrieben. Wegen akuter Gefährdung des Kindeswohls nahm das Jugendamt alle acht Kinder der Familie in Obhut und stellte einen Antrag auf Entzug des Sorgerechts beim zuständigen Familiengericht. Das Sorgerecht wurde den Eltern zwischenzeitlich entzogen.

Nach Aussagen des Bürgermeisters wäre von den Misshandlungsvorwürfen in der Gemeinde zuvor nichts bekannt gewesen. Zwei der Kinder wären bis Mitte November in dem Ort zur Schule und zur Ganztagsbetreuung gegangen. Die Ganztagsbetreuung wäre vom Jugendamt bezahlt worden. Der Vater hätte an Versammlungen der Ganztagsbetreuungseinrichtung teilgenommen. Teilweise finden sich auch Meldungen, dass das Jugendamt die Familie bereits seit längerem im Blick gehabt hätte. Nachbarn der Familie sagten aus, dass man die Kinder nie zu Gesicht bekommen hätte, sie wären weggesperrt gewesen. Selbst im Sommer hätte man die Kinder nie draußen gesehen. Die Kinder wären unbeaufsichtigt gewesen, wenn die Eltern bei Pokerturnieren unterwegs gewesen wären. Endlich wäre etwas getan worden.

Berlin-Spandau: Drei kleine Mädchen hilferufend am Fenster

Am 24.5.2007 standen drei kleine Mädchen (zwei, vier und fünf Jahre alt) aus Spandau weinend am Fenster und riefen nach ihrer Mutter. Ihre Mutter war die ganze Nacht auf Zechtour und hatte sie allein gelassen. Nachbarn alarmierten Polizei und Feuerwehr. Nach dem Aufbruch der Wohnungstür wurde ein völlig verwahrloster unhygienischer Zustand der Wohnung festgestellt. In der Wohnung lagen etliche benutzte Windeln, die Wände waren mit Exkrementen beschmiert. Die Mutter kam später betrunken aus einer Kneipe. Die Geschwister wurden vom Kindernotdienst aufgenommen.

Die Familie war dem Jugendamt seit September 2006 bekannt. Bisher wäre aber keine Verwahrlosung oder Vernachlässigung erkannt worden. Zwar wären die Kinder in der sprachlichen Entwicklung etwas gehandicapt, diese Auffälligkeit hätte aber nicht im Zusammenhang mit einer Verwahrlosung gestanden. Im November hätte es einen Hausbesuch gegeben, Kontakte zur Kindertagesstätte und zur Schule wären aufgebaut worden.

Duisburg: Zweijähriger Junge schwer misshandelt

Wegen eines Streits zwischen einer 24-jährigen Frau und ihrem gleichaltrigen Lebensgefährten wurde die Polizei in die Wohnung des Paares gerufen. Bei dem Streit ging es um den Zustand des zwei Jahre alten Sohnes der Frau, der nicht das leibliche Kind ihres Lebensgefährten ist. Die Mutter hatte vier Wochen wegen eines Beinbruchs im Krankenhaus gelegen und hatte das Kind in die Obhut ihres Partners gegeben. Die Polizei fand bei ihrem Eintreffen das schwer verletzte Kind in einer verwahrlosten Wohnung vor. Der Junge war stark unterernährt und hatte Stoß- und Schlagverletzungen am ganzen Körper und eine Brandwunde am Fuß. Die Verletzungen waren Folgen von Bestrafungen, die der Junge erhalten hatte, wenn er in die Hose gemacht hatte. In der Wohnung des Mannes gab es kein Bett, das Kind musste auf dem Boden schlafen. Die Eltern beschuldigen sich gegenseitig, für die Verletzungen verantwortlich zu sein. Das Paar war arbeitslos, beide waren als Drogenkonsumenten bekannt. Das Kind überlebte die Misshandlungen.

Das Jugendamt, dem die Familie bekannt war, sah keine Versäumnisse bei der Betreuung von Mutter und Kind. In der Wohnung der Frau wäre das Kind ordentlich versorgt worden und hätte ein Bett gehabt. Im September hätte es zuletzt einen Hausbesuch bei der Frau gegeben. Es hätte kein Grund bestanden, Hilfen zur Erziehung zu installieren. Die Frau hätte lediglich einige Termine für Vorsorgeuntersuchungen nicht rechtzeitig wahrgenommen. „Der Fehler war, dass die Frau das Kind in die Obhut ihres Lebensgefährten gegeben hat", sagte der Leiter des Duisburger Jugendamtes.

Berlin-Hellersdorf: Verwahrloste Kinder aus vermüllter Wohnung gerettet

Die 48-jährige Mutter alarmierte die Polizei, weil sie eines ihrer Kinder vermisste. Als die Beamten in der Wohnung eintrafen, stießen sie auf ein Chaos von Mülltüten, vollen Aschenbechern, leeren Bierflaschen und dreckigem Geschirr sowie eine betrunkene Mutter, die durch die verdreckte Wohnung torkelte. In dem nach Urin riechenden Badezimmer stapelte sich die Schmutzwäsche, die übrige Wohnung war voller Gerümpel. In dem Durcheinander entdeckten die Polizisten zwei weitere verwahrloste Kinder. Erste Ermittlungen ergaben, dass die vermisste 13-jährige Tochter an einem Wandertag der Schule teilnahm. Die Familie war dem Jugendamt bekannt. Die Mutter wurde in ein Krankenhaus eingeliefert. Die neun und 13 Jahre alten Schwestern nahm das Jugendamt in Obhut. Der 17-jährige Sohn blieb mit dem Vater in der Wohnung. Ein viertes Kind lebte aus gesundheitlichen Gründen nicht in der Wohnung.

Darry: Fünf tote Kinder

Am 5.12.2008 erschien die 31-jährige Mutter von fünf Kindern in der psychiatrischen Klinik in Neustadt (Holstein) und bat um Aufnahme. Sie erschien mit schweren Schnittverletzungen an beiden Armen, die auf einen Selbsttötungsversuch hindeuteten. Nach der Versorgung der Verletzungen in der Chirurgie und der Rückkehr in die Psychiatrie berichtete die Frau, ihre fünf Söhne getötet zu haben. Der behandelnde Arzt informierte daraufhin sofort die Polizei. Die drei bis neun Jahre alten Jungen wurden tot im Haus der Familie gefunden. Gemäß dem Ergebnis der Obduktion trat der Tod durch Ersticken ein.

Die Familie wohnte seit September 2006 in Darry. Die Söhne stammen von zwei verschiedenen Vätern. Eines der Kinder litt an Autismus. Hinweise auf Probleme der Mutter gab es bereits einige Zeit vor der Tat. Der Vater der drei jüngeren Kinder hatte sich im August an den sozialpsychiatrischen

Dienst des Kreises gewandt und von religiösen Phantasien seiner Frau berichtet. Mitarbeiter des Sozialen Dienstes hatten bei einem Hausbesuch deutliche Anzeichen für eine psychische Erkrankung der Mutter festgestellt. Eine Gefahr für das Wohl der Kinder wäre jedoch nicht erkannt worden.

Der Vater der drei jüngeren Kinder war einen Tag vor der Tat aus dem gemeinsamen Haus ausgezogen. Ob dieser Umstand mit der Tat in Zusammenhang steht, blieb offen. Auch Nachbarn hatten die Sozialbehörden auf Missstände hingewiesen. Behördenmitarbeiter hatten Ehe- und Erziehungsprobleme festgestellt. Die Mutter habe nach Angaben von Nachbarn überwiegend zurückgezogen gelebt und sei meistens im Haus gewesen.

Von Oktober bis Ende November erhielt die Familie nach Vermittlung durch den Allgemeinen Sozialen Dienst fünfzehn Stunden pro Woche Hilfe im Haushalt. Am 4. Dezember hatte der Kindergarten mitgeteilt, dass sich der Allgemeinzustand des dritten Kindes verschlechtert hätte und die aktuelle Hilfe wohl nicht ausreiche. Das Kind hätte Windpocken gehabt, der Vater wäre aufgefordert worden, sich an einen Arzt zu wenden. Am 5. Dezember sollte eine Betreuerin nach dem Zustand der Kinder schauen. Diese kam jedoch zu spät. In den Medien wurde teilweise berichtet, dass die Kinder in schlechter Kleidung und vernachlässigt zur Schule gekommen wären. Von Behördenseite wurde solchen Berichten jedoch widersprochen, es hätte keine Hinweise auf eine akute Gefährdung der Kinder gegeben, auch wäre aus der Schule kein Alarmruf gekommen.

Nach Einschätzung des Plöner Landrates sei die familiäre Tragödie leider nicht vermeidbar gewesen. In der Presse wurden schwere Vorwürfe gegen die Sozialbehörden erhoben, da es lange vor der Tragödie Notsignale und Hilferufe gab, die jedes Mal minutiös festgehalten und dokumentiert wurden. Obwohl der Vater gewarnt hatte und trotzdem es Hilfsangebote, Gespräche und Unterstützungen gab, wären jetzt fünf Kinder tot.

Im August 2008 ordnete das Kieler Landgericht die Unterbringung der Mutter in einem Psychiatrischen Krankenhaus (§ 63 StGB) an. Aufgrund einer paranoiden Schizophrenie wäre sie schuldunfähig und gefährlich.

Berlin-Charlottenburg: Baby stirbt nach Drogentod der Mutter

Die 24-jährige Mutter eines sechs Wochen alten Mädchens war HIV positiv und mit Hepatitis B infiziert. Wegen Drogenproblemen und der Erkrankungen stand sie im Kontakt mit dem Jugendamt, auch bereits während der Schwangerschaft. Kinderärzte und der Sozialdienst des Bezirkes Charlottenburg-Wilmersdorf hatten Mutter und Kind regelmäßig zuhause besucht. Termine wurden von der Mutter regelmäßig wahrgenommen. Wegen der Erkrankungen waren die 24-Jährige und ihr Baby im Universitätsklinikum Charité medizinisch betreut worden. Der Mutter wäre dabei eine „gute Prognose" gestellt worden. Nachdem die Mutter jedoch zwei Behördentermine in einer Woche versäumt hatte, wurden zwei Mitarbeiterinnen des Jugendamtes zu der Wohnung im Bezirk Charlottenburg geschickt. Als niemand öffnete, informierten die Mitarbeiterinnen die Feuerwehr, die die Tür öffnete und die Leichen von Mutter und Kind entdeckte. Hinweise auf Fremdverschulden konnten nicht festgestellt werden. Frische Einstichspuren an den Armen der Frau deuteten jedoch auf einen kurz vor dem Tod erfolgten Drogenkonsum hin. In der Wohnung wurde ein Spritzenbesteck gefunden. Als Todesursache wurde bei der Mutter eine Betäubungsmittelvergiftung festgestellt. Der Tod des Kindes war als Folge mangelnder Flüssigkeitszufuhr eingetreten, nachdem die Mutter den Säugling nicht mehr stillen konnte. In der Presse wurde festgestellt, dass Hausbesuche durch Ärzte und eine intensive Betreuung durch das Jugendamt die Tragödie nicht hätten verhindern können.

Kleve: Drei Monate alter Säugling misshandelt

Ein drei Monate alter Säugling wurde in das Klever Krankenhaus eingeliefert, nachdem sein 19-jähriger Vater und die 22-jährige Mutter den Notarzt alarmiert hatten. Wegen der schweren Verletzungen des Säuglings sah der behandelnde Arzt dringenden Klärungsbedarf über die Umstände der Verletzungen und alarmierte die Polizei. Ein Rechtsmediziner diagnostizierte ein Schütteltrauma. Vermutungen gingen dahin, dass der Vater das Kind misshandelt und ihm lebensgefährliche Verletzungen beigebracht hatte.

In der Stadt herrschte Ratlosigkeit, wie es zu einem solchen Vorfall kommen konnte, da das Frühwarnsystem der Stadt, das Projekt „Opstapje", eigentlich gegriffen hatte. Ein Kinderarzt, der in das Netzwerk integriert ist, hatte den Eltern empfohlen, die Hilfe des Jugendamtes in Anspruch zu nehmen, was diese auch taten. Eine Kinderkrankenschwester hatte sich 25 Stunden im Monat um den Säugling gekümmert, auch die Sozialpädagogische Familienhilfe der Caritas war eingeschaltet. Bis zu dem Tag des Vorfalles waren keine Anzeichen von Gewalt oder Verwahrlosung erkennbar gewesen.

Greifswald: Mutter misshandelt drei Monate altes Baby

Als der drei Monate alte Junge mit schweren Verletzungen ins Krankenhaus eingeliefert wurde, gab die 20-jährige Frau an, mit dem Kind im Arm gestürzt zu sein. Die festgestellten Verletzungen ließen sich dadurch jedoch nicht erklären. Die Klinik schaltete einen Rechtsmediziner ein, der den Verdacht der Kindesmisshandlung bestätigte. Bei dem Kind wurden ein Schädeldachbruch, daneben Hämatome an Armen und Gesäß festgestellt. Die Kindesmutter wurde daraufhin von der umgehend informierten Polizei vernommen und räumte ein, dem Kind mehrfach mit der Faust auf den Kopf geschlagen zu haben, da es laut geschrien hätte und nicht zu beruhigen gewesen wäre. Die Frau räumte bei ihrer Vernehmung weiterhin ein, das Kind bereits im Alter von fünf Wochen mit der Faust auf den Kopf geschlagen zu haben, um es zu beruhigen. Auch damals hatte sie angegeben, mit dem Kind im Arm gestürzt zu sein. Das Jugendamt der Stadt Papenburg, wo die Frau lebte, brachte Mutter und Kind vorerst in einer örtlichen Mutter-Kind-Gruppe unter. Der Mutter war die Auflage erteilt worden, einmal in der Woche beim Kinderarzt vorstellig zu werden. Mit der Großmutter des Säuglings, die das Sorgerecht beantragt hatte und in Greifswald lebte, sowie dem dortigen Jugendamt wurde Kontakt gehalten, um im Interesse des Kindes das Aufenthaltsbestimmungsrecht zu regeln. Die Großmutter aus Greifswald hatte Kontakt nach Papenburg aufgenommen, um Tochter und Enkel bei sich aufzunehmen.

Gegenüber der Polizei hatte die Mutter des Kindes angegeben, mit der Pflege und Erziehung überfordert zu sein und Wutattacken zu bekommen. Sie war zum Zeitpunkt der Misshandlung bei ihrer Mutter in Greifswald zu Besuch. Nach Einschätzung des Greifswalder Senators für Jugend und Soziales ließ sich der Vorfall nicht vorhersehen. Es hätte keinerlei Anzeichen dafür gegeben, dass ein Gewaltausbruch der Mutter stattfinden würde. Die Jugendämter der Städte Greifswald und Papenburg hätten seit Mitte Oktober in engem Kontakt miteinander gestanden. Seit November hätte die Mutter mit ihrem Kind bei den Großeltern gewohnt, um zu prüfen, ob beide dort dauerhaft untergebracht werden könnten. Eine Mitarbeiterin des Jugendamtes Greifswald hatte bei einem Hausbesuch Ende November 2007 den Eindruck gewonnen, dass zwischen Mutter und Kind eine starke emotionale Bindung bestehe und dass das Kind gut versorgt sei.

Kirchberg: Mutter ließ krankes Kind tagelang allein.
Kind verhungert und dehydriert

Obwohl der zweijährige Robin bereits seit einer Woche gekränkelt hatte, fuhr seine 23-jährige Mutter vom 22. bis 24.12.2007 mit ihrem älteren Sohn (4) zu einem Bekannten nach Mecklenburg-Vorpommern und ließ das kranke Kind allein in ihrer Wohnung zurück. Bei ihrer Rückkehr am Heiligabend ging es dem Jungen sehr schlecht, er war sehr geschwächt. Die Mutter rief jedoch keine Hilfe, sondern hoffte, die Lage selbst wieder in den Griff zu bekommen. Aus Angst, der Arzt könnte das Jugendamt verständigen und man würde ihr Robin wegnehmen, unternahm sie nichts und hoffte, ihr Sohn würde sich gesund schlafen. Erst am zweiten Weihnachtsfeiertag rief die Mutter einen Notarzt. Dieser konnte nur noch den Tod des Kindes feststellen. Das Kind starb dehydriert und an den Folgen von Unterernährung. Zum Zeitpunkt seines Todes wog der Junge weniger als ein Kind im Alter von einem Jahr. Bei seinem letzten Besuch in der Kinderkrippe Mitte Dezember hatte niemand die Unterernährung bemerkt.

Die Familie war intensiv vom Jugendamt betreut worden, nachdem der Vater der beiden Söhne wegen einer Kneipenschlägerei inhaftiert worden war. Im Oktober wurde die Sozialpädagogische Hilfe im gegenseitigen Einvernehmen beendet. Zur Begründung wurde angegeben, dass es der Mutter gelungen wäre, ihr Leben neu zu ordnen. Sie hätte sich von ihrem straffälligen Lebensgefährten getrennt, einen Umzug nahezu allein bewältigt. Die Kinder hätten jeder ein eigenes geschmackvoll gestaltetes Zimmer, die Mutter hätte sich um einen geregelten Tagesablauf bemüht. Für den jüngeren Sohn wäre ab Herbst ein Platz in der Krippe und für den älteren im Kindergarten zur Verfügung gestellt worden. Man hätte auch versucht, die ungelernte, arbeitslose Frau in eine Ausbildung zu bringen, sie wäre seit September in eine Trainingsmaßnahme integriert gewesen. Da sie jedoch mehrfach unentschuldigt gefehlt hätte, wäre der Kurs abgebrochen und Leistungen der ARGE gestrichen worden. Daraufhin hätte die Mutter sich und ihre Söhne mit Lebensmittelgutscheinen der ARGE ernähren müssen. Als die betreuende Jugendamtsmitarbeiterin davon erfuhr, brachte sie der Familie vor Weihnachten Lebensmittel vorbei. Die Sozialarbeiterin war am 18., 19. und 20. Dezember in der Familie. Robin hätte sie dabei aber nicht gesehen. Die Mutter hätte ihr glaubhaft versichert, dass das Kind schlafe, sie solle leise sein. Ihr Besuch wäre nur aus dem Grunde erfolgt, sich zu vergewissern, dass nichts fehle, weil das Geld gestrichen worden war. Der Besuch hätte der Mutter gegolten und nicht den Kindern. Zeichen von Unterernährung hätte bei dem Kind niemand bemerkt, insbesondere nicht die Krippe, die Robin noch bis zum 14. Dezember besucht hatte. Danach hätte er entschuldigt gefehlt, die Einrichtung sollte ohnehin über Weihnachten schließen.

Dem Jugendamt war bekannt, dass die Mutter mit der Erziehung der Kinder überfordert war. Als Robin zur Welt kam, wäre die Mutter mit der ältesten, verhaltensauffälligen Tochter Lisa (6) nicht mehr zurecht gekommen und hätte sie in ein Heim gegeben. Nach der intensiven zehnmonatigen Sozialpädagogischen Betreuung wäre jedoch eine positive Prognose gestellt worden. Die Frau wäre nach Einschätzung der Behörde wieder besser mit den zwei- und vierjährigen Jungen klar gekommen. In der Presse wurde gefragt, ob der zweijährige Robin wirklich verhungern und verdursten musste. Gegen das Jugendamt des Landkreises wurden schwere Vorwürfe laut, weil die Behörde im August ihre intensive Betreuung der Mutter eingestellt hatte.

Das Landgericht Zwickau verurteilte die Mutter im Juli 2008 wegen Kindesaussetzung zu fünfeinhalb Jahren Freiheitsstrafe. Es wurde festgestellt, dass die Mutter wegen einer schwerwiegenden Persönlichkeitsstörung (Borderline-Syndrom) nicht in der Lage gewesen wäre,, den tatsächlichen Zustand ihres Sohnes zu erkennen und somit den Tod ihres Sohnes nicht billigend in Kauf genommen habe.

Waltenhofen: Kinder aus vermüllter Wohnung befreit

Der Vorsitzenden einer Tierschutzorganisation war der katastrophale Zustand eines Hundezwingers auf dem vermüllten Grundstück bereits seit zwei Jahren ein Dorn im Auge. Da sie sich von einer Anzeige keine Abhilfe versprach, beobachtete sie die Situation zunächst weiter. Sie erfuhr in diesem Zusammenhang, dass auch zwei Kinder in der verwahrlosten Wohnung bei ihren Großeltern lebten. Als sich der Zustand der Tiere verschlechterte, alarmierte sie die Polizei. Diese fand neben dem als unhaltbar beschriebenen verkoteten Zwinger, aus dem die Tiere befreit wurden, in der verwahrlosten und vermüllten Wohnung auch die zwei Kinder im Alter von vier und acht Jahren. Die Räume wären nach Polizeiangaben in einem widerlichen Zustand gewesen. Die Großmutter wäre aus gesundheitlichen Gründen überfordert gewesen. Die Mutter hätte zumeist bei ihrem Lebensgefährten in einem anderen Ort gelebt. Die Kinder wären ungepflegt, aber gesund gewesen. Es hätte keine Anzeichen von Gewalt gegeben. Die Kinder wurden bei einer Pflegefamilie untergebracht.

Gegen das Jugendamt wurden schwere Vorwürfe erhoben, da der Behörde die Verhältnisse schon lange bekannt waren. Warum das Jugendamt, das die Familie seit fast zwei Jahren betreute, die Kinder nicht früher aus ihrer Umgebung genommen hat, erklärte der Pressesprecher des Landratsamtes damit, dass der Großmutter seit 2006 eine Familienhelferin zur Seite gestanden hätte, die zunächst die Entmüllung und Renovierung des Hauses anregte. Dies wäre auch geschehen. Anschließend wären aber die Abfall- und Müllberge wieder rasch angewachsen. Mitte des vergangenen Jahres hielt es das Jugendamt dann für richtig, dass die Kinder mit der Mutter und dem Lebensgefährten eine gemeinsame Wohnung beziehen. Bis zu der Polizeiaktion hätte man jedoch kein passendes Objekt gefunden. Ein sofortiges Handeln hielten die Sozialpädagogen nicht für notwendig, weil keine akute Gefahr für die Gesundheit der Kinder bestanden hätte.

Behringen: Tod eines einjährigen Kindes aufgrund von Vernachlässigung

Am 15. Januar erschien eine Frau mit einem dreizehn Monate alten Mädchen beim Arzt. Zu diesem Zeitpunkt war das Kind bereits nicht mehr am Leben. Die Obduktion ergab zwar keine Anzeichen äußerer Gewalteinwirkung, jedoch ausgeprägte flächenhafte Hautaufweichungen an Gesäß und Leistenfalten. Todesursache war eine Lungenentzündung. Das Kind hatte zudem an Flüssigkeitsmangel und Mangelernährung gelitten, die jedoch nicht todesursächlich waren. Ein Magen- und Darminhalt war nicht erkennbar. Auch bei dem dreijährigen Bruder des toten Mädchens wurden Mangelerscheinung wegen unzureichender Pflege und Hygiene nachgewiesen. Zudem hatte er ein blaues Auge, wobei jedoch ungeklärt blieb, ob dieses von einem Schlag oder einem Sturz herrührte.

Die Familie war dem Jugendamt bekannt. Auf die Frage, ob das zuständige Jugendamt des Wartburgkreises früher hätte eingreifen müssen, antwortete der Jugendsamtsleiter mit einem entschiedenen „Nein". Die junge Frau hätte zunächst mit ihren Kindern in Eisenach gewohnt. Nach einem Hinweis darauf, dass die Kinder vernachlässigt würden, hätten Mitarbeiter des Eisenacher Jugendamtes die Familie zuhause besucht. Kleidung und Wohnumfeld hätten nach dem Augenschein nicht auf eine Vernachlässigung der Kinder schließen lassen. Die Mutter hätte in dem Gespräch angegeben, es wäre alles in Ordnung. Das Jugendamt Eisenach hätte das Jugendamt des

Wartburgkreises über den geplanten Umzug der Familie in dessen Zuständigkeitsbereich informiert. Die Frau hätte sich auch zum 1. August 2007 angemeldet, hätte aber erst im November tatsächlich ihre Wohnung bezogen. Bereits im Dezember wäre ihr die Wohnung wegen Mietschulden wieder gekündigt worden. Im Oktober hätte sie sich von dem Vater der Kinder getrennt. Ein Hilfebedarf wäre für das Amt nicht erkennbar gewesen. Es wäre lediglich einmal mit der Familie beschäftigt gewesen, als es im Juli 2007 um Unterhaltsleistungen ging.

Obwohl das Jugendamt Wartburgkreis keinerlei Versäumnisse einräumte, wurde zwischen den Landräten eine noch engere Abstimmung zwischen den Jugendämtern Wartburgkreis und Eisenach vereinbart. Dies wäre geboten, um eine solche Situation in Zukunft zu verhindern.

Dorsten: 15 Tage alter Justin-Jeremy starb an den Folgen eines Schütteltraumas

Am 17.1.2008 rief die Mutter des 15 Tage alten Säuglings den Notarzt, weil ihr Kind krampfe. Das Kind wurde sofort in die Dattelner Kinderklinik eingeliefert, starb aber trotz der Wiederbelebungsversuche. Die Obduktion ergab, dass das Kind an den Folgen eines Schütteltraumas gestorben war. In den Vernehmungen der Polizei bestritten die Mutter (28) und deren Lebensgefährte (25), dem Säugling Gewalt angetan zu haben.

Das Jugendamt hatte ein dreiviertel Jahr vor dem Vorfall einen anonymen Hinweis auf die Verschmutzung der Wohnung und auf Drogenmissbrauch der Eltern erhalten. Bei einem ersten Besuch der Mitarbeiter des Jugendamtes wäre die Wohnung tatsächlich stark verschmutzt gewesen, die Kinder – zwei Schwestern im Alter von drei und fünf Jahren – hätten jedoch einen heiteren Eindruck gemacht und wären gut versorgt gewesen. Weitere Kontrollen danach hätten stetige Verbesserungen gezeigt. Auch der Kindergarten hätte den guten Eindruck bestätigt. Die Eltern hätten aktiv am Leben in der Tagesstätte teilgenommen und wären liebevoll mit ihren Kindern umgegangen. Die Mutter hätte stolz von ihrer Schwangerschaft berichtet und hätte das Kind noch wenige Tage vor dessen Tod im Kindergarten vorgestellt. Im Jugendamt stellte man sich die Frage, ob der Tod des Kindes hätte verhindert werden können. Man hätte jedoch keine negativen Einflüsse feststellen können. Die Kinder wären fröhlich und gut versorgt und Justin sei nach der Beobachtung des Kindergartens ein Wunschkind gewesen.

Dortmund: Kinder erleben allein und auf engstem Raum das Sterben ihres Vaters

Zwei kleine Mädchen im Alter von sechs und acht Jahren mussten allein und auf engstem Raum über Wochen miterleben, wie ihr Vater, der unter Krebs im Endstadium litt, immer schwächer wurde und schließlich qualvoll starb. Sie lebten monatelang allein mit ihrem kranken Vater in einer verdreckten und vermüllten Wohnung, ohne Hilfe von außen und praktisch ohne materielle Unterstützung. Der Vater war bereits 58 bzw. 60 Jahre alt und Rentner, als die Kinder zur Welt kamen. Die Familie lebte in schwierigen Verhältnissen. Die Mutter zog mit ihren Kinder aus der gemeinsamen Wohnung aus, nachdem es Krach mit ihrem Ehemann um das Haushaltsgeld sowie Drohungen und Schläge gegeben hatte. Die Familie fand später wieder zusammen, als die Mutter im Jahr 2005 schwer erkrankte. Die Mutter starb ein Jahr später an Darmkrebs. Der Vater, der mittlerweile 66 Jahre alt war, war mit dem Haushalt und der Erziehung der Kinder heillos überfordert. Das ältere Mädchen Martina kam häufig ungewaschen und mit schmutzigen Kleidern in die Schule. Die Schulleiterin alarmierte den Jugendhilfedienst in Mengede, dieser schickte eine Familienhelferin in die Wohnung der Familie. Die Zustände, die sie dort vorfand, beurteilte die Sozialarbeiterin als nicht so schlimm, vermutlich, weil sie an gröbste Vernachlässigung Jugendlicher gewöhnt war. Sie meldete dem Jugendamt, dass der Vater alle Absprachen einhalte, die Kinder regelmäßig zum Arzt vorstelle, sie zum Spielplatz bringe und dass immer genug zu Essen da sei. Das Jugendamt folgerte daraus, dass Pflege und Betreuung sichergestellt wären und beendete im August 2007 die im April begonnene Hilfe. Die Einstellung der Hilfe im August 2007 stellte sich im Nachhinein als schwerwiegender Fehler dar. Ab dem Spätsommer ging es dem Vater der Mädchen schlecht. Er hatte kaum noch Zähne und konnte nicht mehr kauen. Er konnte sich nur noch mühsam fortbewegen. Er schaffte es nur noch selten, sich morgens anzuziehen, meist konnte er sich nur noch auf das Sofa im Wohnzimmer schleppen und blieb dort den ganzen Tag liegen. Der starke Raucher hustete oft stundenlang. Die Kinder waren zunehmend auf sich allein gestellt, nur der 40-jährige Halbbruder aus der ersten Ehe des Vaters schaute manchmal vorbei. Die Schwestern mussten sich selbst mit Lebensmitteln versorgen und kauften im Supermarkt Tiefkühlpizza, Chips und Süßigkeiten und im Getränkemarkt Cola und Fruchtsäfte. Die Verkäuferin einer Kinderboutique erinnert sich, dass die Kinder ab und zu vorbeikamen und verschiedene Dinge kauften, aber immer allein waren. Manchmal zahlten sie mit einem 50-Euro-Schein. Als Ältere übernahm Martina für ihre Schwester Elisabeth die Mutterrolle. Die Achtjährige half der Sechsjährigen beim Anziehen, brachte sie zur Schule und half bei den Hausaufgaben. In der Wohnung herrschten schlimme Zustände. Seit Monaten wurde nicht mehr geputzt und überall stapelten sich schmutziges Geschirr und Müll. In der ganzen Wohnung lagen Essensreste herum, auch in den Betten der Kinder. Es stank. Die Kinder trugen wochenlang dieselbe Kleidung, da niemand mehr wusch. Als sich der Zustand des Vaters weiter verschlechterte, kam er im Dezember ins Krankenhaus. Die Ärzte diagnostizierten Lungenkrebs im Endstadium. Ende Januar wurde der Mann entlassen, weil ihm die Ärzte nicht mehr helfen konnten. Die Kinder, die vorübergehend bei ihrem Halbbruder untergebracht waren, kamen zurück zum Vater.

Als das ältere Mädchen in schlimmem Zustand in die Schule ging, schlecht roch und verfilzte Haare hatte und ihrer Klassenlehrerin mitteilte, dass sie keine Zeit mehr für Hausaufgaben hätte, weil sie ihren Vater pflegen, einkaufen und kochen müsste, informierte diese die Schulleitung, die sich umgehend an den Jugendhilfsdienst wandte und dringend um Hilfe bat. Die Mitarbeiter dort seien jedoch überrascht gewesen, was denn nun schon wieder bei der Familie los wäre, vor kurzem sei doch noch alles in Ordnung gewesen. Man habe sich nach dem Klinikaufenthalt des Vaters telefonisch erkundigt, ob er Hilfe brauche, was dieser ausdrücklich verneint hätte. Die zuständige Sachbearbeiterin wäre auch gerade im Urlaub und die anderen Kollegen wären alle im Stress. Eine spätere Überprüfung ergab, dass tatsächlich sieben der acht Fachkräfte des Jugendhilfediensetes Mengede Überlastungsanzeigen geschrieben und die mangelhafte Betreuung von Schutzbefohlenen wegen akuten Personalmangels eingeräumt hatten. Auch von der Gewerkschaft wurde der Hilferuf unterstützt und festgestellt, dass die Beschäftigten unter miserablen Umständen auf Kosten ihrer Gesundheit arbeiteten.

Am 17. Januar, einem Donnerstag, rief die Lehrerin erneut beim Amt an. Ein Hausbesuch wurde jedoch abgelehnt, obwohl die Wohnung der Familie nur etwa 600 Meter vom Amt entfernt lag und zu Fuß in vier Minuten erreichbar war. Über ihr Telefonat mit der Vertreterin der Sachbearbeiterin verfasste die Lehrerin ein Protokoll: (Auszug)

Lehrerin: „Martina und Elisabeth sind in einem verheerenden Zustand."
Vertreterin: „Das ist doch normal, wenn der Vater krank ist."
Lehrerin: „Der ist nicht krank, der stirbt vor den Augen seiner Kinder."
Vertreterin: „Was möchten Sie denn, dass ich tue?"
Lehrerin: „Ich erwarte, dass Sie hingehen und nachsehen."
Vertreterin: „Sie kennen ja unsere Personalsituation."
Lehrerin: „Und was schlagen Sie vor?"
Vertreterin: „Am Dienstag kommt die zuständige Sachbearbeiterin wieder."

In der Nacht zum Sonntag, dem 20. Januar, bekam der Vater plötzlich keine Luft mehr. Er keuchte, röchelte und bekam Schaum vor dem Mund. Seinen Töchtern machte er verzweifelte Handzeichen. Martina versuchte immer wieder, ihren Halbbruder anzurufen, erreichte ihn jedoch nicht. Als der Vater sich nicht mehr rührte und auf Rufe und Schütteln nicht mehr reagierte, setzten sich die Mädchen stundenlang vor den Fernseher. Danach spielten sie bis zum Morgengrauen Mensch-Ärgere-Dich-Nicht. Erst gegen 9.30 Uhr erreichten sie endlich den Halbbruder und teilten ihm mit, dass der Vater vermutlich tot wäre.

Eine Schuld an den traumatischen Erlebnissen der Mädchen wiesen die Behörden zurück. Nach der Stellungnahme des Dortmunder Jugendamtes wäre für die Mitarbeiter des Jugendamtes nicht erkennbar gewesen, wie ernst die Krankheit des Vaters war. Der plötzliche Tod des Vaters wäre nicht absehbar gewesen, Hinweise, die die Behörde zu einem sofortigen Handeln hätten veranlassen müssen, hätten nicht vorgelegen. Im Dortmunder Rathaus wurde über die Verantwortung des Jugendamtes diskutiert. Während das Nichthandeln des Jugendamtes von einer Seite angeprangert wurde, sahen andere in verschmutzter Kleidung noch keinen Hinweis auf Kindeswohlgefährdung. Es wurde auch angemerkt, dass die Alternative doch gewesen wäre, dem todkranken Vater auch noch seine Kinder wegzunehmen. Ob nicht genau das erforderlich gewesen wäre, wird jetzt von der Dortmunder Staatsanwaltschaft geprüft.

Berlin-Spandau: Tod des Säuglings Dennis als Folge massiver Gewalt

Als der von den Eltern alarmierte Notarzt in der Wohnung eintraf, war der sieben Wochen alte Dennis bereits tot. Das Kind hatte ein blaues Auge, sein Körper war übersät mit blauen Flecken. Todesursache war ein langes heftiges Schütteln. Der Säugling war offenbar über längere Zeit schwer misshandelt worden. Gefunden wurden auch ältere Verletzungen.

Dennis kam am 9.12.2008 als zweites Kind seiner 22 Jahre alten Mutter zur Welt. Das Mädchen, das sie im Alter von sechzehn Jahren geboren hatte, lebte bei Pflegeeltern. Obwohl die Mutter im Umgang mit ihrem Sohn bemüht war, hatten Hebammen und Krankenschwestern in der Klinik ein ungutes Gefühl und glaubten intuitiv, dass die Mutter Hilfe bräuchte. Das Krankenhaus informierte den Kinder- und Jugendgesundheitsdienst des Gesundheitsamtes. Das Amt bat die Eltern schriftlich um ein Gespräch am 20. Dezember in ihrer Wohnung. An diesem Tag kam es jedoch nur zu einem kurzen Gespräch im Flur des Hauses, da beide Eltern Termine hatten und in Eile waren. Die Sozialarbeiterin verabredete mit den Eltern ein Gespräch am 8.1.2008, klingelte zu diesem Termin aber vergebens an der Wohnungstür. Sie hinterließ eine Mitteilung im Briefkasten mit einem neuen Terminvorschlag am 17.1.2008. Diesmal fand ein Gespräch mit den Eltern statt. Die Sozialarbeiterin hatte keinerlei Hinweise auf Gewalt an dem Kind feststellen können. Es wäre bekleidet und gepflegt gewesen. Auch aus dem Verhalten, den Fragen und Auskünften der Mutter hätten sich keine Anhaltspunkte für Misshandlungen ergeben. Die Mutter hätte sich aber erkundigt, wie sie das häufig schreiende Kind beruhigen könne. Sie hatte zudem angekündigt, demnächst einen Kinderarzt für die Routineuntersuchung aufzusuchen.

Die Familie lebte seit etwa einem halben Jahr in einer 35 qm großen Einraumwohnung. Nach Aussagen von Nachbarn hätte das Paar oft gestritten. Es wäre kaum eine Nacht vergangen, in der es nicht laut gewesen wäre. Man hätte immer mit dem Gedanken gespielt, das Jugendamt einzuschalten. Die deutsche Kinderhilfe erstattete Strafanzeige gegen das Jugendamt wegen fahrlässiger Tötung und aller in Betracht kommender Amtsdelikte. Die Behörde hätte nicht rechzeitig gehandelt, obwohl ihr die Probleme der Familie bekannt gewesen wären. Im Fall Dennis seien signifikante Fehler gemacht worden. Der Tod des Kindes wäre vielleicht vermeidbar gewesen, wenn die Sozialarbeiterin beim Besuch der Familie von einem Kinderarzt oder einer Kinderkrankenschwester begleitet und der Säugling eingehend untersucht worden wäre. Kritisiert wird die „chronische und politisch gewollte Unterausstattung der Bezirke mit Mitteln für die Kinder- und Jugendhilfe". Auch gegen die Nachbarn wurde Strafanzeige erstattet.

Nach Einschätzung des Gesundheitsstadtrates wurden von Behördenseite keine Fehler gemacht. Es hätte keine Hinweise auf Gewalt im Haushalt gegeben. Bei ihrem Besuch am 17. Januar hätte die Sozialarbeiterin das Kind nur in bekleidetem Zustand gesehen. Es hätte einen gepflegten Eindruck gemacht, die Eltern hätten interessiert Fragen gestellt und auf einen Besuch beim Kinderarzt hingewiesen. Der Hinweis des Krankenhauses hätte sich nur auf den Umstand bezogen, dass die Frau bereits mit sechzehn Jahren ein Kind entbunden hätte, das bei Pflegeeltern lebe. Dies wäre nur ein Risikofaktor, der nicht den Verdacht auf eine Kindeswohlgefährdung rechtfertigte. Bei dem ersten Besuch, bei dem es nur zu einem Gespräch im Flur kam, wären keine Auffälligkeiten festgestellt worden, die Mutter hätte auf regelmäßige Besuche einer Hebamme hingewiesen. Auch die Hebamme, die das Kind am 8.1.2008 besucht hätte, hätte keine Auffälligkeiten festgestellt. Die häufigen Streitigkeiten der Eltern wären erst nach dem Tod des Kindes bekannt geworden. Hätten die Nachbarn dem Amt entsprechend Mitteilung gemacht, wäre diese Voraussetzung für ein weiteres Einschreiten gewesen. Die Sozialarbeiterin wäre nicht berechtigt gewesen, selbst das Kind zu untersuchen. Eine ärztliche Untersuchung könnet nur bei entsprechenden Verdachtsmomenten verfügt werden.

Nach Einschätzung des Spandauer Sozialstadtrates zeige dieser Fall, dass es keine absolute Sicherheit geben könne, obwohl der Bezirk schon Konsequenzen aus leidvollen früheren Erfahrungen gezogen habe. „Wir können viel tun, aber keine 100-prozentige Sicherheit gewährleisten." Im Fall Dennis hätten weder mehr Geld noch Personal etwas geändert, erklärte er. „Unsere Sozialarbeiterin hat sich die Zeit genommen und ist an dem Fall dran geblieben. Der Ablauf war richtig so." Auf Vorwürfe, die Frage der Mutter, wie sie ihren häufig schreienden Jungen beruhigen könne, hätte als Hilferuf erkannt werden müssen und auch die Verletzungen hätten der Sozialarbeiterin auffallen müssen, erwiderte der Sozialstadtrat: „Die Frau ist Sozialarbeiterin und nicht Ärztin, und das ist richtig so. Wenn bei den Hausbesuchen mehr Überwachung als Beratung im Mittelpunkt stehen würde, würden uns noch weniger Eltern öffnen."

Das Berliner Landgericht verurteilte den Vater des Kindes im September 2008 wegen Körperverletzung mit Todesfolge zu sechs Jahren Freiheitsstrafe, die Mutter wurde wegen Beihilfe zu drei Jahren Haft verurteilt.

Rhede: 22 Monate altes Mädchen schwer misshandelt

Ein 22 Jahre alter Mann alarmierte den Rettungsdienst, da das 22 Monate alte Kind seiner Lebensgefährtin aus dem Bett gefallen wäre. Das Mädchen wurde sofort ins Krankenhaus gebracht. Das Kind hatte schwere innere Verletzungen, die sich mit der Unfallschilderung des Mannes nicht in Einklang bringen ließen. Untersuchungen eines Gerichtsmediziners erhärteten den Verdacht auf Kindesmisshandlung. Der Lebensgefährte der Mutter wurde in Untersuchungshaft genommen. Der Mann war seit etwa acht Wochen mit der Mutter zusammen gewesen. Er war in der Vergangenheit bereits wegen Betruges und Unterschlagung aufgefallen, war aber nicht als Gewalttäter bekannt. Die Mutter hatte sich zur Tatzeit nicht in der Wohnung befunden. Das Kreisjugendamt hatte im Rahmen eines Trennungs- und Scheidungsverfahrens die üblichen Kontakte zur Familie. Verdachtsmomente hinsichtlich einer möglichen Kindeswohlgefährdung hätten jedoch nicht bestanden.

Bonn: Wenige Wochen alter Säugling schwer misshandelt

Eine Mutter brachte ihr Kind wegen starker Atemwegsbeschwerden ins Bonner Krankenhaus. Als Ärzte den Säugling genauer untersuchten, stellen sie deutliche Spuren von schweren Misshandlungen am Körper des Kindes fest und schlugen Alarm. Der eingeschaltete Rechtsmediziner bestätigte, dass das Kind misshandelt worden war. Daneben machte das Kind einen verwahrlosten Eindruck. Das von den Ärzten informierte Jugendamt nahm das Kind sofort in Obhut und erstattete Strafanzeige. Zugleich wurde beim Familiengericht eine Sorgerechtsentscheidung beantragt. Das Familiengericht lehnte einen Entzug des Sorgerechts jedoch ab. Das bis dahin im Krankenhaus untergebrachte Kind musste seinen Eltern zurückgegeben werden. Das Jugendamt legte gegen diese Entscheidung des Familiengerichts Beschwerde beim Oberlandesgericht ein, die jedoch wegen Unzulässigkeit zurückgewiesen wurde. Auf die Entscheidung des Familiengerichts reagierte das Jugendamt mit Unverständnis, immerhin hätten Kinderärzte und ein Rechtsmediziner die Misshandlung zweifelsfrei nachgewiesen. Dem Amt bliebe nur, eine intensive Betreuung der Familie sicherzustellen. Eltern und Kind würden täglich zweimal von jeweils zwei Mitarbeitern des Amtes besucht, wobei das Baby genau in Augenschein genommen werde. Die Mutter würde zudem mehrere Stunden am Tag von einer Hebamme betreut und in die richtige Säuglingspflege eingewiesen.

Die Familie war zuvor beim Jugendamt nicht aufgefallen. Auch wenn nicht erklärt werden könnte, wie es zu den Misshandlungen kam, zeige dieser Fall nach Einschätzung des Jugendamtes, dass mit dem Kinderschutzkonzept der Stadt Bonn der richtige Weg eingeschlagen worden sei. Das Netzwerk zwischen Ärzten, Hebammen, Fürsorge und Polizei hätte einwandfrei funktioniert. Nach Aussagen eines Gerichtssprechers wäre die Entscheidung des Richters, das Kind in der Familie zu belassen, das Ergebnis einer

Risikoabwägung gewesen. Wäre das Kind direkt in eine Pflegefamilie gegeben worden, wäre eine irreversible Situation geschaffen worden. Weil die Eltern das Kind selbst ins Krankenhaus gebracht und die Bereitschaft gezeigt hätten, Hilfe anzunehmen und das Jugendamt sich regelmäßig um die Familie kümmerte und zudem eine Verfahrenspflegerin bestellt worden wäre, die sich unabhängig um das Wohl des Kindes kümmerte, habe der Richter entschieden, das Kind zunächst nicht aus der Familie zu nehmen. Insbesondere die vom Gericht eingesetzte Verfahrenspflegerin soll eine Rückführung des Säuglings in die Familie stark forciert haben. Der Richter selbst hätte die Familie besucht und hätte an der Richtigkeit seiner Entscheidung keinen Zweifel gehabt. Der Amtsleiter des Jugendamtes machte aus seinem Unverständnis keinen Hehl und betonte, dass dem Amt zwar momentan die Hände gebunden wären, dass man aber nicht ohnmächtig wäre. Sollten die Mitarbeiter des Jugendamtes nur das kleinste Indiz finden, dass das Kindeswohl erneut gefährdet wäre, werde das Amt keine Minute zögern, den Säugling erneut in Obhut zu nehmen. Drei Wochen nach der Entscheidung des Familiengerichts ging die Mutter mit dem Säugling zum Kinderarzt, weil er soviel weinte. Der Arzt konnte jedoch nichts feststellen und schickte die Mutter wieder nach Hause. Am nächsten Tag erschien die Mutter erneut mit dem weinenden Säugling. In der Kinderklinik wurde schließlich ein Oberschenkelhalsbruch festgestellt. Als der Bonner Familienrichter von dieser Entwicklung erfuhr, entzog er nach Rücksprache mit Jugendamt, Familienpsychologin und Rechtsmediziner den Eltern vorläufig das Aufenthaltsbestimmungsrecht. Der Richter hätte nach Mitteilung eines Gerichtssprechers erhebliche Zweifel, ob die Eltern in der Lage wären, ihr Kind zu schützen. Nach Aussage der Familiendezernentin der Stadt Bonn könnte man sich nicht erklären, wie es bei täglich drei Besuchen einer Hebamme und zwei täglichen Besuchen einer Familienfürsorgerin zu der erneuten Verletzung des Säuglings kommen konnte. Nach der Entlassung des Kindes aus dem Krankenhaus am 21.1.2008 und der Einlieferung in die Kinderklinik am 7.2.2008 hätte es nach Auskunft des Stadtsprechers 54 Pflege- und Betreuungsbesuche bei dem Jungen gegeben – jeweils von zwei Sozialpädagogen. Das Kind wäre in dieser Zeit fünfmal beim Kinderarzt vorgestellt worden. Im weiteren Verlauf wurde den Eltern das Sorgerecht endgültig entzogen. Die Eltern beschuldigten sich gegenseitig, dem Kind die Verletzungen beigebracht zu haben. Die Ursachen für die Verletzungen konnten zum Zeitpunkt der Presseauswertung noch nicht eindeutig geklärt werden.

Bitburg: Fünf Monate altes Mädchen schwer misshandelt

Das Kind lebte im Haushalt seiner 19-jährigen Mutter, die von dem Kindsvater getrennt lebte. Der Vater hielt sich jedoch häufig in der Wohnung der Mutter auf, um diese bei der Betreuung des Kindes zu unterstützen. Teilweise übernachtete er auch in der Wohnung und kümmerte sich allein um das Kind. Im November 2007 wurde das fünf Monate alte Mädchen mit einem vereiterten Mittelfuß in das Trierer Krankenhaus eingeliefert. Hinweise auf eine Kindeswohlgefährdung erkannten die Ärzte nicht. Im Januar wurde das Kind erneut schwer verletzt ins Krankenhaus gebracht. Dort wurden Hämatome am Kopf, ein Brandfleck auf der linken Hand und ein Schütteltrauma diagnostiziert. Da die Ärzte Hinweise auf eine Kindesmisshandlung sahen, informierten sie das Jugendamt. Das Jugendamt sah jedoch keine Verdachtsmomente für eine Kindeswohlgefährdung, stellte der Mutter aber eine Sozialpädagogische Familienhilfe zur Seite. Der Vater hatte als Erklärung für die Verletzung angegeben, dass er das Kind plötzlich leblos vorgefunden und es als Maßnahme der Wiederbelebung mehrfach geschüttelt habe. Durch dieses Handeln hätte er das Kind gerettet. Das Jugendamt hätte die Einlassungen des Vaters für glaubhaft gehalten, auch weil die Mutter sich von der Darstellung überzeugt gezeigt hätte. Neben dem Schütteltrauma wurden jedoch auch Blutergüsse am Kopf und ein Brandfleck an der Hand festgestellt. Nach Aussage des Geschäftsbereichsleiters der Kreisverwaltung wären jedoch beim Besuch der Mutter die Probleme als „nicht so gravierend" angesehen worden. „Wir sehen ja nicht gleich in jeder Familie Kindesmisshandler." Im Februar 2008 wurde das Mädchen erneut in das Trierer Krankenhaus eingeliefert. Diesmal mit mehreren gebrochenen Rippen und gebrochenen Armen. Der Vater erklärte die Verletzungen damit, das Kind spielerisch in die Luft geworfen zu haben, wobei ihm dieses auf den Boden gefallen sei. Diesmal verständigten die Ärzte die Polizei. Rechtsmedizinische Untersuchungen belegten brutale Gewalteinwirkungen gegen das Mädchen. Es wäre nur einem Zufall zu verdanken, dass das Kind die massiven Misshandlungen überlebt hätte. Das Jugendamt erwirkte Mitte Februar einen Beschluss des Bitburger Familiengerichts. Das Baby wurde in einer Pflegefamilie untergebracht. Zum Zeitpunkt des Abschlusses der Presseanalyse lebte das Kind wieder bei seiner Mutter.

Regen: Landratsamt nimmt Eltern sieben Kinder weg

Im Februar 2008 floh der 16-jährige Sohn einer dreizehnköpfigen Familie in seine alte Heimat nach Neumünster und zeigte seinen Vater wegen Misshandlung an. Im Jahr 2005 war die Familie von Schleswig-Holstein nach Niederbayern gezogen. Nach Angaben der Behörden hätten die Eltern schon immer Probleme mit der Erziehung der Kinder gehabt und wären völlig überfordert gewesen. Das Jugendamt wäre regelmäßig bei der Familie ein- und ausgegangen. Einige Kinder wären zeitweise in Pflegefamilien untergebracht gewesen. Es hätte Hinweise auf häusliche Gewalt gegeben, mehrere der Kinder wären zuletzt wegen ihrer Aggressivität in der Schule aufgefallen. Nach der Anzeige des Sohnes nahm das Jugendamt die sieben noch nicht volljährigen Kinder in Obhut, das Familiengericht übertrug das Sorgerecht auf die Behörde.

Auch der älteste Sohn (24) der Familie belastete seine Eltern gegenüber der Presse schwer. Weil er verhindern wollte, dass seine jüngeren Geschwister wieder zu ihren Eltern zurück müssten, hätte er sich an die Presse gewandt, um klarzustellen, wie es bei seinen Eltern wirklich zuginge. Er berichtete, dass seine Eltern ihn früher täglich verprügelt, ihn in eine fünf Quadratmeter kleine Kammer gesperrt und als Köter beschimpft hätten. Als er 10 Jahre alt war, hätten die Eltern versucht, ihn in einer Badewanne zu ertränken. Im gleichen Alter hätte ihn das Jugendamt das erste Mal von zu Hause weggeholt, weil seinem Sportlehrer an seinen Armen und Beinen blaue Flecken aufgefallen wären. Nach kurzen Aufenthalten bei Pflegefamilien hätte er wieder zu seinen Eltern zurückkehren müssen und sei wie zuvor systematisch misshandelt, beschimpft, erniedrigt und gequält worden. Mit dreizehn Jahren wäre er endgültig in eine Pflegefamilie gekommen. Nach Auffassung der 45-jährigen Mutter hätten die Kinder es jedoch bei ihr und ihrem Mann (49) gut und wären glücklich. Eine ehemalige Nachbarin aus Neumünster hätte immer wieder mitbekommen, dass die Kinder misshandelt wurden und hätte dies auch dem Jugendamt gemeldet. Für zehn der elf Kinder wurde den Eltern im Verlauf der Jahre dauerhaft oder teilweise das Sorgerecht entzogen. Die Eltern bezeichnen die Vorwürfe der Söhne als „erstunken und erlogen". Der Sprecher des zuständigen Landratsamtes hielt die Aussagen der Söhne jedoch für glaubwürdig. Ihre Anschuldigungen hätten das Jugendamt in der Einschätzung bestätigt, dass zum Wohle der Kinder dringend etwas unternommen werden musste.

Berlin-Reinickendorf: Amélie-Céline mehrfach auf den Boden geschleudert

Der 41-jährige Vater der sieben Monate alten Amélie-Céline war an einem Freitagmorgen in der Mutter-Kind-Einrichtung zu Besuch, in der seine 31 Jahre alte ehemalige Lebensgefährtin mit der gemeinsamen Tochter wohnte. Nachdem es zwischen den Eltern zu einem Streit gekommen kam, verprügelte der Franzose nigerianischer Herkunft die Mutter, entriss ihr den Säugling und schleuderte ihn mehrfach mit dem Kopf auf den Boden. Das Mädchen erlitt dabei schwerste Verletzungen. Wiederbelebungsversuche durch die herbeigerufenen Notärzte blieben ohne Erfolg. Das Kind starb noch vor Ort. Das Personal der Mutter-Kind-Einrichtung konnte nicht mehr rechtzeitig eingreifen.

Der Vater hatte als Soldat der französischen Streitkräfte in Berlin gedient und war nach dem Fall der Mauer in der Hauptstadt geblieben. Im August 2006 lernte er seine Lebensgefährtin während einer Therapie kennen, der sich beide wegen einer Borderline-Störung unterzogen. Bereits im November 2006 wurde der Mann gegenüber seiner Lebensgefährtin handgreiflich, woraufhin Anzeige wegen häuslicher Gewalt erstattet wurde. Vier Wochen nach der Geburt der gemeinsamen Tochter trennte sich die Mutter von ihrem Lebensgefährten und zog in die Mutter-Kind-Einrichtung, weil sie sich von ihm bedroht fühlte. Kontakt zu den Vatern waren in der Einrichtung erwünscht gewesen. In den folgenden Monaten normalisierte sich das Verhältnis zwischen den Eltern des Mädchens. Die Frau und ihr ehemaliger

Lebensgefährte hatten sich in den Monaten vor dem Vorfall regelmäßig gesehen. Der Vater hatte ein Besuchsrecht. Er konnte das Kind in einem zweiwöchigen Rhythmus sehen und soll sich durchaus liebevoll um den Säugling gekümmert haben. Im Vorfeld der Treffen gab es Hilfeplankonferenzen, auf denen beschlossen wurde, dass eine Annäherung wieder stattfinden solle. Bei den bisherigen Treffen hätte es nach Einschätzung der Betreuer keine Probleme gegeben. Teilweise hätte der Vater das Kind auch allein betreut. Zwei Wochen vor der Tat wäre der Vater jedoch in der Mutter-Kind-Einrichtung ausgerastet und hätte wie von Sinnen herumgebrüllt. Er durfte jedoch wiederkommen.

Der Mann war wegen Körperverletzung vorbestraft. Er war wegen verschiedener Delikte – auch Gewalttaten – polizeibekannt. Bekannte wiesen darauf hin, dass der Mann gefährlich sei. Nachbarn hielten ihn für eine tickende Zeitbombe. Sie beschrieben ihn als mürrischen, kurz angebundenen Mann, der kaum grüßte. Man hätte das Paar oft streiten hören. Manchmal wäre es geradezu unerträglich gewesen. Man hätte oftmals die Polizei rufen wollen, plötzlich wäre dann jedoch wieder Ruhe in der Wohnung gewesen. Eine Nachbarin berichtete, dass der Mann alles um sich herum vergessen hätte, wenn er wütend gewesen wäre. Er hätte den elfjährigen Sohn seiner Lebensgefährtin aus einer früheren Beziehung sogar gewürgt. Manchmal hätte der Junge stundenlang vor der Wohnungstür gestanden und reingewollt. Das Jugendamt hatte etwa ein Jahr vor dem Tod Amélie-Célines entschieden, den Jungen aus der Familie zu nehmen, offenbar weil die Gefahr zu groß war, dass er Opfer eines Wutausbruches des Mannes werden könnte.

Die Behörden wurden mit Fragen danach konfrontiert, ob dem Vater ein Kontaktverbot hätte auferlegt werden müssen und ob es tatsächlich nur Bekannten des Mannes aufgefallen wäre, dass dieser eine tickende Zeitbombe wäre. Das Bezirksamt Reinickendorf wies jede Schuld von sich. Versäumnisse oder Fehleinschätzungen wären nicht erkennbar. Man könnte keine Situationen erzeugen, die solche Unfälle ausschließe. Man könnte nicht alle Menschen mit psychischen Erkrankungen wegschließen. Die Psychologen in der Familienberatung hätten nichts festgestellt, was darauf hingedeutet hätte, dass so etwas passieren würde. Außerdem könnte nur ein Gericht die Entscheidung treffen, einem Vater das Recht zu verwehren, sein Kind zu sehen. Der zuständige Reinickendorfer Stadtrat für Gesundheit, Jugend und Soziales äußerte, dass sicher alle Fragen vor einer Erteilung des Besuchrechts erörtert worden wären. Wenn man von Gewalttätigkeiten in dieser Beziehung gewusst hätte, dann hätten die Leitung der Einrichtung und das Jugendamt dieser Zusammenführung nicht zugestimmt.

In der Presse wurde eine mögliche Mitverantwortung der Behörden diskutiert, da der Vater für Bezirksamt, Polizei und Justiz kein Unbekannter war. Es wurde gefragt, ob die Geschichte des Falles nicht auch das Protokoll eines schrecklichen Versagens sein könnte. In anderen Meldungen wurde festgestellt, dass die Behörden viele Chancen gehabt hätten, den gewalttätigen psychisch kranken Vater zu stoppen, dass jedoch keine dieser Chancen genutzt worden wäre. Das Jugendamt könnte in Erklärungsnöte kommen, warum dem Vater ein Besuchsrecht für sein Kind erteilt worden war. Wäre es nicht erteilt worden, hätte die Tragödie möglicherweise verhindert werden können.

Im September 2008 wurde die Unterbringung des Vaters in einem Psychiatrischen Krankenhaus (§ 63 StGB) angeordnet. Aufgrund einer ausgeprägten Borderline-Persönlichkeitsstörung bestanden erhebliche Zweifel an seiner Schuldfähigkeit.

Wuppertal: Talea von Pflegemutter misshandelt und getötet

Am 18. März 2008 rief die 38-jährige Pflegemutter wegen ihres fünfjährigen Pflegekindes Talea die Rettungskräfte. Das Kind war von Hämatomen gezeichnet und wurde sofort in die Kinderklinik eingeliefert. Dort starb das Mädchen wenig später. Bei der Obduktion wurden Spuren äußerer Gewalteinwirkungen festgestellt. Der Tod trat als Folge von Ersticken ein, dem Kind wurden gewaltsam Mund und Nase zugehalten. Zudem wurde eine Unterkühlung durch kaltes Wasser festgestellt. Talea lebte seit etwa einem halben Jahr bei den Pflegeeltern und deren zwei leiblichen Kindern zur Kurzzeitpflege, weil die leibliche Mutter sich einer Alkoholtherapie unterziehen wollte und das Jugendamt um Hilfe gebeten hatte. Ihr wäre nach eigenen Angaben alles über den Kopf gewachsen, sie hätte eine Kontopfändung gehabt und hätte sich einer Therapie unterziehen müssen, daher hätte sie beim Jugendamt angerufen. Noch am selben Abend wären städtische Mitarbeiter gekommen und hätten die fünfjährige Talea und ihre zweijährige Schwester aus der Familie genommen. Einfach so, unangemeldet, ohne vorher die Mutter oder den leiblichen Vater zu informieren. Die Mutter stellte fest, dass ihr Kind noch leben würde, wenn sie im September nicht das Jugendamt angerufen hätte.

Die Pflegemutter stand unter Verdacht, das Kind getötet zu haben. Sie befand sich zum Tatzeitpunkt allein mit Talea und ihrer eigenen zweijährigen Tochter in der Wohnung. Das Jugendamt hatte in engem Kontakt zu der Pflegefamilie gestanden. Im Vorfeld wären wiederholt Auffälligkeiten gemeldet worden. Das Jugendamt hätte daraufhin mehrere angemeldete und unangemeldete Hausbesuche durchgeführt, sah jedoch keinen Grund, das Kind aus der Familie zu nehmen. Der leiblichen Mutter des Mädchens, die nur unregelmäßig Kontakt zu ihrer Tochter hatte, war bei einem Besuch ein blaues Auge aufgefallen. Dies wäre auch dem Jugendamt gemeldet worden. Die Sachbearbeiterin hätte der Mutter mitgeteilt, das Kind sei eine Treppe heruntergefallen. Das Kind hätte Koordinationsschwierigkeiten gehabt haben und wäre deshalb wiederholt gefallen. Nach Einschätzung der leiblichen Mutter war Talea ein gesundes und munteres Kind. Dass die Tochter unter motorischen Störungen gelitten haben soll und deshalb oft hingefallen wäre und sich blaue Flecken geholt hätte, bestritt sie. Sie hätte alle Untersuchungen bei der Kinderärztin machen lassen, bei denen festgestellt worden wäre, dass das Mädchen völlig in Ordnung war. Nach Aussagen von Taleas leiblicher Mutter hätte eine Mitarbeiterin des Jugendamtes sie in der Klinik besucht, in der sie sich wegen einer Alkoholtherapie aufhielt, und ihr mitgeteilt, dass sie sich Sorgen um Talea mache. Das Kind wäre apathisch und bei ihrer Pflegefamilie mehrfach zusammengebrochen. Das Kind hätte bewusstlos auf der Toilette gesessen, zudem wäre es in der Dusche gestürzt und hätte sich verletzt. Die Mitarbeiterin des Jugendamtes hätte in diesem Gespräch vorgeschlagen, das Kind aus der Pflegefamilie zu nehmen und in eine Erziehungsstelle zu geben.

Auch von Seiten des Kindergartens gab es zahlreiche Hinweise auf nicht eindeutig zu erklärende Verletzungen des Mädchens, die in den Akten des Jugendamtes dokumentiert sind, darunter unter anderem ein geschwollenes Gesicht, blaue Flecken und Bisswunden. Bei dem daraufhin durchgeführten Hausbesuch hatte das Mädchen einen blauen Fleck an der Wange und eine Bisswunde am Ohr, nach Einschätzung des Jugendamtes durch einen Hund. Bei einem unangemeldeten Besuch einen Monat später hatte das Mädchen ein Pflaster am Kinn und weitere leichte Verletzungen, die die Pflegemutter mit einem Sturz von der Treppe erklärte. Das Jugendamt sah jedoch keine Anhaltspunkte dafür, dass das Kind bei der Pflegefamilie nicht gut versorgt werde. In der Dokumentation hieß es, auch der Kindergarten sähe keine Anhaltspunkte dafür, das Talea in der Pflegefamilie geschlagen würde. Der Kindergarten äußerte sich zur Stellungnahme der Stadt und betonte, dass immer wieder auf die Möglichkeit einer körperlichen Misshandlung von Talea hingewiesen worden wäre. Das Jugendamt hätte die Verletzungen jedoch immer auf die motorische Schwäche der Fünfjährigen zurückgeführt.

Auf die Frage, ob die Stadt sich in einem ähnlichen Fall wieder so verhalten würde, antwortete der Jugendamtsleiter, dass man sich fragen müsste, ob die Standards stimmten und ob man sich nicht direkt an einen Kinderarzt hätte wenden sollen. Die Stadt beauftragte einen Sicherheitsdienst, nachdem anonyme Drohungen gegen den Bezirkssozialdienst eingegangen waren. Gegen die Mitarbeiter des Jugendamtes wurden strafrechtliche Ermittlungen eingeleitet.

Die Stadt Wuppertal hat sich dagegen verwahrt, in dem Fall Fehler gemacht zu haben und auf die laufenden strafrechtlichen Ermittlungen verwiesen, die die Schuldfrage klären würden. Die ständigen Verletzungen des Kindes wurden damit erklärt, dass ein Welpe, der in der Familie lebte, das Kind immer wieder verletzt hätte. Dies und motorische Schwächen hätten zu den blauen Flecken geführt, die schon früher festgestellt worden wären. Nach Abschluss der staatsanwaltschaftlichen Ermittlungen wollte die Stadt ein unabhängiges Fachinstitut mit der Untersuchung des Falles beauftragen, um festzustellen, ob es Schwachstellen und Mängel unterhalb einer strafrechtlichen Relevanz gab. Die zur Entlastung von der Stadt angeführte öffentliche Chronologie wurde in der Presse als wertlos bezeichnet, da sie nur dokumentierte, was öffentlich mitgeteilt werden sollte und dürfte. Viele wesentliche Aspekte des Falles würden dagegen in der Chronologie nicht erwähnt. Den Sachbearbeitern des Jugendamtes wurde eine große Mitschuld am Tod des Kindes zugesprochen. Es wurde festgestellt, dass das Kind noch leben würde, wenn das Jugendamt die Alarmsignale ernst genommen hätte.

Das Landgericht Wuppertal verurteilte die Pflegemutter im Januar 2009 zu acht Jahren Haft wegen Körperverletzung mit Todesfolge und Misshandlung von Schutzbefohlenen. Ein von der Staatsanwaltschaft eröffnetes Ermitt lungsverfahren wegen fahrlässiger Tötung durch Unterlassen gegen zwei Sachbearbeiterinnen der Sozialverwaltung wurde eingestellt, weil keine Verstöße gegen die Aufsichtspflicht der Behörde festgestellt werden konnten.

Hamburg-Osdorf: Kinder allein in verqualmter Wohnung eingesperrt

Gegen Mitternacht rief ein achtjähriger Junge die Feuerwehr, weil es in der Wohnung brenne und die Kinder die Wohnung nicht verlassen könnten. Die Feuerwehrleute wiesen den Jungen an, gemeinsam mit seinen Geschwistern in das am wenigsten verrauchte Zimmer der Wohnung zu gehen und sich an das offene Fenster zu stellen. Die Feuerwehr hielt weiter telefonisch Kontakt mit den Kindern und raste an die Einsatzstelle. Die Männer brachen die Tür auf und retteten die Kinder aus der verqualmten Wohnung. Die Kinder im Alter von sieben Monaten bis acht Jahren erlitten leichte Rauchvergiftungen. Sie konnten nicht aus der verqualmten Wohnung fliehen, weil die Tür abgeschlossen war. Die Kinder waren alleine zu Hause, als Essen in einem Topf auf dem Herd Feuer gefangen und stark zu qualmen begonnen hatte. Die Eltern waren nach Presseberichten in der Kneipe oder bei Nachbarn.

Die Mutter war schon seit längerer Zeit überfordert. Sie hatte insgesamt sechs Kinder, von denen zwei bei der Großmutter lebten. Das Familiengericht hatte erst wenige Wochen vor dem Vorfall entschieden, der Mutter eine Sozialpädagogin zur Seite zu stellen. Diese Maßnahme sollte in wenigen Tagen beginnen.

2.4 Zusammenfassung

Aus den analysierten Fällen und den in den Berichten enthaltenen Hinweisen auf Vorwürfe und Versäumnisse gegenüber den Behörden lassen sich die im Folgenden aufgelisteten möglichen Fehler und Fehlerquellen ermitteln. Voran gestellt soll noch einmal betont werden, dass sich aus den Medienberichten lediglich Anhaltspunkte für Fehler ermitteln lassen, die generell im konkreten Fall in Betracht kommen. Ob den Behörden im Einzelfall wirklich ein konkretes Fehlverhalten vorzuwerfen ist, könnte nur im Wege einer ausführlichen Analyse anhand aller verfügbaren Informationsquellen (Behördenakten, Zeugenaussagen etc) ermittelt werden.

- *Informationsquellen* zur Überprüfung von Hinweisen auf eine Kindeswohlgefährdung werden nur *unvollständig oder oberflächlich* genutzt

(z. B. Erkundigungen in der Schule statt Hausbesuch, fehlende Befragung von Nachbarn).

- *Organisatorische Schwierigkeiten* behindern einen rechtzeitigen Beginn der für notwendig erachteten Hilfen (z. B. terminliche Schwierigkeiten, Probleme bei der Beschaffung einer geeigneten Wohnung).
- Die *Behörden bleiben untätig, weil die Eltern keine Hilfe angefordert haben*, obwohl ihnen dies jederzeit möglich gewesen wäre. Hier wird die Verantwortung für das Nichthandeln der Behörde den Eltern zugewiesen.
- Das *Jugendamt erkennt einen Hilfebedarf, überlässt die Entscheidung, ob die Hilfe angenommen wird, aber allein den Eltern* und lässt sich hinhalten. Eine ablehnende Haltung der Eltern wird zu lange akzeptiert.
- Die *Vorgeschichte der Eltern oder Lebenspartner wird nicht ausreichend beachtet.*
- Maßnahmen finden zu *unregelmäßig* statt.
- Das *Kind wird nicht gesehen* oder nicht sorgfältig genug in Augenschein genommen.
- Ein *positiver Momentaneindruck* von Eltern und Kind führt trotz einschlägiger Vorgeschichte zu nachlassender Kontrolle.
- Von Kontrollmaßnahmen wird abgesehen, weil die Integrität der Familie höher bewertet wird, obwohl entsprechende Probleme aus der Vergangenheit bekannt waren.
- Eine *Bewertung von Hinweisgebenden* wird ohne Überprüfung übernommen oder nicht übernommen, auch wenn eine andere Bewertung möglich erscheint.
- Bei Informationen über eine saubere und unauffällige Erscheinung des Kindes in der Schule oder im Kindergarten wird auf einen Hausbesuch verzichtet, obwohl Hinweise auf Vernachlässigung vorliegen.
- *Wirtschaftliche Probleme und Schwierigkeiten* werden nicht mit der Frage des Kindeswohls in Verbindung gebracht, mögliche Auswirkungen auf die Kinder werden nicht geprüft.
- Bei *Wohnortswechseln* arbeiten Jugendämter nicht schnell und gut genug zusammen. Es entsteht eine „Aufmerksamkeitslücke", wenn die Zuständigkeiten noch nicht eindeutig sind (z. B. wenn der Zeitpunkt eines Umzugs unklar ist). Ein Entzug aus dem Zugriff eines Jugendamtes führt zur Bewertung eines neuerlichen Vorfalls als „Erstfall" beim neu zuständigen Jugendamt.
- *Erklärungen der Eltern für die Ursache von Verletzungen wird zu leicht Glauben geschenkt.*
- Bei gewalttätigen oder –verdächtigen Eltern wird fälschlich davon ausgegangen, dass *Besuche in hoher Frequenz die Gefahr für das Kind bannen können.*
- Die Situation wird aufgrund fehlender ausführlicher Gespräche mit den Eltern verkannt. Eigene Hilferufe der Eltern werden so gewertet, dass sie sich noch um ihre Kinder sorgen und die Hilfe zwar nötig aber nicht dringlich ist.

- Hilfeleistungen werden davon abhängig gemacht, ob die Eltern Hilfe anfordern, ohne dass sich die Behörde von der neuen Situation ein eigenes Bild verschafft, nur weil es in der Vergangenheit gut funktioniert hat.
- Sehr *häufige Besuche* von Amtsmitarbeitern führen dazu, dass das Gefühl entsteht, *alles im Griff* zu haben und dass das Kind nicht mehr so genau angesehen wird.
- Die *Wirksamkeit einmal installierter Hilfen wird nicht* oder nur in zu großen Abständen *überprüft*.
- Aussagen von Eltern, bei denen ein akuter Hilfebedarf festgestellt wird, sie würden demnächst Unterstützung von ihrer Familie oder von Freunden erhalten, wird bereitwillig geglaubt, insbesondere wenn die Hilferufe zunächst von den Eltern selbst ausgingen.
- Vermitteln die Eltern einen *kooperativen Eindruck*, wird dies überbewertet und führt zu einem Nachlassen der Aufmerksamkeit und der Kontrollen.
- *Vorstrafen und Vorgeschichte von Eltern* oder Lebensgefährten bleiben unbekannt und werden nicht berücksichtigt – die Vernetzung zur Polizei und zu anderen Stellen ist unzureichend.
- *Informationen verschiedener Mitarbeiter werden nicht vernetzt* und werden daher bei Entscheidungen einzeln bewertet und nicht verknüpft.
- Bei *beendeten Maßnahmen wird nicht überprüft*, ob die Eltern tatsächlich auch langfristig ohne Hilfe auskommen.
- Ermittlungen beschränken sich auf den Zustand des Haushalts der dann für Rückschlüsse auf das Kindeswohl herangezogen wird – *Kinder werden nicht oder nur oberflächlich angesehen*.
- *Meist männliche Lebensgefährten bleiben unbeachtet.*
- *Mangelhafte Dokumentation*
- *Fehlende Wiedervorlagen*
- Bewertung der Gefahr wird dem Melder überlassen.
- Der Begriff Kindeswohlgefährdung wird als Eingangsschwelle für ein Handeln nach vorgeschriebenen Maximen verstanden. Unterhalb dieser Schwelle wird das Handeln von subjektiven Vorgehensweisen und Entscheidungen bestimmt.
- An einer *einmal getroffenen Bewertung wird festgehalten* (z. B. die unhygienischen Zustände der Wohnung sind keine Kindeswohlgefährdung), ohne das die weitere Entwicklung überprüft wird.
- *Fehlbewertung* der Ernsthaftigkeit und Gefährlichkeit der psychischen Erkrankung eines Elternteils
- *Fehlbewertung von Hinweisen* und Notrufen ohne genaue Überprüfung
- *Ungeeignete Maßnahmen* (grobmaschige Betreuung bei akuten Gefahren für Kleinkind)
- *Vertrauen auf Selbstregulation* in einer Familie, die immer selbst Hilfe geholt hat, ohne mit dem nunmehr betroffenen Familienmitglied zu sprechen

- *Neue Aspekte* (z. B. die Geburt eines weiteren Kindes) führen nicht zu einer Überprüfung und Bewertung des Hilfebedarfes aufgrund der veränderten Umstände – Beurteilung stützt sich weiterhin auf vormalig festgestellte Kriterien.
- *Personalmangel und Überlastung* führen zu Unterlassen dringend erforderlicher Hausbesuche.
- Eigene Erklärungen für geschilderte Umstände dienen ohne gesonderte Recherche als Grundlagen für Entscheidungen.
- *Häufigkeit der Besuche wird mit Sicherheit verwechselt, die Effizienz der Maßnahmen wird nicht überprüft.*
- Fehlbewertungen der Gewichtigkeit der Probleme der Eltern, Scheu davor, überzureagieren

Zu einer sorgfältigen Fehleranalyse, die ein Lernen aus problematischen Kinderschutzverläufen ermöglicht, gehört die genaue Analyse aller Umstände eines Falles, die anhand einer Analyse von Medienberichten selbstredend nicht geleistet werden kann. Die aus den Medienberichten ermittelten Anhaltspunkte für Fehleinschätzungen, Unterlassungen, Verzögerungen, fehlende Vernetzung und Zusammenarbeit und andere Ursachen für Fehlschläge, die auf Ermittlungsergebnissen, Vermutungen, Vorwürfen, Vorurteilen, Beschuldigungen oder voreiligen Stellungnahmen beruhen können, können dennoch als Ausgangsbasis für weitergehende Überlegungen dahingehend dienen, wie die in anderen risikoreichen und gefahrträchtigen Bereichen schon vielfach etablierten Fehlermanagementsysteme auch im Kinderschutz angewendet werden können, um ein Lernen aus diesen problematischen Kinderschutzverläufen zu ermöglichen und zu einer Vermeidung dieser Problemsituationen in der Zukunft beizutragen.

3. Erfahrungswissen aus anderen Disziplinen

3.1 Darstellung der Methodik der Fehleranalyse in anderen Anwendungsbereichen (z. B. Luft- und Raumfahrt, Medizin)

Systematische Fehleranalyse ist vor allem in risikoreichen Industriezweigen, z. B. in der Raumfahrtindustrie, in der kommerziellen Luft- und Seefahrt, in der Energiebranche, insbesondere in der Atomindustrie, ein Standard, der dazu führt, dass in der systematischen Aufarbeitung von kritischen Ereignissen und tatsächlichen Fehlern Hinweise auf Sicherheitslücken im Gesamtsystem erkannt werden.

Bereits in den vierziger Jahren des letzten Jahrhunderts, während des Zweiten Weltkrieges, entstand in der amerikanischen Luftwaffe die Idee, Zwischenfälle (incidents) zu nutzen, um zukünftige Unfälle bzw. zukünftiges Scheitern von Missionen zu vermeiden. Aufgrund der damals durchgeführten Studien wurde die Basis für eine Reihe von Empfehlungen geschaffen, die zu wichtigen Veränderungen innerhalb der Air Force führten. Seitdem sanken die Unfallzahlen deutlich (Flanagan 1954). Als im Jahre 1974 ein amerikanisches Flugzeug bei dem Anflug auf den Flughafen Washington-National abstürzte, stellte sich bei den nachfolgenden Untersuchungen heraus, dass sechs Wochen zuvor bereits ein Flugzeug einer anderen Airline einen Unfall an derselben Stelle knapp vermieden hatte. Daraufhin forderte der amerikanische Kongress die Federal Aviation Administration (FAA; amerikanische Bundesluftfahrtsbehörde) auf, ein System zu schaffen, um alle Arten von Zwischenfällen zu sammeln und zu analysieren sowie wichtige Informationen an alle Teile der Luftfahrt weiterzuleiten. Es entstand das Aviation Safety Reporting System (ASRS, Luftfahrtssicherheitsberichtssystem), welches 1976 von der NASA eingeführt wurde. Seitdem wurden inzwischen ca. 474.000 Zwischenfälle gemeldet (EUCARE 1999). Auch in anderen Staaten wie Großbritannien, Kanada, Australien, Neuseeland, Südafrika und Russland, wurden eigene Berichtssysteme für die Luftfahrt eingeführt (EUCARE 1999).

Aber nicht nur in der Luft- und Raumfahrt wurden Berichtssysteme eingeführt. Auch in der Industrie, insbesondere innerhalb von heiklen Industriebetrieben, wurde das Erfassen von Beinahe-Zwischenfällen eingeführt. In der Kernkrafttechnologie, der petrochemischen Herstellung, der Produktion von Stahl und auch innerhalb des Militärs wurden Methoden entwickelt, mit Fehlern nicht nur reaktiv umzugehen, sondern sie auch proaktiv zu vermeiden (Huber und Urbinelli, www.sulm.ch/PDF/CIRS-Funktion_Sys tematik.pdf, letzter Aufruf am 15.09.2009).

3.1.1 Definitionen

Eine Fehleranalyse dient dazu, Werkzeuge zu entwickeln, mit unsicheren Handlungen von Menschen zurechtzukommen. Sie besteht aus zwei Komponenten: dem Verringern des Auftretens gefährlicher Fehler und – da Fehler nie gänzlich ausgeschlossen werden können – der Schaffung von Systemen, die besser mit dem Auftreten von Fehlern umgehen und deren schädigende Effekte vermindern können (Reason 2000). Aufgetretene Fehler werden auf ihre Ursachen und Auswirkungen hin untersucht, um aus ihnen dahingehend zu lernen, wie zukünftig solche Fehler vermieden werden können und die Sicherheit verbessert werden kann.

Um im Folgenden die Methodik der generellen Fehleranalyse darstellen zu können, ist zunächst erforderlich, die entsprechende Terminologie zu klären.

* *„Zwischenfall"*
  Unter Zwischenfall wird ein Ereignis verstanden, das unter leicht veränderten Bedingungen zu einem tatsächlichen Unfall hätte führen können (Barach und Small 2000).

* *„Unerwünschtes Ereignis"*
  Ein unerwünschtes Ereignis ist ein Vorkommnis, das möglicherweise, aber nicht zwangsläufig zu einem konsekutiven Schaden führt (Quelle: Gesundheit und Gesellschaft Spezial 10/ 2005, S. 2).

* *„Aktive Fehler"*
  Aktive Fehler treten auf der Ebene des einzelnen Mitarbeiters auf (Quelle: Gesundheit und Gesellschaft Spezial 10/ 2005, S. 2).

* *„Beinahe-Fehler"*
  Ein Beinahe-Fehler ist ein Fehler, bei dem das Abweichverhalten rechtzeitig erkannt und so ein tatsächlicher Fehler vermieden wird. (Quelle: Gesundheit und Gesellschaft Spezial 10/ 2005, S. 2).

* *„Risiken"*
  Risiken werden definiert als Faktoren, welche die Fehlermöglichkeit erhöhen und äußere Einflüsse einschließen.

* *„Latente Risiken"*
  Latente Risiken sind Aspekte im System, welche das Entstehen eines Fehlers ermöglichen (Helmreich 2000).

* *„Krise"*
  Der Begriff „Krise" bezeichnet eine problematische, mit einem Wendepunkt verknüpfte Entscheidungssituation. Charakteristisch für eine Krise

sind eine dringende Notwendigkeit von Handlungsentscheidungen, ein durch die Entscheidungsträger wahrgenommenes Gefühl der Bedrohung, ein Anstieg an Unsicherheit, Dringlichkeit und Zeitdruck sowie das Gefühl, das Ergebnis sei von prägendem Einfluss auf die Zukunft. Außerdem haben es die Entscheidungsträger oft mit unvollständiger oder verfälschter Information zu tun (Gredler 1992). Krisen bergen aber gleichzeitig auch die Chance zur (aktiv zu suchenden qualitativen) Verbesserung (Schubert und Klein 2006).

- *„Krisenmanagement"*
  Unter Krisenmanagement versteht man den systematischen Umgang mit Krisensituationen. Dies beinhaltet die Identifikation und Analyse von Krisensituationen, die Entwicklung von Strategien zur Bewältigung einer Krise sowie die Einleitung und Verfolgung von Gegenmaßnahmen. Auch die Krisenprävention durch Frühaufklärung, Früherkennung und Frühwarnung fällt in den Bereich des Krisenmanagements (Romeike 2001, http://www.risknet.de/Krisenmanagement.108.0.html, letzter Aufruf am 15.09.2009).

3.1.2 Risikomanagement/Fehlermanagement

Risikomanagement

Unter Risikomanagement versteht man eine Prozessanalyse mit dem Ziel, Risikosituationen mit möglichen rechtlichen Konsequenzen aufzudecken, bzw. eine Managementmethode, die das Ziel hat, in einer systematischen Form Fehler und ihre Folgen zu erkennen, zu analysieren und zu vermeiden (Quelle: Gesundheit und Gesellschaft Spezial 10/2005, S. 2). Risikomanagement basiert auf einem Verständnis von Natur und Ausdehnung von Fehlern, der Änderung von Bedingungen, unter denen sich Fehler ereignen, der Bestimmung des Verhaltens, das Fehler verhindert oder vermindert, sowie auf der Schulung von Mitarbeitern im Umgang mit Fehlern (Helmreich 2000). Risikomanagement dient der Fehlerverringerung durch Fehlervorbeugung. Als solches ist das Risikomanagement ein Teil des Qualitätsmanagements (Hart und Becker-Schwarze 2005; Ulsenheimer 2003). Risikomanagement setzt bei den Fehlerquellen an, um daraus zu lernen und für die Zukunft Abhilfe zu schaffen. Dies ist ein dynamischer, sich stetig wiederholender Prozess, der institutionell durch die Einsetzung eines „Risk-Managers" abgesichert werden muss, damit die Umsetzung der diskutierten Vorschläge, Empfehlungen und zwingend erforderlichen Maßnahmen tatsächlich erfolgt (Ulsenheimer 2003). Auf der ersten Stufe des Risikomanagements steht die Sammlung von Informationen über Fehler. Je detaillierter die Informationsbasis des Risikomanagements ist, desto besser können sich Fehler- und Risikovermeidungsstrategien entwickeln (Hart und Becker-Schwarze 2005; vgl. auch Kap. 5.1.1).

Fehlermanagement

„To err is human" – Irren ist menschlich, war der Titel eines vielbeachteten Reports des US-amerikanischen Institute of Medicine (IOM) im November 1999, der sich mit medizinischen Fehlern befasste. Auch in der zivilen Luftfahrt fand man heraus, dass 70% der Fehler, die sich hier ereignen, auf menschliches Versagen zurückzuführen sind (Helmreich 2000). Fehler lassen sich nicht gänzlich vermeiden, daher ist der Schlüssel zur Sicherheit ein effektives Fehlermanagement. (Helmreich 2000). Effektives Fehlermanagement besteht aus der gezielten Risikoidentifikation sowie dem nachfolgenden Prozess der Bewertung, Bewältigung und Risikoüberwachung (Buchmann 2004; Hohenstein 2007). Für die Risikoidentifikation und damit für ein effektives Fehlermanagement ist entscheidend, welche Fehlerkultur es gibt, d.h. wie in der Organisation bzw. dem Unternehmen mit Fehlern umgegangen wird. Dies hängt insbesondere davon ab, welcher Fehlertheorie gefolgt wird.

Fehlertheorien

Personeller Ansatz

Traditionell liegt der Fokus bei der Fehleridentifikation auf den Fehlern und Verfahrensverletzungen der Mitarbeiter am „scharfen Ende", also bei den unmittelbar ausführenden Personen. Nach diesem personellen Ansatz sind die Gründe für Fehler in irrigen mentalen Prozessen wie Vergesslichkeit, Motivationslosigkeit, Unaufmerksamkeit und mangelnder Sorgfalt zu suchen. Daher zielen Gegenmaßnahmen unmittelbar darauf ab, das menschliche Verhalten zu ändern. Fehler werden als moralische Angelegenheit behandelt (Reason 2000).

Systemischer Ansatz

Allerdings wurden im Bereich der Luftfahrt etwa 90% der menschlichen Fehler als schuldlos bewertet (Reason 2000). G. Richardson, die sich bereits 1985 mit der Sicherheit in der Luftfahrt beschäftigte, formulierte, dass Fehler aufgrund menschlichen Versagens das Ergebnis und nicht die Ursache seien (Richardson 1985). Die tatsächliche Ursache finde man z.B. in der Luftfahrt in allen Umständen, die die Urteilsfähigkeit eines Piloten und seine Handlungsfähigkeit beeinträchtigt haben. Daher geht der systemische Ansatz davon aus, dass Fehler, die selbst in den besten Organisationen zu erwarten sind, eher die Folgen als die Ursachen sind. Der Ursprung hierfür ist in dem System des Unternehmens bzw. der Organisation zu suchen (Reason 2000). Gegenmaßnahmen fußen somit auf der Annahme, dass zwar nicht die menschlichen Konditionen geändert werden können, jedoch die Bedingungen, unter denen Menschen arbeiten. Bei einem Unfall stellt sich die Frage, wie und warum die Sicherheitsbarrieren des Systems versagt haben (Reason 2000). Betrachtet man nur die menschlichen Ursprünge eines Fehlers, isoliert man den Fehler von seinem Kontext im System. Fehler sind nicht das Monopol einiger „Unglücklicher", sondern können auch den Besten passieren (Reason 2000). Außerdem geschehen Fehler oft in wiederkehrenden Mustern (Reason 2000).

Fehlerentstehung

In der Regel gibt es in jedem System Sicherheitsbarrieren und Hürden, um Unfälle zu verhindern. Diese Barrieren können verschiedene Formen annehmen, so etwa physische (z. B. Zäune), natürliche (z. B. Entfernungen), menschliche Handlungen (z. B. Überprüfungen) und verwaltungstechnische Kontrollen (z. B. Training). Erst wenn diese Grenzen ebenfalls versagen, kann es zu einem Unfall kommen. Reason (1998) und Vincent et al. (1998) haben ein dynamisches Modell der fehlerbegünstigenden Faktoren und beitragenden Faktoren, von unsicheren Handlungen, Unterlassungen, Fallmanagement, Problemereignissen und fehlerhaften Vorgängen entwickelt. An der Spitze dieser Fehlerpyramide steht dann das fehlerhafte Ereignis. Liegen die verschiedenen Schwachstellen nicht auf einer Ebene, kommt es zu einem sogenannten „Near Miss" (Beinahe-Unfall), der letztendlich gerade noch rechtzeitig durch Schutzmechanismen, Barrieren und rechtzeitige korrigierende Intervention abgewendet wurde. Dies wird in der nachfolgenden Grafik veranschaulicht (Abbildung 3).

Abbildung 3: Fehlerentstehungsmodell (Integration von Reason, Vincent und IHI modifiziert nach Hochreutener)

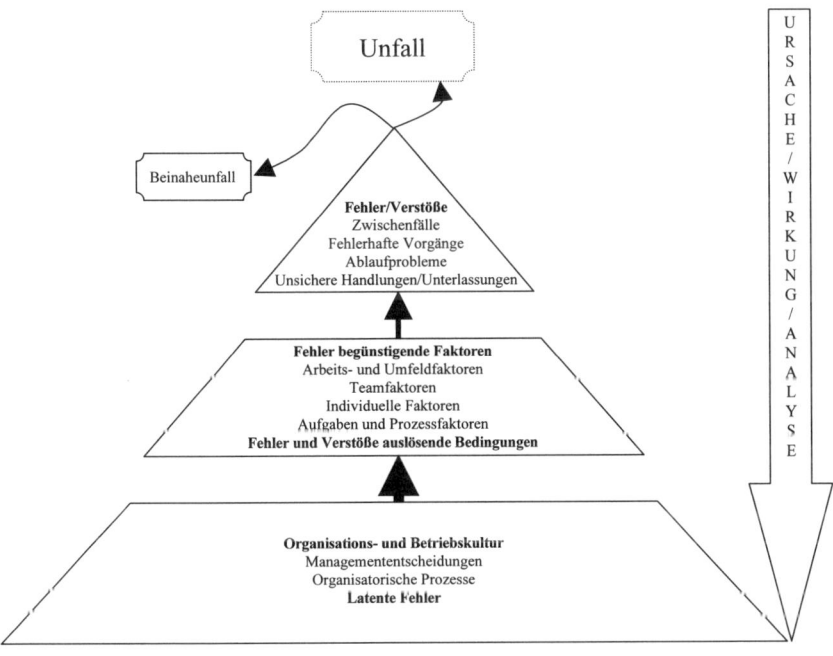

Damit es zu einem Unfall kommt, müssen an vielen Stellen Lücken vorhanden sein, die sich in dem entscheidenden Moment so aufreihen, dass sie durchlässig für Fehler sind (Reason 2000; Abb. 4).

Abbildung 4: Modelle – Das „Schweizer Käse"-Model modifiziert
nach Reason (2000) – Kette von Systemproblemen

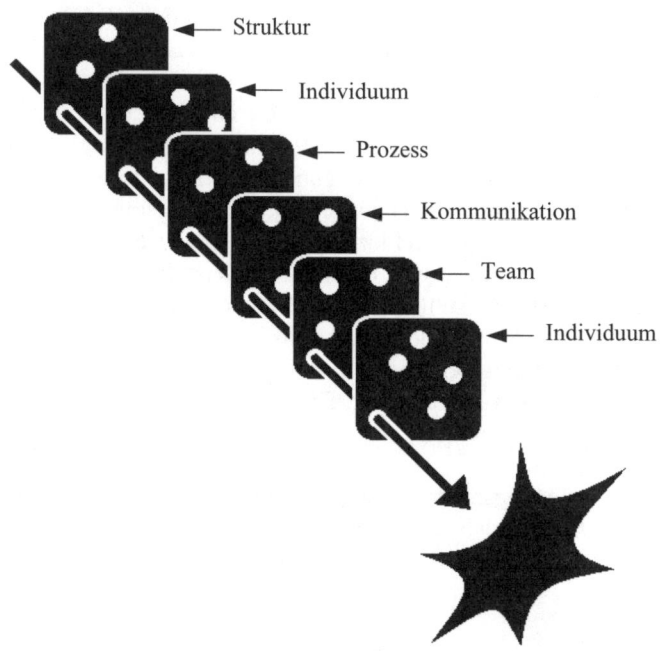

Als Analysemethoden nennen Reason und Vincent die Root Cause Analysis oder die Error and Risk-Analysis (ERA), welche quasi vom Ereignis ausgehend die beitragenden Bedingungen bis hin zur Organisationsstruktur und Fragen der Haltung, Einstellung im gesamten Betrieb zurückverfolgt (vgl. Abb. 8 Herald of Free Enterprise).

Die Unfallsequenz nimmt ihren Anfang somit in organisatorischen Prozessen (Entscheidungen bezüglich Planung, Design, Kommunikation, Regulation) und wird über verschiedene organisatorische Wege an den Arbeitsplatz übermittelt. Dort schaffen die latenten Fehler die lokalen Voraussetzungen für Fehler und Vorschriftsverletzungen. Latente Fehler werden also von Personen verursacht, die zeitlich und räumlich vom Risiko entfernt sind (Stock 1999).

Organisationen/Unternehmen mit hoher Betriebssicherheit

In Organisationen, die unter besonders gefährlichen Bedingungen weniger Unfälle haben als andere Unternehmen, etwa nukleare Flugzeugträger, Flugverkehr-Kontroll-Systeme und Kernkraftwerke, ist anerkannt, dass die menschliche Fähigkeit, sich auf wechselnde Situationen und Ereignisse einzustellen, eine der bedeutendsten Sicherheiten darstellt (Reason 2000). Zuverlässigkeit ist „ein dynamisches Nicht-Ereignis" (Weick 1987). Die Dynamik liegt darin, dass Sicherheit durch pünktliches menschliches Zutun gewährt wird. Es ist zudem ein Nicht-Ereignis, da erfolgreiche Fehlervermeidungen selten Aufmerksamkeit erhalten (Reason 2000). Diese Organisationen können sich den lokalen Umständen entsprechend anpassen. Während der Routinearbeiten werden sie in der konventionellen hierarchischen Weise gesteuert. Aber in Zeiten hohen Zeitdrucks oder in Notfällen wechselt die Kontrolle zu den Experten vor Ort. Eines der wichtigsten Merkmale ist, dass diese Organisationen Fehler erwarten und alles tun, um ihre Mitarbeiter im Erkennen und im Umgang mit diesen zu schulen. Sie analysieren kontinuierlich ähnliche Fehler und versuchen, ihr System dementsprechend zu reformieren (Reason 2000). Außerdem ist für sie wichtig, aus Fehlern zu lernen. Hierzu gehören insbesondere Berichtssysteme, die sich mit den Zwischenfällen und Beinahe-Unfällen auseinandersetzen und diese analysieren (Gaba 2000).

Zwischenfazit

Prinzipiell kann vor dem Erfahrungshintergrund in der Industrie schon einmal die Eingangsfrage positiv beantwortet werden: „Ja", es ist möglich, aus eigenen Fehlern und Fehlern anderer zu lernen und zwar immer dann, wenn nicht primär die Schuldfrage eines Einzelnen im Vordergrund steht, sondern wenn das Prinzip verstanden wird, welches zu dem fatalen Irrtum oder Fehler geführt hat. Im Gegensatz dazu wird in den Medien häufig nur im Wege eines prinzipiell strafrechtlichen Zugangs nach einem Schuldigen gesucht, der im Sinne der Abstrafung eines Sündenbocks fungieren soll (vgl. Kap. 1 und 2). Es ist leichter, mit dem Finger auf eine Person zu zeigen, als unangenehme Fragen über die latenten Fehler zu stellen, welche die Handlungen der einen Person erlaubt haben (Gaba 2000).

Um aus Fehlern zu lernen, muss akzeptiert werden, dass Irren menschlich ist und deshalb das Versagen einzelner Menschen in bestimmten Situationen nie ganz zu vermeiden sein wird. Konzentriert man sich dagegen nur auf diese persönlichen Faktoren beim letzthandelnden Schadensverursacher, wird aber dem Team erlaubt, so weiter zu machen wie bisher, werden die Prozesse, Strukturen und auch sonstige Ergebnisse nicht in Frage gestellt. Fehleranalyse ist primär eine Qualitätsfrage und adressiert deshalb Fragen der Strukturqualität, der Prozessqualität und der Ergebnisqualität. Häufig setzt nach schwierigen Ereignissen eine Distanzierung und Entsolidarisierung ein, die zu folgender Haltung führt: „Bei uns könnte so etwas nicht passieren". Tatsächlich ist ein Lernen aus Fehlern aber nur möglich, wenn man sich den gefahrgeneigten Charakter menschlichen Handelns in der Hightech-Industrie, in der Medizin oder auch in der Jugendhilfe ständig vor Augen hält und sich die Frage stellt, ob es im eigenen Bereich Mechanismen gibt, die den gleichen Fehler eines Einzelnen verhindert hätten.

3.1.3 Critical Incident Reports – Berichterstattungen

Bereits H. W. Heinrich (1931), ein amerikanischer Ingenieur, fand heraus, dass einem Unfall mit gravierenden Schäden grundsätzlich eine Reihe von Zwischenfällen jeglicher Art vorausgehen, die lediglich zu leichten oder gar keinen Verletzungen/Schäden geführt haben. Heinrich, der für ein Versicherungsunternehmen tätig war, untersuchte Möglichkeiten, die Anzahl von Schadenfällen zu verringern. Zu diesem Zweck untersuchte er Unfallberichte von Unternehmen. Seine Ergebnisse veröffentlichte er in dem Buch „Industrial accident prevention" (Verhinderung von Unfällen in der Industrie). Darin präsentierte er ein Konzept, welches als „Heinrich Ratio" bekannt wurde. Dieses Konzept beruht auf der Beobachtung, dass Arbeitsunfällen mit schweren Verletzungen oder Todesfolgen häufig ähnliche Unfällen vorangehen, welche oftmals nur durch Zufall nicht in einem Schaden resultieren. Seine systematische Analyse von mehr als 50.000 Arbeitsunfällen, wie sie in Unternehmensberichten aus den 1920er Jahren geschildert wurden, ergab, dass durchschnittlich einem Unfall mit einer schweren Verletzungsfolge 29 Unfälle mit leichteren und 300 Unfälle ohne Verletzungen vorangingen (Taxis et al. 2005). Diese Theorie kann in einer Pyramide bzw. einem Eisberg veranschaulicht werden (Abb. 5).

Abbildung 5: Das Eisbergmodell, Grafik modifiziert nach Taylor-Adams und Vincent 2004

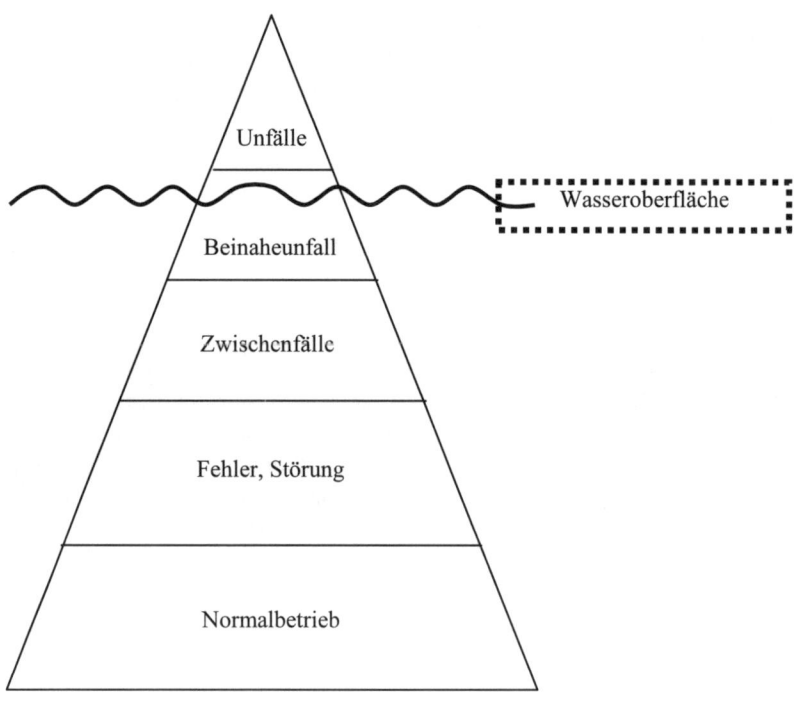

In allen anderen Fällen wurde ein katastrophaler Ausgang aufgrund der vorhandenen Barrieren verhindert. In diesen Fällen spricht man von einem „Near Miss", einem Beinahe-Unfall. Ob es zu einem Unfall oder lediglich zu einem Beinahe-Unfall kommt, hängt von individuellen, technischen und organisatorischen Faktoren ab (Barach and Small 2000). Folglich verursachen dieselben Muster von Fehlerursachen und ihrer Zusammenhänge sowohl Unfälle als auch Beinahe-Unfälle (Barach and Small 2000). Lediglich das Vorhandensein oder die Abwesenheit von Abwehrmechanismen entscheidet über den tatsächlichen Ausgang. Daher kann es für die Verbesserung der Sicherheit wertvoller sein, sich auf die Daten von Beinahe-Unfällen zu konzentrieren als auf die Daten eines einzigen Unfalls. Auf diesem Gedanken beruhen freiwillige Berichtssysteme, in deren Rahmen die Mitarbeiter einer Organisation bzw. eines Unternehmens Zwischenfälle und Beinahe-Unfälle melden können. Je mehr Informationen man über die kleineren Vorfälle an der Basis des Eisberg-Modells hat, desto besser können prophylaktische Maßnahmen zur Unfallvermeidung abgeleitet werden (Staender 2001). Dieses sogenannte „Critical Incident Reporting" ist neben der klassischen Komplikationskonferenz in der Medizin (hierbei handelt es sich um eine Maßnahme der Qualitätssicherung, wobei eine Besprechung von Ärzten und Mitarbeitern eines Krankenhauses hinsichtlich auftretender Schwierigkeiten erfolgt) und einer Reihe anderer Untersuchungstechniken ein zentrales Instrument der Fehleranalyse, um Mängeln in den verschiedensten Prozessen auf die Spur zu kommen (Staender 2001). Neben einem solchen Berichterstattungssystem wurden in der Industrie weitere Methoden der Fehleranalyse (Detektionsmethoden) entwickelt, wie etwa die retrospektive Analyse (Aktenstudium), Ermittlungsberichte (insbesondere bei tragischen Großereignissen), die systematische Analyse mehrerer großer Ereignisse sowie die prospektive Analyse im Sinne eines Risk Assessments im Verlauf. Aus den Erfahrungen der Fehleranalyse in der Industrie ist das Berichterstattungssystem des „Critial Incident Reporting" (Meldung von Zwischenfällen) entstanden, eine Methode, die sich besonders bewährt hat. Sie wird daher im Folgenden eingehender dargestellt.

Ziel der Berichterstattung ist die gründliche Untersuchung und Analyse eines Ereignisses, um für die Zukunft aus Fehlern zu lernen und somit die Sicherheit in einem Unternehmen stetig zu verbessern. Wenn auch einige Berichtssysteme ausdrücklich nur die Meldung von Beinahe-Unfällen und nicht von tatsächlichen Unfällen verlangen, ist es nach Auffassung von Hart und Becker-Schwarze müßig, in dem Berichterstattungssystem zwischen Beinahe-Fehler und Fehler zu differenzieren (Hart und Becker-Schwarze 2007). Der Grund liegt in der Zielsetzung des Risikomanagements, die nicht in der Fehlerverfolgung, sondern im Erkennen von Risikosituationen besteht. Auf das Erkennen von Risikosituationen kommt es insbesondere deshalb an, weil sie häufig die Vorstufe von Fehlern sind (Hart und Becker Schwarze 2007). Andererseits muss das Berichtssystem nicht auf negative Ereignisse beschränkt werden. Begreift man Zwischenfälle als unerwartete, aus der Routine herausragende Ereignisse, so gilt dies auch in der positiven Form. Auch positive Ereignisse können sicherheitsrelevant sein, wobei man aus guten Fehlern unter Umständen sogar noch besser lernt. Daher sollten Berichtssysteme auch die positiven Ereignisse erfassen und ihr Zustandekommen und ihre Replizierbarkeit systematisch analysieren (Rall et al. 2006).

Es werden nach Hart und Becker-Schwarze (2005) folgende Varianten der Berichterstattung unterschieden:

- freiwillige ./. verpflichtende Systeme
- offene (interne) ./. geschlossene (externe) Systeme
- allgemeine ./. spezielle Berichtsbereiche

Bei freiwilligen Berichtssystemen handelt es sich um Systeme, in denen es den Mitarbeitern selbst überlassen bleibt, Meldungen zu erstatten oder nicht. Dagegen gibt es etwa in der Luftfahrt oder in der Kernkraft auch gesetzliche Regelungen, wonach Mitarbeiter unter gewissen Umständen verpflichtet sind, Zwischenfälle oder Unfälle zu berichten (vgl. unten zu den Beispielen einzelner Berichterstattungssysteme).

Offene Systeme sind solche, deren Berichterstattungssysteme allgemein zugänglich sind. Das sind regelmäßig computergestützte Systeme, die allen Nutzern offen stehen. Es gibt also keine bestimmte Institution, an die das Berichtssystem gebunden ist. Ein bekanntes Beispiel für ein solch offenes System stellt das in der Schweiz für den medizinischen Bereich entwickelte Critical Incident Reporting System (CIRS) dar. Unter geschlossenen Systemen versteht man institutionell begrenzte Berichterstattungssysteme, wobei diese sich wiederum in verschiedene Varianten aufgliedern. So können sie sich etwa auf insgesamt eine Institution erstrecken (z. B. ein Krankenhaus) oder auch nur auf mehrere ausgewählte Disziplinen oder Abteilungen (z. B. das Modell der Bremer Kinderkliniken, vgl. unten zu den Beispielen einzelner Berichterstattungssysteme sowie Hart und Becker-Schwarze 2005).

Ferner kann es Berichtssysteme für gesamte Institutionen/ Unternehmen geben, in denen alle Mitarbeiter unabhängig von ihrem Beruf oder ihrer Abteilung Meldungen erstatten können (allgemeine Berichtsbereiche). Umgekehrt gibt es auch Berichtssysteme in einzelnen, isolierten Bereichen, also nur für eine bestimmte Berufsgruppe oder Abteilung (spezielle Berichtsbereiche).

Fehlerkultur

Grundlage für ein funktionierendes Berichterstattungssystem ist eine „Fehlerkultur", welche ganz im Gegensatz zur öffentlichen Diskussion im Kinderschutz derzeit die Möglichkeit von Fehlern „akzeptiert" und damit einräumt, dass Risiken existieren und Fehler immer passieren können. Risiken können zwar nie vollständig eliminiert, sie können aber systematisch einbezogen werden. Die Voraussetzungen für Fehler liegen nicht nur beim einzelnen Handelnden, sondern auch in Organisation, Strukturen und Prozessen.

Es gibt keinen Platz für eine „Nullfehlermentalität", sondern es bedarf einer neuen Fehlerkultur (Bandi-Ott 2007). Die Berichterstattung funktioniert nur dann, wenn eine Kultur des Umgangs mit unerwünschten Ereignissen entwickelt wird, die sich nicht auf die Suche nach einem Sündenbock konzentriert. Nur wenn Offenheit und Ehrlichkeit den Berichterstatter nicht schädigen, wird es eine Bereitschaft geben, über (Beinahe-)Fehler beziehungsweise Vorkommnisse zu berichten. Aus diesen Gründen müssen die Berichte vertraulich, unvoreingenommen, unabhängig, und objektiv behandelt werden (Huber und Urbinelli, www.sulm.ch/PDF/CIRS-Funktion_Systematik. pdf, letzter Aufruf am 15.09.2009). Die Berichte dürfen nicht für Sanktionen benutzt werden. Ziel ist es, Abläufe sicherer zu machen, und nicht die Suche nach Schuldigen. Um Vertrauen zu schaffen, heißt es in der Fehlerverarbeitungskultur nicht, „Wer ist schuld?", sondern, „Warum ist das Ereignis geschehen?" Die Entdeckung von Fehlern soll als Warnung betrachtet werden und zugleich massive Verbesserungs-/Vorbeugungspotentiale aufzeigen (Buchmann, 2004). Es ist daher wichtig, dass eine Fehlerkultur implementiert wird, die mit Fehlern aktiv, präventiv, und vorurteilsfrei umgeht, und der die Erkenntnis zugrunde liegt, dass Fehler in ihrem Entstehungskontext beurteilt werden müssen. Schuldzuweisungen bei unbeabsichtigten Fehlern verhindern nur einen Lerneffekt und erschweren einen positiven Lernprozess (Bandi-Ott 2007).

Erfahrungen in der Medizin haben gezeigt, dass zu einer Fehlerkultur auch gehört, Fehler einzugestehen und sich dafür bei den Betroffenen zu entschuldigen bzw. Bedauern zu äußern. Offene und ehrliche Kommunikation über Fehler schafft und rekonstruiert Vertrauen. Die Reaktionen von Betroffenen werden auch dadurch beeinflusst, wie mit dem Zwischenfall umgegangen wird. Offenes Eingeständnis, Sensibilität, gute Kommunikation und gutes Management der Gegenmaßnahmen können emotionales Trauma, welches durch den Fehler hervorgerufen werden kann, verringern. Indem der Fehlerverursachende die Verantwortung für sein Handeln übernimmt und sich entschuldigt, erkennt er die Gefühle des Betroffenen, wie etwa Wut, Demütigung, Misstrauen und Angst, an und zeigt ein Verständnis für die Auswirkungen dieser Gefühle. Die Entschuldigung hilft dabei, die Würde des Betroffenen wiederherzustellen und den Heilungsprozess einzuleiten. Sie hilft auch dem Fehlerverursacher, mit seinem eigenen emotionalen Trauma umzugehen. Dagegen führen das Nichteingeständnis des Fehlers und die fehlende Entschuldigung dazu, der Verletzung eine Beleidigung hinzuzufügen, da die Situation des Betroffenen nicht respektiert wird. Dies kann ein mächtiger Impuls für den Betroffenen sein, sich zu beschweren oder eine Klage zu erheben (Barnes et al. 2006). Die Entschuldigung ist ein wesentlicher Aspekt der Übernahme von Verantwortung, selbst wenn wie gewöhnlich mehrere Schwachstellen im Gesamtsystem den Fehler verursacht haben. Sie kann helfen, die Wut und den Ärger des Betroffenen zu zerstreuen. Die wenigsten Betroffenen verstehen, dass Fehler in der Regel durch Systemschwächen verursacht werden. Sie halten weiterhin das Individuum für verantwortlich. Daher ist es für sie sehr wertvoll, wenn sich der in ihren Augen Verantwortliche entschuldigt und Bedauern zeigt. Der Ausdruck von Mitgefühl ist eine wesentliche, menschliche Antwort auf einen Zwischenfall, unabhängig von seinen Ursachen (Barnes et al. 2006). Entschuldigungen zeugen von Respekt und Mitgefühl für den Betroffenen. Die Entschuldigung nimmt die Emotion aus einem Zwischenfall und kann einiges der Wut auf den Verursacher nehmen. Die Betroffenen mögen noch immer verärgert über den Fehler sein, doch sie konzentrieren sich mehr darauf, mit den Folgen umzugehen (Guadagnino 2005). Es gibt hingegen kaum Beweise für die Befürchtung, dass die Entschuldigung das Risiko eines nachfolgenden gerichtlichen Verfahrens erhöht. Im Gegenteil, gerichtliche Erfahrungen haben gezeigt, dass zwei Drittel der entsprechenden Klagen im Zusammenhang mit der fehlenden Übernahme von Verantwortung, Entschuldigung und offener Kommunikation stehen (Barnes et al. 2006). Die Information über den Vorfall wird auch ohne das Eingeständnis sehr wahrscheinlich über andere Informationskanäle weitergeleitet, so dass es besser ist, vorher mit dem Betroffenen zu sprechen, ehe der Eindruck entsteht, dass Informationen nur gegeben werden, weil ein Vertuschen gescheitert ist (Guadagnino 2005).

Auch wenn (noch) nicht klar geklärt ist, ob ein Zwischenfall auf einen Fehler zurückzuführen ist, sollte dennoch Bedauern für den Vorfall geäußert werden. Es ist sehr wichtig für den oder die Betroffenen, zu sehen, dass der Vorfall ernst genommen und bedauert wird. Allerdings ist es auch wichtig, keine voreiligen Einschätzungen vorzunehmen und sogleich sich selbst oder einem anderen die Schuld zu geben, wenn noch nicht alle Fakten bekannt sind. Stattdessen sollte eine vollständige Untersuchung und eine Bekanntgabe der Ergebnisse angekündigt werden.

Für den Betroffenen ist es überdies wichtig zu sehen, dass dem Zwischenfall Veränderungen im System folgen, so dass er auch sein Gutes hatte und das Leiden des Betroffenen nicht umsonst ist. Dieses Gefühl hilft ihm und seinen Angehörigen, mit den Schmerzen oder dem Verlust umzugehen (Barnes et al. 2006).

Fehlereingeständnisse und Entschuldigungen sind Teil eines kulturellen Wandels, der in Institutionen notwendig ist. Es ist erforderlich generell anzuerkennen, dass Menschen fehlbar und Fehler nicht auszuschließen sind. Das Eingeständnis von Fehlern und die angemessene Information darüber an Kollegen und Institutionen sind wichtig, damit diese lernen, wo Verbesserungsbedarf besteht (Guadagnino 2005). Das Nichteingestehen von Fehlern kann den Bemühungen zur Verbesserung der Sicherheit zuwider laufen (Hébert et al. 2001).

Voraussetzungen für ein Berichterstattungssystem

Vertrauen

Erste Voraussetzung für ein funktionierendes Berichterstattungssystem ist das Vertrauen derjenigen, welche Bericht erstatten sollen. Wichtig ist es daher, eine Atmosphäre zu schaffen, die vertiefte Fehleranalysen überhaupt erst erlaubt. Diese sollte frei von Schuldzuweisungen, Bestrafungen, Sanktionen sein, damit wertneutral über Fehler diskutiert werden kann. Von zentraler Bedeutung ist es folglich, die Identität der Berichterstatter zu schützen und disziplinarische Maßnahmen gegen Berichtererstatter auszuschließen. Vor jeglicher systematischer Fehleranalyse steht somit der Aufbau einer Fehlerkultur in dem entsprechenden Unternehmen beziehungsweise der entsprechenden Organisation.

Anonymität bzw. Vertraulichkeit der Berichterstattung

Ferner muss die Berichterstattung freiwillig und anonym erfolgen. Anonymität ist erforderlich, um den Schutz der Mitarbeiter vor internen Sanktionen zu gewährleisten. Auch aufgrund der noch offenen rechtlichen Lage ist die Anonymität des Berichterstattungssystems wichtig. Ein Meldesystem ist im Falle einer Untersuchung nicht vor dem richterlichen Zugriff geschützt (Buchmann 2004; Hart und Becker-Schwarze 2005). Je anonymer das System und je weniger die dort zusammengetragenen Informationen Identifikationen ermöglichen, desto seltener wird ein solcher Zugriff auf das Berichterstattungssystem erfolgen. Außerdem erhöht Anonymität die Kommunikationsoffenheit und die Bereitschaft der Meldenden (Hart und Becker-Schwarze 2007).

Jeder Bruch der Anonymität könnte daher mit großer Wahrscheinlichkeit zum Zusammenbruch des Berichterstattungssystems, welches auf dem Vertrauen der Melder beruht, führen. Daher ist Anonymität von zentraler Bedeutung für das Berichterstattungssystem (Rall et al. 2006). Auch wenn die Anonymität die Validierung der eingegangenen Meldungen erschwert, ist dies zugunsten einer hohen Zustimmung der Meldenden zum Berichterstattungssystems hinzunehmen, jedenfalls solange, wie in dem betroffenen Unternehmen bzw. der Institution noch keine gewachsene und konsequente Fehlerkultur herrscht, in der Fehler als „Schatz" angesehen werden, weil aus ihnen die zukünftige Vermeidung von Fehlern gelernt werden kann (Hart und Becker-Schwarze 2005; Staender 2001).

Gegebenenfalls ist es jedoch schwierig, die Anonymität zu wahren, wenn das Berichterstattungssystem in einem geschlossenen System, also innerhalb einer kleineren Organisation oder eines Unternehmens durchgeführt wird. Dort lassen sich leichter Rückschlüsse auf den betreffenden Melder ziehen. Allerdings ist die Anonymität nach Ansicht von Barach und Small (2000) auch nicht immer wünschenswert. Die Analysten können den Melder nicht auf nähere Informationen ansprechen. Anonyme Berichte könnten unzuverlässig sein. Außerdem kann Anonymität Verantwortlichkeit und Transparenz gefährden. Doch auch unter diesen Einschränkungen sollte Anonymität wenigstens zu Beginn der Einführung eines Berichterstattungssystems gewahrt werden, um Vertrauen aufzubauen, bis die Meldenden praktische Erfahrungen sehen (Barach and Small 2000). Auch das weltweit anerkannte Berichtssystem der NASA, das Aviation Safety Reporting System, ASRS (dazu im Einzelnen unten zu den Beispielen einzelner Berichterstattungssysteme), behandelt die Berichte lediglich vertraulich. Erst nach Erhalt der gesamten wesentlichen Informationen werden individuelle Merkmale gelöscht, so dass eine Identifizierung nicht mehr möglich ist (Gaba 2000).

Feedback, Einfachheit der Berichterstattung

Um die Mitarbeiter zu motivieren, Berichte zu erstatten, ist ein regelmäßiges Feedback wichtig, damit ihnen der Wert ihrer Informationen deutlich wird. Des weiteren wird die Motivation von Mitarbeitern, Berichte zu erstatten, durch eine möglichst einfache Form der Berichterstattung erhöht. Das Berichtsformular soll einfach und für jeden zugänglich sein. Ist das Berichtsformular zu lang, schreckt es die Ausfüllenden ab. Andererseits darf es auch nicht zu kurz sein, da es sonst nicht genug in die Tiefe gehen kann. Spezifische Fragen erleichtern die Arbeit für den Ausfüllenden, doch wird dadurch die Art und Menge der Informationen von vorneherein eingeschränkt. Offene Fragestellungen geben dem Berichterstatter die Möglichkeit, seine Sicht der Dinge zu schildern, doch sind offene Fragen auch zeitaufwändiger und fordern mehr analytisches Denken vom Berichter (Staender 2001). In jedem Fall ist es wichtig, in den Berichterstattungsformularen die Möglichkeit für Freitext einzuräumen, damit die Meldenden ihre eigene Sicht der Dinge schildern können.

Zeitnahe Analyse durch unabhängige Experten

Gute Berichtssysteme erfordern eine zeitnahe Rückmeldung, damit Verbesserungen baldmöglichst umgesetzt werden können und die Motivation der Mitarbeiter erhalten bleibt. Gute Berichtssysteme sind zudem unabhängig. Sie bauen auf die Fehleranalyse durch Experten, welche zeitnah erfolgen muss, so dass die Rückmeldung direkt zu einer Verbesserung und Umsetzung führt. Ein Expertenteam, das die Fehler analysiert, sollte immer auch externe Dritte beschäftigen, da diese sich „trauen" können, Zusammenhänge zwischen den den Fehlern zugrunde liegenden Faktoren und systematischen Problemen der Organisation oder Prozesse herzustellen (Rall et al. 2006). Externe Experten können aufgrund ihrer fehlenden Betriebszugehörigkeit manche Aspekte gegebenenfalls objektiver beurteilen. Zugleich sollten aber auch Experten dem Team angehören, die das Unternehmen beziehungsweise die Organisation gut kennen (Taylor-Adams and Vincent 2004).

Umsetzung der Ergebnisse aus der Fehleranalyse

Die praktische Umsetzung der notwendigen Abhilfemaßnahmen und Verbesserungsvorschläge ist die wichtigste Folgerung des Berichterstattungssystems, insbesondere aus juristischer Sicht (Ulsenheimer 2003). Die Hinweise und Empfehlungen des Expertenteams sollen als Chance begriffen werden, die Qualität zu verbessern und die Verantwortlichen juristisch unangreifbar zu machen. Da nicht alle Anregungen und Vorschläge sofort umgesetzt werden können und nicht für alle Probleme sogleich „Patentrezepte" zur Hand sind, ist zwischen kurz-, mittel- und langfristigen Maßnahmen und zwischen kostenneutralen und kostenintensiveren Maßnahmen zu unterscheiden (Ulsenheimer 2003). Im Hinblick auf die Risikoprävention wird deutlich, dass es sich bei der Fehleranalyse nicht um eine singuläre Maßnahme, sondern um eine Dauereinrichtung handelt (Ulsenheimer 2003).

Die folgende Tabelle fasst die Merkmale erfolgreicher Fehlerberichtssysteme aus unterschiedlichen Literaturquellen zusammen (Tabelle 8).

Tabelle 8: Eigenschaften erfolgreicher Fehlerberichtssysteme[47]

Merkmal	Begründung
Freiwilligkeit	Die Erstattung eines Berichts erfolgt freiwillig, es gibt keine Meldepflicht.
Anonymität bzw. strenge Vertraulichkeit	Rückschlüsse auf den Berichterstattenden sind nicht möglich, da das Berichterstattungssystem anonym oder streng vertraulich ist. Es werden keine Daten an Dritte weitergeben.
Sanktionsfreiheit	Die Berichterstattung zieht keine Sanktionen nach sich.
Unabhängigkeit	Das Berichtswesen sowie die analysierenden Experten sind von jeglicher Autorität unabhängig, die Berichtende/Nutzer bestrafen oder Einfluss auf die Auswertung der Berichte nehmen könnte.
Analyse durch ein Expertenteam	Die eingegangenen Berichte werden von einem Expertenteam analysiert, das sowohl mit den spezifischen Umständen des Umfelds des Meldenden vertraut ist, als auch die zugrunde liegenden Systemfehler erkennen kann.
Zeitnahe Rückmeldung an die Berichterstatter und Umsetzung der evaluierten Empfehlungen	Die Berichte werden zügig analysiert und die Ergebnisse bzw. Empfehlungen dem Berichterstatter bzw. der Allgemeinheit der Nutzer rückgemeldet. Die durch die Analyse evaluierten Empfehlungen werden zügig umgesetzt.

---

47 Modifiziert nach: Thomeczek Ch., Rohe J, Ollenschläger G (2007). In: Madea B., Dettmeyer R. (Hrsg.) (2007). Medizinschadensfälle und Patientensicherheit, S. 174. Deutscher Ärzte-Verlag, Köln.

Systemorientiertheit	Die Empfehlungen haben Veränderungen von Systemen, Prozessen oder Produkten im Blickpunkt.
Einfachheit	Das Formular zur Berichterstattung ist einfach auszufüllen und für jeden zugänglich.
Freitextfelder	Das Berichtsformular lässt ausreichend Raum für Freitext.

Methode des Berichterstattungssystems

Das Schema solcher Critical Incident Reporting Systems (CIRS), welche sich mittlerweile auch in der Medizin etablieren, ist immer dasselbe (Abbildung 6).

Abbildung 6: Schema eines Critical Incident Reporting Systems

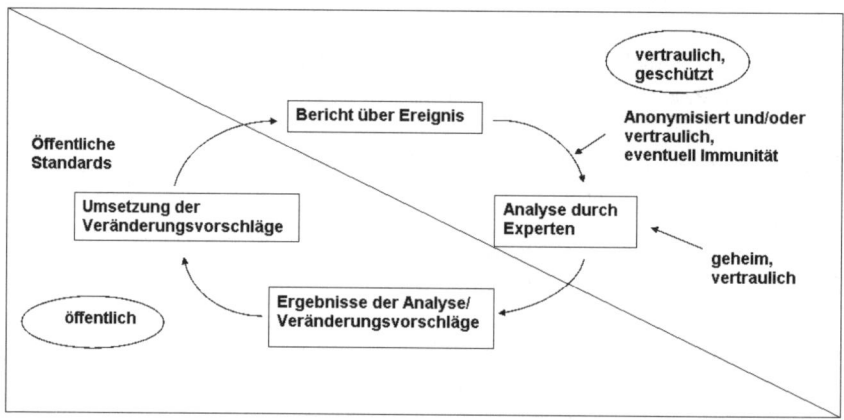

Bei der Berichterstattung eines kritischen Ereignisses werden alle Elemente, sowohl die aktiven Fehler als auch die latenten Bedingungen, im Detail untersucht, wobei mit den unsicheren Handlungen der ausführenden Personen und den Barrieren, die versagt haben, begonnen wird und der Prozess bis hin zu den organisatorischen Abläufen zurückverfolgt wird. Der erste Schritt ist es, die aktiven Fehler zu identifizieren, die unmittelbare negative Konsequenzen haben können. Danach werden die Bedingungen untersucht, in denen Fehler aufgetreten sind, sowie der breite organisatorische Kontext. Fehlerbegünstigende Faktoren und die entsprechenden Abwehrmechanismen werden beschrieben und gewichtet. Aus den Erkenntnissen werden Empfehlungen zur besseren Fehlerprävention abgeleitet bzw. priorisiert. Es folgt die Beschreibung des Idealprozesses sowie ggf. eine Beschreibung der Bewältigungsschritte nach einem Schadenseintritt. Schließlich sind die so gewonnenen Erkenntnisse breit zu publizieren (Hochreutener 2007).

Für das Vorgehen bei der Untersuchung und Analyse von Unfällen hat sich ein Vorgehen gemäß dem folgenden Ablaufschema bewährt (Abbildung 7).

Abbildung 7: Unfalluntersuchung und Analyse Ablaufdiagramm
(modifiziert nach Tayor-Adams and Vincent 2004)

Größere Katastrophen wie z. B. die bei der NASA mit Apollo 13 oder der Raumfähre „CHALLENGER" oder auch Flugzeugabstürze bzw. Fährschiffkatastrophen wurden in sehr differenzierten Expertenberichten analysiert. Der Untersuchungsbericht zur Fährkatastrophe am 6. März 1987 in Seebrügge, als die Fähre „Herald of Free Enterprise" kenterte, relativierte die Meldung in der Tagespresse, wonach dieses Unglück als unvermeidliche Folge menschlichen Versagens dargestellt wurde. Eine genauere Analyse ergab eine Fehlerkette, die letztendlich nur im Zusammenwirken zum fatalen Ergebnis von 192 Toten führte (vgl. Abb. 8).

Anhand der Analyse wurde deutlich, wie sich die in der Grafik aufgeführten Faktoren und weitere mittelbare Faktoren wie fehlende genaue Aufgabenteilung, Zeitdruck, zu wenig Laderampen, die falsche Erfassung der Passagierzahlen und das Ignorieren der Hinweise der Kapitäne auf fehlende Kontrolllampen durch das Management auf den Vorfall auswirkten (Rick et al. 2002).

Abbildung 8: Fehlerkette beim Fährunglück der Herald of Free Enterprise, 1987 (nach Romberg 1996, Geo Grafik Elsevier Science Publishers)

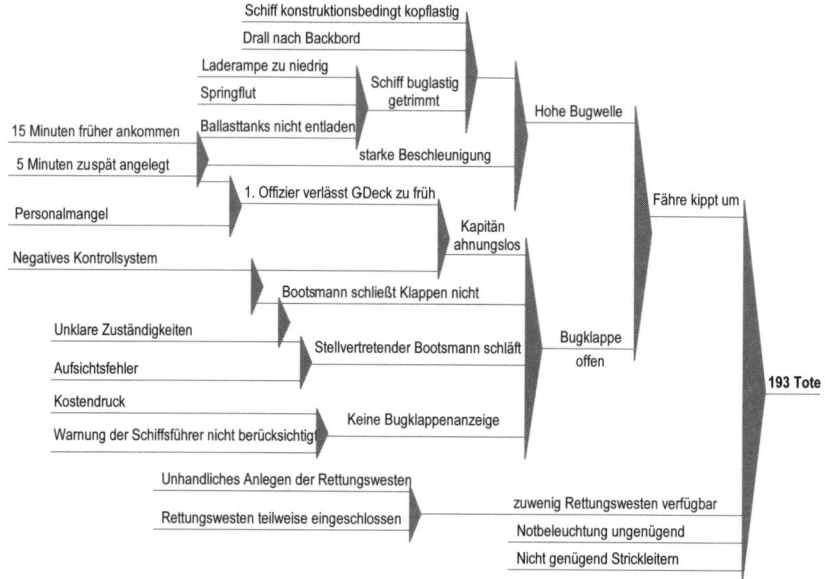

Auch das Unglück von Tschernobyl vom 26.04.1986 stellte sich als das Produkt einer fehlenden Sicherheitskultur dar. Das Reaktor-Design war aus sicherheitstechnischer Sicht unzulänglich und tolerierte keine Fehler seitens der ausführenden Mitarbeiter. Dies bewirkte einen gefährlichen Status des Systems. Die Mitarbeiter waren darüber nicht informiert und sich nicht bewusst, dass der durchgeführte Test den Reaktor in einen explosiven Zustand versetzen konnte. Zudem verfuhren sie nicht nach etablierten Verfahrensvorschriften. Die Kombination all dieser Faktoren provozierte einen nuklearen Unfall von größter Schwere, bei dem der Reaktor innerhalb von wenigen Sekunden vollständig zerstört wurde (AEN 2002).

Dem Challenger-Unglück vom 28.01.1986 ging ebenfalls eine Reihe von Faktoren voraus, welche sich in ihrer Verkettung als mitursächlich für den Absturz darstellten. Die direkte technische Unfallursache war ein Fehler im Anschlussstück zwischen den beiden niederen Abschnitten des rechten Feststoffraketentriebwerks. Die Dichtungen (O-Ringe), welche verhindern sollten, dass heiße Gase durch das Anschlussstück während der Treibstoffverbrennung des Raketentriebwerks austraten, waren defekt. Der Grund hierfür war ein fehlerhaftes Design, das zu anfällig auf Kälte, verschiedene Materialien, Wiederverwendung und weitere Faktoren reagierte. Der Untersuchungsbericht der vom Weißen Haus eingesetzten, unabhängigen Untersuchungskommission deckte jedoch eine Reihe mitursächlicher Faktoren auf. Die Erosionsgefahr war der NASA bereits seit Jahren als Risiko bekannt, doch sowohl die NASA und die Firma Thiokol, welche die O-Ringe herstellte, akzeptierten die Erosion der Dichtungen als unvermeidliches Flugrisiko. Solange es zu keinem Unfall kam, wurde dieses Risiko als weniger hoch für die nächsten Flüge eingestuft. Eine genaue Analyse hätte den Zusammenhang zwischen dem Schaden an den Dichtungen und niedrigen Temperaturen aufgedeckt, wurde aber zu keiner Zeit durchgeführt. Das Sicherheitsprogramm, welches noch während des Apollo-Programms sehr gründlich war, wurde bis 1986 zunehmend ineffektiv. Dadurch wurden die Sicherheitsbarrieren stark abgeschwächt. Hinzu kam, dass die NASA seit 1985 plante, bis zum Jahre 1990 jährlich jeweils 24 Flüge ins Weltall zu starten. Ursprüngliche Pläne waren von einer Mission pro Woche ausgegangen. Bereits lange vor dem Challenger-Unglück war offensichtlich, dass diese Pläne überehrgeizig waren. Dies wirkte sich insbesondere auf die Sicherheit der einzelnen Missionen aus (The Presidential Commission Report on the Space Shuttle Challenger Accident, 1986).

Aufgrund der Temperaturvorhersage für den 28.01.1986 kam es zu einer Telefonkonferenz zwischen Entwicklern bei der Firma Thiokol, der Firma Rockwell, welche für das Design und die Entwicklung des Orbiters verantwortlich war, und dem Marshall Space Center, das für die externen Tanks verantwortlich war. Es wurde besprochen, dass die Booster für die vorhergesagten Temperaturen nicht geeignet seien und der Start abgebrochen werden sollte (Mewes 1996). Sicherheitsingenieure waren bei der Telefonkonferenz nicht zugegen. Das Management der Firma Thiokol sprach sich schließlich für den Start der Raumfähre aus. Grund hierfür war offensichtlich das Interesse eines Hauptkunden, des Marshall Space Centers, an dem Start der Raumfähre.

Auch während des Countdowns am 28.01.2986 wurde kein Sicherheitsexperte hinzugezogen, der wichtige Entscheidungen getroffen hätte (The Presidential Commission Report on the Space Shuttle Challenger Accident, 1986).

Nachteile von Berichterstattungssystemen

Nachteile von Berichterstattungssystemen sind erhöhte Kosten und ein hoher Zeitaufwand. Allerdings sind die Kosten unter dem Gesichtspunkt vermiedener Schädigungen und damit auch ausbleibender Kostenfolgen zu sehen. Auch muss die Berichterstattung nicht in jedem Fall intensiv gestaltet werden. In einfachen Fällen kann auch eine kurze Überprüfung anhand der vorgeschilderten Kriterien erfolgen (Taylor-Adams and Vincent 2004).

Ferner kann mit einem Berichterstattungssystem keine quantitative Auswertung über die Grundgesamtheit vorgenommen werden, da die Berichterstattung freiwillig erfolgt. Auch im Wege einer Schätzung lässt sich nicht beurteilen, wie oft welche Probleme in einer Organisation auftreten. Beispielsweise kann ein Problem sehr häufig und von mehreren Personen gemeldet werden, während eine andere Problemkonstellation kaum oder gar nicht berichtet wird. Eine quantitative Abschätzung von Trends ist nicht möglich. Es fehlt die Datengrundlage, anhand derer beurteilt werden kann, ob es mehr oder weniger Komplikationen eines bestimmten Typs gibt. Die Berichterstattungssysteme haben vielmehr häufig einen paradox anmutenden Effekt: Wenn sie etabliert sind, steigt plötzlich die Anzahl der gemeldeten Zwischenfälle, was aber auf die erwünschte Sensibilisierung der Meldenden zurückzuführen ist. Charles Billing, der Gründer des weltweiten Aviation Safety Reporting Systems, formulierte daher: „Das Zählen von Zwischenfällen ist eine Zeitverschwendung." (Rall et al. 2006). Repräsentative Daten können mit solchen Berichterstattungssystemen wohl nicht erzielt werden (Hart und Becker-Schwarze 2007; Helmreich 2000).

Vorteile von Berichterstattungssystemen

Da Zwischenfälle viel häufiger auftreten als tatsächliche Unfälle, kann die Analyse von Zwischenfällen, Beinahe-Unfällen und unerwünschten Ereignissen als ein Frühwarnsystem fungieren und rechtzeitige präventive Maßnahmen ermöglichen (Staender 2001). Sie bieten eine breite Datenbasis für das Sicherheitsmanagement (Staender 2001). Zwischenfälle und Unfälle haben die gleichen Wurzeln. Die Berichtsanalyse kann damit auf die gleichen Ursachen für System-Mängel stoßen wie eine Unfallanalyse. Eine systematische Auswertung der Faktoren, die zur Bewältigung der Krise und zur Vermeidung eines tatsächlichen Unfalls geführt haben, kann aufzeigen, was in einzelnen kritischen Situationen hilfreich sein kann und welche Kapazitäten der Mitarbeiter gefördert werden sollten. Da es häufig zu keinem negativen Ausgang kommt, fällt es auch aus psychologischer Sicht leichter, ohne Verlust des Ansehens über das Ereignis zu berichten (Staender 2001). Ein Berichterstattungssystem bietet somit die Gelegenheit, aus Fehlern zu lernen, um diese zukünftig zu vermeiden. „Man muss nicht jeden Fehler erst selbst gemacht haben, um daraus zu lernen." (Gerlach, F. M. in: Gesundheit und Gesellschaft Spezial 10/2005, S. 13).

Resultate von Berichterstattungssystemen

Studien von Unfällen in der Luftfahrt, Kernkraft und Medizin sowie in der Industrie, im Transportwesen und in militärischen Bereichen haben zu einem viel breiteren Verständnis der Unfallverursachung geführt (Taylor-Adams and Vincent 2004). An einem Einzelfall wird systematisches Denken geschult. Dabei werden die Organisation und die in ihr eingebauten Systemprobleme sowie nichtoffensichtliche Hintergrundfaktoren erkannt. Ferner wurde die Betriebsblindheit aufgehoben. Es wurde eine Abkehr vom Schulddenken vollzogen. Durch den Analyseprozess kommt es zu einer Fehlerkulturentwicklung. Durch strukturiertes Verfahren wird Innovation produziert. Vor allem aber werden durch die Analyse zahlreiche Erkenntnisse und Verbesserungsempfehlungen generiert, die weit über den Einzelfall hinaus bedeutsam sind (Hochreutener 2007).

3.1.4 Beispiele einzelner Berichterstattungssysteme (Luftfahrt, Kernkraft, Medizin)

Berichterstattungssysteme in der Luftfahrt

Im Bereich der zivilen Luftfahrt gibt es bereits gesetzliches Regelwerk zur Berichterstattung bei Unfällen und schweren Störungen. Dieses findet sich im Luftverkehrsgesetz vom 14. Januar 1981, in der Fassung vom 25. Juni 1998, dem Gesetz über die Untersuchung von Unfällen und Störungen bei dem Betrieb ziviler Luftfahrzeuge vom 26.August 1998 und der Luftverkehrordnung vom 14. November 1969 in der Fassung vom 26. August 1998. Ziel der Gesetzgebung ist es, Ursachen und Hintergründe zu klären, nicht, Schuldige zu finden oder Haftungsfragen zu klären. Insbesondere § 5 Luftverkehrordnung regelt die Anzeige von Flugunfällen und Störungen.

Auf internationaler Ebene führte die International Civil Aviation Organization (ICAO), eine Sonderorganisation der Vereinten Nationen für die zivile Luftfahrt, verbindliche Standards für den zivilen Luftverkehr ein. Die Meldepflichten für Unfälle und schwere Störfälle sind in Annex 13 der Konvention über die Internationale Zivile Luftfahrt geregelt („Aircraft Accident Investigation" of ICAO July 1994).

Darüber hinaus gibt es verschiedene freiwillige Meldesysteme:

- Aviation Safety Reporting System, ASRS
- Aviation Safety Airways Program, ASAP
- Confidential Human Factors Reporting Program, CHFRP
- Human Failure Analysis Classification System, HFACS
- Line Operations Safety Audit in Aviation, LOSA.

Alle diese Berichterstattungssysteme sind vertraulich, freiwillig und ziehen keine Sanktionen gegen den Berichterstatter nach sich.

Das bekannteste Berichtssystem weltweit ist das Aviation-Safety-Reporting-System ASRS (http://asrs.arc.nasa.gov). Die Federal Aviation-Administration der USA fordert seit 1975 alle Piloten, Mechaniker, das gesamte Bord- und Bodenpersonal und alle anderen an der Luftfahrt beteiligten Personen auf, tatsächlich gefährliche Situationen oder potentielle Gefährdungen per Post oder nun auch direkt im Internet per Electronic Report Submission zu berichten. Den Meldern wird *strengste Vertraulichkeit* garantiert und, was noch wichtiger ist, es besteht für die Melder garantierte *Immunität* vor möglichen Sanktionen, wenn sie den Bericht binnen zehn Tagen nach dem Ereignis einreichen. Vor diesem Hintergrund sind seit der Einführung des Systems 1976 über 474.000 differenzierte Berichte eingegangen, welche zur Identifikation prinzipieller Probleme und Schwachstellen im Flugsicherheitssystem und Sicherheitsprozeduren geführt und wesentlich zur Verbesserung beigetragen haben. Gleichzeitig werden diese Maßnahmen aber auch im Sinne der Prozessqualität für die Entwicklung von Leitlinien und Richtlinien genutzt. Es wird also nicht nur das Material verbessert, sondern es werden auch Abläufe optimiert bzw. Standards definiert. Kennzeichnend für dieses System ist also einerseits der Anreiz für die Melder, durch Straffreiheit möglichst zeitnah gefährliche Situationen zu berichten, andererseits wird gleichzeitig die Beteiligung auch dadurch gefördert, dass die Ergebnisse durch regelmäßig erscheinende Veröffentlichungen der Berichte und Schlussfolgerungen zu bestimmten Themen den Nutzern zurückgegeben werden. Dadurch wird deutlich, dass es sinnvoll ist, über Fehler oder Critical Incidents zu berichten. Gefahrenmeldungen werden an die kommerzielle und an die private Fluggemeinde („aviation community") weitergegeben. In den gesamten dreißig Jahren wurde die Vertraulichkeit des Systems in keinem einzigen Fall verletzt (NASA 2006, http://www. nasa.gov/home/hqnews/2006/nov/HQ_06345_ASRS_turns_30.html, letzter Aufruf am 19.09.2009).

Das System LOSA nutzt Experten, die auf normalen Flügen im Cockpit mitfliegen, um Gefährdungen der Sicherheit, Fehler und deren Management zu dokumentieren (Helmreich 2000). Beispielsweise wurden durch die Analyse eines kanadischen Flugzeugabsturzes, der durch das unentdeckte Vereisen eines Flügels verursacht wurde, zehn latente Faktoren entdeckt, einschließlich des Flugzeugdesigns, mangelnde Fachaufsicht sowie organisatorische Charakteristika, etwa Managementfehler und mangelhaftes Training, die für den Unfall mitursächlich waren. Ohne diese Analyse wären die Risiken und Sicherheitsgefährdungen hauptsächlich unerkannt geblieben (Helmreich 2000).

EUCARE (European Confidential Aviation Safety Reporting Network) war von 1992 bis 1999 ein europäisches Forschungsprojekt an der TU Berlin und wurde entwickelt, um freiwillige Fehlerberichte zu sammeln, zu analysieren und die Ergebnisse zu nutzen, um möglicherweise Menschenleben in der Luftfahrt zu retten. Die Berichte konnten von jedem Mitglied der Fluggemeinde erstattet werden und wurden mit absoluter Vertraulichkeit behandelt. EUCARE beschäftigte Experten aller Luftfahrtbereiche, um die Berichte zu analysieren. Dies geschah in zwei Phasen. Zuerst erfolgt die anfängliche Analyse, in der EUCARE notfalls sofort auf eine Meldung reagieren konnte. In der zweiten Phase erfolgte die generelle Analyse. Das Ereignis wurde systematisch analysiert und mit anderen Berichten kontextualisiert. Auch wenn das Verfahren dieser Phase zeitaufwendig war und sehr viel Fachwissen erforderte, so wurden in dieser Phase die besten Resultate erzielt. Die Informationen wurden schließlich an die entsprechenden Stellen weitergeleitet und in einem regelmäßig erscheinenden Newsletter verbreitet. Die Fortsetzung des Projekts erfolgte jedoch nicht, so dass EUCARE im Juni 1999 eingestellt wurde (EUCARE 1999, http://www.eucare.de/, letzter Aufruf am 16.09.2009).

Berichterstattungssysteme in Kernkraftwerken

Auch für Kernkraftwerke gibt es gesetzliche Regelungen über meldepflichtige Ereignisse. National gibt es die atomrechtliche Sicherheitsbeauftragten- und Meldeverordnung (AtSMV). Auf internationaler Ebene werden Berichte in das IAEA Nuclear Events Web-based System (NEWS) aufgenommen. Jedoch gibt es keinen geregelten internationalen Informationsaustausch über erkannte Zuverlässigkeitsprobleme und kleinere Sicherheitsverbesserungen im Kernkraftsystem. So fiel am 25. Juli 2006 im schwedischen Kernkraftwerk Forsmark die Wechselstromversorgung der Drehzahlmesser an zwei Notstromdieseln aus. Dies war ursächlich dafür, dass die beiden Generatoren nicht ansprangen. Eine Recherche nach dem Störfall ergab, dass es im typähnlichen Reaktor Olkiluoto in Finnland ein Zuverlässigkeitsproblem bei den Drehzahlmessern der Notstrom-Aggregate gegeben hatte, welches vom Kernkraftwerksmanagement erkannt und in den Jahren 2003-2005 beseitigt wurde. Diese Erkenntnisse und Erfahrungen wurden in Schweden jedoch nicht bekannt.

Auch die Auswahl der zu meldenden Ereignisse und der Kreis der Meldenden sind in der Kernenergie national anders definiert als in der Luftfahrt (Krägenow 2007). Laut der AtSMV ist in deutschen Kernkraftwerken ein vom Betreiber bestellter kerntechnischer Sicherheitsbeauftragter für die Überprüfung der Meldung von meldpflichtigen Ereignissen an die Behörden zuständig. Die Meldepflicht richtet sich nach §§ 6–10 AtSMV. Meldpflichtig selber ist gemäß § 6 Abs. 1 AtSMV der Inhaber der Genehmigung zum Betrieb einer kerntechnischen Anlage, ohne dass konkrete Personen verpflichtet sind. Meldepflichtig sind gemäß § 6 Abs. 2 AtSMV nur Ereignisse, die die in den Anlagen 1 und 2 aufgeführten Meldekriterien erfüllen. Der in den Anlagen 1 und 2 zur AtSMV aufgeführte Katalog ist insofern abschließend. Die Meldung ist mittels amtlichen Meldeformulars, § 7 Abs. 1 AtSMV, an die Aufsichtsbehörde zu richten. Das amtliche Meldformular wird von den Umweltministerien der einzelnen Bundesländer herausgegeben. In dem Formular werden die Betriebswerte vor und nach dem Ereigniseintritt sowie die beteiligten Einrichtungen erfragt. Ferner sollen gemäß § 7 Abs. 1 AtSMV das Ereignis und seine Auswirkungen und Ursachen beschrieben werden. Auch die Maßnahmen/Behebung sowie die Erkennung und Vorkehrungen gegen Wiederholung sollen angegeben werden. Hierfür sind Freitextfelder vorgesehen. Die Beschreibung hat so zu erfolgen, dass sie im Hinblick auf die kerntechnische Sicherheit ausreichend beurteilt werden kann, § 7 Abs. 1 AtSMV. In § 8 AtSMV werden die Fristen zur Meldung eines meldepflichtigen Ereignisses festgeschrieben, abhängig von den verschiedenen Kategorien, in die ein meldepflichtiges Ereignis eingestuft wird. Andere Ereignisse als die in Anlagen 1 und 2 AtSMV aufgeführten müssen nicht gemeldet werden. Außerdem müssen unter bestimmten Bedingungen Funktionsstörungen, Schäden oder Ausfälle in sicherheitstechnisch wichtigen Systemen auch bei Ausfall eines Systems dann nicht gemeldet werden, wenn der Fehler innerhalb von 24 Stunden behoben werden kann. Die Ereignismeldungen gehen national an Landesbehörden, das Bundesamt für Strahlenschutz, das Bundesumweltministerium (BMU) und die Gesellschaft für Anlagen- und Reaktorsicherheit (GRS). Letztere analysiert im Auftrag des BMU, ob die Ereignismeldungen auch für die Sicherheit anderer Anlagen relevant sind. Das Bundesamt für Strahlenschutz sammelt die Ereignismeldungen in einer Datei. Für eine Auswahl der Ereignismeldungen, etwa 10 bis 12 von 130 bis 150 Meldungen jährlich, verfasst die GRS Weiterleitungsnachrichten, welche weitergehende Informationen zu den Ereignissen, eine vertiefte Analyse und Empfehlungen für die Kraftwerksbetreiber beinhalten. Empfänger der Weiterleitungsnachrichten sind das BMU, die Landesbehörden und die Betreiber. Allerdings gibt es kein lückenloses Informationssystem für Weisungen der Aufsichtsbehörden an die Betreiber. Diese werden als bilaterale Angelegenheit zwischen der Behörde und dem jeweiligen Kraftwerk behandelt und weder den anderen Landesbehörden, dem BMU oder internationalen Behörden systematisch und vollständig bekannt gemacht.

Damit ein Ereignis international bekannt gemacht und in NEWS aufgenommen wird, sind eine International Nuclear Event Scale- Einstufung von Level 2 und höher oder Ereignisse, die ein internationales öffentliches Interesse verursachen, erforderlich. Kleinere Ereignisse, die im Vorfeld Hinweise auf Zuverlässigkeitsprobleme geben könnten, sollen in diesem System ausdrücklich nicht berichtet werden. Der detaillierten technischen Information über Ereignisse und Störfälle dient das Internationale Incident Reporting System (IRS) der International Atomic Energy Agency (IAEA) und der Nuclear Energy Agency der Organisation für wirtschaftliche Zusammenarbeit und Entwicklung (OECD). Hier werden nicht nur Ereignisse berichtet, die bereits zur signifikanten Beeinträchtigung der Sicherheit eines Reaktors geführt haben, sondern auch kleinere Vorkommnisse. An dem System sind mehr als 30 Staaten beteiligt. Innerhalb Deutschlands gehen die Ereignismeldungen der Betreiber an die Zentrale Melde- und Auswertestelle (ZMA) des VGB PowerTech (Verband der Großkessel-Besitzer, 1920 als Zusammenschluss der deutschen Betreiber von Kraftwerken gegründet). Dies ist die zentrale Verbindungsstelle zwischen den deutschen Kraftwerksbetreibern und dem Event Reporting System der World Association of Nuclear Operators (WANO), in der weltweit die Kraftwerksbetreiber zusammengeschlossen sind. Sie unterhält ein „Operating Experience Program", das den internationalen Informationsaustausch sicherstellen soll. Die Ereignisberichte werden von einem zentralen Team analysiert und zu Erfahrungsreports oder Ereignisreports zusammengefasst. Den Aufsichtsbehörden sind die Erkenntnisse der WANO offenbar nicht zugänglich. Gesetzliche Pflichten für einen Informationsaustausch zwischen den Unternehmen bestehen nicht. Weitere Berichtssysteme in diesem Bereich sind das Licensing Event Reports (LER), das Human Performance Information System

(HPIS), das Human Factors Information System (HFIS), das Nuclear Regulatory Commission Allegations Systems Process (NRACS) sowie das Diagnostic Misadministration Reports-Regulatory Information Distribution System (RIDS) (Barach and Small, 2000). Die Katastrophe von Three Mile Island, Pennsylvania, am 28.03.1979 (ein fehlerhaftes Druckventil hatte den schlimmsten US-amerikanischen Nuklearunfall ausgelöst) führte dazu, dass für den gesamten Industriezweig neue gesetzliche Regelungen geschaffen wurden. Das Risiko einer einzigen möglichen Katastrophe und ihre Auswirkungen auf die gesamte Industrie überwog sämtliche Bedenken gegen ein Berichterstattungssystem für Beinahe-Unfälle. Der intensivierte Zugang zu einer Verfahrensverbesserung durch einen Fokus auf Sicherheit lohnte sich auch finanziell aufgrund einer effizienteren Produktion (weniger Abschaltungen, Abfahren und Kapazitätsabbau). Wie in der Luftfahrt gibt es einen Trend zur Sammlung der detailliertesten Informationen anhand eines vertraulichen und sanktionsfreien Berichterstattungssystems (Barach and Small 2000).

Berichterstattungssysteme in der Medizin

In Schweden besteht bereits seit 1937 eine gesetzliche Meldepflicht für vermeidbare unerwünschte Ereignisse im Gesundheitswesen, unabhängig von der Tatsache, ob der Patient dadurch zu Schaden gekommen ist oder nicht. Der Hintergrund für diese Gesetzgebung waren einige Todesfälle in den 30er Jahren in einem Stockholmer Krankenhaus, die zunächst vertuscht wurden. Es wurde eine Abteilung für die medizinische Klärung gemeldeter Vorfälle bei der zentralen Gesundheitsbehörde eingerichtet sowie eine Disziplinarbehörde, der sämtliches Medizinalpersonal unterstellt ist. Diese Behörde verfügt auch über entsprechende Sanktionsmöglichkeiten, wobei der Sanktionsbeschluss von einem Gremium aus Juristen, Ärzten und Laien unter Leitung eines Richters getroffen wird. Diese disziplinarrechtlichen Maßnahmen sind gefürchtet und werden von Betroffenen und der Öffentlichkeit als angemessene Bestrafung empfunden, so dass strafrechtliche Klärungen vor Gericht so gut wie nicht vorkommen. Die von der Gesundheitsbehörde bearbeiteten Fälle werden regelmäßig im offiziellen Ärzteorgan anonymisiert publiziert, um die so evaluierten Ergebnisse zu verbreiten und Wiederholungen vorzubeugen. Veröffentlichungen besonderer Fälle werden zudem in einer sogenannten Risikovisite an alle entsprechenden Kliniken verschickt, wo es dem Chefarzt obliegt, diese den Mitarbeitern zur Kenntnis zu bringen. Alle aufgearbeiteten Fälle werden in einer zentralen Datenbank erfasst und sind für das Medizinalpersonal zugänglich (Aubert de la Ruee 2007).

Im Bereich von freiwilligen Meldesystemen hat die Anästhesiologie eine Pionierrolle eingenommen. Dort hat sich Blum (1971) als erster mit der Methodik des Critical Incidents Reportings auseinandergesetzt. 1978 untersuchten Cooper et al. (1978) wiederkehrende Muster bei Zwischenfällen in der Anästhesie mit dieser Technik. Die ersten nationalen Daten zu kritischen Ereignissen in der Anästhesie wurden laut Staender (2001) 1993 von den australischen Anästhesisten veröffentlicht, welche sich seit 1987 mit der Zwischenfallanalyse beschäftigten. 1996 schließlich wurde die Critical Incident Reporting-Methode als qualitätssicherndes Instrument für die Anästhesie in der Schweiz adaptiert und ein elektronisches „Reporting System" erstellt, das Standard-Internet-Technologie nutzt. Es trägt die Bezeichnung Critical Incident Reporting System (CIRS). Sinn des CIRS ist es, aus den darin enthaltenden Informationen Präventionsstrategien abzuleiten. Dabei ist es wichtig, dass die CIRS-Datenbanken neben Fehlern auch die Bedingungen und Umstände, unter denen das fehlerhafte Verhalten und dessen Bewältigung erfolgten, erfasst und klassifiziert werden (Staender 2001). Im November 2004 legten Taylor-Adams und Vincent in „Systems Analysis of Clinical Incidents – The London Protocol" (deutsche Übersetzung 2007 durch die Stiftung für Patientensicherheit) dar, wie eine verständige und tiefgründige Untersuchung und Analyse eines Zwischenfalls erfolgen sollte, die über die traditionelle Gleichsetzung von Fehlern und Schuld hinausgeht.

Abbildung 9: Fischgräten-Diagramm „mitursächliche Faktoren"
(Grafik modifiziert nach Taylor-Adams and Vincent,
The London Protocol 2004)

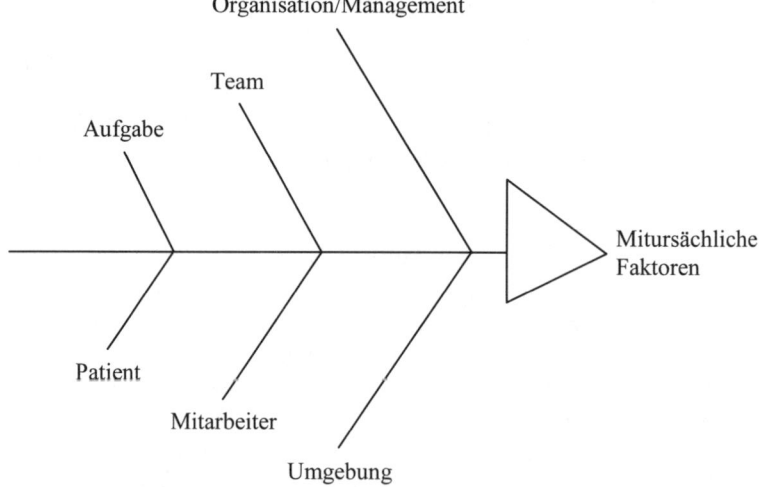

Das London Protokoll stellt jedoch keine Ursache-Wirkung-Analyse (Root-Cause-Analysis) dar, da es für gewöhnlich eine ganze Kette von Ereignissen und vielen verschiedenen mitwirkenden Faktoren gibt, die zu einem Zwischenfall bzw. einem Unfall führen. Ferner ist die Erforschung, warum und wie etwas geschehen ist, nur eine Station der Analyse. Das eigentliche Ziel ist es, das Ereignis zu nutzen, um zu analysieren, was dieses Ereignis über Schwachstellen und Unzulänglichkeiten im Gesundheitssystem enthüllt. Daher ist das London Protokoll vielmehr eine Systemanalyse, welche alle Personen im System und die Formen ihrer Zusammenarbeit mit einschließt (Taylor-Adams and Vincent 2004). Taylor-Adams und Vincent übernahmen das Fehlermodell von Reason und passten es an die Gegebenheiten in der Medizin an. Danach soll ein Team aus internen und externen Experten eingesetzt werden, um einen Unfall oder Zwischenfall zu untersuchen. Diese Experten sollen so schnell wie möglich alle Fakten und Stellungnahmen bezüglich des Vorfalls zusammentragen. Anhand dessen wird sodann eine detaillierte Chronologie des Ereignisses aufgestellt. Anschließend kann das Expertenteam die mitursächlichen Faktoren identifizieren, wobei es oft hilfreich ist, dies in einer Diskussionsrunde mit den beteiligten Personen zu tun (Abb. 9).

Schließlich wird angeregt Empfehlungen auszusprechen und einen Plan aufzustellen, wie die Empfehlungen umgesetzt werden können. Der Europarat hat 2006 Empfehlungen zur Prävention von Schadensereignissen und von Patientensicherheit herausgegeben *(Recommendation Rec (2006)7 of the Committee of Ministers to member states on management of patient safety and prevention of adverse events in health care)*. Diese Empfehlungen basierten auf einer Arbeitsgruppe des Europäischen Gesundheitskomitees des Europarats (CDSP). Dieses Komitee stellte folgende Prinzipien heraus:

Patientensicherheit wird als Grundlage für gute Behandlungsqualität und als Grundrecht eines jeden Patienten angesehen

- Es braucht kohärente und schlüssige Rahmenbedingungen für ein Vorgehen, welches das auf einem systemischen Ansatz basiert ist
- Es soll eine Kultur der Sicherheit geschaffen werden, welche offen und fair ist. Es ist nicht das Ziel, jemanden zu beschuldigen
- Reporting, d.h. die Meldungen von Fehlern in systematischer Weise, ist ein Erfordernis, um wirklich aus Fehlern lernen und Probleme bearbeiten zu können
- Patientensicherheit ist nicht ein Luxus für Reiche, sondern eine Pflichtaufgabe für alle

Der komplette Text dieser Erklärung findet sich im Internet unter: *https://wcd.coe.int/ViewDoc.jsp?id=1005439&BackColorInternet=9999CC &BackColorIntranet=FFBB55&BackColorLogged=FFAC75* (letzter Aufruf 16.9.2009).

Mitglieder der Arbeitsgruppe haben in einem Beitrag (Mierzewski, Council of Europe, Pennanen Finnland 2007) auf elementare Verhaltensregeln nach Eintreten eines Schadens hingewiesen. Sie unterstreichen, dass Takt im Umgang mit den Betroffenen und auch mit der Öffentlichkeit wesentlich ist und formulieren als Regel ein ABC zum direkten Umgang mit Patienten oder der Öffentlichkeit nach Fehlerereignissen. Gerade weil in der Jugendhilfe offensichtlich nach einigen Fällen auch im Bereich der Kommunikation der Fehler erhebliche Einstellungs- und Haltungsprobleme deutlich wurden, sei dies auch hier zitiert. Das ABC lautet folgendermaßen:

A = Admitting an Incident (das Ereignis zugeben)
B = Bowing for apology (sich entschuldigen)
C = Consolation (Trösten)
D = Disclosure (Offenlegen)
E = Education and lessons (Schlussfolgerung)
F = Fixing damages (Schadens- bzw. Problembehebung)

Im Englischen unterstreicht das Wort „bowing" (for apology), sich verbeugen, die damit verbundene Demutsgeste sehr bildlich (vgl. unter 3.1.3. zur Fehlerkultur).

Empfehlungen und Verhaltensregeln bzgl. Kommunikation und Informationspolitik bei Zwischenfällen, die auch für die Jugendhilfe in Kinderschutzfällen hilfreich sein können (dazu jüngst auch das Deutsche Institut für Urbanistik 2009), sind von der Schweizer Stiftung für Patientensicherheit herausgegeben worden (Stiftung für Patientensicherheit 2006 und 2007). Um aus Zwischenfällen lernen zu können, müsse man sie zugeben und zu ihnen stehen. Im Einzelnen werden folgende Empfehlungen (hier bezogen auf die Kommunikation mit Patienten und Angehörigen nach einem Zwischenfall) ausgesprochen:

- Bewahrung vor weiterem Schaden
- alle Akten und weiteres Dokumentationsmaterial sicherstellen
- alle Beteiligten ein Gedächtnisprotokoll erstellen lassen
- Dokumentation und Analyse des Zwischenfalls für die interne Qualitätsverbesserung
- Einleitung von Verbesserungsmaßnahmen zur künftigen Verhinderung
- Strategie über die interne Kommunikation festlegen
- Strategie über die Information der Öffentlichkeit festlegen
- Koordiniertes Vorgehen
  - Nur Zwischenfälle kommunizieren, welche tatsächlich eine Auswirkung auf den Patienten gehabt haben
  - rasches Kommunizieren von Fakten (keine Vermutungen) durch verantwortliche Person – „schwerwiegende Zwischenfälle sind Chefsache"
  - Bedauern ausdrücken
  - erklären von Folgen des Zwischenfalls und möglicher Strategien zur Bewältigung
  - Aufzeigen, dass und wie die Institution aus dem Fehler lernen wird

In der Medizin hat sich in den letzten Jahren eine umfangreiche Fehlersystematik etabliert. Zentral sind die so genannten „Adverse Events" oder unerwünschte Ereignisse vor allem bei Medikamentengaben oder Operationen. Im Rahmen von Pharmastudien gibt es systematische „Adverse Event Reporting Systems", mit denen versucht wird, in kontrollierten Untersuchun-

Abbildung 10: Übersicht über Fehlerbegriffe (Thomeczek, Rohe und Ollenschläger 2007; Abdruck erfolgt mit freundlicher Genehmigung des Deutschen Ärzte-Verlags)

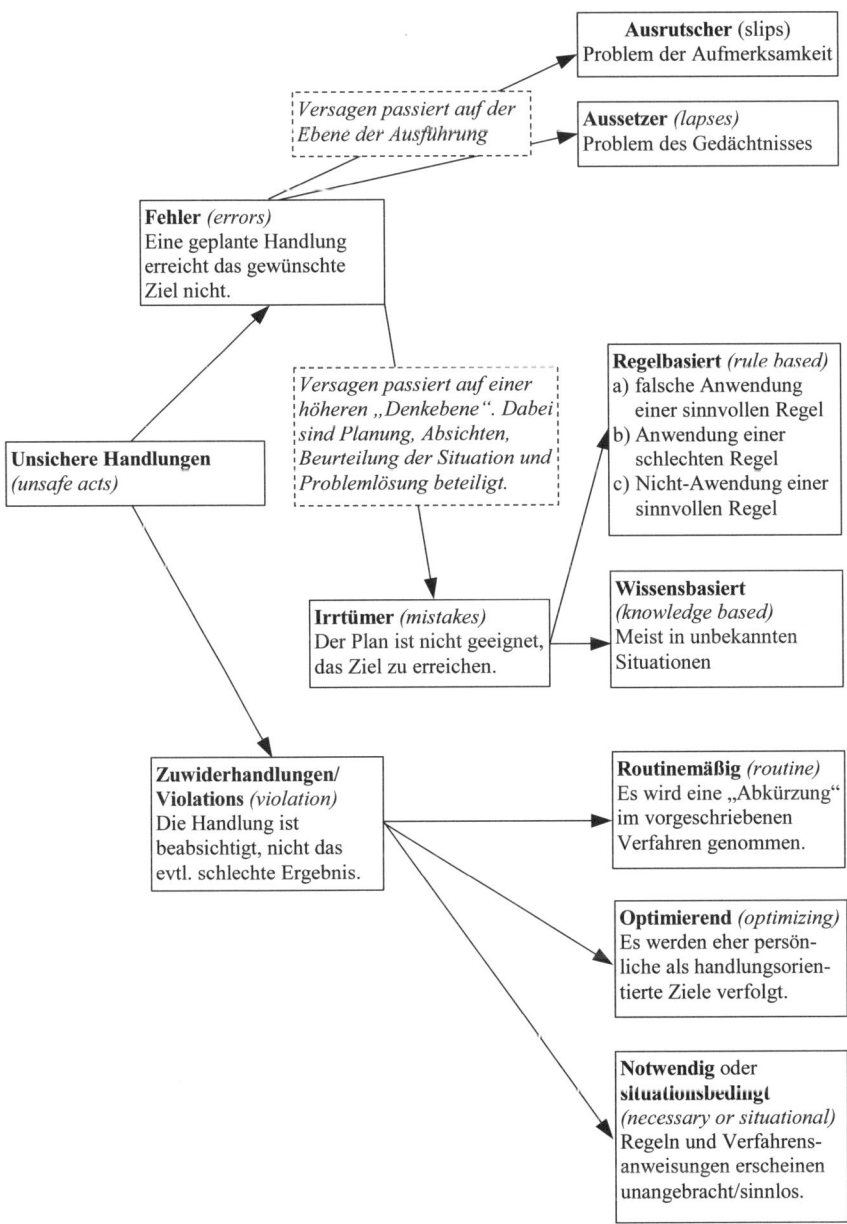

gen tatsächliche Medikamentennebenwirkungen von subjektiv wahrgenommenen Wirkungen durch den Vergleich zur Placebogabe zu unterscheiden. Andere Definitionen sind aber vielleicht für unseren Zusammenhang wesentlicher. Man spricht in der Medizin auch von kritischen Ereignissen (Critical Incidents), von Beinaheschäden (Near Misses) und man unterscheidet Schadensfälle in vermeidbare unerwünschte Ereignisse (Preventable Adverse Events) und unvermeidbare, unerwünschte Ereignisse, so dass hier die Sorgfaltspflicht mit ins Spiel kommt. Dabei wird also deutlich, dass einerseits fahrlässig gehandelt worden sein kann, wenn ein Schaden entsteht, also ein Fehler vorliegen kann und es sich damit um ein vermeidbares Ereignis handelt. Andererseits gibt es auch Schadensfälle, bei denen bei aller Sorgfalt ein fataler Ausgang nicht zu vermeiden war. Der Prüfung sorgfältigen Vorgehens kommt deshalb eine besondere Bedeutung zu. Um Sorgfalt prüfen zu können, bedarf es einer hinreichenden Dokumentation, da sonst eine Beweislastumkehr eintritt. Es ist natürlich immer schwierig, nach einem fatalen Ereignis belegen zu wollen, dass man alles richtig gemacht hat. Insofern ist eine sorgfältige Entscheidungsfindung mit Güterabwägung und Dokumentation eine zentrale Voraussetzung, um unvermeidbare von vermeidbaren Schadensfällen unterscheiden zu können. Thomeczek et al. 2007 geben eine Übersicht über Fehlerbegriffe (Abb. 10).

Schrappe (2007) hat mit Blick auf die Patientensicherheit darauf hingewiesen, dass Fortschritte bei Fehleranalysen und Patientensicherheit institutionell eingebettet werden müssen. Alle Prozessschritte bedürfen einer eingehenden Analyse, wobei unterschiedliche Dimensionen wie die individuelle Perspektive, die definierte Aufgabe, die Standardvorgehensweise, Umgebung, Umfeld und Organisationsvariablen beachtet werden müssen. Nimmt man das Konzept der Fehlerkette ernst, wird deutlich, dass es sich bei der Entstehung von Fehlern häufig um unsichere Prozessschritte handelt, so genannte „Care Management Problems" in der medizinischen Terminologie (Vincent et al. 1994), deren letzter Schaden verursachender Schritt dann zum kritischen Ereignis führt (Abb. 11).

Will man in Institutionen die Prozesskette nachhaltig beeinflussen, braucht es ein Commitment der Leitung sowie die Garantie von Anonymität, damit eine nichtbestrafende Vorgehensweise sichergestellt wird, bzw. Immunität oder Straffreiheit. Mit solchen Bedingungen und Zusicherungen könnte auch im Kontext der Debatte um problematische Kinderschutzverläufe in der Kinder- und Jugendhilfe derzeit durchaus erwogen werden, ob Ansätze der strafrechtlichen Diversion, Straffreiheit bei Selbstmeldung, ähnlich wie im Steuerrecht, die ja nach jüngsten Ereignissen in Deutschland breit diskutiert werden, nicht sinnvoller Weise auch hier Anwendung finden können. In der Regel haben selbst schwerste Schadensfälle wie z. B. der Osnabrücker Fall, nicht mit massiven Geldstrafen oder gar Haftstrafen geendet, sondern sind eingestellt worden. Mit Blick auf die Verhältnismäßigkeit ließe sich also wahrscheinlich sehr gut, ähnlich wie in der Luft- oder Raumfahrt, eine Melderegel etablieren, die Straffreiheit für das rechtzeitige Melden von fehlerhaften Entscheidungen garantiert. Dies wäre natürlich durch ein Rechtsgutachten zu prüfen. Reduktion von Angst ist allerdings eine wesentliche Voraussetzung, um aus der Heimlichkeit und Verdeckung herauszukommen und eine Fehlerkultur zu etablieren. Wichtig ist darüber hinaus, verantwortliche Mitarbeiter in der Kinder- und Jugendhilfe in der Schadensanalyse und der Analyse der Prozesskette bei problematischen Verläufen zu trainieren. In der Medizin haben sich Ombudsmannsysteme, insbesondere auch bei der Einbeziehung der Patientenperspektive Partizipation bewährt. Auch Steuerungsgruppen zur Koordination von Bemühungen im Fehlerlernen haben sich als sinnvoll erwiesen. Unabdingbar sind fachlich kompetente, rasch reagierende Instrumente zur Rückkoppelung, wie z. B. so genannte „Safety Commissions".

Abbildung 11: Prozesskette der Fehler (Quelle: Schrappe 2007; Abdruck erfolgt mit freundlicher Genehmigung des Deutschen Ärzte-Verlags)

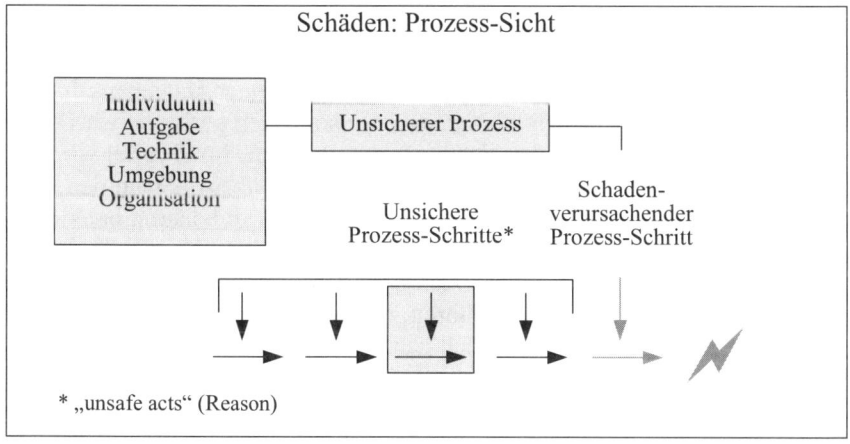

Im Bereich der Medizin haben sich mit Unterstützung der Krankenkassen in Deutschland, zum Teil nach Schweizer Vorbild, (dort Stiftung Patientensicherheit Schweiz, welche wiederum auf Vorbilder aus der Schweizer Luftfahrt zurückgegriffen hatte) auch Aktionsbündnisse für Patientensicherheit gebildet. Zentral fokussieren diese Aktionsbündnisse auf die Erarbeitung von konkreten Präventionsstrategien für wichtige Problembereiche. Am 28. Februar 2008 wurde von dem Aktionsbündnis für Patientensicherheit e.V. eine Patientenbroschüre mit dem Titel „Aus Fehlern lernen" veröffentlicht. Darin bekennen sich zum einen mehrere Ärzte und Mitarbeiter im Gesundheitswesen öffentlich zu Fehlern, die ihnen unterlaufen sind. Zum anderen wird darin die systematische Fehleranalyse anhand der oben vorgestellten Methodik gefordert und anhand praktischer Fallbeispiele erläutert. Diese Broschüre stieß auf großes Interesse in den Medien und in den Reihen der Ärzteschaft teilweise auf große Widerstände (Becker und Zander 2008).

Dieses Aktionsbündnis für Patientensicherheit als Pendant zu der schweizerischen Stiftung für Patientensicherheit ist vor allem politisch tätig. Auch zwei bedeutende Haftpflichtversicherungen für Krankenhäuser haben sich dem angeschlossen. Diese arbeiten intern ebenfalls mit Berichterstattungssystemen. Dabei besteht jedoch die Gefahr des Missbrauchs der evaluierten Daten für eigene Zwecke.

Das Patienten-Sicherheits-und-Simulations-Zentrum an der Universitätsklinik Tübingen (TüPASS) hat ein überregionales und interdisziplinäres Berichterstattungssystem „Patienten-Sicherheits-Informations-System" (PaSIS) eingerichtet, in dem Angehörige des Gesundheitswesens Beinahe-Fehler und kritische Ereignisse berichten können. Daneben gibt es noch ein spezielles Berichterstattungssystem für die Notfallmedizin, das Patienten-Sicherheits-Optimierungs-System (PaSOS). Die Angaben von Meldern werden streng vertraulich behandelt und pseudonymisiert: Jedem Eintrag wird ein Code zugewiesen, der im Internet markiert wird. Sollte es Rückfragen oder Rückmeldungen geben, kann sich die entsprechende Person dann auf diesen Code hin melden. Der Code wird verschlüsselt in einer Datenbank hinterlegt, ohne jegliche Angaben zu Namen oder sonstigen persönlichen Daten. Die Anonymität der Daten hat dabei oberste Priorität. Im Zweifel wird sogar in Kauf genommen, dass Daten verloren gehen, über die man den Melder hätte identifizieren können. Dieses Problem stellt sich häufig bei kleineren Berichtseinheiten, z. B. kleineren Krankenhäusern. Zu genaue Laborwerte und weitere vermeintliche Kleinigkeiten könnten unter Umständen zur Identifizierung des Melders führen. Seitens PaSIS werden diese Daten dann entweder modifiziert oder auch ganz gelöscht. Damit andererseits aber auch sichergestellt wird, dass Systemfehler oder Fehler an technischer Ausrüstung auch vor Ort behoben werden können, melden sich die Kliniken bei PaSIS an, so dass nachvollzogen werden kann, welche Fälle sie betreffen. Besonderer Wert wird dabei auf die Analyse durch ein Expertenteam sowie auf ein zeitnahes Feedback bei den Meldern gelegt. PaSIS umfasst inzwischen deutschlandweit 42 Kliniken, davon vier Unikliniken und 6 Maximalversichernde. Auch eine große österreichische Klinik ist bereits bei PaSIS gemeldet, eine zweite wird in Kürze folgen.

Neben PaSIS/ PaSOS gibt es noch weitere medizinische Berichterstattungssysteme:

- „Jeder Fehler zählt", ein Berichterstattungssystem der niedergelassenen Hausärzte. Dieses dient eher dazu Fehler transparent zu machen. Eine vertiefte Analyse durch Experten erfolgte bislang nicht. Erst jetzt wird mit der Erstellung einer Analyse durch externe Dritte begonnen.
- CIRS (Critical Incident Reporting System) medical, ein Berichterstattungssystem, welches an Schweizer Kliniken eingerichtet wurde. Auch das Ärztliche Zentrum für Qualität in der Medizin (äzq) in Deutschland nimmt daran teil, unterstützt von der Bundesärztekammer und der Kas-

senärztlichen Bundesvereinigung (KBV). Allerdings erfolgt hier ebenfalls noch keine Analyse durch Experten mit einem anschließenden Feedback an die Melder. Das internetbasierte Berichterstattungssystem ist anonym, freiwillig und sanktionsfrei. Es stellt ein Diskussionsforum für Ärzte und anderes medizinisches Fachpersonal dar. Durch den gegenseitigen Erfahrungsaustausch sollen Fehler in Zukunft vermieden und Risiken minimiert werden (Deutsches Ärzteblatt 2008, vgl. Holzer et al. 2005).

- CIR (Critical Incident Reporting) net, ein neues Schweizer Projekt, welches sämtliche kleine Berichterstattungssysteme in der Schweiz zusammenfassen will. Expertenanalysen werden seit Mitte 2007 durchgeführt. Als besonderes Problem stellt sich hierbei die für das System erforderliche Dreisprachigkeit (Deutsch, Französisch, Italienisch) dar.
- Kuratorium Deutscher Altershilfe (KDA), auch hier gibt es aufgrund Personalmangels kein Feedback für die Melder
- CIRS Notfallmedizin, wurde in Kempten durch Professor Sevrin ins Leben gerufen
- CIRS Forum Patientensicherheit
- BfArM (Bundesinstitut für Arzneimittel und Medizinprodukte)

Ferner gibt es viele kleine Berichterstattungssysteme in einzelnen Krankenhäusern. So hat etwa die Berliner Charité ein Berichterstattungssystem eingeführt (nicht zuletzt aufgrund der Morde durch eine Krankenschwester des Klinikums). Dieses wird jedoch in Papierform geführt und bietet somit keine rechtliche Sicherheit bezüglich einer möglichen Strafverfolgung bzw. der Beschlagnahme der Daten durch die Polizei/Staatsanwaltschaft.

Auch an der Medizinischen Hochschule Hannover wurde ein erfolgreiches Berichterstattungssystem eingeführt. Allerdings wird dieses nicht der Öffentlichkeit zugänglich gemacht aus Angst vor einer Kollision mit datenschutzrechtlichen Bestimmungen sowie einer möglichen Strafverfolgung durch die Staatsanwaltschaft.

Es könnte nahe liegen, in der Folge eines gründlichen Fehleranalyseprojektes auch in Deutschland in der Jugendhilfe ein Aktionsbündnis Kindersicherheit durch verbessertes interdisziplinäres Fallmanagement und Prozessanalyse zu gründen. Derzeit bestehen im Bereich der Medizin konkrete Pläne zur Einrichtung eines Trainingszentrums, in dem spezifische Angebote zur Ausbildung in Schadensanalyse, Kommunikation und Arbeitspsychologie vermittelt werden (Schrappe 2007). Wahrscheinlich sind „Critical Incident Reporting Systeme" aus der Pädiatrie, d.h. der Kinderheilkunde, noch am ehesten auf die Situation in der Jugendhilfe zu übertragen. Die Norddeutschen Kinderkliniken haben ein Projekt durchgeführt (Norddeutsches Risikomanagementprojekt „Risiken verringern Sicherheit steigern Kinderkliniken für Patientensicherheit"). Vereinigt waren folgende Kinderkliniken:

Bremen: Professor-Hess-Kinderklinik, Klinikum Mitte (Prof. Dr. Hans-Iko Huppertz, Monika Ellmers, Irmgard Danne); Klinik für Neonatologie und Pädiatrische Intensivmedizin, Klinikum Mitte (Dr. Georg Selzer, Gabriele Thiele, Irmgard Danne); Klinik für Kinder- u. Jugendmedizin, Klinikum Links der Weser (Dr. Martin Claßen, Ruth Linden, Truus Strom); Klinik für Kinder- u. Jugendmedizin, Klinikum Nord (Dr. Christian Ribbentrop, Dr. Heiko Bratke, Annegret Hashagen, Sabine Ihlenfeldt, Elke Streit)

Hamburg: Altonaer Kinderkrankenhaus (Dr. Martin Richter, Heike Jipp, Hans Olshausen); Kath. Kinderkrankenhaus Wilhelmstift (Michael Korf, Annica Christensen); Klinikum Nord – Heidberg, Abt. für Kinderheilkunde (Uwe Thiede, Heike Sellhorn); Krankenhaus Mariahilf (Heiko Mattern, Mandy Wessel, Dr. Gyde Jungjohann, Dr. F. Baumann); Klinik und Poliklinik für Pädiatrische Hämatologie und Onkologie; Universitätsklinikum Eppendorf (Dr. Johannes Drescher, Thomas Schnahs); Zentrum für Frauen-, Kinder- und Jugendmedizin, Universitätsklinikum Eppendorf (Prof. Dr. Hans Henning Hellwege, Heiderose Killmer)

Hannover: Pädiatrische Kardiologie und Intensivmedizin, Kinderklinik Medizinische Hochschule Hannover (Dr. Michael Sasse, Dr. Friederike Danne, Christiane Ganzer)

Kiel: Klinik für Allgemeine Pädiatrie/Onkologische/Station M1 (Dr. Alexander Claviez, Christian Timke, Monika Herzog); Klinik für Neuropädiatrie/Station NP (Dr. Andreas van Baalen; Brigitte Kaack); Interdisz. Intensiv-Station der Klinik für Allgemeine Pädiatrie und Klinik für Kinderkardiologie/Station KI (Dr. Olaf Jung, PD Dr. Martin Krause, Chris Hart, Monika Trent); alle Universitätskliniken Schleswig-Holstein

In dieser Zusammenarbeit wurde ein Berichtsbogen entwickelt, der einfache Fragen und Freitext zur Verfügung stellt, um Fehlerereignisse zu berichten. Die Fragen werden im Folgenden wiedergegeben:

- Wer berichtet?
- Wer ist betroffen?
- Woran leidet der Patient/die Patientin?
- Was ist passiert und mit welchen Folgen?
- Wie schätzen Sie die Folgen zum jetzigen Zeitpunkt ein?
- Wo und wann fand der Vorfall statt?
- Wobei ist der Vorfall passiert?
- Wer oder was hat den Vorfall hauptsächlich ausgelöst?
- Warum ist es passiert?
- Persönliche Gründe in der Kommunikation?
- Grunde in der Organisation?
- Wie wäre ein solcher Vorfall künftig zu vermeiden?

Dieser Berichtsbogen wurde vom Institut für Gesundheits- und Medizinrecht in Bremen weiterentwickelt, die Berichte wurden dort gesammelt, analysiert und ausgewertet. Vor allem aber wurden die Auswertungsergebnisse zurückgemeldet und mit Vorschlägen zur Fehlervermeidung versehen. Zusätzlich wurden monatlich Beispielsfälle mit medizinischen und rechtlichen Kommentaren versehen und an die Beteiligten verschickt. Dadurch ergab sich eine permanente Kommunikation zwischen Innen (Kliniken) und Außen (Institut), die für die Funktionsfähigkeit eines solchen Risikomanagements unverzichtbar ist (Hart und Becker-Schwarze 2007).

Seit Beginn dieses Projektes im Mai 2005 gingen ungefähr 1.000 Berichte ein. Die Berichte kamen im Durchschnitt 70% aus dem Bereich der Pflege und zu 30% aus dem Bereich der Ärzteschaft. Hart 2007 berichtet über risikovermindernde Maßnahmen, die sich aus diesem Fehlermeldesystem ergeben haben. Dabei betont er, dass Standards ärztlichen und pflegerischen Handelns stärker definiert und hervorgehoben worden seien. Ein Augenmerk sei auf die Organisation von Prozessen und die Kommunikation innerhalb von Kliniken und zwischen unterschiedlichen Akteuren gerichtet worden (Hart und Becker-Schwarze 2007). Das Projekt endete jedoch im Sommer 2007, nachdem die Finanzierung ausgelaufen war.

In geschlossenen Berichterstattungssystemen (innerhalb von Krankenhäusern) war die Wahrung der Anonymität schwieriger als in einem offenen System einer Fachgesellschaft. Dafür war es einfacher, eine permanente Kommunikation zwischen Innen und Außen herzustellen und zeitnah auf die Berichte zu reagieren, was anhaltende Aufmerksamkeit der Melder gewährleistet und der Gefahr des „Vergessens" vorbeugt. Offene Berichterstattungssysteme würden auf Dauer an der fehlenden Gegenseitigkeit des Austauschs scheitern, wenn sie nicht mit besonderen Anreizen und Rückkoppelungen verbunden sind (Hart und Becker-Schwarze 2007). Wichtig ist, dass die Evaluation der Berichte zu Konsequenzen im Risikomanagement führen.

3.1.5 Zwischenfazit

Eine systematische Fehleranalyse, die Fehler, Zwischenfälle und Unfälle nutzt, um aus ihnen für die Zukunft zu lernen, hat sich in vielen Bereichen der Technik und der Industrie bewährt. Insbesondere in der Luftfahrt und in der Kernkraft hat die Fehleranalyse eine lange Tradition, anhand derer viele Verbesserungen eingeführt wurden, die einen direkten Einfluss auf die Sicherheit hatten. In der Medizin wird dieses Instrument derzeit immer stärker eingesetzt.

Losgelöst von dem traditionellen Schulddenken und der Suche nach einem Sündenbock bieten Fehler und Zwischenfälle die Möglichkeit, Risiken im Gesamtsystem zu erkennen und zu eliminieren, so dass eine kontinuierliche Verbesserung der Sicherheitsstandards eines Unternehmens oder einer Organisation erfolgt. In einer Fehlerkultur, welche dies anerkennt, haben sich freiwillige Berichtssysteme bewährt, die die eingehenden Meldungen streng vertraulich oder sogar anonym behandeln, sie analysieren und die evaluierten Ergebnisse der Fachöffentlichkeit bekannt geben. Ein wesentlicher Aspekt der freiwilligen Meldesysteme ist die Sanktionsfreiheit, weil dies die Meldebereitschaft deutlich erhöht.

Fehler sind für gewöhnlich nicht allein auf menschliches Versagen zurückzuführen, sondern entstehen in einem bestimmten systematischen Kontext, der durch eine generelle Fehleranalyse aufgedeckt wird. Fehler werden auch nie gänzlich ausgeschlossen werden können. Im Regelfall werden Fehler auf anderen Ebenen von den vorhandenen Sicherheitsbarrieren abgefangen. Kommt es aber auf allen Ebenen zu Fehlern und versagen die Kontrollmechanismen, entsteht ein unerwünschtes Ereignis. Um die Schwachstellen in den Sicherheitsbarrieren sowie im gesamten System transparent zu machen, ist es wichtig, ein gezieltes Risiko- und Fehlermanagement zu implementieren, welches ein freiwilliges Berichterstattungssystem beinhalten sollte.

Während einer Fachtagung in Berlin am 29. und 30. November 2001 zu dem Thema „Die Verantwortung der Jugendhilfe zur Sicherung des Kindeswohls" äußerte ein Teilnehmer, es sei gut, dass man nicht wisse, wie viele Fälle von Kindeswohlgefährdung man mit professioneller Sozialarbeit schon verhindert habe. Vielleicht sollte jedoch ein Umdenken in der Hinsicht erfolgen, dass gerade das Wissen über fehlerverhindernde Ressourcen verbreitet und verbreitet wird, um zukünftig Risiken gezielt zu verringern und Fehler zu vermeiden.

3.2 Rechtliche Fragestellungen in Bezug auf systematisches Fehlerlernen in Berichterstattungssystemen und retrospektiven Kommissionen

3.2.1 Rechtliche Fragestellungen bezüglich der Berichterstattungssysteme

Verfassungsmäßigkeit

Die rechtliche Zulässigkeit eines Meldesystems muss sich zunächst an der Verfassung, dem Grundgesetz, selbst orientieren. Hierfür ist Voraussetzung, dass die Implementierung eines Berichterstattungssystems die Grundrechte Dritter nicht verletzt bzw. soweit durch die Implementierung Grundrechte Dritter beschränkt werden, wie dies angemessen im Sinne der Verfassung ist.

Die Einrichtung eines Berichterstattungssystems im Kinderschutz könnte grundsätzlich mit dem Grundrecht auf informationelle Selbstbestimmung (Art. 1 Abs. 1 i. V. m. Art. 2 Abs. 1 GG) sowie dem Grundrecht der Eltern auf Erziehung ihrer Kinder (Art. 6 Abs. 2 GG) kollidieren. In diesem Fällen müsste sichergestellt sein, dass ein solches Berichtssystem einen verfassungskonformen Zweck erfüllt und diesen mit geeigneten, erforderlichen und angemessenen Mitteln verfolgt.

Voraussetzung hierfür ist, dass klar definiert wird, was in einem solchen Berichtssystem gemeldet werden soll. Insofern könnten die oben aufgeführten Definitionen „Beinahe-Fehler", „Fehler" und „Zwischenfall" bzw. „kritisches Ereignis" herangezogen werden. Ferner müsste ausdrücklich geregelt werden, wie das Berichterstattungssystem aufgebaut und durchgeführt wird. Dem Bestimmtheitsgrundsatz (die rechtliche Zulässigkeit muss im Lichte der beeinträchtigten Grundrechte ausreichend konkretisiert sein) ist Rechnung zu tragen.

Datenschutz

Geschichte und gesetzliche Grundlagen des Datenschutzes

Bereits Ende der 50er Jahre des letzten Jahrhunderts wurde die Datenerhebung durch die Verfassungsschutzbehörden und Nachrichtendienste problematisiert. Etwa ein Jahrzehnt später wurden die Möglichkeiten der computergestützten Datenverarbeitung zum Gegenstand der Datenschutzdiskussion (Steigerwald 1996). Das Bundesverfassungsgericht verschärfte und präzisierte mit seinem Volkszählungsurteil von 1983 die Datenschutzanforderungen. Der Bürger hat ein Recht, grundsätzlich selbst über die Preisgabe und Verwendung seiner persönlichen Daten zu bestimmen. Dieses Recht auf informationelle Selbstbestimmung folgt aus Art. 2 Abs. 1 in Verbindung mit Art. 1 Abs. 1 Grundgesetz (GG) (Steigerwald 1996).

Der Datenschutz ist bundesrechtlich im Bundesdatenschutzgesetz (BDSG) geregelt. In den einzelnen Bundesländern gibt es eigene Landesdatenschutzgesetze. Daneben gibt es bereichsspezifische Datenschutzregelungen, insbesondere in den Datenschutzregelungen des Sozialgesetzbuches (SGB) (Steigerwald 1996). Der Schwerpunkt der datenschutzrechtlichen Regelungen liegt dabei auf den personenbezogenen Daten.

Personenbezogene Daten

Personenbezogene Daten sind gemäß § 3 Abs. 1 BDSG Einzelangaben über persönliche oder sachliche Verhältnisse einer bestimmten oder bestimmbaren natürlichen Person (Betroffener). Die Definition wurde bewusst weit gefasst. Darunter fallen Angaben über Name und Alter, Daten über Gesundheit, charakterliche Eigenschaften, Qualifikation und bestimmte Tätigkeitszeiten. Entsprechend der Vorgabe durch die EG-Datenschutzrichtlinie von 1995 wurden Angaben über die rassische und ethnische Herkunft, politische Meinungen, religiöse oder philosophische Überzeugungen, Gewerkschaftszugehörigkeit, Gesundheit oder Sexualleben als besondere Art personenbezogener Daten bestimmt, § 3 Abs. 9 BDSG (Geis 2007). Lediglich auf Sammelangaben über einen bestimmten Personenkreis (z.B. die Höhe der Gehälter in einem Unternehmen) oder auf anonyme Daten findet der Datenschutz keine Anwendung.

Unter anonymisierten Daten versteht man solche, die derart verändert worden sind, dass die Einzelangaben über persönliche oder sachliche Verhältnisse nicht mehr oder nur mit einem unverhältnismäßig großem Aufwand an Zeit, Kosten und Arbeitskraft einer bestimmten oder bestimmbaren natürlichen Person zugeordnet werden können, § 3 Abs. 6 BDSG (Der Bayerische Landesbeauftragter für den Datenschutz, 2005).

Dagegen versteht man unter Pseudonymisierung gemäß § 3 Abs. 6 a BDSG das Ersetzen des Namens und anderer Identifikationsmerkmale durch ein Kennzeichen zu dem Zweck, die Bestimmung des Betroffenen auszuschließen oder wesentlich zu erschweren. Reidentifizierungrisiken können sich aus dem Verfahren der Pseudonymgenerierung und/oder dem Umfang der Datensätze ergeben. Da eine Rückverfolgung auf eine bestimmte oder bestimmbare Person nicht ausgeschlossen ist, unterliegen die pseudonymisierten Daten weiterhin den Datenschutzgesetzen.

Das BDSG trennt grundsätzlich zwischen Datenschutz im öffentlichen und im nicht öffentlichen Bereich. Der Begriff der „öffentlich-rechtlich organisierten Einrichtungen" in § 2 Abs. 1 BDSG umfasst alle staatlichen Stellen, also Behörden, Organe der Rechtspflege und andere Einrichtungen des Bundes, die weder Behörden noch Organe der Rechtspflege sind. Für öffentliche Stellen der Länder gelten die jeweiligen Landesdatenschutzgesetze, § 2 Abs. 2 BDSG (Geis 2007). Unter „nicht-öffentlichen Stellen" versteht das Gesetz natürliche und juristische Personen, Gesellschaften und andere Personenvereinigungen des Privatrechts, soweit sie nicht zu den öffentlichen Stellen zählen, § 2 Abs. 4 BDSG. Sofern sie Daten unter Einsatz von Datenverarbeitungsanlagen oder in oder aus nicht automatisierten Dateien verarbeiten, nutzen oder dafür erheben, unterliegen auch sie dem BDSG. Nur bei Datenerhebungen bzw. Datenverarbeitungen ausschließlich für den persönlichen oder familiären Bereich ist das BDSG nicht anwendbar (Geis 2007).

Gemäß § 5 BDSG ist es den bei der Datenverarbeitung beschäftigten Personen untersagt, personenbezogene Daten unbefugt zu erheben, zu verarbeiten oder zu nutzen (Datengeheimnis). Ferner sind diese Personen gemäß § 5 BDSG bei der Aufnahme ihrer Tätigkeit auf das Datengeheimnis zu verpflichten, welches auch nach Beendigung ihrer Tätigkeit fortbesteht. Verstöße gegen den Datenschutz können als Ordnungswidrigkeiten (§ 43 Abs. 2 BDSG) oder als Straftaten (§ 44 BDSG) mit Geldbußen oder Freiheitsstrafen bis zu zwei Jahren geahndet werden.

Definitionen

Im Folgenden werden zunächst die wichtigsten Begriffe im Bereich des Datenschutzes definiert:

- *„Verantwortliche Stelle"*
  Jede Person oder Stelle, die personenbezogene Daten erhebt, verarbeitet oder nutzt, ist eine verantwortliche Stelle im Sinne des § 3 Abs. 7 BDSG.

- *„Empfänger"*
  Die Person oder Stelle, welche die Daten erhält, ist Empfänger im Sinne des § 3 Abs. 8 S. 1 BDSG.

- *„Erheben"*
  „Erheben" von Daten ist das gezielte Beschaffen von Daten über den Betroffenen, § 3 Abs. 3 BDSG.

- *„Datenverarbeitung"*
  Unter „Datenverarbeitung" werden mehrere Vorgänge verstanden:
  - das *„Speichern"*, welches das Erfassen, Aufnehmen und Aufbewahren personenbezogener Daten auf einem Datenträger zum Zweck ihrer weiteren Verarbeitung oder Nutzung umfasst, § 3 Abs. 4 Nr. 1 BDSG;
  - das *„Verändern"*, also das inhaltliche Umgestalten gespeicherter personenbezogener Daten, § 3 Abs. 4 Nr. 2 BDSG;
  - das *„Bekanntgeben"* gespeicherter oder durch Datenverarbeitung gewonnener personenbezogener Daten an eine andere Person als den Betroffenen, also das Übermitteln, wenn die Daten durch die speichernde Stelle an den Empfänger weitergegeben werden oder der Empfänger von der speichernden Stelle Daten konkret einsieht oder abruft, § 3 Abs. 4 Nr. 3 BDSG;
  - das *„Sperren"*, das Kennzeichnen personenbezogener Daten, um ihre weitere Verarbeitung oder Nutzung einzuschränken, § 3 Abs. 4 Nr. 4 BDSG;
  - das *„Löschen"*, also das Unkenntlichmachen der Informationen auf dem Datenträger, § 3 As. 4 Nr. 5 BDSG.

- *„Nutzen"*
  Unter „Nutzen" versteht man jede Verwendung personenbezogener Daten, soweit es sich nicht um deren Verarbeitung handelt, § 3 Abs. 5 BDSG.

Erlaubnisvorbehalt/Zweckbindung

Grundsätzlich sind Datenerhebung, Datenverarbeitung und Datennutzung unzulässig, sofern dies nicht ausnahmsweise erlaubt ist, § 4 BDSG. Die Erlaubnis kann sich entweder aus gesetzlichen Regelungen ergeben oder aus der Einwilligung des Betroffenen, § 4 Abs. 1 BDSG.

Gemäß §§ 14, 28, 29 BDSG ist die Verarbeitung und Nutzung personenbezogener Daten durch öffentliche Stellung weiterhin grundsätzlich nur zulässig, wenn dies zur Erfüllung der in der Zuständigkeit der verantwortlichen Stelle liegenden Aufgaben erforderlich ist und sie für die Zwecke erfolgt, für die die Daten erhoben bzw. gespeichert worden sind (sogenannte „Zweckbindung"). Der Zweck, für den die Daten verarbeitet oder genutzt werden solle, ist somit bereits bei der Erhebung konkret festzulegen, § 28 Abs. 1 S. 2 BDSG. Aufgrund von entsprechenden Rechtsvorschriften, der Einwilligung des Betroffenen oder aus sachlichen Gründen wie z.B. dem

Interesse des Betroffenen oder zur Gefahrenabwehr, kann aber ausnahmsweise die Verarbeitung personenbezogener Daten für einen anderen Zweck zulässig sein (Der Bundesbeauftragte für den Datenschutz und die Informationsfreiheit, 2007).

Betroffene

In einem Berichterstattungssystem kommen in der Regel die datenschutzrechtlichen Belange zweier Personengruppen in Betracht: diejenigen der Melder und diejenigen derer, über die im Rahmen der Meldungen berichtet wird.

Hinsichtlich des Datenschutzes bezogen auf die Berichterstatter wird in aller Regel von der Einwilligung auszugehen sein, da die Berichterstattungssysteme freiwillig und nicht verpflichtend sind. Jedoch ist sehr wichtig, dass die Angaben der Melder pseudonymisiert oder sogar anonymisiert werden, damit das Vertrauen der Melder in das Berichtssystem erhalten bleibt. Ein Bruch der Vertraulichkeit kann das Zusammenstürzen des gesamten Systems nach sich ziehen (Kuhn 2003). Allerdings kann die Anonymisierung/Pseudonymisierung mit erheblichem Aufwand verbunden sein. Außerdem besteht die Gefahr, dass sich die einzelnen Berichte trotz Anonymisierung/Pseudonymisierung zuordnen lassen, wenn ein Fall öffentlich bekannt wird. Insbesondere in kleinen Berichtseinheiten besteht selbst bei pseudonymisierten Daten die Gefahr der Reidentifizierung anhand des geschilderten Ereignisses. In diesen Fällen ist es empfehlenswert, nur kritische Ereignisse ohne Schaden zu berichten. Grundsätzlich sollte jedoch in allen Berichterstattungssystemen darauf geachtet werden, dass personenbezogene Daten und spezifische Details durch die Administratoren gelöscht bzw. verändert werden. Die Verfremdung der Falldaten setzt aber in jedem Fall voraus, dass die Validität für die Auswertung der Berichte erhalten bleibt. Die De-Identifikation kann nicht nur die Unkenntlichmachung von Personen und Orten beinhalten, sondern auch bedeuten, die Originalmeldung nach der Auswertung zu vernichten. Im ASRS-Programm der Luftfahrt erfolgt die Löschung der Personenidentifikation in der Regel innerhalb von 72 Stunden nach Eingang der Meldung. Ferner besteht eine gesetzliche Zweckbindungsgarantie für das ASRS. Allerdings können je nach Zusatzwissen einige Leser trotz De-Identifikation erkennen, um welche Personen oder Institutionen es sich handelte. Es empfiehlt sich daher, die De-Identifikation in einem Team unter Einbezug der Mitarbeiter durchzuführen, damit auch berufsspezifisch ein Feedback an die Kollegen erfolgen kann, wie konkret de-identifiziert wird. Dies wird das Sicherheitsgefühl der Meldenden stärken. Hinsichtlich der Vernichtung der Originalmeldung besteht ein Zielkonflikt: Aus Gründen des Vertraulichkeitsschutzes und des Datenschutzes ist die Vernichtung anzuraten. Allerdings kann es wichtig sein, bei Auftreten von neuen kritischen Ereignissen alte Meldungen erneut unter die Lupe zu nehmen. Daher könnte die Entgegennahme und Auswertungsbegleitung an eine externe Stelle, etwa ein Anwaltsbüro, eine Lösung sein. Sinnvollerweise ist auch eine Datenbearbeitungs-/Datenschutzricht-linie zu formulieren (Kuhn 2003).

Für PaSIS/PaSOS wurde ein eigenes System entwickelt, um die Anonymi-tät aller beteiligten Personen zu gewährleisten, welche höchste Priorität hat. Die Auswertung der Berichte hat sich dem Prinzip der Anonymität aus-drücklich unterzuordnen. Eher wird ein Fall nicht berichtet oder nicht im gemeldeten Umfang veröffentlicht, wenn Rückschlüsse auf den Melder bzw. seine Institution nicht sicher ausgeschlossen werden können. Ein ein-gehender Fallbericht wird in einer Datenbank hinterlegt, die nur von einem autorisierten „Anonymisierer" ausgelesen werden kann. Dem Analyse-Team und den Nutzern werden nur de-identifizierte bzw. anonymisierte Daten zur Verfügung gestellt. Nach der De-Identifikation wird der Original-Fall-bericht aus der Datenbank gelöscht. Erhalten bleiben nur die anonymisierten Daten, die Fallnummer und der Fallcode. Letztere werden vergeben, damit später eventuell noch offene Fragen anonym beantwortet werden können. Die gespeicherten Daten, welche auf einem Server im Hochsicherheitstrakt eines professionellen Internet-Anbieters diebstahlsicher verwahrt werden, enthalten keine Informationen, die Rückschlüsse auf die Melder zuließen. IPs, Compu-ter- oder Internetzugangsdaten werden nicht gespeichert.

Außer den Daten der Melder können auch die personenbezogenen Daten Dritter datenschutzrechtlich in Betracht kommen, über die unter Umständen in einer Meldung berichtet wird. Zum Beispiel kann der Fehlerbericht eines Arztes Angaben über medizinische Daten eines Patienten beinhalten oder der Bericht eines Mitarbeiters des Jugendamts Daten über das persönliche Umfeld einer bestimmten Familie. Da es hier keine Rechtsvorschrift für die Übermittlung solcher Daten gibt, ist grundsätzlich die Einwilligung der be-troffenen Personen einzuholen, falls personenbezogene Daten erhoben, ver-arbeitet oder genutzt werden sollen. Anders stellt sich dies jedoch dar, wenn die Daten anonym sind. Wenn Rückschlüsse auf eine bestimmte oder be-stimmbare Person nicht möglich sind, bedarf es weder einer gesetzlichen Regelung noch der Einwilligung der Betroffenen. Solange sich aus den übermittelten personenbezogenen Daten nicht die Identität des Betroffenen herauslesen lässt, bestehen hier keine datenschutzrechtlichen Probleme. Ei-ne vollständige Anonymität könnte jedoch problematisch werden, wenn et-wa in einem kleinen Berichtsbereich oder nach Öffentlichwerden eines Fal-les eine Identifizierung möglich ist. Es stellt sich auch die Frage der Prakti-kabilität. Um die Meldungen im Bereich Kinderschutz analysieren zu kön-nen, bedarf es eines breiten Fallwissens. Anonyme Meldungen, die keinen Kontakt zu dem Melder ermöglichen, können hier oftmals unzulänglich sein. Damit bedarf es grundsätzlich zunächst einer gesetzlichen Erlaubnis-vorschrift zur Datenübermittlung.

Beschlagnahme und Offenbarung der Daten

Eine weitere Schwierigkeit im Rahmen des Datenschutzes stellt sich unter dem Geschichtspunkt der Offenbarung und Beschlagnahme der Daten im Strafverfahren dar. Mit der Datenübermittlung verlieren die Daten regelmäßig den strafrechtlichen Schutz vor Offenbarung und Beschlagnahme im Strafverfahren. Bezüglich dieser Daten besteht daher kein Zeugnisverweigerungsrecht. Die 67. Konferenz der Datenschutzbeauftragten des Bundes und der Länder im März 2004 hat sich daher für die Einführung eines Forschungsgeheimnisses zunächst nur für medizinische Daten ausgesprochen. Dadurch soll unter anderem ein Zeugnisverweigerungsrecht für Forscher und ein Verbot der Beschlagnahme dieser Daten geschaffen werden. Diese Vorschläge stellen aber nur einen ersten Schritt auf dem Weg zu einer allgemeinen Regelung des besonderen Schutzes personenbezogener Daten in der Forschung dar. Durch solche Regelungen würde die rechtlich zulässige Datenübermittlung erleichtert (Der Bundesbeauftragte für den Datenschutz und die Informationsfreiheit, http://www.bfdi.bund.de/cln_027/nn_530456/DE/Themen/EinzelneRechtsgebiete/Verwaltungsrecht/Artikel/Forschungsgeheimnis.html, letzter Aufruf am 16.09.2009).

Im Falle von PaSIS/PaSOS besteht dagegen auch unter diesen Aspekten ein hoher Datenschutz. PaSIS/PaSOS wurde als Informationsdienst der Fachöffentlichkeit und damit als Redaktion anerkannt. Dies bedeutet, dass für PaSIS/PaSOS als Redaktion, für die Mitarbeiter, aber auch für die Melder Presserecht gilt. Damit steht den beteiligten Personen eine Zeugnisverweigerungsrecht gemäß § 383 Abs. 1 Nr. 5 Zivilprozessordnung (ZPO) für das Zivilverfahren und nach § 53 Abs. 1 Nr. 5 Strafprozessordnung (StPO) für das Strafverfahren zu. Das weit reichende Zeugnisverweigerungsrecht des § 53 Abs. 1 Nr. 5 StPO erstreckt sich auf die Person des Informanten, der im Hinblick auf ihre Tätigkeit gemachten Mitteilung, deren Inhalt, den Inhalt selbst erarbeiteter Materialien und den Gegenstand berufsbezogener Wahrnehmungen. Ferner unterliegen alle Daten gemäß § 97 Abs. 5 StPO grundsätzlich einem Beschlagnahmeverbot hinsichtlich Schriftstücken, Ton-, Bild- und Datenträgern, die sich im Gewahrsam der Mitarbeiter oder der Redaktion befinden. Zumindest ist eine Versiegelung bis zur endgültigen Prüfung zu veranlassen.

Informationen aus den Jugendämtern sind Sozialdaten gemäß § 35 Abs. 1 SGB I. Unter Sozialdaten versteht man Einzelangaben über persönliche oder sachliche Verhältnisse einer bestimmten oder bestimmbaren natürlichen Person (Betroffener), die von einer in § 35 SGB I genannten Stelle im Hinblick auf ihre Aufgaben nach diesem Gesetzbuch erhoben, verarbeitet oder genutzt werden, § 67 Abs. 1 S. 1 SGB X.

Im Kinder- und Jugendschutz besteht eine spezialgesetzliche Norm hinsichtlich des Datenschutzes, § 65 SGB VIII. Dies ist die zentrale Vorschrift in der Kinder- und Jugendhilfe, die dem besonderen Vertrauensschutz in der Familienhilfe Rechnung trägt. Das Vertrauen in den jeweiligen Hilfebeziehungen im Jugendamt, in der Beratungsstelle, in der sozialpädagogischen Familienhilfe, im Kindergarten oder in sonstigen Kinder- und Jugendschutzarbeit stellt eine wichtige Grundlage für das Gelingen der jeweiligen Hilfe dar. Daher schützt das Recht diese Vertrauensbeziehung und stellt klar, dass der Schutz der personenbezogenen Daten sowohl im Jugendamt als auch beim vertraglich verpflichteten Träger von Einrichtungen und Diensten zu gewährleisten ist, § 61 SGB VIII. Gemäß § 65 SGB VIII dürfen Sozialdaten, die einem Mitarbeiter eines Trägers er öffentlichen Jugendhilfe anvertraut worden sind, nur unter den in dieser Vorschrift aufgezählten Voraussetzungen (Einwilligung oder unter den Voraussetzungen, wonach auch die Schweigepflicht gem. § 203 StGB gebrochen werden darf) weitergegeben werden (Meysen 2006). Unter gewissen Voraussetzungen normiert *§ 8a SGB VIII* jedoch eine Pflicht der Fachkräfte bei einem Leistungserbringer zur Weitergabe von Informationen an das Jugendamt, und zwar dann, wenn einer Fachkraft gewichtige Anhaltspunkte für eine Kindeswohlgefährdung bekannt geworden sind, sie zusammen mit einer insoweit erfahrenen Fachkraft eine erste Gefährdungseinschätzung vorgenommen hat, sie vorher oder im Anschluss auf die Personensorge- oder Erziehungsberechtigten zugegangen ist, um auf die Inanspruchnahme von entsprechenden Hilfen hinzuwirken und eine (weitere) Risikoabschätzung ergeben hat, dass die eigene Hilfe und ggf. weitere bereits in Anspruch genommene Hilfen nicht zur Gefährdungsabwendung ausreichen, § 8a Abs. 2 SGB VIII. Damit entspricht die Schwelle, ab wann die Weitergabe von Informationen an das Jugendamt zulässig ist, derjenigen, ab der das Jugendamt das Familiengericht anzurufen hat, § 8a Abs. 3 S. 1 SGB VIII.

Bei Gefahr der Vernachlässigung oder Gewaltanwendung, insbesondere bei dem Vorliegen einer Gefahr für Leib und Leben des Kindes, darf eine Übermittlung dieser Daten somit erfolgen. Grundsätzlich dürfen auch Ärzte Daten an die Jugendämter oder an die Polizei weiterleiten, wenn die Gefahr für Leib und Leben des Kindes nicht anders abgewehrt werden kann.[48] Die Schweigepflicht nach § 203 StGB steht dann einer Weitergabe der Informationen nicht entgegen (Meysen 2006).

Zivilrechtliche Haftung

Organisationsverschulden

Eine zentrale Kategorie des modernen Zurechnungs- und Haftungsrechts bildet das Organisationsverschulden (Deutsche Gesellschaft für Medizinrecht e.V., DGMR, 2006). Damit ist gemeint, dass der Träger einer Einrichtung bzw. ein Unternehmer dafür sorgen muss, dass die innerbetrieblichen

---

48 Ausführlich zu den neuen landesgesetzlichen Bestimmungen über die ärztliche Meldung von Verdachtsfällen an das Jugendamt vgl. Kemper et al. (zum Abdruck vorgesehen 2009) sowie unten Kapitel 7.

Abläufe derart organisiert sind, dass eine ordnungsgemäße Geschäftsab-wicklung möglich ist. Die Organisationspflicht umfasst Auswahl, Überwa-chungs- und Anleitungspflichten sowie die Pflicht zur Ausstattung des Per-sonals mit den adäquaten technischen Hilfsmitteln. Auch ausreichende per-sonelle und infrastrukturelle Ressourcen müssen bereitgestellt werden (Deutsche Gesellschaft für Medizinrecht e.V., DGMR, 2006).

Fügt ein Mitarbeiter einem Dritten Schaden zu, ist die Einrichtung/das Un-ternehmen für diesen Schaden verantwortlich. Primär verantwortlich ist der jeweilige Träger der Einrichtung. Eine Haftungsfreistellung kann nur erfol-gen, wenn der Träger einen „Entlastungsbeweis" im Sinne des § 831 Abs. 1 S. 2 BGB führen kann, das heißt, wenn er nachweisen kann, dass er die ihm obliegenden Organisationspflichten wahrgenommen hat (Deutsche Gesell-schaft für Medizinrecht e.V., DGMR, 2006). Dazu reicht es jedoch nicht, dass der Träger den Nachweis erbringt, dass er den für den fraglichen Be-reich verantwortlichen Mitarbeiter sorgfältig ausgewählt und überwacht hat. Darüber hinaus ist er verpflichtet, den gesamten Ablauf der Betriebsvor-gänge und die Tätigkeit des Personals so einzurichten und zu überwachen, dass Dritte nicht geschädigt werden. Sollten Strukturen und Organisations-formen dazu verändert werden müssen, sollte ein geeignetes Risikomana-gement-Verfahren die Einführung der neuen Strukturen begleiten (Deutsche Gesellschaft für Medizinrecht e.V., DGMR, 2006). Haftungsrechtlich wird das zu beurteilende Tun oder Unterlassen daran gemessen, ob die im Ver-kehr erforderliche Sorgfalt gewahrt ist. Anknüpfungspunkt für die verkehrser-forderliche Sorgfalt ist der fachliche Standard des betroffenen Sachgebiets (Deutsche Gesellschaft für Medizinrecht e.V., DGMR, 2006).

Pflicht zur Einrichtung eines Risikomanagements/
Berichterstattungssystems?

Rechtliches Regelwerk und insbesondere das Haftungsrecht können die Funktionsfähigkeit des Risikomanagements nicht nur unterstützen, sondern auch behindern. Die präventive Funktion des Haftungsrechts und die Scha-densausgleichsfunktion können miteinander in Konflikt geraten. Es stellt sich daher die Frage, ob eine haftungsrechtliche Pflicht zur Einrichtung ei-nes Risikomanagements besteht und welche Pflichten sich ergeben, wenn ein solches eingerichtet ist. Gibt es in beiden Fällen Konsequenzen bei Ver-letzung der Pflichten? Gibt es Offenbarungspflichten gegenüber Dritten? Nach dem geltenden Straf- und Zivilverfahrensrecht kann es einen staats-anwaltlichen oder gerichtlichen Zugriff auf die in dem Berichterstattungs-system gesammelten Informationen geben, wenn diese zur Klärung indivi-dueller Strafvorwürfe oder Fehlerfragen beitragen können. Nur die Anony-mität der Systeme kann dies verhindern. Ein bestimmtes Risikomanage-mentsystem kann durch das Haftungsrecht nicht vorgeschrieben werden, es sei denn, eine sicherheits- oder sozialrechtliche Regelung ordnete dies an. Allerdings kann die Einrichtung eines Risikomanagements den Haftungsschuldner auch nur von der unternehmerischen Organisationshaftung entlasten. In bestimmten Fällen, etwa bei Verdacht einer Gefahrerhöhung, können sich die Organisationspflichten aber situativ so verdichten, dass eine Reaktionspflicht mit dem Inhalt Risikoprävention entsteht. Eine Aufklärung gegenüber Dritten besteht nur, wenn mit ihnen ein diesbezüglicher Vertrag geschlossen wurde oder eine nachvertragliche Pflicht aus dem vorangehenden Vertrag mit dem Dritten erwächst. Dies ist jedoch nur in Ausnahmefällen gegeben (Hart und Becker-Schwarze 2005, die diese Aspekte für den medizinischen Bereich untersuchten). Eine zivilrechtliche Haftung für Schäden an Dritten bleibt somit zunächst grundsätzlich von der Errichtung eines Berichtssystems sowie der Meldung innerhalb eines solchen Systems unberührt.

Strafrechtliche Verantwortung

Grundsätzlich bleibt die strafrechtliche Verantwortung durch die Meldung eines Fehlers oder Unfalls ebenso wie die zivilrechtliche Haftung unberührt. Es stellt sich jedoch die Frage, wann überhaupt eine strafrechtliche Verantwortung in Betracht kommt.

Verletzung der Schweigepflicht

Die strafrechtliche Schweigepflicht ist in § 203 StGB verankert. Ein Verstoß gegen diese Schweigepflicht wird gemäß § 205 StGB jedoch nur auf Antrag des Opfers verfolgt. Schutzzweck des § 203 StGB ist die Geheim- und Individualsphäre des Einzelnen, insbesondere Umstände, die sich auf den persönlichen Lebensbereich beziehen. Ausnahmen von der Schweigepflicht können die ausdrückliche Einwilligung des Betroffenen, Meldepflichten, Kapitalverbrechen und im Sozialrecht verankerte Mitwirkungs- und Auskunftspflichten sein (Kratz 2006). Probleme hinsichtlich der Schweigepflicht gibt es also nur, wenn die Daten so übermittelt werden, dass sie Rückschlüsse auf den Betroffenen zulassen. Dies ist nicht der Fall, wenn die Daten in einem Berichterstattungssystem anonymisiert werden.

Liegen die Voraussetzungen für einen rechtfertigenden Notstand gemäß § 34 StGB vor, kann die Schweigepflicht aus dem Güterabwägungsprinzip aufgehoben sein. Das ist der Fall, wenn das Interesse, dass das Vertrauen des Betroffenen geringerwertig gegenüber einem anderen Rechtsinteresse ist (Gruner 2006).

Strafbares Handeln/Unterlassen bei Begehung des Fehlers

Bei der Frage nach einer Strafbarkeit geht es immer nur um die persönliche Vorwerfbarkeit gegenüber einer Person, die zum Handeln verpflichtet war. Hingegen geht es nicht um die institutionelle Verantwortung eines Trägers oder Arbeitgebers (Meyson 2006). In Betracht kommen insbesondere die Straftatbestände der Körperverletzung (§§ 223 ff. Strafgesetzbuch, StGB) bzw. der unterlassenen Hilfeleistung (§ 323 c StGB) mit Geldbußen oder

Freiheitsstrafen bis zu zwei Jahren. Die Meldung eines solchen Fehlers befreit nicht von einer etwaigen strafrechtlichen Verantwortlichkeit. Im Gegenteil, sollte ein Rückschluss auf die Person des Melders oder des Dritten, über den berichtet wurde, möglich sein, kann die Meldung im Rahmen des Ermittlungsverfahrens bzw. des Strafverfahrens grundsätzlich gegen ihn verwendet werden.

Strafbares Handeln/Unterlassen bei Begehung eines Fehlers
in der Kinder- und Jugendhilfe

Hierbei geht es nicht um die Begehung aktiver Straftaten oder die Verletzung von Rechtspflichten, die jeden Bürger betreffen, etwa die Unterlassung von Hilfeleistung bei Unglücksfällen, welche nach § 323 c Strafgesetzbuch unter Strafe gestellt ist. Vielmehr stellt sich die Frage, wann Fachkräften ein unterlassenes Tätigwerden zum Schutz von Kindern oder Jugendlichen vorwerfbar ist (Meysen 2006). Im deutschen Strafrecht ist das Unterlassen einer Handlung nur dann ausnahmsweise strafbar, wenn eine besondere Pflicht zum Tätigwerden bestand, § 13 StGB. Besteht eine besondere Pflicht zum Tätigwerden, spricht man insoweit von einer „*Garantenstellung*". Der „*Garant*" soll die Abwehr eines Schadens von dem Opfer gewährleisten. Das bedeutet aber nicht, dass die Fachkräfte bei der Hilfeleistung eine Garantiehaftung für Schädigungen des Kindes übernehmen. Maßgeblich sind die Umstände des Einzelfalls, also auch der jeweilige Arbeitskontext mit seinen gesetzlichen und vertraglichen Rahmenbedingungen. Fachkräfte, die bei einem Träger der öffentlichen oder freien Jugendhilfe Aufgaben nach dem SGB VIII wahrnehmen bzw. Leistungen erbringen, übernehmen im Rahmen des § 8a SGB VIII auch Aufgaben zum Schutz von Kindern und Jugendlichen. Man spricht hier von einer „*Beschützergarantenstellung*". Diese Garantenstellung verdichtet sich in der konkreten Hilfesituation zu einer „*Garantenpflicht*" (Meysen 2006). Von dieser Garantenpflicht ist keine Freizeichnung möglich, ebenso wenig wie die Übertragung einer solchen Pflicht auf einen anderen Träger. Damit das Unterlassen nach § 13 StGB einer aktiven strafbaren Handlung gleichgestellt wird, müssen folgende Voraussetzungen vorliegen:

- das Kind muss unfähig sein, sich der drohenden Gewalt zu entziehen,
- der Unterlassende ist verpflichtet, zum Schutz des bedrohten Rechtsguts tätig zu werden und
- der Unterlassende muss das tatsächliche, das die Bedrohung auslösende Geschehen, beherrschen.

Dabei ist die Schutzlosigkeit des Kindes/Jugendlichen im Kontext des § 8a SGB VIII stets gegeben, da sie gerade das Wesen der Kindeswohlgefährdung ausmacht. Auch eine Pflicht zum Tätigwerden ist in der Regel anzunehmen (Meysen 2006). Fraglich ist regelmäßig, ob die Fachkraft das Geschehen beherrscht hat in dem Sinne, dass sie durch ihr Tätigwerden das schädigende Ereignis mit an Sicherheit grenzender Wahrscheinlichkeit hätte abwenden können. Einerseits wird der Geschehensablauf maßgeblich durch die Familie mitbestimmt, die von außen nur bedingt gesteuert und kontrolliert werden kann und andererseits sind die Befugnisse zum Eingreifen beschränkt. Dabei sind Unterschiede bei den Fachkräften im Jugendamt und bei Fachkräften in Einrichtungen und bei Diensten differenziert zu betrachten (Meysen 2006).

Handelt das Jugendamt im Bereich Kinder- und Jugendhilfe, so stellt dies Verwaltungshandeln dar. Sofern Verwaltungshandeln rechtmäßig erfolgt, kann dieses nicht strafbar sein. Die Rechtmäßigkeit richtet sich ausschließlich nach der sozialpädagogischen Fachlichkeit im rechtlichen Rahmen des SGB VIII. Abzustellen ist hierbei auf die „ex-ante-Sicht", also darauf, wie sich der Hilfefall für die zuständige Fachkraft zu dem Zeitpunkt dargestellt hat, an dem das vermeintlich erforderliche Handeln ausgeblieben ist. Spätere Erkenntnisse dürfen ihr nicht vorgehalten werden. Eine strafrechtliche Verantwortung ist allenfalls dann gegeben, wenn die Fachkraft nach dem SGB VIII befugt und verpflichtet war einzuschreiten, dies aber rechtswidrig unterlassen hat (Meysen 2006).

Eine strafrechtliche Verantwortung von Leistungserbringern ist grundsätzlich nur in ganz außergewöhnlichen Ausnahmefällen gegeben. Dies ist der Fall, wenn das Handeln einer solchen Fachkraft nicht den fachlichen Anforderungen des SGB VIII oder bei der jeweiligen Leistungserbringung entsprochen hat und wenn sich die Gefahr für das Kind bei rechtmäßigem bzw. ordnungsgemäßem Handeln mit an Sicherheit grenzender Wahrscheinlichkeit nicht verwirklicht hätte. Der nötige Schutz müsste also durch fachliches Handeln garantiert sichergestellt werden können. Im Hinblick auf die nur bedingt steuerbare Eigenverantwortung der Eltern sowie der zwischengeschalteten Entscheidungsfindungsprozesse im Jugendamt, beim Familiengericht oder bei der Polizei ist dies in den meisten Fällen aber nicht gegeben (Meysen 2006).

Die Gefahr einer strafrechtlichen Verfolgung oder gar einer Verurteilung ist daher objektiv betrachtet sehr gering (Meysen 2006).

Organisationsverschulden

Bei der strafrechtlichen Beurteilung des Organisationsverschuldens gelten zunächst dieselben Kriterien wie bei der zivilrechtlichen Betrachtung. Allerdings ist ferner auch der subjektive Sorgfaltsmaßstab zu berücksichtigen. Dieser knüpft an die dem Einzelnen mögliche Erkennbarkeit der Gefahr an ebenso wie an der tatsächlichen Fähigkeit, die Gefahr abzuwenden, also an der persönlichen Vermeidbarkeit eines schadenverursachenden Organisationsfehlers. Die bei der Realisierung eines Organisationsrisikos besonders relevante Übernahmefahrlässigkeit wird begrenzt durch die Frage der Vorwerfbarkeit (Deutsche Gesellschaft für Medizinrecht e.V., DGMR, 2006).

Dateneinsicht durch die Staatsanwaltschaft/Verwertbarkeit der evaluierten Daten in einem Gerichtsverfahren

Grundsätzlich können die Daten, welche im Rahmen der Berichterstattungssysteme evaluiert wurden, für zivile und strafrechtliche Verfahren relevant sein. Gibt es eine Meldung zu einem konkreten Schadensfall, hat das Gericht kaum die Möglichkeit, auf eine Herausgabe dieser Unterlagen zu verzichten. Auch Meldungen, welche auf ein Organisationsverschulden in einem bestimmten Berichtsbereich hinweisen, könnten rechtlich relevant sein. Schließlich kann eine Meldung auch von Bedeutung sein, wenn es darum geht, die Kausalität eines Schadensfalles mit bestimmten Vorgehensweisen zu klären (Kuhn 2003). Derzeit gibt es keine rechtliche Regelung, wonach diese Daten von der gerichtlichen Verwertbarkeit ausgeschlossen sind.

Gemäß § 152 Abs. 1 Strafprozessordnung (StPO) ist die Staatsanwaltschaft zur Erhebung der öffentlichen Klage berufen (Offizialprinzip). Sie ist verpflichtet, wegen aller verfolgbaren Straftaten einzuschreiten, sofern zureichende tatsächliche Anhaltspunkte vorliegen, soweit nicht gesetzlich etwas anderes bestimmt ist, § 152 Abs. 2 StPO (Legalitätsprinzip).

Da die Strafverfolgung aufgrund des Offizialprinzips grundsätzlich nur dem Staat und nicht dem einzelnen Bürger obliegt, ist die Staatsanwaltschaft verpflichtet, jeden Verdächtigen zu verfolgen und bei Vorliegen der Voraussetzungen Anklage zu erheben (Meyer-Goßner 2007). Das Legalitätsprinzip berechtigt und verpflichtet die Staatsanwaltschaft, wegen verfolgbarer Straftaten bei zureichenden Anhaltspunkten einzuschreiten. Dazu gehört auch, dass die Staatsanwaltschaft verpflichtet ist, von ihren Zwangsbefugnissen Gebrauch zu machen (Meyer-Goßner 2007). Zu diesen Zwangsbefugnissen gehört insbesondere auch die Beschlagnahme von Beweisgegenständen, § 94 Abs. 2 StPO. Zweck ist die Sicherstellung von Gegenständen zu Beweiszwecken, unabhängig davon, ob der Gegenstand in einem späteren gerichtlichen Verfahren beweiserheblich ist oder nicht. Bei potentieller Beweisbedeutung muss der Gegenstand sichergestellt werden; es gilt insoweit das Legalitätsprinzip (Meyer-Goßner 2007). Die Beschlagnahme ist nötig, wenn der Gegenstand nicht freiwillig herausgegeben wird. Allerdings steht die freiwillige Herausgabe der Beschlagnahme nicht entgegen. Sie besteht darin, dass der Gegenstand (etwas der Computer) in amtliche Verwahrung genommen oder sonst sichergestellt wird (Meyer-Goßner 2007). Beschlagnahmen dürfen nur durch den Richter, bei Gefahr im Verzug auch durch die Staatsanwaltschaft und ihre Hilfsbeamten (Polizei), angeordnet werden, § 98 Abs. 1 S. 1 StPO. Die Beschlagnahme nach § 97 Abs. 5 S. 2 StPO in den Räumen einer Redaktion, eines Verlages, einer Druckerei oder einer Rundfunkanstalt darf nur durch den Richter angeordnet werden, § 98 Abs. 1 S. 2 StPO. Der Beschlagnahmebeschluss des Gerichts ist von der Staatsanwaltschaft oder unter Umständen von der Polizei zu beantragen. Ist ein solcher gerichtlicher Beschluss ergangen, wird die Beschlagnahme durchgeführt. Dabei darf unmittelbarer Zwang gegen sich widersetzende Personen als auch gegen Sachen angewendet werden (Meyer-Goßner 2007).

Aufgrund des Legalitätsprinzips, also des Verfolgungszwangs der Staatsanwaltschaft, empfiehlt es sich folglich, keine wirklichen Schadenfälle in dem freiwilligen Berichtssystem zu erfassen. Hierzu findet ohnehin eine offizielle Untersuchung statt. Außerdem hat das Gericht an diesen Daten besonderes Interesse, so dass ein großer Druck entsteht, die entsprechenden Meldungen herauszugeben. Dasselbe gilt auch für außergerichtliche Gutachten. Überdies ist es auch nicht erforderlich, ernsthafte Schadensfälle zu melden, da die kritischen Ereignisse, in denen ein Schadenseintritt noch einmal abgewandt werden konnte, ohnehin viel häufiger sind als wirkliche Schadensfälle. Dieses Prinzip wird auch bei dem großen Berichterstattungssystem der Luftfahrt, ASRS, angewandt. Auf den Meldeformularen steht zuoberst: „Do not report aircraft accidents on this form." („Melden Sie auf diesem Formular keine Flugzeugunfälle."; Kuhn 2003).

Disziplinarmaßnahmen

Unbeschadet der zivil- und strafrechtlichen Folgen einer Meldung über einen Fehler sind auch gegebenenfalls disziplinarrechtliche Maßnahmen und Maßnahmen seitens berufsständischer Kammern (z. B. Ärztekammer, Rechtsanwaltskammer) zu bedenken. Auch deren Maßnahmen bleiben von der Errichtung eines Meldesystems bzw. der Meldung eines Fehlers grundsätzlich unberührt. Die Einzelheiten hängen jedoch von dem jeweiligen Berufsstand und der für ihn geltenden Regelungen ab.

Mögliche rechtliche Neuregelungen

Immunität des Melders

Im Aviation-Safety-Reporting-System, ASRS (http://asrs.arc.nasa.gov) besteht für den Melder unter gewissen Voraussetzungen Immunität. Da es sich bei dem ASRS um ein freiwilliges Berichtssystem handelt, bei dem die Berichtenden von sich aus Meldungen einreichen, ohne davon einen finanziellen Anreiz zu haben, können sanktionsbefugte Behörden nach US-amerikanischem Recht Bußgelder und Strafen für unbeabsichtigte Ordnungswidrigkeiten aussetzen, um den Berichtseingang zu erhöhen. Diese Aussetzung von Disziplinarmaßnahmen gegenüber den Meldern bezeichnet man im US-amerikanischen Recht als Immunität. Vor der Gründung des ASRS hatte es bereits zahlreiche Versuche gegeben, Meldesysteme aufzubauen, welche jedoch an der weitverbreiteten Angst vor rechtlichen Konsequenzen scheiterten. Die Federal Aviation Administration (FAA) erkannte, dass es einer unabhängigen Forschungseinrichtung bedurfte, die keine Verordnungs- oder Strafbefugnis hat, um das Programm als unbeteiligter Dritter umsetzen zu können. Daraufhin wurde die NASA gebeten, das ASRS-Programm zu gestalten. Die Immunität wird also nicht durch das ASRS oder die NASA eingeräumt, sondern durch die FAA. Dabei werden zwei

Arten von Immunität offeriert, die „Use Immunity" und die „Transactional Immunity". Die „Use Immunity" steht in engem Zusammenhang mit der Vertraulichkeit des Berichtssystems und garantiert, dass Informationen, die das ASRS von den Berichtern erhält, bei Verfolgungen durch die FAA oder bei juristischen Untersuchungen, die Im Zusammenhag mit dem Vorfall stehen, nicht gegen die Melder verwandt werden können. Die Identität wird dadurch geschützt, dass die Namen sowie allen anderen Informationen, die zur Identifizierung beitragen könnten, aus dem Bericht entfernt werden. Ausnahmen von der „Use Immunity" stellen Meldungen über strafbare Handlungen oder gesetzlich definierte Unfälle dar. Informationen über strafbares Verhalten werden zur Verfolgung an das US-Justizministerium und an die FAA weitergeleitet. Die „Transactional Immunity" beinhaltet eine Strafaussetzung bei Ordnungswidrigkeiten im Austausch für die Sicherheitsinformationen, die der Melder zur Verfügung stellt („quid pro quo"). Voraussetzungen hierfür sind jedoch, dass die Ordnungswidrigkeit unabsichtlich und nicht vorsätzlich geschehen ist, dass die Ordnungswidrigkeit weder einen Unfall noch eine Straftat darstellt und auch nicht auf mangelnde Kompetenz oder Qualifikation hinweist, dass die Meldung innerhalb von zehn Tagen nach dem Vorfall eingereicht wurde und dass gegen den Berichter in den letzten fünf Jahren vor dem gemeldeten Ereignis kein Ordnungswidrigkeits- oder Strafverfahren anhängig war. Zwar kann die Strafe bei einer absichtlichen Handlung oder der Folge einer absichtlichen Handlung nicht ausgesetzt werden, doch diese Entscheidung wird nicht durch die Mitarbeiter des ASRS getroffen. Sie geben auch nicht die Quellen solcher Informationen preis. Auch auf Anfragen der FAA würde das ASRS diese Information nicht weitergeben. Allerdings untersucht die FAA nur einen winzigen Prozentsatz der Ereignisse, die dem ASSRS gemeldet werden (Reynard and Connell 1996).

Das deutsche Recht kennt Immunität insbesondere als Recht der Organe der Gesetzgebung, denn die Immunität schützt das Parlament (Meyer-Goßner 2007). Dies bedeutet, dass eine Person, die Immunität genießt, nur mit Genehmigung des Parlaments zur Verantwortung gezogen werden darf, Art. 46 Abs. 2, 3 GG. Damit stellt die Immunität ein Verfahrenshindernis mit Verfassungsrang dar, das heißt ein Verfahren ohne vorherige Genehmigung durch das Parlament (über welche dieses völlig frei entscheidet) ist von vorneherein nicht möglich. Die Tat ist nicht verfolgbar. Die Immunität beginnt grundsätzlich mit der Annahme der Wahl beim Wahlleiter und entfällt durch die Genehmigung der Strafverfolgung oder das Ende des Mandats (Meyer-Goßner 2007). Eine Immunität für Nichtmitglieder des Parlaments kennt das deutsche Strafrecht nicht.

Strafbefreiung

Das deutsche Recht kennt jedoch eine ausdrückliche Strafbefreiung im Steuerstrafrecht. Gemäß § 371 Abs. 1 Abgabenordnung (AO) wird straffrei, wer nach einer Steuerhinterziehung unrichtige oder unvollständige Angaben berichtigt, ergänzt oder unterlassene Angaben nachholt. Unter bestimmten Voraussetzungen kann damit noch nach Vollendung der Straftat (Steuerhinterziehung) Straffreiheit erlangt werden. Voraussetzung ist eine sogenannte Selbstanzeige, das heißt, der Täter muss die Berichtigung unrichtiger oder unvollständiger Angaben gegenüber der Finanzbehörde bzw. die Nachholung unterlassener Angaben vornehmen und im Falle einer bereits eingetretenen Steuerverkürzung innerhalb angemessener Frist eine Nachentrichtung hinterzogener Steuern vornehmen. Ferner darf keiner der Ausschlussgründe des § 371 Abs. 2 AO vorliegen. Bei den Ausschlussgründen geht es darum, dass nur derjenige mit Straffreiheit belohnt werden soll, der nicht ohnehin bereits überführt wurde oder mit der Überführung als Täter rechnen muss (Spormann 2004, http://www.spormann.de/, letzter Aufruf am 16.09.2009). Die Möglichkeit zur strafbefreienden Selbstanzeige beruht insbesondere auf fiskalischen Erwägungen. Der Staat will dadurch Hinweise auf bisher verschlossene Steuerquellen und auf unberechtigt geltend gemachte Steuererstattungen erlangen. Ähnlich wie der Rücktritt im Strafrecht ist eine Selbstanzeige ein sogenannter persönlicher Strafaufhebungsgrund, der vor einer Verurteilung durch ein Strafgericht schützt Sowohl bei der Selbstanzeige als auch beim Rücktritt vom Versuch einer Tat geht es darum, dass der Täter selbst die Vollendung der Tat hindert bzw. rückgängig macht (Klesczewski 1999).

Ferner wird im Strafgesetzbuch Straffreiheit für Freiheitsstrafen und Geldstrafen gewährt wegen einzelner Straftaten (§ 84, Fortführung einer für verfassungswidrig erklärten Partei; § 86, Verbreiten von Propagandamitteln verfassungswidriger Organisationen; § 89, Verfassungsfeindliche Einwirkung auf Bundeswehr und öffentliche Sicherheitsorgane; § 129, Bildung krimineller Vereinigungen; § 129 a Bildung terroristischer Vereinigungen) gewährt, wenn entweder die Schuld des Täters gering war oder er sich freiwillig und ernsthaft bemüht, die Tat zu verhindern bzw. rückgängig zu machen.

Möglicherweise könnte für ein Berichtssystem ebenfalls Straffreiheit gesetzlich verankert werden. Dafür spricht, dass im Falle einer Meldung der Berichterstatter sein eigenes Handeln als fehlerhaft erkennt und entweder bereits alles unternommen hat, um den Schaden erfolgreich abzuwenden oder erst im Nachhinein erkannte, was zu dem Schaden geführt hat. Mit der Meldung möchte der Berichterstatter gerade erreichen, dass seine Meldung analysiert und ihm und weiteren Personen mitgeteilt wird, wie solche Fehler in Zukunft vermieden werden können. Der Melder ist gerade daran interessiert, dass es nicht zu einer Vollendung einer (weiteren) Verletzungshandlung kommt. Auch dürfte seine Schuld in den meisten Fällen als gering zu bewerten sein. Dagegen spricht, dass eine generelle Straffreiheit für Meldungen in einem Berichtssystem zu einer Umgehung des Straf- und Haftungsrechts führen würde, indem Täter das Berichtssystem missbrauchen würden, um einer Strafe für ihr vorsätzlich rechtswidriges Handeln zu entgehen. Aus diesen Gesichtspunkten wäre es denkbar, in einem Berichtssystem ebenfalls Straffreiheit für die Melder zu verankern, sofern nicht vorsätzliche Taten oder gesetzlich definierte Unfälle gemeldet werden.

Strafrechtliche Diversion

Unter Diversion versteht man im deutschen Strafrecht ein Mittel der Staatsanwaltschaft, bei Ersttätern bzw. leichten und mittelschweren Delikten eine Eröffnung des gerichtlichen Strafprozesses zu unterlassen und von einer Strafverfolgung abzusehen. Zweck der Diversion ist die Förderung der Resozialisierung des Täters und die Entlastung der Gerichte. Insbesondere im Jugendrecht kann von der Diversion Gebrauch gemacht werden. In der Regel erfolgt die Verfahrenseinstellung unter Verhängung erzieherischer Maßnahmen, z. B. die Heranziehung zu gemeinnützigen Arbeiten.

Möglicherweise könnte diese Regelung, auf die Melder eines Berichterstattungssystems übertragen werden, indem nach Meldung einer strafrechtlich zu ahndenden Tat ebenfalls von einer Strafverfolgung abgesehen wird. Dies kann sich jedoch auch nur auf leichte oder mittelschwere Delikte beziehen, da anderenfalls wie oben ausgeführt das Berichterstattungssystem rechtlich missbraucht werden könnte. Hierbei bedarf es jedoch keiner gesetzlichen Neuregelung, da in den Fällen leichter oder mittelschwerer Tätigkeit die Staatsanwaltschaft bereits das Recht hat, von einer Strafverfolgung abzusehen.

Datenschutz

Gerade das notwendige breite Fallwissen im Kinderschutz, welches unter Umständen mehrere Institutionen und Organisationen umfasst, macht den Datenschutz in diesem Bereich erforderlich. Da grundsätzlich keine gesetzliche Regelung zur Übermittlung dieser Daten besteht und die Einwilligung der Betroffenen praktisch kaum eingeholt werden kann, könnte eine gesetzliche Regelung dergestalt erforderlich werden, dass einer unabhängigen Stelle, deren Aufgabe genau zu definieren ist, erlaubt wird, Daten zum Zwecke eines Berichtssystems im Rahmen des Qualitätsmanagements zu übermitteln beziehungsweise dass es erlaubt wird, Daten an diese Stelle zu übermitteln. In diesem Zusammenhang müsste gegebenenfalls auch genau geregelt werden, was in einem Berichterstattungssystem gemeldet werden soll. Ohne eine solche gesetzliche Regelung dürfte die Übermittlung der Daten nach derzeitigem Recht nicht zulässig sein.

Beschlagnahmeverbot, Zeugnisverweigerungsrecht

Derzeit gibt es kein allgemeines Beschlagnahmeverbot oder ein allgemeines Zeugnisverweigerungsrecht für Mitarbeiter und Melder in einem Berichterstattungssystem. Lediglich PaSIS kann sich aufgrund seiner Pressestellung auf ein umfassendes Beschlagnahmeverbot und ein umfassendes Zeugnisverweigerungsrecht berufen.

Die Angst vor rechtlichen Folgen kann die Effizienz eines Berichterstattungssystems deutlich mindern. Daher könnte die Erstreckung des Beschlagnahmeverbots gemäß § 97 StPO sowie des Zeugnisverweigerungsrechts gemäß § 383 ZPO, § 53 StPO auf Mitarbeiter und Melder eines Berichterstattungssystems empfehlenswert sein. Denkbar wäre auch die Schaffung eines Zeugnisverweigerungsrechts im System des SGB, so dass es keiner Regelung innerhalb der ZPO bedürfte. Die Schaffung eines expliziten Zeugnisverweigerungsrechts würde dann auch ein Beschlagnahmeverbot implizieren. Es stellt sich jedoch die Frage, ob es einer neuen gesetzlichen Regelung bedarf oder ob im Einzelnen der bereits jetzt gangbare Weg über das Presserecht möglich ist.

In der Kinder- und Jugendhilfe wäre die Einführung eines Übermittlungsverbots gegenüber den Strafverfolgungsbehörden im SGB VIII zu diskutieren, da diese im Rahmen der üblichen Beschränkungen gemäß § 73 SGB X auf entsprechende Fehlerberichte zugreifen dürfen. Einzelheiten zu sämtlichen aufgeworfenen rechtlichen Fragestellungen wären noch in einem ausführlichen Rechtsgutachten zu klären.

3.2.2 Zwischenfazit

Grundsätzlich befreien Meldungen in einem Berichterstattungssystem nicht von einer rechtlichen Verantwortlichkeit, sondern können im Gegenteil zivil-, straf- und disziplinarrechtliche Konsequenzen nach sich ziehen. Die Daten eines Meldesystems sind grundsätzlich nicht vor dem Zugriff der Staatsanwaltschaft oder der Gerichte geschützt. Allerdings ziehen viele Fehler per se keine rechtlichen Konsequenzen nach sich, insbesondere wenn kein oder nur ein leichter Schaden verursacht wurde. Auch bei einer falschen Prognoseentscheidung, die sich erst in der nachträglichen Schau auf das Geschehen als unrichtig herausstellt, wird man in der Regel keine rechtliche Verantwortlichkeit annehmen können. Um die Meldebereitschaft zu erhöhen, kann aber ein Übermittlungsverbot der Informationen aus einem Berichterstattungssystem gegenüber den Strafverfolgungsbehörden bzw. eine Strafbefreiung in gewissen Grenzen für unbeabsichtigte, leichte oder mittelschwere Fehler diskutiert werden. Auch ein zivil- und strafrechtliches Zeugnisverweigerungsrecht für die Beteiligten an einem Berichterstattungssystem wäre zu überlegen.

Ein anderes rechtliches Problem eines Berichterstattungssystems stellt sich im Hinblick auf die Übermittlung von Daten dar. Eingehende Meldungen können Informationen über Dritte enthalten, die dem Datenschutz unterliegen. Auch die Angaben des Melders fallen unter datenschutzrechtliche Regelungen. Lediglich die Anonymität der Daten ermöglicht eine unbeschränkte Datenübermittlung, doch ist diese zum einen möglicherweise nicht zu gewährleisten, weil der Fall öffentlich bekannt wird oder auch nur einem Teil der Fachöffentlichkeit bekannt ist. Außerdem kann die Anonymität problematisch sein, wenn es noch weiterer Informationen zur Analyse des Falles bedarf. Insofern bedarf es gegebenenfalls einer gesetzlichen Klarstellung, dass personenbezogene Daten bzw. Sozialdaten unter engen Voraussetzungen im Rahmen eines Berichterstattungssystems an eine unabhängige Stelle beziehungsweise von einer unabhängigen Stelle an die Teilnehmer des Berichterstattungssystems übermittelt werden dürfen.

4. Erfahrungswissen aus anderen Ländern: Internationale Ansätze für die Analyse von Fehlschlägen im Kinderschutz

4.1 Von der rechtsmedizinischen Untersuchung zur komplexen Analyse des Scheiterns von Hilfe- und Schutzmaßnahmen bei Fehlschlägen im Kinderschutz

Kommt ein Kind unter Umständen, die auf Vernachlässigung, Misshandlung oder Missbrauch hindeuten, zu Tode, so zieht dies in der Rechtsordnung der Bundesrepublik Deutschland und aller westlichen Demokratien in der Regel strafrechtliche Ermittlungen nach sich, in deren Rahmen versucht wird, die Todesursache und die eventuell schuldhafte Beteiligung weiterer Personen festzustellen. Da rechtsmedizinische Begutachtungen zur Todesursache regelmäßiger Bestandteil solcher Ermittlungen sind, liegen hierzu aus der Bundesrepublik sowie aus vielen weiteren Ländern zahlreiche empirische Untersuchungen vor. In der Bundesrepublik hat sich hier etwa die Rechtsmedizinerin Elisabeth Trube-Becker (z.B. 1982) bleibende Verdienste erworben. Spätere, systematischere Arbeiten wurden unter anderem von Vock et al. (1999a, 1999b, 1999c) vorgelegt. Aus dieser grundlegenden post mortem Analyseebene lassen sich immer wieder relevante Informationen für die Weiterentwicklung des Kinderschutzes ziehen. Beispielsweise wurde von Seiten der Rechtsmedizin im Rahmen des so genannten „Osnabrücker Falles" (Mörsberger und Restemeier 1997, vgl. unten Kap. 5.1) festgestellt, dass das Verhungern des betroffenen Kindes schon eingesetzt hatte, als noch Kontakte mit der Familienhelferin in der Familie stattfanden. Dieser und vergleichbare Fälle waren in der Fachdiskussion wichtig um die Notwendigkeit der Inaugenscheinnahme gefährdeter Kinder durch Fachkräfte zu betonen (z.B. Kindler 2006). Über die rechtsmedizinische Analyse hinaus hat die angesichts hoher Strafbarkeitshürden (Albrecht 2004) nur in Einzelfällen erfolgende strafrechtliche Aufarbeitung des Handelns von Fachkräften in Kinderschutzfällen trotzdem an einigen Stellen zur Weiterentwicklung des Kinderschutzes beigetragen. So hat etwa in einer bekannt gewordenen Entscheidung das Oberlandesgerichtes Stuttgart (AZ 1 (15) KLs 114 Js 26273/96, Urteil vom 17.09.1999), die nicht erfolgte Weitergabe von Informationen über einen Gefährdungsfall nach Fallabgabe durch einen früher fallzuständigen ASD-Mitarbeiter als fahrlässige Körperverletzung durch Unterlassen gewertet. In der Folge wurden in einer am 01.04. 2003 veröffentlichten Empfehlung des Deutschen Städtetages zur Festlegung von Verfahrensstandards in Jugendämtern bei akut schwerwiegender Gefährdung des Kindeswohls detaillierte Vorschläge zur Dokumentation bei der Fallübergabe gemacht (dort S. 11).

Generell werden aber in der internationalen Literatur rechtsmedizinische Untersuchungen und strafrechtliche Aufarbeitungen als zwar notwendige, aber nicht ausreichende Formen der Untersuchung von schwerwiegenden Misserfolgen im Kinderschutz angesehen. Hierfür sind mindestens zwei Gründe ausschlaggebend: Erstens können mit dem Mittel des Strafrechts, die zu einem Todesfall oder einem anderweitig schwerwiegenden Fehlschlag im Kinderschutz beitragenden Kausalketten nicht oder nur wenige Schritte zurückverfolgt werden, da das Strafrecht auf eindeutig zuordenbare Verantwortlichkeiten und für die Beteiligten vorhersehbare Folgen abstellt, so dass umfassendere Analysemethoden zur Genese von Fehlschlägen (z. B. „Root Cause Analysis" vgl. Kap. 5.3) in diesem Rahmen nicht praktiziert werden können. Das Strafrecht fokussiert zudem regelmäßig auf das Verhalten Einzelner, nicht aber auf das gesamte Funktionieren und die Ausstattung des Hilfesystems in einem Fall. Zweitens verändert die Einleitung eines Strafverfahrens die Motivationslage und damit die Mitteilungsbereitschaft bei zentralen Beteiligten, da unter diesen Umständen nicht das Lernen aus Fehlschlägen, sondern vielmehr die Vermeidung von Verurteilungen in den Mittelpunkt rückt. Entsprechend lässt sich feststellen, dass eine Analyse von Strafermittlungsakten im Hinblick auf für das Lernen aus Fehlschlägen wichtige Themen, wie etwa nicht erkannte Anzeichen für die Hilfsbedürftigkeit einer Familie, Fehleinschätzungen im Hinblick auf das Ausmaß vorhandener Misshandlungs- und Vernachlässigungsrisiken, verpasste Gelegenheiten um Hilfe anzubieten, Schwierigkeiten bei der passgenauen Ausgestaltung von Hilfe- und Schutzmaßnahmen sowie Probleme im Zusammenwirken und beim Austausch fallbezogener Informationen zwischen Fachkräften und relevanten Institutionen, wenig ergiebig sind (z. B. Leitner und Troscheit 2008, zitiert nach Leitner 2008).

Vor diesem Hintergrund wurden in vielen Ländern Regelungen und Verfahren geschaffen, die breiter angelegte multidisziplinäre Untersuchungen der Abläufe und Ereignisse, die sich im Vorfeld von späteren schwerwiegenden Misserfolgen im Kinderschutz ereignet haben, sicherstellen sollen. Eine international vergleichende Übersicht wurde hierzu von Axford and Bullock (2005) auf der Grundlage einer Expertenbefragung vorgelegt. Die nachfolgende Tabelle enthält eine Auflistung der Situation in zehn Industrienationen, wobei in der ersten Spalte der Tabelle das jeweilige Land genannt wird (Tabelle 9). Bei Ländern mit föderal organisiertem Kinderschutzsystem (z. B. Kanada) wird auf die Regelung in der Mehrzahl der Bundesstaaten bzw. Provinzen abgestellt. In der zweiten Spalte wird angegeben, ob ein System der routinemäßigen, auf Verbesserungen im Kinderschutz abzielenden Untersuchung von Todesfällen oder ernsthaften Fehlschlägen im Kinderschutz etabliert wurde.

Tabelle 9: Länder mit und ohne routinemäßige, auf Praxislernen hin orientierte Systeme der Analyse von Fehlschlägen nach Axford and Bullock (2005, S. 82)

Land	Routinemäßiges, auf Praxislernen hin orientiertes Analysesystem: ja/nein
Australien	Ja
Belgien	Nein
Kanada	Ja
England	Ja
Deutschland	Nein
Irland	Nein
Neuseeland	Ja
Norwegen	Nein
Schweiz	Nein
Vereinigte Staaten	Ja

Zur Situation in Kanada und in den Vereinigten Staaten existieren länderspezifische Übersichtsarbeiten, die die Situation in verschiedenen Bundesstaaten bzw. Provinzen näher beleuchten (Kanada: Christianson-Wood and Murray 1999, USA: Durfee and Tilton Durfee 1992, Webster et al. 2003). In einigen der aufgeführten Länder, die über kein routinemäßiges System der Analyse von Fehlschlägen verfügen, werden solche Analysen dennoch in Einzelfällen durchgeführt, so etwa in Irland. In mehreren Ländern sind entsprechende Untersuchungen auch bei bestimmten Formen unfallbedingter Todesfälle (z.B. in einigen Bundesstaaten der USA) oder auch, unterhalb der Schwelle zum Todesfall, bei schweren Verletzungen eines Kindes infolge von Vernachlässigung bzw. Misshandlung (z.B. in England) möglich.

Die rechtlichen Grundlagen und die organisatorische Verortung beauftragter Kommissionen sind unterschiedlich. In mehreren Ländern existieren gesetzliche Bestimmungen, die die Verpflichtung oder Möglichkeit von Untersuchungen regeln, so etwa in mehreren US-amerikanischen Bundesstaaten (Durfee et al. 2002). Beispielsweise ist auch im australischen Bundesstaat New South Wales im „Community Services Complaints, Reviews and Monitoring Act (CS-CRAMA) festgelegt, dass Todesfälle von Kindern durch eine Kommission untersucht werden müssen, wenn sich das Kind in Pflege oder öffentlicher Betreuung befand, wenn in den drei Monaten vor dem Todesfall eine Gefährdungsmeldung bei der zuständigen Behörde einging, die das Kind oder ein Geschwisterkind betraf, oder wenn verdächtige Umstände auf Misshandlung oder Vernachlässigung als Todesursache hindeuten.

Überwiegend werden als rechtliche Grundlage für die Arbeit von Kommissionen zur Analyse von problematischen Kinderschutzverläufen allerdings nicht Gesetze, sondern Verordnungen oder ministerielle Erlasse zitiert. In England wurden etwa im Rahmen eines regierungsamtlichen Konzeptes zum Schutz von Kindern „Working Together to Safeguard Children" (Her Majesty's Government 2006) in Kapitel 8 Leitlinien für die Untersuchung von Todesfällen bei Kindern aufgrund von Misshandlung oder Vernachlässigung formuliert, mit denen lokale Kinderschutzgremien („Local Safeguarding Children Boards") betraut wurden. Deren Aufgabe es unter anderem in jedem Todesfall, bei dem Misshandlung oder Vernachlässigung als Ursache feststeht oder vermutet wird, eine Untersuchung durchzuführen mit der geklärt werden soll, ob für die Zusammenarbeit beteiligter Organisationen oder Fachkräfte irgendwelche Lehren gezogen werden sollten, die den Schutz und die Wohlfahrt von Kindern fördern könnten.

In der Mehrzahl der Länder, aus denen Informationen vorliegen, ist die Verantwortung für die Durchführung von Untersuchungen, wie in England, auf kommunaler Ebene angesiedelt. In einigen Fällen existieren Kommissionen auf der Ebene von Bundesstaaten. Mehrere Länder, so etwa die USA und England, haben übergeordnete Arbeitsstellen eingerichtet, deren Aufgabe es ist, lokale Kommissionen zu unterstützen und die Ergebnisse lokaler Untersuchungen zu sammeln, auszuwerten und der Öffentlichkeit zur Verfügung zu stellen. In den USA hat etwa das „National Center on Child Fatality Review" (USA) einen Teil dieser Aufgaben übernommen. In England beauftragt das „Department for Children, Schools and Families" in zweijährlichen Abständen unabhängige Wissenschaftler mit der Auswertung, der in dieser Zeit angefallenen Untersuchungsberichte (z. B. Brandon et al. 2007).

Soweit sich die Geschichte von Untersuchungen zu Todesfällen von Kindern im Kinderschutz in verschiedenen Ländern nachvollziehen lässt, wurde mit diesen Analysen in den 70er und 80er Jahren des vergangenen Jahrhunderts begonnen, zunächst in der Regel nur bei wenigen ausgewählten Fällen, die die jeweilige Öffentlichkeit stark beschäftigten. Seitdem können mindestens zwei generelle Entwicklungslinien beschrieben werden: Die erste Entwicklungslinie betrifft eine zunehmende Klärung und Festlegung der Abläufe, Struktur und Aufgaben von Untersuchungen sowie der Präsentation und Veröffentlichung von Untersuchungsergebnissen um die Handlungssicherheit der Beteiligten zu erhöhen und die Fachlichkeit der Untersuchungen zu gewährleisten. Dies spiegelt sich etwa bei verschiedenen Vergleichen älterer und neuerer Untersuchungsberichte (z. B. Reder and Duncan 1999).

Die zweite Entwicklungslinie betrifft den Fokus durchgeführter Untersuchungen, der sich zunehmend über eine im öffentlichen Interesse erfolgende Aufklärung eventuellen professionellen (nicht strafrechtlichen) Fehlver-haltens hinaus in Richtung auf die Förderung von Lernprozessen im Kin-derschutz bewegt hat. Dies bedeutet, dass Kooperationslücken, nicht zutref-fende Einschätzungen und nicht wirksame Hilfe- und Schutzmaßnahmen unter dem Blickwinkel möglicher Verbesserungen im Kinderschutzsystem und einer Aufklärung der Fachkräfte über Fehlerrisiken diskutiert werden. Weiterhin bedeutet dies, dass individuelles menschliches Versagen, d. h. Ver-haltensweisen einzelner Fachkräfte, die den kinderschutzrelevanten Vorgaben der Institution bzw. Organisation nicht gerecht wurden, nicht als Endpunkt einer Untersuchung angesehen wird, sondern vielmehr lokal und überregional nach Wegen gesucht wird, um ein kindeswohldienliches Verhalten von Fachkräften zuverlässiger zu gestalten.

Die methodische Entwicklung von Untersuchungen zu problematischen Kin-derschutzverläufen ist erkennbar aber noch nicht abgeschlossen, da sich meh-rere weiterführende Vorschläge in der Diskussion befinden. Beispielsweise wurde von Rzepnicki and Johnson (2005) vorgeschlagen, die aus der allge-meinen Forschung zur Entstehung von Fehlern stammende Technik der „Root Cause Analyse" (s. auch unten Kap. 5.3), bei der vom Ereignis ausge-hend Kausalketten bis hin zu übergeordneten Organisationsstrukturen und Fragen der Haltung beteiligter Professionen zurückverfolgt werden, auch auf Misserfolge im Kinderschutz anzuwenden. In ähnlicher Weise werden in dem von Munro (2005) vorgeschlagenen Konzept der „Systemanalyse von Fehl-schlägen im Kinderschutz" Interaktionen zwischen Fachkräften und Familien auf drei Ebenen kontextualisiert, d. h. das Handeln der Fachkräfte wird im Hinblick auf das für sie verfügbare Wissens und ihre Praxisüberzeugungen, die verfügbaren Ressourcen und Beschränkungen (z. B. Verfahren als Ein-schätzhilfen, Zeitdruck) und den organisationellen und juristischen Rahmen analysiert. Techniken des „critical incidents reportings", also der Informati-onssammlung über kritische Vorfälle, die beinahe, aber nicht tatsächlich zu einem tödlichen Fehlschlag im Kinderschutz geführt haben, wurden bislang in der Literatur nur sehr vereinzelt erwähnt und nicht systematisch im Hin-blick auf Vorteile oder erwartbare Probleme bei der Übertragung der Metho-de aus der Medizin bzw. Industrie diskutiert. Als möglicher Vorteil könnte zum Beispiel vermutet werden, dass bei kritischen Vorfällen im Verhältnis zu tödlichen Fehlschlägen eine größere Bereitschaft zur freiwilligen Mitteilung relevanter Ereignisse besteht. Als mögliches Problem könnte vermutet wer-den, dass kritische Vorfälle im Kinderschutz auf der Grundlage freiwilliger Angaben nicht zufrieden stellend analysiert werden können, da komplexe Kausalketten mit Beteiligten in verschiedenen Institutionen dominieren, die ohne hinreichend gewichtigen Anlass nicht alle zur Freigabe der benötigten Informationen bewegt werden können. Über methodische Diskussionen hin-aus fehlen bislang jedoch Erprobungen der Methodologie im Kinderschutzbe-reich, so dass die Bundesrepublik Deutschland hier eine Vorreiterrolle ein-nehmen könnte.

Im Ergebnis ist festzuhalten, dass multidisziplinär angelegte Analysen zu problematischen Fallverläufen und schwerwiegenden Misserfolgen im Kinderschutz in mehreren Ländern gängige Praxis sind. Sie werden überwiegend mit dem Ziel durchgeführt, in diesen Fällen enthaltene Lernchancen für einen besseren Schutz von Kindern zu nutzen. Die organisatorischen und rechtlichen Rahmenbedingungen solcher Analysen sind unterschiedlich. Generell zeigt sich aber eine Tendenz zu klaren Regelungen im Hinblick auf die Zusammensetzung von Untersuchungskommissionen, den Untersuchungsauftrag, die Methodik und die Veröffentlichung der Ergebnisse. In einigen Ländern werden Untersuchungsberichte gesammelt und ausgewertet. Beispielhaft ist hier die in England erfolgende systematische Aufarbeitung von Untersuchungsberichten in regelmäßigen Abständen (2 Jahre) durch unabhängige Wissenschaftler im öffentlichen Auftrag oder die Dokumentation unter einem zentralen Dach wie in den USA („National Center on Child Fatality Review").

4.2 Ergebnisse und Wirkungen von Analysen zu Fehlschlägen im Kinderschutz

Im Rahmen von Analysen von Fällen eines gravierenden Misserfolgs im Kinderschutz wurden verschiedene Schwachstellen als Ansatzpunkte für Verbesserungen identifiziert. In mehreren Studien (z. B. Brandon et al. 2002, Brandon et al. 2008, Falkov 1996, Morris et al. 2007, Reder et al. 1993, Reder and Duncan 1999, Rose and Barnes 2008, Sander et al. 1999) wurden vergleichende Analysen vorgenommen um häufiger vorkommende Schwierigkeiten zu identifizieren, die dann zu Schwerpunkten einer Qualitätsentwicklungsstrategie im Kinderschutz gemacht wurden oder werden sollten.

Tabelle 10: Die sechs am häufigsten identifizierten Praxisprobleme mit Relevanz für schwerwiegende Misserfolge im Kinderschutz in einer von Sinclair und Bullock (2002) analysierten Stichprobe von 40 Untersuchungsberichten aus Großbritannien

Identifizierte Praxisprobleme	Häufigkeit d. Nennung (%)
Unzureichender Austausch von Informationen	63
Wenig aussagekräftige Diagnostik	58
Ineffektive Entscheidungsprozesse	53
Fehlende Zusammenarbeit zwischen Institutionen	43
Unzureichende Dokumentation relevanter Informationen	38
Fehlende Informationen über wichtige männliche Haushaltmitglieder	23

In der gegenwärtig umfassendsten Analyse von Untersuchungsberichten zu Todesfällen im Kinderschutz (Sinclair and Bullock 2002), die sich auf 40 Fälle aus Großbritannien stützen konnte, wurde die in der nachfolgenden Tabelle wiedergegebenen Probleme am häufigsten als Ergebnis der Fehleranalyse benannt, wobei Mehrfachnennungen möglich waren.

Entsprechend dieser Befunde zählen folgende Punkte zu den bislang wichtigsten Anregungen aus der internationalen Literatur zu Ursachen schwerwiegender Misserfolge im Kinderschutz:

- Erhöhung der Zuverlässigkeit und Qualität bei der Weitergabe und Dokumentation von Informationen über Gefährdungsfälle
- Einführung aussagekräftiger Diagnose- und Risikoeinschätzungsverfahren
- Sicherstellung zeitnaher, zuverlässiger auf aussagekräftige Kriterien gestützter Entscheidungsabläufe
- Stärkung der fallbezogenen Zusammenarbeit zwischen Institutionen und Organisationen, die dem Kinderschutz verpflichtet sind
- Stärkerer Einbezug von im Haushalt lebenden männlichen Partnern bei der Risikoeinschätzung und Hilfeplanung

Vergleiche von Untersuchungsberichten aus verschiedenen Jahrzehnten (z. B. Parton 2004) haben zudem gezeigt, dass sich Kinderschutzsysteme aufgrund gesellschaftlicher Veränderungen mitunter auch neuen Herausforderungen stellen müssen, auf die sie bislang nur unzureichend vorbereitet sind, wodurch die Wahrscheinlichkeit von schwerwiegenden Fehlschlägen steigen kann. Dies trifft etwa auf die Betreuung von Familien mit erheblich unterschiedlichen kulturellen Hintergründen zu oder auf die Betreuung von Familien aus Gebieten mit einer massiven und länger anhaltenden Traumatisierung der Bevölkerung durch Gewalt und Terror.

Da bislang deutsche Analysen auf vergleichbarem methodischem Niveau fehlen, kann derzeit nur vermutet werden, dass Qualifizierungsanstrengungen bezüglich der aufgelisteten Punkte auch in Deutschland zu einer Weiterentwicklung des Kinderschutzes führen würden.

Untersuchungen zu Todesfällen im Kinderschutz haben in mehreren Ländern wichtige Themen auf der politischen und fachlichen Agenda für die Weiterentwicklung des jeweiligen Kinderschutzsystems platziert und dabei teilweise eine erhebliche Wirkung in der (Fach-) Öffentlichkeit entfaltet. Der englische Untersuchungsbericht zum Todesfall des Kindes Victoria Climbié (Lord Laming 2003) wurde beispielsweise innerhalb eines Jahres weltweit dreimillionen Mal aufgerufen und hat zu erheblichen Weiterentwicklungen im englischen Kinderschutzsystem geführt, so etwa zum „Every Child Matters"-Programm, das auf die Stärkung lokaler Kooperationen abzielt, und zur Verabschiedung des „Children Act" im Jahr 2004.

Experten aus Ländern, in denen Fehlschläge im Kinderschutz regelhaft analysiert wurden, schilderten in der eingangs dargestellten Befragung durch Axford and Bullock (2005) ganz überwiegend positive Erfahrungen mit diesem Vorgehen. Genannt wurden insbesondere folgende Punkte:

• Möglichkeit zur Identifikation zentraler Punkte für die Weiterentwicklung des Kinderschutzsystems
• Förderung der gesellschaftlichen Bereitschaft, in die gezielte Verbesserung des Kinderschutzsystems zu investieren
• verbesserte Information der Fachkräfte über mögliche Fehler und Risiken professionellen Handelns
• Stärkung klarer Verantwortlichkeiten im Kinderschutz

In der veröffentlichen Fachdiskussion (z. B. Munro 2005, Stanley and Manthorpe 2004) wurden allerdings teilweise auch kritische Stimmen laut, die insbesondere auf negative Wirkungen einer erhöhten Furcht der Fachkräfte vor einseitigen Schuldzuweisungen abstellten (abnehmende Attraktivität des Arbeitsfeldes Kinderschutz, wachsender Zeit- und Ressourceneinsatz für die Absicherung der Fachkräfte, zunehmende Überregulierung und Verantwortungsscheu). Zur Vermeidung solcher möglichen negativen Folgen wurde empfohlen, den Schwerpunkt von Untersuchungen zu Fehlschlägen im Kinderschutz eindeutig bei der positiven Suche nach Verbesserungsmöglichkeiten anzusiedeln.

Letztlich bleibt festzuhalten, dass Fallanalysen zu gravierenden Fehlschlägen im Kinderschutz in verschiedenen Ländern auf Schwachpunkte in bestehenden Kinderschutzsystemen hingewiesen haben, so etwa auf einen teilweise unzureichenden Informationsaustausch zwischen Fachkräften oder auf den verbreiteten Einsatz wenig aussagekräftiger Einschätzverfahren. Es ist derzeit nicht klar, ob den international am häufigsten identifizierten Fehlerquellen im deutschen Kinderschutzsystem ein vergleichbares Gewicht zukommt. Dies könnte nur im Rahmen der zumindest probeweisen Etablierung eines deutschen Systems zur Analyse von Fehlschlägen im Kinderschutz eruiert werden. Für ein solches System sprechen die überwiegend positiven Erfahrungen im Ausland. Befragte Experten sahen hierbei Fehleranalysen in erster Linie als Möglichkeit um zentrale Punkte für die Weiterentwicklung des Kinderschutzsystems zu identifizieren und um die gesellschaftliche Bereitschaft, in die Verbesserung des Kinderschutzsystems zu investieren, zu stärken.

In keinem Land, aus dem Informationen vorliegen, wurde die Untersuchung von Fehlschlägen allerdings als alleiniges Mittel zur Verbesserung des Kinderschutzsystems angesehen. Nach gegenwärtiger Befundlage haben sich insbesondere folgende Maßnahmen bislang in mehreren Untersuchungen als geeignet erwiesen um Kinder besser vor Vernachlässigung bzw. Misshandlung zu schützen:

- Die Entwicklung, Erprobung und Einführung belegbar wirksamer Formen früher präventiver Hilfe für Familien mit mehrfachen Belastungen (für eine Meta-Analyse siehe Geeraert et al. 2004);
- Die Stärkung der diagnostischen Kompetenz und Handlungssicherheit von Kinderärzten/Kinderärztinnen im Hinblick auf Kindesmisshandlung und Kindesvernachlässigung (z.B. Frank und Räder 1994);
- Die Einführung belegbar aussagekräftiger und nutzerfreundlicher Einschätzungsverfahren zur Unterstützung von Risikobeurteilung und Hilfeplanung in der Jugendhilfe (für eine Forschungsübersicht siehe Kindler 2007a);
- Eine Verbesserung der Wirksamkeit von Hilfeangeboten in Gefährdungsfällen durch kontrollierte wissenschaftliche Interventionsstudien (für eine Forschungsübersicht siehe Kindler und Spangler 2005);
- Die Erleichterung des Zugangs von Basisfachkräften zu fundierten, praxisrelevanten wissenschaftlichen Informationen über Vernachlässigung bzw. Misshandlung und die Bereitstellung fallbezogener Trainings- und Schulungsmaßnahmen für Fachkräfte (für eine Forschungsübersicht siehe Carter et al. 2006);
- Die Verbindliche Ausgestaltung einer fallbezogenen institutionenübergreifenden Zusammenarbeit in Gefährdungsfällen und der Abbau von Kooperationshemmnissen (für eine Forschungsübersicht siehe Little and Madge 1998);
- Die Stärkung von Fachaufsicht und Gerichten sowie die Qualifizierung von Prozessen der Supervision und Fallberatung als Möglichkeiten der Korrektur von Fehlentwicklungen im Einzelfall (z.B. Goldbeck et al. 2007).

Für die politische Steuerung von Maßnahmen zur Verbesserung des Kinderschutzsystems scheint weiterhin die Entwicklung eines Indikatorensystems zur Gesamtbeurteilung der Ergebnisqualität des Kinderschutzsystems und regelmäßige Berichterstattung bezüglich hierfür relevanter Daten sehr wichtig. Entsprechende Systeme sind in verschiedenen Ländern im Einsatz (für eine Übersicht siehe Kindler 2007b) und enthalten in der Regel mehrere Kriterien, wie etwa die Anzahl bekannt werdender Fälle von Vernachlässigung bzw. Misshandlung, die Wirksamkeit nachfolgender Schutzmaßnahmen im Hinblick auf die Verhinderung weiterer Gefährdungsereignisse oder langfristige Entwicklungsverläufe bei Kindern, die in Misshandlung oder Vernachlässigung erleben mussten oder bei denen zur Verhinderung von Gefährdungsereignissen in elterliche Sorgerechte eingegriffen wurde.

4.3 Darstellung verschiedener Formen von Prüfberichten

Bevor auf konkrete internationale Erfahrungen mit Untersuchungs- und Prüfberichten eingegangen wird (s.u. Kap. 4.3.2), sollen im Folgenden die unterschiedlichen denkbaren Formen solcher Berichte kurz dargestellt werden. Gedanklich möglich wären Prüfberichte zu problematischen Kinderschutzverläufen in zwei verschiedenen Formen: *nach* dem tragischen Ausgang eines Kinderschutzfalles, aber auch *während* der Bearbeitung eines Kinderschutzfalles hinsichtlich kritischer Momente.

4.3.1 Untersuchungsberichte nach dem tragischen Ausgang eines Kinderschutzfalles

Traditionell kommt es erst nach dem tragischen Ausgang eines Kinderschutzfalles zu Untersuchungsberichten, um zu klären, wie es zu dem unerwünschten Ausgang kommen konnte und wer gegebenenfalls dafür verantwortlich ist. Der Tod eines Kindes aufgrund von Kindesmisshandlung oder -vernachlässigung zieht in der Regel schwerwiegende Konsequenzen nach sich, beispielsweise strafrechtliche Verfahren gegen die Eltern und gegebenenfalls die zuständigen Fallbearbeiter, ein emotionales Trauma der beteiligten Fachkräfte und ein gravierendes Absinken der Arbeitsmoral in den betreffenden Behörden und Diensten. In der Gesellschaft kommt es häufig zu einem kollektiven Aufschrei, der – verbunden mit einem starken Einfluss der Medien – zu einer wenig hilfreichen „Hexenjagd" führen kann (Sanders et al. 1999).

In der Geschichte des Kinderschutzes ist die traditionelle Antwort auf tragische Kinderschutzverläufe eine Untersuchung, die den Fall im Detail beleuchtet, um zu verstehen, welche Ereigniskette kausal für den Tod des Kindes bzw. die Verletzung des Kindes war. Dadurch konnten wichtige Erkenntnisse für die Verbesserung des Kinderschutzes gewonnen werden. Dabei stehen die Untersuchungen in den westlichen Demokratien im Spannungsfeld zwischen dem Respekt der Gesellschaft vor der Autonomie der Familie und der Forderung der Gesellschaft nach Schutz für alle Kinder. Viele Fachkräfte im Kinderschutz sehen sich der Gefahr ausgesetzt, dass sie öffentlich angeprangert werden, wenn sie einschreiten, und ebenfalls, wenn sie nicht einschreiten (Edwards 2004; vgl. auch Kap. 2).

Es gibt aber auch Kritik an dem Modell der traditionellen Untersuchungsberichte: Der Fokus dieser Untersuchungen liegt darauf, wie die Fachkräfte gemessen an fachlichen Standards und Vorgaben arbeiteten. Traditionelle Lösungsansätze, die anhand dieser Untersuchungen gefunden werden, zielen etwa darauf ab, dass durch das Formalisieren von Vorgängen mit präzisen Anweisungen für die Anwender individuelle menschliche Entscheidungen so stark wie möglich reduziert werden sollen. Die Entscheidungsfindung in den Sozialen Diensten wird daher von Regeln und Verfahrensvorschriften dominiert. Das Gewicht wird weniger auf die stichhaltigen Einschätzungen der Mitarbeiter gelegt, die auf ihrem Wissen, ihren Erfahrungen und ihrer Kompetenz basieren (Munro 2005a). Auch scheint es die Vorstellung zu geben, dass das Erstellen von Protokollen alle Probleme in der Kommunikation löst (Edwards 2004). Eine weitere traditionelle Lösung ist die gesteigerte Kontrolle der Einhaltung von Vorgaben in der Praxis. Emotional gesehen scheint es zudem ein menschliches Bedürfnis zu geben, mittels der Untersuchung einen „Sündenbock" zu finden. Indem der „Sündenbock" bestraft wird, sollen die anderen motiviert werden, sorgfältiger zu arbeiten. Diese „Schuld-Kultur" ist jedoch keine Eigenheit des Kinderschutzes, sondern der Gesellschaft im Allgemeinen. Zunächst gerät die individuelle Dimension in den Blickpunkt, indem nach dem individuellen Versagen der beteiligten Fachkräfte gefragt wird. Im Mittelpunkt steht somit die Zuerkennung von individueller Schuld (Merchel 2007). Dabei wird übersehen, dass der Mitarbeiter etwa eines Jugendamtes zwar selbstverständlich in einer individuellen Verantwortung steht, diese aber als Teil einer Organisation ausübt. Wird diese Dimension der Organisation oder des Verhältnisses von Person und Organisation unterlaufen, kommt es zu einer Verkürzung der notwendigen Debatten um eine Effektivierung des Schutzes bei Kindeswohlgefährdungen und zu einer Verhinderung möglicherweise notwendiger Organisationsveränderungen (Merchel 2007; Fegert et al. 2008). Indem sich die Untersuchungsberichte im Kinderschutz auf das menschliche Versagen konzentrieren und nicht auf das Zusammenspiel unterschiedlicher Faktoren, wird teilweise übersehen, dass individuelle Faktoren, die zusammen zum Tod eines Kindes beigetragen haben, oftmals nicht ungewöhnlich in der alltäglichen Praxis sind, etwa mangelhafte Kommunikation zwischen verschiedenen Behörden, Streitigkeiten zwischen Fachkräften, Unsicherheit im Umgang mit aggressiven oder unkooperativen Familien, Arbeitsbelastung und teilweise unerfahrene Fachkräfte. Es ist nur möglich, die Gründe und Auswirkungen solcher Schwachstellen völlig zu verstehen, indem man sorgfältig dokumentiert, wie sie auf die normale Praxis übergreifen (Mills and Vine 1990).

4.3.2 Untersuchungsberichte während der Bearbeitung eines Kinderschutzfalles

In Anlehnung an Modelle in der Luftfahrt, Industrie und Medizin (s. o. ausf. Kap. 3) könnte eine Untersuchung daher auch bereits während der Bearbeitung eines Falles erfolgen, nämlich dann, wenn es im Rahmen der Bearbeitung zu Fehlern bzw. kritischen Momenten kam, die rechtzeitig auffielen oder erfolgreich abgewendet werden konnten. Dies würde ermöglichen, in einigen Fällen den tragischen Ausgang zu verhindern und systematische Schwachstellen aufzudecken, bevor sie in anderen Fällen zu einer Tragödie führen.

In Organisationen, die aufgrund ihrer Aufgabenstellung mit einem Höchstmaß an Zuverlässigkeit arbeiten müssen, weil Fehler katastrophale Folgen haben, sogenannten „High Reliability Organizations" (IIRO), etwa der Luft- und Raumfahrt oder der Kernkraft, wird der Schlüssel zum erfolgreichen Umgang mit unerwarteten Ereignissen im Aufbau einer Haltung der

„Achtsamkeit" als Bestandteil der Organisationskultur gesehen. Man konzentriert sich auf Fehler und ist vereinfachenden Interpretationen gegenüber abgeneigt. Dies beinhaltet ein Fehlermanagement, bei dem Fehler als Anlass zum Lernen der Organisation betrachtet werden. Beinahe-Unfälle und Irrtümer werden als Informationsquellen über den Zustand des gesamten Systems angesehen, aus denen man Lehren zieht (Merchel 2007; Fegert et al. 2008).

Die Luftfahrtindustrie entwickelte erste Ansätze eines solchen Systems bereits während des Zweiten Weltkrieges, in der kommerziellen Luftfahrt entwickelte die NASA das Aviation Safety Reporting System (ASRS) in den siebziger Jahren des vergangenen Jahrhunderts. Das gesamte Personal der in der Luftfahrtindustrie Beschäftigten hat innerhalb dieses Systems die Möglichkeit, Auffälligkeiten, Fehler oder Zwischenfälle vertraulich zu melden (vgl. Kapitel 3). Diese Meldungen werden ausgewertet und helfen in vielen Fällen, Gefahrenquellen im Vorfeld eines tragischen Ereignisses auszuschließen. Studien haben gezeigt, dass einem tragischen Ereignis eine Vielzahl von kleineren Zwischenfällen vorausgeht, die durch vorhandene Sicherheitsbarrieren abgefangen werden konnten, ehe es zu einem schwerwiegenden Fehler kam. Es zeigte sich, dass gerade diese kleineren Zwischenfälle ein großes Lernpotential enthalten, um die Sicherheit des Systems zu verbessern und eine größere Effektivität zu erzeugen. Die Analysen solcher Zwischenfälle basieren auf einem systematischen Zugang der Fehleruntersuchung. Während die traditionellen Untersuchungen sich damit begnügen, wenn menschliches Versagen als Ergebnis festgestellt werden konnte, geht der systematische Ansatz dahin, dass der menschliche Fehler als Ausgangspunkt der Untersuchung genommen wird, um den gesamten Kontext auszuloten, in dem der Fehler gemacht wurde. Anhand dessen kann überprüft werden, ob und wie sich dieser Kontext auf die fehlerhafte Arbeit ausgewirkt hat. Der systematische Ansatz fragt danach, warum der Fehler geschah und verfolgt die Ereignisse in die Vergangenheit zurück (Munro 2005a). Dabei werden die individuellen, betrieblichen und organisatorischen Faktoren, in deren Kontext der Fehler geschah, untersucht (Munro 2005a). Dieser Ansatz wurde entwickelt, da die traditionellen Lösungen neue Fehler nicht verhindern konnten, weil sie an keinen objektiven Punkt anknüpfen, der die Ursache für das Ereignis darstellt (Munro 2005a). Zur Anwendung kommt der systematische Ansatz in einem sogenannten Fehlerberichtssystem (Critical Incident Analysis), worüber viele HRO verfügen, beispielsweise dem ASRS der Luftfahrt.

Die Critical Incident Analysis wurde in der Luftfahrt entwickelt, um Fehler zu untersuchen. Inzwischen wurde sie auch in anderen Bereichen, etwa der Kernkraft oder der Medizin, übernommen. Im Mittelpunkt dieser Analyse steht die Erkenntnis, dass Fehler nicht zwangsläufig zu tragischen Ereignissen führen und dass Fehler ein gewöhnlicher Bestandteil der Arbeit sind. Unfälle resultieren in der Regel nicht aus einem einzelnen Fehler, sondern aus einer Kombination von Fehlern, von denen einige möglicherweise relativ häufig im normalen Arbeitsablauf vorkommen. Menschen handeln nicht in Isolation, sondern ihr Verhalten wird von den Umständen beeinflusst, ebenso wie die Fehler. Schuldzuweisungen können zwar emotional befriedigend sein, tragen aber in der Regel nicht dazu bei, effektive Gegenmaßnahmen einzuleiten (Gambrill and Shlonsky 2001). Die Erfahrungen in der Luftfahrt und der Medizin haben gezeigt, dass es wichtig ist, ein anonymes System zu entwickeln, um Fehler zu identifizieren. Werden Fehler nicht berichtet, können sie nicht zur Verbesserung der Dienste und der Verringerung von Gefahren herangezogen werden. Dafür sollte ein präzises und einfach auszufüllendes Berichtsformat entwickelt werden, das völlig getrennt ist von jeglichen disziplinarrechtlichen oder strafrechtlichen Maßnahmen, die einem unerwünschten Ereignis folgen können. Wichtig ist auch ein regelmäßiges, etwa vierteljährliches Feedback im Rahmen einer Publikation, welches kurze anonyme Berichte über Fehler enthält. Diese Berichtswesen im Rahmen der Luftfahrt sind streng vertraulich. Auf diese Weise können weit verbreitete Fehler erkannt werden und Gegenmaßnahmen eingeleitet werden. Der Erfolg der Maßnahmen kann anhand der nachfolgenden Fehlermeldungen überprüft werden.

Munro plädiert dafür, diesen systematischen Ansatz auch im Bereich des Kinderschutzes zu übernehmen (Munro 2005 a; Munro 2005 b). Auch wenn sich die Parallelen zwischen Kinderschutz und der Luftfahrt oder Kernkraft nicht auf den ersten Blick zeigen, sind die Diskussionen und Sorgen in den verschiedenen Bereichen überraschend ähnlich. In den jeweiligen Bereichen wird versucht, Desaster, die in Tötungen oder Verletzungen von Menschen münden, zu vermeiden. Ebenfalls in beiden Fällen werden Desaster öfter menschlichem Versagen zugeschrieben als fehlerhaftem Equipment oder organisatorischen Faktoren. Experten argumentieren, dass auch Sozialarbeiter und andere Fachkräfte im Bereich Kinderschutz mit Erfolg diesen Ansatz übernehmen können (Munro 2005 a; Mills and Vine, 1990, Fegert et al. 2008).

Es wird vorgeschlagen, das Fehlerberichtssystem im Kinderschutz unter folgenden Umständen durchzuführen:

- wenn es wesentliche ungelöste Unstimmigkeiten zwischen Behörden über den weiteren Verlauf einer Handlung gibt,
- wenn es zwischen den Fachkräften ungelöste Unstimmigkeiten darüber gibt, ob Misshandlungen (körperliche Misshandlung, sexueller Missbrauch, Vernachlässigung) stattgefunden haben,
- wenn eine Untersuchung nicht weitergeführt werden kann, etwa weil die Familie sich weigert zu kooperieren oder aufgrund von Personalmangel bei den Fachkräften,
- wenn wesentliche Informationen über das Kind oder die Familie nicht erhoben werden können,

- wenn es eine wesentliche Abweichung von vereinbarten Verfahrensabläufen gibt,
- wenn ein Kind fortwährender Misshandlung ausgesetzt ist,
- wenn es ein wesentliches Versagen von Behörden gibt, miteinander zu kooperieren oder Informationen auszutauschen.

Diese Liste ist jedoch keineswegs abschließend. Auch wenn es Schwierigkeiten im Hinblick auf die Implementierung eines solchen Berichtswesens geben mag, so kann diese Technik doch dazu beitragen, die Praxis zu verbessern und sogar Leben zu retten (Mills and Vine 1990).

Studien über die Risikoeinschätzung im Kinderschutz konzentrieren sich zumeist nur auf das Erkennen individueller oder familiärer Risikofaktoren, zollen jedoch den Risiken, die das Kinderschutzsystem selbst und sein weiterer Kontext beinhalten, nur wenig Aufmerksamkeit. Diese dem Kinderschutz innewohnenden Risiken sind etwa ineffektive Hilfen oder eine Kultur in Behörden, die hinsichtlich der Risikoverringerung eher reagierend als vorgreifend ist. Im Kinderschutz werden Risikoeinschätzungen der Fachkräfte zudem oftmals auf ein sehr enges Feld von Beweisen gestützt, das bedeutet, dass sie sich auf leicht verfügbare Informationen stützen und wichtige Daten anderer Fachkräfte übersehen (Gambrill and Shlonsky 2001). Um Kinder besser zu schützen, sollte aber versucht werden, alle Gefahrenquellen jeglicher Art zu erkennen und zu minimieren. Dazu sind systematische Risikomanagement-Programme erforderlich (Gambrill and Shlonsky 2001). Um ein Risikomanagement einsetzen zu können, ist allerdings eine entsprechende „Unternehmenskultur" und ein entsprechendes „Betriebsklima" erforderlich. Gambrill and Shlonsky (2001) meinen, dass viele Kinderschutzbehörden, insbesondere die in städtischen Gebieten, oft eine autoritäre, bürokratische Struktur hätten, welche die Möglichkeiten, die Qualität zu verbessern, beeinflusst. Eine Sicherheitskultur sollte vier Komponenten beinhalten:

1. eine berichtende Kultur, in der die Menschen bereit sind, ihre Fehler oder Beinahe-Fehler einzugestehen,
2. eine gerechte Kultur, das heißt eine Atmosphäre des Vertrauens,
3. eine flexible Kultur, die ihre Strukturen und Hierarchien an die jeweilige Situation anpassen kann und
4. eine lernende Kultur, welche den Willen beinhaltet, die Lehren aus den Informationen zu ziehen und zu implementieren.

Dies erfordert aber eine Transparenz, die von vielen als bedrohlich empfunden wird (Gambrill and Shlonsky 2001).

Ein Fehlerberichtswesen ist ein wichtiger Bestandteil eines Risikomanagement- oder Qualitätsinformationssystems, welches allerdings laufend evaluiert werden muss, um eine vorausschauende Unfallverhinderung zu betreiben (Gambrill and Shlonsky 2001).

Im Bereich der Sozialarbeit gibt es für gewöhnlich auch kein Beschwerdemanagement. Dabei kann auch dieses dabei helfen, Hilfen zu verbessern. Diese Chance nicht zu nutzen beinhaltet ein weiteres Risiko für Kinder (Gambrill and Shlonsky 2001). Es wird daher vorgeschlagen, dass auch in den Jugendämtern offen über die Fälle diskutiert wird, in denen etwas „schief" gelaufen ist. Die Auswertung dieser Fälle könnte viel aussagen über die komplizierten Seiten des bestehenden Organisationssystems und Ansatzpunkte zur Verbesserung liefern. Eine genauere Analyse dessen, was fehl gelaufen ist, sollte zum Bestandteil des Handelns der Fachkräfte in einer Einrichtung der Sozialen Arbeit werden. Es sollte daher in Fällen mit einer Kindeswohlgefährdung nach einiger Zeit zu einer Analyse der bisherigen Fallbearbeitung kommen, um kompetentes Handeln der Fachkräfte weiterzuentwickeln. Dabei ist auch danach zu fragen, was gut gelaufen ist, aber auch danach, was verbesserungswürdig war, was fehlerhaft war und woraus die Fehler resultieren. Das Ziel einer solchen Fallrückschau besteht darin, aus den Fallbearbeitungen zu lernen und methodische bzw. organisationsbezogene Schlussfolgerungen für zukünftiges Handeln zu ziehen (Merchel 2007).

4.4 Ausgewählte internationale Erfahrungen in Bezug auf Untersuchungs- und Prüfberichte

In Großbritannien, den Vereinigten Staaten, Kanada, Neuseeland und Australien werden seit etwa dreißig Jahren Untersuchungsberichte verfasst, wenn Kinder von Erwachsenen getötet werden, die eigentlich für sie hätten sorgen sollen, und wenn Behörden, die gesetzlich zum Schutz dieser Kinder verpflichtet waren, gescheitert sind. (Commission for Children and Young People and Child Guardian 2005). Durch diese Untersuchungsberichte wurde deutlich, dass verletzungsbedingte Todesfälle nicht typischerweise unvermeidbare „Unfälle" darstellen, sondern dass viele von ihnen vorhersehbar und vermeidbar sind (Commission for Children and Young People and Child Guardian 2005). Diese Untersuchungen stellen möglicherweise den wichtigsten Faktor für Veränderungen im Kinderschutz dar (Parton 2004).

Historisch betrachtet wurden Todesfälle von Kindern von Seiten der Exekutive, Gerichtsmedizinern, Sozialdiensten und Gesundheitsbehörden zumeist isoliert aufgearbeitet. Dies führte dazu, dass sich einheitliche Untersuchungssysteme nur langsam entwickelten, was zur Folge hatte, dass es an einer zentralen und systematischen Sammlung und Analyse von Daten fehlte. Nunmehr entstehen in der ganzen westlichen Welt Untersuchungsteams oder Untersuchungskommissionen, welche die Todesfälle von Kindern untersuchen. Diese Teams sollen die Daten zusammenfügen, die in den Untersuchungen gewonnen wurden, wiederkehrende Muster und Trends bezüglich der Todesursachen erkennen und Maßnahmen vorschlagen, mit denen ähnliche Todesfälle oder schwere Verletzungen vermieden werden können (Commission for Children and Young People and Child Guardian 2005). Die Erfahrungen zeigen, dass aus den Untersuchungsberichten wichtige Fortschritte hinsichtlich des Verstehens von tödlichen Mustern oder schweren Körperverletzungen erzielt werden konnten. Sie helfen, Risikofaktoren besser zu verstehen und die Öffentlichkeit zu informieren. Als große Risikofaktoren wurden unter anderem chronische Gewalt innerhalb der Familie, Schwangerschaften von drogenabhängigen Frauen, wachstumsgestörte Kinder und Wohnverhältnisse, die grundlegende Kinder-Sicherheits-Maßnahmen missen lassen, erkannt. Außerdem unterstützen sie die genaue Identifizierung und einheitliche Einordnung der Todesursachen, führen zu Modifizierungen der auf Totenscheinen angegebenen Todesursachen und decken Lücken im Kinderschutzsystem auf (Commission for Children and Young People and Child Guardian 2005). Auch die Erkenntnis, wie die Kommunikation innerhalb und mit der Familie missverstanden werden kann, ist als eine Errungenschaft der Untersuchungen zu sehen (Edwards 2004).

Während des dreißigjährigen Zeitraums, in dem Untersuchungen durchgeführt wurden, kristallisierte sich als eines der Hauptthemen die Wichtigkeit der interdisziplinären Zusammenarbeit, insbesondere mit den Mitarbeitern des Gesundheitswesens, heraus. Dies bedeutet nicht nur den Austausch von Informationen, sondern auch Erfahrungsaustausch (Parton 2004). Bereits im Fall der ersten Untersuchung anlässlich des Todes von Dennis O'Neill 1945 (vgl. unter 4.3.1) wurde Kommunikationsversagen zwischen den beteiligten Behörden kritisiert (Womack 2003). Auch in den beiden unten dargestellten Fällen der Maria Colwell und Victoria Climbié stellten der fehlende Informationsaustausch der verschiedenen Fachkräfte und ihre fehlende Zusammenarbeit einen wesentlichen Kritikpunkt dar (Parton 2004; Womack 2003). Während im Falle von Maria Colwell die Probleme hauptsächlich aus der mangelhaften Kommunikation zwischen den Fallbearbeitern resultierten, hingen sie im Fall von Victoria Climbié mit weitreichenderen und komplexen Systemfehlern zusammen, von denen die mangelhafte Kommunikation der einzelnen Beteiligten nur einen Teil darstellte. Dies hängt nicht nur mit der größeren Vielfalt neuer Verfahren zusammen, wie sie sich in den letzten dreißig Jahren entwickelt haben, sondern auch mit dem Wachstum der Nutzung von Informationstechnologien. Die Fehler betrafen nicht so sehr den Austausch von Informationen, als die Handhabung von Informationen. Daher ist die Idee der „systematischen Sorgfalt" bei der Sicherstellung der strikten Handhabung von Informationen und Wissen mit klaren Richtlinien für Zuständigkeiten und Verantwortlichkeiten so wichtig (Parton 2004).

Es gibt aber auch Kritik an den Untersuchungen. Ziel einer solchen Untersuchung, zusammengefasst in einem Untersuchungsbericht, sei in erster Linie, der Öffentlichkeit klar zu machen, dass aus den Fehlern gelernt werden soll (Edwards 2004). Während jeder die Vorteile im Lernen, Verändern und Vorwärtsschreiten sehe, sei es jedoch deutlich schwerer, Veränderungen auf dem Gelernten zu verankern und diese Veränderungen haltbar zu machen. Teilweise wird bezweifelt, dass Probleme, die von ihrem Ursprung her psychologischer und emotionaler Natur seien, durch neue strukturelle Veränderungen gelöst werden könnten (Edwards 2004). Es werde teilweise das Gefühl vermittelt, dass die Reformen der Sozialen Dienste vom Zugang des „Worst-Case-Szenarios" dominiert werden, das heißt durch Untersuchungen, die nach dem Tod eines Kindes einsetzen. Es wird hinterfragt, ob es wirklich der richtige Ansatz ist, auf den schlimmstmöglichen Ausgang eines Falles zu blicken, um daraus die bestmöglichen Ergebnisse zu erzielen, und ob die gut gemeinten Untersuchungen nicht mehr schadeten als nützten (Edwards 2004). Untersuchungen stärkten nicht das persönliche Vertrauen und den Stolz der Fachkräfte in ihre Arbeit. Sie hälfen ihnen nicht, mit ihren eigenen Ängsten umzugehen bzw. sie zu überwinden. Angst aber befähige die Fachkräfte nicht zu einer besseren Arbeit. Somit hätten Untersuchungen wenig Auswirkungen auf die Qualität der Arbeit in den Sozialen Diensten. Auch würden Untersuchungen nicht zum Wachstum der personellen Ressourcen in einem ohnehin schrumpfenden Personalpool beitragen. Ferner wird vorgebracht, dass die Untersuchungen auch nicht das Vertrauen der Öffentlichkeit in die Fähigkeiten der Fachkräfte stärken, sondern im Gegenteil zu einer Verstärkung der „Schuldkultur" führen würden. Die Öffentlichkeit gewänne den sprichwörtlichen Eindruck, dass die Medizin meist schlimmer sei als die Krankheit selbst und stelle dadurch die Autonomie der Familie über das Recht des Kindes auf Sicherheit. Im Endeffekt schützten solche Untersuchungen die Kinder nicht (Edwards 2004).

Aus den Untersuchungen von Unfällen in der Kernkraft (Tschernobyl, Three Miles Island), der Industrie (Bhopal) und der Raumfahrt (Challenger) ergab sich, dass der menschliche Fehler selten eine genügende Erklärung für unerwünschte Ereignisse ist (vgl. Kap. 3). Vielmehr kommt es auf das System an, in welches die Individuen eingebettet sind, das eine wichtige Rolle bei dem Entstehen von Unfällen spielt. So kommen zum menschlichen Versagen oft noch inadäqute organisatorische Verfahrensabläufe und technische Probleme hinzu. Im Kinderschutz etwa wird die Praxis an die Ausbildung und Erfahrung der Fachkräfte, mangelnde personelle Ressourcen, Überlastung, ungenügende Software-Programme und andere Faktoren angepasst (Rzcpnicki and Johnson 2005).

Individuelle Schuldzuweisungen führen jedoch grundsätzlich nicht zu einer größeren Veränderung des Systems. Stattdessen bleiben die latenten Fehler, also die Schwachstellen im System bestehen und können zu ähnlichen Situationen führen. Daher wird auch hier für eine Einführung der Root-Cause-Analysis plädiert (vgl. Fegert et al. 2008). Ziel dieser Analyse ist es, Schwachstellen im System aufzudecken, welche anderenfalls zu einem ähnlichen unerwünschten Ereignis in der Zukunft führen könnten. Die Untersuchung setzt demnach bei dem unerwünschten Ereignis, hier also dem Tod des Kindes, an, und die unmittelbare Todesursache wird als Handlung identifiziert (z. B. Vater stopft dem Baby Windeln in den Mund), welche ihrerseits wiederum das Resultat einer anderen Handlung oder eines Bedingungsschemas ist (z. B. Vater war alleinverantwortlich für das schreiende Kind). Die Untersuchung fragt sodann für jeden fehlerhaften Vorgang, was führte zu dem Ereignis? Was ermöglichte den Geschehenseintritt? Die Vorteile der Root-Cause-Analysis bestehen darin, dass sie ein *einheitliches Format zur Durchführung der Untersuchung und Fragestellung* vorgibt. Es eröffnen sich auf diese Weise ganz neue Fragestellungen. Dennoch können natürlich immer fehlerbegünstigende Faktoren übersehen werden. Auch kann eine persönliche Beeinflussung der Untersuchung durch die Auswahl der Ereignisse, Bedingungen und Unterlassungen erfolgen. Auch wenn die Analyse durch eine Untersuchungsgruppe Vorteile hat, sind die erhöhten Kosten sowie der Zeitaufwand zu berücksichtigen, den eine Gruppenuntersuchung zu Folge hat. Die Root-Cause-Analysis wird als effektives Werkzeug angesehen, um negative Konsequenzen „wohlmeinender" Strategien zu entdecken. Sie ist ein untersuchender und analytischer Ansatz, der in hochrisikoträchtigen Unternehmen stark verbreitet ist, um die vielen verschiedenen fehlerbegünstigenden Faktoren, die zu einem unerwünschten Ereignis führen, zu entdecken. Diese Methode kann auch im Kinderschutz angewandt werden. Eine Untersuchung von kindlichen Todesfällen oder anderen tragischen Ereignissen erfordert es, schwierige Fragen zu stellen, die möglicherweise organisatorische Misswirtschaft enthüllen (Rzepnicki and Johnson 2005).

4.4.1 Kinderschutzsystem und Untersuchungsberichte in Großbritannien

Systematische Untersuchungen von Fällen, in denen Kinder zu Tode kamen und die Todesumstände auf Kindesvernachlässigung bzw. Kindesmisshandlung hindeuteten, erfolgten zunächst in Großbritannien. Diese Untersuchungen sind Teil des britischen Kinderschutzsystems, welches seine Anfänge im 19. Jahrhundert hat. 1884 gründete Reverend Benjamin Waugh die National Society for the Prevention of Cruelty to Children (NSPCC; Nationale Gesellschaft zur Verhinderung von Grausamkeiten gegenüber Kindern) mit dem Ziel, Grausamkeiten gegenüber Kindern zu beenden. Es war die einzige Wohltätigkeitsorganisation mit gesetzlichen Handlungsbefugnissen, um mutmaßlich gefährdete Kinder zu schützen. Fünf Jahre später, 1889, wurde das erste Gesetz zur Verhinderung von Grausamkeiten gegenüber Kindern erlassen, die „Kinder-Charta" (The Children's Charter). Danach gab es im britischen Recht erstmals die Möglichkeit, in die Beziehungen zwischen Eltern und Kindern einzugreifen. Die Polizei konnte jeden verhaften, der seine Kinder misshandelte, und bei Verdacht auf Kindeswohlgefährdung die Wohnräume betreten. Ehe es dieses Gesetz gab, wurden Kinder vor Gericht gemäß dem Gesetz über gefährliche Tiere (Dangerous Animals Act) behandelt. Tiere waren also bis 1889 besser geschützt als Kinder. Die Kinder-Charta wurde 1894 ergänzt und erweitert. Dadurch wurden Kinder unter anderem befähigt, als Zeugen vor Gericht auszusagen. 1908 erging das Kinder-Gesetz (The Children´s Act 1908), durch welches Jugendgerichte eingerichtet wurde und Pflegeeltern registriert wurden. Das Gesetz zur Bestrafung von Inzest (The Punishment of Incest Act, 1908) machte sexuellen Kindesmissbrauch zu einer Angelegenheit, die vor die Gerichte gehörte und nicht mehr erstrangig als eine Angelegenheit zu betrachten war, die von den kirchlichen Autoritäten geregelt wurde. Mit dem Gesetz über Kinder und Jugendliche von 1932 (The Children and Young Persons Act 1932) wurden die Befugnisse der Jugendgerichte ausgeweitet und Überwachungsorder für gefährdete Kinder eingeführt. Ein Jahr darauf wurde die gesamte bisherige Kinderschutzgesetzgebung in einem weiteren Gesetz über Kinder und Jugendliche zusammengefasst (N. N., Brief History of Child Care Law in England, Wales and Northern Ireland).

Die erste offizielle Untersuchung einer Kindstötung war der Fall von Dennis O'Neill 1945, der am 09.01.1945 als Zwölfjähriger von seinem Pflegevater gequält und zu Tode geprügelt wurde (Walters 2008). Die Untersuchung wurde alleine durch Sir Walter Monckton (Jurist, Rechtsberater von König Edward VIII., Politiker, u.a. Arbeitsminister unter Churchill, Geschäftsmann) innerhalb von vier Tagen durchgeführt, beginnend am 10.04. 1945. Die Tatsache, dass eine so bedeutende Figur wie Sir Monckton die Untersuchung durchführte, der dafür eigens von seiner wichtigen politischen Arbeit während des Zweiten Weltkrieges freigestellt wurde, zeugt von dem großen öffentlichen Interesse an dem Fall (Calder 2007). Sir Monckton fand heraus, dass die Pflegeeltern ohne angemessene Überprüfung ihrer Geeignetheit ausgewählt worden waren (der Pflegevater war bereits wegen eines Gewaltdelikts vorbestraft) und es einen schwerwiegenden Mangel an Überwachung durch die Kommunalbehörden gegeben hatte (Calder 2008). Ferner ergab die Untersuchung, dass eine mangelnde Falldokumentation, ungeeignete Vereinbarungen, fehlende Zusammenarbeit, fehlende Besuche bei und Gespräche mit dem Kind, knappe Ressourcen, fehlendes Handeln bei Alarmzeichen, schwache Überwachung und ein beklagenswertes Versagen der Kommunikation zwischen einzelnen Ämtern und ein fehlender Informationsaustausch zu Dennis' Tod beigetragen hatten (Commission für Children and Young People and Child Guardian 2005; Calder 2008). Am 20.12.1944 hatte eine Angestellte des Jugendamtes die Kinder in ihrer Pflegefamilie aufgesucht. Obwohl sie laut Untersuchungsbericht wenig Erfahrung hatte und man sie nicht hätte mit einem solchen Hausbesuch beauftragen sollen, erkannte sie, dass es Probleme gab und empfahl in ihrem Bericht, dass Dennis und sein jüngerer Bruder unverzüglich aus der Pflegefamilie herausgenommen werden sollten. Keine der zuständigen Behörden reagierte darauf. Der Bericht der Angestellten wurde beiseite gelegt, bis ein Beamter am 10.01.1945 ihn nach seinem Urlaub bearbeiten sollte. Dennis starb am 09.01.1945. Der Fall gab den Anstoß für den Curtis Committee's Review (1946) bezüglich unterstützender Familienhilfe, der zum Kindergesetz von 1948 (Children's Act 1948) führte (Commission für Children and Young People and Child Guardian 2005). Durch dieses Gesetz wurden ein Ausschuss für Kinder sowie das Amt eines Verantwortlichen für Kinder in jeder örtlichen Gemeinde geschaffen. Es folgte die Schaffung eines parlamentarischen Ausschusses als eine Folge der Tötung von Dennis O'Neill (N. N., Brief History of Child Care Law in England, Wales and Northern Ireland).

1970 wurde das Kommunale Wohlfahrtsgesetz (Local Authority Social Services Act 1970) erlassen, wonach die Sozialen Dienste der Gemeinden und die Soziale Fürsorge zu Sozialämtern vereinigt wurden.

Einen weiteren Meilenstein in der Entwicklung des britischen Kinderschutzes stellte der tragische Fall der Maria Colwell dar. Ein großes Problem in diesem Fall stellte die fehlende Zusammenarbeit innerhalb verschiedener Kinderschutzdienste dar. Die Untersuchung führte daher zu der Entwicklung der Regionalen Kinderschutzkommissionen (Area Child Protection Committees, ACPC), welche dafür verantwortlich sind, die Koordinierung verschiedener Stellen zum Schutz gefährdeter Kinder sicherzustellen (N.N., Brief History of Child Care Law in England, Wales and Northern Ireland). Mit diesem Ereignis begann die Gründung des modernen Kinderschutzsystems (Walters 2008). Seit dem Untersuchungsbericht über die Todesumstände der Maria Colwell gab es über 70 weitere veröffentlichte Berichte über Kinder, die aufgrund von unmittelbarer körperlicher Misshandlung und Vernachlässigung starben oder in Pflegeeinrichtungen missbraucht wurden (Commission for Children and Young People and Child Guardian 2005).

Ein weiteres Kindergesetz wurde 1989 erlassen (The Children's Act 1989), welches die gesetzliche Grundlage für das heutige Kinderschutzsystem in England und Wales darstellt (in Nordirland: The Children's (Northern Ireland) Order 1995, in Schottland: the Children's (Scotland) Act 1995; Walters 2008). Darin wurde jedem Kind das Recht auf Schutz vor Missbrauch und Ausbeutung gewährt und das Recht auf Untersuchungen, um ihr Wohlergehen zu gewährleisten. Im Mittelpunkt stand der Gedanke, dass Kinder am besten in ihrer Familie versorgt werden. Zuvor wurde meistens das Kind als Opfer aus dem Haushalt genommen. Aufgrund des Gesetzes soll nunmehr in der Regel der Täter den Haushalt verlassen, um so die Auswirkungen auf das Opfer zu minimieren. Das Gesetz trat in England und Wales 1991, in Nordirland 1996 in Kraft (Walters 2008).

1991 wurde die Richtlinie „Working Together Under the Children's Act" herausgegeben, wonach die ACPC verpflichtet sind, Untersuchungen bezüglich der Einhaltung von Kinderschutzmaßnahmen (bekannt als „Kapitel-8-Untersuchungen"/„Chapter Eight Inquiry") durchzuführen, wenn Kindesmissbrauch/-misshandlung als Todesursache oder Grund für eine schwere Verletzung vermutet oder bestätigt wurde. 1994 wurde die Nationale Untersuchungskommission zur Verhinderung von Kindesmisshandlungen durch das NSPCC gegründet, welche aber völlig unabhängig von diesem arbeitete. Ende 1996 legte die Kommission Bericht ab. Die Kommission sollte die bestehende Praxis berücksichtigen und Empfehlungen für eine nationale Strategie zur Verhinderung von Kindesmisshandlung und -vernachlässigung in Großbritannien abgeben (Walby 1998). Allerdings hatte die Kommission keinen formellen Status oder eine formelle Autorität, worin eine potentielle Schwäche lag. Bemerkenswert an den Ergebnissen der Arbeit der Kommission war die Konsistenz der Analyse, was schlecht gelaufen war, und die relative Einfachheit, mit der vieles richtiggestellt werden konnte. Die Kommission fand heraus, dass viele Gelegenheiten zur Veränderung verpasst wurden, weil einzelne Gruppierungen dazu neigten, Initiativen zu dominieren. Dies war möglich, da es keine einheitliche Philosophie zum Schutz der Kinder hinter der sozialen Politik gab und weil aufeinanderfolgende Regierungen zurückhaltend schienen, einen einheitlichen Zugang hinsichtlich der Art und Weise als auch der Qualitätsstandards der Dienste für Kinder vorzuschreiben. Unter anderem fehlt den örtlichen Kinderschutzbehörden die Autorität zur Verpflichtung aller relevanten Behörden und es findet sich kein Parallelmechanismus auf nationaler Ebene. Ferner gibt es keine allgemeine Datenbanken oder Informationssysteme, auch keine einheitlichen Vorgaben von den zentralen Ministerien. Dadurch entsteht ein nationaler Mangel an Information und Analyse. Auch Details über die aktuellen finanziellen Investitionen in den Kinderschutz sind nur schwer zugänglich (Walby 1998).

„Working Together Under the Children's Act" wurde 1999 überarbeitet und ist seitdem bekannt unter dem Namen „Working Together to Safeguard Children" („Zusammenarbeit zum Schutz der Kinder"; Sinclair and Bullock 2002). Der englische Terminus „Safeguarding" („Schützen") beinhaltet ein breites Konzept, welches auf die Förderung des Wohlergehens von Kindern abzielt und Maßnahmen aufstellt, um die Sicherheit von Kindern zu verbessern und Missbrauch zu verhindern. Der Kinderschutz ist ein Teil dieses Schutz-Prozesses, wonach Interventionen notwendig sind, falls es gewichtige Anhaltspunkte für eine Kindeswohlgefährdung gibt (Walters 2008). 1999 folgte das Gesetz zum Schutze der Kinder („The Protection of Children's Act 1999"), dessen Ziel es ist zu verhindern, dass Pädophile mit Kindern zusammenarbeiten (N.N., Brief History of Child Care Law in England, Wales and Northern Ireland).

Den nächsten traurigen Meilenstein in der Geschichte des britischen Kinderschutzes stellte der grausame Tod der achtjährigen Victoria Climbié im Jahre 2000 dar, der als der völlige Zusammenbruch des interdisziplinären Kinderschutzsystems, wie es nach dem Tod von Maria Colwell entwickelt worden war, angesehen wurde (Batty 2003), sowie der anschließende über

300 Seiten starke Untersuchungsbericht unter der Federführung von Lord Laming dar. Dieser Untersuchungsbericht wurde im Jahre 2003 veröffentlicht und stellte fest, dass sowohl Gesundheits- und Sozialdienste als auch die Polizei insgesamt bis zu 12 Gelegenheiten versäumten, Victorias Leben zu retten. Der Bericht empfahl unter anderem die Ernennung eines Ministers für Kinder, die Einrichtung einer nationalen Agentur für Kinder und Familien, örtliche Kommissionen und Vorstände zur Überwachung der Kinderdienste, eine nationale Datenbank, eine öffentliche 24-Stunden-Rufnummer, um mögliche Kindeswohlgefährdungen melden zu können. Die Antwort der Regierung auf den Untersuchungsbericht zu Victoria Climbié beinhaltete ein Vorhaben zur Etablierung eines neuen Systems zur Untersuchung von kindlichen Todesfällen in England und Wales, in dem alle unerwarteten Kindstode durch lokale Untersuchungsgruppen bestehend aus Fachkräften mit angemessener Erfahrung untersucht werden (Lord Laming 2002). Ein Minister für Kinder wurde ernannt, allerdings nicht auf der Ebene des Kabinetts, wie empfohlen wurde (N.N., Brief History of Child Care Law in England, Wales and Northern Ireland). Ebenfalls im Jahre 2003 wurde ein sogenanntes „Grünbuch" („Green Paper") mit dem Titel „Jedes Kind zählt" („Every Child Matters") veröffentlicht. In Großbritannien (wie auch in ähnlichen Commonwealth-Staaten sowie in der Republik Irland) ist ein Grünbuch ein vorläufiges Gutachten der Regierung über ein geplantes Vorhaben, welches keinerlei Verpflichtungen beinhaltet. Ein Grünbuch ist der erste Schritt zu einer Gesetzesänderung. Im Grünbuch „Every Child Matters" werden Vorhaben für 150 Children's Trusts-Organisationen vorgestellt, die bis 2006 die Sozialdienste, das Erziehungs- und das Kindergesundheitswesen mit einbeziehen, ein Beauftragter für Kinder, welcher die Kinderdienste beaufsichtigt, gesetzliche örtliche Sicherheitsbehörden, welche die ACPCs ersetzen und ein unabhängiger Kommissar für Kinder, um das Wohlergehen und die Rechte der Kinder und Jugendlichen zu schützen (N.N., Brief History of Child Care Law in England, Wales and Northern Ireland). Auch die heutigen Untersuchungen sind Teil breiter Regierungsinitiativen, die auf das Grünbuch „Every Child Matters" zurückgeht (Edwards 2004). 2004 veröffentlichte die Regierung die Children's Bill, welche die hauptsächlichen Vorhaben des Grünbuchs von 2003 implementiert. Außerdem haben die Gemeinden eine größere Flexibilität in der Organisation von Kinderdiensten, ohne dass die Vereinigung von Erziehung und Sozialdiensten weiterhin obligatorisch ist (N.N., Brief History of Child Care Law in England, Wales and Northern Ireland). „Every Child Matters" führte schließlich zum Kindergesetz von 2004, welches die rechtliche Grundlage für das „Every Child Matters-Programm" darstellt. Dieses Gesetz ersetzt jedoch nicht das Kindergesetz von 1989. Das Kindergesetz von 2004 legt großen Wert auf eine verbesserte Zusammenarbeit innerhalb aller Behörden und mit weiteren relevanten Partnern zur Verbesserung des Kinderschutzes für alle Kinder (unabhängig von einer Bedürftigkeit oder Kindeswohlgefährdung). Mit dem Kindergesetz von 2004 wurden die Kinderdienste um-

strukturiert und es wurden gesetzliche kommunale Kinderschutzkommissionen (Local Safeguarding Children Boards, LSCB) anstelle der nichtgesetzlichen Kinderschutz-Kommissionen eingeführt.

Heutzutage fällt Kinderschutz in England und Wales in den Verantwortungsbereich des Ministeriums für Kinder, Schulen und Familien (Department for Children, Schools and Families, DCSF). Das DCSF erlässt sowohl verbindliche Richtlinien für die Kommunalbehörden als auch nicht verbindliche Richtlinien, deren Befolgung das DCSF den Kommunalbehörden empfiehlt. Die Kommunalbehörden nutzen diese Richtlinien, um ihre eigenen Verfahrensregeln zu entwickeln, welche die Fachkräften im Kinderschutz im Bereich der jeweiligen Kommune befolgen sollten. Ähnlich ist es auch in Nordirland, wo allerdings das Ministerium für Gesundheit, Sozialwesen und Öffentliche Sicherheit zuständig ist (Walters 2008).

In Schottland dagegen ist es die schottische Exekutive, welche die Richtlinien für die Kommunalbehörden erlässt. Auch die Waliser Nationalversammlung hat damit begonnen, Richtlinien für Kommunalbehörden in Wales zu erlassen (Walters 2008). Im Folgenden wird das Kinderschutzsystem in England beschrieben; Wales, Nordirland und Schottland haben ihre eigenen Kinderschutzsysteme, -Gesetzgebung und -Richtlinien, die ähnlich wie in England ausgestaltet sind (Walters 2008).

Wenn jemand sich um das Wohlergehen eines Kindes sorgt, sollte er seine Bedenken entweder dem Kinderschutzteam der örtlichen Kommunalbehörden, der NSPCC-Hotline oder der Polizei mitteilen. Auch die örtlichen Kommunalbehörden verfügen über eine öffentliche Telefonnummer, worunter auch über die täglichen Öffnungszeiten hinaus eine Ansprache möglich ist. Die meisten Fachkräfte, die mit Kindern und Familien arbeiten, haben interne Verfahrensregeln zu befolgen, wenn sie eine Kindeswohlgefährdung befürchten. Alle Schulen müssen einen für den Kinderschutz beauftragten Lehrer haben, der als erstes anzusprechen ist. Im Gesundheitswesen gibt es ebenfalls designierte Krankenschwestern und Ärzte, die sich mit Kinderschutzfragen beschäftigen. Auch wenn es keine verbindlichen Gesetze über die Berichterstattung gibt, ist aufgrund von behördlichen Richtlinien eine Meldung zu erstatten, wenn es Anhaltspunkte für eine Kindeswohlgefährdung gibt. Meldungen, die bei der NSPCC-Hotline oder der Polizei eingehen, werden zu dem Kinderschutzteam der jeweiligen Kommunalbehörde weitergeleitet. Bei unmittelbarer Gefahr für das Kind kann die Polizei auch von sich aus tätig werden und gegebenenfalls das Kind zu einem sicheren Ort bringen oder die Wegnahme aus einem sicheren Ort (z. B. ein Krankenhaus) verhindern. In Ausnahmefällen kann ein Kind bis zu 72 Stunden unter Polizeischutz gestellt werden, ohne dass zuerst ein gerichtlicher Beschluss ergehen muss. In solchen Fällen ist regelmäßig die jeweilige Kommunalbehörde dafür zuständig, für eine Unterbringung des Kindes zu sorgen.

Sobald das Kinderschutzteam der örtlichen Kommunalbehörde eine Kinderschutz-Meldung erhält, muss es innerhalb von 24 Stunden über das weitere Vorgehen entscheiden. Die Behörde ist zudem verpflichtet, Berichten über die Gefährdung eines Kindes nachzugehen, das sich physisch in ihrem Verantwortungsbereich aufhält, selbst wenn es seinen Wohnort im Bereich einer anderen Gemeinde hat. Wenn das Team entscheidet, dass eine Kindeswohlgefährdung vorliegt, muss eine Ersteinschätzung erfolgen, um weitere Informationen zu erhalten. Die Einschätzung muss innerhalb von sieben Tagen nach Eingang der ursprünglichen Meldung erfolgt sein. Sollte sich bereits im Verlauf der Einschätzung eine unmittelbare Gefahr für das Kind abzeichnen, kann das Kinderschutzteam einen Eilantrag bei dem zuständigen Gericht stellen. Eine Notfallschutzanordnung (Emergency Protection Order) beinhaltet, dass ein Kind bis zu acht Tagen aus seinem Zuhause herausgenommen werden darf. Eine andere Möglichkeit besteht darin, den mutmaßlichen Täter aus dem familiären Umfeld zu verweisen, so dass das Kind bei dem nicht misshandelnden Elternteil verbleiben darf (exclusion order). Gemäß Abschnitt 31 des Kindergesetzes von 1989 kann das NSPCC bei Veracht auf eine Kindeswohlgefährdung direkt einen Gerichtsbeschluss beantragen.

Der zuständige Sozialarbeiter, der die Ersteinschätzung vornimmt, trifft sich mit dem Kind und seiner Familie und nimmt Verbindung zu anderen Fachkräften auf, die die Familie kennen (z. B. Lehrer, Ärzte, Polizei, Gesundheitsschwester), um Informationen über die Bedürfnisse des Kindes zu sammeln, in Erfahrung zu bringen, ob die Eltern das Kind adäquat schützen können und herauszufinden, welche Handlungen erforderlich sind. Das Ministerium für Gesundheit hat ein Rahmenwerk zur Einschätzung von bedürftigen Kindern und ihren Familien herausgegeben, welches regelt, wie die Einschätzung stattzufinden hat. Wird entschieden, dass ein Kind weiterer Unterstützung durch die Sozialdienste bedarf, wird es offiziell zu einem bedürftigen Kind („Child in Need") gemäß Abschnitt 17 des Kindergesetzes von 1989 erklärt. Dadurch sind die Kommunalbehörden verpflichtet, Dienste bereit zu stellen, um bedürftige Kinder zu schützen und ihr Wohlergehen zu fördern. Sollte sich eine Kindeswohlgefährdung nicht herausstellen, trifft der Sozialarbeiter das Kind, dessen Familie und die Kollegen um angemessene Unterstützung zu bestimmen und zu organisieren. Die weitere Entwicklung wird überwacht und der Fall abgeschlossen, wenn es angemessen erscheint. Bei Vorliegen einer Kindeswohlgefährdung wird eine Diskussion über die weitere Strategie geführt, wobei sich die Fachkräfte der zuständigen Behörden treffen und entscheiden, ob eine Untersuchung nach Abschnitt 47 des Kindergesetzes von 1989 eingeleitet werden muss. Danach müssen unter der Führung des Kinderschutzbeamten eine Grundeinschätzung vorgenommen werden und im Zuge dieser weitere Informationen eingeholt werden. Scheint das Kind weiteren Gefahren ausgesetzt zu sein, hat innerhalb von 15 Tagen nach der Diskussion über die weitere Strategie eine Kinderschutzkonferenz einberufen zu werden. An dieser nehmen die Kinderschutzbeamten (Sozialarbeiter), andere zuständige Fachkräfte, die im Einschätzungsprozess involviert waren, und Familienmitglieder teil. Wenn das Kind alt und reif genug ist, kann es ebenfalls zu der Konferenz eingeladen werden. Die entsprechende Richtlinie findet sich in „Working together to safeguard children: a guide to inter-agency working to safeguard and promote the welfare of children". Kinderschutzkonferenzen können bereits vor der Geburt eines Kindes gehalten werden, wenn zum Beispiel die Eltern eine Vorgeschichte von Kindesmisshandlung haben oder die Mutter drogenabhängig oder psychisch krank ist. In dieser Konferenz wird darüber entschieden, ob das Kind in das Kinderschutzregister aufzunehmen ist, welches von jeder Kommunalbehörde geführt wird. Dabei handelt es sich um eine vertrauliche Liste von Kindern in der jeweiligen Gemeinde, die einer kontinuierlichen Gefahr oder einer Kindeswohlgefährdung ausgesetzt sind. Wird das Kind in das Register aufgenommen, hat nach weiteren drei Monaten eine Konferenz zur Überprüfung zu erfolgen und dann immer im Turnus von sechs Monaten, solange, wie der Name des Kindes im Register geführt wird. Ein Kinderschutzplan wird vorbereitet und eine Kerngruppe wird benannt, die sich regelmäßig trifft, um die Einhaltung des Plans zu überprüfen. Dieser Plan beinhaltet Details, wie Sozialdienste das Wohlergehen des Kindes überwachen, welche Veränderungen vorgenommen werden müssen, um die Gefahr für das Kind zu reduzieren und welche Unterstützung der Familie des Kindes angeboten werden soll. In der Regel werden die Eltern über den gesamten Einschätzungsprozess informiert, es sei denn, dies würde eine Gefahr für das Kind bedeuten. Wenn ein Kind in das Kinderschutzregister aufgenommen wird, gibt dies den Fachkräften die Möglichkeit, ihre Bedenken untereinander zu berichten und zu teilen. Im Anschluss an die Konferenz wird über den weiteren Verlauf der Fürsorge entschieden, grundsätzlich vor dem Familiengericht, bei dem die Fälle von drei Magistraten angehört werden. Dieses Gericht ist auch für den Beschluss von Eilschutzanordnungen zuständig. Komplexere Fälle werden zum Amtsgericht bzw. zum Obersten Gerichtshof abgegeben, wo die Entscheidungen von Richtern getroffen werden (Walters 2008).

In der Regel wird zunächst ein einstweiliger Sorgerechtsbeschluss (care order) beantragt. Die Kommunalbehörde muss einen Fürsorgeplan aufstellen, aus dem hervorgeht, wo das Kind leben soll und wann und wie es die Schule und die Eltern besuchen soll. In einigen Fällen kann das Kind unter bestimmten Konditionen weiter bei den Eltern leben. Werden diese Bedingungen nicht eingehalten, ist die Kommunalbehörde berechtigt zu intervenieren, ohne eine entsprechende gerichtliche Anordnung einzuholen. Der erste einstweilige Sorgerechtsbeschluss gilt für acht, die darauf folgenden für vier Wochen. In dieser Zeit können die Fachkräfte ihre Einschätzungen beenden und Beweise für den endgültigen Sorgerechtsbeschluss sammeln. Außerdem können sie mit der Familie zusammenarbeiten, um zu eruieren, ob das Kind wieder nach Hause kann (doppelgleisige Planung). In der abschließenden Anhörung vor Gericht werden die Interessen des Kindes durch einen Verfahrenspfleger („children's guardian") vertreten, der ein Experte auf dem Gebiet ist. Ist ein Kind alt genug, kann es auch einen eigenen Anwalt benennen. Kommt das Gericht zu dem Schluss, dass das Kind eine Kindeswohlgefährdung erleidet oder in Gefahr einer solchen ist, und die Kindeswohlgefährdung von den Eltern oder Pflegern ausgeht (Schwellenkriterien des Abschnitts 31 des Kindergesetzes von 1989), erlässt es einen Sorgerechtsbeschluss. Außerdem muss das Gericht davon überzeugt sein, dass ein solcher Beschluss für das Kind besser ist als gar kein Beschluss („presumption of no order"). Nachdem ein solcher Beschluss erlassen wurde, wird der Fürsorgeplan implementiert. Der Kommunalbehörde wird die elterliche Verantwortung für das Kind übertragen. Gegebenenfalls wird die Adoption eines Kindes bei Gericht beantragt. Kinder, derenthalben ein Sorgerechtsbeschluss erlassen wurde, werden von den Kommunalbehörden überwacht, selbst wenn sie weiterhin bei ihren Familien leben (Walters 2008).

Stirbt ein Kind oder wird es schwer verletzt und steht der Verdacht einer Misshandlung oder der Vernachlässigung im Raum, hat die LSCB einen „Serious-Case-Review" durchzuführen, um herauszufinden, was schlecht lief, um daraus zu lernen und die Zusammenarbeit innerhalb der zuständigen Behörden zu verbessern. Die Verfahrensregeln für diese Untersuchungen finden sich in „Working together to safeguard children: a guide to interagency working to safeguard and promote the welfare of children". Teil 8 des Dokuments bestimmt, dass die örtliche Kinderschutzkommission eine Untersuchung der Kontakte eines Kindes und seiner Familie zu Behörden und Fachkräften durchzuführen hat, wenn ein Kind mutmaßlich aufgrund von Misshandlung oder Vernachlässigung zu Tode kam (sogenannte „Part 8 Reviews") (Commission for Children and Young People and Child Guardian 2005). Die Untersuchungen sollen den Schutz von Geschwisterkindern sicherstellen und die Wege der Zusammenarbeit örtlicher Fachkräfte und Ämtern zum Schutze der Kinder zu verbessern. Sie sind zu unterscheiden von Untersuchungen von kindlichen Todesfällen im Allgemeinen (hierunter fallen auch Unfalltode oder tödliche Krankheiten) und von öffentlichen Untersuchungen, die viel weitreichender sind und zu Änderungen der Gesetze und Strukturen führen können (Sinclair and Bullock 2002). Seit der Einführung des Kindergesetzes von 1989 wurden über 1.500 solcher „Part 8 Reviews" in Großbritannien durchgeführt Das LSCB ist ein ressortübergreifendes Forum, welches von der Kommunalbehörde aufgestellt wird, um zu vereinbaren, wie zum Schutze der Kinder zusammengearbeitet werden soll (Commission for Children and Young People and Child Guardian 2005).

Auch die bestehenden Systeme zur Untersuchung von Todesfällen bei Kindern in England, Wales und Nordirland wurden schließlich intensiv überprüft (Bunting and Reid 2005).

Lange Zeit folgten die Untersuchungsberichte dem Modell einer öffentlichen Ermittlung, ganz im Gegensatz zum US-amerikanischen und kanadischen Ansatz der interdisziplinären Untersuchungssysteme (Commission for Children and Young People and Child Guardian 2005). Erst 1987, als eine Studie zur Untersuchung von Fällen des plötzlichen Kindstods in Auftrag gegeben wurde („The Leeds Inquiry"), nutzte diese Studie denselben interdisziplinären Zugang wie die Vereinigten Staaten und Kanada (Commission for Children and Young People and Child Guardian 2005). Im Zuge der Entwicklungen nach dem Fall Victoria Climbié setzte sich das NSPCC stark dafür ein, unabhängige, interdisziplinäre Untersuchungsteams zu allen Todesfällen bei Kindern einzusetzen. Zu Beginn des Jahres 2004 wurde ein neues nationales Untersuchungsprogramm bezüglich der Gesundheit von Kindern entwickelt, wobei das Kindstod-Überprüfungs-Pilot-Projekt (Child Death Review Pilot Project) einen Aspekt darstellt. Danach sollen alle Todesfälle bei Kindern im Alter von 28 Tagen bis 18 Jahren innerhalb eines Jahres im Südwesten und Nordosten Englands, Wales und Nordirland untersucht werden. Kerndaten bezüglich aller Todesfälle in diesen Gegenden werden gesammelt und interdisziplinäre Untersuchungen durchgeführt, um Wege aufzuzeigen, wie Todesfälle verhindert werden können. Neuerdings werden in Serious Case Reviews auch die Perspektiven von Familienmitgliedern des betreffenden Kindes berücksichtigt. Dies korrespondiert mit dem offeneren und transparenteren Zugang zu der Verantwortlichkeit der öffentlichen Dienste (Rose and Barnes 2008).

„Working Together to Safeguard Children" regelt wie oben bereits dargelegt das Verfahren zur Untersuchung von kindlichen Todesfällen. In Kapitel 7 werden die Untersuchungsprozesse für alle Todesfälle von Kindern und Jugendlichen unter 18 Jahren geregelt (Ausnahme: Totgeburten), Kapitel 8 beschäftigt sich explizit mit den Untersuchungen von Todesfällen, in denen Misshandlungen oder Vernachlässigung einen Faktor darstellen könnten („Serious Case Reviews"). Die Untersuchungen sind seit dem 01.04. 2008 verpflichtend für jedes LSCB. Mit den Untersuchungen soll erreicht werden, dass Schlüsse gezogen werden können, wie die Todesfälle hätten verhindert werden können. Der unerwartete Tod eines Kindes kann dazu führen, dass verschiedene Untersuchungsprozesse durchgeführt werden können, insbesondere wenn der Verdacht auf Misshandlung oder Vernachlässigung besteht. „Working Together to Safeguard Children" soll die Zusammenarbeit der relevanten Fachkräfte und Organisationen koordinieren, um Wiederholungen zu vermeiden und sicherzustellen, dass für die Zukunft aus den Fehlern gelernt wird. Im Falle eines „Serious Case Reviews" regelt Kapitel 8, dass die örtlichen Organisationen zunächst prüfen sollen, ob eine Kindeswohlgefährdung darüber hinaus für andere Kinder, etwa Geschwister, besteht und diese Schutz bedürfen. Danach sollen die Organisationen prüfen, ob aus dem Todesfall Lehren für die Zusammenarbeit gezogen werden können. Das LSCB hat immer eine Untersuchung durchzuführen betreffend der Kontakte zwischen dem Kind und seiner Familie sowie den verschiedenen Organisationen und Fachkräften. Darüber hinaus ist eine Untersuchung durchzuführen, wenn ein Kind aufgrund von Misshandlungen bzw. Vernachlässigung möglicherweise lebensgefährlich verletzt wurde oder eine schwere oder bleibende Körperverletzung oder Entwicklungsstörung erlitten hat, besonders schwerem sexuellen Missbrauch ausgesetzt wurde, eine Elternteil getötet wurde, ein Kind von einem Elternteil mit einer psychischen Krankheit getötet wurde oder wenn der Fall Fragen bezüglich der interbehördlichen Zusammenarbeit aufwirft. Auch hier geht es darum, aus Fehlern zu lernen und insbesondere die inter-institutionelle Zusammenarbeit zu verbessern. Dagegen geht es ausdrücklich nicht darum, festzustellen, wie ein Kind zu Tode kam und wer Schuld an dem Tod hat. Diese Fragen bleiben den Rechtsmedizinern und Strafgerichten überlassen. Die Durchführung eines Serious Case Reviews ist unabhängig von der Tatsache, ob das getötete Kind zuvor Kontakt mit den örtlichen Behörden hatte. Hatten mehrere LSCB Kenntnis von dem Kind, ist dasjenige LSCB für die Untersuchung zuständig, in dessen Zuständigkeitsbereich das Kind seinen gewöhnlichen Aufenthaltsort hatte. Die anderen LSCB sind als Partner zu beteiligen. Jede Fachkraft kann einen Fall dem LSCB melden, wenn sie glaubt, dass aus diesem Fall wichtige Lehren betreffend die Kooperation mehrerer Behörden bzw. Organisationen gezogen werden können. Außerdem kann der Minister für Erziehung und Bildung verlangen, dass eine Untersuchung gemäß dem Untersuchungsgesetz von 2005 durchgeführt wird. Kapitel 8 gibt überdies Entscheidungshilfen, ob eine Untersuchung durchgeführt werden soll, wenn das betreffende Kind nicht gestorben ist. Zur Entscheidung eines LSCB, ob eine Untersuchung durchgeführt werden soll, hat das LSCB ein Gremium zu bilden, bestehend aus Mitarbeitern des Bereichs Kinderschutz, dem Gesundheits- und Erziehungswesen sowie der Polizei. Diese Entscheidung muss innerhalb eines Monates nach Bekanntwerden des Falles getroffen werden. In minder schweren Fällen kann eine Untersuchung im kleineren Umfang durchgeführt werden. Die relevanten Ergebnisse sollten dem Serious Case Review Gremium mitgeteilt werden. Ferner gibt Kapitel 8 Hilfen zur Festlegung des Rahmens für die Untersuchungen vor. Die Untersuchungen sollen innerhalb von vier Monaten durchgeführt werden. Werden gleichzeitig strafrechtliche Ermittlungen in einem Fall durchgeführt, ist mit den jeweiligen Strafverfolgungsbehörden das weitere Vorgehen abzustimmen, etwa der Zeitplan zur Befragung von Zeugen und mögliche Auswirkungen auf die strafrechtlichen Ermittlungen. Keinesfalls sollten die Serious Case Reviews aufgrund laufender strafrechtlicher Ermittlungen verschoben werden.

Jeder einzelne beteiligte Dienst bzw. jede unabhängige Fachkraft hat eine eigene Untersuchung hinsichtlich ihrer Kontakte mit dem Kind und der Familie durchführen. Ausgewählte Fachkräfte haben die Arbeit aller beteiligten Mitarbeiter des Gesundheitswesens zu überprüfen und zu evaluieren. Außerdem nehmen sie eine Vermittlungsposition zwischen Vertraulichkeit und der Offenlegung von Fakten. Wenn ein Kinderschützer im Rahmen einer Untersuchung aussagt, sollte zuerst das Einverständnis der Gerichte gesucht werden, so dass die Pflicht des Kinderschützers zur Verschwiegenheit im notwendigen Grad aufgehoben werden kann. Die einzelnen Untersuchungsberichte werden vom LSCB in einem umfassenden Bericht zusammengefasst, in dem die Ergebnisse der einzelnen Berichte analysiert werden und Empfehlungen für zukünftiges Handeln abgegeben werden. Dieser umfassende Bericht sollte von einer Person beauftragt werden, die unabhängig von allen beteiligten Behörden/Fachkräften ist.

Serious Case Reviews sind nicht Teil disziplinarischer Maßnahmen, doch kann sich aus den Ergebnissen der Untersuchungen ergeben, dass solche Maßnahmen ergriffen werden müssen. In den Untersuchungen der einzelnen Organisationen werden die beteiligten Fachkräfte danach befragt, inwiefern sie mit dem Kind und seiner Familie befasst waren, wie sie ihren Kontakt bewerten, ob es in der Organisation Richtlinien für den Kinderschutz gab, wie die jeweiligen Entscheidungen getroffen wurden, ob die Maßnahmen mit den Entscheidungen übereinstimmten, ob es angemessene Fürsorgepläne gab, in welcher Weise die Wünsche und Gefühle des Kindes erfragt wurden, ob der familiäre Hintergrund (z. B. Kultur, Religion, Sprache) berücksichtigt wurde, inwiefern Vorgesetzte und andere Organisationen bzw. Fachkräfte beteiligt waren, ob die jeweilige Fallarbeit den Standards der Organisation und des LSCB entsprach, was aus dem Fall gelernt werden kann und was zukünftig getan werden sollte.

Der LSCB-Bericht besteht wiederum aus einer Einleitung, in dem die Umstände dargelegt werden, wieso es zu der Untersuchung kam, und die an den Untersuchungen beteiligten Personen aufgeführt werden. Sodann werden die Fakten aufgezählt und analysiert, bevor der Bericht mit Schlussfolgerungen und Empfehlungen schließt. Das LSCB sollte sicherstellen, das jede Organisation und Person mit der Darstellung ihrer Informationen in dem Bericht zufrieden ist. Die Empfehlungen sind in einen Handlungsplan umzusetzen. Sodann ist abzuklären, wem der Bericht oder Teile des Berichts unter Berücksichtigung des Datenschutzes und ggf. laufender strafrechtlicher Ermittlungen zur Verfügung gestellt wird. Den an den Untersuchungen Beteiligten ist ein Feedback zu geben, ebenso den Familienmitgliedern des betroffenen Kindes und den Medien, soweit angemessen. Kopien des umfassenden Berichts, des Handlungsplans und der einzelnen Berichte werden dem Ministerium für Bildung und Erziehung zur Verfügung gestellt (seit April 2007 ist dies das Ministerium für Kinder, Schulen und Familien; Rose and Barnes 2008). Zumindest eine Zusammenfassung des Berichts ist in allen Fällen zu veröffentlichen, der zumindest Informationen über den Untersuchungsablauf, die Hauptthemen des Falles und die gegebenen Empfehlungen enthält. Der Inhalt ist zu anonymisieren. Allerdings müssen diese Zusammenfassungen genügend Hintergrundinformationen zu dem Fall und die Dynamik der Misshandlung für den Leser beinhalten, damit dieser die Empfehlungen nachvollziehen und die gezogenen Lehren verstehen kann. Der Lerneffekt ist begrenzt, wenn die Zusammenfassungen geschönt sind oder sich ausschließlich auf die Empfehlungen beziehen. Dabei ist eine größere Einheitlichkeit hinsichtlich des Formats und der Struktur solcher Zusammenfassungen hilfreich (Brandon et al. 2008). Demnach sollten die Zusammenfassungen folgende Angaben enthalten:

- der anonymisierte Name oder die Initialen des Kindes sowie sein Alter zum Zeitpunkt des Vorfalls
- den Verlauf der Untersuchung (Ziel, Umfang und Aufgabengebiet)
- Gründe für das Durchführen der Untersuchung
- Kurze Zusammenfassung des Falles mit Details des Vorfalls, der Art der Misshandlung und den mutmaßlichen Verantwortlichen für die Misshandlung
- Familienhintergrund, anonymisiert dargestellt (möglicherweise identifizierende Details sollten dem umfassenden Untersuchungsbericht vorbehalten bleiben)
- Die beteiligten Dienste und Behörden sowie ihre Ressourcen
- Die wichtigsten Empfehlungen oder den Handlungsplan
- Schlüsselthemen und gezogene Lehren

Allerdings heißt es ausdrücklich in Kapitel 8, Ziffer 8.34: „Die Untersuchungen haben wenig Wert, solange nicht aus ihnen gelernt wird." Dazu soll bereits der Ablauf der Untersuchungen so gestaltet werden, dass das Lernen im Vordergrund steht und nicht Straf- oder Disziplinarmaßnahmen. Es soll nicht nur aufgezeigt werden, wo Veränderungsbedarf besteht, sondern auch, welche Dinge gut gelaufen sind. Die Empfehlungen sollen sich nur auf wenige Hauptthemen beziehen. Aber auch in der alltäglichen Praxis kann bereits sichergestellt werden, dass ein erfolgreiches Lernen aus Untersuchungsberichten stattfindet. Dazu zählt, dass es eine Kultur von Prüfungen und Überprüfungen gibt, und die Zusammenarbeit verschiedener Behörden nicht nur aus Anlass einer Tragödie überprüft wird. Außerdem trägt ein klares, systematisches Dokumentationssystem zum Erfolg der Untersuchungen bei. Eine gute Kommunikation und gegenseitiges Verständnis zwischen den verschiedenen Berufen und Fachkräften sowie mit den örtlichen Gemeinden und den Medien ist ebenfalls ein wichtiger Faktor. Es sollte zudem sichergestellt werden, dass die Fachkräfte verstehen, was im Falle eines Serious Case Reviews zu erwarten ist. Alles in allem soll die Überprüfungen eine wichtige Erkenntnisquelle für die nationale Strategie und Praxis darstellen, für die das Ministerium für Bildung und Erziehung letztlich verantwortlich ist.

Der Trend in Großbritannien geht in den letzten Jahren dahin, dass die aufsehenerregenden öffentlichen Untersuchungen der vergangenen 25 Jahre durch interne Untersuchungsverfahren abgelöst werden (Sanders et al. 1999).

Allerdings unterliegen die Part 8 Reviews auch gewissen Beschränkungen: Die Aufgabengebiete sind begrenzt und konzentrieren sich daher hauptsächlich darauf, ob Verfahrensabläufe eingehalten wurden oder ergänzt werden sollten, anstatt die Gründe für die Kindesmisshandlung anzusprechen. Auch bei den Untersuchungen kommt es ebenfalls gelegentlich zu fehlender Kooperation zwischen den Behörden, was dazu führt, dass relevante Punkte nicht immer gründlich besprochen werden können. Oft enthalten die Berichte keine Details oder Angaben, wie die Empfehlungen überwacht werden sollen. Es gibt einen Mangel an Vergleichbarkeit mit dem gewöhnlichen Kinderschutz, obwohl die Schlussfolgerungen auf die Annahme über solche Praxis gestützt werden mögen. Schließlich sprechen die Untersuchungsberichte auch nicht die Unterstützung an, welche die Mitglieder nach dem Todes eines Kindes während und nach der Untersuchung bedürfen (Sanders et al. 1999).

Seit 1999 werden alle zwei Jahre ausgewählte Serious Case Reviews im Auftrag der Regierung überprüft, um Schlüsselergebnisse aus den örtlichen Untersuchungen zu ziehen und ihre Bedeutung für die Strategie und Praxis herauszufinden (Rose and Barnes 2008). Dies dient dazu, das Lernen aus den problematischen Kinderschutzverläufen zu optimieren. Dafür bedarf es eines regelmäßig berichteten Minimums an Information. Allerdings reicht es nicht, die Informationen nur zu sammeln, sondern es kommt darauf an, wie die Information verwertet wird, um zu analytischeren Entscheidungen und einer sichereren Praxis zu gelangen. (Brandon et al. 2008). Die Überprüfung der Berichte im Zeitraum von 2001 bis 2003 etwa sollte die gemeinsamen Schlüsselthemen der ausgeweiteten Empfehlungen identifizieren, überprüfen, dass die Serious Case Reviews in Handlungspläne mündeten und klären, was die Implementierung der Handlungspläne behinderte oder begünstigte. Schließlich sollte geprüft werden, ob die Untersuchungsprozesse zu Änderungen in den Strategien oder in der Praxis der örtlichen Gegebenheiten geführt und auf nationaler Ebene Lehren daraus gezogen worden waren.

Die Untersuchung ergab, dass 45 % der Untersuchungsberichte über ein Jahr bis zu ihrer Fertigstellung brauchten. Lediglich 12 % wurden im vorgegebenen Zeitrahmen fertiggestellt. Gründe hierfür waren unter anderem die Kollision mit strafrechtlichen Ermittlungen und Verfahren (entgegen der Intention von „Working Together to Safeguard Children"), aber auch interne Gründe, etwa die Dauer der Fertigstellung der einzelnen Organisationsberichte. Die Durchführung der Untersuchung hat einen hohen Aufwand finanzieller und personeller Ressourcen zur Folge. Auch das Problem der Vertraulichkeit hinsichtlich Informationen über Familienmitglieder stellt sich im Zuge der Serious Case Reviews. Zum einen geben Fachkräfte unter Umständen bestimmte Informationen nicht preis, zum anderen sind Familienmitglieder teilweise zurückhaltend, wenn es darum geht, dass ihre Informationen im Rahmen der Untersuchungen veröffentlicht werden und damit gegebenenfalls ein negatives Licht auf sie selbst oder andere Angehörige geworfen wird oder sie als illoyal betrachtet werden. Ein weiteres Problem stellte die Benennung eines unabhängigen Dritten zur Durchführung der umfassenden Berichte dar. Die Rolle eines solchen unabhängigen Experten ist nicht immer einfach, es kann zu Interessenkonflikten und dadurch zu einer Stimmung im Untersuchungsteam kommen, die zu gegensätzlichem statt hilfsbereitem Handeln führt. Auch die Kosten für die Arbeit eines unabhängigen Dritten sind sehr uneinheitlich und teilweise sehr hoch. Hinzu kommt, dass es oft schwierig ist, im Rahmen der vorgegebenen Zeitpläne einen qualifizierten Sachverständigen zu finden (Sinclair and Bullock 2002). Hierbei wurde auf ein informelles System von Beziehungen zu geeigneten Personen zurückgegriffen. Rose und Barnes (2008) empfehlen das transparente und offene Einrichten eines Pools mit ausgebildeten, glaubwürdigen Experten, die dann zu den Untersuchungen herangezogen werden können (Rose and Barnes 2008).

Hinsichtlich der Bekanntmachung der Berichte stellte sich heraus, dass die umfassenden Berichte in den meisten Fällen den Mitgliedern der örtlichen Kinderschutzkommission übersandt wurden. Die Zusammenfassung dagegen wurde weiter verbreitet. In einigen Gegenden wurden sie auch als Kabinettsberichte den Mitgliedern der örtlichen Verwaltung übersandt. Bei der Veröffentlichung wurde großer Wert auf den Schutz der Identität der betreffenden Fachkräfte und Familien gelegt. In 80% der untersuchten Berichte wurden am Ende Zusammenfassungen der Ergebnisse, was aus den Ereignissen für die Zukunft gelernt werden könne, sowie Empfehlungen für weiteres Handeln präsentiert. Allerdings waren die Erkenntnisse zumeist nicht neu und spiegelten diejenigen früherer Berichte und Studien, insbesondere des Untersuchungsberichts im Falle von Victoria Climbié wider. Themen waren häufig der fehlende Blick auf das Kind und seine Lebensumstände, die fehlende direkte Kommunikation bzw. der fehlende Kontakt von Fachkräften mit dem Kind selbst, der fehlende Überblick über die Ereignisse, mangelhafte Risikoeinschätzung und Analyse, Überschätzung der Erziehungsfähigkeit der Eltern in schwierigen Situationen, isolierte Entscheidungen ohne Risikoeinschätzung sowie fehlendes Handeln. Bei der Zusammenarbeit mit anderen Organisationen wurden immer wieder der fehlende Informationsaustausch und die mangelnde Kommunikation, eine schlechte Dokumentation und ein Abweichen von den vorgegebenen Handlungsabläufen, etwa regelmäßige Treffen, bemängelt. Innerhalb der eigenen Organisation werden der fehlende Überblick der Führung über die einzelnen Fälle, schlecht ausgebildete und unerfahrene Fachkräfte und Führungskräfte sowie ungenügende Supervision kritisiert. Die meisten Empfehlungen zielten überraschenderweise auf die Schaffung weiterer Verfahren ab. Des Weiteren wurde eine Verbesserung der Kommunikation und des Informationsaustausches empfohlen. Bezüglich der Empfehlungen wurde ein kritisches Dilemma festgestellt. Auf der einen Seite wurde es als wichtig empfunden, die Gelegenheit zu nutzen, um Veränderungen zu erreichen, auf der anderen Seite wurde befürchtet, dass viele Empfehlungen kontraproduktiv sein könnten, wenn sie nicht umgesetzt würden. Die Prüfer waren sich unsicher, wie tatsächlich Änderungen der Praxis erreicht werden konnten. Hinsichtlich der Umsetzung der Handlungspläne bestand Uneinigkeit, ob sie vollständig implementiert wurden und Wirkung zeigten oder nicht. Als hilfreich für die Umsetzung wurden der erste Schock nach Bekanntwerden des Falles und die damit verbundene Autorität des Untersuchungsberichts, eine klare Unterscheidung zwischen systematischen und individuellen Fehlern, Empfehlungen, die nationalen Trends entsprechen, eine starke und selbstbewusste lokale Kinderschutzkommission sowie regelmäßige Überprüfungen des Fortschritts erachtet. Insgesamt wurden die Serious Case Reviews als wichtiger Bestandteil des Kinderschutzes erachtet, es wurde aber auch erkannt, dass sie nur eine wichtige Quelle zur Verbesserung des Kinderschutzes darstellen und es insbesondere einer stärkeren Kultur des Lernens in den LSCBs bedarf. Dies beinhaltet das Training der Fachkräfte anhand der Untersuchungen von Beinahe-Fehlern (Rose and Barnes 2008).

In einer weiteren Gesamtüberprüfung von Serious Case Reviews im Zeitraum April 2003 bis März 2005 kam das Untersuchungsteam zu dem Ergebnis, dass zwar die meisten Fälle nicht vorhersehbar gewesen waren, jedoch in den meisten Fällen zahlreiche unglückliche Umstände vorgelegen hatten, die den Fachkräften nicht bekannt gewesen waren. Wären sie sich dieser Umstände bewusst gewesen, hätte es ihnen geholfen, die Lebensumstände des Kindes besser zu verstehen (Brandon et al. 2008). Die Untersuchungen ergaben auch, dass es nicht nur Unsicherheiten und Missverständnisse bezüglich der Interventionsschwellen gab, sondern auch eine primäre Beschäftigung der Behörden hinsichtlich der Ausbildungskriterien in den Diensten anstelle einer vorrangigen Besorgnis um das betreffende Kind. Kritisch wurde auch gesehen, dass Versuche, aus diesen Fällen zu lernen, und die Entschlossenheit, ihre Wiederholung zu verhindern, die Fachkräfte dazu verleiten kann, Informationen fehl zu interpretieren. Nicht immer bestand ein Zusammenhang zwischen anerkannten Risikofaktoren wie häusliche Gewalt und Drogenmissbrauch und dem Tod bzw. der schweren Verletzung des Kindes (Brandon et al. 2008). Eine generelle Analyse der Untersuchungen warf nicht ein Bild großer Fehler oder katastrophalen Versagens auf. Es waren vielmehr Fehlerketten, kleinere Schwächen und Fehleinschätzungen verschiedener Behörden (Hopkins 2007).

Alle von Sinclair und Bullock (2002) befragten Experten betonten aber ohne Ausnahme den Wert dieser Untersuchungen (Sinclair and Bullock 2002).

Doch trotz des bestehenden Untersuchungssystems konnten weitere Misshandlungsfälle, zum Teil unter den Augen der zuständigen Behörden und Organisationen, nicht verhindert werden (Munro 2005 a; Hosking 2009). Auch nach dem Tod von Victoria Climbié und der größten Untersuchung eines Kinderschutzfalles kam es zu weiteren schweren Misshandlungsfällen, etwa dem Tod der zweijährigen Ainlee Labonte im Januar 2002, die verhungerte und von ihren Eltern geschlagen, verbrüht, verbrannt und zu Tode gefoltert worden war. Das zuständige Gesundheitspersonal hatte aus Angst vor den gewalttätigen Eltern vermieden, die Familie zu Hause aufzusuchen. Im Jahr 2003 starb der 21 Monate alte John Gray, weil er von dem

Lebensgefährten seiner Mutter zu Tode geprügelt worden war. Sein leiblicher, in Schottland lebender Vater hatte die Polizei in Schottland darüber informiert, dass sein Sohn von dem Partner seiner Frau gequält werde. Die Polizei teilte ihm jedoch mit, dass sie nichts tun könnte, weil der Junge in England lebte. Im November 2008 starb „Baby P" im Alter von 17 Monaten nach monatelanger Misshandlung durch seine Eltern, obwohl es zahlreiche Gelegenheiten für die beteiligten Behörden und Fachkräfte gegeben hätte, den kleinen Jungen zu retten. Noch in der letzten Woche seines Lebens war der Junge von einem Sozialarbeiter und einem Kinderarzt begutachtet worden. Bereits Monate vor seinem Tod waren Ärzten Spuren von Misshandlungen an dem Kind aufgefallen. Die zuständigen Sozialbehörden wiesen jede Verantwortung für den Tod des Kleinkindes von sich. Baby P. lebte in demselben Zuständigkeitsbereich wie Victoria Climbié, die im Jahr 2000 unter unvorstellbaren Qualen starb (Doward et al. 2008).

Der Grund dafür liegt nach Ansicht einiger Experten darin, dass die öffentlichen Untersuchungen nur die Symptome von Kindesmisshandlungen ansprechen, nicht dagegen die Wurzeln (Munro 2005a; Hosking 2009). Stattdessen wird vorgeschlagen, Beinahe-Fehler im Kinderschutz zu untersuchen. Beinahe-Fehler sind Vorfälle in Kinderschutzfällen, wo etwas, das schief hätte gehen können, verhindert wurde oder was schief lief, ohne dass ein Schaden in Folge entstanden wäre (Brandon et al. 2008). Solche Vorfälle geschehen häufig und können eine Möglichkeit darstellen, Schwachstellen im Kinderschutzsystem zu identifizieren, bevor Kinder zu Schaden kommen. Dieses Lernen basiert auf einer „Root-Cause-Analysis", welche danach fragt, warum ein Fehler gemacht wurde, und nicht von wem. Die Analyse geht von dem menschlichen Fehler als Ausgangspunkt der Untersuchung aus, statt menschliches Versagen als Schlussfolgerung zu formulieren. Dazu sollte ein eigenes Berichtssystem eingeführt werden. Kritisch wird aber gesehen, dass die Root-Cause-Analysis ereignisabhängig sei und damit keine gute Methode für chronische Fälle von Vernachlässigung oder die meisten Fälle von sexuellem Missbrauch darstelle (Brandon et al. 2008).

Im Folgenden werden die zwei bedeutendsten Untersuchungsberichte von Kinderschutzfällen in Großbritannien näher dargestellt.

Der Fall Maria Colwell

Sachverhalt

Die siebenjährige Maria Colwell (geboren am 25.03.1965) starb am 06.01. 1973 in Brighton. In den Jahren von 1966 bis 1971, nach dem Tode ihres Vaters und der Vernachlässigung durch ihre Mutter wurde sie vom East Sussex County Council betreut und wuchs wohlbehütet bei Onkel und Tante auf, zu denen ihre mit der Erziehung überforderte Mutter sie erstmalig im Alter von vier Monaten freiwillig gebracht hatte. Auch die vier leiblichen Geschwister Marias wurden bei Pflegeeltern untergebracht. Auf Verlangen der Mutter wurde Maria nach langen Auseinandersetzungen mit und zwischen den Familien und gegen ihren eigenen Willen im Oktober 1971 wieder zu dieser und ihrem späteren zweiten Ehemann, William Kepple, zurückgebracht. Die Familie, gemeinsam mit William Kepple hatte Marias Mutter Pauline noch drei weitere Kinder, wurde vom East Sussex County Council betreut. Trotz zahlreicher Meldungen bezüglich Misshandlungen, 30 Anrufen von Nachbarn bei den Sozialdiensten und zweimaligen Fluchtversuchen verblieb sie in einem gewalttätigen Umfeld. Immer wieder wurde sie geschlagen und in ihrem Zimmer eingesperrt. Offensichtlich musste sie schwere Arbeiten im Haushalt verrichten, etwa Kohle holen, anstatt die Schule zu besuchen. Nachdem ihr Stiefvater sie erneut äußerst brutal geschlagen hatte, wurde sie von ihm mit einem Kinderwagen ins Krankenhaus geschoben. Bei ihrer Ankunft war sie bereits tot. Beide Augen waren mit Blutergüssen umgeben, weitere Blutergüsse fanden sich am Hals, Rücken, Armen und Beinen. Sie wies schwere innere Verletzungen und Hirnschädigungen auf. Ihr Magen war leer. Maria wog nur noch 16 Kilogramm. Vor ihrem Tod gab es 50 offizielle Besuche in der Wohnung der Kepples, vom Kinderschutzverein, der Polizei, Schulsozialarbeitern (School Welfare Officers), Beamten für Wohnungsbau, Sozialarbeitern und Gesundheitsschwestern (Field-Fisher et al. 1974). Ihr Stiefvater, William Kepple, wurde erstinstanzlich zu acht Jahren Haft wegen Totschlags verurteilt. In zweiter Instanz wurde die Strafe auf vier Jahre Haft herabgesetzt.

Untersuchungsauftrag

Mit der Untersuchung und dem anschließenden Untersuchungsbericht sollte die Pflege und Überwachung seitens der kommunalen Behörden und anderen Agenturen und ihre Koordinierung bezüglich Maria Colwell untersucht werden. Zum einen sollte die Kommission den Zeitraum von Marias Unterbringung bei Pflegeeltern bis zu ihrer Rückgabe an die leibliche Mutter und zum anderen den Zeitraum danach untersuchen (Field-Fisher et al. 1974). Tausende Menschen hatten zuvor eine Petition unterzeichnet, in der sie eine öffentliche Untersuchung des Todesfalles forderten (The Argus 2000).

Zusammensetzung der Untersuchungskommission

Die Untersuchungskommission bestand aus Thomas Gilbert Field-Fisher (Vorsitzender der Kommission, Richter), Olive Stevenson, Sozialarbeiterin, und M. R. Davey (über sie konnten leider keine weiteren Informationen ausfindig gemacht werden). Diese drei wurden von dem damaligen Minister für Soziales, Sir Keith Joseph, am 17. Juli 1973 mit der Untersuchung beauftragt. Unterstützt wurde das Team von einer Sekretärin und zwei Juristen als Rechtsbeiständen (Field-Fisher et al. 1974).

Methodik

Zu Beginn wurden mittels einer öffentlichen Bekanntgabe alle Personen, die Zeugnis vor dem Untersuchungskomitee ablegen wollten, eingeladen, sich bei der Sekretärin des Ausschusses zu melden. Die Untersuchung wurde am 24.08.1973 in London mit einer Voruntersuchung eröffnet, in der die Verfahrensregeln verkündet wurden. Die eigentliche öffentliche Untersuchung fand in der Zeit vom 09.10.1973 bis zum 07.12.1973 in Brighton statt. An 41 Tagen wurden 65 Zeugen und fünf Sachverständige vernommen. Die Untersuchungskommission war nicht ermächtigt, das Erscheinen der Zeugen zu erzwingen. Dennoch sagten alle erforderlichen Zeugen freiwillig aus. Weitere 13 Zeugenaussagen wurden schriftlich abgegeben. 99 Dokumente und Beweisstücke wurden berücksichtigt. Die Kommission besichtigte die Wohnverhältnisse, in denen Maria Colwell gelebt hatte, die örtlichen Geschäfte und die Schule. Alle Parteien, die es beantragt hatten, durften sich vertreten lassen, mit Ausnahme des Maria Colwell Gedächtnisfonds. Die Zeugen wurden in der Hauptsache vom Rechtsbeistand des Untersuchungsausschusses oder von ihrem eigenen Rechtsbeistand vernommen. Alle Zeugen wurden im Kreuzverhör von allen Parteien befragt (Field-Fisher et al. 1974).

Die Kommission konnte keinen einvernehmlichen Bericht verabschieden, eins der Mitglieder, Olive Stevenson, gab ein Minderheitsvotum ab, das dem Bericht angefügt wurde. Sie bewertete darin das Verhalten einiger Beteiligter, insbesondere der betroffenen Sozialarbeiter, anders als ihre Kollegen und kam dadurch zu teilweise anderen Ergebnissen (Field-Fisher et al. 1974).

Der Untersuchungsbericht beginnt mit einer Einführung über die Beauftragung bis hin zur Darstellung des Vorgehens bei der Untersuchung (Kapitel 1 „Introduction"), wie es obenstehend beschrieben wurde. Im zweiten Kapitel („Narrative") werden die Ereignisse von Marias Geburt bis hin zu ihrem Tod chronologisch geschildert. Gleichzeitig wird hierin schon eine grobe Bewertung der einzelnen Handlungen bzw. Unterlassungen der Beteiligten vorgenommen. Eine ausführliche Bewertung erfolgt in Kapitel 3 („Comments") bezüglich der vielen Fehler im Bereich der Kommunikation der Fachkräfte. Es werden die Falldokumentation, die Kommunikation innerhalb und zwischen den von Maria besuchten Schulen sowie zwischen den Schulen und den Sozialbehörden (Social Services Departements), die Kommunikation zwischen den Sozialbehörden und dem NSPCC, zwischen den Sozialbehörden und dem Amt für Wohnungsbau, den Sozialbehörden und der Polizei, der Kommunikation zwischen Sozialarbeitern und der örtlichen Gemeinde, die Kommunikation mit den betroffenen Kindern generell, Informationen über mögliche Stiefeltern und die Anhörung vor dem Jugendgericht untersucht und bewertet. Insbesondere wurde ein Versagen hinsichtlich der Übermittlung von Schlüsselinformationen, eine ungenügende und häufig verwirrende Dokumentation grundlegender Informationen bezüglich Besuche, Anrufe, Gespräche und Mitteilungen sowie das Fehlen einer direkten Kommunikation mit dem betroffenen Kind über seine Gefühle und Lebensumstände festgestellt (Field-Fisher et al. 1974). Weiterhin gab es Täuschungen seitens der leiblichen Mutter und des Stiefvaters, die unzulänglich kritisch untersucht wurden. Die Fachkräften legten zu wenig Skepsis an den Tag im Hinblick darauf, was ihnen erzählt und präsentiert wurde (Parton 2004). Schließlich fehlten konsequente und gründliche Kontrollen. Ein zentrales Problem stellte dar, dass Marias leibliche Mutter nicht davon überzeugt werden konnte, Maria medizinisch untersuchen zu lassen, wenn es Hinweise auf Verletzungen gab. Aufgrund dessen wurden die Verletzungen auch nicht in das Gesamtbild der Situation einbezogen. Das größte Problem jedoch war der fehlende Informationsaustausch und die fehlende Zusammenarbeit verschiedener Fachkräfte in verschiedenen Agenturen (Field-Fisher et al. 1974).

Die Schlussfolgerungen („Conclusions") werden in Kapitel 4 dargelegt. Bereits einleitend heißt es dort: „... Wir halten es für unmöglich und unfair, die direkte Schuld für solche Unzulänglichkeiten in der Pflege und Überwachung von Maria einer bestimmten Person oder einer kleinen Gruppe von Personen zu geben. Viele der Fehler, die einzelne Personen gemacht haben, waren entweder das Resultat oder den ineffizienten Systemen in einigen verschiedenen Bereichen geschuldet, insbesondere Training, Verwaltung, Planung, Zusammenarbeit und Supervision. (…) Der Gesamteindruck, den Marias traurige Geschichte hinterlässt, ist der, dass während Individuen Fehler gemacht haben, es „das System" im weitesten Sinne war, welches sie im Stich ließ" (Field-Fisher et al. 1974, S. 86). Dennoch wurden einige Organisationen (die East Sussex Sozialbehörden, die Brighton Sozialbehörden, der Kinderschutzverein sowie die Polizei) für die Fehler und Unterlassungen ihrer Mitarbeiter kritisiert, da sie für deren Überwachung verantwortlich waren und keine fehlersicheren Systeme aufgebaut hatten. Kapitel 5 beinhaltet das Sondervotum eines Mitglieds des Untersuchungsausschusses, welche sich den Ergebnissen ihrer Kollegen nicht vollständig angeschlossen hatte. Die Differenzen lagen in der Interpretation und Beachtung einiger Fakten aus der Chronologie von Marias Leben, insbesondere der Bewertung des Vorgehens der zuständigen Sozialarbeiterin im Hinblick auf die Rückführung Marias zu ihrer leiblichen Mutter. Stevenson stellt in diesem Sondervotum einige Punkte aus der Chronologie anders dar und kommt auch zu einer anderen, positiveren Bewertung der Arbeit der zuständigen Sozialarbeiterin (Field-Fisher et al. 1974). Im letzten Teil der Analyse finden sich die Anlagen über Rechtsbeistände, Zeugen, Sachverständige, Bericht für das Jugendgericht).

Veröffentlichung

Der 120 Seiten umfassende Untersuchungsbericht wurde als Publikation der Regierung veröffentlicht und steht in öffentlichen Büchereien zur Verfügung.

Der Fall Victoria Climbié

Sachverhalt

Victoria Climbié starb am 25.02.2000 in einem Krankenhaus in Paddington an Unterkühlung, hervorgerufen durch Unterernährung, eine feuchte Umgebung und eingeschränkte Bewegung. Ihre Lungen, ihr Herz und ihre Nieren hatten versagt. Bei der Obduktion wurden 128 separate Verletzungen an ihrem Körper gefunden. Der obduzierende Arzt sprach von einer „beinahe systematischen Natur der zugefügten Verletzungen" und davon, dass kein Teil ihres Körpers von Verletzungen ausgenommen war, der über und über mit Narben versehen war. Man hatte ihr einen Kessel kochenden Wassers über den Kopf geschüttet, ihre Zehen mit einem Hammer geschlagen, sie mit einer Fahrradkette, Schuhen, Kleiderbügel, Holzkochlöffel und einer Gürtelschnalle geschlagen und es wurden Zigaretten auf ihrem Körper ausgedrückt. Im letzten Winter ihres Lebens musste sie in einer Badewanne in einem ungeheizten Bad leben und schlafen, ihre Hände und Füße waren in einer Mülltüte gefesselt, sie musste in ihren eigenen Fäkalien liegen. Sie war unterernährt.

Victoria wurde am 02.11.1991 bei Abidjan/Elfenbeinküste als fünftes von sieben Kindern geboren. Im Oktober 1998 erschien eine Tante ihres Vaters zu Besuch, die seit einigen Jahren in Frankreich lebte. Sie bat die Eltern Victorias, ein Kind mit nach Europa nehmen zu dürfen, um sich dort um seine Ausbildung zu kümmern. Die intelligente, sprachgewandte Victoria wurde daraufhin ausgewählt. Etwa im November 1998 flog sie mit ihrer Großtante Marie-Therese Kouao nach Paris. Ungefähr fünf Monate lebten sie als „Mutter und Tochter" wahrscheinlich in Villepinte, einer Kleinstadt nordöstlich von Paris. Kurz nach ihrer Ankunft wurde Victoria in einer Grundschule in Villepinte angemeldet, doch bereits im Dezember 1998 erhielt Kouao offizielle Warnungen seitens der Schule wegen Victorias Fehlzeiten. Im Februar 1999 involvierte die Schule eine Sozialarbeiterin. Wenn Victoria zur Schule kam, fiel auf, dass sie mitten im Unterricht einschlief. Im April 1999 flogen Victoria und Kouao nach London, wobei sie abermals vorgaben, Mutter und Tochter zu sein. Über eine Obdachlosenorganisation wurde ihnen eine Wohngelegenheit in Harlesden zugeteilt, die sie am 01. Mai 1999 bezogen. Den Mitarbeitern der Sozialbehörden, bei dem Kouao wegen finanziellen Hilfen und wegen des Zustands ihrer Wohnung vorstellig geworden war, fiel auf, dass Kouao stets gut gekleidet war, Victoria dagegen nicht. Sie war weder in einer Schule noch in einer Tagesstätte registriert. Im Juni 1999 bemerkte eine Verwandte Kouaos erstmalig eine frische Narbe auf Victorias rechter Wange, die laut Kouao von einem Treppensturz stammen sollte. Außerdem bemerkte sie, dass Victoria ein langärmeliges Kleid trug, welches nur ihr Gesicht und ihre Hände freiließ. Am selben Tag lernte Kouao ihren späteren Lebensgefährten, den Busfahrer Karl Manning, kennen, ihre Beziehung begann nur wenige Zeit später. Die Verwandte Kouaos war beunruhigt über die dreckige, enge und schlecht ausgestattete

Wohnung, die ihrer Meinung nach ungeeignet für ein Kind war. Außerdem vermutete sie, dass Victoria an Gewicht verloren hätte. Ein Mann aus Ghana erzählte ihr, er sei beunruhigt darüber, wie Kouao mit Victoria umginge. Daraufhin informierte die Verwandte mittels anonymen Anrufs die Sozialbehörden von Brent.

Seit Mitte Juni 1999 wurde Victoria von einer Tagesmutter betreut, die sich liebevoll um sie kümmerte. Der Tagesmutter fiel auf, dass Kouao oft sehr rau mit Victoria sprach. Eine Bekannte sprach die Tagesmutter darauf an, dass Victoria jeden Abend von Kouao geschlagen würde. Sowohl der Tagesmutter als auch ihrem erwachsenen Sohn fiel auf, dass Victoria immer sehr still und zurückhaltend wurde, wenn Kouao sie abholen kam. Oftmals bemerkten sie kleine Schnitte in ihren Fingern und kleinere Flecken in ihrem Gesicht. Bereits am 06.06.1999 zogen Kouao und Victoria bei Manning ein. Dessen Wohnung bestand aus Küche, Bad und nur einem Schlafzimmer, in dem zwei Schlafsofas standen. Auf einem schlief Victoria, auf dem anderen schliefen Manning und Kouao. Am 13.07.1999 erschien Kouao bei der Tagesmutter und forderte sie auf, Victoria endgültig zu sich zu nehmen, da Manning nicht bereit sei, mit Victoria zu leben. Diese lehnte ab, erklärte sich aber bereit, das Kind über Nacht aufzunehmen. Als Victoria zu ihr gebracht wurde, sah sie eine Verbrennung in Größe eines 50-Pence-Stücks auf ihrem Gesicht, welche mit einer Baseball-Kappe versucht worden war zu verdecken. An ihrem rechten Unterkiefer fielen drei runde Male auf, die wie abheilende Verletzungen aussahen. Victorias Augen waren blutunterlaufen, ein loses Stück Haut hing von ihrem rechten Augenlid herab. Die Tagesmutter fragte Kouao, wer Victoria verbrannt und geschlagen habe und erhielt zur Antwort, die Verletzungen habe sich das Kind selbst zugefügt. In der Nacht schwoll Victorias Gesicht an und ihre Finger sonderten Eiter ab. Am nächsten Tag brachte die Tagesmutter sie in die Notaufnahme des Krankenhauses. Der Arzt, der sie untersuchte, meldete den Vorfall einer Amtsärztin. In der folgenden, gründlicheren Untersuchung entdeckte die Beamtin eine große Anzahl von Verletzungen an Victorias Körper. Sie informierte die Sozialbehörden. Die Polizei wurde eingeschaltet und Victoria stand einige Zeit unter Polizeischutz. Es wurde angewiesen, dass Victorias „Mutter" keine unbeaufsichtigten Besuche machen dürfte. Am Morgen, nachdem der Polizeischutz aufgehoben worden war, kam Kouao und nahm Victoria mit nach Hause. Sie holten einige Sachen von Victoria bei der Tagesmutter ab. Diese und ihr Sohn bemerkten, dass Victoria ganz anders war als sonst, sie lachte und redete nicht mit ihnen. Seitdem hatte die Tagesmutter keinen Kontakt mehr mit dem Mädchen. Nur eine Woche später wurde Victoria von Kouao wieder in ein anderes Krankenhaus gebracht. Victoria hatte insbesondere eine ernsthafte Verbrühung im Gesicht, die sie sich angeblich selbst zugefügt hatte. Die Verbrennungen waren so schwerwiegend, dass Victoria 13 Nächte auf der Kinderstation des Krankenhauses verbringen musste. Die behandelnde Ärztin informierte die Sozialbehörden von Haringey. Am 28.07.1999 wurde daraufhin eine Sozialarbeiterin für Victoria zuständig. Mehrere Krankenhausmitarbeiter entdeckten Anzeichen vorsätzlicher Körperverletzung auf Victorias Körper, darunter den Abdruck einer Gürtelschnalle auf ihrer Schulter und weiterer Verbrennungen sowie den Abdruck von Bissen. Als Kouao und Manning sie im Krankenhaus besuchten, machte sie einen ängstlichen Eindruck. Im Krankenhaus wurde der Eindruck schriftlich festgehalten, das Verhältnis zwischen Kouao und Victoria gleiche dem von Herrin und Dienerin. Einmal wurde bemerkt, dass Victoria ihre Hose nässte, als sie von Kouao ausgeschimpft wurde. Am 06.08.1999 besuchten Victoria die zuständige Sozialarbeiterin und eine Polizeibeamtin, die kurz mit ihr sprachen und dann entschieden, Victoria zu Kouao zurückzugeben. Seitdem wurde sie insgesamt nur noch viermal von Fachkräften gesehen. Bei zwei Hausbesuchen der Sozialarbeiterin sprach diese nicht mit Victoria, fand sie aber gut versorgt, gepflegt und glücklich wirkend. Lediglich die Wohnverhältnisse wurden beanstandet. Noch immer besuchte Victoria keine Schule. Manchmal nässte das Mädchen tagsüber ein. Einmal sagte Kouao zu Bekannten, Victoria sei von einem bösen Geist besessen. Dem Pastor der Kirche, die Kouao besuchte, fiel bereits im Sommer auf, dass Victoria ungewöhnlich warm angezogen war, die Kleidung bedeckte alles außer Gesicht und Hände. Er bemerkte auch Wunden an beiden Händen. Kouao erzählte ihm von Victorias Inkontinenz und dem bösen Geist, der sie angeblich ergriffen hätte. Der Pastor riet, das Problem mit einem Gebet zu lösen. Die Enuresis verbesserte sich kurzzeitig, kehrte aber zurück und dauerte an. Aufgrund dessen, gab Manning später an, habe man im Oktober 1999 das Sofa, auf dem Victoria schlief, entsorgt und Victoria in dem Badezimmer schlafen lassen. In dem Badezimmer gab es kein Fenster und die Heizung war entweder defekt oder ungenutzt. Wenn Victoria im Badezimmer war, wurde die Tür geschlossen und das Licht gelöscht, so dass das Kind völlig allein und im Dunkeln war. Dieses fiel der zuständigen Sozialarbeiterin bei ihrem zweiten Hausbesuch Ende Oktober 1999 aber nicht auf. Im November 1999 machte Kouao Angaben gegenüber den Sozialbehörden Haringey, dass Victoria von Manning sexuell missbraucht worden war. Diese Angaben widerrief sie später. Hintergrund für die Anschuldigungen war möglicherweise die Aussage der Sozialarbeiterin bei ihrem zweiten Hausbesuch, dass die Behörde nur Kinder unterbrachte, deren Kindeswohl gefährdet war, und dass Victoria aus Sicht der Behörde nicht in Gefahr einer akuten Kindeswohlgefährdung war. Seit November wurde Victoria nicht nur ins Badezimmer zum Schlafen gesperrt, sondern auch in einen schwarzen Plastiksack geschnürt, um sie daran zu hindern, die Badewanne zu beschmutzen. Von dieser Praxis ließen Manning und Kouao im Januar 2000 schließlich ab, da das Liegen Victorias in ihrem eigenen Urin und ihren eigenen Fäkalien über Stunden schlimme Auswirkungen auf ihre Haut hatte und möglicherweise für Aufsehen bei den Sozialarbeitern gesorgt hätte. Dafür wurde Victoria immer längere Zeiten, auch tagsüber, im Badezimmer eingesperrt. Selbst ihr Essen wurde ihr ins Badezimmer gebracht. Dieses war in der Regel kalt, wenn man es ihr brachte, und da ihre Hände gefesselt waren, war sie gezwungen, es wie ein Hund zu essen. Regelmäßig, vermutlich sogar täglich, wurde sie von Kouao und Manning geschlagen. Nach Victorias Tod fanden sich Blutspuren von ihr an den Wänden, an Mannings Fußballschuhen und an seinen Joggingschuhen. Am 19.02.2000 war Victoria offensichtlich sehr krank und Kouao brachte sie in die Kirche. Der Pastor sprach mit Kouao über Victorias Enuresis und war der Meinung, dafür sei ein böser Geist schuld, er wolle daher eine Woche lang für Victoria fasten. Eine Woche später brachte Kouao das Kind wieder in die Kirche, weil es seit zwei Tagen geschlafen und weder gegessen noch getrunken hatte. Der Pastor rief ein Taxi und riet ihnen, ins Krankenhaus zu fahren. Sie fuhren ins North Middlesex Hospital. Bei ihrer Ankunft war Victoria bewusstlos und sehr kalt. Ihre Körpertemperatur betrug 27° Celsius. Victoria wurde einige Zeit später in das St. Mary's Hospital Paddington verlegt, wo sie sich in einem kritischen Zustand aufgrund von Unterkühlung und Multi-System-Versagen befand. Sie erlitt mehrfachen Atem- und Herzstillstand. Schließlich starb sie im Alter von acht Jahren und drei Monaten (Lord Laming 2002). Kouao und Manning wurden am 12.01.2001 wegen Mordes jeweils zu lebenslangen Freiheitsstrafen verurteilt.

Untersuchungsauftrag

Am 20.04.2001 wurde Lord Herbert Laming vom Gesundheitsminister und vom Innenminister beauftragt, drei Pflichtuntersuchungen durchzuführen, die später als der Victoria Climbié Untersuchungsbericht bekannt werden sollten. Der erste Untersuchungsbericht beruhte auf Abschnitt 81 des Kindergesetzes (Children's Act) von 1989. Darin ging es um die Aufgaben von örtlich verantwortlichen Sozialbehörden und ihren Zugang zu Kindern zu überprüfen. Der zweite Untersuchungsbericht beruhte auf Abschnitt 84 des Gesetzes über den staatlichen Gesundheitsdienst (National Health Service Act) von 1977. Dieser Bericht betraf die sich aus diesem Gesetz ergebenden Angelegenheiten. Der dritte Untersuchungsbericht beruhte auf Abschnitt 49 des Polizeigesetzes (Police Act) von 1996 und beschäftigte sich mit dem polizeilichen Vorgehen (Lord Laming 2002). Die Aufgabenstellung lautete:

- Beschreibung der Umstände, die zu Victorias Tod geführt und ihn umgeben haben
- Identifizierung der Dienste, die Victoria Climbié, Marie-Therese Kouao und Karl Manning in Anspruch genommen haben, der Gesundheitsinstitutionen und der Polizeistationen im Zeitraum zwischen der Ankunft von Victoria Climbié und Marie-Therese Kouao in England im März 1999 und Victoria Climbiés Tod im Februar 2000
- Untersuchung der Art und Weise, in der die kommunalen Behörden (in Bezug auf ihre sozialdienstlichen Aufgaben), die Gesundheitsinstitutionen und die Polizei hinsichtlich der drei oben genannten Personen während des oben genannten Zeitraumes und danach:

- auf diese Bedürfnisse reagiert haben
- ihre Aufgaben erfüllt haben
- miteinander zusammengearbeitet haben
- mit anderen Diensten zusammengearbeitet haben, einschließlich der örtlichen Schul- und Wohnungsbehörden
• Verfassen von Schlussfolgerungen bezüglich der Umstände, die zu Victoria Climbiés Tod geführt haben, und Empfehlungen für den Gesundheitsminister und den Innenminister, wie solch ein Ereignis zukünftig möglichst vermieden werden kann
• Abgabe eines Berichts der Untersuchung an den Gesundheitsminister und den Innenminister, welche dann für die Veröffentlichung sorgen werden.

Zusammensetzung der Untersuchungskommission

Lord Herbert Laming, ehemaliger Chefinspektor der Sozialdienste, benannte vier Assessoren, die ihn bei der Beweiserhebung und Beweiswürdigung unterstützen sollten: Dr. Nellie Adjaye, eine Mitglied der Königlichen Akademie für Pädiatrie und Kindergesundheit und Beratende Kinderärztin des Maidstone and Tunbridge Wells NHS Trust; John Fox, Kriminalkommissar und Leiter der Abteilung für Sonderermittlungen der Polizei in Hampshire; Donna Kinnair, Krankenschwester/Gesundheitsschwester und ehemalige strategische Beauftragte für Kinderdienste in Lambeth, Southwark und Lewisham;Nigel Richardson, Stellvertretender Direktor des Nord Lincolnshire Rates für Kinder und Familien.

Während der Untersuchung berieten sie Lord Laming in den Angelegenheiten, die ihr jeweiliges Fachgebiet betrafen. Um die Untersuchung durchführen zu können, wurden sie von ihren jeweiligen Arbeitgebern freigestellt. Zusätzliche Unterstützung und weiteren Rat erteilte Mike Smith, Leiter der Dienste für kommunale Wohnungen, Greenwich Council. Mandy Jacklin wurde von Lord Laming zur Sekretärin des Untersuchungsausschusses ernannt. Neil Garnham QC war Rechtsbeistand des Untersuchungsausschusses, unterstützt von den Juristen Caroline Gibson und Neil Sheldon. Ihre Aufgabe war es, Lord Laming bei der Untersuchung zu helfen, ihn in rechtlichen Fragestellungen und Fragen der Beweiserhebung zu beraten und die Beweise dem Untersuchungsausschuss in seinen Sitzungen zu präsentieren. Michael Fitzgerald war der Rechtsanwalt des Untersuchungssausschusses. Darüber hinaus gab es weitere sieben Sekretariatsmitarbeiterinnen und ein rechtliches Team bestehend aus 13 weiteren Personen. Es gab zwei Sonderberater und zwei Kommunikationsbeauftragte (Lord Laming 2002).

Methodik

Bei der Untersuchung des Todesfalls Victoria Climbié handelt es sich um die größte Untersuchung eines Todesfalls eines Kindes in Großbritannien (Womack 2003). Weiterhin war es die erste dreiteilige Untersuchung von

Kindesmisshandlung, welche die Rolle der Sozialen Dienste, des Gesundheitssystems und der Polizei gemäß des Kindergesetzes, dem Gesetz über das Nationale Gesundheitssystem und des Polizeigesetzes hinterfragte (Batty 2003).

Die beiden Minister überließen es Lord Laming, ob er die Untersuchung öffentlich oder nichtöffentlich durchführen wollte. Lord Laming entschloss sich für eine öffentliche Untersuchung. Unter besonderen Umständen behielt er sich aber nichtöffentliche Anhörungen vor. Dies wurde einmal genutzt, als die Beweiserhebung das Kind eines Zeugen betraf, um den Interessen des Kindes gerecht zu werden (Lord Laming 2002).

Die Untersuchung wurde in zwei Phasen durchgeführt. In der ersten Phase (Teile 1–4 des Berichts) wurde rückblickend gefragt, was mit Victoria geschah, während sie in England lebte, und warum es geschah. Im zweiten Teil wurden Empfehlungen herausgearbeitet, um eine erneute Tragödie solchen Ausmaßes wenn möglich zu verhindern. Lord Laming entschied sich für ein inquisitorisches und kein kontradiktorisches Verfahren. Die Zeugen wurden in Phase I der Untersuchung von den Rechtsbeiständen des Untersuchungsausschusses benannt und angehört (Lord Laming 2002).

Das vorbereitende Treffen fand am 30. Mai 2001 in London statt. Dazu war jeder eingeladen, der ein Interesse an der Arbeit des Untersuchungsausschusses bekundet hatte. Die Sitzung war öffentlich und begann mit einer Schweigeminute für Victoria. In dieser vorbereitenden Sitzung wurden die Verfahrensregeln für die Arbeit des Untersuchungsausschusses von Lord Laming vorgeschlagen, zur Diskussion gestellt und schließlich angenommen (Lord Laming 2002).

Sodann wurde im Hinblick auf den Untersuchungsauftrag eine Liste mit beweispflichtigen Themen erstellt. Der Rechtsanwalt des Untersuchungsausschusses bat daraufhin alle, die möglicherweise relevante Informationen zu einer bestimmten Fragestellung hatten, schriftlich um eine Zeugenaussage. Der Untersuchungsausschuss hatte Zugang zu allen Dokumenten der relevanten Institutionen. Insgesamt wurden 3.800 Dokumente berücksichtigt (Womack 2003). Allerdings wurden einige Dokumente erst spät oder nur „tröpfchenweise" übermittelt. Die Dokumente und Zeugenaussagen wurden den an dem Untersuchungsausschuss teilnehmenden Parteien schriftlich und vertraulich übermittelt (Lord Laming 2002).

Die Anhörungen begannen am 26.09.2001 mit einem Eröffnungsplädoyer, in welchem die Punkte erläutert wurden, welche den Untersuchungsausschuss in den nächsten Monaten beschäftigen würden. Einem Fernsehteam wurde an diesem Tag zugelassen. Am nächsten Tag hielten auch die teilnehmenden Parteien Eröffnungsplädoyers. Der erste Zeuge, der am 28.09. 2001 gehört wurde, war Victorias Vater, Francis Climbié. Danach wurden noch 158 weitere Zeugen gehört, welche alle vereidigt wurden. Vier Zeugen, die umgezogen waren, wurden per Videoschaltung angehört. Ferner gab es schriftliche

Zeugenaussagen von weiteren 119 Personen, deren Anwesenheit vor dem Untersuchungsausschuss nicht erforderlich war. Die mündliche Beweiserhebung war größtenteils bis zum 04.02.2002 abgeschlossen (Lord Laming 2002).

In der zweiten Phase wurden zwei unterschiedliche Arten von Empfehlungen abgegeben. Zum einen wurden Empfehlungen abgegeben, welche im direkten Zusammenhang mit Victorias Fall und den örtlichen Gegebenheiten standen. Die andere Art von Empfehlungen beinhaltete solche, die eine weitere Bedeutung hatten und auch andere Behörden im gesamten Land betrafen. Allerdings war es nicht Aufgabe des Untersuchungsausschusses, das gesamte Kinderschutzsystem in England zu untersuchen (Lord Laming 2002).

Die breite Öffentlichkeit war eingeladen, schriftliche Vorschläge an die Untersuchungskommission einzureichen. Von 200 eingereichten Vorschlägen wurden 77 als relevant betrachtet und auf der Website des Untersuchungsausschusses veröffentlicht (s.u.). Außerdem organisierte der Untersuchungsausschuss fünf Seminare, die im März und April 2002 öffentlich gehalten wurden. Diese Seminare beinhalteten die folgenden Aspekte der Arbeit mit Kindern:

- Sicherstellung, dass Kinder und ihre Familien die volle Bandbreite von Diensten erhalten, die ihnen zustehen
- Sicherstellung, dass Kinder und ihre Familien, die besonderer Fürsorge und Unterstützung bedürfen, bereits in einer frühen Phase identifiziert werden
- Durchführung einer angemessenen Einschätzung der Bedürfnisse von Kindern und Familien und Entwicklung von Plänen für die bestmöglichsten Hilfsangebote für sie
- Sicherstellung, dass die wichtigsten Ämter in der Lage sind, einen effektiven Service anzubieten
- Überwachung des Handelns der wichtigsten Ämter

Die Teilnehmer der Seminare kamen aus vielen unterschiedlichen Bereichen, etwa Fachkräfte und Manager aus den Sozialämtern, der Polizei, dem Gesundheitswesen, den Universitäten sowie Rechtsanwälte und Kommentatoren. Die Seminare wurden unter dem Vorsitz von Neil Garnham QC geführt und von Lord Laming samt seinen Assistenten besucht. Im Rahmen dieser Seminare wurden viele wertvolle Ideen entwickelt (Lord Laming 2002).

Am 31.07.2002 wurde die Beweisaufnahme des Untersuchungsausschusses offiziell beendet. Material, welches den Untersuchungsausschuss danach erreichte, wurde nicht mehr berücksichtigt (Lord Laming 2002).

Der abschließende, 383 Seiten zuzüglich Anlagen umfassende Bericht besteht aus sechs Teilen. Teil 1 („Background") legt den Hintergrund der Untersuchung dar. Nach einer Einführung wird das Einsetzen und Vorgehen des Untersuchungsausschusses dargestellt. Danach wird ausführlich Victorias Geschichte beschrieben. Diese chronologische Darstellung umfasst alleine zwölf

Seiten. In Teil 2 des Berichts („Social Services") werden die verschiedenen Sozialbehörden, die in den Fall involviert waren, vorgestellt, ihre Arbeite im konkreten Fall aufgezeigt und ihre Praxis analysiert. Es wird beschrieben, welchen Kontakt sie zu Victoria oder Kouao bzw. Manning hatten, wie sie personell und organisatorisch aufgestellt waren und welche Schwachpunkte bzw. Fehler es gab. Abschließend wurde die jeweilige Praxis untersucht und bewertet. Ebenfalls wird das Gesundheitswesen, sofern Victoria mit diesem an unterschiedlichen Stellen in Kontakt gekommen war (Central Middlesex Hospital und North Middlesex Hospital), untersucht (Teil 3, „Health"). Der Hintergrund, warum Victoria aufgenommen wurde, und die Art und Weise, wie sie ins Krankenhaus kam und behandelt wurde, wird geschildert. Auch die Einschätzungen und Beobachtungen der behandelnden Ärzte und des Pflegepersonals werden detailliert wiedergegeben. Die Abläufe im Krankenhaus sowie die Kontakte mit den Sozialämtern werden dargestellt. Auf Fehler wird hingewiesen und es werden Empfehlungen für die Zukunft abgegeben. Es wurde analysiert, über welche Informationen die beiden Krankenhäuser bezüglich Victoria verfügten, ob und wie Informationen weitergeleitet wurden und welchen Status der Kinderschutz in der Pädiatrie hat. Sodann wurde die allgemeine Praxis untersucht. Teil 4 („The Police") des Berichts beschäftigt sich mit den verschiedenen Polizeistationen, die alarmiert waren, der Ausbildung und den Erfahrungen der Polizeibeamten, den durchgeführten Ermittlungen, dem Verfahren bei Verbrechen gegen Kinder als solches, sowie mit den Schwachstellen in den einzelnen Bereichen. Schließlich wird die allgemeine Polizeiarbeit im Kinderschutz im nordwestlichen London sowie das Problem von Rassismus beleuchtet. Kurze Empfehlungen finden sich zu allen Teilbereichen bereits im jeweiligen Kontext (Lord Laming 2002).

Insgesamt kommt der Bericht zu dem Ergebnis, dass die öffentlichen Dienste in zehn Monaten zwölf Gelegenheiten hatten, zum Schutze von Victoria zu intervenieren, dies aber versäumt hatten. Alle beteiligten Dienste verfügten über zu geringe finanzielle und personelle Ressourcen und die geltenden Kinderschutz-Richtlinien waren bis zu zehn Jahren nicht mehr überarbeitet worden. Es wurden schwere Fehler der Mitarbeiter mit Kinderkontakt festgestellt. Bereits Handeln nach Mindeststandards hätte nach den Ergebnissen des Berichts das Leben von Victoria Climbié gerettet. Insbesondere wurde der zuständigen Sozialarbeiterin vorgeworfen, nicht mit dem Kind selbst unter vier Augen gesprochen zu haben. Die größte Kritik richtete sich jedoch an die Verantwortlichen der Sozialen Dienste, die jede Verantwortung für die Tragödie von sich wiesen. Die schlechte Führung hätte zu dem weitverbreiteten Unbehagen innerhalb der Polizei, den Gesundheits- und den Kommunalbehörden geführt, die für Victorias Wohlergehen verantwortlich waren (Lord Laming 2002). Teil 5 („Learning from experience") und Teil 6 („Recommendations") des Berichts umfassen die zweite Phase der Untersuchung. Teil 5 beinhaltet die Beschreibung der abgehaltenen Seminare, ihre Ziele und die einzelnen Inhalte (Entdeckung und Aufnahme; Identifizierung; Bestimmung der Erfordernisse; Bereitstellung und Erfüllung der Dienste; Überwachung von Handlungen), die Entschlüsse und erforderliche Veränderungen. Die Empfehlungen in Teil 6 umfassen allgemeine Empfehlungen, Empfehlungen für das Sozialwesen, Empfehlungen für das Gesundheitswesen und für die Polizei (Lord Laming 2002). Insgesamt umfasst der Bericht 108 Empfehlungen zur Verbesserung der Transparenz und Verantwortlichkeiten im Kinderschutzsystem in Großbritannien (von diesen wurden 46 Empfehlungen innerhalb von drei Monaten implementiert; Womack 2003). Die wichtigsten Empfehlungen betreffen die Verantwortungsübernahme derjenigen in Führungspositionen in der Regierung bis hin zu den Kommunalbehörden, für jegliches Versagen, verletzliche Kinder zu schützen. Ein Minister des Kabinetts sollte dem Kinder-und-Familien-Ausschuss vorsitzen, um den Einfluss sämtlicher Regierungsvorgaben auf Kinder und Familien zu überprüfen. Dies sollte von einer nationalen Behörde für Kinder und Familien unterstützt werden, möglicherweise unter der Leitung eines Kommissars für Kinder. Diese Behörde sollte den Ausschuss bezüglich der Auswirkungen von Regierungsvorhaben beraten, die Gesetzgebung überprüfen, die Implementierung der UN-Kinderrechtskonvention (von Großbritannien 1991 ratifiziert) unterstützen, sicherstellen, dass die Gesetzgebung und die Vorgaben auf kommunaler Ebene implementiert werden, und schwere Fälle von Kindesmisshandlungen zu untersuchen. Jede kommunale Sozialbehörde sollte eine Kommission für Kinder und Familien einrichten, bestehend aus Mitgliedern des Erziehungswesens, der Wohnungsbaubehörden, der Sozialen Dienste, der Polizei und des örtlichen Gesundheitswesens. Die örtlichen Kommissionen sollten über regionale Regierungsbehörden der nationalen Behörde berichten. Das ministerielle Gremium sollte jährlich dem Parlament Bericht erstatten.

Ferner sollte eine nationale Datenbank jeden Kontakt eines Kindes unter 16 Jahren mit der Polizei, den Gesundheits- und Kommunalbehörden festhalten, um zu verhindern, dass sie in dem System verlustig gehen. Ärzte, die den Verdacht auf eine Kindesmisshandlung haben, sollten auch ohne Zustimmung der Eltern die Kinder hierzu befragen dürfen. Es wurde auch empfohlen, öffentliche 24-Stunden-Hotlines zur Entgegennahme von Meldungen über mögliche Kindeswohlgefährdungen einzurichten (Lord Laming 2002). Anschließend folgen die Anhänge (Glossar, Zeugen, Untersuchungskommission, rechtliche Vertreter, Teilnehmer der Seminare).

Allerdings kritisierte Munro, dass die Empfehlungen des Untersuchungsberichts denen weiterer 40 bis 50 Untersuchungsberichten aus den letzten dreißig Jahren ähnelten (Womack 2003).

Veröffentlichung

Es wurde eine eigene Website für den Untersuchungsausschuss eingerichtet (www.victoria-climbie-inquiry.org.uk), auf der alle Stellungnahmen und Transkriptionen der Zeugenaussagen nachgelesen werden konnten. Damit sollte die Arbeit des Untersuchungsausschusses so öffentlich und transparent wie möglich gemacht werden. Außerdem sollte denjenigen, die zu der zweiten Phase Wichtiges beitragen konnten, eine bequeme Möglichkeit gegeben werden, sich über die erste Phase zu informieren. Im Laufe eines Jahres wurde ca. 3 Millionen mal auf die Website zugegriffen. Vor der Veröffentlichung der Stellungnahmen und Transkriptionen der Zeugenaussagen wurde der stellvertretende Datenschutzbeauftragte kontaktiert. Mit ihm wurden die Modalitäten der Veröffentlichung vereinbart, beispielsweise, dass keine Namen, Anschriften und Telefonnummern bekannt gegeben würden und der Untersuchungsausschuss die Sicherheit dieser Informationen strikt überwachen würde. Grundsätzlich war der Untersuchungsausschuss aber rechtlich ermächtigt, personenbezogene Daten zu erheben und zu verarbeiten (Abschnitt 35 des Datenschutzgesetzes von 1998). Den Zeugen entstandene rechtliche Kosten wurden auf Empfehlung von Lord Laming aus öffentlichen Mitteln gezahlt. Dies wurde drei Mal in Anspruch genommen. Grundsätzlich wurden diese Kosten jedoch nicht übernommen. Im Falle von Kritik wurde den Kritisierten eine angemessene Gelegenheit gegeben, zu der Kritik Stellung zu beziehen. Auf der Website findet sich nunmehr der endgültige Untersuchungsbericht sowie weitere Informationen über Hintergründe, die Untersuchungskommission, Beweisaufnahmen, Zeitabläufe und Schlüsseldokumente. Die Veröffentlichung ist vorbildlich.

Bewertung des Vorgehens im Vereinigten Königreich

Bei einem Workshop am Deutschen Jugendinstitut am 15.12.2008 berichtete eine der Pionierinnen und Spezialistinnen für die regelmäßigen Kinderschutzberichte, Frau Professor Eileen Munro über den Stand und die Weiterentwicklung des britischen Systems. Zwar sind dort jetzt generell solche Berichte standardmäßig etabliert, sie bemängelt aber teilweise die Qualität der Untersuchungen und fragte sich, ob nicht methodisch auch andere Vorgehensweisen z.B. vertiefte Untersuchungen in speziellen Fällen angebrachter wären. So habe es sich gezeigt, dass der Versuch objektive Zeitabläufe darzustellen, nur einen Teil der Wahrheit repräsentiert und dass es aus ihrer Sicht z.B. im Rahmen von qualitativen Interviews der Darstellung verschiedener subjektiver Timelines und entscheidender Wendepunkte im Fallverlauf brauche. Harsch kritisierte sie den durch „New Labor" eingeführten Qualitätssicherungsformalismus, der dazu geführt habe, dass man vorgegebene Zielgrößen und Formulare einhalte und diese über eine einzelne Güterabwägung im Fall stelle. Sie schilderte zahllose Beispiele, wie ein vorgegebenes Computerprogramm den Bearbeitenden nicht genügend Freiräume ließ, um im individuellen Fall adäquat zu reagieren. Mit Blick auf die einzelnen Fallberichte meinte sie, dass es nicht notwendig sei, in einer 10., 20. oder 50. Untersuchung immer wieder festzustellen, dass das Computerprogramm Probleme mache, sondern dass es sinnvoller sei, in einer oder zwei vertieften Analysen sich das Problem genauer anzuschauen und dann für fachliche und technische Abhilfe zu sorgen. Sie bezweifelte, dass die Zahl der Berichte wirklich ein Maß für die Qualität ist.

Mit diesen Berichten war auch die Hoffnung verbunden gewesen, dass die Presse das redliche Bemühen der Fachwelt und der Politik verstehen werde, solche Fälle gründlich aufzuarbeiten. Der jüngste Londoner Fall habe aber zu einer exzessiven Hexenjagd auf Mitarbeiter des Jugendamtes geführt. Derzeit seien nach Strafuntersuchungen drei Personen aus dem Jugendamt inhaftiert. Gleichzeitig sei die zuständige Behörde wegen Einhaltung ihrer formalen Qualitätsstandards wiederholt gerühmt und ausgezeichnet worden. Dieses Missverhältnis von ausgewogener Fallführung und formal perfekter Administration wurde unter anderem dafür verantwortlich gemacht, dass die Fehlerberichte immer wieder zu den gleichen Schlüssen kommen, dass sich aber in der Praxis nichts ändere. Häufig sei eben bei den Berichten herausgekommen, dass zu wenige und zum Teil nicht hinreichend genug qualifizierte Sozialarbeiter mit den Fällen befasst gewesen waren. Die Berücksichtigung der Ergebnisse der Berichte würde häufig zu erheblichen Kostenfolgen führen und dies wird offensichtlich von den Verantwortlichen gescheut. Der Aufwand für ein solches System lohne sich aber nur, wenn alle Betroffenen und auch die Öffentlichkeit sehen, dass es Konsequenzen gebe, dass etwas besser werde. Sonst würden auch weiter „Sündenböcke" öffentlich abgestraft werden, statt dass sich wirklich etwas ändert. Sie betonte, dass grundsätzlich über den Umgang mit der Presse intensiv nachgedacht werden müsse und dass hier die Behörden und auch die Untersuchungskommissionen Unterstützung bräuchten.

Auf die Frage, warum Sie trotz aller kritischen Bemerkungen zum englischen System der Reports der Auffassung sei, dass man es energisch verbessern müsse und es nicht aufgeben solle, meinte sie, weil die Alternative und ihre Folgen noch viel schlimmer sei und es letztendlich mehr kosten würde, diesen Problemen nicht zeitnah nachzugehen.

4.4.2 Untersuchungsberichte in den USA

Entstehung der interdisziplinären Untersuchungsteams

Das Konzept, einzelne Todesfälle zu untersuchen, begann in den USA vor über 60 Jahren, also in den vierziger Jahren des vergangenen Jahrhunderts, mit Untersuchungen über die Sterblichkeit von Müttern. Diese Untersuchungen wurden von interdisziplinären Teams auf staatlicher Ebene durchgeführt, um schwangerschaftsbedingte Todesfälle zu verringern (Webster et al. 2003).

Die Entwicklung systematischer interdisziplinärer Untersuchungsberichte von Todesfällen unter Kindern in den USA setzte 1978 in Los Angeles County ein. Dort wurde das erste interdisziplinäre Untersuchungsteam von kindlichen Todesfällen unter der Schirmherrschaft des Inter-Agency Council on Child Abuse and Neglect (ICAN) und unter der Leitung des Kinder-Psychologen Dr. Michael Durfee gegründet (Durfee et al. 2002; NCFR 2008). Es setzte sich aus Fachkräften der Fachrichtungen der Strafjustiz, des Gesundheitswesens und der Sozialdienste zusammen. Motiv für die Schaffung eines solchen Teams war die Frustration über die Anzahl der Kinder, die unter ungeklärten und gewalttätigen Umständen zu Tode kamen. Seine Arbeit wurde bald ein wichtiger Bestandteil der Arbeit des Inter-Agency Council on Child Abuse and Neglect (ICAN), welcher 1977 vom Los Angeles County Board of Supervisors dazu bestimmt wurde, die Dienste zur Verhinderung und zum Umgang mit Kindesmisshandlung und -vernachlässigung zu koordinieren. ICAN hoffte, mit einem interdisziplinären Ansatz durch verschiedene Perspektiven Fälle von Kindesmisshandlung besser identifizieren zu können, die sonst unentdeckt geblieben wären (NCFR 2008). Wenn mehrere Fachkräfte aus unterschiedlichen Bereichen ihre Informationen über das Kind und die Familie sowie die Umstände des Todes teilen, fällt es schwerer, eine Misshandlung zu verbergen bzw. zu übersehen. Tatsächlich deckte das Team viele zuvor unerkannt gebliebenen Misshandlungsfälle sowie Todesfälle aufgrund von Vernachlässigung auf. Daraufhin gab das Team Empfehlungen zur Verbesserung der Transparenz und der Zuständigkeiten der am Kinderschutz beteiligten Dienste und Behörden ab. Es half dabei, die strafrechtliche Verfolgung von Kindstötungen zu erleichtern und förderte Verbesserungen der Dienste für hochrisikobehaftete Familien.

1996 gründete ICAN das ICAN National Center on Child Fatality Review (NCFR), dessen Aufgabe es ist, ein nationales System von Untersuchungsteams zu entwickeln und zu fördern, um die Gesundheit, Sicherheit und das Wohlergehen von Kindern zu verbessern und vermeidbare Kindstötungen sowie schwere Verletzungen von Kindern zu reduzieren. Dies geschieht durch die Gründung, Unterstützung und Ausweitung eines nationalen Netzwerkes von interdisziplinären, multi-institutionellen, lokalen, regionalen und staatlichen Child Fatality Review Teams. Als zentrale Stelle für die Sammlung und Verteilung von Informationen und Ressourcen im Zusammenhang mit Kindstoden bietet das NCFR Ausbildung und technische Unterstützung für Untersuchungsteams von Kindstoden. Die Leitung und Mitarbeiter des NCFR sind ebenfalls interdisziplinär zusammengesetzt (Anwalt, Kinder-Psychologe, Programm-Administrator, Polizist, Sozialpädagogen, Techniker). Derzeit arbeitet das NCFR daran, interdisziplinäre Richtlinien zur Untersuchung auszuarbeiten, um die interdisziplinäre Zusammenarbeit zu verbessern. Diese Richtlinien sollen Minimalstandards für Komponenten formulieren und definieren, wie die einzelnen Teile zusammengefügt werden können. Für verdächtige Todesfälle sollen grobe Verfahrensabläufe einer Untersuchung formuliert werden und die Notwendigkeit und Methoden für spezialisierte Interviews angesprochen werden. Eine Zusammenarbeit erfolgt auch mit Krankenhäusern, von denen einige spezielle Teams zu verdächtigen Kinderschutzfällen haben (NCFR 2008).

Das Untersuchungssystem in Los Angeles County wurde nach und nach auch in anderen Teilen des Landes übernommen. Zu Beginn der 90er Jahre des letzten Jahrhunderts setzte eine rasche Entwicklung in der Anzahl der Untersuchungsteams in den gesamten USA ein. 1991 wurde vom US-Ministerium für Gesundheit (Department of Health and Human Services) die Einrichtung weiterer Untersuchungsteams empfohlen. Eine Studie über Todesfälle von Kindern in Missouri 1992, veröffentlicht im Journal of Pediatrics, zeigte die Ausmaße von nicht erfassten Todesfällen aufgrund von Misshandlungen auf und den Erfolg von retrospektiven Untersuchungen, diese Todesfälle aufzudecken. Dies rückte die Untersuchungsteams stark in den nationalen Blickpunkt. Noch im selben Jahr wurden in acht weiteren Bundesstaaten Untersuchungsteams durch entsprechende Gesetze eingerichtet. Dieser Trend wurde durch den tragischen Todesfall des fünfjährigen Adam Mann noch verstärkt. Der kleine Junge war von seinem Stiefvater und seiner Mutter zu Tode geprügelt worden. Als Todesursache wurde ein gebrochener Schädel, gebrochene Rippen und eine gerissene Leber angegeben. Bei der Autopsie wurden ferner über hundert weitere Verletzungen entdeckt sowie die Tatsache, dass fast jeder Knochen des Kindes während seines kurzen Lebens mindestens einmal gebrochen war. Aus diesem Grund forderte der Kongress, dass der US-Beirat bezüglich Kindesmisshandlung und -vernachlässigung eine Untersuchung des Falles durchführte und Empfehlungen für eine nationale Strategie zur Verringerung und Prävention solcher Todesfälle abgab sowie Empfehlungen bezüglich notwendiger Veränderungen betreffend die Datensammlung über Todesfälle aufgrund von Kindesmisshandlungen und -vernachlässigungen. Die nationale Studie dauerte zweieinhalb Jahre und umfasste öffentliche Anhörungen in zehn Bundesstaaten, die Evaluierung der Untersuchung und einen ausführlichen Bericht über die Ergebnisse der staatlichen und lokalen interdisziplinären Untersuchungsteams. 1995 wurde „A Nation's Shame: Fatal Child Abuse and Neglect in the United States" („Die Schande einer Nation: Tödliche Kindesmisshandlungen und -vernachlässigungen in den Vereinigten Staaten"), auch bekannt als der „Nation's Shame Report" („Report der nationalen Schande"), veröffentlicht. Darin wird die hohe Nichterfassung und Fehleinordnung von tödlichen Kindesmisshandlungen und -vernachlässigungen in den Vereinigten Staaten thematisiert. Ferner enthüllte der Bericht, dass jedes Jahr in den Vereinigten Staaten mindestens 2000 Kinder von den für sie in erster Linie Verantwortlichen getötet werden, im Durchschnitt also fünf pro Tag. Der Bericht schloss, dass die Anzahl solcher Todesfälle nicht signifikant gesenkt werden könne, ohne dass man umfassende Informationen über die Todesumstände habe. Die Hoffnung richtete sich daher auf die interdisziplinären Untersuchungsteams. Dieser Bericht gab den Anstoß für die Expansion des Untersuchungsprogramms. Bereits 1999 hatten 47 Staaten und der District of Columbia die Gesetzgebung geschaffen, um solche Untersuchungsteams einzurichten. Bis 2005 hatten alle Staaten bis auf Idaho lokale oder staatliche Untersuchungsteams eingesetzt (Commission for Children and Young People and Child Guardian, 2005). Nunmehr verfügen alle Bundesstaaten der USA über Untersuchungsteams. Vielfach haben die

Teams der jeweiligen Staaten Netzwerke zwischen dem staatlichen und weiteren örtlichen Untersuchungsteams gegründet. Die Vernetzungen zwischen den einzelnen Staaten wiederum sind meistens das Resultat örtlicher Bestrebungen, gefördert durch regionale, staatenübergreifende Treffen. Sowohl das nationale als auch das gesamte US-System sind verbunden mit ICAN-NCFR (Durfee et al. 2002).

Im Jahre 1992 berief das US-Amt für Mütterliche und Kindliche Gesundheit (United States Maternal and Child Health Bureau) die Kommission betreffend die Frühkindliche Gesundheit und Entwicklung (Committee on Early Childhood Health and Development) ein, um über die Untersuchungsteams zu beraten. Während darin die entscheidende Rolle der Untersuchungen hinsichtlich von Todesfällen aufgrund von Misshandlungen oder Vernachlässigungen anerkannt wurde, wurde den Untersuchungsteams auch empfohlen, einen präventiven Zugang zu wählen und alle Todesfälle von Kindern und Jugendlichen unter 19 Jahren zu berücksichtigen. Die Initiative „Gesunde Menschen 2010" („Healthy People 2010") hat den Untersuchungen eine nationale Priorität eingeräumt. Die Ziele dieser Initiative beinhalten kontinuierliche Verbesserungen in den Systemen der Untersuchungsteams und ausgedehnte staatliche Untersuchungen mit Blick auf Todesfälle aufgrund von externen Ursachen von Kindern bis zu 14 Jahren. Seitdem wurden alle neu entwickelten Untersuchungsprogramme als Modelle der öffentlichen Gesundheit entwickelt (Commission for Children and Young People and Child Guardian, 2005). Das System dieser Untersuchungsteams breitete sich schließlich auch in Australien und Kanada aus (Durfee et al. 2002; Durfee and Tilton Durfee 1995).

Verschiedene Untersuchungssysteme in den USA

Dennoch gibt es in den Vereinigten Staaten *kein einheitliches* System für die Untersuchungen von Todesfällen von Kindern (Webster et al. 2003). Wenngleich alle Staaten über eine gesetzliche Grundlage zur Etablierung von Untersuchungsteams verfügen, sind die Untersuchungsansätze sehr unterschiedlich.

Oberste Aufgabe der Teams ist es in den meisten Fällen, Todesfälle bei Kindern oder schwere Verletzungen zu verhindern. Viele konzentrieren sich dabei auf das individuelle Fallmanagement und Verbesserungen der intra- und interbehördlichen Zusammenarbeit. Während die Untersuchungsteams ursprünglich entwickelt wurden, um verdächtige Todesfälle aufzuklären, werden von den meisten Teams heutzutage alle vermeidbaren Todesformen, einschließlich Selbstmord, Unfälle, natürlicher Tode und Todesfälle mit unklarer Ursache untersucht.

Einige wenige Teams untersuchen nur Fälle, zu denen es Dokumente der Kinderschutzdienste gibt und konzentrieren sich daher hauptsächlich auf die Dokumente einer Agentur. Dies bestimmen die Teams selbst (Commission for Children and Young People and Child Guardian, 2005; Webster et al. 2003).

Viele Untersuchungsteams gründeten sich ursprünglich ohne Mandat, als Folge eines besonders tragischen Kindstodes oder ganzer Todesserien. Viele dieser Teams wurden nachträglich gesetzlich legitimiert. Andere Teams nahmen ihre Arbeit auf, nachdem sie durch staatliche Gesetze ins Leben gerufen worden waren.

Manche Gesetze regeln die Fallkriterien und die Voraussetzungen der Untersuchungen, andere sind weiter gefasst und erlauben es den staatlichen oder lokalen Untersuchungsteams, ihre eigenen Kriterien und Voraussetzungen aufzustellen. In einigen Staaten haben die Teams aufgrund der Gesetzeslage das Recht, Zeugen vorzuladen, in anderen Staaten haben dieses Recht nur der Staatsanwalt, der Generalstaatsanwalt oder der staatliche Gerichtsmediziner (Durfee et al. 2002).

Staatliche und örtliche Untersuchungsteams

Die meisten Staaten haben sowohl staatliche als auch örtliche Untersuchungsteams. Aufgaben, Zusammensetzung und Organisation von staatlichen und örtlichen Untersuchungsteams sind verschieden. Die Fallarbeit wird in der Regel von örtlichen Teams geleistet.

Wann die Untersuchung aufgenommen wird, variiert stark, von wenigen Tagen nach dem Todesfall bis zu einem Jahr später oder bis zum Abschluss strafrechtlicher Ermittlungen (Durfee et al. 2002). Die Untersuchungen bestehen grundsätzlich aus dem Sammeln aller Fakten eines Falles aus allen relevanten Dokumenten. Es werden die Kontakte des Kindes und seiner Familie mit den beteiligten Organisationen und Behörden untersucht (Durfee et al. 2002; Durfee and Tilton Durfee 1995). Die Arbeit kann sich auf das einzelne Fallmanagement oder auf die Verhinderung solcher Todesfälle in der Zukunft konzentrieren. Eine wachsende Zahl von Teams greift auf standardisierte Datenbögen zurück, mit Informationen über Demographie, Hintergründe, Risikofaktoren, erhaltene Leistungen und Vorschlägen zur Verhinderung. Einige Teams sind dazu übergegangen, in ihre Untersuchungen schwere Verletzungen oder Beinahe-Todefälle durch Kindesmisshandlung oder -vernachlässigung aufzunehmen. Die große Mehrheit aller Teams setzt sich aus einem Gerichtsmediziner, einem Vollstreckungsbeamten, dem ermittelnden Staatsanwalt, einer Fachkraft aus dem Kinderschutz und aus dem Gesundheitswesen zusammen. Die meisten städtischen Teams beinhalten zudem auch einen Kinderarzt, der zumeist im Erkennen von Kindesmisshandlung im forensischen Kontext ausgebildet ist. Zusätzlich sind oft Repräsentanten des Pflegewesens, der Jugendgerichte, Schulen und weiterer Fachkräfte vertreten. Die örtlichen Teams treffen sich grundsätzlich einmal im Monat oder so oft wie erforderlich, was insbesondere von der Anzahl der Bevölkerung abhängt (Durfee et al. 2002).

Die staatlichen Teams koordinieren in der Regel die örtlichen Teams und leisten Unterstützung, Beratung, Training und technische Hilfe für die örtlichen Teams. Sie stellen oft ein Forum für die örtlichen Teams dar, um Informationen und Verhinderungsstrategien auszutauschen. Manchmal stellen sie auch Verbindungen zwischen den örtlichen Teams oder eine Lobby für die Gesetzgebung dar. Einige staatliche Teams führen auch Untersuchungen einzelner Fälle durch, etwa, wenn es um ein spezielles Untersuchungsgebiet oder ein bestimmtes Thema geht oder wenn die örtlichen Teams darum bitten. Die staatlichen Teams treffen sich in der Regel vierteljährlich, um Programmpunkte zu besprechen (Durfee et al. 2002).

Die örtlichen Teammitgliedschaften sind in der Regel unpolitisch. Der Vorsitzende wird meistens von dem Team gewählt und kann jeden Beruf innehaben. Dagegen ist die Mitgliedschaft in einem staatlichen Untersuchungsteam öfters politisch bedingt. Häufig ist von der Gesetzgebung geregelt, wer einem staatlichen Team anzugehören hat. Der Gouverneur oder parlamentarische Abgeordnete können dem Team Vorschläge machen. Oft kommen die Mitglieder aus dem Justiz- oder Sozialministerium, dem Gesundheitswesen, der Polizei und der Gerichtsmedizin. Auch aus dem Bildungsministerium können Mitglieder kommen. Der Vorsitz eines staatlichen Teams wird entweder von dem Team gewählt, im Gesetz benannt oder von der Politik ernannt (Durfee et al. 2002).

Finanzierung der Untersuchungsteams

Einige staatliche Teams und die meisten örtlichen Teams arbeiten ohne Finanzausstattung. Die örtlichen Teams treffen sich häufig in öffentlichen Gebäuden und nutzen öffentliche Ressourcen, inklusive kirchlicher Unterstützung. Manche Teams erhalten Unterstützung als Teil des Budgets einer Behörde. Die meisten Fachkräfte in den Teams werden nicht bezahlt und erweitern ihre wöchentliche Arbeitszeit um diese Arbeit. Bezahlte Mitglieder haben in der Regel andere Verantwortlichkeiten oder werden zeitlich begrenzt bezahlt (etwa zur Entwicklung einer Datenbank; Durfee et al. 2002).

Datenerhebung

Die Daten eines Falles können in einem standardisierten Datenbogen eingegeben werden, der sodann in eine Datenbank für Berichte oder statistische Analysen eingegeben werden kann. Die Daten der örtlichen Teams in Michigan können ihre Berichte dem staatlichen Team online über eine gesicherte Seite übersenden. Insgesamt ist das Internet und die Kommunikation über Emails ein bevorzugtes Medium, damit sich die Teams austauschen können (Durfee et al. 2002).

Datenschutz/Verschwiegenheit

Immer wieder werden Bedenken hinsichtlich der Vertraulichkeit geäußert. Dies stellt für die Untersuchungsteams ein alltägliches Hindernis dar. Es zeigte sich aber, dass die Ängste vor Strafen oder dem Verlust von finanzieller Unterstützung beim Austausch von Informationen unbegründet ist, wenn die Teams ihre Berichte sorgfältig verwalten. Oftmals werden die bestehenden Datenschutzgesetze auch falsch verstanden und irrtümlich als Hindernisse im Kinderschutz angesehen. Da dies aber ein sehr großes Hindernis darstellt, bedarf es hier der Klarstellung der entsprechenden Gesetze (U.S. Advisory Board on Child Abuse and Neglect, 1995). In manchen Staaten gibt die Gesetzgebung den Untersuchungsteams das Recht, die Daten zwischen den einzelnen beteiligten Untersuchungsstellen auszutauschen. In der Gesetzgebung von Arizona beispielsweise ist unter Titel 36, Kapitel 35, Artikel 1 geregelt, dass die Mitglieder eines Untersuchungsteams, Teilnehmer an einem Treffen des Untersuchungsteams oder Informanten des Untersuchungsteams in Zivil- oder Strafverfahren nicht über die erlangten Informationen befragt werden dürfen (Durfee et al. 2002).

Viele Teams sind von der Vorladung oder Offenlegung in jeglichen Zivil- oder Strafverfahren befreit oder den Teammitgliedern wird durch die Gesetze Immunität zugesichert. Im Los Angeles County ist es so, dass zwar die Untersuchungsberichte vertraulich sind, davon aber eine Ausnahme gemacht werden kann, wenn es um Entlastungsbeweise geht (Durfee et al. 2002). Die meisten Treffen der Teams sind nichtöffentlich und die Teilnehmer sind verpflichtet, eine Verschwiegenheitserklärung zu unterzeichnen. Manche Teams anonymisieren die Fälle, so dass die Vertraulichkeit gewahrt bleibt. Andere Teams wiederum halten detaillierte Informationen in einer vertraulichen Akte fest (Durfee et al., 2002).

Schwierigkeiten/Probleme der Untersuchungsteams

Probleme gibt es hinsichtlich der Gewinnung von Ressourcen, der Umsetzung der Empfehlungen, der Zusammenarbeit zwischen Teams verschiedener Bundesstaaten, fehlender Mitwirkung der Beteiligten selbst bei Vorladung und im Hinblick auf den Datenschutz, insbesondere, wenn klare Richtlinien fehlen (Durfee et al. 2002).

Vorteile/Erfolge der Untersuchungsteams

Die Teams lernen nicht nur aus ihren eigenen Fällen, sondern auch aus denen anderer Teams. Insbesondere die Methoden zur Datensammlung, Berichte und Datenbankelemente, wie sie von anderen Teams genutzt werden, sind für die jeweiligen Teams von großem Interesse, wenn sie gerade ihre eigene Datenbank entwickeln. Gegenseitiges Lernen erfolgt auch auf regionalen Treffen und Konferenzen. Teilweise werden sogar verbundene Untersuchungen durchgeführt. Die Teams sind bereit, Informationen zu Fällen zu teilen, die Systemprobleme aufweisen, damit auch andere Teams von ihren Erfahrungen profitieren können (Durfee et al. 2002).

Die Arbeit der Untersuchungsteams führt zu einer verstärkten öffentlichen Wahrnehmung, in Bezug auf den Wert eines Kinderlebens, indem sie die

Aufmerksamkeit auf den Tod der Kinder lenken und den Untersuchungsprozess nutzen, um zu lernen, wo Veränderungen zu Verbesserungen der Dienste vorgenommen werden können (Durfee et al. 2002).

Die Zusammenarbeit innerhalb von und zwischen Behörden wurde verbessert. Ferner wurden durch Datensysteme Zuständigkeiten geschaffen und Risikofaktoren für die bessere Planung von Hilfen bekannt gemacht (Durfee et al. 2002; Durfee and Tilton Durfee 1995).

Eine interdisziplinäre Untersuchung eines einzelnen Falles kann sowohl strafrechtliche Ermittlungen initiieren, als auch den Verdacht einer Straftat ausräumen. Die Untersuchungen ganzer Fallgruppen können dazu führen, dass Aktivitäten zur Verhinderung von kindlichen Todesfällen ergriffen werden. Bereits der interdisziplinäre Untersuchungsprozess fördert die Kooperation und schafft wichtige Systemveränderungen (Durfee et al. 2002).

Überprüfungen der einzelnen Untersuchungsberichte

Auch in den USA wurden von Seiten der Regierung Überprüfungen der einzelnen Untersuchungen durchgeführt. Die erste Überprüfung untersuchte die Berichte von Kinderschutzfällen in den Jahren 1973 bis 1981. Sie kam zu dem Ergebnis, dass grundsätzlich gute Arbeit geleistet wurde, diese allerdings durchsetzt war von vielen Unterlassungen, Fehlern und Fehleinschätzungen von verschiedenen Fachkräften zu verschiedenen Zeiten. Die zweite Überprüfung der Regierung untersuchte Berichte aus den Jahren 1980 bis 1989. Diese Studie berichtete über die Aufgaben der verschiedenen Behörden, Managementfragen, zwischenbehördliche Zusammenarbeit sowie die Handhabung einzelner Fälle. In einer dritten Überprüfung der Fälle bis 1987 wurde zwischen internen Untersuchungen, externen Untersuchungen im Auftrag der örtlichen Behörden und externen Untersuchungen im Auftrag des Außenministers unterschieden. Es wurden vier Hauptaufgaben der Untersuchungen festgestellt: die Sammlung der Fakten des jeweiligen Falles; das Lernen aus Fehlern, um zukünftige Tragödien zu verhindern; die Beruhigung öffentlicher Besorgnis sowie das Aufzeigen, welche Zuständigkeiten es geben sollte. Außerdem können die einzelnen Untersuchungen von Kinderschutzfällen dazu beitragen, dass die Regierung ihre jeweilige Kinderschutzstrategie und -praxis überprüft (U.S. Advisory Board on Child Abuse and Neglect, 1995).

Vorschläge zur Verbesserung der Systeme

Umfragen unter den einzelnen Untersuchungsteams haben ergeben, dass ein Bedürfnis nach einem nationalen System besteht, um Informationen auszutauschen, Trends zu erkennen und Kernfragen auch jenseits der eigenen Grenzen bekannt zu machen, insbesondere im Hinblick auf den Umzug von Familien in einen anderen Bundesstaat oder die Flucht von Tätern (U.S. Advisory Board on Child Abuse and Neglect, 1995). Daher wurde vorgeschlagen, dass Mitarbeiter des Gesundheitsministeriums und des Justizministeriums benannt werden, die sich um die Unterstützung der Untersuchungsprozesse und ein halbjährliches Treffen von Experten des ganzen Landes kümmern, die Daten überprüfen und analysieren, Informationen austauschen, nationale Trends beobachten und Empfehlungen entwickeln. Die Ministerien sollten zudem einmal jährlich einen Bericht veröffentlichen (U.S. Advisory Board on Child Abuse and Neglect, 1995). Das Gesundheitsministerium sollte weiterhin sicherstellen, dass Hilfen und Schulungsangebote mit allen Staaten geteilt werden. Die staatlichen und örtlichen Untersuchungsteams müssten zudem in die Gesundheitsfürsorge der einzelnen Staaten und der gesamten Nation integriert werden (U.S. Advisory Board on Child Abuse and Neglect, 1995).

Jedes Team sollte die Öffentlichkeit „erziehen" und Vorschläge für die Gesetzgebung im Kinderschutz abgeben. Ihre Ergebnisse und Anstrengungen sollten in allen Kinderschutzsystemen integriert werden. In Ermangelung eines offiziellen nationalen Standards werden folgende Richtlinien für Untersuchungsteams vorgeschlagen (Webster et al. 2003): Die Teams sollten unter anderem

- von der Gesetzgebung oder durch die Regierung anerkannt werden
- großzügige Ausnahmen der Verschwiegenheit erhalten
- die Ergebnisse veröffentlichen
- Fälle aus dem Gesundheitswesen oder von der Rechtsmedizin erhalten

Ohne eine Standardisierung kann keine verlässliche Erhebung der Gründe und Umstände der Todesfälle von Kindern auf einer regionalen oder nationalen Ebene erfolgen. Die einzelnen Staaten sollten daher Untersuchungen in einer vergleichbaren Weise durchführen und standardisierte Definitionen nutzen (Webster et al. 2003).

Es wird empfohlen, den Untersuchungsprozess vorausschauend einzuschätzen, da eine retrospektive Evaluation viel größeren methodischen Hindernissen begegnet. Politische Unterstützung und eine nationale Verpflichtung, das Untersuchungssystem auszubauen, sind erforderlich, ebenso wie die materiellen Ressourcen, um ein adäquates Berichtssystem zu etablieren und die Ergebnisse zu evaluieren (Gellert et al. 1995).

Eine weitere Herausforderung wird darin gesehen, von der Analyse zur Handlung zu schreiten. Die Schritte hierzu beinhalten das Definieren der Angelegenheit durch Datensammlung oder Überwachung, das Analysieren der Daten, um mögliche Risikofaktoren, befähigende Faktoren und Grenzen zu identifizieren; auf dieser Analyse basierende Interventionen zu entwickeln und das Implementieren der Interventionen durch kommunal angesiedelte Programme, und das Nutzen der evaluierten Ergebnisse, um die herkömmlichen Interventionen anzupassen und neu auszuwerten (Onwuachi-Sanders et al. 1999).

Systematischer Untersuchungsansatz

Auch in den USA wird vorgeschlagen, einen systematischen Untersuchungsansatz zu wählen, um zu verstehen, wie es zum Versagen von Kinderschutzsystemen kommen kann und um gute Arbeit zu unterstützen. Das Colorado Department of Human Services, Division of Youth Corrections verfügt bereites über einen standardisierten, im Internet abrufbaren Berichtsbogen, in den Fachkräfte ihre Angaben zu einem Kinderschutzfall eingeben können. Der Bogen besteht aus vier Seiten und enthält neben Fragen zu Ort und Art des Vorfalls, dem Alter des Kindes/ Jugendlichen, den beitragenden Faktoren und Angaben zum Berichterstatter ein großes Freitextfeld zur Beschreibung des Vorfalles. Ferner können Angaben zu Zeugen und Medienkontaktpersonen und Empfehlungen zum weiteren Handeln gemacht werden.

4.5 Zwischenfazit

Die Erfahrungen in Großbritannien und den USA haben gezeigt, dass umfassende und funktionierende Systeme zur Untersuchung problematisch verlaufener Kinderschutzfälle etabliert wurden, die jedoch ihrerseits teilweise als ausbau- und verbesserungsfähig betrachtet werden. Nachträgliche Untersuchungen zur Klärung von Fehlern sind unerlässlich. Dennoch konnten dadurch weitere tragische Kinderschutzfälle nicht vermieden und auch die Zahl von Todesfällen aufgrund von Kindesmisshandlung und -vernachlässigung nicht signifikant gesenkt werden. Die Experten sind sich darüber einig, dass Untersuchungsberichte nach dem Tod eines Kindes zwar eine wichtige Erkenntnisquelle darstellen, jedoch nicht das alleinige Mittel zur Verhinderung solcher Fälle sein können (zur Einführung systematischer Untersuchungsberichte *während* eines problematischen Fallverlaufes, vgl. unter 5.3.2). Zudem gibt es kritische Stimmen, die es für ungünstig, wenn nicht gar unmöglich halten, aus diesen „Worst-Case"-Szenarien tatsächlich positive Verbesserungen des Kinderschutzsystems zu erzielen.

Dem Überblick über internationale Erfahrungen zum Umgang mit problematisch verlaufenen Kinderschutzfällen folgt nun eine ausführliche Betrachtung der Situation in Deutschland (Kap. 5), um auf der Grundlage dieser nationalen und internationalen Erfahrungen Vorschläge für ein verbessertes Lernen aus Fehlern ableiten zu können (vgl. Kap. 5.3. und 6).

5. Umgang mit problematisch verlaufenen Kinderschutzfällen in Deutschland

Um ein umfassendes Bild zur Situation des Kinderschutzes in Deutschland und zu möglichen Problemen in diesem Bereich zu erhalten, wurden zunächst Gespräche mit Experten auf dem Gebiet des Kinderschutzes geführt. Im Rahmen der Interviews wurden den Gesprächspartnern verschiedene Fragen hinsichtlich Schwachstellen und bestehender Unsicherheiten im Kinderschutz gestellt, um das Gesamtsystem und etwaige Risiken, aber auch bestehende Sicherheitsmechanismen herauszuarbeiten und darzustellen (Kap. 5.1). Anschließend findet eine Auseinandersetzung mit fünf in den letzten Jahren in Deutschland bekannt gewordenen, problematisch verlaufenen Kinderschutzfällen und insbesondere mit ihrer Aufarbeitung mittels umfassender Untersuchungen statt (Kap. 5.2). Darauf folgend werden Überlegungen angestellt, in welcher Form die in Deutschland bestehenden Untersuchungssysteme im Sinne eines wirksamen Kinderschutzes durch effektives Fehlerlernen verbessert werden können (Kap. 5.3).

5.1 Expertenbefragungen zu beinahe tödlichen Ereignissen

Es wurden die folgenden Experten interviewt: ein Sachgebietsleiter eines norddeutschen Jugendamtes (Diplom-Sozialpädagoge), im Folgenden Sachgebietsleiter genannt, welcher bereits seit 2000 im Kinderdienst des Jugendamtes tätig ist; Herr Dr. Robert Sauter (Diplom-Pädagoge), der Leiter des Bayerischen Landesjugendamtes seit 1990, der zuvor bereits viele Jahre im Bereich der Jugendarbeit tätig war, zuletzt beim Bayerischen Jugendring; Herr Manfred Becker (Maschinenbauschlosser, Sozialarbeiter), der ehemalige Leiter des Pforzheimer Jugendamtes (1994 bis einschließlich Dezember 2007) und Gründungs- und Vorstandsmitglied der Aktionsgemeinschaft „Drogen" in Pforzheim; Herr Bruno Pfeifle seit 17 Jahren Leiter des Stuttgarter Jugendamtes; Herr Peter Lukasczyk, der Abteilungsleiter Soziale Dienste des Jugendamtes Düsseldorf seit 2002, sowie der Ärztliche Direktor des Sozialpädiatrischen Zentrums am Olgahospital, Stuttgart, Herr Dr. Andreas Oberle (Gynäkologe, Kinder- und Jugendarzt, Familientherapeut), der bereits vorher in Göppingen ein Sozialpädiatrisches Zentrum aufbaute. Allen Befragten wurde eine Anonymisierung ihrer Angaben angeboten.

5.1.1 Ergebnisse der Expertenbefragung

Im Folgenden werden die Ergebnisse der Interviews, nach Themengebieten geordnet dargestellt. Im Zusammenhang mit der Fragestellug des vorliegenden Bandes war dabei der Blick insbesondere auf Schwachstellen im Kinderschutz einerseits und verhindernde Ressourcen andererseits zu richten.

Schwachstellen des Kinderschutzes

Eingangs wurden die Experten nach Sollbruchstellen, an denen gravierende Fehler im Kinderschutz passieren können, befragt. Damit sollten Schwachstellen und Sicherheitsrisiken im System aufgedeckt werden. Hinsichtlich der Schwachstellen im Kinderschutz wurden von den Praktikern insgesamt 15 verschiedene Punkte aufgeführt:

1. Die Risikoeinschätzung des jeweiligen Mitarbeiters, der eine Meldung erhält, ob es sich um eine mögliche Kindeswohlgefährdung handelt oder nicht (Sachgebietsleiter, Sauter),
2. Probleme in der interdisziplinären Zusammenarbeit (Pfeifle, Oberle, Becker, Lukasczyk),
3. Mangelnde Kooperation unterschiedlicher Behörden (Sauter),
4. Mangelnde finanzielle Ressourcen (Oberle),
5. Rechtliche Vorschriften zur Datenübermittlung (Becker, Oberle),
6. Mangelnde Krisenprävention (Sachgebietsleiter),
7. Mangelnde Fehlerkultur (Lukasczyk),
8. Selbstüberschätzung der Mitarbeiter (Lukasczyk),
9. Zu spätes Eingreifen in das Erziehungsgeschehen (Sauter),
10. Fehlender Zugang zu Familien (mit Migrationshintergrund) (Sauter, Lukasczyk),
11. Öffnungs- und Schließungszeiten des Jugendamts (Becker),
12. Die Personalsituation in den Verwaltungen (Becker),
13. Fehlendes Kinderbewusstsein (Oberle),
14. Die Ausbildung der Erzieherinnen (Becker) sowie
15. Die derzeitige Formulierung des § 36 SGB VIII (Becker).

Risikoeinschätzung bei Eingang einer Meldung

Zwei Experten benannten als erste Schwachstelle, an der es zu Fehlern kommen könne, die erforderliche Risikoeinschätzung des jeweiligen Mitarbeiters, der eine Meldung erhalte und abschätzen müsse, ob eine Kindeswohlgefährdung vorliege. Einig waren sich die Experten in dem Punkt, dass hierbei die Professionalität des Mitarbeiters entscheidend sei und es ein Spannungsfeld zwischen dem Kinderschutz und der Autonomie der Familie gebe. Im Übrigen stellte der Sachgebietsleiter jedoch stärker auf die emotionale Situation des Mitarbeiters ab, während Herr Dr. Sauter den Schwerpunkt auf eine verbesserte Kenntnis der Risikofaktoren legte.

Nach Ansicht des Sachgebietsleiters ist es eine Mischung aus persönlichen, individuellen, fachlichen Gesichtspunkten und strukturellen und kommunikativen Bedingungen, die ein Einfallstor für Fehler im Kinderschutz darstellt. Der Experte wies darauf hin, dass ein sehr hoher inhaltlicher und zeitlicher Druck bei den Sozialarbeitern und Ämtern bestehe, da das Thema Kindeswohlgefährdung bei jedem Menschen etwas auslöse. Ohne die entsprechende Persönlichkeit und die entsprechenden Stützungssysteme, etwa Supervision, könne aus Gründen des Selbstschutzes der Reflex erfolgen, dass nicht genau hingesehen werde. Ferner habe die Gefährdungsabklärung immer etwas mit Intervention und Eingriff in die Privatsphäre zu tun. Hier gebe es seiner Ansicht nach noch Potentiale, die Mitarbeiter auf solche Situationen vorzubereiten. Allerdings wies er auch darauf hin, dass unterschiedliche Sichtweisen bezüglich der gemeldeten Ereignisse und des Umgangs mit ihnen bestünden. Daher sei eine ständige Sensibilisierung und Transparenz der Jugendamtsarbeit erforderlich. Er sieht die Aufgabe des Jugendamtes darin, zwischen Sensibilität, Transparenz und Aufklärung in der Gesellschaft tätig zu werden. Gut sei, dass nach dem SGB VIII auch die freien Träger der Kinder- und Jugendhilfe und die Leistungserbringer selbst in den Abwägungsprozess und die Schutzstellung aufgenommen seien. Bei der Risikoentscheidung würden auch andere Institutionen, bspw. der Kindergarten, eingeschaltet, um zusätzliche Informationen, etwa über Geschwisterkinder, zu erhalten. Der Experte verwies im Zusammenhang mit dem Abwägungsprozess auch auf die Grundrechte der betroffenen Menschen, insbesondere auch der Sorgeberechtigten. Eltern vernachlässigten ihre Kinder nicht mit Vorsatz, sondern es gebe für ihr Tun eine biografische Vorgeschichte. Man dürfe die Eltern nicht ausgrenzen, sondern müsse sie beteiligen und einen Teil der Hilfe auch auf die Erwachsenen lenken. Ohnedies könne nur eine kurzfristige Heilung der kindlichen Opfer erfolgen. Die Bewertung der Sachverhalte habe mehr fachlich und weniger emotional zu erfolgen. Natürlich stehe der Kinderschutz im Vordergrund, aber unter Wahrung der elterlichen Pflichten und Rechte. Es dürfe nicht zu willkürlichem Handeln und Entscheidungen des Staates kommen. Daher seien bei den Abwägungsprozessen immer Verhältnismäßigkeiten herzustellen. Der Experte teilte auch mit, dass bei den Mitarbeitern die Sorge bestehe, dass Betroffene einen Anwalt einschalteten. Er sei aber der Ansicht, das sei ihr gutes Recht und zu rechtsstaatlichem Handeln gehöre auch, dass die Arbeit immer wieder hinterfragt und diskutiert werde. Auch dies sei ein Sicherheitsfaktor. Eine zweite Problemstelle in diesem Zusammenhang ergebe sich seiner Meinung nach bei der Kommunikation über Wahrnehmungen, das heißt die Kommunikation über das, was Menschen außerhalb des Jugendamtes, also in Institutionen oder in gesellschaftlichen Kontexten wahrnähmen und wie deren Wahrnehmung eingeschätzt werde, ob eine Lage risikobehaftet sei oder nicht. Ferner gebe es seiner Meinung nach auch institutionelle Einfallstore. Dies habe insbesondere mit dem Verwaltungsverfahren bzw. dem Ablauf in Behörden zu tun, wo es vorkomme, dass Sachen liegen blieben, die nicht sofort erledigt werden müssten. Im Rahmen der gegebenen Arbeitsbelastung könnten falsche Prioritäten gesetzt werden. Schließlich könne es seiner Ansicht nach aber auch sein, dass das Jugendamt und seine Mitarbeiter zu spät von einer Gefährdung erführen.

Herr Dr. Sauter wies darauf hin, dass die derzeit öffentlich skandalisierten Fälle fast alle behördlich bekannt gewesen seien. Es stelle sich somit natürlich die Frage, wie es sein könne, dass die Behörden von einer kritischen Situation Kenntnis hätten und am Ende ein Kind trotzdem zu Tode käme. Die Schwierigkeit liege seiner Ansicht nach in dem Komplex der Risikoabwägung. Die Risikofaktoren seien bekannt. Das Bayerische Landesjugendamt habe insofern ein eigenes System sozialpädagogischer Diagnose entwickelt, das evaluiert und inzwischen überarbeitet worden sei, sogenannte sozialpädagogische Diagnosetabellen, in denen Risikomerkmale aufgeführt seien, welche im Aufwachsen, Erleben und Handeln von Kindern eine Rolle spielten. Diese seien auch den Fachkräften in der Sozialarbeit bekannt. Im konkreten Fall stehe man jedoch vor der schwierigen Abwägung, ob die Gefährdung eines Kindes so massiv sei, das man das Kind aus der Familie herausnehmen müsse oder nicht. Dies sei bei allen Fällen der kritische Punkt, da die Tötungsfälle stets innerhalb der Familie passiert seien, dort, wo sich das Kind aufgehalten habe. Möglicherweise wisse man noch zu wenig über Risikofaktoren. Dies könne vielleicht ein Forschungsproblem sein. Erst in den neunziger Jahren hätten Forschungen über Risikofaktoren in dem Maße eingesetzt, dass es eine gewisse Verständigung darüber gebe, was Risikofaktoren seien. Einige dieser Risikofaktoren seien auch gesellschaftspolitische Tabuthemen, etwa das Faktum der Situation eines Kindes bei einer alleinerziehenden Mutter. Bei der Güterabwägung bestehe ein Risiko, wie man die Risikofaktoren bewerte. Hierbei könne es zu Fehleinschätzungen kommen. Diese seien möglicherweise noch hinzunehmen, da die Bewertung prognostisch erfolge. Es gebe aber auch im Rahmen des Verlaufs gewisse „Verwerfungen", z.B. wie oft man es zulasse, dass ein Elternteil zum Jugendamt bestellt werde und nicht erscheine. Im Falle von Kevin habe etwa eine unzureichende Beteiligung der Familie vorgelegen. Hier stelle sich die Frage, wo die Toleranzgrenze zu ziehen sei. Dies sei auch eine Frage der fachlichen Weiterentwicklungen der Berufsausübung. Die Familiengerichte seien in dieser Hinsicht eher strikt und erwarteten mindestes drei Versuche des Jugendamtes, mit der Familie Kontakt aufzunehmen. Hintergrund sei die Tatsache, dass in der Konsequenz immer früher in die Autonomie der Familie eingegriffen werde.

Interdisziplinäre Zusammenarbeit

Die interdisziplinäre Zusammenarbeit wurde von der Mehrheit der Befragten als Schwachstelle beziehungsweise als kritischer Punkt in dem Bereich Kinderschutz dargestellt und ausführlich besprochen. Da im weiteren Verlauf des Interviews die Frage nach der interdisziplinären Zusammenarbeit gezielt gestellt wurde, werden die Aussagen der Experten zu diesem Thema weiter unten in diesem Kapitel unter dem Titel „Interdisziplinäre Zusammenarbeit – Probleme und positive Strukturen" im Einzelnen ausführlich dargestellt.

Mangelnde Kooperation zwischen Behörden

In Fällen wie Kevin oder Jessica sei es nach Kenntnis von Herrn Dr. Sauter auch zu Fehlern in der Kooperation unterschiedlicher Behörden gekommen. Im Fall „Jessica" habe die für die Schulpflicht zuständige Behörde, das Schulamt, offenbar keinen Grund zu weiteren Veranlassungen gesehen, obwohl das schulpflichtige Mädchen ein Jahr lang nicht beschult worden sei. Es dürfe nicht geschehen, dass die Kommunikation zwischen Jugendamt und anderen Sozialbehörden, in diesem Fall die zuständige Schulverwaltung, nicht funktioniere.

Mangelnde finanzielle Ressourcen

Als großes Problem benannte Herr Dr. Oberle unzulängliche finanzielle Ressourcen. Man benötige im Bereich Kinderschutz viel Geld und Ressourcen, die nicht zur Verfügung gestellt würden. Man könne keine Werbung betreiben und bekäme auch keine Sponsoren. Man könne diese Sache jedoch nicht nebenher laufen lassen, weil sie zu komplex sei. Kinderschutz sei in unserer Gesellschaft nicht etabliert. Es stelle ein unangenehmes Thema dar, welches viel Bestürzung auslöse, aber in letzter Konsequenz als nicht so wichtig angesehen werde. Herr Dr. Oberle wies darauf hin, dass ein niedergelassener Arzt große Probleme bekäme, wenn er einen Fall von sexuellem Kindesmissbrauch in seiner Praxis habe. Ein niedergelassener Arzt müsse für einen Kinderschutzfall viel Zeit aufwenden und im Zweifel träfe er eine Fehlentscheidung. Gleichzeitig sei es ein undankbares Geschäft. Ein Kinderschutzfall bereite viele Mühen, provoziere unangenehme Nachfragen und erfordere das Auftreten als Gutachter vor Gericht. Aus diesen Gründen ließen viele Ärzte lieber die Finger davon, weil ihnen dieses Geschäft weder Ruhm und Ehre noch finanzielle Abgeltung bringe. Herr Dr. Oberle äußerte Verständnis dafür, dass sich die Ärzte in diesem Bereich eher zurückhielten. Außerdem bestünden Ängste, jemandem Unrecht zu tun. Dann habe der Arzt nicht nur die Mutter als Feind, sondern zum Beispiel die ganze Kindergartentruppe. Dies könne für einen niedergelassenen Kinderarzt in ökonomischer Hinsicht schwierig werden. Man müsse sich darüber klar sein, dass es Kinderschutz nicht zum Nulltarif gebe.

Rechtliche Probleme bei der Übermittlung von Daten

Eine andere Schwachstelle sehen zwei Experten in den rechtlichen Vorschriften zur Datenübermittlung. Alle Befragten waren sich einig, dass der Kinderschutz dem Datenschutz vorrangig sei. Dennoch wird gerade im Hinblick auf die ärztliche Schweigepflicht bei der Kooperation zwischen Gesundheits- und Sozialbereichbereich Verständnis für die Situation der

Ärzte ausgedrückt, welche im Zweifel dazu führe, dass ein Arzt keine Meldung an das Jugendamt erstatte. Uneinig waren sich die Experten hinsichtlich der Einführung einer generellen Meldepflicht für Ärzte.[49]

Herr Becker führte aus, dass der Datenschutz sehr berechtigt sei, doch liege seines Erachtens ein Missverständnis in der Begriffswahl vor. Es gehe nicht – wie oftmals angenommen – darum, dass man nichts sagen dürfe, sondern darum, den Missbrauch von Daten zu verhindern. Folglich müsse seiner Ansicht nach die Zweckbestimmung der Datenoffenbarung mehr ins Blickfeld genommen werden. In dieser Hinsicht sieht er noch einen Entwicklungsbedarf. Wenn beispielsweise ein Arzt erkennen würde, dass die Darlegung der Eltern, das Kind sei die Treppe hinunter gefallen, von der medizinischen Sicht aus nicht stimmen könne, dürfe er nur dann das Jugendamt benachrichtigen, wenn er eine konkrete Gefahr für das Kind befürchte. Die Abwägung, wann eine Gefahr konkret ist, sei jedoch in der Praxis schwierig. Wäre aber eine Datenübermittlung bereits im Vorfeld zulässig, könnte das Jugendamt sich etwa zunächst beim Kindergarten erkundigen, wie die Situation des Kindes sei, ohne gleich die Familie zu konfrontieren. Die Rechtslage solle so sein, dass die Sorge um das Kind wichtiger ist als die Offenbarung einer medizinischen Problemstellung. Im Zweifel würde ein Arzt bei Abwägung dieser Interessen derzeit eher nichts sagen. Es bedürfe hier mehr Rechtsklarheit und damit -sicherheit. Natürlich könne hier mit Schulungen und Übungen die Situation verbessert werden, doch es sei besser, wenn eine rechtliche Klarstellung dahingehend erfolge, dass die Unversehrtheit des Kindes das höhere Gut sei und der Schutz der Eltern vor evtl. unbegründeter Zuschreibung von Ursachengefahren an zweiter Stelle stehe. Herr Becker gab auch zu bedenken, dass viele Eltern den Kinderarzt wechseln würden, wenn sich herumspräche, dass dieser bei Verdacht auf Verletzung des Kinderschutzes das Jugendamt anriefe. Damit ein Arzt, der mit dem Jugendamt kooperiere, nicht der Dumme sei, müsste seiner Ansicht nach eine gesetzliche Regelung erfolgen, dass alle Kinderärzte bei Verdacht auf Verletzung des Kinderschutzes Meldungen machen müssten.

Auch nach Ansicht von Herrn Dr. Oberle ist Datenschutz unter den Ärzten ein sehr großes Thema. Seiner Ansicht nach gebe es jedoch bei Kindesmisshandlungen keinen Raum für Datenschutz. Aber natürlich könne man sich dahinter hervorragend verstecken. Die Leute hätten Angst vor eigenen Problemen, die einem solche Meldungen einbringen könnten. Man könne nur Schwierigkeiten bekommen, im Zweifel ein Verfahren wegen Verletzung der Schweigepflicht. Dies könne für einen niedergelassenen Arzt problematisch werden. Um diesen Schwierigkeiten zu begegnen, sei ein lokales Netzwerk notwendig. Voraussetzung dafür sei, dass es jemand koordiniere. Dies müsse in der Regel das Jugendamt sein, weil dieses nachher

---

49 Vgl. zu den in den neuen Landeskinderschutzgesetzen geregelten Meldebefugnissen und -pflichten ausf. Kap. 7.

auch die weiteren Konsequenzen daraus ziehen müsse. Ein solches Netzwerk müsse umfassend die unterschiedlichen Professionellen im Bereich Kinderschutz einbeziehen. Man müsse sich austauschen. Hier sah Herr Dr. Oberle das Problem, dass die Strafverfolgungsbehörden sofort einschreiten müssten, wenn sie Kenntnis von solchen Fällen erhielten. Nach Ansicht von Herrn Dr. Oberle gebe es aber auch hier Wege, wie man fair miteinander umgehen könne. Eine generelle Meldepflicht für Ärzte bei dem Verdacht auf Kindesmissbrauch lehnte Herr Dr. Oberle ab. Dies wäre das Ende der Kinderschutzdiskussion im medizinischen Bereich. Wenn die Eltern wüssten, sie würden sich jemand anvertrauen, der es sofort weiter meldete, dann würden sie sich gar nicht mehr melden. Wenn Kinderärzte zu Ermittlern würden, werde der Grundgedanke der Unterstützung quasi ausgehebelt.

Mangelnde Krisenprävention

Ein weiterer Schwachpunkt war nach Ansicht des Sachgebietsleiters, dass man im Falle einer Krise, also einer Kindeswohlgefährdung zwar bereit sei, ganz viele personelle und finanzielle Ressourcen zur Verfügung zu stellen, es aber im Vorfeld hieran fehle. Es würden keine Vereinbarungen getroffen, nicht debattiert, und Netzwerke bestünden nur auf dem Papier. Zugänge zu Sozial- und Bildungsfeldern seien nicht gleich. Das hochselektive Schulsystem grenze von Anfang an aus. Auch in diesem Bereich gelte es, Ressourcen auszubauen. Zudem würden Erkenntnisse nicht publiziert, ein Lernen voneinander finde nicht statt.

Mangelnde Fehlerkultur

Herr Lukasczyk stellte fest, dass Mitarbeiter nicht gezielt aus ihren Fehlern lernten und Fehler nicht offen kommunizierten. Dies führe seiner Ansicht nach zu psychologischen Prozessen des Vermeidens, Versteckens und Geheimhaltens bei den Mitarbeitern und habe mit einer professionellen Struktur nichts mehr zu tun. Als Professioneller müsse man immer in der Lage sein, Fehler zuzugeben, auch wenn der Grund dafür in der eigenen „Schusseligkeit" läge, denn dies könne auch aus einer hohen Belastungssituation, wie sie innerhalb der sozialen Arbeit gegeben sei, resultieren. Diese hohe Belastungssituation grenze seiner Meinung nach bereits fast an das Unmenschliche, was sich möglicherweise aus der Situation der Anspruchshaltung der Gesellschaft an die Institution des Jugendamts ergeben könne. Dieser hohe Anspruch, alle anderen dürften versagen, nur das Jugendamt nicht, da dies die letzte Instanz im Kinderschutz sei, erzeuge sehr starke, interpersonale, psychologische Effekte. In dieser Struktur könne es zu Sollbruchstellen in der Wahrnehmung der einzelnen Mitarbeiter im Kinderschutz kommen.

Selbstüberschätzung der Mitarbeiter

Herr Lukasczyk äußerte ferner die Sorge, dass sich Mitarbeiter überschätzten und sich zu sicher in ihrer Einschätzung seien. Dies seien oftmals die erfahrenen Mitarbeiter, die überzeugt seien, dass sie alles richtig machten. Herr Lukasczyk war der Ansicht, dass es dazu gehöre, immer eine latente Unsicherheit bei sich selber zu produzieren, um die Kommunikation mit anderen zu suchen und nicht blind zu werden.

Zu spätes Eingreifen in das Erziehungsgeschehen

Als weitere Schwachstelle sah Herr Dr. Sauter das Problem an, dass teilweise zu spät eindeutig in das Erziehungsgeschehen eingegriffen wird.

Fehlender Zugang zu Familien (insbesondere mit Migrationshintergrund)

Herr Dr. Sauter wies auch darauf hin, dass es in Familien mit Migrationshintergrund für das Jugendamt noch schwieriger sei, Zugang zu erlangen. Das liege an den unterschiedlichen Lebenslagen und Sprachen sowie dem sozio-kulturellen Hintergrund, welcher auch die Erziehung bedinge. Herr Lukasczyk legte aber auch dar, dass generell eine schlechte Kommunikation mit dem Familien zu einer Sollbruchstelle führe. Spräche man nicht mit den Eltern und Kindern, gebe es auch keine gemeinsame Diskussionsebene, und dann traue man den Eltern auch nichts zu. In solchen Fällen gebe es kein wirkliches emotionales Zutrauen in eine Veränderungssituation.

Öffnungs- und Schließungszeiten des Jugendamts

Herr Becker sah es als größte Schwachstelle im Kinderschutz an, dass das Jugendamt und damit der Allgemeine Soziale Dienst Öffnungszeiten und Schließungszeiten habe. Die Erreichbarkeit des Jugendamtes sei gemessen am 24-Stunden-Lebenstag der Eltern, Kinder und Familien in weniger als der Hälfte der Stunden des Tages gegeben. Menschen, die auf etwas aufmerksam geworden seien und in der Zeitphase eines frischen Hergangs motiviert seien, spontan anzurufen, würden sich bis zum Morgen des nächsten Tages überlegen, was mit ihnen passiere, wenn sie eine Meldung machten, die eventuell nicht stimme, was und wie sie etwas sagen dürften, und dass sie sich vielleicht täuschten. Solche Zweifel führten oft dazu, dass sich die Anrufsstimmung des Vorabends am nächsten Vormittag, wenn das Jugendamt wieder zu erreichen ist, gelegt habe. Wenn jemand, der den Impuls zu einer Mitteilung habe, diese nicht in dem Moment loswerden könne, so sei dies die gravierendste Sollbruchstelle, die es überhaupt gebe. Zur Lösung des Problems gebe es eine Telefonnummer, über die das ständig besetzte Frauenhaus erreicht werden könne. Die dortigen Mitarbeiterinnen könnten dann eine Fachkraft eines beauftragten freien Trägers, die ab 17 Uhr bis zum nächsten Morgen Stille Bereitschaft habe, kontaktieren. Allerdings sei diese Telefonnummer bislang noch nicht öffentlich bekannt, sondern nur den Anlaufstellen wie Beratungsstellen, Telefonseelsorge, Polizei u.a. Hier gebe es noch Verbesserungsbedarf. Allerdings wies Herr Becker auch darauf hin, dass im Falle der öffentlichen Bekanntmachung der Telefonnummer nach neuen Medienberichten über Kinderschutzfälle die Zahl der Anrufe sprunghaft ansteigen würde. Mit einer gewissen Wahrscheinlichkeit würde sich die Mehrzahl der Fälle im Nachhinein als unbegründet herausstellen, doch müsse zunächst eine Überprüfung erfolgen, was einen Arbeitsanfall darstellen würde, der mit der gegenwärtigen Personalkapazität nicht zu decken sei. Dennoch war es nach Ansicht von Herrn Becker wesentlich, dass jede Person, die das wünscht, sofort anrufen könne, selbst auf die Gefahr hin, dass die Meldung unbegründet sei.

Personalsituation in den Verwaltungen

Eine weitere Schwachstelle stellte nach Ansicht von Herrn Becker die Personalsituation in den Verwaltungen dar. Wenn es erforderlich sei, dass es eine Stelle gebe, bei der zu jeder Zeit angerufen werden könne, müsse es auch jemanden geben, der den Anruf entgegennähme und in angemessener Weise entsprechend reagiere. Dies bedeute auch, dass sich der Mitarbeiter in einer Arbeitssituation befinden müsse, die es ermöglicht, rasch zu verstehen, worum es geht, und sich auf die schwierige Konstellation einzustellen. Dies habe etwas mit der Arbeitsmenge zu tun. Herr Becker verwies darauf, dass sich die Hinweise bereits während der Öffnungszeiten des Jugendamtes in den letzten drei Jahren zwischenzeitlich verdreifacht hätten (die Personalsituation findet weiter unten in diesem Kap. noch gesondert Erwähnung).

Fehlendes Kinderbewusstsein

Ein weiteres Problem stellte nach Ansicht von Herrn Dr. Oberle das fehlende Kinderbewusstsein dar. Es gebe in der Gesellschaft ein Umweltbewusstsein, man kümmere sich um die Umwelt, trenne Müll und verbrauche weniger Benzin. Dies sei eine gute Entwicklung, doch nunmehr sei es an der Zeit, auch ein Kinderbewusstsein in der Gesellschaft zu schaffen. Dazu müsse man zunächst einmal wissen, was ein Kind brauche. Die Menschen hätten verlernt, wie viel Schlaf, Essen und Trinken ein Kind brauche. Solches Wissen werde nicht mehr tradiert und sei in den Familien nicht mehr vorhanden. Es fehle das Bewusstsein, was einem Kind gut tut und was nicht. Außerdem fehle ein gesamtgesellschaftliches Bewusstsein, welches auch dazu führe, dass es zum Beispiel einem Nachbarn auffalle, wenn es einem Kind nicht gut gehe. Dabei gehe es vor allem um Unterstützung, nicht um Anklage. Auch einem Kind müsse ein gesundes Körpergefühl vermittelt werden sowie das Selbstbewusstsein, „Nein" sagen zu können. Herr Dr. Oberle verwies auch darauf, dass einige Formen der Kindesmisshandlung wie Rauchen oder Alkohol in der Schwangerschaft in der Gesellschaft völlig tabuisiert seien. Es müsse ein Bewusstsein geschaffen werden, wie ein solches Problem zu lösen sei, nicht über eine Bestrafung, sondern über das Schaffen einer Haltung, dass Rauchen und Alkohol bei einer Schwangeren nicht üblich seien. Man dürfe die Leute nicht sogleich als Problem hinstellen, sondern müsse über ein Hilfeangebot einsteigen. Dann merke man relativ schnell, ob dieses laufe oder nicht. Wenn jemand darauf nicht eingehen würde, müsse man einsteigen, sich selbst Unterstützung suchen und das Jugendamt einschalten.

Ausbildung von Erzieherinnen

Herr Becker äußerte die Ansicht, dass die Ausbildung der Erzieherinnen in Deutschland dringend verbessert werden müsse. Gerade im Kindergarten bestehe ein intensiver Kontakt zwischen Eltern und Erziehern. Die Ausbildungsform und die Beschäftigung von Kinderpflegerinnen seien seiner Meinung nach deutlich überholt, weil qualitativ nicht mehr ausreichend. Hier sei das Land aufgefordert, diese Ausbildung nicht mehr staatlich anzuerkennen.

§ 36 SGB VIII

In rechtlicher Hinsicht sah Herr Becker Verbesserungsbedarf hinsichtlich des § 36 SGB VIII bezüglich des Hilfeplans. Dieser Paragraph bestehe nur aus wenigen Sätzen und gebe nicht konkret vor, wie qualifiziert der Hilfeplan sein müsse, während der § 8a SGB VIII sehr dezidiert sei. Die Konkretheit der gesetzlichen Ausgestaltung des § 8a SGB VIII korrespondiere inhaltlich mit dem Hilfeplan gemäß § 36 SGB VIII, doch diese Korrespondenz werde im Zusammenhang oft nicht gesehen und finde sich in der inhaltlichen Ausgestaltung des § 36 SGB VIII nicht wieder. Die nachhaltige Verbesserung des Kinderschutzes setze auch eine Qualifizierung des Hilfeplans im konkreten Einzelfall voraus.

Denkbarkeit eines weiteren „Kevin-Falls" –
Risiken und Schutzmechanismen

Im Hinblick auf die medial präsenten Kinderschutzfälle wurden die Experten gebeten, darzustellen, warum ein Fall wie „Kevin" in Bremen auch in ihrem Verantwortungsbereich passieren könnte oder warum gerade nicht (vgl. dazu auch Kap. 1 und 2). Die Gesprächspartner sollten hierzu ihre Bedenken schildern, aber auch, was ihnen Sicherheit verleiht. Auch bei dieser Frage sollten systematische Problemstellen benannt werden. Zugleich sollten jedoch bestehende Schutzmechanismen aufgezählt werden.

Alle Experten waren sich darüber einig, dass tragische Kinderschutzfälle grundsätzlich auch in ihrem Bereich passieren könnten, da Menschen Fehler machen. „Es wäre töricht zu sagen, irgendetwas im Kinderschutz kann bei uns nicht schief gehen. Das wäre eine Illusion, die man nicht haben darf, sonst ist man schon von vornherein auf dem falschen Gleis" sagte Herr Becker. Man werde Fehler nicht verhindern können, aber es sei schon viel wert, wenn die Maschen, durch die etwas fallen kann, viel kleiner gemacht würden.

Die Risiken für einen Kinderschutzfall wie „Kevin" sah Herr Dr. Oberle zunächst in den Familien. Man bemühe sich, diese Risiken überschaubar zu halten, doch sei man darauf angewiesen, dass die Familien mitarbeiteten und die eigene Einschätzung richtig sei. Herr Dr. Oberle verwies auf einen Fall in Stuttgart, wo eine Mutter ihrem sieben Monate alten Kind ein Messer in den Bauch gestochen habe, weil es ein Schreikind gewesen sei. Glücklicherweise werde das Kind ohne Schaden überleben, doch es stelle sich natürlich die Frage, ob man hier im Vorfeld hätte etwas bemerken müssen. Herr Dr. Sauter bezog sich auf einen Fall, wo ein Kind in Bayern auf einem Bauernhof aufgewachsen sei und bis zum sechsten, siebten oder gar achten Lebensjahr von der Mutter weggesperrt worden sei. Das Kind habe behördlicherseits gar nicht existiert. Insofern könne er nicht ausschließen, dass ein Kind durch das Raster fällt.

Der Sachgebietsleiter gab zu bedenken, dass Freiheiten und grenzwertige Lebensentwürfe akzeptiert werden müssten. Diesbezüglich könnten die Lebensrisiken nie vollständig minimiert oder gar ausgeschlossen werden.

Die Befragten waren sich aber auch darüber einig, dass Fälle wie „Kevin" oder „Lea-Sophie" in ihren Bereichen nicht in dieser Form vorkommen könnten, da sie insofern gewisse Schutzmechanismen hätten. Sämtliche Experten stellten heraus, dass in schwierigen Fällen eine Teambesprechung der Normalfall sei. Herr Dr. Sauter verwies auf die unterschiedliche Bewertung von Risikofaktoren, etwa des Aufwachsens bei drogenabhängigen Eltern. Er verwies ferner auch auf die gesetzlichen Vorgaben und Zuständigkeiten, die solche Fälle grundsätzlich verhindern müssten.

Die Experten benannten in diesem Zusammenhang verschiedene Sicherheitsmaßnahmen, welche grundsätzlich oder in ihren Bereichen dazu beitragen, das Auftreten tragisch endender Kinderschutzfälle gering zu halten. Herr Becker äußerte die Ansicht, dass ein ganzheitliches Handeln in allen Bereichen des Kinderschutzes erforderlich sei, um voranzukommen. „Mit der Spitze des Eisbergs, die Kinderschutz heißt, kann ich alleine nichts anfangen, ich muss den ganzen Eisberg betrachten." Die Sicherheit schaffenden Strukturen begännen seiner Meinung nach bereits in der Organisation des Jugendamtes. Nach seinem Führungsprinzip und Führungsstil habe er ein starkes Delegationsprinzip im Amt gehabt, welches ein sehr gutes Vertrauensverhältnis zwischen den Führungskräften zur Folge gehabt hätte. Das Jugendamt habe ein amtspezifisches Leitbild gehabt, wonach es sozusagen ein Schiff sei, das seinen Kurs nur dann gut halten und das Ziel erreichen könne, wenn alle Offiziere und die Mannschaft wüssten, warum wohin gefahren werde. Sollte der Kapitän sich anderweitig kümmern müssen, müssten der Kurs und das Ziel gleich bleiben. Herr Becker teilte ferner mit, dass in Pforzheim die Sozialraumorientierung vergleichsweise sehr früh, nämlich bereits 1994, eingeführt worden sei. Es gebe 18 Sozialräume, welche die 24 Stadtteile umfassten, und diese 18 Sozialräume seien acht Sozialraumkonferenzen zugeordnet. Im Durchschnitt seien damit 2,5 Stadtteile bzw. Sozialräume einer Sozialraumkonferenz zugeordnet. Der Soziale Dienst sei aufgrund der Sozialraumorientierung in vier geografische Stadtgruppen mit vier Gruppenleitern aufgeteilt worden. Diese Leiter sowie der Abteilungsleiter und der Amtsleiter träfen sich regelmäßig mehrfach im Jahr, um Entwicklungsfragen zu diskutieren. Dreimal im Jahr gebe es ganztägige, manchmal sogar zweitägige Führungskräfteklausurtage für alle Führungskräfte, von der Gruppenleiterin und der Sachgebietsleiterin bis hin zum Abteilungsleiter und zum Amtsleiter. Zu diesen Klausurtagen habe er stets einen externen Überraschungsgast eingeladen. Dies könne ein Unternehmer, ein Mitarbeiter der Planungsbehörde über Stadtentwicklung oder ein Arzt vom Krankenhaus gewesen sein. Das Prinzip, sich mit Blickwinkel von außen konfrontieren zu lassen, sei Bestandteil der Führungsverantwortung gewesen. Dieses sei der fruchtbare Boden, auf dem gearbeitet werde und der für Aufmerksamkeit sorge, Kinderschutzmeldungen angstfrei und damit konstruktiv zu begegnen. Vom systemischen Ansatz her gebe es einen arbeitstäglichen Bereitschaftsdienst für neue Meldungen, um den Mitarbeitern für die normale Arbeit den Rücken freizuhalten, so dass nicht ständig jemand unangemeldet zu einem Sozialarbeiter komme. Der Mitarbeiter, welcher Bereitschaft habe, sei dagegen darauf eingestellt, dass er mit überraschenden und manchmal auch unangenehmen Meldungen konfrontiert werden könne. Die organisatorischen Voraussetzungen, um die Arbeit mit der richtigen Haltung machen zu können, seien somit systemisch angelegt. Ferner gebe es natürlich das Vier-Augen-Prinzip, das bedeute, dass der Mitarbeiter in Kinderschutzfällen nicht alleine entscheide, sondern wisse, dass er sie mit dem Vorgesetzten, dem Gruppenleiter, bearbeiten müsse. Wenn der den Vorgesetzten nicht erreichen könne, sei er allerdings laut Dienstanweisung ermächtigt, eine eigene vorläufige Entscheidung zu treffen. Ein solches Organisationssystem mache einen Mitarbeiter nicht zu einem unmündigen Menschen. Herr Becker war der Ansicht, dass eine solche Haltung derzeit in den Jugendämtern insgesamt zunehme, aber es auch noch viele Ämter gebe, in denen dies nicht der Fall sei. Dies hänge oft auch an der Haltung von einzelnen Personen. Als weiterer Punkt von systemischen Sicherheiten nannte Herr Becker die wirtschaftliche und finanzielle Basislage. In vielen Ämtern habe das Geld oftmals eine höhere Priorität als die inhaltliche Arbeit. Er sah Jugendhilfe im Spannungsgeld zwischen erfolgreicher Tätigkeit und zunehmendem Ausgabenfaktor. Er habe darum die Mittel des Vorjahres zum Arbeitsbudget erklärt und auf die vier Gruppen aufgeteilt. Jede Gruppe habe gewusst, dass ihnen eigentlich nicht mehr Geld als das zugeteilte Budget zur Verfügung stehe. In der Entscheidungsfrage, was sie mit diesem Geld machen, blieben sie selbständig. Dies habe zu sehr kreativen Ideen geführt. Er selbst habe in einer Dienstanweisung den Satz formuliert, „Ich will den Wettbewerb der Arbeitsgruppen, aber keine Konkurrenz."

Das Wissen, dass das Geld endlich sei, sei im Übrigen jedem einzelnen aus seinem Privatleben bekannt. Man müsse sich also überlegen, dass man auch bei Eintritt des Unerwarteten noch Geld brauche. Allerdings stehe den Mitarbeitern insofern ein Gestaltungsraum zur Verfügung. Auch dieses trage seiner Ansicht nach zu einer erhöhten Aufmerksamkeit bei und ermögliche einen Synergieeffekt. Schließlich seien all diese Entwicklungen auch immer kontinuierlich an die kommunalpolitisch entscheidende Stelle, den Jugendhilfeausschuss, mit Vorlagen mitgeteilt worden, so dass auch die Politiker aufmerksam gemacht worden seien.

Der Sachgebietsleiter teilte mit, dass die Einführung des § 8 a SGB VIII, der im Oktober 2005 implementiert worden war, zu einer größeren Sicherheit geführt habe. Zu diesem Paragraphen gebe es bei ihnen seit März 2006 eine Dienstanweisung, an die alle Mitarbeiter des Jugendamtes gebunden seien. Darin heiße es, dass bei Meldungen über Kindeswohlgefährdungen dem unverzüglich, also noch am Tag des Eingangs der Meldung, nachgegangen werden müsse. Dies bedeute, dass zwei Mitarbeiter vor Ort recherchierten. Sodann sei eine Risikoabwägung vorzunehmen und ein Schutzplan zu erstellen. Außerdem habe nach Eingang einer solchen Meldung eine Meldung an das Team bzw. den Sachgebietsleiter zu erfolgen, um sich rückzuversichern, ob hier gewichtige Anhaltspunkte für eine Kindeswohlgefährdung vorliegen. Diese Regelung habe für Klarheit und Struktur gesorgt. Dadurch würden Risiken minimiert, dass Kinder durch das Handeln des Jugendamts zusätzlich in Gefahr gebracht würden. Der Experte erläuterte, dass man in der Dienstanweisung bewusst unterlassen habe, den Begriff der Kindeswohlgefährdung als solchen zu definieren, damit im Falle einer von der Definition abweichenden Gefährdung diese nicht übersehen würde. Er äußerte, dass man lieber einmal mehr hinschaue. Ein wichtiger Punkt hinsichtlich der Sicherheitsfaktoren sei die Psychohygiene der Mitarbeiter, damit diese mit den Arbeitsbelastungen umgehen könnten, denn auch die eigene Biografie löse bei der Bewältigung anderer Biografien viel aus. Dazu fänden regelmäßig, mindestens alle sechs Wochen, Gruppensupervisionen statt, und bei Bedarf auch Einzelsupervisionen. Ferner gebe es regelmäßige Teamgespräche, in denen Mitarbeiter ihre Fälle vorstellen könnten. Dies sei wichtig, damit auch noch eine andere Dimension des Sachverhaltes wahrgenommen werde. Auch gebe es eine kollegiale Struktur, die es aber auszubauen gelte. In seinem Bereich gebe es nunmehr seit einiger Zeit eine Kinderschutzhotline, die bei einer Landesstelle angesiedelt sei. Dort könne jedermann etwaige Kindeswohlgefährdungen melden.

Auch Herr Dr. Sauter benannte als vorhandene Sicherheitsstruktur die Tatsache, dass in Bayern keine schwierigen Risikoabschätzungen allein von einem Mitarbeiter getroffen würden, sondern dass dazu immer eine Fallbesprechung stattfände. Es sei Vorgabe, eine erfahrene Fachkraft beizuziehen und die Entscheidung über den Fall im Team zu treffen. Auch zu Hausbesuchen gehe man in aller Regel zu zweit. Zudem sei die Gewichtung der Anhaltspunkte für eine Kindeswohlgefährdung in den fachlichen Empfehlungen des Landesjugendamtes definiert.

Zu den Sicherheit schaffenden Maßnahmen zählt für Herrn Pfeifle auch eine entsprechend fachlich ausgerichtete Organisationsstruktur des Jugendamtes, in der eine fachdienstübergreifende und interdisziplinäre Zusammenarbeit abgebildet und damit besser gewährleistet werden kann. So hat das Jugendamt Stuttgart im Rahmen von fachlichen Organisationsentwicklungsprozessen die Fachabteilungsstruktur aufgelöst und durch Regionalabteilungen eingerichtet. Das heißt, dass bezogen auf eine bestimmte Stuttgarter Region ein Abteilungsleiter sowohl für den ASD als auch für die städtischen Kindertageseinrichtungen zuständig ist. Außerdem wurden die städtischen Erziehungsberatungsstellen aufgelöst und die Mitarbeiter mit ihren Aufgaben in die einzelnen ASD-Bereiche in den Stadtteilen integriert. Entstanden sind interdisziplinäre Beratungszentren. Diese Entwicklung wird derzeit noch ausgeweitet, mit dem Ziel, auch die Beistandschaften in diese Zentren zu integrieren, mit dem Ziel des frühzeitigen Angebots von Hilfen. Außerdem gäbe es Leitfäden für die Mitarbeiter zur Unterstützung der Risikoabwägung in Kinderschutzfällen. Auch das Arbeitsklima innerhalb eines Jugendamtes, insbesondere der Umgang mit „Fehlern" bzw. „Fehlerfreundlichkeit" (kein ganz einfacher Begriff gerade im Kinderschutz) sei ein wichtiger Punkt.

Herr Lukasczyk teilte mit, dass der Leitungsanteil auch in der Frage der Kontrolle und Beratung der Mitarbeiter deutlich angezogen worden sei, so dass Fälle, die nicht gut liefen, auffielen. Sicherheit verleihe auch die Tatsache, dass über viele Jahre intensiv fachlich und konzeptionell zu dem Thema Kinderschutz gearbeitet und in Schulungen investiert worden sei, so dass die Mitarbeiter einen hohen fachlichen Standard hätten.

Interdisziplinäre Zusammenarbeit – Probleme und positive Strukturen

Eine weitere Frage galt den Risiko- und Problemfaktoren in der interdisziplinären Zusammenarbeit. Insbesondere wurde nach Verständigungs-, Vernetzungs- und Regelungsbedarf gefragt. Gleichermaßen sollten die positiven Faktoren in der interdisziplinären Zusammenarbeit benannt werden. Da Kinderschutz viele unterschiedliche Institutionen und Organisationen berührt, ist die funktionierende Zusammenarbeit der jeweiligen Fachkräfte von großer Bedeutung. Mit der Frage sollte aufgezeigt werden, in welchen Bereichen die Zusammenarbeit funktioniert und in welchen nicht und welche Gründe dafür maßgeblich sind.

Die Experten aus Stuttgart, Norddeutschland und Pforzheim waren sich darüber einig, dass die interdisziplinäre Zusammenarbeit weiter ausgebaut werden müsse (s. dazu auch Kap. 8). Es gebe bereits gute Anfänge, doch nach wie vor einen großen Handlungsbedarf. Wenngleich der Ansatz bei allen Befragten, die Verbesserung der Kommunikation zwischen den verschiedenen Professionen, gleich war, so gibt es sehr verschiedene Kritikpunkte und Maßnahmen, um dieses Ziel zu erreichen. In jedem Fall wird jedoch großer Wert darauf gelegt, dass sich die Professionellen untereinander persönlich kennenlernen und somit der Grundstein für eine Zusammenarbeit gelegt wird.

Herr Dr. Oberle stellte in einigen Bereichen bereits sehr gute interdisziplinäre Zusammenarbeit fest, sah aber Verbesserungsbedarf hinsichtlich der Kommunikation der verschiedenen Professionen. Es sei wichtig, dass die verschiedenen Professionen voneinander wüssten und einander kennen würden, insbesondere ihre Stärken und ihre Grenzen. Es bedürfe auch „Dolmetscher" für die unterschiedlichen Berufsgruppen, um die jeweiligen Anliegen in den anderen Professionen verständlich zu machen. Je mehr Möglichkeiten es gebe und je intensiver diese seien, umso schwieriger sei das Miteinander. Jeder kümmere sich nur um seine eigenen Angelegenheiten, finde sich selbst am wichtigsten und grenze andere aus. Dabei sei das Thema Kinderschutz seiner Meinung nach so komplex, dass es oftmals nur noch gemeinsam gehe. Die Hauptproblemfelder lägen in dem Bereich Jugendamt und Medizin, doch werde daran derzeit sehr intensiv gearbeitet. Einen gewissen Austausch gebe es inzwischen von Kinderärzten und dem Sozialpädiatrischen Zentrum. Ferner nannte er als Problembereiche die spezialisierten Beratungsstellen sowie die Polizei, die man bislang oftmals außen vor gehalten habe, wenngleich sie auch eine wichtige Rolle spielten. Ein weiteres Problem gebe es mit den Richtern, welche häufig Unabhängigkeit mit Uninformiertheit verwechselten und zum Teil keine Kenntnis von der Materie Kinderschutz hätten, aber darüber entschieden. Es gebe auch Familienrichter, die sich einbrächten, doch hinge das sehr von den jeweiligen Menschen ab und stelle lediglich ein persönliches Zusatzengagement dar, aber keine generelle Linie. Damit sei es auch nicht verlässlich. Kinderschutz müsse wegkommen von Einzelpersonen, welche lediglich die Grundstruktur schüfen. Es müsse auch die Struktur geben, die das Ganze festige und ermögliche. Es dürfe nicht sein, dass alles zusammenbräche, wenn eine Person wegfalle. Man müsse immer wieder überlegen, wo Ressourcen vorhanden seien und wie man Leute in das System einbeziehen könne. Er fragte sich, warum etwa Pädagogen und Erzieherinnen keine Ansprechpartner seien, obwohl diese das Kind am häufigsten nach den Eltern sähen. Diese könnten Fakten über das Verhalten des Kindes weitergeben. Wichtig sei auch, dem Einzelnen, der sich überlegt, eine Meldung zu erstatten, nicht die Verantwortung aufzubürden, dass etwa der Kindsvater aufgrund der Meldung ins Gefängnis käme. Dazu bedürfe es seiner Ansicht nach vertrauensbildender Maßnahmen. Solange die Menschen das Gefühl hätten, sie sollten Fakten liefern, um jemanden zu bestrafen, spielten viele nicht mit, um nicht schuld zu sein. Dagegen seien viele Menschen bereit mitzumachen, wenn es darum ginge, einen kindgerechten Korridor zu bauen und einige Bereiche davon zu übernehmen. Wichtig sei es, miteinander zu reden. Außerdem müsse man miteinander und voneinander lernen. Dazu müsse man sich realistische Ziele setzen und sich auch zumuten, realistische Schritte zu machen. Dabei dürften auch Fehler passieren. Der gewaltige Anspruch, dass auf einmal alle gewaltfrei seien, dass es nirgendwo mehr einen „Kevin" gebe, erzeuge einen hohen Druck, der kein guter Motivator sei. „Sondern einfach sagen, wir machen uns auf den Weg, wir wollen irgendwann keine misshandelten Kinder mehr. Aber bis dahin wollen wir uns miteinander auf den Weg machen. Wenn wir diesen riesigen Dampf rausnehmen, wären wir vielleicht auch manchmal besser unterwegs."

Herr Lukasczyk sah hinsichtlich der interdisziplinären Zusammenarbeit die Gefahr der Autoritätsüberlagerung bezüglich der Frage der Wertigkeit von Professionen bei einzelnen Mitarbeitern. Dies bedeute, wo die eigenen Profession aufgrund mangelnden Selbstwertgefühls oder beruflicher Identität unterhalb anderer, höher eingeschätzten Professionen rutsche, führe dies dazu, dass man sich entweder von dieser nichts sagen ließe oder allein aufgrund der Autorität einer anderen Profession deren Wahrnehmung für richtiger halte als die eigene. Im medizinischen Bereich gebe es nach wie vor einen hohen Abstimmungsbedarf, da nur wenige Meldungen aus diesem Bereich erfolgten und diese dann oft zu spät kämen. Auch im Bildungsbereich gebe es großen Handlungsbedarf. Hier entstehe ein hoher Druck aufgrund der Tatasche, dass diese Kinder eigentlich die Klassensituation und das Fortkommen der Klassensituation behinderten und daher sehr schnell der Wunsch und der massive Druck entstehe, schnell etwas zu unternehmen, am besten eine stationäre Lösung zu finden. Entscheidend seien auch Ablaufstrukturen. Mittlerweile würden in allen Bereichen schriftliche Kooperationsvereinbarungen getroffen, um Rechte und Verbindlichkeiten beider Seiten zu klären. Bereits der Prozess der Entwicklung solcher Vereinbarungen bringe viele Kooperationsschritte mit sich. Allerdings müssten diese Vereinbarungen auch mit Leben gefüllt und kontrolliert werden, sowie veränderbar sein.

Herr Pfeifle verwies darauf, dass man unglaublich viele Institutionen oder Felder habe, die mit Kindern und Familien in Berührung kämen. Es stelle sich aber die Frage, ob alle diese Felder wirklich das Kind im Blick hätten. Manchmal werde das Kind auch als Stabilisationsfaktor in einer Familie gesehen und der Kinderschutz nicht ausreichend beachtet. Die Sucht- und Drogenhilfe oder die Sozialpsychiatrie beispielsweise hätten einen bestimmten Auftrag, der als ursprüngliche Zielgruppe auf die Eltern bzw. Elternteile gerichtet sei. Daher stelle sich seiner Ansicht nach die Frage, wie man es schaffen könne, in allen Diensten eine Sensibilität für den Kinderschutz heranzuziehen. Eine große Sensibilität für den Kinderschutz zu erreichen, sah Herr Pfeifle als wichtige Aufgabe an. Seiner Meinung nach gebe es einen großen Handlungsbedarf in der interdisziplinären Zusammenarbeit. Man müsse sich fragen, wie die Aussage von unterschiedlichen Professionen in der Öffentlichkeit wirke und wie dieses wiederum auf die Zusammenarbeit wirke. Auch müsse geklärt werden, wie mit unterschiedlichen Auffassungen umgegangen werde. An diesen Formen der Zusammenarbeit müsse man noch dringend arbeiten. Hierfür sei es wichtig, miteinander zu reden.

In Stuttgart gebe es Kooperationsvereinbarungen zum Kinderschutz z.B. mit der Sozialpsychiatrie oder der Drogenhilfe in Stuttgart, um eine gemeinsame Verständigungsebene zu erreichen. Eine Kooperationsvereinbarung gebe es auch mit der städtischen Kinderklinik. Die Kooperationsvereinbarung regelt, dass bei allen neu geborenen Kindern von drogenabhängigen Müttern der Allgemeine Sozialdienst eingeschaltet wird. Somit sei das Jugendamt von Anfang an in den Fall involviert. Außerdem gebe es in Stuttgart einmal im Monat einen Kinderarztstammtisch, an dem sich Mitarbeiter des Jugendamtes mit Kinderärzten zum Austausch über Kinderschutzfragen träfen. Es gebe durchaus Kinderärzte, die in einzelnen Fällen das Jugendamt über einen Kinderschutzfall informieren. Ein wesentlicher Punkt in diesem Zusammenhang sei auch der Schutz des Informanten bzw. eine gute Vorbereitung des Informanten auf etwaige Konfrontationen. So habe ein baden-württembergischer Kollege einen Fall gehabt, dass eine Erzieherin dem Allgemeinen Sozialen Dienst eine Kinderschutz-Meldung gemacht habe. Es war jedoch ein anderer Allgemeiner Sozialer Dienst eines Landkreises zuständig. Weil dieser den Vorgang offen legte, wurde die Erzieherin von den Eltern wegen Verleumdung angezeigt. Das Thema ist seiner Ansicht nach hochsensibel.

Der Sachgebietsleiter wies darauf hin, dass Kooperation sehr viel Arbeit bedeute, da es gerade zwischen Jugendhilfe und Medizin noch immer Verständigungsprobleme gebe, weil die verschiedenen Berufsgruppen unterschiedliche „Codes" benutzten und sich auch anders geben würden. Insofern bestehe ein hoher Kommunikationsbedarf. Hilfreich sei, dass die Bereichssozialarbeiter in ihren Bereichen und bei den Kinderärzten sehr gut bekannt seien. Jährlich fänden ein bis zwei Treffen mit den Kinderärzten und dem Gesundheitsamt statt, um einander kennenzulernen und Hemmschwellen im Umgang abzubauen. Potentiale und Ressourcen würden so ausgeleuchtet. Ärzte und andere Fachkräfte der Kinder- und Jugendhilfe könnten sich auch beim Jugendamt beraten lassen, indem sie einen Fall anonymisiert darstellten.

Auch Herr Becker war der Ansicht, dass das Thema Zusammenarbeit zwischen dem Gesundheitsbereich und der Jugendhilfe bundesweit noch ein gewisses Problem sei. Hinsichtlich etwaiger datenschutzrechtlicher Bestimmungen seien Jugendhilfe und Gesundheitswesen bis vor kurzem noch zu weit auseinander gewesen. Er betrachtet es als einen der großen Vorteile und Veränderungen, die z. B. durch das Projekt mit dem Kinderschutz Baden-Württemberg, welches von der der Kinder- und Jugendpsychiatrie der Uniklinik Ulm unter Herrn Professor Dr. Fegert aufgegriffen worden sei, dass die Institutionen, die mit dem Kind befasst seien, und die Eltern endlich enger miteinander ins Gespräch kämen. Er habe zum Thema der Kooperation von Institutionen bereits vor zehn Jahren aus Anlass der Thematik von Organisationsentwicklung (Corporate Identity) zwecks Schulentwicklung gemeinsam mit einem Schulrat in einem Fachbuch ein gemeinsames Kapitel geschrieben. Dies habe man sich zuvor auch nicht vorstellen können. Es habe aber auch zu einer anderen Vernetzung geführt. Bereits Ende der 90iger Jahre habe in Pforzheim ein Projekt im Kontext Schulentlassungen, Berufsfindungen, Berufsorientierung stattgefunden, welches – bezuschusst vom Landesjugendamt Baden – die Vernetzung im Mittelpunkt gehabt hätte, also die Zusammenführung von Leuten, die formal in verschiedenen Organisationen oder Institutionen arbeiten, aber praktisch enger zusammenarbeiten müssten. Befragt nach der interdisziplinären Zusammenarbeit teilte Herr Becker mit, dass Pforzheim Modellstandort für das Bundesmodellprojekt „Guter Start ins Kinderleben" sei. Damit sie überhaupt berechtigt den Antrag dafür stellen konnten, sei die bestehende Vernetzungssituation mit den freien Trägern wie dem Caritasverband und dem Kinderschutzbund im Rahmen des Lokalen Bündnisses für Familie im Vorfeld entscheidend gewesen. Auch im Rahmen der Sozialraumkonferenzen gebe es ein Grundprinzip des Miteinanders. Von diesen acht Sozialraumkonferenzen würden vier von Gruppenleitern des Sozialen Dienstes öffentlich moderiert und vier von freien Trägern. Dort säßen dann alle beieinander, die Beratungsstellen, die Kindergärten, die Polizei, die Schulen, der Bürgerverein und der Soziale Dienst. Auch hier seien insbesondere das Miteinander in der Arbeit und eine motivierende Stimmung wichtig. Es bedürfe des Aufbaus und der Pflege einer Vertrauensatmosphäre. Im Hinblick auf die interdisziplinäre Zusammenarbeit im Bereich des Kinderschutzes zwischen Gesundheits- und Sozialbereich sieht er noch einen starken Entwicklungsbedarf, wenngleich die Anfänge bereits ganz gut seien. Vom Gesundheitsamt würde er sich jedoch eine etwas stärkere aktive Mitarbeit wünschen. In Pforzheim gebe es kein nennenswertes Problem in der interdisziplinären Zusammenarbeit, doch sei das ertragsorientierte Ergebnis noch nicht so stark und nachhaltig, wie es sein sollte. Er verwies in diesem Zusammenhang auf die geringe Versorgung an ambulanter Kinderpsychiatrie, da es in Pforzheim nur einen einzigen Therapeuten gebe.

Fehlerkultur, Risikomanagement und Fehlerberichtssysteme im Kinderschutz

Anschließend wurde den Gesprächspartnern anhand Beispielen von Fehlermanagement in anderen Bereichen, etwa der Luftfahrt, der Kernenergie oder der Medizin, in Anlehnung an Kapitel 3.1.2. dieses Bandes die Frage gestellt, wie es sich mit der Fehlerkultur in ihrem Bereich verhält und ob eine schnelle Adaption an Gefährdungslagen gewährleistet ist. Insbesondere wurden sie auch danach gefragt, ob sie sich ein Risikomanagement, insbesondere ein Fehlerberichtssystem, wie es in diesen Bereichen bereits seit Jahren erfolgreich eingesetzt wird, auch im Kinderschutz vorstellen könnten. Hintergrund war die grundlegende Frage, ob eine Verbesserung des Kinderschutzes durch systematische Fehleranalyse möglich ist. In den genannten Bereichen findet zum Teil seit vielen Jahren ein erfolgreiches Lernen aus Fehlern statt, welches zu einer kontinuierlichen Verbesserung der Sicherheit geführt hat. Grundlegend für ihr Risikomanagement sind eine bestehende Fehlerkultur und eine schnelle Adaption an Gefahrenlagen.

Die Experten waren sich einig, dass ein Fehlermanagement und ein Fehlerberichtssystem auch im Kinderschutz sinnvoll wären. Hinsichtlich des Bestehens einer Fehlerkultur dahingehend, dass Beinahefehler passieren können und die Chance beinhalten, aus ihnen zu lernen, um die Sicherheit zukünftig zu verbessern, waren die Befragten jedoch uneins. Mehrheitlich gibt es noch keine positive Fehlerkultur, in der Fehler im Rahmen der alltäglichen Fallbearbeitung oder Beinahe-Unfälle konstruktiv ausgewertet werden. Auch ein systematisches Lernen aus Fehlern findet überwiegend noch nicht statt.

Das Vorherrschen einer Fehlerfreundlichkeit wurde von dem Sachgebietsleiter aus Norddeutschland bejaht. Der Sachgebietsleiter teilte hierzu mit, Hintergrund der Fehlerfreundlichkeit sei die Einstellung, dass Fehler die Quelle des Lernens seien. Fehler an sich könnten nicht ausgeschlossen werden, wohl aber ihre Wiederholung. Auch Risiken könnten nicht ausgeschlossen, aber sie könnten minimiert werden. Daher würden Fehler nicht sofort dienstrechtliche Maßnahmen nach sich ziehen.

Auch Herr Pfeifle benannte die Fehlerfreundlichkeit als zentralen Punkt, der sich in der Haltung der Vorgesetzten im Umgang mit Fehlern niederschlagen müsse. Alle Mitarbeiter bekämen schriftlich, dass sie, solange sie aufgrund der vor gegebenen Kinderschutz-Standards des Jugendamtes handelten, dienstrechtlich vom Jugendamt geschützt werden. Dies sei ein Signal für die Mitarbeiter, dass Fehler auch bei guter fachlicher Arbeit passieren könnten. Wenn ein Fehler auftrete, werde geprüft, was man daraus lernen könne. Das Prinzip der Fehlerfreundlichkeit schlage sich auch im Beschwerdemanagement des Jugendamtes nieder. Das Beschwerdemanagement sehe so aus, dass bei einem Kontakt mit dem Jugendamt die Bürgerinnen auch darüber informiert werden, wo und an welcher Stelle sie eine Beschwerden vortragen könnten und dass sie eine Antwort auf ihre Beschwerde erhalten werden. Die Beschwerden werden zentral erfasst und ausgewertet. Einmal im Jahr werde überprüft, ob und wenn ja welcher inhaltliche Handlungsbedarf aufgrund der Beschwerden bestehe. Die anderen Befragten sprachen nicht von einer expliziten Fehlerkultur oder verneinten gar ihr Bestehen.

Herr Becker äußerte sich dahingehend, dass es sicherlich wie überall gewisse Neigungen gebe, Fehler unter den Teppich zu kehren. Doch gebe es eine wöchentliche Fallverteilungsrunde, in der die ganze Gruppe, bestehend aus sieben bis neun Mitarbeitern, mit dem Gruppenleiter die eingegangenen Fälle bespräche und kläre, wer aufgrund seiner Kompetenzen und seiner Kapazität den jeweiligen Fall übernehme. Somit wisse jeder in der Gruppe, welcher Mitarbeiter welchen Fall habe, so dass die Frage der Heimlichkeit bereits an organisatorisch gesetzte Grenzen stieße. Ferner müsse, wenn über einen Fall zu entscheiden wäre, dieser in der Runde vorgetragen werden und mehrere Fachkräfte müssten darüber befinden. Dies sei nicht nur gesetzliche Vorgabe, sondern das Feedback der Kollegen sei auch für die entsprechenden Mitarbeiter sehr wichtig. Überdies diene es auch dazu, dass ein Mitarbeiter im Falle von Krankheit oder Urlaub vertreten werden könne.

Die Situation, dass ein dringlicher Fall heimlich, still und leise im Schrank eines Mitarbeiters liege, gebe es nicht. In Gruppengesprächen würde bereits deshalb über ungute Erfahrungen gesprochen, weil dort, wo etwas schief ginge, die emotionale Betroffenheit der Mitarbeiter sehr hoch sei. Es sei gar nicht zu vermeiden, dass dies besprochen werde. Allerdings erfolgten diese Besprechungen nicht so systematisiert, sondern liefen de facto über das kollegiale Aufarbeiten, zumal die Fälle in der Regel zu zweit bearbeitet würden.

Auch Herr Dr. Sauter berichtet nicht von einer expliziten Fehlerkultur. Die Kollegen tauschten sich über Fehler gelegentlich aus, doch das Landesjugendamt erfahre nicht systematisch, wo Fälle gut verlaufen seien oder wo es zu heiklen Situationen ohne böses Ende gekommen sei.

Herr Dr. Oberle verneinte sogar die Existenz einer Fehlerkultur. Man sei von ihr Welten entfernt. Die bestehende Kultur frage, „Wer ist schuld, wer sind die Komplizen? Wen kann man bestrafen?" Wichtiger sei es jedoch zu klären, was das System für ein Problem gehabt habe und wie man dieses Problem beseitigen könne. Insofern müsse ein Kinderbewusstsein nicht nur für den Normalfall, sondern auch für die Abweichungen geschaffen werden. Stattdessen werde nach Sühne verlangt und der Täter bestraft, anstatt das Opfer geschützt. Dabei sei eine positive Fehlerkultur eine wesentliche Voraussetzung für die Schaffung eines interdisziplinären Netzwerkes auf vertrauensvoller Basis. Im Rahmen eines Fehlermanagements fehle die gegenseitige Unterstützung.

Auf die Frage nach einem Qualitätsmanagement teilte Herr Dr. Oberle mit, dass das Sozialpädiatrische Zentrum als einzige Abteilung im Krankenhaus ein solches eingeführt hätte. Ein wichtiger Punkt hierbei sei das mühsam zu etablierende Beschwerdemanagement, um Beschwerden aufzunehmen, als Chance zu sehen und umzusetzen. Aus solchen Dingen lerne man.

Herr Lukasczyk teilte mit, dass in seinem Bereich eine Fehleranalyse nur dann vorgenommen werde, wenn tatsächlich ein Fehler in der Konfliktsituation mit Mitarbeitern auffalle. Voraussetzung für eine Fehlerkultur sowie ein Lernen aus Fehlern sei ein eigenständiges Risikomanagement. Zunächst müsse ein Risikomanagement aufgebaut werden, um dort das Element der Fehler, der aktiven Fehlersuche, der Fehlermeldung und der Fehleranalyse zu implementieren. Es sei nicht erforderlich und auch nicht machbar, ein eigenes Risikomanagement zu entwickeln, sondern ein solches von Professionen, die damit Erfahrung haben, zu übertragen. Eine Fehlerkultur ohne Risikomanagement funktioniere seiner Ansicht nach nicht. Aber: „Risikomanagement hat eine extreme Bedeutung gerade bei Kinderschutzfragen." Die Frage nach einem internen Risikomanagement verneinte auch Herr Dr. Sauter. Seiner Ansicht nach stelle es insgesamt ein Defizit dar, dass es im öffentlichen Bereich kein vernünftiges Beschwerdemanagement gebe. In diesen Bereich werde zu wenig investiert. Verglichen mit der Luftfahrt, die sehr viel in die Sicherheit investiere und ständig Fortbildungen für das

Flugpersonal organisiere, um die Fehlerquote so niedrig wie möglich zu halten, sieht er hier ein „abenteuerliches Missverhältnis" von Ressourcenverfügbarkeit. Gerade im Bereich Beschwerdemanagement sieht er Klärungsbedarf, da in öffentlich skandalisierten Fällen die Jugendämter immer wieder in der Kritik stünden. Vereinzelte Modellprojekte nützten seiner Ansicht nach nichts. Zur Alltagstauglichkeit müsse so etwas implementiert werden. Mittelbar versuche man, Risikopotentiale dadurch zu verringern, dass man die einschlägige Forschung über Risikofaktoren immer wieder zur Kenntnis nehme und versuche, aus den bekannt gewordenen Fällen Schlüsse zu ziehen. Hier gebe es im Hinblick auf die Skalierung von Diagnoseleitmarken noch Forschungsbedarf. Zur Zeit werde an einer Neubearbeitung der vom Bayerischen Landesjugendamt aufgestellten Arbeitshilfe zur Feststellung des erzieherischen Bedarfs (Sozialpädagogische Diagnosetabellen) gearbeitet. Zur Etablierung eines Evaluationsprozesses müsste in fünf Jahren eine erneut Überarbeitung erfolgen, doch gebe es keine Finanzierung von Langzeitstudien, sondern immer nur punktuelle Projektfinanzierung bis zu drei Jahren. Im Bereich der Jugendhilfe sei ihm derzeit keine Langzeitstudie bekannt. Dies sei seiner Ansicht nach aber die einzige Möglichkeit, um seriöse Kenntnisse über Entwicklungsverläufe herbei zu führen.

Die Frage, ob im Kinderschutz ein Fehlerberichtssystem sinnvoll sei, bejahten die Befragten einhellig. Es bestehe aber noch einiger Entwicklungsbedarf. Ein systematisches Lernen aus Fehlern finde in den meisten Institutionen noch nicht statt. Es würden aber die Berichte über tragisch endende Kinderschutzfälle wie „Kevin" ausgewertet, um gleiche Fehler zu vermeiden. Herr Dr. Sauter hielt es für möglich, das man im Rahmen kollegialer Beratung oder Supervision überprüfe, ob man einen Fall in eine andere Richtung lenken könne. Systemsichere Formen gebe es bis dato nicht. Es gebe aber eine provisorische Beratungskultur. Um jedoch eine sinnvolle Fehleranalyse betreiben zu können, bräuchte es einer gewissen stressfreien Atmosphäre zu den Kollegen. Dies sei in seinem Bereich gegeben, doch gebe es noch zu wenig Systematik in der Aufarbeitung, sowohl was die negativen, als auch die positiven Fälle beträfe. Hierfür sei im Landesjugendamt noch kein Ansatzpunkt gefunden worden. Hinsichtlich der Frage nach Möglichkeiten, aus Fehlern zu lernen, konnte sich Herr Dr. Sauter freiwillige Workshops vorstellen, in denen man Einzelfälle in aller Offenheit miteinander diskutiert, um individuellen Fehlleistungen, organisatorischen Mängeln und weiteren Fehlerursachen auf die Spur zu kommen. Doch sei dieses seiner Meinung nach sehr schwierig zu installieren. Das größte Problem bestehe in der Nähe zu straf- oder disziplinarrechtlichen Verfahren. Der geschützte Raum sei sehr schwer herzustellen. Hinsichtlich der Anonymität gebe es eine Grenzwertigkeit. Natürlich wären die Daten in solchen Workshops zumindest teilweise anonymisiert, doch könnte gegebenenfalls jemand aus der Praxis den Fall erkennen. In diesem Bereich gebe zu wenig Erfahrung und zu wenig Instrumente, um so etwas durchzuführen. Aufgrund der sehr heftigen politischen Kinderschutzdiskussion wolle er zur

Zeit auch niemandem zumuten, in aller Offenheit einen kritischen Fall zu besprechen. Erst vor kurzen sei ihm von einem Fall berichtet worden, wo sich eine von einer Meldung betroffene Person verunglimpft gefühlt habe. Sie wollte nun vom Jugendamt wissen, wer sie „verpfiffen" hätte. Das Jugendamt teilte mit, dass man keine Auskunft erteilen würde, denn dann würde niemand mehr den Jugendämtern etwas mitteilen. Die betroffene Person habe daraufhin ein Urteil erwirkt, dass die Information herausgegeben werden müsste. Solche Vorfälle sprächen sich in den Jugendämtern herum. In diesem Rahmen sei es sehr schwierig, wenngleich auch nicht unmöglich, eine Fallbesprechung durchzuführen. Er äußerte insofern Verständnis für die Zurückhaltung der Sozialpädagogen. Auch hier sieht Herr Dr. Sauter einen Handlungsbedarf. In jedem Fall wäre eine offene Fallbesprechung wünschenswert.

Herr Dr. Oberle begrüßt grundsätzlich den Gedanken eines selbstlernenden Berichtssystems, stellt aber die Frage, wie man selbst lernen solle, wenn die vielen Mitglieder, die zuliefern sollen, weder im fachlichen noch im praktischen Bereich mit der Problematik befasst seien. Es sei insofern wichtig, wissenschaftliche Theorien daraufhin zu überprüfen, ob sie an der Basis funktionierten. Außerdem setze ein solches Berichtssystem voraus, dass die möglichen Berichterstatter die Möglichkeit des Vernetzens und des vertrauensvollen Miteinanders hätten. Davon sei man aber, wie bereits ausgeführt, noch weit entfernt. In einem Krankenhaus, das strikt hierarchisch sei, sowohl von der Befehlsstruktur als auch von dem gesamten inhaltlichen Aufbau her, sei ein Fehlermanagement mit einem selbstlernenden Berichtssystem schwer zu etablieren. Es gebe keine Kultur, in der es akzeptiert sei, Fehler einzugestehen. Dies beinhalte im Gegenteil eher Schwierigkeiten für die eigene Karriere.

Auch Herr Becker sah noch Entwicklungsbedarf hinsichtlich des systematischen Lernens aus Fehlern, welches bislang noch nicht stattfinde. Der Fall „Kevin" sei von dem Leiter des Sozialen Dienstes intensiv ausgewertet worden, um gleiche Fehler zu vermeiden. Die Erkenntnisse hätten zu einer Ausweitung der dienstlichen Regelungen zum Kinderschutz im Einzelfall geführt.

Dagegen gibt es im Jugendamt Stuttgart Ansätze eines systematischen Fehlermanagements. Herr Pfeifle führte hierzu aus, dass sich die Leiter der Beratungszentren, die Abteilungsleiter des Jugendamtes und er sich alle vier Wochen in einem Leitungsforum austauschten. Mindestens einmal im Jahr werde auch das Thema Kinderschutz miteinbezogen, so dass Fälle ausgewertet und Schlussfolgerungen aus ihnen gezogen würden. So sei im November 2007 der Fall „Kevin" ausgewertet worden. Man habe überprüft, ob es ähnliche Fehlerquellen auch in Stuttgart gebe und wenn ja, wie darauf reagiert werden solle. Insbesondere im Rahmen der Amtsvormundschaften werde überlegt, ob diese zentralisiert und aus den Beistandschaften herausgelöst werden sollen, so dass diese im alltäglichen Geschäft nicht untergingen. Die Fälle, die in solchen Leitungsforen ausgewertet würden, seien anonymisiert, damit niemand vorgeführt werde. Auch das sei ein Aspekt der Fehlerfreundlichkeit. Es könne aber vorkommen, dass der betroffene Leiter seinen Fall erkenne. Hinsichtlich etwaiger Datenschutzprobleme war Herr Pfeifle der Ansicht, dass Kinderschutz vor dem Datenschutz vorrangig sei. Herr Pfeifle fand den Gedanken, aus Fehlermanagement-Konzepten anderer Bereiche, etwa der Luftfahrt oder Kernenergie, zu lernen, sehr interessant, hilfreich und auch machbar. Wichtig sei aber, dass es sinnvoll sei und nicht lediglich zu einer größeren Arbeitsbelastung führe. Es müsse klar gesagt werden, wie Risikomanagement in anderen Bereichen konkret aussehe, um zu überprüfen, ob dies auch im Rahmen des Kinderschutzes tauge. Es sei hilfreich, über den Tellerrand der Sozialarbeiter in ganz andere Professionen hineinzuschauen. Im nächsten Jahr könne sicherlich über ein Fehlerberichtssystem nachgedacht werden.

Hinsichtlich der Frage nach der schnellen Adaption an Gefahrenlagen waren sich die Experten wiederum einig, dass die Verantwortlichen im Krisenfall sehr schnell agieren könnten und dabei grundsätzlich keine Hierarchiestufen zu beachten seien. Die volle Entscheidungskompetenz über mögliche Hilfen oder Interventionen liege im Notfall bei den Mitarbeitern vor Ort. Die Hierarchien seien insofern flach. Der Sachgebietsleiter teilte hierzu mit, dass der Mitarbeiter sich umgekehrt auch darauf verlassen könne, dass die Leitung hinter seinen Entscheidungen stehe. Das gewähre einen Handlungsspielraum und mache ein schnelles Handeln im Ernstfall möglich. Es sei stets ein Ansprechpartner vorhanden, wenn ein Mitarbeiter Hilfe benötige. Es bestehe aber dennoch Verbesserungsbedarf dahingehend, dass im Rahmen von Fehlermanagement die Verantwortungen dorthin zu verschieben seien, wo sie hingehörten. Leitung solle weniger als Kontrolle denn als Hilfe und Unterstützung verstanden werden.

Auch Herr Pfeifle stellte dar, dass die Dienste des Jugendamts nicht primär hierarchisch sondern dezentral, sozialräumlich angesiedelt sind verbunden mit der vollen Entscheidungskompetenz aber auch der Verantwortung im Einzelfall. Kinderschutzfälle müssen nicht von Anfang an nach „Oben" gemeldet werden. Es liegt in der Entscheidung der Mitarbeiter bzw. der Leitung vor Ort, ob sie die Einschaltung und vor allem Unterstützung der zuständigen Abteilungsleitung für notwendig erachten bzw. einfordern wollen.

Beispiele für Beinahe-Unfälle

Ferner wurden die Gesprächspartner um Beispiele gebeten, in denen es durch verschiedene Umstände und gegebenenfalls auch Fehler zu einem kritischen Ereignis kam, dessen tragischer Ausgang aber dennoch abgewendet werden konnte. Hierbei sollten die Experten darlegen, welche Faktoren beinahe zu einem Unfall geführt haben beziehungsweise grundsätzlich geeignet sind, einen Unfall herbeizuführen, und welche Faktoren die Realisierung des Unfalls verhindert haben.

Die Mehrzahl der Befragten gab an, dass es sicherlich Fälle in ihren Bereichen gegeben habe, die nicht optimal gelaufen seien, von denen sie jedoch keine Kenntnis im Einzelnen hätten. Herr Dr. Oberle nahm Bezug auf den Fall, in dem eine Mutter ihrem Kleinkind ein Messer in den Bauch gestochen habe, da es immerzu geschrien habe. Er stellte die Frage, ob sich die Mutter auch ernst genommen und aufgehoben gefühlt habe, falls sie zum wiederholten Male in einer Ambulanz oder beim Kinderarzt wegen ihres schreienden Kindes erschienen sei. Natürlich stelle sich andererseits aus Sicht der Professionellen auch die Frage, wie ernst man solche Leute nehmen könnte. Der Faktor Mensch spiele immer eine gewisse Rolle. Es könne zu Konflikten zwischen Familienhelfer und Eltern kommen. Hier fehlten ebenfalls die Ressourcen, um ein klärendes Gespräch oder eine Supervision durchzuführen. Herr Dr. Oberle verwies auch auf die Problematik, dass man auf Informationen angewiesen sei, gerade aber drogenabhängige Eltern nicht immer die Wahrheit sagten. Insofern stelle sich die Frage, wo man Vertrauen haben könne und wo Kontrolle besser sei. Es müsse geklärt werden, wo es an menschlichen Schwächen liege, wo an Uniformiertheit und wo einfach an Überlastung. Es gebe zu wenig Leute und zu wenig Ressourcen. Zwar werde viel über die Problematik geschrieben, aber zu wenig praktisch dafür getan.

Personalressourcen

Die Experten wurden auch zu den gegenwärtigen Personalressourcen befragt. Einig waren sich die Befragten in dem Umstand, dass grundsätzlich mehr Personal benötigt wird, allerdings nicht nur für die Problematik des Kinderschutzes.

Herr Pfeifle gab diesbezüglich an, dass auch der ASD/die Beratungszentren in Stuttgart seines Erachtens noch zu wenig Personal hätten, doch nicht allein wegen der Kinderschutzfälle. Kinderschutz habe immer oberste Priorität und führte dazu, dass alle anderen Fälle zurückgestellt werden müssten. Dies sei auch in einer Dienstanweisung festgeschrieben. Dann würden aber andere Fälle liegen bleiben. Insbesondere die Erziehungsthematik nehme an Bedeutung zu, es sei schwieriger geworden, Kinder groß zu ziehen. Die Eltern benötigten daher immer mehr Unterstützung. Eine gute Zusammenarbeit mit den Eltern brauche Zeit: „Eine gut durchgeführte Trennungs- und Scheidungsberatung kann einen Kinderschutzfall verhindern."

Herr Becker äußerte sich dahingehend, dass die derzeitige Personalsituation seines Erachtens gerade noch ausreichend in Bezug auf die Handlungsmöglichkeiten in konkreten Fällen sei. Sie sei jedoch nicht ausreichend, um die vorgenannten Schwachstellen abzubauen, in guter Weise präventiv zu reagieren und vermehrte Hinweise überprüfen zu können.

Der Sachgebietsleiter würde eine Aufstockung der Personalressourcen zwar begrüßen, bezweifelte jedoch, dass die Einstellung zusätzlicher Mitarbeiter verhindern könne, dass wichtige Angelegenheiten im Amt liegen blieben. Dies sei auch eine Frage der Einstellung der Mitarbeiter.

Fortbildungen, Schulungen, externe Managementberatungen

Außerdem wurden die Gesprächspartner befragt, ob es Fortbildungsangebote bzw. Schulungen für Mitarbeiter in dem Bereich des Kinderschutzes gibt und wenn ja, zu welchen Themen. Auch wurde die Frage nach externen Managementberatungen für Jugendamtsleitungen gestellt. Damit sollte der Fokus auf die Fachlichkeit der Professionellen im Kinderschutz gerichtet werden.

Die Experten waren übereinstimmend der Ansicht, dass Fort- und Weiterbildungen in verschiedenen Bereichen wichtig seien. Mehrheitlich wurden die bestehenden Angebote auch als ausreichend angesehen.

Herr Pfeifle teilte mit, dass Fortbildungsmittel in Höhe von ca. 200.000 Euro jährlich zur Verfügung stünden und ein Mitarbeiter grundsätzlich zehn Tage im Jahr Fortbildung in Anspruch nehmen könne, was aber nicht immer genutzt werde. Er wies darauf hin, dass Kinderschutz zwar ein wichtiges und ständiges Thema sei, eine Fortbildung aber auch zu anderen Themen wie etwa der systemischen Beratung wichtig sei. Grundinstrumentarium im Rahmen einer Fortbildung zum Thema Kinderschutz sei der Kinderschutzbogen samt seiner Inhalte. Weiter werde behandelt, welche Schritte in Kinderschutzfällen zu gehen sind, welche Professionen miteinbezogen werden müssten, was die richtigen Hilfen seien, wie eine Familie stabilisiert werden könne, wie man zu einer guten Risikoabschätzung komme. Die Auswertung der Kinderschutzbögen habe z. B. gezeigt, dass die Rolle des Partners oft außer Acht gelassen oder unterschätzt werde, weil dieser in der Regel nicht präsent sei. Gerade dies sei aber oftmals ein heikler Punkt.

Auch Herr Becker sah die Situation als zufriedenstellend an. Es gebe Fortbildungen zum Thema Wahrnehmung und Kommunikation, welches ja schon zur Ausbildung der Mitarbeiter schlechthin gehöre. Mitarbeitern hätten bis zu zehn Fortbildungstagen im Jahr zugestanden. Herr Becker wies darauf hin, dass es auffalle, wenn ein Mitarbeiter, der wisse, dass er bis zu zehn Tage in Fortbildung gehen könne, dieses nicht mache. Er müsse sich fast schon rechtfertigen, wenn er nicht auf Fortbildungen ginge, obwohl er die Gelegenheit dazu habe. Außerdem gebe es bei Bedarf ein Führungskräfte-Coaching für die Abteilungs- und Gruppenleiter. Zu den Kompetenzen der Mitarbeiter gehörten nicht nur fachliche Kompetenzen, sondern weitere, etwa die Kommunikationskompetenzen und die persönliche Kompetenz. Dies setze eine grundsätzliche Personalentwicklung voraus. Das Jugendamt sei das einzige Amt der Stadt gewesen, das ein eigenes, fachspezifisches Personalentwicklungskonzept erarbeitet habe, mit Zustimmung der Personalvertretung, da es insofern auch um Potentialanalyse und Entwicklungsbedarf gegangen sei. Ein guter Mitarbeiter sei derjenige, der zu seinem

Chef sagen würde, er habe Entwicklungsbedarf. Ein solch systemisches Vorgehen sei gut für den Kinderschutz, denn die Qualität habe immer etwas mit den Rahmenbedingungen zu tun. Je „unguter" dagegen die Rahmenbedingungen seien, umso größer seien die Fallstricke.

Herr Dr. Sauter teilte diesbezüglich mit, dass die Landesjugendämter selber Fortbildungsprogramme anböten. Jährlich würden etwa 35 bis 38 Kurse für Fachkräfte in den Jugendämtern und bei freien Trägern durchgeführt. Zur Zeit gebe es eine hohe Nachfrage, insbesondere im Hinblick auf den Schutzauftrag gemäß § 8 a SGB VIII. Auch zahllose andere Institutionen böten Fortbildungen an. Es kämen alle Themen vor. Kommunikationskurse würden aber kaum noch angeboten, da dies für Pädagogen als Basiswissen vorausgesetzt werde. Gesprächsführung sei keine jugendhilfefachliche Angelegenheit, so dass das Landesjugendamt den Schwerpunkt eher auf Fortbildungen lege, in denen bestimmte fachliche Standards vermittelt würden. Allerdings gebe es hierbei keine Eindeutigkeit. Jeder Fortbildungsanbieter könne das machen, was er wolle, und bundesweit gebe es zu den verschiedenen Fragestellungen unterschiedliche Auffassungen und Orientierungen. So könne es zu Unterschieden in der Grundausrichtung bestimmter fachlich konzeptioneller Fragestellungen kommen. Herr Dr. Sauter wies darauf hin, dass es ein Teil des Problems sei, dass es in der Kinder- und Jugendhilfe keine übergreifenden Strukturen gebe, in denen fachliche Standards definiert würden. Es gebe kein Bundsamt fürs Jugendamt, sondern nur die Bundesarbeitsgemeinschaft der Landesjugendämter, die aber immer gebrochen sei durch die unterschiedlichen Zuständigkeiten. Dabei machten es die stark profilierenden Selbständigkeiten der verschiedenen politischen Ebenen schwierig, bundesweit einheitliche Standards zu formulieren. Das Betreiben des Bundes diene nicht der Vereinheitlichung von Standards. Das zuständige Bundesministerium beauftrage sehr unterschiedliche Institute und Institutionen, die Forschungen durchführten, Vorschläge machten und Standards entwickelten. So komme es dann unter Umständen zu divergierenden Empfehlungen, welche alle gleichwertig nebeneinander stünden. Die Praxis vor Ort könne sich dann aussuchen, welchen Empfehlungen sie folge. Diese Beliebigkeit verhindere die stärkere Profilierung der Jugendhilfe hinsichtlich der verschiedenen Standards insgesamt. Auf der Bundesebene wiederum, wo die Dinge zusammengeführt werden müssten, gebe es eher konkurrierende Strukturen. An diesem Punkt wäre nach Ansicht von Herrn Dr. Sauter viel zu tun.

Herr Dr. Oberle war der Meinung, dass in dem Bereich Fort- und Weiterbildungen viel getan werde, doch im Moment das Interesse daran in der Ärzteschaft nicht so groß sei. Die allgemeine Stimmung gehe dahin, dass die Ärzte mehrheitlich sagten, sie wüssten bescheid, um mitreden zu können, wollten das Thema aber aus den oben genannten Gründen der persönlichen Schwierigkeiten, die ihnen daraus erwachsen könnten, nicht weiter intensivieren. Fortbildungsbedarf sieht Herr Dr. Oberle in dem Bereich, Interaktionsprobleme zu identifizieren. Auch Fortbildungen zum Thema sexueller Missbrauch und zum Thema, wie man Kinderschutzfälle mit den eigenen Möglichkeiten handhaben könne, seien wichtig. Bei hohen Entscheidungsträgern sei die Fachkunde oftmals nicht ausreichend. Ein weiterer wesentlicher Aspekt im Hinblick auf Fortbildungen sei die mediale Arbeit, wie man Wirkungen ohne Effekthascherei erreichen könne. An entsprechenden Fortbildungen oder interdisziplinären Kinderschutztagungen nähmen seiner Ansicht nach jedoch nur diejenigen teil, die bereits das Wissen und die Erfahrung hätten, etwa Psychologen und Psychosozialarbeiter. Das Thema sollte nach Ansicht von Herrn Dr. Oberle weiter gefasst werden, um Ängste zu nehmen. Noch fehlten bei vielen das Gespür und die Routine, damit umzugehen. Hier sei viel Fachlichkeit erforderlich. Ferner müssten Wissenschaft und Praxis kombiniert werden.

Herr Lukasczyk hielt Fortbildungen auch gerade im Bereich der interdisziplinären Zusammenarbeit für wichtig, um dadurch immer wieder Brücken zu anderen Professionen zu bauen und auch in anderen Fachbereichen über aktuelles Wissen zu verfügen.

Der Sachgebietsleiter sah noch einigen Handlungsbedarf im Hinblick auf Fort- und Weiterbildungen. Seiner Ansicht nach sollte sich jeder Mitarbeiter mehr als nur ein-, zweimal im Jahr fortbilden, weil auch dies zur Psychohygiene gehöre. Angemessen wären mindestens zehn Tage, davon eine Weiterbildung von mehreren Tagen. Dazu bedürfe es der Bereitstellung finanzieller Ressourcen oder wenigstens der Möglichkeit, den Mitarbeiter freizustellen. Ein wirtschaftliches Unternehmen sei auch daran interessiert, dass die Mitarbeiter auf dem neuesten Erkenntnisstand seien. Er hielt es für wichtig, über den Tellerrand hinaus zu blicken und sich auch auf anderen Gebieten weiterzubilden, um mögliche Vorteile für den Kinderschutz zu übernehmen. Er fand Inhouse-Seminare wichtig, da hierüber in den anschließenden Dienstberatungen referiert werden müsse, was eine weitere Auseinandersetzung mit dem Gehörten erfordere. Zur Verbesserung der Sicherheit sei auch Fort- und Weiterbildung im Bereich der Risikoabwägungsprozesse sinnvoll, in denen diese sowohl systematisch als auch analytisch beleuchtet würden. Auch Kooperation und Gesprächsführung sei ein wichtiger Punkt der Weiterbildung. Allerdings sei das Thema, „Wie erkenne ich Kindeswohlgefährdung?" ein andauernder Prozess, der immer wieder aufs Neue trainiert werden müsse. Er wies darauf hin, dass es viele Kinderschutzkonferenzen gebe, aber so gut wie gar keine zu praxisrelevanten Fragen, wie man mit den Hilfen zur Erziehung umgehe, wie mit begrenzten Mitteln im Bereich der Kinder- und Jugendhilfe umgegangen werde, wie man Jugendsozialarbeit, Jugendberufshilfe mit Hilfen zu Erziehung effektiv vernetzen könne und wie Gemeinwesensarbeit vor Ort gefördert werden könne.

Auf externe Managementberatungen von Jugendamtsleitungen griff keiner der Befragten zurück. Insgesamt waren sich die Befragten einig, dass sie solche externen Managementberatungen auch nicht als erforderlich ansehen.

Herr Dr. Sauter teilte mit, dass das Landesjugendamt für die einzelnen Jugendämter Organisationsberatungen und Personalentwicklungen mit Blick auf die organisatorischen Abläufe im Amt und deren Verbesserungen durchführe. Externe Managementberatungen für Jugendamtsleitungen gebe es keine. Zwischenzeitlich habe sich die klassische Supervision entwickelt, die nach bestimmten Standards durchgeführt werde. Im Landesjugendamt gebe es das Instrument der Fachberatung auf Anfrage. Jugendämter, die ihre organisatorischen Abläufe auf Fehlerquellen hin untersuchen wollten, könnten sich von der Fachberatung helfen lassen, ein Konzept hierfür zu erstellen und dieses anschließend umzusetzen. Manchmal sei das Landesjugendamt mit eigenen Mitarbeitern beteiligt, in anderen Fällen vermittelten sie andere Supervisionen und Berater. Dies seien aber überwiegend Einzelpersonen. Auch in Stuttgart gibt es nach Angaben von Herrn Pfeifle keine externe Organisations- und Managementberatung für die Jugendamtsleitung, doch würden oft externe Moderatoren zu Besprechungen hinzugezogen, welche nicht nur moderierten, sondern auch Fachwissen mitbrächten und mit denen gemeinsam am Thema gearbeitet werde. Herr Becker berichtete von Klausurtagen für Führungskräfte, die dreimal im Jahr zur gemeinsamen Orientierung veranstaltet worden seien und zu denen er jedes Mal einen externen Überraschungsgast eingeladen habe, etwa einen Unternehmer, einen Arzt oder einen Mitarbeiter der Planungsbehörde bei der Stadtverwaltung. „Uns mit Blickwinkel von außen konfrontieren zu lassen, war schon seit Jahren Bestandteil unserer Führungsverantwortung."

Der Sachgebietsleiter teilte mit, dass es seines Wissens nach nur Leitungssupervisionen gebe, jedoch nicht durch externe Dritte. Dieses hält er auch nicht für erforderlich, wenngleich man von der Wirtschaft vieles lernen können, was die Orientierung an Zahlen und Strukturen betreffe, um herauszufinden, wie wirkungsorientiert Jugendhilfe sei.

Auswirkungen der aktuellen Kinderschutz-Debatte

Zum Schluss wurde den Beteiligten eine eher emotionale Frage zur aktuellen Debatte hinsichtlich der Kinderschutzproblematik gestellt und gefragt, ob die verstärkte Auseinandersetzung mit Kindesvernachlässigung und dem frühen Kinderschutz ihrer Ansicht nach die Fachlichkeit stärkt oder eher Angst bei den Professionellen auslöst und damit zu noch mehr Risiken führt.

Hierzu wurden unterschiedliche Meinungen vertreten. Die Mehrheit der Befragten gab an, dass die derzeitige Debatte eher zu einer Verunsicherung und zu einem Verdruss unter den Professionellen führe. Nur ein Befragter war der Ansicht, dass die Debatte auch die Fachlichkeit stärke. Einig waren sich die Experten, dass die Fälle, die in den Medien dargestellt werden, lediglich die Spitze eines Eisbergs darstellten. Viele andere Aspekte blieben unter der Wasseroberfläche und damit unentdeckt. In der weit überwiegenden Mehrheit der Fälle werde eine gute Arbeit seitens der Professionellen geleistet.

Herr Becker stellte in der Primärwirkung zwar eine verstärkte Angst der Mitarbeiter fest. In der Sekundärwirkung sei aber zu beachten, wie das Amt mit Fehlern umgehe. Die aktuelle Diskussion stärke insoweit eher die Fachlichkeit und beflügle die Diskussion im Jugendamt.

Herr Lukasczyk dagegen befürchtete, dass die aktuelle Debatte überhaupt nichts bringe, sondern vielmehr eine sogenannte Selbsterfüllende Prophezeiung sei. Alle Welt schaue zwar hin, aber alle Welt verstünde nicht, was da eigentlich passiere. Nunmehr werde mit Angst und Schrecken gearbeitet, was zu einer Verunsicherung führe. „Und wie heißt das so schön: Angst ist kein guter Lehrmeister?" Dies führe zu einer verstärkten Absicherung und einer Explosion der Kosten. Es komme darüber hinaus zu einer Arbeitsverdichtung. Die Meldequote habe sich enorm erhöht, wobei im Ergebnis nicht mehr qualitative Kinderschutzfälle heraus kämen. Der Sachgebietsleiter wies ebenfalls darauf hin, dass die öffentlich geführte Debatte über den Kinderschutz auch dazu führe, dass Ängste bei den Professionellen ausgelöst würden. Aber nicht nur der Faktor Kindeswohlgefährdung löse etwas aus, sondern auch die Angst vor Konsequenzen bei fehlerhaftem Verhalten. Schließlich würde im schlimmsten Fall auch die Person des Mitarbeiters selbst im öffentlichen Interesse stehen. In diesem Rahmen sei die finanzielle Wertschätzung nicht angemessen im Hinblick auf das Ausmaß der Verantwortung. Seiner Ansicht nach stünden Sozialarbeiter immer mit einem Bein im Gefängnis. Er zeigte auch auf, dass sich in den meisten Fällen von Meldungen eine Kindeswohlgefährdung nicht bestätige. Unter dem Einfluss der medialen Präsenz des Themas werde allerdings öfter eine vermeintliche Kindeswohlgefährdung wahrgenommen.

Herr Dr. Oberle verwies darauf, dass das, was man zu lesen bekomme, lediglich die Spitze des Eisbergs sei. Die Berichterstattung laufe nicht professionell ab, es würden lediglich einzelne Fälle publizistisch hochgejubelt. Es würden nur die spektakulären Fälle wie der Missbrauchsfall Fritzl in Österreich dargestellt, aber nicht darüber berichtet, wie viele Kinder in Deutschland in Armut lebten oder keine adäquate Betreuung hätten. Die Berichterstattung gebe die Realität überhaupt nicht wieder und daher fühlten sich die Professionellen dort auch nicht abgebildet. Sie führe zur Verängstigung, nicht zur Versachlichung. Wichtiger wäre es seiner Meinung nach, die fachliche Arbeit zu fördern, anstatt denjenigen Angst zu machen, die Kinder stärken sollen.

Herr Pfeifle teilte mit, dass er schon den Eindruck habe, dass die Mitarbeiter weniger gestärkt als verunsichert würden. Eine Überlastungsanzeige zur Absicherung gebe es in Stuttgart – noch – nicht. Dies führt Herr Pfeifle zum einen auf die von ihm bereits benannten Maßnahmen zurück und auf die Tatsache, dass der Allgemeine Soziale Dienst im letzten Jahr acht neue Stellen erhalten habe.

Herr Dr. Sauter stellte zwar keine lähmende Angst bei den Mitarbeitern fest, jedoch habe sich offensichtlich die Zahl der Mitarbeiter erhöht, die zu

Überlastungsanzeigen bereit seien, um nicht jede Überlastung auf ihre eigene Verantwortung nehmen zu müssen. Eine Phase der persönlichen Verunsicherung könne es schon auch gegeben haben. Durch Aufklärungsarbeit hinsichtlich der juristischen Verantwortlichkeit sei aber bereits in der Vergangenheit für eine emotionale Entlastung gesorgt worden. Aufgrund der Diskussion gebe es inzwischen eine Sensibilität und Organisationsprobleme würden benannt. Das habe zu einer neuen Sensibilität bei den politischen Entscheidungsträgern im kommunalen Bereich geführt und es sei neu über die Organisation von Behörden und die entsprechende Verantwortung hierfür nachgedacht worden. Es habe sich aber auch ein gewisser Aktionismus entwickelt, der nicht immer so recht verständlich sei. Hinsichtlich der derzeitigen Diskussion über den Kinderschutz sieht Herr Dr. Sauter inzwischen einen oberen Sättigungspunkt erreicht bezüglich der Einführung von immer mehr Regeln. Weit verbreitet sei die Auffassung, dass man die Jugendämter mal wieder ihren Job machen lassen müsse. Es gebe genügend zu tun, um die freien Träger einzubinden, Netzwerke aufzubauen und zu pflegen sowie innerbetriebliche Dienstanweisungen auf den Weg zu bringen. Natürlich könne man neue gesetzliche Regeln aufstellen, aber diese führten keinen neuen Zustand herbei. Die Jugendämter seien bereits gesetzlich verpflichtet, mit allen Stellen, mit denen ein Kind und Jugendlicher zu tun hat, eng zu kooperieren. Allerdings gebe es dort manchmal Aussetzer. Herr Dr. Sauter betont aber auch, dass im Regelfall die Kommunikation funktioniere und die Fehlerquote im Promille-Bereich liege. In Bayern würden im Jahresdurchschnitt um die sechzehn- bis siebzehntausend Fälle, die mit einer Vollzeitpflege oder Heimerziehung zusammenhingen, laufend bewirtschaftet. Von diesen Fällen sei lediglich eine Handvoll problematisch. Daneben gebe es natürlich noch eine ganze Reihe Fälle, die nicht so optimal gelaufen seien. Dies sei aber immer vor dem Hintergrund der Größenordnung und der Schwierigkeit der Materie zu sehen. Ein verantwortlicher Jugendamtsleiter könne eigentlich nur immer wieder überprüfen, ob die notwendigen Kooperationen funktionierten. Daher werde den Jugendämtern insbesondere im Hinblick auf die Umsetzung des Schutzauftrags nach § 8a SGB VIII empfohlen, dass sie für diese Verfahrensabläufe konkrete Dienstanweisungen und Dienstvorschriften erließen (etwa hinsichtlich der zuständigen Verantwortlichen für die Kooperation) und nichts dem Zufall überließen. Hier sieht Herr Dr. Sauter noch einen Entwicklungsbedarf. Gesetzliche Regelungen würden den Sozialarbeitern oder Sozialpädagogen in der konkreten Situation nicht weiterhelfen. Dieses sei Teil des professionellen Handelns und müsse entsprechend trainiert werden. Zur Umsetzung des § 8a SGB VIII gebe es fachliche Empfehlungen, die große Anerkennung gefunden hätten. Derzeit werde an einer konzeptionellen Weiterentwicklung der sozialpädagogischen Diagnosetabellen und an der besseren Präzisierung der Abläufe sowie an einer Neuauflage der Handlungsempfehlungen gearbeitet. Er sieht es jedoch als wichtiger an, dass ein Mitarbeiter in schwierigen Situationen bestimmte Grundstrukturen beherrsche, als dass konkrete Handlungsweisungen herausgegeben würden. Es sei nicht möglich, für alle Fallkonstellationen, in denen man im realen Leben Kindern und Familien begegne, eine genaue Anweisung zu erteilen. Das Landesjugendamt könne maximal Empfehlungen und Mustervereinbarungen herausgeben, doch die Konkretisierung bleibe den Jugendämtern überlassen.

Auch Herr Pfeifle äußerte, dass er im Hinblick auf die derzeitigen Aktivitäten im Rahmen des Kinderschutzes einiges für politischen Aktionismus erachte. Das Thema Kinderschutz tauge aber nicht zur politischen Profilierung auf der Basis z. B. nicht immer geeigneter Gesetzesänderungen.

Umgang mit Kinderschutzfällen

Sowohl Herr Pfeilfe als auch der Sachgebietsleiter beschrieben dezidiert den Umgang mit Kinderschutzfällen.

Herr Pfeifle wiederholte, dass Kinderschutzfälle als fest geschriebener Standard immer Vorrang haben. Außerdem verwies er auf den in Stuttgart auch gemeinsam mit dem Jugendamt Düsseldorf erarbeiteten Kinderschutzbogen zur Risikoabschätzung. Dieser Bogen sei im Rahmen eines vierjährigen Projekts entwickelt worden, um den Mitarbeitern ein Instrument an die Hand zu geben, um Kinderschutzfälle oder potentielle Kinderschutzfälle anhand dieses Instruments besser einschätzen und entsprechend reagieren zu können. Anlass hierzu war der Fall „Jenny" vor vielen Jahren, der sich in Stuttgart ereignete. Ein Kind war zu Tode gekommen, obwohl das Jugendamt kurz vorher informiert worden war. Durch die Gerichte wurde eindeutig festgestellt, dass kein schuldhaftes Verhalten des Jugendamtes vorgelegen habe. Dennoch habe man den Fall zum Anlass genommen, um Abläufe innerhalb des Amtes zu überprüfen und zu verbessern.

Um die Qualität des Bogens zu überprüfen sei dieses Jahr eine Validierung des Kinderschutzbogens im Deutschen Jugendinstitut vorgenommen worden. Es werde überprüft, wie die Mitarbeiter die Bögen ausfüllten und ob die Fragestellungen hilfreich zur Gefährdungserkennung seien. Auch werden überprüft welche Fragen eher nicht ausgefüllt werden, obwohl sie zur Risikoabschätzung wichtig wären. Der Kinderschutzbogen wird regelmäßig überprüft und gegebenenfalls angepasst, damit er tatsächlich als hilfreiches Instrument für die Mitarbeiter in Kinderschutzfällen akzeptiert und genutzt wird.

Ferner teilte Herr Pfeifle mit, dass es in Stuttgart an jedem Tag der Woche von 8–24 Uhr Notfalldienst gebe, bei dem Kinderschutzfälle gemeldet werden könnten. Auch gebe es ein allseits bekanntes Kinderschutzheim, in dem täglich rund um die Uhr Sozialarbeiter zur Verfügung stünden und Kinder in Notfällen zu jeder Tageszeit stationär aufgenommen werden.

Nach Angaben des Sachgebietsleiters gibt es einen Notfallplan, wonach zunächst ein vorstrukturierter Meldebogen von dem jeweiligen Mitarbeiter ausgefüllt werden müsse. Darin werde noch keine Gewichtung vorgenommen. Es würden Alter des Kindes, die Anzahl der Kinder, der Inhalt der Meldung, etwa Gefahr für Leib und Leben und/oder Erziehungsmethoden aufgenommen, Originaltöne dokumentiert, der Hausbesuch geschildert sowie eine Einschätzung vorgenommen, ob die Eltern in der Lage seien, bei der Risikoabwägung mitzuwirken oder ob sie bagatellisierten oder aggressiv seien. Auch konkrete Lösungs- und Bewältigungsstrategien würden vorgenommen. Dieser Bogen werde an den zuständigen Sozialarbeiter bzw. dessen Vertretung weitergeleitet. Es gebe immer eine Vertretung, sollte niemand zu erreichen sein, weil alle im Außendienst tätig sind, könne der Sachgebietsleiter erreicht werden. An den Wochenenden gebe es einen Bereitschaftsdienst und in der bereitschaftsfreien Zeit eine Leitstelle, die Meldungen entgegennehme. Nach Eingang der Meldung würde ein Team einberufen, um die Risikoabschätzung vorzunehmen, und ein zweiter Mitarbeiter gesucht, der am selben Tag noch mit seinem Kollegen zu dem jeweiligen Ort fahre. Träfen sie die Sorgeberechtigten nicht an, würden nach Erläuterung des Sachgebietsleiters etwas später ein zweiter und ein dritter Hausbesuch am nächsten Tag gemacht. Sollte dann noch immer niemand angetroffen worden sein, würden die Sorgeberechtigten per Brief informiert, dass sie sich ans Jugendamt wenden sollten. Es bestehe auch die Möglichkeit, die Polizei einzuschalten und die Tür aufbrechen zu lassen, wenn ein konkreter Verdacht vorliege, dass das Kind in der Wohnung sei. Allerdings hätten nicht alle Mitarbeiter Zugriff auf sämtliche Meldungen über Kindeswohlgefährdungen. Die Meldungen würden gleich an den Gebietszuständigen weitergeleitet. Bei neuzugezogenen Familien würden im Vorfeld Recherchen eingezogen, ob es bei anderen Kollegen bereits eine Akte gebe. Allerdings sei in diesem Rahmen der Datenschutz zu berücksichtigen und zu wahren.

Verbesserungsbedarf

Verschiedentlich wurde von den Befragten zusätzlich Verbesserungsbedarf gesehen. Der Sachgebietsleiter sah dahingehend Verbesserungsbedarf, dass man stets darauf achte, wie Teamprozesse besser koordiniert und Entscheidungsfindungen transparenter gemacht werden könnten. Man müsse aus dem Einzelkämpferstatus herauskommen.

Herr Dr. Sauter war der Ansicht, dass Aktivitäten zu konzentrieren seien. Dies beginne bereits bei einfach anmutenden Fragen, etwa wie ein Hausbesuch zu organisieren sei. Dazu gebe es sehr unterschiedliche Vorstellungen und es wäre sehr hilfreich für alle Beteiligten, wenn es für die Durchführung dieser Hausbesuche in der Profession einheitliche Standards gäbe. Das setze aber einen Verständigungsprozess voraus, der die unterschiedlichen Entwicklungen in den einzelnen Jugendämtern aufgreife, um die Entwicklungen zusammenzuführen. Es gebe keine Instanz, die in der Lage sei, diese Dinge zusammenzuführen. Über gesetzliche Änderungen allein sei das nicht zu erreichen, denn es komme immer wieder zu tragischen Fällen, obwohl es in den meisten Jugendämtern Dienstanweisungen bezüglich des § 8a SGB VIII gebe. Es reiche also nicht alleine aus, Dienstanweisungen aufzustellen, sondern diese müssten präsent sein. Dazu sei es erforderlich, mit den Mitarbeitern darüber zu diskutieren und zu schauen, wo sie funktionierten und wo sie unter Umständen verbesserungsfähig seien. Seiner Ansicht nach würden bei der Besprechung der Fälle teilweise zu wenig die verantwortlichen Chefs angesprochen, die für die hinreichende Organisation zu sorgen hätten.

Herr Lukasczyk legte besonderen Wert auf die Schaffung klarer Strukturen. Im Fall „Lea-Sophie" in Schwerin habe es offensichtlich keine Anweisung gegeben, wie mit Geschwisterkindern umzugehen sei. Damit habe die Fokussierung nur auf einem „Symptom Kind" gelegen und andere Beteiligte seien überhaupt nicht in das Blickfeld genommen worden. Über die Evaluation des Kinderschutzbogens habe man auch in Düsseldorf festgestellt, dass die Sekundärpersonen oft nicht in den Fokus genommen würden, weil es diesbezüglich keine Dienstanweisung gebe. Gewalttätige Väter würden somit häufig gar nicht beachtet. An solchen Stellen müssten die Strukturen des Kinderschutzes und die Bandbreite der eigenen Entscheidungsbereiche für die Mitarbeiter ganz klar sein. „Im Kinderschutzbereich geht man immer auf einem Grat und man muss wirklich ein perfekter Bergsteiger sein. (…) Wenn ich den Grat allein gehe, muss ich perfekt sein. Wenn ich den Grat aber von vielen Menschen gehen lasse, muss ich ihn rechts und links mit Steigseilen befestigen, indem ich sage, wenn du den brauchst, dann kannst du dich einhaken." Der Arbeitsweg müsse zwar klar beschrieben sein, doch sei es auch fatal, wenn der Mitarbeiter gar keinen eigenen Handlungsspielraum mehr habe. Man müsse die Kunst lernen, wie viel Orientierung und Sicherheit einerseits durch klare Anweisungen gegeben werden und andererseits wie viel Freiraum dem Mitarbeiter gelassen werden müsse. Allerdings sei auch die Beurteilung und Qualität von Meldungen schwierig. Seit der Einführung des § 8a SGB VIII seien in Bayern etwa 20% mehr Meldungen eingegangen. Von diesen sei aber bei näherer Betrachtung eine Vielzahl überflüssig, so dass die Gefahr bestehe, dass manche Meldungen von den Fachkräften nicht mehr ernst genommen würden, insbesondere wenn sie einen sorgerechtlichen Hintergrund hätten. Es sei schwierig zu entscheiden, ob es sich bei einer Meldung um eine Denunziation oder einen Ernstfall handele.

5.1.2 Zwischenfazit

Die Befragten waren übereinstimmend der Ansicht, dass die tragischen Kinderschutzfälle extreme Ausnahmen seien. Diese gelte es aber so weit wie möglich zu verhindern, wenngleich sie nie völlig ausgeschlossen werden könnten. Schwachpunkte liegen nach Auffassung der Experten insbesondere in der Risikoeinschätzung der jeweiligen Professionellen, ob eine

Kindeswohlgefährdung vorliegt, in der interdisziplinären Zusammenarbeit sowie im Rahmen der Abwägung von Datenschutz und Kinderschutz. Auch die finanziellen und personellen Ressourcen müssten verbessert werden. Andererseits fänden sich bereits viele verschiedene Schutzmechanismen, welche die Gefahren weitgehend erfolgreich verringerten, etwa in den fachlichen Strukturen, z.B. klaren Dienstanweisungen und dem Vier-Augen-Prinzip, als auch in Fort- und Weiterbildungsmaßnahmen und einer vertrauensvollen Zusammenarbeit. Klare Forderungen wurden nach einer verbesserten interdisziplinären Zusammenarbeit und verbesserten finanziellen und personellen Ressourcen geäußert. Auch wird eine Klarstellung beziehungsweise Überarbeitung der datenschutzrechtlichen Bestimmungen verlangt, um Meldungen an das Jugendamt zu vereinfachen (s. dazu auch Kap. 7). Auch ein Fehlermanagement und insbesondere ein Fehlerberichtssystem, um aus Fehlern zu lernen, werden von den Experten begrüßt (dazu Kap. 5.3). Allerdings setzten diese eine positive Fehlerkultur voraus, an der es zur Zeit überwiegend noch mangele. Dies hänge nicht zuletzt mit der Furcht vor rechtlichen oder wirtschaftlichen Konsequenzen zusammen. Auch die derzeitige öffentliche Debatte um Kinderschutz wird in der Mehrheit kritisch gesehen, da sie die Professionellen verunsichere und die Arbeit erschwere. Ein systematisches Lernen aus Fehlern werde aber nach Ansicht der Experten ein guter Weg sein, um Kinderschutz zukünftig zu verbessern.

5.2 Untersuchungsberichte in Deutschland

In der Bundesrepublik Deutschland gibt es *derzeit keine gesetzliche oder anderweitige Verpflichtung*, Todesfälle von Kindern losgelöst von einer strafrechtlichen Begutachtung zu untersuchen, um mögliche Fehler und Schwachstellen im System aufzudecken. Natürlich zieht der Tod eines Kindes, das unter Umständen starb, die auf Vernachlässigung, Misshandlung oder Missbrauch hindeuten, strafrechtliche Ermittlungen nach sich. Dabei geht es aber nicht darum, mögliche Fehler aufzudecken, um aus ihnen für die Zukunft zu lernen, sondern um die Klärung der Todesursache und ggf. schuldhafte Beteiligung Dritter. Eine systematische Analyse von problematischen Kinderschutzverläufen, wie sie in Kapitel 4.3. vorgestellt wurde, gibt es dagegen nicht. Daher gibt es weder in jedem Fall mit Todesfolge einen Untersuchungsbericht, noch einheitliche Regelungen zur Durchführung eines Untersuchungsberichts. Die im Folgenden vorgestellten Fälle unterscheiden sich alle hinsichtlich Auftrag und Art der Analyse.

Im Falle des getöteten zweijährigen Kevin aus Bremen beantragten die Bürgerschaftsfraktion von Bündnis 90/Die Grünen und die Fraktionen der SPD und CDU die Einsetzung eines parlamentarischen Untersuchungsausschusses, der daraufhin von der Bremischen Bürgerschaft eingesetzt wurde.

Allenfalls für die Durchführung eines solchen Untersuchungsausschusses gibt es einheitliche gesetzliche Regelungen. Bundesrechtlich ist der Untersuchungsausschuss eine Körperschaft im deutschen Bundestag, durch die das Parlament die Möglichkeit erhält, unabhängig und selbständig Sachverhalte (Klärung von Tatsachen) zu prüfen, die es in Erfüllung ihres Verfassungsauftrages als Vertretung des Volkes für aufklärungsbedürftig hält (öffentliches Interesse). Nach Artikel 44 Grundgesetz (GG) kann und muss der Bundestag auf Antrag eines Viertels seiner Mitglieder einen Untersuchungsausschuss einsetzen, wobei mit dem Einsetzungsbeschluss der genaue Untersuchungsgegenstand (Bestimmtheitsgebot) und die Zahl der Ausschussmitglieder, die anschließend von den Fraktionen entsprechend ihrer Stärke benannt werden, bestimmt wird. Allerdings ist das Untersuchungsrecht des Bundestages auf den Kompetenzbereich des Bundes beschränkt. Die Parlamente der Länder (sowie das Europäische Parlament) können im Rahmen ihrer Zuständigkeit jeweils eigene Untersuchungsausschüsse einsetzen. Die dem Bundesrecht entsprechenden Regelungen finden sich in den jeweiligen Landesverfassungen (bzw. in Art. 193 EG-Vertrag).

Auf Bundesebene wird das Verfahren der Untersuchungsausschüsse im Gesetz zur Regelung des Rechts der Untersuchungsausschüsse des Deutschen Bundestages (Untersuchungsausschussgesetz – PUAG) geregelt. Danach kann der Untersuchungsausschuss die Vorlage von Akten verlangen und Zeugen und Sachverständige vernehmen. Das Erscheinen von Zeugen kann erzwungen werden. Wird das Zeugnis ohne gesetzlichen Grund verweigert, kann ein Zwangsgeld festgesetzt oder die Beugehaft angeordnet werden. Allerdings kann der Untersuchungsausschuss diese Zwangsmittel nicht selber anwenden, sondern muss sie bei einem dafür zuständigen Gericht beantragen. Falschaussagen vor dem Untersuchungsausschuss sind ebenso wie Falschaussagen vor Gericht mit Strafe bedroht. Überdies gilt im Untersuchungsaussausschuss das Mehrheitsprinzip nur eingeschränkt, da die Minderheit das Recht hat, in gleicher Weise an der Untersuchung mitzuwirken wie die Mehrheit, insbesondere hat sie das Recht, Beweisanträge zu stellen. Neben dem PUAG gelten auch Vorschriften der Strafprozessordnung.

Das Ergebnis der Untersuchungen wird in einem Abschlussbericht zusammengefasst. Sofern der Ausschuss sich nicht auf einen einvernehmlichen Bericht einigen kann, hat die Minderheit das Recht, ihre Sicht in einem Sondervotum darzulegen, welches in den Bericht aufzunehmen ist. Eine sanktionierende Wirkung haben diese Berichte jedoch nicht. Auch die Gerichte sind nicht an sie gebunden, bei der Würdigung des Sachverhaltes sind sie weiterhin frei.

Die Verfahren sind grundsätzlich öffentlich, allerdings sind Ton- und Filmaufnahmen in der Regel unzulässig, sofern nicht eine Zweidrittelmehrheit der anwesenden Mitglieder sowie die zu befragende/anzuhörende Person dem zugestimmt haben.

5.2.1 Der Osnabrücker Fall

Sachverhalt

Am 07.05.1994 wurde die Polizei durch die Feuerwehr zu einer Familie in Osnabrück gerufen, wo sie das sechs Monate alte Mädchen Laura-Jane tot in ihrem Bettchen auffanden. Erbrochenes trat aus dem Mund des Kindes aus, die Windel war extrem stark verschmutzt. Die Wohnung der alleinerziehenden, neunzehnjährigen Mutter war in einem völlig verwahrlosten Zustand. Auch der zwanzig Monate alte Bruder des Mädchens wies erhebliche Spuren von Vernachlässigung auf. Dem Tod des Kindes waren problematische Lebensumstände der Mutter vorausgegangen. Mit siebzehn Jahren wurde sie das erste Mal ungewollt schwanger und wohnte mit dem Vater des Kindes unter sehr schlechten hygienischen Verhältnissen bis zum siebten Schwangerschaftsmonat in einem Zelt in Ahaus, nachdem der Kindsvater Job und Wohnung verloren hatte. Die Mutter selbst hatte die Lehre abgebrochen. Das Paar kehrte nach Osnabrück zurück, wo ihnen vom Ordnungsamt am Rande der Stadt ein Wohncontainer zugewiesen wurde. Im September 1992 wurde das Kind Peter geboren. Im Februar 1993 wurde eine Sozialarbeiterin für die Familie zuständig. Im Mai 1993, als die Kindsmutter erneut im vierten Monat schwanger war, trennen sie und der Kindsvater sich. Nachdem der Sozialarbeiterin „Gerüchte" zu Ohren gekommen waren, dass der Sohn Peter schlecht versorgt sei, führte sie ein Trennungsgespräch mit den Kindeseltern. Darin machte der Kindsvater der Kindsmutter Vorwürfe, sie kümmere sich nicht genug um den Haushalt und das Essen. Es bestanden regelmäßige Kontakte zwischen der Sozialarbeiterin und der Kindesmutter wegen der zunehmenden Verwahrlosung des Haushalts. Während die Kindsmutter im Oktober 1993 im Krankenhaus das zweite Kind, Laura-Jane, entband, räumten Nachbarn die stark verdreckte Wohnung auf und sortierten große Mengen Müll aus. Dieses teilten sie dem Jugendamt mit. Zur selben Zeit beschwerte sich der Kindsvater abermals beim Jugendamt, dass der Haushalt von der Kindsmutter nicht ordentlich geführt werde und dass der Sohn Peter einen wunden Po habe. Eine Mitarbeiterin des Jugendamtes informierte die Sozialarbeiterin hierüber. Diese suchte erneut das Gespräch mit der Kindsmutter, die auf Probleme in der Schwangerschaft verwies. Im November 1993 kam es zu einem Gespräch zwischen dem Bruder des Kindsvaters und dessen Lebensgefährtin sowie der Sozialarbeiterin und der Kindsmutter, worin der Vorwurf gegen die Kindsmutter erhoben wurde, dass die Kindsmutter zu faul sei, ihren Haushalt ordentlich zu führen. Nachbarn, darunter die Lebensgefährtin des Bruders der Kindsmutter suchten im Dezember 1993 erneut das Gespräch mit der Sozialarbeiterin, diesmal ohne die Anwesenheit der Kindsmutter. Sie berichteten, dass sie eine Babyflasche mit Milchresten und Maden sowie verschimmelte Essensreste in Töpfen, verschmiertes Bettzeug gefunden hätten und dass schmutzige Windeln in der Wohnung der Kindsmutter herumgelegen hätten. Außerdem berichteten sie, dass der Sohn einen so wunden Po gehabt hätte, dass er dort stellenweise geblutet hätte. Es wurde auch der Vorwurf gegen die Sozialarbeiterin erhoben, dass sie bei der Kindsmutter nicht genügend durchgreifen würde. Aus Sicht der Sozialarbeiterin war die Sorge um die Kinder jedoch vorgeschoben, da alle Beteiligten mit der Kindsmutter in Konflikten leben würden. Es kam zu einem Umzug der Familie im Februar 1994, abermals in eine Obdachlosenunterkunft in unmittelbarer Nähe des Rotlichtmilieus. Schließlich suchte die Kindsmutter im März 1994 von sich aus die nach wie vor für sie zuständige Sozialarbeiterin auf und teilte ihr mit, dass die Kinder sie zu sehr in Anspruch nähmen, als dass sie sich um den Haushalt kümmern könnte. Zwei Tage später wurde Laura-Jane von der Mutter ins Krankenhaus gebracht, angeblich mit einer Windeldermatitis aufgrund des Gebrauchs einer falschen, zu großen Windel. Das Kind war laut Aussage der Mutter mit Pusteln übersät gewesen, immer unruhiger geworden und habe Fieber bekommen. Dies teilte sie der Sozialarbeiterin am Tag nach der Krankenhauseinlieferung mit. Sie äußerte zudem, sie habe ein schlechtes Gewissen und wolle nun eine sozialpädagogische Familienhilfe in Anspruch nehmen. Mitte März 1994 ging ein anonymer Anruf beim Jugendamt ein, wonach die Kinder Peter und Laura-Jane stark vernachlässigt seien und sich der Müll in der Wohnung staple. Die zuständige Sozialarbeiterin würde die Situation kennen, aber keine Änderungen erreichen. Die Sozialarbeiterin telefonierte mit dem Laura-Jane im Krankenhaus behandelnden Arzt, welcher sie darüber informierte, dass Laura-Jane neben der Windeldermatitis einen Pilzbefall hätte, welcher von den Kniekehlen bis zu den Schulterblättern gereicht hätte. Ein solcher Zustand könnte nicht innerhalb eines Tages entstehen und habe auch nichts mit dem Gebrauch einer falschen Windel zu tun. Zudem litt sie unter Brechdurchfall, die Nahrungsaufnahme war gestört. Er äußerte erhebliche Zweifel daran, ob die Mutter in der Lage sei, die gegebenen Ratschläge zu befolgen. Er wies die Sozialarbeiterin darauf hin, dass eine tägliche Kontrolle bezüglich der Betreuung des Kindes und seines Gesundheitszustandes erforderlich sei. Er berichtete auch, dass verschiedene Leute anonym im Krankenhaus angerufen hätten, um eine Vernachlässigung der Kinder durch die Mutter zu informieren. Daraufhin nahm die Sozialarbeiterin am nächsten Tag Kontakt mit der Großmutter Laura-Janes mütterlicherseits auf, die ebenfalls davon berichtete, dass ihr beim Wickeln von Laura-Jane Pusteln im Genitalbereich aufgefallen seien. Dies hatte die Großmutter auf die Unsauberkeit ihrer Tochter zurückgeführt sowie darauf, dass Laura-Jane die Windelgröße ihres älteren Bruders tragen musste. Die Sozialarbeiterin informierte am selben Tag die Kindsmutter über einen anonymen Anruf und erkundigte sich nach dem Haushalt der Kindsmutter, worauf diese antwortete, ihr Haushalt sei ein Schlachtfeld. Aus diesem Grund suchte die Sozialarbeiterin die Kindsmutter am selben Tag und stellte fest, dass die Wohnung völlig verdreckt war. Auf dem Boden lagen Hundekot, dreckige Windeln Essensreste, Abfall, schmutziges, teilweise verschimmeltes Geschirr; die Kinderbetten waren nicht bezogen und verschmiert, die Toilette bis an den Rand verstopft. Die Sozialarbeiterin half der Kindsmutter dabei, den Haushalt notdürftig in Ordnung zu bringen und informierte die Rohrreinigung. Drei Tage später besuchte die Sozialarbeiterin die Großmutter, welche von ihrer Sorge um die Enkelkinder berichtete. Sie forderte, man solle ihrer Tochter die Kinder wegnehmen. Am 23.03.1994 wurde Laura-Jane aus dem Krankenhaus entlassen. In einem Gespräch des behandelnden Arztes mit der Kindesmutter, der Sozialarbeiterin sowie einer Kinderkrankenschwester berichtete der Arzt erneut von dem Ausmaß der Windeldermatitis und deren Ursachen und äußerte, dass es unbedingt erforderlich sei, dass im Anschluss an den Krankenhausaufenthalt eine wenigstens zweistündige Pflege von Laura-Jane durch eine erfahren Kraft erfolge. Es habe eine Pflege und Kontrolle bis zum „Hineinschauen in die Windel" zu erfolgen. Die Sozialarbeiterin machte der Kindsmutter, als diese mit Laura-Jane in ihr Büro kam, klar, dass sie das Leben ihrer Kinder durch den Zustand der Wohnung und der Versorgung erheblich gefährdet hätte und dieses nicht noch einmal vorkommen dürfe. Ende März informierte die Kindsmutter die Sozialarbeiterin, dass sie einen neuen Freund habe. Die Sozialarbeiterin besprach den Fall im Team, welches einhellig der Meinung war, dass eine sozialpädagogische Familienhilfe erforderlich sei, welche langfristig den Verbleib der Kinder bei ihrer Mutter sichern sollte. Am 19.04.1994 nahm die sozialpädagogische Familienhilfe ihre Tätigkeit bei der Kindsmutter auf. Es wurden Wochenpläne zur Versorgung der Kinder und der Wohnung sowie ein strukturierter Tagesablauf erstellt. Ende April ging die Sozialarbeiterin in Urlaub. In der dritten Woche der sozialpädagogischen Familienhilfe öffnete die Kindsmutter der zuständigen Mitarbeiterin nicht mehr die Tür und nahm auch den vereinbarten Termin beim Kinderarzt am 06.05.1994 nicht wahr. Am 07.05.1994 rief die Kindsmutter eine Nachbarin zu Hilfe, um nach Laura-Jane zu sehen. Der herbeigerufene Notarzt konnte nur noch ihren Tod feststellen. Die anschließende Obduktion ergab, dass das Mädchen infolge eines Herz-Kreislaufversagens bei hochgradiger Auszehrung und Austrocknung auf nicht natürliche Weise verstarb. Es fehlte jegliches Fettgewebe, das Mädchen wog nur 273 Gramm mehr als bei ihrer Geburt. Außerdem fanden sich Spuren von Vernachlässigung in Form von ausgedehnten flächigen Hautdefekten im Genital- und Beckenbereich sowie in großen Anteilen des Rückens (Niestroj 2001).

In der Folge wurde die zuständige Sozialarbeiterin angeklagt und erstinstanzlich vom Amtsgericht – Schöffengericht – Osnabrück (Az.: 5 Ls 11 Js 17617/94 (II 27/95) v. 17.05.1995) wegen fahrlässiger Tötung gem. § 222 StGB schuldig gesprochen und gemäß § 59 Abs. 1 StGB verwarnt. Die Verurteilung zu einer Geldstrafe in Höhe von 180 Tagessätzen zu 80 DM blieb vorbehalten. Gegen dieses Urteil legte die angeklagte Sozialarbeiterin das Rechtsmittel der Berufung ein. Zuständig für die Entscheidung über die Berufung war die 7. Strafkammer des Landgerichts Osnabrück. Dieses hob das angefochtene erstinstanzliche Urteil auf und sprach die Angeklagte vom

Vorwurf der fahrlässigen Tötung frei (Az.: 22 Ns (VII 124/95) 11 Js 17617/94 v. 06.03.1995).

Nunmehr legte die Staatsanwaltschaft gegen dieses freisprechende Urteil des Landgerichts Osnabrück bei dem Landgericht Osnabrück Revision ein. Daraufhin hob der für die Revisionsentscheidung zuständige 1. Strafsenat des Oberlandesgerichts Oldenburg am 02.09.1996 das Urteil des Landgerichts Osnabrück mit den Feststellungen auf (mit Ausnahme eines Teils der Festestellungen zum äußeren Geschehensablauf) und verwies die Sache im Umfang der Aufhebung zu erneuter Verhandlung und Entscheidung an eine andere Strafkammer des Landgerichts Osnabrück zurück. Es bestand weiterer Aufklärungsbedarf bezüglich einer etwaigen Fahrlässigkeit der angeklagten Sozialarbeiterin, hinsichtlich der Ursächlichkeit ihres Unterlassens für den eingetretenen Kindstod und in Bezug auf die Vermeidbarkeit bzw. Unvermeidbarkeit eines möglichen Gebotsirrtums gem. § 17 StGB. Die 4. Strafkammer des Landgerichts Osnabrück stellte jedoch mit Beschluss vom 11.12.1996 das Verfahren mit Zustimmung der Angeklagten, ihres Verteidigers und der Staatsanwaltschaft gem. § 153 Abs. 2 StPO endgültig ein.

Untersuchungsveranlassung

Der inzwischen vierzehn Jahre zurückliegende Fall gab insbesondere aufgrund der strafrechtlichen Verfahren gegen eine Sozialarbeiterin den Anlass zu einer ersten Analyse mit Blick auf die strafrechtlichen Risiken sozialer Arbeit (Bringewat 1997). Es handelt sich hierbei nicht um eine Fehleranalyse im klassischen Sinne, sondern um eine Problemdarstellung einer etwaigen strafrechtlichen Verantwortlichkeit von Sozialarbeiterinnen und Sozialarbeitern im Zusammenhang mit beruflich ausgeübter jugendamtlicher Aufgabenbewältigung. Der Osnabrücker Fall wurde, da er über die Regionalgrenzen hinaus bekannt und mit kritischer Aufmerksamkeit von der interessierten Fachöffentlichkeit verfolgt wurde, als Aufhänger für diese Untersuchung genommen (Bringewat 1997).

Untersuchungsziel

Einen Untersuchungsauftrag von einer bestimmten Stelle gab es nicht. Untersuchungsziel des Verfassers war es, bestehende Unsicherheiten hinsichtlich einer etwaigen strafrechtlichen Verantwortlichkeit zu Gunsten kompetenter Fachlichkeit sozialer Arbeit zu beseitigen. Seine Untersuchung wandte sich daher insbesondere an Sozialarbeiterinnen und Sozialarbeiter, die mit jugendamtlicher Aufgabenerfüllung beruflich befasst sind oder zukünftig befasst sein werden. Weitere Zielgruppen waren aber ebenso Richter, Staats- und Rechtsanwälte sowie alle strafrechtswissenschaftlich an der Garantenproblematik von Amtsträgern Interessierte (Bringewat 1997).

Verfasser

Der Verfasser Dr. jur. Peter Bringewat ist Professor für Strafrecht, Strafprozessrecht, Jugendstrafrecht und Strafvollzug an der Universität Lüneburg sowie Vorsitzender Richter am Landgericht Lüneburg.

Methodik

Der Untersuchungsbericht besteht aus fünf Teilen. In Kapitel 1 erfolgt die Problembeschreibung, in Kapitel 2 geht der Verfasser auf das Verhältnis zwischen Kinder- und Jugendhilferecht und Strafrecht ein. In Kapitel 3 legt er die Garantenproblematik der sozialen Arbeit im Aufgabenbereich des Jugendamtes/ASD dar. Die Verteidigungsstrategie in Strafverfahren ist das Thema in Kapitel 4 und die Entscheidungsdokumentation des Osnabrücker Falles erfolgt in Kapitel 5. Im Mittelpunkt der Untersuchung wie der juristischen Entscheidungen steht die Problematik der Garantenstellung und Garantenpflicht von Sozialarbeitern im Rahmen ihrer jugendamtlichen Auftragserfüllung (Bringewat 1997).

Veröffentlichung

Die Veröffentlichung der 163 Seiten umfassenden Untersuchung erfolgte in Buchform.

5.2.2 Der Fall Kevin (Bremen)

Sachverhalt

Der am 23.01.2004 geborene Kevin wurde am 10.10.2006 tot im Kühlschrank in der Wohnung seines so genannten „Ziehvaters" aufgefunden. Der genaue Todeszeitpunkt ist unklar, wahrscheinlich starb der Junge bereits zwischen Ende Juni und Anfang Juli 2006.

Die Mutter Kevins war drogenabhängig, HIV-positiv und an Hepatitis C erkrankt, lehnte aber eine von den Ärzten empfohlene Retrovir-Behandlung ab. Kevin litt bei der Geburt unter Entzugserscheinungen und musste intensivmedizinisch behandelt, insbesondere lange Zeit künstlich beatmet werden. Erst am 09.03.2004 wurde das Kind aus der Klinik entlassen. Die Klinik stand der Entlassung des Kindes zu seinen Eltern kritisch gegenüber. Es sei zu deutlichen Versorgungsproblemen und Überforderung der Mutter gekommen, die in der Versorgung des Kindes zu langsam sei. Der Vater habe während des stationären Aufenthaltes von Mutter und Kind das Klinikpersonal beschimpft und bedroht. Die Entlassung würde als einmaliger Versuch gesehen, falls es im Weiteren zu Problemen käme, müsste das Kind der Betreuung der Eltern entzogen werden. Auch der „Ziehvater" des Kindes, welcher bis zu einer DNA-Analyse nach dem Tode Kevins als leiblicher Vater galt, war drogenabhängig. Er wurde von einem Arzt für Allgemeinmedizin im Rahmen eines Methadon-Programms betreut. Vor der Geburt war eine Familien-Hebamme des Gesundheitsamts Bremen eingeschaltet, welche die Familie bei der Vorbereitung auf die Niederkunft unterstützen sollte. Nach der Entlassung des Kindes aus der Klinik war sie nicht mehr in die Betreuung der Familie eingebunden. Am Tage der Geburt benachrichtigte der Sozialdienst des Klinikums Bremen-Nord den zuständigen Sachbearbeiter vom Jugendamt, da die nicht miteinander verheirateten Eltern im Methadon-Substitutionsprogramm betreut wurden. Am 05.02.2004 kam es zu einem Treffen in der Klinik, an dem die Eltern, ein Oberarzt, eine Krankenschwester, die Mitarbeiterin des Sozialdienstes der Klinik, die Familienhebamme, ein Vertreter von einem Verein für Suchttherapie und eine Mitarbeiterin der Drogenhilfe teilnahmen. Dabei wurde diskutiert, dass es dem Kind nicht gut gehe und ob die Eltern in der Lage wären, das Kind zu versorgen und zu erziehen; auch welche ambulanten Hilfen in Frage kämen, wurde hinterfragt. Zu einer weiteren Besprechung kam es am 19.02. 2004, in der die Entlassung Kevins in den nächsten zwei Wochen besprochen wurde. Kurz nach der Entlassung fuhr die Mutter mit dem Kind zu einer Entgiftungskur in Heiligenhafen, die bis zum 10.04.2004 andauerte. Währenddessen beging der „Ziehvater" am 13.04.2004 eine gefährliche Körperverletzung und wurde vom Amtsgericht Oldenburg zu einer Geldstrafe verurteilt. Am 03.05.2005 informierte der Methadon vergebende Arzt den Sachbearbeiter, dass die Familie „wohl ein wenig Hilfe" benötige. Der Sachbearbeiter wandte sich umgehend an das Klinikum Bremen Nord wegen weiterer Informationen und nahm am 04.05.2004 Kontakt mit der Familie auf. Der vermeintliche Vater des Kindes lehnte Hilfe ab. Insbesondere kam es nicht mehr zu einem Einsatz einer Familien-Hebamme. Von der ursprünglich zuständigen Familien-Hebamme fühlten sich die Eltern zu stark kontrolliert. Am 03.08.2004 kam es zu einem Polizeieinsatz wegen „Gefährdung/Vernachlässigung/Misshandlung eines Kindes". Die unter Drogen stehende Mutter hatte nach Zeugenangaben ihr Kind in die Luft geschleudert, wieder aufgefangen und mit der flachen Hand auf das Auge geschlagen. Die Mutter bestritt die Vorwürfe. Dennoch wird im Polizeibericht angezweifelt, ob die Mutter ihrem Kind eine sozialadäquate Erziehung gewährleisten kann, da sie gegen 22 Uhr mit dem Säugling betrunken durch die Straßen spaziert sei. Der Sachbearbeiter wandte sich sogleich an die Eltern und an den Methadon vergebenden Arzt. Eine Reaktion von letzterem ist nicht bekannt, während die Eltern am 17.08.2004 beim Sachbearbeiter Stellung bezogen und einen Hausbesuch des Sachbearbeiters in absehbarer Zeit vereinbarten. Hilfe benötigten sie jedoch keine, erklärten sie. Bei dem Besuch des Sachbearbeiters am 08.10.2004 traf dieser jedoch nur den Vater an, da die Mutter mit dem Kind seit dem 27.09.2004 in einer Kinderklinik sei; Kevin hätte sich Frakturen an Bein und Rippen zugezogen, nachdem er angeblich mit einem Bein in den Sprossen des Kinderbetts hängen geblieben sei. Kevin wurde bis zum 14.10.2004 in der Kinderklinik behandelt, in der festgestellt wurde, dass er eine Schädel- und Rippenfraktur älteren Datums hätte. Die Klinik hielt eine ambulante Hilfe für die Familie angezeigt, auch wenn unklar sei, wer die Frakturen verursacht habe. Eine Inobhutnahme des Kindes wurde von keiner Seite erwogen. Am Tag der Entlassung erstellte die Klinik einen Bericht, den sie sowohl an den Kinderarzt von Kevin als auch an den Sachbearbeiter versandte. Unter den Eingangsdiagnosen wurde auch vermerkt: „Multiple traumatische Frakturen. Kindesmisshandlung. Entwicklungsstörung." Es gab Überlegungen, das Kind nicht mehr zu den Eltern zu geben, davon wurde jedoch Abstand genommen und darauf verwiesen, dass eine Familien-Hebamme eingesetzt werde und Kevin eine zusätzliche Frühforderung erhalte. Der Einsatz der Familien-Hebamme scheiterte aber an fehlenden Kapazitäten. Den Einsatz der „Aufsuchenden Familienberatung" lehnte der vermeintliche Vater zunächst ab, doch kam Ende Oktober 2004 ein solcher Kontakt zustande. Am 23.11. 2004 wurde gegen die Mutter seitens der Polizei Bremen Strafanzeige wegen Verletzung der Fürsorgepflicht erstattet, nachdem sie in das Haus der Eltern gerufen worden war und die Mutter alkoholisiert und unter Drogen stehend schlafend im Hausflur vorfand, während das Kind, welches sie offenbar hatte fallen lassen, neben ihr auf dem Boden lag und laut weinte. Die Polizei brachte das Kind zunächst ins Krankenhaus. Es wurde festgestellt, dass es sehr schmutzig war und zu dünne Kleidung für die Witterungsverhältnisse trug. Sodann wurde das Kind in ein Heim gebracht, die Mutter in Gewahrsam genommen. Sofort nach dem Vorfall wandten sich die Eltern an den Methadon vergebenden Arzt und teilten mit, dass sie ihr Kind zurück holen wollten. Darüber informierte der Arzt das Amt für Soziale Dienste. Er selbst sah keinen Grund, das Kind den Eltern vorzuenthalten. In Abwesenheit des zuständigen Sachbearbeiters trafen andere Mitarbeiter des Jugendamtes jedoch die Absprache, das Kind nicht an die Mutter herauszugeben. Nachdem die Eltern aber persönlich vorstellig wurden, die Mutter weinte und bereute, wurde vereinbart, dass das Kind am 29.11.2004 zu den Eltern zurückgeführt werde, nachdem die Eltern mit einem sechswöchigem „Familie im Mittelpunkt"-Einsatz einverstanden waren. Insbesondere dem Vater wurden Kompetenzen für die Betreuung des Kindes zugetraut. Im Abschlussbericht vom 04.01.2005 wurde die Frage, ob das Kind in der Familie weiterhin sicher sei, mit Ja beantwortet. Am 04.02.2005 informierte der Kinderarzt von Kevin das Jugendamt über eine Kindeswohlgefährdung, nachdem Kevin 500 g abgenommen habe, unter extremer Blutarmut leide und die Eltern den Kontrolltermin abgesagt hatten. Diesen Hinweis wiederholte der Arzt am 15.02.2005 in einem Telefonat mit dem Sachbearbeiter. Das Kind habe abgenommen, als die Mutter im Krankenhaus und der Vater allein für die Versorgung des Kindes zuständig gewesen sei. Einen Tag später meldete er jedoch, dass die Eltern mit dem Kind in die Praxis gekommen seien und die Entwicklung des Kindes als positiv bezeichnet werden könne. Im Rahmen des staatsanwaltlichen Ermittlungsverfahrens gegen die Mutter wegen des Vorfalls am 23.11.2004 kam es zu einem Gespräch des Sachbearbeiters mit dem Rechtsanwalt der Eltern, der erklärte, die Gesamtsituation der Familie sei „wohl sehr kritisch", insbesondere da der Vater zur Aggressivität neige und die Mutter erneut schwanger sei. Der Kontakt zu den Frühen Hilfen verlor sich im April 2005, nachdem der Vater mit einer Bauchspeicheldrüsenentzündung in eine Klinik gehen musste und die Mutter mit Kevin in eine andere Stadt fuhr, in der sie auch ihr zweites Kind zur Welt bringen wollte. Am 29.05.2005 endete die zweite Schwangerschaft der Mutter mit einer Totgeburt. Am 14.06.2005 wurde der Vater vom Amtsgericht Bremen – Schöffengericht – wegen räuberischen Diebstahls in Tateinheit mit vorsätzlicher Körperverletzung sowie wegen Diebstahls in drei Fällen zu einer Gesamtfreiheitsstrafe von 1 Jahr und 6 Monaten auf Bewährung verurteilt. Am 18.07.2005 meldete die Polizei Bremen dem Sozialzentrum eine Mitteilung über eine im Rahmen des Polizeidienstes bekannt gewordene erhebliche soziale Notlage wegen Gefährdung/Vernachlässigung/Misshandlung eines Kindes, zusätzlich wegen Alkoholmissbrauchs und Drogengefährdung. Hintergrund war der Anruf des Vaters bei der Polizei, die Mutter raste aus und er wisse sich nicht mehr zu helfen. Die Beamten fanden die Wohnung und die Lebensverhältnisse in einem desolaten Gesamtzustand vor, die Mutter war stark alkoholisiert. Auch der Vater hatte Alkohol getrunken. Er räumte ein, die Mutter geohrfeigt zu haben, weil sie den gemeinsamen Sohn nicht vernünftig versorgt habe. Aus dem Polizeibericht geht weiter hervor, dass Kevin von unten bis oben komplett verdreckt war und eine normale Versorgung des Kindes aufgrund der Alkoholisierung der Eltern kaum oder gar nicht möglich sei. Der Vater neige zu gewalttätigem Verhalten. Daraufhin führten zwei Mitarbeiterinnen des Sozialzentrums am 19.07.2005 einen Hausbesuch bei der Familie durch. Dabei wurden keine Auffälligkeiten bei Kevin festgestellt. Sie entschieden, dass er nicht in Obhut genommen werden musste. Am 12.11.2005 starb die Mutter unter ungeklärten Umständen. Ein Fremdverschulden konnte nicht ausgeschlossen werden. Bei den Rettungsversuchen der Ärzte und der Polizei verhielt sich der Vater aggressiv und behinderte sie. Daraufhin wurde er von der Polizei „zwangseingewiesen". Kevin wurde indessen abermals in das Kinderheim gebracht. Am 17.11.2005 wurde die elterliche Sorge für Kevin vom Amtsgericht – Familiengericht – auf einen Amtsvormund übertragen. Am 18.11.2005 erstellte das Heim einen Bericht, indem eine Retardierung des Kindes und eine bedenkliche Gewichtsentwicklung beschrieben wurden. Erwähnt wurde auch, dass der Vater während eines Besuches erkennbar unter Drogen-/ Medikamenteneinfluss stand. Während der Vater seinen Sohn unbedingt zurück haben wollte und dieses Anliegen sowohl vom Sachbearbeiter als auch vom Amtsvormund unterstützt wurde, sprach sich Kevins Kinderarzt gegen die Rückführung aus. Auch der Leiter des Kinderheims äußerte sich entsetzt darüber, dass Kevin zurück zu seinem Vater sollte, welchen er für erziehungsunfähig hielt. Am 28.11.2005 durfte der Vater Kevin aus dem Heim – wie mit dem Sachbearbeiter und dem Methadon vergebenden Arzt besprochen – abholen. Es war vereinbart worden, dass er tags drauf zu seinen Eltern ziehen sollte. Stattdessen blieb der Vater mit Kevin jedoch in Bremen. Erst im Dezember reiste er zu seinen Eltern, was dem Sachbearbeiter auch bekannt war. Am 22.12.2005 fragte das Familiengericht bei dem Sachbearbeiter an, wie es um das Kindeswohl von Kevin bestellt sei. Eine Mitteilung des Jugendamtes Hannover ging bei dem Sachbearbeiter am 27.12.2005 ein, wonach sich der Vater am Vortag im Hauptbahnhof Hannover in alkoholisiertem Zustand im Beisein seines Kindes mit anderen Personen angelegt habe. Bereits am 09.01.2005 meldete sich der Vater im Sozialzentrum in Bremen zurück. Das Amtsgericht wiederholte seine Anfrage am 19.01.2006, worauf der Sachbearbeiter einen Tag später mit einer kurzen Lagebeschreibung antwortete. Daraufhin äußerte die zuständige Richterin eine vorsichtige Einstellung im Hinblick auf drogenabhängige Eltern und erkundigte sich nach dem Beigebrauch des Vaters. Wenige Tage später wies die Bewährungshelferin des Vaters den Sachbearbeiter darauf hin, dass der Vater ein hohes Aggressionspotential habe und sie fürchte, dass er mit der Versorgung seines Kindes überfordert sei. Am 21.02.2006 wies die Richterin des Familiengerichts den Sachbearbeiter darauf hin, dass sie aufgrund vorangegangener Erfahrungen in anderen Verfahren Bedenken gegen den Methadon vergebenden Arzt in fachlicher Hinsicht habe und bat den Sachbearbeiter, den Vater sehr aufmerksam im Auge zu behalten. Im Februar 2006 kam es aufgrund eines Gesprächs des Vereins Bremer Säuglingsheime mit dem Bürgermeister über den Fall Kevin dazu, dass über eine Senatorin der Leiter des Amtes für Soziale Dienste sowie die Sachgebietsleiterin in den Fall eingeschaltet wurden. Sowohl der Sachbearbeiter als auch der Amtsvormund setzten sich in Anfragen und Gesprächen immer wieder für die Interessen des vermeintlichen Kindsvaters ein. Mitte Februar 2006 organisierte der Sachbearbeiter eine Tagespflegemutter für Kevin, die der Vater jedoch zunächst aus nichtigen Gründen ablehnte. Am 14.03.2006 informierte die Tagespflegemutter den Sachbearbeiter darüber, dass Kevin erst dreimal da gewesen sei und das auch nur für kurze Zeit. Dieser informierte darüber den Methadon vergebenden Arzt und den Amtsvormund. Am 17.03.2006 informierte die Tagespflegemutter den Sachbearbeiter, dass es zwischen ihr und dem Vater einen Konflikt gegeben habe. Ihr sei aufgefallen, dass Kevin einen Verband am Fuß hatte und einige blaue Flecken am Körper. Im Gespräch mit dem Vater erklärte dieser dem Sachbearbeiter, dass Kevin sich beim häuslichen Herumtoben den Fuß verstaucht habe und er ihn zukünftig nicht mehr zu der Tagespflegemutter bringen werde, da er dort nicht gut aufgehoben sei. Der Vater wurde schließlich zu einer Fallkonferenz am 12.04.2006 geladen, zu der er mit seinem Sohn erscheinen sollte. Der Vater kam jedoch ohne Begründung nicht. Das Gespräch fand im Beisein des Kindes am 20.04.2006 statt. Am 25.04.2006 teilte der Kinderarzt von Kevin dem Sachbearbeiter mit, dass der Vater nicht mit Kevin zu einem vereinbarten Termin zwecks Untersuchung wegen Frühforderung erschienen sei. Dies teilte der Sachbearbeiter dem Amtsvormund mit. Am 07.06.2006 informierte der Kinderarzt den Amtsvormund, dass der Vater den 3. Termin zur Untersuchung wegen der Frühförderung nicht wahrgenommen habe. Er habe zudem vom Spielkreis gehört, dass der für Kevin vorgesehene Platz anderweitig vergeben wurde, weil das Kind nicht gekommen sei. Der Amtsvormund setzte sich umgehend mit dem Sachbearbeiter in Verbindung und bat um ein kurzfristiges Treffen. Dieser lehnt mit Hinweis auf den Umzug der Behörde ab und verwies auf ein klärendes Telefonat mit dem Vater am Vortag. Eine Mitarbeiterin der Frühen Hilfen suchte am selben Tag die Familie auf und fand einen Zettel an der Wohnungstür vor, dass der Vater aufgrund eines Unfalles im Verwandtenkreis abwesend sei. Am 31.07.2006 wandte sich die Leiterin der Frühen Hilfen erneut an den Sachbearbeiter. Bei dem ersten Termin mit der Familie habe man diese nicht angetroffen. Zu einem weiteren Termin habe man den Vater extra telefonisch erinnert, doch dieser habe sich angeblich die falsche Uhrzeit notiert und Kevin war zu der vereinbarten Zeit angeblich beim Schwimmen mit Nachbarn. Die Mitarbeiterin der Frühen Hilfen wartete über eine Stunde, ohne dass Kevin zurückkehrte. Man sorgte sich um sein Wohlergehen. Noch am selben Tag sagte der Vater den nächsten Termin zur Frühförderung ab, da er auf dem Weg zu seiner Mutter sei, bei der er einige Tage bleiben wolle. Dies teilte die Leiterin umgehend dem Sachbearbeiter mit. Dieser beruhigte sie, dass er mit dem Vater im ständigen Kontakt stehe und noch vor wenigen Minuten mit ihm telefoniert habe. Am 07.08.2006 informierte der Vater den Sachbearbeiter, sein Stiefvater sei verstorben und er wolle wieder mit dem Kind zu seiner Mutter fahren, ggf. auch ganz zu ihr ziehen. Am selben Tag teilte die Leiterin der Frühen Hilfen dem Sachbearbeiter mit, dass Kevin wieder nicht zur Frühförderung erschienen sei und diese nun eingestellt würde. Am 21.08.2006 meldete sich die Richterin des Familiengerichts wieder bei dem Sachbearbeiter und erkundigte sich nach dem Kind. Auf die Antwort des Sachbearbeiters wiederholte sie ihre Bedenken gegenüber dem Methadon vergebenden Arzt und riet, den Vater genauestens zu überprüfen. Kurz darauf ging der Sachbearbeiter in Urlaub. In seiner Abwesenheit telefonierte die Sachgebietsleiterin mit dem Vater, welcher aussagte, Kevin werde in einer Elternschule mitbetreut und er trage sich mit dem Gedanken, zu seiner Mutter zu ziehen. Eine Anfrage bei der Elternschule ergab jedoch, dass Kevin dort nicht sei. Hausbesuche des Amtsvormunds am 04.09.2006 und am 05.09.2006 waren vergeblich. Darüber informierte er die Sachgebietsleiterin. In der Folge meldete der Vater sich und teilte mit, dass er im Umzug zu seiner Mutter begriffen sei, Kevin sei schon dort und ihm gehe es gut. Am 13.09.2006 ergab ein Anruf der Sachgebietsleiterin bei der Mutter von Kevins Vater, dass diese Kevin zuletzt am 26.12.2005 gesehen habe; damals habe sein Vater seinen Halbbruder zusammengeschlagen. Ihr Ehemann lebe und sei nicht krank. Seit Weihnachten 2005 habe sie keinen Kontakt mehr zu ihrem Sohn und Enkel gehabt. Am 18.09.2006 sprachen sich der Amtsvormund, der Sachbearbeiter, die Sachgebietsleiterin und der Leiter des Sozialzentrums dafür aus, Kevin beim Vater herauszunehmen. Eine Anhörung des Vaters vor dem Familiengericht wurde auf den 26.09.2006 festgesetzt, doch der Vater erschien nicht bei Gericht. Auch zum neuen Termin am 02.10.2006 erschien der Vater nicht, da er Kevin vom Hort abholen müsste. Am

02.10.2006 erließ das Gericht einen Herausgabebeschluss, der zeitlich mit dem Vollstreckungsversuch zugestellt werden sollte. Bei dem Versuch der In-Obhutnahme des Kindes am 10.10.2006 wurde dann der Leichnam des Jungen entdeckt (Bremische Bürgerschaft, 2007).

Kevins „Ziehvater" wurde vom Landgericht Bremen – Schwurgerichtskammer II – wegen Körperverletzung mit Todesfolge in Tateinheit mit Misshandlung von Schutzbefohlenen zu zehn Jahren Haft verurteilt, von denen er zwei in einer Entziehungsanstalt (§ 64 StGB) verbringen muss.

Des Weiteren wurden gegen den Sachbearbeiter sowie den Amtsvormund strafrechtliche Ermittlungsverfahren eingeleitet und Anklage erhoben (Kloos 2008). Der Bremer Staatsanwalt Hauschild teilte mit, dass solche Verfahren aber bisher nur in den seltensten Fällen zum Abschluss kämen. Es habe in der Bundesrepublik Deutschland erst einen einzigen mit dem Fall Kevin vergleichbaren Fall gegeben, in dem es überhaupt zu einer Hauptverhandlung gegen Behördenmitarbeiter gekommen sei (Süddeutsche Zeitung vom 15.5.2009). Seit Mai 2009 prüft das Bremer Landgericht, ob tatsächlich eine Hauptverhandlung gegen die Mitarbeiter des Jugendamtes eröffnet werden soll.

Gegen den Methadon vergebenden Arzt wurde wegen Verstoßes gegen das Betäubungsmittelgesetz ermittelt. Die Erlaubnis zur Substitutionsbehandlung wurde ihm entzogen (Bremische Bürgerschaft 2007).

Gegen den damaligen Leiter des Amtes für Soziale Dienste lief ein Disziplinarverfahren, welches dieser gegen sich selbst beantragt hatte. Die einzelnen Ergebnisse hierzu sind nicht öffentlich bekannt.

Untersuchungsauftrag

Im Falle von Kevin wurden zwei voneinander unabhängige Untersuchungen durchgeführt.

Untersuchung durch Staatsrat Mäurer

So wurde der Fall zum einen von Staatsrat (im Justizressort) Ulrich Mäurer untersucht, der von Bürgermeister Böhrnsen den Auftrag erhielt, eine Dokumentation über die Abläufe und Zusammenhänge im Todesfall des Kindes Kevin K. zu erstellen, aus der sich ergibt, was, wann, von wem entschieden worden ist (Mäurer 2006). Diese Dokumentation wurde erstellt am 31.10.2006. Ulrich Mäurer ist Jurist und seit Mai 2008 Bremer Senator für Inneres und Sport.

Untersuchung durch einen parlamentarischen Untersuchungsausschuss

Des weiteren wurde der Fall von einem parlamentarischen Untersuchungsausschuss analysiert. Am 20.10.2006 beantragten die Bürgerschaftsfraktion von Bündnis 90/Die Grünen und die Fraktionen der SPD und CDU die Einsetzung eines parlamentarischen Untersuchungsausschusses (Drucksache 16/1168). Daraufhin wurde am 02.11.2006 von der Bremischen Bürgerschaft (Beschlussprotokoll der Bremischen Bürgerschaft Nr. 69) eingesetzt. Der Untersuchungsauftrag lautete wie folgt:

> „Die Bürgerschaft (Landtag) setzt einen aus sechs Mitgliedern und sechs stellvertretenden Mitgliedern bestehenden parlamentarischen Untersuchungsausschuss ein, mit dem Auftrag, im Rahmen der verfassungsmäßigen Zuständigkeit des Landes zu untersuchen, wie es zu der mutmaßlichen groben Vernachlässigung der Amtsvormundschaft und Kindeswohlsicherung im Fall des tot aufgefundenen zweijährigenjährigen Kevin kommen konnte ob bzw. inwiefern dies strukturelle Ursachen hat. Über das Ergebnis der Untersuchungen und die sich daraus ergebenden Konsequenzen ist der Bürgerschaft (Landtag) Bericht zu erstatten."

Der Untersuchungsauftrag erstreckt sich auf (Bremische Bürgerschaft 2007):

* Ursachen des mutmaßlichen Versagens der zuständigen Behörden im Fall des zweijährigen Kevin
* den Umgang mit ähnlichen Fällen
* die Wahrnehmung der Steuerungs- und Kontrollfunktion durch die zuständigen Behörden
* Auswirkungen der personellen Kürzungen und der Budgetierung der Leistungen im Jugendhilfebereich
* Umgang mit Hinweisen und Anzeigen von Dritten
* Zusammenarbeit und Informationsaustausch zwischen den beteiligten Behörden und Senatsressorts im Fall Kevin und grundsätzlich bei Inobhutnahme und amtlicher Vormundschaft
* Konsequenzen aus den Untersuchungen, insbesondere mit Aussagen über Verbesserung der Steuerung und Struktur des Amtes für Soziale Dienste

Dabei sollen insbesondere folgende Sachverhalte untersucht werden (Bremische Bürgerschaft 2007):

* die Umsetzung des neuen § 8 a KJHG (Schutzauftrag bei Kindeswohlgefährdung) in Verwaltungshandeln
* ob fachliche und/ oder dienstliche Weisungen der Aufsichtsbehörde zur Gefährdung des Kindeswohls beigetragen haben
* Spannungsfeld zwischen fachlichen Gutachten und dienstlichen oder fachlichen Weisungen
* Umgang der Fallkonferenzen mit strittigen Fällen
* Betreuung von Risikofamilien, durch z. B. Familienhebammen und andere soziale Dienste
* mutmaßliches Versagen von Kontrollsystemen trotz zahlreicher Hinweise

Zusammensetzung des parlamentarischen Untersuchungsausschusses

Im Falle des parlamentarischen Untersuchungsausschusses wurden sechs Abgeordnete als Mitglieder und sechs stellvertretende Mitglieder durch die Bürgerschaft (Landtag) gewählt. Dabei handelte es sich um folgende Personen:

Tabelle 11

Mitglieder	StellvertreterInnen
Kleen, Hermann (SPD), Jurist	Busch, Birgit (SPD), Amtsrätin/Dipl.-Verwaltungswirtin a. D.
Kummer, Uta (SPD), selbst. Bau-Ingenieurin	Garling, Karin (SPD), Krankenschwester (Qualitätsmanagement)
Kasper, Reimund (SPD), Polizeibeamter a. D.	Günthner, Martin (SPD), selbst. Kommunikationsberater – PR-Berater
Pflugradt, Helmut (CDU), Finanzbeamter a. D.	Herderhorst, Rolf W. (CDU), Polizeibeamter a. D., Personalratsvorsitzender
Mohr-Lüllmann, Dr. Rita (CDU), approbierte Apothekerin	Spieß, Dr. Iris (CDU), Chemikerin, Geschäftsführerin der Landesvertretung Bremen des VDI
Möhle, Klaus (Bündnis 90/Die Grünen), selbst. Handwerker	Schmidtmann, Dirk (Bündnis 90/Die Grünen), Beton- und Stahlbetonbaumeister (Amtsinspektor)

Zum Vorsitzenden wurde der Abgeordnete Helmut Pflugradt gewählt, zum stellvertretenden Vorsitzenden der Abgeordnete Klaus Möhle (Bremische Bürgerschaft 2007).

Methodik und Veröffentlichung der Berichte

Untersuchungsbericht von Staatsrat Mäurer

Die Dokumentation von Herrn Mäurer wurde im Wesentlichen anhand der Auswertung der Akten des Amtes für Soziale Dienste (Sozialzentrum Gröpelingen/ Walle, Abteilung 450-SZ-04/21-4, Aktenzeichen 450-SZ-04/21 – 4, Kevin K., geboren 23.01.04) sowie der Akte der Amtsvormundschaft des Amtes für Soziale Dienste Bremen (Kevin K., Geschäftszeichen B 165562) erstellt. Ergänzend und zum Abgleich wurden ausgewertet: die Bemerkungen der zunächst mit der Familie befasst gewesenen Familien-Hebamme und die Unterlagen von der PiB GmbH – Pflegekinder in Bremen (Mäurer 2006).

Es gab keine Befragung der handelnden Personen, da dies zum einen aus Zeitgründen nicht möglich war und zum anderen, weil einige dieser Personen zum Zeitpunkt der Untersuchung Beschuldigte in einem strafrechtlichen Ermittlungsverfahren waren bzw. disziplinarrechtliche Verfahren gegen sie eingeleitet worden waren, so dass nicht von einer Aussagebereitschaft ausgegangen werden konnte (Mäurer 2006).

Der Bericht enthält zunächst Angaben zu den Personen, welche häufiger erwähnt werden, Kevin selbst, seine Mutter und sein Vater. Sodann wurde die zuständigen Behörden im Fall Kevin aufgeführt und ihre Zuständigkeiten und Organisationen erläutert (Amt für Soziale Dienste; Jugendamt, Amtsvormund). In einem zweiten Teil erfolgt die Auswertung der Akten des Amtes für Soziale Dienste, aus der sich der chronologische Ablauf des Falles sowie Schwachstellen im System bzw. fehlerhafte Vorgänge der Beteiligten erkennen lassen. Schließlich erfolgt in Teil 3 die ergänzende Auswertung anderer Unterlagen. Die Untersuchungsergebnisse werden in Teil 4 – Schlussfolgerungen – dargelegt. Insgesamt umfasst der Bericht 57 Seiten und ist im Internet unter *http://www.familienbildung.uni-bremen.de/aktuelles/ maeurer20061030kevin_untersuchungsbericht_zusammenfassung.pdf (letzter Aufruf am 19.09.2009)* veröffentlicht.

Parlamentarischer Untersuchungsausschuss

Der Bericht des Parlamentarischen Untersuchungsausschusses umfasst insgesamt 326 Seiten, zuzüglich etlicher Anhänge. Zunächst wurde am 03.11. 2006 der Untersuchungsausschuss konstituiert, der sich die Bezeichnung „Untersuchungsausschuss Kindeswohl" gab. Es wurde eine Verfahrensordnung verabschiedet, welche dem Bericht anliegt. Insgesamt hielt der Ausschuss in der Zeit vom 03.11.2006 bis zum 18.04.2007 28 interne und 21 öffentliche Sitzungen ab. Aufgrund von vierzehn Beweisbeschlüssen wurden insgesamt 73 Zeugen vernommen. Ferner wurde eine öffentliche Ausschusssitzung durchgeführt, in der Professor Dr. Jürgen Blandow, Universität Bremen, und Frau Rita Hähner, Sachgebietsleiterin der Betreuungsbehörde im Amt für Soziale Dienste, angehört wurden. Außerdem richtete der Untersuchungsausschuss eine schriftliche Anfrage an die Städte Bremerhaven, Essen, Hamburg, Hannover, Nürnberg und Oldenburg zur Organisation der dortigen Jugendämter.

Insgesamt wurden 267 Akten von den aktenführenden Stellen an den Untersuchungsausschuss übersandt. Der aus sieben Kapiteln bestehende Bericht wurde am 18.04.2007 einstimmig beschlossen (Bremische Bürgerschaft 2007). In Kapitel 1 wird die Einsetzung und das Verfahren des Untersuchungsausschusses beschrieben, wobei auch die Rechtsgrundlagen für die Arbeit des Untersuchungsausschusses aufgezeigt werden. Im zweiten Kapitel wird zunächst das System der öffentlichen Jugendhilfe, insbesondere die rechtlichen, organisatorischen und finanziellen Rahmenbedingungen, dargestellt. Der Sachverhalt sowie die Verantwortlichkeiten im Fall Kevin werden in Kapitel 3 ausführlich beschrieben. Kapitel 4 befasst sich mit vergleichbaren Fällen und in Kapitel 5 werden strukturelle Probleme hinsichtlich des Casemanagements, der Dienst- und Fachaufsicht, der kollegialen

Beratungsstrukturen, der Amtsvormundschaft, des Ambulanten Sozialdienstes „Junge Menschen", des Umgangs mit Verdacht auf Kindeswohlgefährdung, der internen und externen Zusammenarbeit, der Drogensubstitution, der Zuständigkeitsabgrenzungen zwischen Ressort und Amt sowie der finanziellen Rahmenbedingungen und personellen Ausstattung thematisiert. Kapitel 6 enthält eine zusammenfassende Bewertung und in Kapitel 7 werden Konsequenzen und Maßnahmen beschrieben.

Veröffentlichung

Der Bericht wurde im Internet veröffentlicht und ist unter http://www.bremer-montagsdemo.de/130/Kevin.pdf (letzter Aufruf am 19.09.2009) zu finden.

5.2.3 Der Fall Lea-Sophie (Schwerin)

Sachverhalt

In der Nacht zum 21.11.2007 alarmierte der Vater der fünfjährigen Lea-Sophie den Notarzt, der das Kind in einem äußerst kritischen Zustand vorfand und in das Klinikum Schwerin bringen lässt. Dort starb das Mädchen kurze Zeit später. Es wies erhebliche Unterernährung, starken Flüssigkeitsverlust und Rötungen am Hals auf. Die Obduktion am Tag darauf ergab, dass sie verhungerte und verdurstete. Lea-Sophie wog bei ihrem Tod nur noch 7,4 Kilogramm. Altersentsprechend wäre ein Gewicht von 20 Kilogramm gewesen.

Lea-Sophie wurde am 07.08.2002 geboren. Ihre Mutter war damals erst 18 Jahre alt, der Vater, der die Vaterschaft anerkannte, 21 Jahre. Da ihre Mutter ihre Ausbildung abschließen wollte, lebte Lea-Sophie zunächst im Haushalt der Großeltern mütterlicherseits. Dort hielt sich auch die Mutter während der Woche überwiegend auf. Der Vater absolvierte bei der Bundeswehr seinen Grundwehrdienst. Beide Elternteile hatten eigene Wohnungen. Anfang 2004 nahm die Mutter Lea-Sophie mit Zustimmung der Großeltern zu sich. Ab März 2006 lebten die Kindseltern zurückgezogen in einer Lebensgemeinschaft in einer gemeinsamen Wohnung. Beide Elternteile waren arbeitslos, die Kindsmutter hatte ihre Lehre abgebrochen. Ein Jahr vor Lea-Sophies Tod, am 02.11.2006, nahm der Großvater mütterlicherseits Kontakt zum Jugendamt auf und teilte einer Sachbearbeiterin mit, dass er sich Sorgen um seine Enkelin mache, weil sie sehr dünn sei. Sie gehe nicht in die KiTa und auch der vorgesehene Besuch beim Kinderarzt habe noch nicht stattgefunden. Die Kindsmutter habe sich schon mal mit Trennungsgedanken getragen. Die Familie würde seitens der Großeltern finanziell und auch mit Lebensmitteln unterstützt, da der Kindesvater seitens der ARGE bereits mehrfach sanktioniert worden sei. Die Großeltern sähen die Familie ca. einmal wöchentlich. Auf Frage der Mitarbeiterin, ob der Großvater eine Kindeswohlgefährdung sähe (zuvor hatte sie ihm das Verfahren bei einer etwaigen Kindeswohlgefährdung erläutert), verneinte dieser dies. Die Mitarbeiterin zeigte verschiedene Hilfemöglichkeiten auf und befürwortete die Inanspruchnahme eines KiTa-Platzes. Der Großvater äußerte, dies mit der Familie besprechen und sich dann wieder beim Jugendamt melden zu wollen. Am 14.11.2006 meldete sich der Großvater wieder beim Jugendamt und sprach mit einem anderen Mitarbeiter. Er teilte mit, dass seine Tochter die Hilfemöglichkeiten, wie sie vom Jugendamt aufgezeigt worden waren, nicht annehmen wollte. Sie lasse auch weiterhin regelmäßige Untersuchungen beim Kinderarzt aus. Seines Erachtens sei die Entwicklung von Lea-Sophie gestört. Eine Kindeswohlgefährdung verneinte er auf Nachfrage des Mitarbeiters abermals. Es wurde vereinbart, dass die Kindeseltern vom Jugendamt zu einem Gespräch eingeladen werden sollten. Zu dem Termin, zu dem die Kindesmutter umgehend geladen wurde, erschien sie jedoch nicht. Auch auf einen weiteren Termin reagierte sie nicht. Es erfolgten keine weiteren Veranlassungen seitens des Jugendamtes.

Im Juni 2007 wandten sich die Großeltern erneut an das Jugendamt und wiesen auf Probleme in der Familie hin. Abermals wurden sie über Hilfemöglichkeiten aufgeklärt, während seitens des Jugendamtes keine weiteren Veranlassungen getroffen wurden. In der Zwischenzeit war die Kindesmutter erneut schwanger. Am 12.11.2007 ging ein anonymer Anruf aus der Nachbarschaft der Familie beim Bereitschaftsdienst des Jugendamtes ein. Darin teilte ein Mann mit, dass er sich Sorgen um den wenige Wochen alten Säugling der Kindesmutter mache. Tagsüber sehe man das Kind kaum draußen, die Mutter ginge nur im Dunkeln mit ihm spazieren. Das ältere Kind der Mutter lebe wohl nicht mehr in ihrem Haushalt. Unmittelbar nach dem Anruf ergaben Ermittlungen des Jugendamtes, dass unter der Adresse der Familie beide Kinder gemeldet waren. Noch am selben Tag suchten ein Sozialarbeiter des Jugendamtes sowie eine weitere Mitarbeiterin die Wohnung der Familie auf, trafen aber niemanden an. Die Kindesmutter wurde daraufhin für den nächsten Tag zu einem persönlichen Gespräch in das Jugendamt eingeladen. Dort erschienen die Kindeseltern auch mit dem offensichtlich gut versorgten Säugling. Sie erzählten von Streitigkeiten im Haus mit den anderen Mietern, womit sie den anonymen Anruf erklärten. Jegliche Vorwürfe wiesen sie zurück. Auf Nachfrage teilten sie mit, dass Lea-Sophie keine Kindereinrichtung besuche, da ihnen das Geld insbesondere für das Essen in der KiTa fehlte. Im Augenblick halte sie sich bei Bekannten auf. Der Mitarbeiter wies die Familie darauf hin, dass ein KiTa-Besuch für die weitere Entwicklung der Tochter wichtig sei. Weitere Veranlassungen wurden nicht getroffen. Acht Tage später, am Morgen des 21.11.2008, informierte die Kripo Schwerin den Bereitschaftsdienst beim Jugendamt, dass Lea-Sophie verstorben sei. Bei der Inobhutnahme des Bruders von Lea-Sophie wurde die Wohnung in einem ordentlichen Zustand vorgefunden, die Kinderzimmer waren liebevoll eingerichtet und es war ausreichend Essen vorhanden, welches auch von Lea-Sophie hätte erreicht werden können. Bei ihrem Bruder wurden seitens des Kinderarztes keine Auffälligkeiten festgestellt.

Die Kindeseltern wurden noch am Todestag von Lea-Sophie festgenommen. Am 16.07.2008 wurden die Eltern von Lea-Sophie vom Landgericht Schwerin zu jeweils elf Jahren und neun Monaten wegen Mordes verurteilt. Die Ermittlungen gegen Mitarbeiter des Jugendamtes wurden von der Staatsanwaltschaft trotz heftiger Kritik, insbesondere vom Bund Deutscher Kriminalbeamter, eingestellt, nachdem das Gericht in seiner Urteilsbegründung eine Mitschuld des Jugendamtes verneint hatte.

Untersuchungsauftrag

Auch der Fall Lea-Sophie wurde von zwei verschieden Untersuchungskommissionen analysiert.

Verwaltungsinterne Untersuchung

Mit Organisationsverfügung des Oberbürgermeisters vom 27.11.2007 wurde eine verwaltungsinterne Untersuchungsgruppe beauftragt zu untersuchen, ob es auf Seiten der Beschäftigten des Jugendamtes im Zusammenhag mit dem Tod von Lea-Sophie vorwerfbare Versäumnisse oder dienstliche Verfehlungen gab.

Zeitweiliger Untersuchungsausschuss

Mit den Stimmen aller Fraktionen beschloss die Stadtvertretung am 10.12. 2007 außerdem die Einsetzung eines zeitweiligen Ausschusses zur Aufklärung des Todes von Lea Sophie und zur Optimierung des Verfahrens bei Kindeswohlgefährdungen in Schwerin. Laut Organisationsverfügung sollte geklärt werden, in welchem Umfang und zu welchen Themen Beschäftigte des Jugendamtes Kontakt zu Mitgliedern der Familie von Lea-Sophie und zum sonstigen Umfeld hatten. Im weiteren Verfahren sollte eine Soll-Ist-Analyse erstellt werden, die aufzeigt, wie die Handlungsstrategien bei Verdacht auf Kindeswohlgefährdung bisher geregelt sind, wie Schwerin im Vergleich zu anderen Städten steht und letztlich bewertet, ob sinnvolle Verfahren anderer Städte gegebenenfalls zu übernehmen sind (Zeitweiliger Ausschuss 2008).

Zusammensetzung der Untersuchungskommission

Verwaltungsinterne Untersuchungsgruppe

Der verwaltungsinternen Untersuchungsgruppe, die von einer Mitarbeiterin des Rechtsamtes geleitet wurde, gehörten vier Mitglieder an, darunter eine Mitarbeiterin des Jugendamtes und ein Fachmann eines Instituts für Soziale Arbeit als externer Sachverständiger.

Zeitweiliger Ausschuss

Über die Zusammensetzung des zeitweiligen Untersuchungsausschusses konnten keine Informationen ausfindig gemacht werden.

Methodik

Verwaltungsinterner Untersuchungsbericht

Der Untersuchungsgruppe standen folgende Unterlagen zur Verfügung:

- Vorgang der Unterhaltsvorschusskasse
- Vorgang des Bereichs Kindertagesförderung
- Unterlagen der Kita GmbH inkl. Stellungnahme
- Vorgang des Amtes für Soziales und Wohnen
- Leistungsakte der Arbeitsgemeinschaft zur Grundsicherung für Arbeitssuchende in der Landeshauptstadt Schwerin (ARGE)

Eine Akte des Jugendamtes „Lea-Sophie" gab es nicht, sondern lediglich eine Fallakte betreffend ihren Bruder, die angelegt wurde, nachdem dieser durch einen Mitarbeiter des Jugendamtes in Obhut genommen wurde. Grund für die fehlende Akte zum Fall „Lea-Sophie" war die Tatsache, dass die Informationen der Großeltern nicht als Meldungen zur Kindeswohlgefährdung qualifiziert wurden, sondern als Beratungs- und Informationsgespräche. Entsprechende Notizen aus den jeweiligen Gesprächen wurden in einem Ordner des jeweiligen Sozialarbeiters an dessen Arbeitsplatz aufbewahrt, mehrere Mitschriften wurden zusammengeheftet aufbewahrt. Ein Verwaltungsvorgang in Form einer Akte wurde damals erst angelegt, wenn sich aus der Gesamtschau der Unterlagen ein Bedarf zur Hilfe zur Erziehung (ggf. nach Antragstellung) und/ oder Kindeswohlgefährdung ergab. Bei der zur Verfügung gestellten Akte handelt es sich daher primär um die Akte des Bruders von Lea-Sophie. Der gesamte Untersuchungsbericht umfasst 36 Seiten.

Ferner hielt die interne Untersuchungsgruppe Kontakt zu externen Beratern aus Berlin, Neubrandenburg und Schwerin, welche die Arbeit der Gruppe unterstützten. Unter anderem nahmen die Berater an der Untersuchung der Vorgänge im Jugendamt, der Analyse der Unterlagen und der Erarbeitung von Vorschlägen für die zukünftige Jugendamtsarbeit teil. Ein externer Berater, der nach Abschluss der Ermittlungen der Untersuchungsgruppe sämtliche Unterlagen erhielt, erstellte eine unabhängige Fallbewertung, welche dem Bericht der Untersuchungsgruppe als Anlage beigefügt wurde. In seiner Analyse nimmt der Berater eine „Beurteilung der Verfahren und Kontakte der Mitarbeiter im Fall Lea Sophie" vor. Er schilderte die einzelnen Kontakte, brachte Kritikpunkte vor und zog daraus Schlussfolgerungen für die zukünftige Arbeit im Jugendamt. Dieser Bericht umfasst zehn Seiten.

Zeitweiliger Ausschuss

Der Bericht des zeitweiligen Ausschusses besteht aus zwei Teilen. Teil 1 beinhaltet den Abschlussbericht zum Tode von Lea-Sophie mit entsprechenden Forderungen zur Beseitigung erkannter Schwachstellen im Jugendamt. Der zweite Teil, der bislang noch nicht vorliegt (Beratungen hierzu sollen am 31.3.2008 stattgefunden haben, der Bericht ist online jedoch nicht erhältlich), soll eine Stellungnahme zu Fragen der Optimierung des Verfahrens bei Kindeswohlgefährdungen beinhalten.

Teil 1 des Berichts umfasst drei Seiten. Hierin werden im Wesentlichen der verwaltungsinterne Untersuchungsbericht sowie die Stellungnahmen der externen Berater bestätigt. Informationen über die Quellen oder die Methodik des Vorgehens fehlen in dem Bericht. Es geht nur daraus hervor, dass eine ausführliche Analyse und eine teilweise kontroverse Diskussion erfolgten. Der Abschlussbericht wurde mehrheitlich, aber offensichtlich nicht einvernehmlich verabschiedet (Zeitweiliger Ausschuss 2008).

Veröffentlichung

Verwaltungsinterner Bericht

Der verwaltungsinterne Untersuchungsbericht wurde nicht veröffentlicht, sondern freundlicherweise zu Untersuchungszwecken zur Verfügung gestellt.

Zeitweiliger Ausschuss

Teil 1 des Berichts des zeitweiligen Ausschusses wurde im Internet veröffentlicht (http://www.dbsh.de/Untersuchung_Lea-Sophie.pdf, letzter Aufruf am 16.09.2009).

5.2.4 Der Lüneburger Fall

Sachverhalt

Am 28.01.2008 wurde bei Aufräumarbeiten eine Babyleiche unter dem Bett der siebzehnjährigen Mutter gefunden, in Plastiktüten und Decken gewickelt. Wie sich herausstellte, hatte die junge Frau das Kind am 05.01.2008 alleine zur Welt gebracht und kurz darauf erstickt. Sie gab an, nicht gewusst zu haben, was sie mit dem Kind solle, sie sei noch so jung und habe am Beispiel ihrer älteren Schwester gesehen, was es bedeute, Kinder zu haben. Das sei nicht ihr Leben. Ihre Schwangerschaft habe sie gegenüber anderen Personen stets abgestritten.

Die Familie war im April 2007 aus einem Ort im Landkreis Lüneburg in die Stadt Lüneburg gezogen. Davor waren der Familie Jugendhilfeleistungen seitens des Kreisjugendamtes Lüneburg gewährt worden, insbesondere im Zusammenhang mit einer leiblichen Schwester der Kindsmutter. In diesem Rahmen kam es im Herbst 2006 und Anfang 2007 zu einer Reihe von Gesprächen mit der Familie, wobei die spätere Kindsmutter nicht Schwerpunkt der Zusammenarbeit war. Es wurde erwähnt, dass sie sich „ritzte", eine Kindeswohlgefährdung wurde aber verneint. Allerdings wurde weder eine direkte Kontaktaufnahme noch eine intensivere Exploration des Sorgeberechtigten zu ihrer Situation dokumentiert.

Mit dem Umzug wurde das städtische Jugendamt für die Familie zuständig, doch wurden keine Hinweise auf eine Gefährdung oder Schwangerschaft der Kindsmutter bekannt. Über eine Halbschwester der Kindesmutter, die selbst vom ASD betreut wurde, erhielt der zuständige Bezirkssozialarbeiter die Information, dass die Kindsmutter schwanger sei und Hilfe brauche. Eine Recherche hierzu erfolgte nicht, da man aufgrund der guten Kooperationsbereitschaft der Familie mit dem Jugendamt darauf vertraute, die Familie werde sich bei Schwierigkeiten selbst an das Jugendamt wenden. Auch einem zweiten Hinweis der für die ältere Schwester zuständigen Fachkraft auf die Schwangerschaft der Kindsmutter wurde nicht weiter nachgegangen, als nach Durchsicht der Akten hauptsächlich Informationen über die ältere Schwester gefunden wurden.

Am 28.01.2008 informierte der Lebensgefährte der Kindsmutter das Jugendamt, beim gründlichen Aufräumen des „Kinderzimmers" habe man eine eingewickelte Babyleiche gefunden. Nach diesem Telefonat wurden unverzüglich Jugendamtsleitung und Polizei informiert.

Untersuchungsauftrag

Die Stadt Lüneburg trat mit dem Wunsch an das Deutsche Jugendinstitut (DJI) heran, die Abläufe, Kommunikationswege und Handlungskriterien des Jugendamtes der Hansestadt – insbesondere in Bezug auf den Kinderschutz – zu analysieren, um Hinweise für eine Optimierung der Abläufe und Kommunikationsstrukturen zu erhalten. Der im Zeitraum vom 15.04. 2008 bis 15.07.2008 erstellte Untersuchungsbericht ist daher weder eine Fehleranalyse im Einzelfall noch eine Organisationsdiagnose im eigentlichen Sinne. Vielmehr nimmt die Expertise insgesamt die Abläufe und Strukturen in den Blick und zielt auf Empfehlungen hinsichtlich möglicher Verbesserungspotentiale auf Seiten der Verfahren im Kontext des Kinderschutzes.

Zusammensetzung der Untersuchungskommission

Der Untersuchungsbericht wurde verfasst von Herrn Dr. Heinz Kindler (Diplom-Psychologe, Dr. phil., wiss. Referent beim Deutschen Jugendinstitut e.V., rechtspsychologischer Sachverständiger mit Schwerpunkt Kindeswohlgefährdung), Frau Dr. Liane Pluto (Erziehungswissenschaflterin/ Psychologin/Germanistin, wissenschaftliche Mitarbeiterin beim Deutschen Jugendinstitut e.V.) und Frau Bettina Strobel (Deutsches Jugendinstitut e.V.).

Methodik

Die Expertise ist in sieben Kapitel gegliedert, ferner gibt es ein Literaturverzeichnis sowie einen Anhang mit Dokumenten. Nach einer Einleitung (Kapitel 1) wird der Anlass der Begutachtung chronologisch dargestellt, der Tod eines neugeborenen Kindes in Lüneburg im Januar 2008 (Kapitel 2). Dem folgt ein Überblick über relevante sozialwissenschaftliche Befunde zu

Schwangerschaften Minderjähriger und Neonatizid bzw. Infantizid (Kapitel 3). Zur Einschätzung der Qualität der Kommunikation und Handlungsabläufe im Jugendamt der Hansestadt Lüneburg wurden als Referenzpunkte die gesetzlichen Vorgaben sowie die fachlichen Standards herangezogen (Kapitel 4). Veröffentlichte empirische Untersuchungen zur Ausgestaltung des Schutzauftrages an anderen Orten innerhalb der Bundesrepublik konnten nicht als Vergleichsmaßstab herangezogen werden, da solche derzeit nicht vorliegen (Kapitel 5). In Kapitel 6 wurde der Stand der Umsetzung des Schutzauftrags der Jugendhilfe in der Hansestadt Lüneburg im Spiegel einer Aktenanalyse überprüft. In einem Schlusskapitel legen die Autoren ihre Empfehlungen dar (Kapitel 7). Der Bericht umfasst 79 Seiten zuzüglich der Anhänge.

Für die Erstellung der Expertise wurden verfügbare Materialien des Jugendamtes, insbesondere diejenigen, die Abläufe im Kinderschutz und die Organisation des Jugendamtes strukturieren und dokumentieren, zur Verfügung gestellt (Dienstanweisungen, Handlungsempfehlungen, Gefährdungsmeldungen, Projektberichte, Fallunterlagen). Ferner wurden Einzelgespräche mit der Leitungsebene des Jugendamtes, ein Gruppeninterview mit sechs Fachkräften des ASD aus den unterschiedlichen Regionalbereichen sowie ein Einzelinterview mit einer Fachkraft aus einem ASD geführt. Des weiteren wurden 23 Akten über Gefährdungsfälle und eine Auswahl von Erstmitteilungen analysiert. Damit ein Rückschluss auf einzelne Personen oder Fallzusammenhänge nicht möglich ist, wurden alle Daten für die Auswertung anonymisiert. Es wurde eine Literaturrecherche zu sozialwissenschaftlichen Befunden bezüglich der Aspekte Schwangerschaften Minderjähriger und Kindeswohlgefährdung sowie Neonatizid bzw. Infantizid und Präventionsmöglichkeiten durchgeführt und in Kapitel 3 zusammenfassend ausgewertet.

Veröffentlichung

Der Bericht wurde nicht veröffentlicht, sondern freundlicherweise zu Untersuchungszwecken zur Verfügung gestellt.

5.2.5 Brandenburg – Fälle gravierender Kindesmisshandlung und Kindesvernachlässigung mit Todesfolge und schwerster Körperverletzung

Untersuchungsauftrag

Ende März 2006 beschloss die Landesregierung Brandenburg ein „Programm zur Qualifizierung der Kinderschutzarbeit im Land Brandenburg" (Kabinettsbeschluss 4/2733 vom 28.03.2006). Anhand der Akten der vier Brandenburger Staatsanwaltschaften untersuchte die Fachstelle Kinderschutz im Land Brandenburg (Start gGmbH) im Rahmen dieses Programms Fälle von Kindesvernachlässigung und Kindesmisshandlung mit Todesfolge oder schwerer Körperverletzung. Mit der Untersuchung sollte den Fragen nachgegangen werden, in wie weit die „Dynamik der Eskalation familiärer Problemkonstellationen" im Sinne eines Risikos die Entstehung und den Verlauf kindeswohlgefährdender Situationen bestimmt, ob sich mit Blick auf die zu untersuchenden Einzelfälle „Defizite im Handeln der zuständigen öffentlichen Institutionen" feststellen lassen und wie diese zu beschreiben sind sowie welche Hinweise es gibt, dass die Schwerpunktsetzungen der Landesregierung zur Qualifizierung der Kinderschutzarbeit dem Entwicklungsbedarf entsprechen. Anhand der Untersuchung wurden Risikofaktoren beim Kinderschutz sowie Handlungsbedarfe herausgearbeitet. Die Ergebnisse der Untersuchung sollten nicht nur für die Jugendhilfe und die dort handelnden Fachkräfte aufbereitet werden, sondern auch mit Blick auf notwendige Kooperationen und Netzwerkarbeit sowie für Kooperationspartner. Der 42 Seiten umfassende Bericht wurde am 25.06.2008 vorgelegt (Leitner und Troscheit 2008).

Zusammensetzung der Untersuchungsgruppe

Die Untersuchung wurde von Herrn Hans Leitner, Diplom-Pädagoge, und von Frau Karin Troscheit, Diplom-Pädagogin, bei der Fachstelle Kinderschutz im Land Brandenburg, Start gGmbH durchgeführt.

Methodik

Alle Brandenburger Fälle von Kindesvernachlässigung und Kindesmisshandlung mit Todesfolge oder schwerer Körperverletzung, die sich im Zeitraum zwischen 2000 und 2005 ereigneten, soweit sie über die Arbeit der verschiedenen Brandenburger Staatsanwaltschaften zugänglich waren, wurden untersucht. Anschließend wurden schlussfolgernd Befunde aus der Arbeit der beteiligten Fachkräfte der verschiedensten Professionen sowie aus den unterschiedlichsten Arbeitsbereichen herausgearbeitet.

Folgender Untersuchungsablauf wurde gewählt:

- Erarbeitung von Leitfragen und Untersuchungsinstrumenten zur einzelfallbezogenen Aktenanalyse bei Staatsanwaltschaften
- Aktenanalyse bei den Brandenburger Staatsanwaltschaften
- Auswertung und Aufbereitung der Ergebnisse insbesondere in Bezug auf eine mögliche typisierende Identifizierung von Fallverläufen
- Diskurs auf unterschiedlichen Ebenen mit:
  - Auftraggeber
  - Fachebene (z.B. ausgewählte Experten/innen, Jugendamtsleiter/innen, Fachkräfte, Fachverbände, Politik)
  - Dokumentation.

Erste Ergebnisse und Schlussfolgerungen wurden Jugendhilfefachkräften bereits aus Anlass des 1. Brandenburger Erziehungshilfetages im Mai 2007 vorgestellt. Außerdem konnten die gewonnenen Ergebnisse bereits in Bezug auf den im Landesprogramm zur Qualifizierung der Kinderschutzarbeit fixierten Programmpunkt „Weiterentwicklung von Praxisbegleitsystemen", insbesondere im Zusammenhang mit Einzelfallaufarbeitungen in mehreren Brandenburger Jugendämtern und anderen kinderschutzrelevanten Bereichen widergespiegelt werden (Leitner und Troscheit 2008).

Die Fachstelle Kinderschutz bat im Rahmen der Untersuchung über die Generalstaatsanwaltschaft des Landes Brandenburg die einzelnen Staatsanwaltschaften (Staatsanwaltschaften in Cottbus, Frankfurt/Oder, Neuruppin und Potsdam) darum, Fälle aus dem Zeitraum 2000 bis 2005 mitzuteilen, in denen Kinder aufgrund von Vernachlässigung oder Misshandlung zu Tode gekommen oder schwer verletzt worden waren. Es wurden insgesamt 42 Akten gesichtet (nach Abgleich mit Daten des Landeskriminalamtes) und 27 Fälle in die Untersuchung einbezogen (die anderen Fälle lagen u.a. außerhalb des Untersuchungszeitraumes, der Untersuchungsgruppe in Bezug auf das Alter und die Tatfolgen). Von diesen 27 Fällen handelte es sich in 26 Fällen um Taten körperlicher Misshandlung und nur in einem Fall um einen der Vernachlässigung (Leitner and Troscheit 2008).

Der Bericht ist in drei Teilstücke untergliedert. Im ersten Teil werden Auftrag, Ziel und Vorgehensweise beschrieben und im zweiten Teil die Ergebnisse bezüglich der Untersuchungsgruppe, der Tatverlaufsgruppen und ausgewählter Aspekte der Tatverlaufsgruppe wiederholter Misshandlungen und Vernachlässigung dargestellt. Im dritten und letzten Teil werden schließlich Entwicklungsaspekte hinsichtlich Prävention, Frühwarnsystem, Informationsvernetzung, Handlungssicherheit sowie Hilfe und Kontrolle aufgezeigt.

Veröffentlichung

Der Bericht wurde im Internet veröffentlicht und ist zu finden unter: http://www.fachstelle-kinderschutz.de/cms/upload/Publikationen/Studien/ 08-06-25_Untersuchung-Todesfaelle-Bericht.pdf (letzter Aufruf am 17.09.2009).

5.3 Organisation eines Lernens aus problematischen Kinderschutzverläufen in Deutschland

5.3.1 *Einführung systematischer Untersuchungsberichte nach dem tragischen Ausgang eines Kinderschutzfalles*

Die Erfahrungen in Großbritannien und den USA, aber auch in Deutschland haben gezeigt, dass problematische Kinderschutzverläufe bei aller ihnen innewohnenden Tragik auch eine Quelle des Lernens für zukünftiges Handeln im Kinderschutz darstellen. Wenn man Kinderschutz als einen Prozess an sieht, der sich ständig weiterentwickelt, ist es wichtig, dass man sich nicht auf bisherigen Standards ausruht, sondern immer weiter dazulernt, wie der

Kinderschutz verbessert werden könnte. Kinderschutz ist ein hochrisikoträchtiger Bereich wie etwa die Luftfahrt oder die Medizin, das heißt, Fehler können katastrophale Auswirkungen haben. Betroffene sind neben dem Kind und seinen Angehörigen auch die beteiligten Fachkräfte. Wenngleich Fehler möglichst vermieden werden sollten, sind sie trotz allem ein Bestandteil menschlicher Arbeit und auch in den sichersten Organisationen nie völlig auszuschließen. Oftmals fallen Fehler eine lange Zeit nicht auf, da sie im Allgemeinen nicht sofort zu einer Katastrophe führen. Erst die Verkettung mehrerer Fehler und fehlerbegünstigender Faktoren führt schließlich zum tragischen Ausgang eines Falles. Eine systematische Analyse von gescheiterten Kinderschutzfällen kann dabei helfen, die Schwachstellen im System und latente Fehlerquellen aufzudecken und damit für die Zukunft zu eliminieren und so das bestehende Kinderschutzsystem zu verbessern.

Außerdem sind Untersuchungsberichte eine Möglichkeit, einer öffentlichen Stimmungsmache – insbesondere durch die Medien – vorzubeugen, indem nicht den Medien überlassen wird, wie ein Fall aufgearbeitet wird.

Voraussetzungen systematischer Untersuchungsberichte nach dem tragischen Ausgang eines Kinderschutzfalles

Fehlerkultur und Root-Cause-Analysis

Eine wichtige Voraussetzung für die Etablierung systematischer Untersuchungsberichte ist, dass sich die Analyse solcher Fälle nicht darauf beschränkt, individuelle Verantwortlichkeiten zuzuordnen (wenngleich diese selbstverständlich auch geklärt werden müssen) und einen „Sündenbock" zu finden, sondern im Sinne einer Root-Cause-Analysis den Fehler als Ausgangspunkt der Untersuchung zu betrachten und zu hinterfragen, in welchem Kontext der Fehler gemacht wurde und welche Faktoren ihn begünstigt haben (vgl. Kapitel 3). Dies wiederum setzt die Existenz einer Fehlerkultur voraus. Der Begriff „Fehlerkultur" bedeutet entgegen einem häufigen Missverständnis nicht eine Fehlerfreundlichkeit dahingehend, dass Mitarbeiter ermutigt werden, Fehler zu machen, im Sinne einer Experimentierfreundlichkeit, und womöglich noch für ihre Fehler belobigt werden. Fehlerkultur meint vielmehr, dass der Organisation bewusst ist, dass Fehler unbedingt so weit wie möglich vermieden werden müssen, aber nicht immer vermieden werden können. Fehlerkultur bedeutet die Bereitschaft, aus Fehlern zu lernen, um die Sicherheit im Sinne eines stetigen Prozesses weiter zu verbessern. Dieses Lernen ist jedoch nur möglich, wenn die Mitarbeiter ihre Fehler eingestehen und darlegen, wie es zu ihnen kommen konnte. Dieses werden sie jedoch nur tun, wenn sie sich darauf verlassen können, dass sie für das Eingestehen des Fehlers nicht einfach „verurteilt" und „bestraft" werden. Sicherlich ist hier die Gratwanderung schwierig, wenn es sich um Fehler handelt, bei denen auch eine rechtliche Verantwortlichkeit ausgelöst wird. Da das Eingeständnis von Fehlern schwer fällt, ist der Mitarbeiter hierzu zu ermutigen und nicht zu bestrafen. In einem gelebten Klima der Offenheit und des gegenseitigen Vertrauens wird ein solches Eingeständnis leichter fallen, als in einem Klima der Angst. Sodann kann der Fehler aktiv aufgearbeitet werden. Am besten ist es, wenn der Mitarbeiter seinen Fehler vertraulich oder gar anonym melden kann. Diese Zusicherung der Vertraulichkeit bzw. der Anonymität der Meldungen ist ein weiteres wichtiges Kriterium, um aus Fehlern lernen zu können. In diesem Zusammenhang spielt auch der Datenschutz eine entscheidende Rolle, da Mitarbeiter oft nicht wissen, was sie wem bekannt geben dürfen, ohne sich rechtlich angreifbar zu machen. Hier besteht bei vielen Betroffenen eine große Unsicherheit. Teilweise wird die Mitarbeit an der Aufklärung/Aufarbeitung problematischer Kinderschutzverläufe auch mit dem Hinweis auf – missverstandenen – Datenschutz verweigert.

Rechtliche Voraussetzungen
Die systematische Analyse bedarf klar geregelter rechtlicher Grundlagen.

- *Gesetzliche Verankerung von Untersuchungen zu tragisch ausgegangenen Kinderschutzfällen*
Die oben aufgeführten Fälle von Untersuchungsberichten in Deutschland zeigen, auf wie viele unterschiedliche Weisen Untersuchungen geführt werden können. Die einzelnen Berichte unterscheiden sich deutlich in ihrer Ausführlichkeit, ihrer Methodik und auch in ihrem Untersuchungsauftrag. Der „Osnabrücker Fall" wurde ohne einen staatlichen oder anderweitigen Auftrag im Hinblick auf die rechtliche Problematik der Garantenstellung von Sozialarbeitern untersucht. Anlass dieser Untersuchung war das angeklagte Handeln bzw. Unterlassen einer einzelnen Sozialarbeiterin. Dagegen war es nicht Sinn der Untersuchung, die weiteren Umstände dieses Handelns bzw. Unterlassens zu klären und gegebenenfalls weitere Schwachstellen und Fehler anderer Beteiligter zu identifizieren. Ganz anders war der Auftrag und der Untersuchungsansatz im Falle „Kevin". Hier wurden aufgrund eines parlamentarischen Beschlusses der Bremer Bürgerschaft detailliert die Zusammenhänge und einzelnen Handlungen sämtlicher Beteiligter beleuchtet und analysiert, sowohl das, was schlecht lief als auch, was gut und richtig gemacht wurde. Wesentlich weniger umfangreich und detailliert erscheinen die Untersuchungsberichte zum Fall „Lea-Sophie", wenngleich sie über einen vergleichbaren Untersuchungsauftrag und eine ähnliche Methodik verfügten. Der aufschlussreiche interne Untersuchungsbericht wurde nicht veröffentlicht, der öffentliche Untersuchungsbericht führt nur die Ergebnisse seiner Analyse auf. Der Fall eines Neonatizids in Lüneburg führte zu einer Untersuchung des Kinderschutzsystems in der Hansestadt Lüneburg im allgemeinen. Auch hier ging es bewusst nicht um die Aufklärung individueller Fehler und der sie begünstigenden Faktoren einzelner Fachkräfte. Die Brandenburger Untersuchung schließlich nimmt staatsanwaltliche Akten zum Ausgangspunkt, um Fälle von Kindesmisshandlung oder -vernachlässigung auf ihre Gemeinsamkeiten und Risikofaktoren zu untersuchen.

- *Gesetzliche Vorgaben hinsichtlich der Durchführung von Untersuchungen*

Sinnvoll für ein systematisches Lernen aus problematischen Kinderschutzverläufen ist auch eine gesetzliche Vorgabe hinsichtlich der Durchführung dieser Untersuchungen. Zunächst sollte festgelegt werden, welche Fälle offiziell untersucht werden sollen. Bislang gibt es hierzu bundesweit keinerlei Regelungen, die Untersuchungen erfolgen scheinbar willkürlich, sei es aufgrund des Engagements Einzelner oder auf Druck der Öffentlichkeit, insbesondere der Medien, gegebenenfalls auch aufgrund der Motivation einer Organisation, einen solchen Fall aufzuarbeiten. Sodann sollte es einheitliche Regelungen geben, welche die Zusammensetzung der Untersuchungskommissionen und die Methodik der Untersuchung betreffen. Hinsichtlich der Zusammensetzung eines Untersuchungsteams haben die internationalen Erfahrungen klare Vorteile eines interdisziplinären Untersuchungsteams aufgezeigt. Ein Team sollte wenigstens aus einem Mitarbeiter der Sozialen Dienste, einem Kinderarzt sowie Mitarbeitern des Gesundheits- und des Justizwesens und der Polizei bestehen. Gegebenenfalls empfiehlt sich die Mitwirkung von Mitarbeitern aus dem Erziehungswesen.

Hinsichtlich der Methodik der Untersuchungsberichte werden ebenfalls einheitliche gesetzliche Vorgaben empfohlen. Einheitliche Untersuchungsstandards fehlen bislang in Großbritannien und den USA und dies wird dort immer wieder kritisch angemerkt. Ohne solche Vorgaben variieren die einzelnen Untersuchungsberichte stark in ihrer Qualität und Aussagekraft, die Vergleichbarkeit und damit das Erkennen systembedingter Schwachstellen wird dadurch erschwert. Welche Untersuchungsstandards im Einzelnen eingeführt werden sollten, wäre im Rahmen einer tiefergehenden Untersuchung mit verschiedenen Kinderschutzexperten zu klären.

- *Gesetzliche Vorgaben hinsichtlich des Datenschutzes*

Ein wichtiger Punkt, der bereits in Kapitel 3.2 angesprochen wurde, ist die Frage des Datenschutzes. Nach geltendem Recht dürfen personenbezogene Daten nur erhoben und verwertet werden, wenn es hierzu eine gesetzliche Erlaubnisnorm gibt oder die Betroffenen eingewilligt haben. Gerade für interdisziplinäre Teams, welche Fragen der Zusammenarbeit verschiedener Behörden aufklären sollen, ist es wichtig, dass ein Datenaustausch zu diesem Zwecke möglich ist. Ferner müsste eine unabhängige Stelle geschaffen werden, deren Aufgabe genau zu definieren ist und der erlaubt wird, Daten zu übermitteln bzw. entgegenzunehmen.

- *Weitere rechtliche Regelungen*

Empfohlen wird auch eine rechtliche Regelung dahingehend, dass die Untersuchungsberichte getrennt von etwaigen strafrechtlichen Ermittlungen bzw. zivilrechtlichen Verfahren durchgeführt werden. Zu prüfen wäre auch die Möglichkeit eines Zeugnisverweigerungsrechts für die Mitarbeiter der Untersuchungskommission. Die Angst vor rechtlichen Folgen kann anderenfalls die Effizienz eines Berichterstattungssystems deutlich mindern. Denkbar wäre daher die Erstreckung des Zeugnisverweigerungsrechts gemäß § 383 ZPO, § 53 StPO auf die Mitarbeiter einer Untersuchungskommission.

Ferner sollte geregelt werden, dass die Untersuchungskommissionen das Recht haben, Zeugen vorzuladen und zu vernehmen, sowie die relevanten Dokumente einzusehen.

Wichtig wäre auch eine gesetzliche Regelung zur Rechtstatsachenforschung, dass in regelmäßigen Abständen eine Evaluation der aufgrund der Untersuchungsberichte getroffenen Maßnahmen durchgeführt wird, damit deren Wirksamkeit überprüft und blinder Aktionismus vermieden wird.

Finanzierung

Hilfreich für die Umsetzung der Untersuchungen wäre eine klare Vorgabe hinsichtlich der Finanzierung der Untersuchungsteams. Die Durchführung solcher Untersuchungen durch mehrere Experten ist langwierig und damit kostspielig. In den USA gibt es hierzu keine Vorgaben, die Mitglieder der Untersuchungsteams arbeiten zumeist neben ihrer alltäglichen Arbeit ohne finanzielle Entschädigung an der Untersuchung. Auch dies beeinflusst unmittelbar die Qualität der einzelnen Untersuchungen. Daher sollte geregelt werden, ob die Mitglieder eines Untersuchungsteams für ihre Arbeit freigestellt werden und ob und wie sie für ihre Arbeit entlohnt werden.

Veröffentlichung

Ein systematisches Lernen aus Fehlern im Kinderschutz auch über die eigene Organisation hinaus kann nur erfolgen, wenn die Ergebnisse der Untersuchungen veröffentlicht werden. Dies ist in Deutschland bislang nur selten der Fall. Zum Teil ist es sehr schwierig, auch nur eine Auskunft darüber zu erhalten, ob es eine Untersuchung zu einem bestimmten Fall gibt oder nicht. Die Suche im Internet nach Untersuchungsberichten gestaltet sich als sehr schwierig. Viele Untersuchungsberichte werden gar nicht veröffentlicht. An dieser Stelle geht unser besonderer Dank an die Stadt Schwerin und an die Hansestadt Lüneburg und Herrn Dr. Kindler, welche ihre internen und vertraulichen Untersuchungsberichte zum Zwecke dieser Analyse zur Verfügung gestellt haben. Gerade bei den Untersuchungsberichten aus Großbritannien ist die Situation deutlich besser. Bereits die Eingabe eines bestimmten Kindernamens in eine Internet-Suchmaschine reicht häufig aus, um ohne weiteres an den Untersuchungsbericht zu gelangen. Die Veröffentlichung von Untersuchungsberichten ist dort gesetzlich geregelt. Selbst wenn aus Gründen des Datenschutzes oder der Vertraulichkeit nicht immer der vollständige Bericht veröffentlicht wird, so ist doch eine Zusammenfassung des Berichts mit den wesentlichen Informationen, Ergebnissen und Empfehlungen zu veröffentlichen. Als besonders vorbildlich ist die Veröffentlichung im Fall von Victoria Climbié zu sehen. In diesem Fall wurde eine eigene Website eingerichtet, die bereits während der Untersuchung über die laufende Entwicklung informierte und auf der bis heute alle relevanten Informationen über die Untersuchung einschließlich des vollständigen Untersuchungsberichts für jedermann frei abrufbar sind.

Die Veröffentlichung der Untersuchungsberichte oder zumindest ihrer aussagekräftigen Zusammenfassungen fördert zugleich auch die Transparenz des Untersuchungssystems. Diesem Punkt sollte somit eine hohe Aufmerksamkeit gewidmet werden. Es ist zu klären, welche Stelle die einzelnen Untersuchungsberichte entgegennimmt und auf welche Weise sie veröffentlicht werden. Eine zeitgemäße Veröffentlichung ist die Darstellung im Internet.

Umsetzung der Ergebnisse

Damit tatsächlich ein systematisches Lernen aus Fehlern im Kinderschutz stattfindet, ist es zudem wichtig, dass es nicht bei der Durchführung einer Untersuchung und der abschließenden Veröffentlichung des entsprechenden Berichts bleibt, sondern dass die dort getroffenen Empfehlungen auf ihre Umsetzbarkeit überprüft werden und eine zeitnahe Umsetzung erfolgt. Die hierfür Verantwortlichen sind festzulegen und zu benennen. Ebenso sind zeitliche Vorgaben festzulegen, innerhalb derer die Ergebnisse umgesetzt werden müssen. Wichtig ist auch die Evaluation der Ergebnisse, um ihre Wirksamkeit zu überprüfen. Anderenfalls besteht die Gefahr, dass aus blindem Aktionismus heraus zu viele unwirksame oder sogar schädliche Maßnahmen getroffen werden.

Sämtliche Neuerungen sind zumindest in den verschiedenen Bereichen des Kinderschutzes publik zu machen.

Überprüfung der Untersuchungsberichte

Dem Beispiel Großbritanniens folgend sollte eine regelmäßige Überprüfung der Untersuchungsberichte auf bundesweiter Ebene etwa alle zwei Jahre erfolgen. Die Berichte sollten darin zum einen auf ihre Qualität überprüft werden, als auch im Hinblick auf die gesammelten Informationen bezüglich Fälle von Kindesmissbrauch und -vernachlässigung, um Strukturen und Risikofaktoren solcher Fälle besser zu erkennen und zu verstehen. Auch hier wäre zu regeln, welche Stelle die Untersuchung in Auftrag gibt, wer sie auf welche Art und Weise durchführt und wie die Ergebnisse verbreitet werden sollen.

Einrichtung einer zentralen Datenbank

Ein systematisches Lernen ist erheblich erschwert, wenn die gesammelten Daten und Informationen nicht in einer zentralen Datenbank angelegt werden und die betroffenen Fachkräfte somit keinen Zugang oder keine Kenntnis von ihnen haben. Dies beinhaltet jedoch rechtliche und technische Herausforderungen insbesondere im Hinblick auf Datenschutz und Datensicherung, welche in einer weitergehenden Untersuchung zu klären wären.

5.3.2 Einführung systematischer Untersuchungsberichte während eines problematischen Kinderschutzverlaufes

Im oben in Kapitel 4.4. bereits erwähnten Workshop mit Frau Professor Munro am Deutschen Jugendinstitut am 15.12.2008 wurde erwogen, durch die Erfassung von Best-Practice-Beispielen oder Beispielen noch hinreichend guter Praxis mehr über die Resilienz von Systemen gegenüber Fehlern zu lernen. Es gehe bei Organisationen welche hohe Sicherheitsstandards gewährleisten müssen darum, eine Haltung zu entwickeln, die stets davon ausgeht, dass Fehler passieren können und bei der alle sich bemühen transparent zu arbeiten und korrigierend einzugreifen. Dies sei nur mit einer institutionellen Kultur bei relativer Angstfreiheit zu erreichen, was gerade bei den schwerwiegenden Fällen mit fatalem Ausgang kaum möglich sei. Zu bedenken ist auch die persönliche Betroffenheit der beteiligten Fachkräfte in diesen Fällen, welche diese oft daran hindert, zu der Untersuchung aktiv beizutragen, insbesondere wenn gleichzeitig straf-, zivil- oder disziplinarrechtliche Verfahren gegen sie eingeleitet werden sollen oder bereits laufen.

Daher wird bereits seit mehreren Jahren der Ansatz vertreten, es hochrisikoträchtigen Organisationen wie der Luft- und Raumfahrt, der Kernkraft oder der Petroindustrie gleichzutun und ein Berichtssystem im Kinderschutz einzuführen, in dem die Fachkräfte auch Fehler oder Beinahe-Fehler melden können, die nicht zu einem tragischen Ausgang geführt haben oder von anderer Stelle gerade noch verhindert werden konnten.

Wie einleitend bereits dargestellt, gibt es ein solches Berichtssystem weder in Deutschland noch im internationalen Ausland. Da die traditionellen Untersuchungsmethoden im Kinderschutz, also nach dem Tod eines Kindes, aber wie oben dargestellt nicht zu einer Verringerung tragischer Fälle führen konnten, ist dies sicherlich ein Ansatz für eine weitergehende Verbesserung des Kinderschutzes. Die Erfahrungen in der Luft- und Raumfahrt, der Kernkraft und zwischenzeitlich auch der Medizin haben gezeigt, dass solche Fehlerberichtssysteme, die parallel zu verpflichtend vorgeschriebenen Untersuchungsberichten nach einem Unfall oder einer schweren Störung bestehen, deutlich zur Steigerung der Qualität und zur Erhöhung der Sicherheit führen. Fehler, die rechtzeitig erkannt werden, können berichtigt werden, noch bevor es zu einem tragischen Ausgang kommt. Es kann rechtzeitig in einen Fallverlauf eingegriffen werden, bevor es zu spät ist und schlimmstenfalls ein Kind zu Tode kommt.

Voraussetzungen systematischer Untersuchungsberichte (Fehlerberichtssystem) während der Bearbeitung eines Kinderschutzfalles

Da es ein solches System im Kinderschutz weltweit noch nicht gibt und die Fehlerberichtssysteme anderer Organisationen nicht eins zu eins auf diesen Bereich übertragen werden können, sind die Voraussetzungen und Anforderungen eines solchen Fehlerberichtssystems in einer umfassenden Untersuchung noch zu klären. Bereits an dieser Stelle können jedoch die nachfolgenden Punkte festgehalten werden.

Schaffung rechtlicher Grundlagen

Ein Fehlerberichtssystem im Kinderschutz erfordert ebenfalls eine rechtliche Grundlage, aufgrund dessen solche Systeme eingerichtet und betrieben werden können. Eine besondere Herausforderung wird sein, festzulegen, was berichtet werden soll und darf, da es im Kinderschutz seltener um beispielsweise technische Probleme geht als um komplexe Handlungszusammenhänge. Zudem ist ein solches Fehlerberichtssystem nicht ohne die Verarbeitung von personenbezogenen Daten möglich, nicht nur derjenigen der Melder, sondern auch diejenigen Dritter, etwa der Eltern und Angehörigen des Kindes, deren Einwilligung eher selten zu erreichen sein wird. Außerdem wäre es für ein funktionierendes Berichtswesen mühsam und wenig förderlich, immer erst die Einwilligung weiterer Betroffener einzuholen, bevor eine Meldung erfolgen darf. Hierzu bedarf es wenigstens für den späteren Routinebetrieb einer klaren gesetzlichen Erlaubnisnorm. Zu klären ist auch hier, ob die Mitarbeiter eines solchen Berichtssystems ein Zeugnisverweigerungsrecht haben und ob die Meldungen im Rahmen eines strafrechtlichen Verfahrens beschlagnahmt werden dürfen. Erfahrungen in der Luft- und Raumfahrt, der Industrie und der Medizin haben gezeigt, dass Fehlerberichtssysteme nur solange existieren, wie die Meldungen absolut vertraulich behandelt werden und die Melder keine rechtlichen Konsequenzen zu befürchten haben. In dem Berichtssystem ASRS der Luftfahrt werden daher in dem freiwilligen Fehlerberichtssystem keine Flugzeugunfälle oder Straftaten gemeldet, die rechtlich zu ahnden wären.

Fehlerkultur

Ferner setzt ein Fehlerberichtssystem ebenfalls eine Fehlerkultur wie oben beschrieben (vgl. unter 3.1) voraus. Eine solche Fehlerkultur bedeutet intern, dass innerhalb der Institution eine angstfreie, transparente Atmosphäre besteht, in der jeder darum bemüht ist, Fehler zu verhindern und deshalb auch seine Entscheidungen, wie auch die Zweifel im jeweiligen Fall offen legt. Eine solche Fehlerkultur muss allerdings auch nach außen kommuniziert werden, wobei das Wort Fehlerkultur sicher für den Umgang mit den Medien nicht prinzipiell geeignet ist, vielmehr geht es um eine offene Kultur von Institutionen, welche der Sicherheit ihrer Entscheidungen höchste Priorität geben. Offensichtlich ist es extrem wichtig, schon in „Friedenszeiten" einen guten Umgang mit der lokalen Presse zu pflegen und auch die Bemühungen zur Vermeidung fataler Verläufe und zur Qualitätsverbesserung bei den frühen Hilfen und dem Kinderschutz transparent darzustellen. Kommt es zu einem Problem, kann dann auf diese grundsätzliche Auseinandersetzung mit der Thematik verwiesen werden und kann auch unter bestimmten Voraussetzungen besser auf aktuelle Vorwürfe etc. reagiert werden. Zu empfehlen wäre allerdings hier eine vertiefte Auseinandersetzung mit der Problematik des Umgangs mit den Medien in Bezug auf die fehlerbehafteten Katastrophenfälle im Kinderschutz.

Weitere Voraussetzungen eines Fehlerberichtssystems

Das Fehlerberichtssystem muss ferner freiwillig sein und den Meldern muss ein regelmäßiges Feedback gegeben werden, damit sie zum einen die Möglichkeit haben, aus ihren Fehlern zu lernen und zum anderen motiviert werden, auch weiterhin Meldungen zu erstatten.

Die Berichte sind von einem festzusetzenden Team zu analysieren und zu evaluieren. Eine Veröffentlichung der Ergebnisse zumindest innerhalb der verschiedenen Institutionen im Kinderschutz ist erforderlich, damit auch alle anderen Fachkräfte die Möglichkeit haben, aus den Fehlern zu lernen. Wichtig ist auch die Umsetzung der wesentlichen Verbesserungsvorschläge, um tatsächlich die Sicherheit zu verbessern. Auch hier ist die Zuständigkeit, welche Stelle dies überwacht und in Auftrag gibt, noch zu klären.

5.3.3 Zwischenfazit

In Deutschland sollten sowohl systematische Untersuchungsberichte nach fatalen Kinderschutzverläufen, als auch ein systematisches Fehlerberichtssystem während der Bearbeitung von problematischen Kinderschutzverläufen eingerichtet werden, um ein optimales Lernen aus problematischen Kinderschutzverläufen zu erzielen und die Sicherheit des Kinderschutzes laufend zu verbessern. Konkurrierende Zuständigkeiten auf kommunaler, Länder- und Bundesebene können die Einführung solcher Systeme erschweren. Eine Konsensbildung, z.B. über ein Pilotprojekt, welches in diesem Bereich Erfahrungen sammelt, ist dringend zu empfehlen. Gerade wegen der kommunalen Zuständigkeit für die Jugendhilfe kann vom Bund zwar die Anregung zur Schaffung von Standards erfolgen und kann der Bund auch von seiner gesetzgeberischen Kompetenz im Kinder- und Jugendhilferecht Gebrauch machen, letztendlich wird aber der Nutzen eines solchen Systems mit der kommunalen Akzeptanz und Inanspruchnahme stehen und fallen.

„Unsere Botschaft ist, dass wir als Gesellschaft immer Wege verfolgt haben, die hoffentlich unzeitige Tode reduzieren werden, selbst wenn es 30 Jahre bedarf, um wichtige Durchbrüche zu erzielen, und selbst wenn eine Dekade zu kurz ist, um bereits Erfolge zu berichten. Wir glauben, dass wenn endlich eine längst überfällige nationale Vereinbarung erreicht ist, wir eines Tages eine signifikante Reduzierung von Todesfällen, Behinderungen und schweren Verletzungen aufgrund von Kindesmisshandlung und -vernachlässigung erreichen werden." (US Advisory Board on Child Abuse and Neglect, 1995).

6. Verbesserter Umgang mit Problemfällen im Kinderschutz – eine Managementaufgabe

Aufgrund der Analyse einzelner ausführlich dokumentierter Fälle, welche uns zugänglich gemacht wurden (vgl. Kap. 2 und 5.2) und angesichts der Schlussfolgerungen aus dem Kapitel 3 „Erfahrungswissen aus anderen Disziplinen" wurde uns bei der Erstellung der diesem Band zugrundeliegenden Expertisen deutlich, dass der Bereich der *die Organisationsverantwortung* und *das Management* zwischen unterschiedlichen beteiligten Akteuren und innerhalb von Institutionen betrifft, aufgenommen werden sollte. Es entstand bei uns die Überzeugung, dass Empfehlungen, sich nicht nur auf die individuelle Ebene der Letztverantwortlichen beziehen sollten. Selbstverständlich ist es wichtig hier zur Qualifizierung, z. B. bei der Falleinschätzung etc., beizutragen, gleichzeitig sollten aber auch übergeordnete Fragen thematisiert werden, selbst wenn die befragten Experten aus der Jugendhilfe (s. o. Kap. 5.1) nachdrücklich der Ansicht waren, dass hier keine Managementberatung von außen erforderlich sei.

Die öffentliche Diskussion und auch die Berichterstattung über die Skandalfälle hat in den letzten zwei Jahren (vgl. Übersicht in Kapitel 2) auch zu einer teilweisen Verängstigung und Lähmung in der Praxis geführt, welche sicher einem systematischen aus Fehlschlägen lernen eher entgegensteht. Bei der Durchsicht von protokollierten Einzelfällen, die uns zugänglich gemacht wurden, wurden auch handwerkliche Mängel, insbesondere im Bereich der Dokumentation, der Informationsweitergabe, der Besprechungsplanung und Koordination, deutlich, welche einen klaren Bezug zu Führungs- und Leitungsangaben und entsprechenden Anordnungen innerhalb von zuständigen Behörden, Institutionen und Praxen haben. Einer der Herausgeber dieses Bandes (Prof. Dr. J. M. Fegert) hat sich deshalb spontan dazu entschlossen, quasi explorativ, zwei Persönlichkeiten aus dem Bereich des Managements, die keine direkten fachlichen Bezüge zur Kinderschutzfragestellung haben, sondern ausgewiesene Experten im Management in der Organisationsentwicklung und Strategieberatung und in Führungsfragen sind, auf diese Aspekte anzusprechen.

In einem E-Mail wurden Herr Dr. Schwenker (CEO von Roland Berger Strategy Consultants) und Herr Professor Malik (Malik Management Zentrum St. Gallen AG) kontaktiert. Im Rahmen ihres persönlichen sozialen Commitments und der Haltung ihrer Organisationen haben sich beide zeitnah und völlig unbürokratisch die Zeit genommen für ein persönliches Gespräch zur Verfügung zu stehen. Diese Gespräche sind nicht als qualitative Interviews mit einem Leitfaden und einer spezifischen Auswertemethodik geführt worden, vielmehr ist, nach einer einleitenden Information über die Fragestellung und den Themenkomplex vieles vor allem im ersten Gespräch erst einmal im Dialog entwickelt worden, wobei durchaus Ergebnisse aus der bisherigen Analyse für diesen Band und Ergebnisse aus unserer Netzwerkforschung im Rahmen des Projektes „Guter Start ins Kinderleben" eingeflossen sind. Herr Malik hat durch Einbeziehung von Mitarbeitern einige Ansatzpunkte und Methoden zum Umgang mit Problemen, die im ersten Gespräch identifiziert wurden, direkt im Gespräch auch visuell demonstriert.

Auf eine ausführliche Wiedergabe wörtlicher Transkripte wurde hier verzichtet, da es nicht um die Analyse von Haltungen oder Einstellungen bei dem Interviewpartner ging. Ziel war vielmehr eine heuristische Validierung einzelner Schlussfolgerungen, welche dem Erstherausgeber aus seiner Erfahrung im Krankenhausmanagement als Ärztlicher Direktor und Mitglied eines Fakultätsvorstands aufgefallen waren, durch Experten mit einem fachlichen Schwerpunkt in diesem Bereich der Organisation, Strategie- und Managementfragen, um verallgemeinerbare Forderungen und Anregungen für ein geplantes größeres Projekt zu den notwendigen Konsequenzen, welche aus Fehlern gezogen werden müssen, zu bekommen.[50]

6.1 Gespräch mit Herrn Schwenker, Roland Berger Strategy Consultants GmbH

Zu Beginn des Gesprächs (in München am 28.03.08, 14.00 Uhr–15.40 Uhr) deutete Herr Dr. Schwenker seine Zweifel an, ob er, da er für diese Problematik nun wirklich kein Experte sei, hier mit seinem Rat hilfreich sein könne. Deshalb wurde zunächst das Anliegen des Gesprächs dahingehend erläutert, dass bei den hier angesprochenen eklatanten Fällen oft nur das menschliche Versagen einzelner Handelnder als Letztverantwortliche zur Diskussion steht, während organisatorische Fragen, sowohl zwischen Institutionen, als auch innerhalb von Institutionen im Sinne von Managementaufgaben eher weniger im Vordergrund stehen.

Herr Dr. Schwenker hatte sich im Vorfeld, zur Vorbereitung auf das Gespräch, durch seine Mitarbeiter ausführlich informieren lassen und war persönlich erstaunt und betroffen über das Ausmaß der Problematik „Vernach-

---

50 Die Gespräche wurden außerhalb des Budgets und der Kalkulation der diesem Band zugrundeliegenden Expertisen vom Erstherausgeber persönlich durchgeführt. Auch die Gesprächspartner hatten sich freundlicherweise, im Sinne ihres sozialen Commitments hier pro bono zur Verfügung gestellt. Ihnen sei an dieser Stelle noch einmal ausdrücklich dafür gedankt.

lässigung von Kindern". Auch die Zahlen von schweren Misshandlungen und die Zahl von Todesfällen, die ihm seine Mitarbeiter recherchiert hatten, waren Fakten, deren Ausmaß ihm verständlicher Weise so nicht bekannt war. Im weiteren Fortgang der Einleitungsphase des Gesprächs wurden die Akteure im System und ihre organisatorische bzw. disziplinäre Verortung, insbesondere in den Bereichen der Medizin und der Jugendhilfe, von Professor Fegert erläutert, wobei die Komplexität der organisatorischen Aufgabe zwischen unterschiedlichen Krankenhausbereichen, zwischen niedergelassenen Praxen, Hebammen, öffentlichen und freien Trägern der Jugendhilfe, Polizei etc. deutlich wurde.

Sodann gab Herr Dr. Schwenker eine kurze Einführung in die Tätigkeit der Firma Roland Berger Strategy Consultants. Bei der Firma Roland Berger Strategy Consultants, welche 1967 gegründet wurde, handelt es sich um eine der weltweit führenden Strategieberatungen. Das Unternehmen mit rund 2.000 Mitarbeitern und 36 Büros ist in 25 Ländern erfolgreich auf dem Weltmarkt vertreten. Die Roland Berger Strategy Consultants berät international führende Industrie- und Dienstleistungsunternehmen sowie öffentliche Institutionen über alle Fragen strategischer Unternehmensführung. Die Strategieberatung ist in globalen Kompetenzzentren organisiert. Dabei decken Industrie-Kompetenzzentren die großen Branchen ab, während funktionale Kompetenzzentren Expertenwissen zu übergreifenden methodischen Fragestellungen bieten. Für jedes Beratungsprojekt wird ein individuelles, interdisziplinäres Expertenteam zusammengestellt. Dieses entwickelt zusammen mit den Kunden ein maßgeschneidertes, kreatives Konzept und begleitet dieses auch in der Umsetzungsphase. Das Unternehmen setzt dabei auf eine vertrauensvolle Zusammenarbeit im Unternehmen selbst und in der Zusammenarbeit mit den Kunden, um pragmatische und umsetzbare Lösungen zu entwickeln.

Nach dieser einleitenden Phase des Gesprächs, bei der der Anlass noch einmal verdeutlicht wurde und basale Grundinformationen ausgetauscht wurden, wurde Herr Dr. Schwenker dann gebeten, durchaus mit Bezug zu Analogien aus ihm vertrauten Bereichen wie der industriellen Organisation, Lösungswege und Möglichkeiten anzudiskutieren.

Einleitend machte Dr. Schwenker deutlich, dass viele Aufgabenstellungen so unterschiedlich die Felder sein mögen, dann doch ähnliche Problematiken, wie sie auch in größeren Unternehmen und Organisationen auftauchen, aufweisen. So sei es vor ca. 15 bis 20 Jahren durchaus üblich gewesen, dass in Industrieunternehmen verschiedene Bereiche wie Verkauf, Marketing, Research und Development weitgehend aneinander vorbeigearbeitet hätten und primär darauf getrachtet hätten, ihre eigenen Abläufe intern zu optimieren. Es sei auch in diesem Feld eine Aufgabe gewesen, Prozess- und Flussorganisationsformen zu entwickeln, interdisziplinäre Teams zusammen zu stellen, welche eher projektorientiert als abteilungshierarchisch organisiert sind. Herr Dr. Schwenker wies darauf hin, dass Organigramme, welche mit ihren Kästchen Hierarchien verdeutlichen und Mitarbeiter verorten in einem solchen Kontext eher antiquiert seien, weil sich Projektgruppen, je nach Aufgabenbereichen, zusammenfinden und wieder auseinanderentwickeln müssten. Dennoch hätten Organigramme offensichtlich einen wichtigen Wert, der auf ein Grundbedürfnis von Menschen eingehe, sie vermittelten nämlich Sicherheit, indem sie jedem seinen Platz, seine Stellung in einer Verantwortungshierarchie verdeutlichten und damit Sicherheit und Unverrückbarkeit signalisierten. Offensichtlich scheint also ein Schwebezustand zwischen aufgabenoffenen prozessorientierten Organisationsformen und hierarchisch geregelten Zuständigkeiten im Alltagsleben notwendig zu sein, um bestimmte komplexe Aufgaben erfüllen zu können.

Auf die *Schnittstellenproblematik* angesprochen, betonte Dr. Schwenker, dass es für interdisziplinäre Teams Anreize brauche, um sich auf interdisziplinäres Arbeiten einzulassen. Bei Roland Berger werde die Bereitschaft zur Zusammenarbeit verschiedener Bereiche, z.B. bei der Beratung eines Kunden, gezielt gefördert. Herr Dr. Schwenker fragte Professor Fegert dann direkt nach seiner Einschätzung, welche Anreize es im psychosozialen Feld für die Zusammenarbeit gebe. Dieser betonte zunächst einmal, dass diese Frage, wie er es ja selbst persönlich dargestellt hatte, allein schon beim Wahrnehmen der Problematik betroffen mache und damit oft eine hohe intrinsische Motivation vor Ort bestehe, zusammen zu arbeiten. Gleichzeitig seien solche, auf hoher Motivation basierende Vernetzungsstrukturen, aber extrem, z.B. durch Burnout oder Irritationen, gefährdet. Auf der Ebene von Amtshierarchien zwischen den einzelnen Ressorts in Ministerien etc. gebe es derzeit, meines Erachtens, keinerlei Ansporn für interdisziplinäre ressortübergreifende Zugangsweisen im Sinne von Anreizen. Herr Dr. Schwenker schien diese Tendenz nachvollziehbar. In der *Anreizstruktur für die Zusammenarbeit scheine offensichtlich ein wesentliches zu lösendes Problem bei der Verbesserung insbesondere der Kontakte zwischen Medizin und Jugendhilfe zu liegen.* Allerdings musste Professor Fegert auf der Basis praktischer Beobachtungen im weniger brisanten Bereich interdisziplinärer Förderung von Kindern mit drohender Behinderung und Beeinträchtigung, z.B. aufgrund von Vernachlässigung, feststellen, dass vom Gesetzgeber durchaus vorgesehene Komplexleistungen in der Regel nicht realisierbar sind, weil unterschiedliche Leistungserbringer ihre Leistungen lieber innerhalb ihrer Ressorts erbringen und die Klienten dann von Leistungserbringer zu Leistungserbringer ziehen müssen, so dass eher „Managerkalender" für Kinder und Familien entstehen, als dass konkrete Pakete oder Komplexleistungen erbracht würden. In der Diskussion wurde dann schnell deutlich, dass wenn also schon die Zusammenarbeit über Ressortgrenzen hinweg im versorgenden Alltag problematisch ist, Reaktionsweisen in extrem belastenden Fällen noch schwieriger zu beeinflussen sind.

Zu bedenken gab Herr Dr. Schwenker, wie stark im Bereich der interdisziplinären Kooperation datenschutzrechtliche Bestimmungen und Hindernisse eine prozessorientierte Zusammenarbeit verhindern bzw. belasten könnten. Hier wurden von Professor Fegert rechtliche Rahmenbedingungen und auch Lösungsmöglichkeiten (vgl. Meysen, Schönecker und Kindler 2009) angesprochen, die vor allem die Partizipation der betroffenen Familien, insbesondere bei der Vermittlung früher Hilfen, in den Vordergrund stellen. Dafür ist es nötig, dass Fachkräfte in den einzelnen Bereichen in der Lage sind solche Probleme anzusprechen und die Weitergabe von Informationen mit Eltern, möglichst einvernehmlich, zu klären.

Unter dem Stichwort „One face to the customer" erklärte Herr Dr. Schwenker am Beispiel von Banken Organisationsformen, in denen versucht wird, dem Kunden eine Kontaktperson zu präsentieren, zu der er Vertrauen aufbauen kann. Gleichzeitig ist eine solche Kontaktperson bei komplexen Anforderungen oft fachlich nicht dazu in der Lage, alle auf sie zukommenden Fragestellungen adäquat zu bearbeiten. Es muss bei solchen Organisationsmodellen deshalb eher darum gehen, dass diese Person Dinge für bzw. mit dem Kunden zusammen klärt und ihn bei der Klärung einer bestimmten Fragestellung begleitet. Herr Dr. Schwenker erläuterte Casemanagementmodelle, die sich sehr gut auch auf Bereiche im medizinischen und psychosozialen Feld übertragen lassen. Professor Fegert berichtete ihm über das an seiner Klinik durchgeführte, von der World Childhood Foundation finanzierte Projekt zum Hilfeprozessmanagement im Kinderschutz (Goldbeck et al. 2007). Als seines Erachtens zentralen Punkt hob Herr Dr. Schwenker hervor, dass bei der Veränderung von Organisationsformen, bei der Entwicklung neuer Organisationsformen für Unternehmen, ebenso wie für Behörden, Werte und Haltungen zentral seien. Dabei räumte er ein, dass er selbst viel Zeit in verschiedenen Seminaren und Workshops verbracht hätte, wobei er sich gefragt habe, was dieses „Gerede von Werten" bringen solle. Doch mit wachsender Erfahrung sei ihm dann eindeutig klar geworden, dass Werte tatsächlich das Zentrale seien. Werte müssen entwickelt und geglaubt werden, sie müssen gelebt werden, ihre Nichteinhaltung muss beantwortet, ja sanktioniert werden, gleichzeitig muss über Toleranzspielräume diskutiert werden, wie viel Abweichung hingenommen werden kann. Wenn es etwa um Innovationen sowie Forschung und Entwicklung gehe, sei eine gewisse „Fehlertoleranz" wesentlich. Er erläuterte dies am Beispiel von Zielvereinbarungen, welche sich auf absehbare Controllingprognosen beziehen. Werde Leistung oder Erfolg am Einhalten von solchen Zielen gemessen, werde man es automatisch vermeiden, wachstumsorientierte mutige innovative Ziele anzusprechen, sondern man werde nur das wirklich Erreichbare definieren. Im Sinne eines *Innovationsmanagements* sei es deshalb wichtig, das Risiko von Fehlern mit in Kauf zu nehmen und aus diesen Fehlern zu lernen, unter der Bedingung, dass sorgfältig und nicht grob fahrlässig gehandelt werde, bzw. dass nicht gegen Strafrecht verstoßen werde etc. In diesem Zusammenhang wurde dann die allgemeine Verunsicherung und Angst diskutiert, die im Feld nach der verstärkten öffentlichen und medialen Aufbereitung der Todesfälle im Feld entstanden ist. Herr Dr.

Schwenker bestätigte die Annahme, dass diese Angst sich eher lähmend auswirken müsse und dass damit evtl. noch mehr Fehler im System zu befürchten seien. Gleichzeitig hakte Professor Fegert noch einmal nach, dass der Öffentlichkeit angesichts von Todesfällen bei vernachlässigten Kindern gegenüber Begriffe wie „Fehlertoleranz" oder „aus Fehlern lernen" kaum vermittelbar seien. Dr. Schwenker betonte, dass er sich dabei auf die angesprochenen Managementprozesse in der Innovation bezogen habe. Deutlich wurde dann im Gespräch, dass es einerseits um eine handwerkliche Sorgfaltspflicht geht, welche die *Dokumentation von Entscheidungsprozessen* in Güterabwägungen mit einschließt, dass es aber andererseits darum gehen muss, Mitarbeiter, welche nach sorgfältiger Abwägung Entscheidungen getroffen haben, zu stützen und *ein Klima zu schaffen, in dem Fehler offen berichtet* und im Team analysiert werden können, um eben aus in der Praxis nicht immer vermeidbaren Fehlern zu lernen. Zentral ist hier eine *Vertrauenskultur* in Teams, Organisationen und Unternehmen.

Herr Dr. Schwenker betonte, dass *Vertrauen an sich die zentrale Voraussetzung für Innovationsbereitschaft* und aus Fehlern zu lernen sei. Er erörterte unterschiedliche Umgangsweisen mit Fehleinschätzungen und Risiken in Unternehmen und öffentlich rechtlichen Administrationen wie z.B. Disziplinarstrafen etc., dennoch betonte er, dass der Umgang mit sorgfältig handelnden Kollegen, welchen ein Fehler unterlaufen ist, mit Kollegen, die ein vertretbares Risiko fachlich fundiert eingegangen und gescheitert sind, eine zentrale Komponente einer Unternehmens- oder Führungskultur ist. Vertrauen ist auch das zentrale Element von Teamstrukturen und Teamorganisationen. Vertrauen wiederum entstehe nur durch gemeinsame Werte.

Deutlich wurde im Gespräch der Widerspruch zwischen Erwartungen in der Öffentlichkeit, in der Presse, teilweise auch in der Politik, hier richtig handeln zu müssen (kein Fehler darf passieren!) und den Gesetzmäßigkeiten statistischer Risikoabschätzungen mit möglichen Fehlerwahrscheinlichkeiten etc. Da Prognosen immer solche Abschätzungen sind, sind bestimmte Fehlerrisiken immanent. Ein Verständnis für solche Risiken zu wecken ist in einem Feld, welches hohen Werten wie „Kindeswohl", „heilen", „primär nicht schaden" etc. verpflichtet ist, ungeheuer wichtig, um einen rationalen Umgang mit komplexen auf Prognoseannahmen beruhenden Entscheidungen fachlich fundiert zu ermöglichen. Herr Dr. Schwenker, der von seiner ursprünglichen Ausbildungskernkompetenz aus dem mathematischen Bereich kommt, wies in diesem Zusammenhang auf die Bedeutung der *Spieltheorie* hin, welche ja im rechtlichen Bereich auch für Fragen des Contracting z.B. für sich selbst tragende und stützende Verträge etc. genutzt werden konnte. Er betonte aber auch gleichzeitig am Beispiel der derzeitigen Finanzkrise und der Nichtbeachtung von Fehlerwahrscheinlichkeiten bei Prognosen, wie häufig es vorkomme, dass Menschen eher nach einfachen Lösungen suchen, bzw. Warnhinweise ausblenden und sich selber dann von der Richtigkeit ihrer Annahmen überzeugen. Daran anknüpfend betonte

Professor Fegert, dass es im Bereich der Medizin seit langem bekannt sei, dass im Patientenkontakt in der ersten Viertelstunde ein diagnostisches Vorurteil, eine erste Einschätzung gebildet werde, um dann den Rest der Zeit meistens damit zu verbringen, Bestätigungen für die Hypothesen zu finden und häufig dissonante Informationen auszublenden. Herr Dr. Schwenker betonte, dass Ähnliches in der Industrie- oder dem Beratungsbereich vorkommen könne. Wenn man ein Projekt starte, sei man oft von einer Lösungsrichtung überzeugt und versuche auch Kollegen, Kunden etc. zu überzeugen. Man könne deshalb leicht dazu tendieren, Komplexität zu reduzieren und möglichst überzeugend für eine Hypothese zu argumentieren und widersprechende Elemente auszublenden. In seinem Unternehmen, bei Roland Berger, habe man es sich deshalb zur Regel gemacht, dass Projekte nur nach bestimmten Standards gestartet werden dürfen, welche berücksichtigt werden müssen. Des Weiteren sei es dann im Verlauf erforderlich, dass jemand die Rolle des „advocatus diaboli" übernehme und das Projekt kritisch in Frage stelle. Daraufhin schilderte Professor Fegert die eigenen bisherigen Empfehlungen für den Kinderschutzbereich, die genau in die gleiche Richtung gehen:

• Einsatz standardisierter Risikoinstrumente bei der primären Fallbeurteilung
• Teamdiskussion mit Abwägung der Pros und Cons, evtl. Übernahme einer Gegenposition im Team, um systematisch auch negative Aspekte und Begleitphänomene von Entscheidungen herauszuarbeiten
• Dokumentation dieser Abwägungen zum Beleg der Sorgfalt bei der Entscheidung und zur Ermöglichung einer späteren Auswertung und Analyse und damit zum „Aus- Fehlern-Lernen".

Professor Fegert machte auch deutlich, dass z. B. Teamentscheidungen etc. schon derzeit im Kinder- und Jugendhilfegesetz § 8 a SGB VIII verankert seien, dass aber in der Praxis deutliche Implementationsmängel bestünden. Herr Dr. Schwenker äußerte dafür grundsätzlich Verständnis, weil in einer belastenden Situation das Auflisten von Pros und Cons die eigene Position ja verunsichern und angreifbar machen könne und dass deshalb nachvollziehbar sei, dass hier eher im Stillen gehandelt werde. Dies verweise wieder auf den schon besprochenen Part der Vertrauenskultur. Professor Fegert schilderte daraufhin seinen Eindruck, dass in der sozialen Arbeit und in manchen psychosozialen Berufsfeldern auch eine ausgesprochene diskursive Kultur bestehe, wo z. T. sehr lange und ausführlich diskutiert werde, aber kaum erfolgte Abwägungen dokumentiert würden. Auch die eigenen Einblicke in verschiedene Untersuchungsberichte und Akten hätten gezeigt, dass eine große Vermeidungstendenz im Bezug auf Schriftform bestehe. Wenn überhaupt dokumentiert werde, würden hauptsächlich Ergebnisse und Entscheidungen dokumentiert, nicht aber die Abwägungen, die dazu geführt hätten. Darauf aufbauend schilderte Professor Fegert seinen Eindruck, dass durch die Vermittlung handwerklichen Managementwissens

z. B. bei der Planung, Gestaltung, Protokollierung und Nachverfolgung von Besprechungen etc. hier erhebliche Verbesserungen erzielt werden könnten. Dies bestätigte Herr Dr. Schwenker sofort am Beispiel einiger Projekt-Erfahrungen von Roland Berger im Bereich der öffentlichen Verwaltung. Hier hätten nicht nur Konzepte entwickelt werden müssen, sondern es sei im Sinne von „learning by doing" oder „learning on the job" sehr viel handwerkliches Managementwissen vermittelt worden. Herr Dr. Schwenker bot in diesem Zusammenhang an, im weiteren Projektverlauf ein Gespräch mit den konkret mit diesem Projekt betrauten Mitarbeitern bei Roland Berger zu vermitteln, damit geprüft werden könne, ob bestimmte Erfahrungen aus diesem, durchaus vergleichbaren, Aufgabenfeld zwischen öffentlicher Verwaltung und freien Trägern auf die Fragestellung übertragbar sind.

Gleichzeitig betonte er, dass unter anderem bei einem der genannten Projekte eine große Skepsis im Feld gegenüber solchen Organisationsformen und gegenüber einer Evaluation bestanden hätte, weil man von der Einzigartigkeit jedes einzelnen Schicksals und Falles (hier von Arbeitssuchenden) überzeugt gewesen sei. Hier wurde eine große Deckungsgleichheit der Argumentation in beiden Feldern festgestellt und die Ansicht geteilt, dass die Vorstellung, dass ein CEO von Roland Berger und ein Ärztlicher Direktor einer Universitätsklinik über Lösungsmöglichkeiten für Praxisfragen, für welche die Jugendhilfe die Federführung hat, nachdenken, vielleicht bei vielen Fachkräften „an der Front" zunächst Befremden auslösen könnte. Verblüffend war jedoch auf der Ebene eines gewissen Abstraktionsniveaus wie sich bestimmte Managementfragen und organisatorische Probleme ähneln. Daraus ergab sich aus Sicht der Gesprächspartner, dass bei dem Versuch aus den katastrophalen Kinderschutzfällen, welche ja nur die Spitze des Eisbergs darstellten, zu lernen, dass neben fachlichen Qualifizierungen, insbesondere in Bezug auf die Risikoeinsätzung (auch unter Einsatz von Standards, Checklisten etc.), wichtige Organisations- und Managementfragen tangiert sind. Hier müssten handwerkliche Fertigkeiten, z. B. bei der Dokumentation, welche auch bei einem nie auszuschließenden negativen Ausgang, wenigstens das sorgfältige Vorgehen belegen können, stärker in den Mittelpunkt gerückt werden. Ohne eine gewisse Datenlage, welche auf einer vergleichbaren Dokumentation beruht, wird es kaum die Möglichkeit der *systematischen Analyse* und damit auch nicht eine Gelegenheit zur Etablierung einer empirischen Basis für das systematische aus Fehlern lernen geben. Herr Dr. Schwenker betonte noch einmal am Beispiel der Arbeitsverwaltung, dass statistische Fallanalysen eben doch gezeigt hätten, dass es typische Fallkonstellationen und Muster gebe, welche bestimmte Lösungsansätze sinnvoll machen. Es ist also, wie dies die Forschung im internationalen Bereich im Kinderschutz aufzeigt, durchaus möglich, Handlungsalgorithmen empirisch basiert aufzustellen, die dennoch im Einzelfall mit guter Begründung ein Abweichen stets ermöglichen sollten. Eine solche Einführung von Standards und Leitlinien bedeutet keine absolute und definitive Festlegung, sondern definiert ein fachliches, übliches Vorgehen, von dem mit guten Begründungen auch abgewichen werden kann. Professor Fegert betonte im Gespräch die Überzeugung, dass als eine Konsequenz, im Sinne des aus Fehlern Lernens notwendig sei hier entsprechende Leitlinien, z. B. für Hausbesuche und andere typische Anforderungen auszuformulieren und berichtete darüber, dass teilweise sogar von gesetzgeberischer Seite darüber nachgedacht wird bestimmte Minimalanforderungen, wie z. B. dass ein Kind gesehen werden müsse, im Gesetz fest zu schreiben. Herr Dr. Schwenker schätzte dies, ähnlich wie Professor Fegert, als eher zu weitgehend ein, eventuell vergleichbar mit dem Versuch, durch Stellenbeschreibungen richtiges Handeln festzulegen. Es gehe hier eher um die flexible Adaptation an Herausforderungen, welche Risikoabwägungen und Güterabwägung systematisch beinhalten.

Mit Rückblick auf das Gespräch zeigte der Erstherausgeber sich erstaunt und erfreut, in wie vielen Bereichen zu generell übereinstimmende Sichtweisen und vergleichbare Einschätzungen aus völlig unterschiedlichen Perspektiven gewonnen wurden.

Herrn Dr. Schwenker wurde für seine spontane Bereitschaft, sich hier zu beteiligen, die Zeit die er zur Verfügung stellte und für seine Vorbereitung auf die Thematik gedankt und betont, dass seine Fachlichkeit bei der Einschätzung von Managementaufgaben eine wichtige externe Bestätigung und heuristische Validierung von Analysepunkten darstellt, die nicht in den Kernbereich der fachlichen Kompetenz der Herausgeber gehören. Dadurch, dass man aufgrund einer Abstraktion in Bezug auf die Problematik und aufgrund einer logischen Analyse der Problemstellungen zu ähnlichen Vorschlägen gelangt sei, gewinnen diese Vorschläge zum organisatorischen Bereich, zu Führungsaufgaben und zum Management ein noch stärkeres Gewicht. Auf Anregung von Herrn Dr. Schwenker wurde noch ein vertiefendes Gespräch mit einem Mitarbeiter geführt.

6.2 Gespräch mit Herrn Weiland, Roland Berger Strategy Consultants GmbH

Mit Herrn Weiland wurde vertieft auf die Thematik eingegangen „Was können wir von den ‚ARGEn' und für die ‚ARGEn' im Kontext der Kinderschutzproblematik lernen". Ausgangspunkt des Gesprächs war die Umorganisation in der Arbeits- und Sozialverwaltung, die u.a. dazu geführt hat, dass Leistungen, die früher von den Sozialämtern erbracht wurden, nun im Kontext des SGB II die Arbeitsgemeinschaften (kurz: ARGEn) erbringen. So seien die früheren Wege zwischen Sozialamt (Wirtschaftliche Hilfen) und Jugendhilfebereich nicht mehr vorhanden. Es müssten deshalb neue Wege gefunden werden, um wichtige Informationen aus Hochrisikofamilien in die Hilfeplanung einfließen zu lassen.

Herr Weiland führte dazu aus, dass in den „ARGEn" derzeit generell zwei Faktoren zusammen kämen. Durch die Überführung eines Großteils der ehemaligen Sozialhilfeempfänger aus einer rein kommunalen Verwaltung in eine gemeinsame Verwaltung von Bund (Bundesagentur für Arbeit) und Kommunen habe sich für deren Betreuung die Schnittstelle zu den weiteren kommunalen Einrichtungen verändert. Ebenso habe sich der Betreuungsfokus auch inhaltlich verschoben. Zumindest langfristig werde für diesen Personenkreis eine Perspektive im Arbeitsmarkt angestrebt. Die Vorgabe der Ziele durch die Bundesagentur, die im Auftrag des Bundesministeriums für Arbeit und Soziales handele, sei primär auf eine Verringerung der Hilfebedürftigkeit ausgerichtet. Dies heiße bestehende Hemmnisse der s. g. erwerbsfähigen Hilfebedürftigen abzubauen und ihre Integration in den Arbeitsmarkt zu fördern.

Der zweite angesprochene Bereich betreffe eher die interne Organisation. Hier liege i. d. R. ein stärkerer Fokus auf der Betreuung des einzelnen Hilfebedürftigen. Zwar sei in den meisten Einheiten ein „Fallmanagementbereich" institutionalisiert worden, in dem der familiäre Kontext in der Bedarfsgemeinschaft stärker berücksichtigt werden sollte, doch sei dieser Fallmanagementbereich lokal unterschiedlich ausgestaltet. Vom Prinzip her ziele das Fallmanagement auf Kunden mit multiplen Vermittlungshemmnissen und damit wahrscheinlich auf die im Vorgespräch beschriebene Hochrisikoklientel. Bei den Personen, bei denen die Ansprechpartner in den ARGEn solche multiplen Vermittlungshemmnisse feststellen, würde im Rahmen des Fallmanagements die Schnittstelle zu kommunalen Leistungen wie Schuldnerberatung, Suchtberatung, Kontakt zum Jugendamt etc. stärker angesprochen. Hier müsse im Prinzip der Informationsaustausch zwischen der „ARGE" und den entsprechenden Jugendämtern stattfinden.

Dabei sei angemerkt, dass bei der Gründung der Arbeitsgemeinschaften die Prioritäten zunächst nicht auf diesen sozialen Vernetzungsfragen lagen. In dieser Umstellungsphase habe man zunächst auf die Organisation der Kernbereiche Leistung und Vermittlung fokussiert. Diese Anfangsphase sei abgeschlossen und der Fokus habe sich erweitert. Dabei werde der Bereich des Fallmanagements bei Personen mit multiplen Vermittlungshemmnissen ganz unterschiedlich gehandhabt. So gebe es z. B. mancherorts ein „integriertes Fallmanagement". Dort werde de facto zwischen einer „normalen" Betreuung durch einen „persönlichen Ansprechpartner" und dem Fallmanagement nicht unterschieden, wobei man sich fragen müsse, ob psychosoziale Risiken so ausreichend erkannt werden könnten. Doch auch dort, wo sich ein spezialisiertes Fallmanagement entwickelt habe, könne man vermutlich nicht ganz ausschließen, dass einzelne Fallmanager die Kinder- und Jugendlichenproblematik innerhalb der Familien oder Bedarfsgemeinschaften nicht immer ausreichend im Blick hätten. Im Prinzip gäbe es relativ viele Konzepte und Papiere zu einem funktionierenden Fallmanagement. In der Praxis sei die Umsetzung dieser Konzepte aber noch ausbaufähig. Für die vorliegende Fragestellung könne es empfehlenswert sein, Handreichungen und Papiere zu entwickeln, die auf diesen Zusammenhang hinweisen. Die Ressourcenallokation diene derzeit vermutlich eher weniger der Stützung der Familie, zumal mit Blick auf die Kinder.

Zu unterscheiden sei außerdem die Situation in den alten und neuen Bundesländern. So gebe es im Osten des Landes viele Langzeitarbeitslose, welche 20 oder 25 Jahre einer geregelten Arbeit nachgegangen seien. Oft seien sie aufgrund der Strukturumbrüche arbeitslos geworden und dann aufgrund ihres Alters und der lokalen wirtschaftlichen Situation dauerhaft ohne Arbeit geblieben. Bei Kunden, die vielfach aus der ehemaligen Sozialhilfe kommen bzw. nie einer geregelten Arbeit nachgegangen sind, sei es nicht das unmittelbare Ziel aus dem SGB II in den Arbeitsmarkt zu kommen, sondern man müsse diese zunächst einmal sozial integrieren. Ein Erfolg sei es schon, ihnen wieder zu einem geregelteren Leben zur verhelfen, selbst wenn eine Vermittlung in den Arbeitsmarkt noch nicht gelungen sei. Die Einstufung in unterschiedliche Gruppen im Rahmen der Kundendifferenzierung passiere in der Regel nach der Bewilligung von Leistung nach dem SGB II durch ein s.g. Profiling. Dazu finde ein ausführliches Interview mit dem persönlichen Ansprechpartner statt. Die Ergebnisse daraus würden in einer s.g. „Betreuungsmatrix" hinterlegt, welche „IT-technisch" umgesetzt sei und aus der sich eine bestimmte Betreuungsstufe ergebe. In diesen Algorithmus gehen sehr unterschiedliche Kriterien ein wie etwa Qualifikation, Mobilität und soziales Umfeld. Mit dem Ergebnis solle der Ansprechpartner vor Ort in gewisser Weise auch eine Empfehlung erhalten, welche Schritte mit dem Kunden einzuleiten seien. Der Mitarbeiter solle darin unterstützt werden, eine geeignete Integrationsstrategie zu entwickeln. Dieses System sei noch im Aufbau.

Vom Interviewer wurde festgestellt, dass eine solche Falleinteilung aufgrund von Kriterien ja auch in gewisser Weise der Aufgabenstellung bei der Erkennung von Hochrisikofällen in der Jugendhilfe entspreche und dass man in diesem Feld häufig mit Argumenten konfrontiert würde, dass eine Klassifikation grundsätzlich kaum möglich sei, weil jeder Fall anders gelagert wäre. Daraufhin gab Herr Weiland zu erkennen, dass er diese Diskussion sehr gut kenne. Tatsächlich beinhalteten solche Klassifikationsversuche immer auch eine Gratwanderung. Man laufe natürlich Gefahr, durch solche hinterlegte Strukturen statistische Häufigkeiten oder Risikoproportionen zwischen „A" und „B" zu einer statischen Regel zu erheben, welche in einem bestimmten Einzelfall vielleicht gar nicht zutreffe. Dies sollte aus seiner Sicht nicht passieren, auch im Bereich des SGB II nicht, wo sich durch die unterschiedlichen kommunalen Angebote auch nur schwerlich bundesweit gültige Regelsätze aufstellen ließen. In sofern gehe er nicht davon aus, dass es für den SGB II-Bereich ein bis ins Detail bundeseinheitliches System geben könne. Dennoch mache die gezieltere Fallsteuerung die Mitarbeiter durchaus zufriedener. Er kenne viel positives Feedback von Mitarbeitern aus Projekten mit vergleichbaren Ansätzen. Es habe die Zufriedenheit der dort Arbeitenden gesteigert, ein unterstützendes System zu haben, das ihnen in begründeten Fällen eine andere Entscheidung ermöglicht. Schließlich könnten, auch wenn es um eine Familie gehe, viele Faktoren eine Rolle spielen. Es bestehe Bedarf, solche Einzelentscheidungen systematischer, hinsichtlich ihrer Folgen, auszuwerten. Die Evaluation sei der letzte Schritt in einer Kette und biete notwendiges Feedback für eine Weiterentwicklung. Insofern habe er wenige Kenntnisse z.B. über die Auswirkung auf Familie oder den Kinderschutz. Generell sei es für ihn aber einsichtig, dass klassische Themen der Sozialhilfe stärker in den Blick genommen werden müssten. Das Fallmanagement biete hierfür eine Perspektive.

6.3 Gespräch mit Herrn Professor Malik, Malik Management Zentrum

Herr Professor Malik hatte in das Gespräch noch Frau Magister Kropiunik und Herrn Atilla Färber miteinbezogen, um einerseits für sich ein Ablaufprotokoll zu haben und um andererseits wesentliche grafische Elemente und Arbeitsvorgänge sofort visuell simulieren zu können. Das Gespräch fand in einem speziell ausgestatteten Konferenzraum, einem so genannten Operations Room, im Malik Management Zentrum St. Gallen am Montag den 31.03.2008 statt.

Nach einer gegenseitigen persönlichen Vorstellung zeigte Herr Professor Malik ebenfalls zunächst seine Verwunderung darüber, was er primär zu der Thematik beitragen könne. Professor Fegert stellte sodann in einem Eingangsstatement die derzeitige Problematik im Kinderschutz und den Hintergrund der Expertise dar, worauf Herr Professor Malik dann mit Bezug auf seine im Entstehen befindliche 6-bändige Lehrbuchreihe meinte, dass darin alles sehr wirtschaftsorientiert klinge, aber natürlich sehr vieles verallgemeinerungsfähig sei. Management sei eine der *Schlüsselfunktionen*, welche richtig verstanden, in jeder Art von Institution, auch in Netzwerken bestimmte immer wiederkehrende Grundsätze verlange. Natürlich ändere sich die Terminologie im jeweiligen Fachkonzept und natürlich sprechen Sozialarbeiterinnen und Sozialarbeiter anders und denken wahrscheinlich auch anders als Führungskräfte in der Wirtschaft. So habe jede Disziplin auf der Sach- und Fachebene ihre eigene Vorstellungswelt, ihre eigene Ausbildung und eigene Sprache, dennoch fügten sich auf der Managementebene alle diese Dinge zusammen.

Über das Malik Management Zentrum St. Gallen informierte Herr Professor Malik, dass rund 250 Personen in dieser kommerziell orientierten Institution zusammenarbeiten. Er betonte, dass es sich hier nicht um ein Universitätsinstitut handle sondern um eine Einrichtung, die zwar nicht einzig und allein auf Gewinne hin orientiert sei, aber die sich jeden Tag am Markt bewähren müsse. Allerdings seien die Ursprünge dieser Einrichtung in der Universität gewesen. Vor 30 Jahren sei das Management Zentrum St. Gallen zunächst als Stiftung welche von Anfang an an die Praxis gerichtet war, als Brückenorganisation zwischen Hochschule und Praxis außerhalb der Universität eingerichtet worden. Dies sei damals ein ganz neues Konzept und auch ein nicht unumstrittener Ansatz gewesen. In der Schweiz habe man sich allerdings bei den kantonal zuständigen Bildungsbehörden hier flexibel genug gezeigt. Den großen Unterschied zu den universitären Einrichtungen auf seinem Gebiet sieht Herr Professor Malik darin, dass sich seine Einrichtung immer am Markt bewähren und vom Markt testen lassen musste. Metaphorisch zog er den Vergleich zur Medizin, wo der praktizierende Arzt zwar auf vielen wissenschaftlichen Grundlagen Entscheidungen aufbauen müsse, aber es doch durchaus fraglich sei, ob die tägliche ärztliche Praxis eine Wissenschaft sei oder nicht. Ähnlich sei es im Management. Hier handle es sich um eine wissenschaft-gestützte Praxis. Deshalb sei für ihn und seine Mitarbeiterinnen und Mitarbeiter das Realisieren und Umsetzen ganz entscheidend, ebenso wie der Begriff des „*Funktionierens*". Die Wirtschaft sei zwar der Hauptansprechpartner seiner rasch wachsenden Einrichtung, dennoch habe das Malik Management Zentrum St. Gallen auch mit Klinikchefs, mit kommunalen Auftraggebern und Wissenschaftsinstitutionen etc. zu tun. So sei sein erstes Lehrbuch auch gerade bei Non-Profit-Organisationen und Non-Business-Organisationen sehr gut angekommen. Die Tätigkeit seiner Institution sei sowohl in Lehre und Ausbildung mit Präsenzseminaren, E-Learning etc. als auch am anderen Pol bei Consulting, also konkreter Hilfe mit Beratung, anzusiedeln. Er selbst sei ausgebildeter Betriebswissenschaftler und er sei nach St. Gallen gekommen, weil man dort früh ein akademisch fundiertes Managementstudium etablieren wollte. Sein damaliger Chef, Professor Hans Ulrich, habe die Meinung vertreten, welche sich heute immer wieder als richtig erweisen würde, dass gut ausgebildete Führungskräfte in der Zukunft der entscheidende Engpass werden würden, sowohl in der Wirtschaft als auch in Non-Business-Organisationen. Gleichzeitig habe damals die Meinung, nicht nur in der Schweiz grassiert, „Führen kann man nicht lernen, dazu muss man geboren sein und dann braucht man es eben nicht zu lernen und die nicht dazu geboren sind, werden es nie lernen". Das sei aber ein großer Irrtum. Er behaupte zwar nicht, dass jede Person Management lernen könne, aber doch, dass jeder darin besser werden könne. Die eigentliche wissenschaftliche Grundlage seien für ihn die *Systemwissenschaften, Kybernetik hochkomplexer Systeme*, nicht die einfache Regelungstechnik, wie z.B. bei Heizungen, sondern kybernetische Grundprinzipien, ohne die heutzutage auch keine Intensivstation funktionieren könne. Er verstehe Kybernetik als Wissenschaft vom Funktionieren komplexer Systeme und auch als Wissenschaft vom Lenken, Gestalten und Entwickeln hochkomplexer Systeme. „Hochkomplex" charakterisiere also Systeme, welche nicht im Einzelnen durchschaubar seien, die so komplex sind, dass man eigentlich nicht wirklich regulieren könne oder nur teilweise einzelne Dinge, sondern dass man so regulieren müsse, dass ein möglichst hohes Maß an Selbstregulation entstehe. Hier sei vermutlich durch-

Abbildung 12: General Management Modell

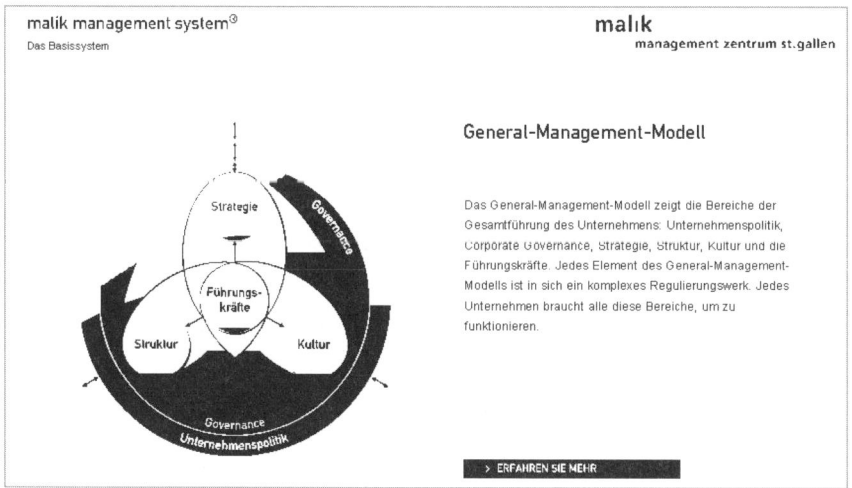

Abbildung 13: Standardmodell der Wirksamkeit

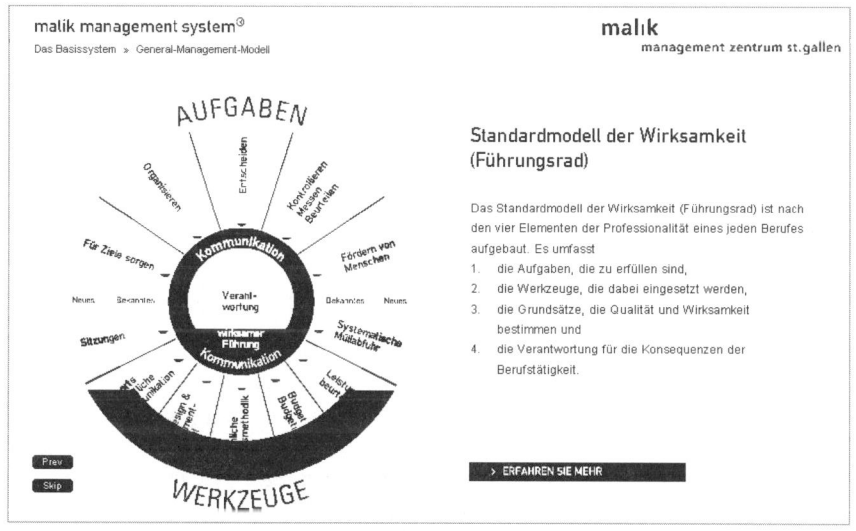

aus ein Bezug zur Interaktion der verschiedenen Beteiligten im Kinderschutz festzustellen. Aus der Kybernetik komme auch die Erkenntnis, dass man in solchen hochkomplexen Systemen nur gewisse Dinge organisieren könne und sie daher so organisieren müsse, dass sich *das System weitgehend selbst organisiere* (vgl. Bände 1 und 2 der Lehrbuchreihe). Dieser Bezug auf seinen Hintergrund sei ihm deshalb wichtig, weil Management derzeit durchaus eine Disziplin sei in der jeder recht haben könne, wo es also noch keine anerkannte konsentierte Terminologie und Theorie gebe. In sofern seien häufig mangelnde Klarheit der Sprache und unverständliche Definitionen ein Problem. Deshalb habe er sich dafür engagiert, *generell anwendbare Modelle* zu entwickeln.

Zentral seien dabei zwei Modelle. Ein Modell für die Person und zwar für jede Person, welche Managementaufgaben zu erfüllen habe, wie ein Modell für die Institution, wobei sich aus diesen beiden ein Drittes für integrierte Managementsysteme ergebe (die grafische Darstellung der Modelle kann von der Homepage des Malik Management Zentrums St. Gallen, www.malik-mzsg.ch, nach Registrierung kostenfrei heruntergeladen werden; Abb. 12 und 13).

Um einen zentralen Kern, welcher Werte und eine Handlungsethik (Verantwortung, Grundsätze wirksamer Führung) enthält, bestimmt Kommunikation und Kommunikationsfähigkeit das Management, sowohl von Bekanntem und auch von Neuem. Unterschieden werden in zwei Halbkreisen in diesem Modell generelle Aufgaben im Management:

- kontrollieren, messen, beurteilen
- für Ziele sorgen, organisieren, entscheiden
- fördern von Menschen

Die Werkzeuge dazu, welche „handwerklich" beherrscht werden müssen sind:

- Sitzungen
- Reports, schriftliche Kommunikation
- Jobdesign and Assignment-Control
- persönliche Arbeitsmethodik
- Budget und Budgetierung
- Leistungsbeurteilung
- Schutz vor Überlastung durch „systematische Müllabfuhr"

Dieses Standardmodell sei auf jede Führungsposition, sei es in der Wirtschaft oder eben auf wissenschaftliche Institutionsdirektoren, Chefärzte, Jugendamtsleiter etc. anwendbar. Wichtig zum Verständnis sei vielleicht gerade für den Sozialbereich, dass das Management als Begrifflichkeit sich selber in den letzten Jahren in Verruf gebracht habe, z.B. durch die ganze Problematik übertriebener Einkommen und die Gewinnfokussierung. „Natürlich muss man Gewinne machen in der Wirtschaft, genauso wie der Mensch atmen oder essen muss, d.h. aber noch lange nicht, dass der Zweck des Menschen das Atmen ist oder der Sinn des Lebens das Essen. Also damit bestehen in der Wirtschaft gewaltige Missverständnisse und Fehlentwicklungen seit rund 15 Jahren, die jetzt beginnen uns auf den Kopf zu fallen."

Im *Non-Business-Bereich*, also im sozialen Bereich wo es nicht primär um Profite gehen könne, fehle es fast immer an Management. Es fehle nicht an klugen Menschen oder gut ausgebildeten Menschen, mit allen menschlichen Tugenden wie Barmherzigkeit, Solidarität etc. es fehle auch nicht an klugen Konzepten, sondern einfach häufig am *Managementhandwerk*. Er teile überhaupt nicht die Meinung der Politik oder die der Sozialen Arbeit, das seien alles Versager. Wahrscheinlich gäbe es dort genauso viele Könner und Versager wie in der Wirtschaft auch. Wirtschaft sei für die Managementlehre deshalb interessant, weil dort am Schnellsten und am Leichtesten zu sehen sei, wie sich richtiges Management positiv auswirke und welche Folgen falsches Management habe. „Die Korrekturmechanismen spielen sehr rasch. Im sozialen oder Non-Buisness-Bereich kann das nur sehr sehr lange andauern. Sie hatten die Fälle ja drastisch geschildert." Wichtig sei also in allen Bereichen eine persönliche Arbeitsmethodik, die in der Regel niemand lerne. Man lerne sie in der Wirtschaftsausbildung genau so wenig wie in der Medizin oder in der sozialen Arbeit.

„Kein Arzt der Welt an der Universität kommt heraus und kann auch nur ein Protokoll schreiben, kann eine Tagesordnung machen usw., das alles muss in der Praxis gelernt werden, ist aber absolut Schlüssel für die Wirksamkeit und für den Erfolg." Teilweise gebe es auch Missverständnisse in dem man die generell wichtige Leistungsbewertung auf Umsätze, Gewinne etc. reduziere, wo doch in Non-Business-Organisationen ganz andere Dinge im Vordergrund stünden. Dennoch seien auch in Non-Business-Organisationen die gleichen Grundprinzipien wie im „Führungsrad" dargestellt bis hin zur „Entschlackung" der Institution anwendbar. Dies sei ein Modell, welches aus der Biologie komme, denn jeder Organismus betreibe die systematische Entschlackung, die Detoxifizierung und so müssten auch Organisationen und Menschen in Führungspositionen eine systematische Müllabfuhr haben, um sich auf bestimmte Aufgaben konzentrieren zu können. Er und seine Mitarbeiter scheuten sich nicht hier auch konkrete handwerkliche Fertigkeiten zu vermitteln. Es gebe z. B. Muster, wie eine gut vorbereitete Tagesordnung aussehe. Im Gegensatz zu den Universitäten werde auch die handwerkliche Profanität vermittelt. Dies mache natürlich noch nicht aus jedem Handwerker einen Künstler. Die Wichtigkeit solcher Ansätze werde zunehmend weit über die Wirtschaft hinaus erkannt, so habe seine Institution die Ehre die Helmholtzgemeinschaft in Managementfragen ausbilden zu dürfen, 25.000 Beschäftigte, darunter der größte Teil hochkarätige Wissenschaften in 15 Helmholtzzentren von Nuklearphysik bis zur Klimaforschung etc. Natürlich würden Präsenzseminare, Bücher und Schriften angeboten, wegweisend seien mit Blick auf das Kosten /Nutzenverhältnis aber *E-Learning-Programme* die in seinem Zentrum wiederholt zum Einsatz gekommen und auch prämiert worden seien. So kommen z. B. computergestützte Lernprogramme mit MP3-Files als CDs, DVDs zum Einsatz, welche ein günstiges Kosten-/Nutzenverhältnis bewirken.

Generell zeigte sich Herr Professor Malik von der Verallgemeinerbarkeit seines Managementmodells überzeugt. Sicher sei Innovation oder Changemanagement eine der schwierigsten Anwendungsformen von Management.

Dies sei dann eben wie Formel 1 fahren. Die Handwerklichkeit schalten und bremsen bleibe aber dieselbe. „Ich habe keine Ahnung, was gute Sozialarbeiter ausmacht, ich hab keine Ahnung wie Kinderpsychiatrie aussieht, aber die Regulierungsebene, das muss man eben unterscheiden, hat ein hohes Maß an Identität …,“ wenn nun aufgrund der Fachaufgaben, die zu erfüllen sind, zusätzliche Aufgaben, Instrumente nötig sein sollten, dann könne man dies selbstverständlich berücksichtigen, ohne dass dadurch die Funktionalität und die Logik des Gesamtsystems eingeschränkt würden. Ein Managementsystem, wie er es darstelle, könne mit einem Betriebssystem eines Computers verglichen werden. Die Inhalte auf den Powerpoints Professor Maliks und Professor Fegerts seien sicher sehr verschieden, dennoch könnten beide in diesem System arbeiten und die Computer können hier mit der gleichen Technik problemlos kommunizieren. Dies könne auch die Zusammenarbeit in Netzwerken erheblich fördern, wobei man im sozialen Bereich wahrscheinlich häufiger auf Freiwilligkeit angewiesen sein werde. In diesem Zusammenhang stellte Professor Fegert dar, dass der Gesetzgeber in den letzten Jahren wiederholt versucht hätte, insbesondere z. B. durch die Einführung des § 8 a KJHG, Kooperation zwischen Amt und freien Trägern, die Kooperation mit der Familiengerichtsbarkeit oder der Medizin im Kinderschutz besser zu strukturieren. Professor Malik betonte hier die Bedeutung von „Best-Practice-Modellen“, da es im Sinne einer Gauß-Verteilung immer entsprechend dieser statistischen Häufigkeitsverteilung einen gewissen Prozentsatz an stärker ausbildungsfähigen, veränderungsfähigen bzw. nicht belehrbaren Personen gäbe. Sobald eine kritische Masse entstehe, und das sei schon um ca. 10 %, ganz sicher bei einem Viertel, komme das System in Bewegung, dann würden Veränderungen nicht vorgeschrieben, sondern vorgelegt. Dies sei die Bedeutung auch von Modellprojekten für den Wandel in der Praxis. Wenn man also die Ebene der einzelnen Handelnden verlasse, komme man irgendwann zum Thema der übergeordneten Zwecksetzung eines Systems zur Strategie. Strategie sei oft ein umstrittenes Wort, gemeint sei aber, was die grundlegenden Wege seien, den Zweck zu erfüllen (vgl. Grafik General-Management-Modell und Übersicht über das integrierte Managementsystem; downloadbar auf der Homepage siehe oben). Hier gehe es um Strukturen, die häufig im Verwaltungsbereich durch ein klassisches Organigramm dargestellt würden. Er arbeite aber lieber mit Netzwerken, denn es gebe in der Natur auch keine Organigramme, sondern nur mehr oder weniger verkoppelte Systeme in Netzstrukturen. Natürlich sei auch die Frage der Kultur von entscheidender Bedeutung in solchen Systemen. Diese drei Dinge, *Strategie, Struktur, Kultur* seien ineinander verwoben, man könne deshalb an keiner Stelle etwas verändern, ohne dass man damit zahlreiche Wirkungen und Nebenwirkungen in den anderen Bereichen habe. Gesellschaftliche Institutionen wie Familie und Schule veränderten sich, teilweise könnte man meinen sie erodierten aus einer ganzen Reihe von Gründen. So verliere auch die Kernfamilie teilweise ihre frühere Sozialisationsfunktion. Insofern sei die Frage, was dann an deren Stelle komme. Hiermit ergebe sich die Frage nach der Modellierung, nach dem Verstehen eines Systems im Wandel. Dies könne man nicht mit Organigrammen erfassen, denn es gehe um Interaktionen, um Zusammenwirken. Wenn sich also an den Rahmenbedingungen etwas verändere, dann veränderte sich notwendiger Weise auch an anderen Ecken etwas. Sein Ansatz dabei könne als bionische Kybernetik bezeichnet werden, also die Frage: „Was sind eigentlich lebensfähige Systeme". Für seine Annäherung an die Ökologie komplexer Systeme sei die Methodik von Professor Vester, wie z. B. in der Klimaforschung, von Bedeutung. Ähnlich könne man sich in Bezug auf die Diskussion über Systemelemente des Umgangs mit Kindesvernachlässigung die gleichen Fragen stellen, welche Faktoren hier in welcher Weise aufeinander einwirken. So könnten positive und negative Kreisläufe, Rahmenbedingungen z. B. in Kinderkrippen, die Finanzen etc. in ein solches Modell wie in der vorausgegangenen Diskussion eingefügt werden. Zentrale Fragen seien nun, was sich gegenseitig beeinflusse, wo seien kritische Einflüsse, was seien Systemvariablen welche im System enorme Verstärkungseffekte haben. Das seien die aktiven Variablen. Dem gegenüber seien auch reaktive Variablen zu beschreiben, bei denen bei einer Veränderung eigentlich gar nichts passiere. Bezugnehmend auf die bisherige Diskussion im Gespräch wurde Herr Färber gebeten ein solches „Vester-Modell" in Bezug auf den Kinderschutz einmal zu demonstrieren (Abb. 14).

Abbildung 14: Präventionsmodell Kinderschutz aus dem Gespräch Professor Fegert mit Professor Malik nach dem Modell von Professor Frederic Vester

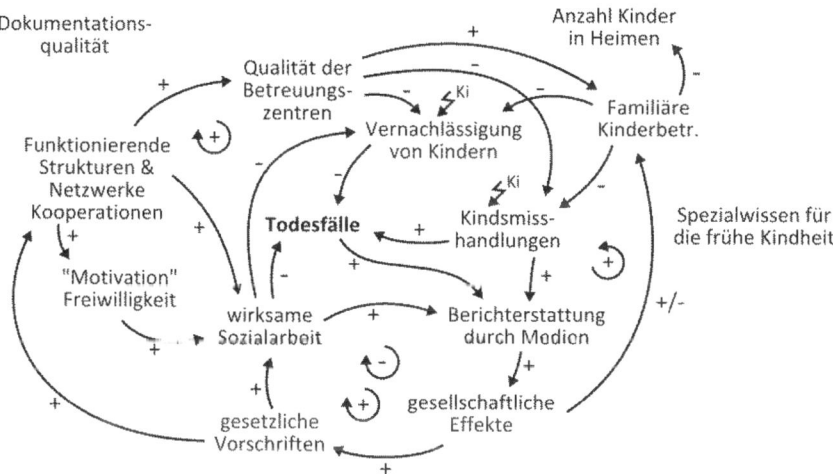

Es sei darüber hinaus möglich, solche Modelle mit Fakten, mathematischen Tabellen etc. zu unterlegen und damit zu Simulationsrechnungen zu kommen. Solche Modelle fänden übrigens derzeit fast mehr Anwendung außerhalb der Wirtschaft als in der Wirtschaft. Denn z. B. im sozialen Bereich sei eben die Qualität eines Systems ein völlig anderer Wert als nur die quantifizierbare Gewinnmaximierung. Solche Modelle seien auch ein Ansatz, jenseits von bestehenden Institutionen und Interessenlagen oder Spezialisierungsfeldern ein System wie das Kinderschutzsystem, um das es hier gehe, in seiner Ganzheitlichkeit, in seiner gesellschaftlichen Einbettung, d. h. in seiner Umwelt und in seinen Interaktionen zu beschreiben. *Hinderlich sei oft der Streit zwischen den Spezialisten und die Unwilligkeit sich über Disziplingrenzen zu verständigen.* Dieser Widerstand werde häufig in erstaunlichem Maße reduziert, wenn man dieses Gesamtbild sehe, da man dann plötzlich verstehe um was es eigentlich gehe. Hieraus könnten sich *gemeinsame Werte* und auch eine *gemeinsame Sprache*, welche wieder durch Fachwissen unterlegt werden müsse, entwickeln. Daraufhin berichtete der Interviewer Herrn Professor Malik aus seinen Ansätzen in den Modellprojekten, insbesondere im Projekt „Guter Start ins Kinderleben", zwischen den Professionen eine gemeinsame Sprache zu etablieren und bei moderierten runden Tischen, gestützt auf empirische Erhebungen auch eine Systemsicht darzustellen und mit den Beteiligten zu diskutieren. Auch unsere kontrollierte Studie zum Hilfeprozessmanagement mit den nachgewiesenen positiven Effekten und wie auch dem negativen Effekt einer sinkenden Beteiligung der Betroffenen wurde von Professor Fegert kurz dargestellt. Professor Malik meinte zu diesen Partizipationsdefiziten im Rahmen der Expertenkoordination, dies sei dann eben Expertenwissen, welches häufig in der Gesellschaft nicht eingebunden sei. Herr Professor Malik zeigte dann das computergestützte Spiel „Ecopolicy", welches ebenfalls auf Professor Vesters Arbeiten beruhe und von ihm in Zusammenarbeit mit Professor Dörner aus Bamberg entwickelt worden sei. Auf Initiative von zwei Lehrern in Schleswig-Holstein sei ein Wettbewerb entstanden, die s. g. Ecopoliciade Schleswig-Holstein, in der Schülergruppen komplexe Systeme, z. B. eine Stadt, nachbildeten, mit der ganzen Infrastruktur, mit Industrie, Wohnqualität etc. Die Schüler versuchten dann, quasi in der Rolle der Stadtregierung, das Funktionieren der Stadt zu verbessern. Dies sei natürlich sehr komplex und zunächst würden sie mehrmals abstürzen, weil das Ganze mit den üblichen Vorstellungen die man mitbringe so nicht funktioniere. Man müsse dabei lernen, einfach stärker in diesen Systemzusammenhängen zu denken. Spannend werde das Ganze, wenn diese trainierten Schüler gegen reale Politikerteams spielen würden und ausnahmslos gewännen. Diese Wettbewerbe gebe es mittlerweile in Schleswig-Holstein und Niedersachsen, die jeweiligen Ministerpräsidenten seien die Schirmherren. Professor Malik verbindet damit die Hoffnung auf eine neue Generation, welche besser dazu in der Lage ist, mit komplexen Fragestellungen jenseits von Spezialistenwissen umzugehen.

Bezugnehmend auf den Ausgangspunkt des Gesprächs stellte der Interviewer zum Abschluss noch einmal die konkrete Frage nach dem *Risikomanagement* und nach dem *aus Fehlern-lernen* und vermutete, dass Herr Professor Malik der Auffassung sei, dass auch in der Risikosituation die von ihm dargestellten Grundprinzipien mehr oder weniger allgemeingültig seien. Professor Malik stimmte zu und betonte die Bedeutung von Vertrauen in prekären Risikosituationen: „Gelingt es, eine Art Vertrauensbasis aufzubauen, ich versuche das Wort ‚Kultur' nicht allzu sehr zu strapazieren, weil es sonst fast nichts mehr bedeutet, aber Vertrauenskultur ist eher adäquat in diesem Zusammenhang" dann habe man eine Basis für den Umgang mit Fehlern. *Ohne Vertrauen sei ein Risikomanagement kaum möglich, sondern kehre sich häufig sogar ins Gegenteil um.* Es generiere dann Angst, verliere an Glaubwürdigkeit und werde nicht selten als Manipulation oder als Zynismus empfunden. Zentral sei es deshalb, vorhandenes Vertrauen zumindest nicht zu zerstören oder in verunsicherten Institutionen Vertrauen nach und nach wieder aufzubauen. Gleichzeitig spielten aber auch kontrollierte Routinevorgänge, wie der Einsatz von Checklisten, in komplexen Systemen eine große Rolle. So würde der Flugverkehr nicht funktionieren ohne solche Checklisten, wobei auch Redundanz hier eine große Rolle spiele. Denn eine Checkliste sei schnell einmal schlampig ausgefüllt. Deshalb fänden in der Luftfahrtindustrie eine zweite und eine dritte Kontrolle statt. Dadurch reduziere sich die Wahrscheinlichkeit für Fehler, wenn es sich um unabhängige Evaluationsprozesse handle. Dies sei wieder mit Bezug auf biologische Modelle wie auf die Vorgehensweise des Gehirns „aus unzuverlässigen Elementen, einen zuverlässigen Output herauszubekommen, durch multiplikative Wahrscheinlichkeiten". Gerade im Umgang mit Fehlern sei die Haltung der Vorgesetzten von großer Bedeutung: „Ich sage, *Fehler dürfen nicht passieren.* Es gibt ja Leute, die behaupten, Fehler dürfen passieren, bei uns darf man Fehler machen oder wo man sogar stolz drauf ist, dass Fehler passieren. Da habe ich ein Problem damit, weil ich sage, ich weiß nicht, ich möchte nicht gerne haben, dass mir das falsche Bein amputiert wird, wenn schon eine Amputation notwendig ist. Ich möchte auch nicht gerne vom Apotheker ein falsches Medikament bekommen …" Hierbei bestehe eine riesen Konfusion. In manchen Leitbildern von Firmen stehe explizit, bei uns darf man Fehler machen, um Veränderungsfreudigkeit und Experimentierfreudigkeit zu unterstützen. Zum Beispiel in einem Chemieunternehmen frage er dann oft „Sie müssen mit Explosivstoffen oder mit hoch ansteckenden Bakterien, Viren etc. oder mit hochtoxischen Stoffen hantieren. Wo dürfen denn da die Fehler passieren, wenn Sie mitten in Frankfurt sitzen?" Dann werde oft entgegnet, so sei es ja nicht gemeint. Er frage sich aber dann, warum das Management Fehler machen und darauf auch noch stolz sein dürfe. Insofern sei er der Ansicht, dass es *bestimmte kritische Bereiche gäbe, in denen Fehler nicht vorkommen dürfen.* Natürlich sei es gleichzeitig eine Führungsaufgabe, Menschen dazu zu befähigen, mit Fehlern und Risiken umzugehen, damit Mitarbeiter nicht vor lauter Angst ihre Stellung zu verlieren, mit Fehlern falsch umgehen, Dinge verschweigen und sich daraus eine Systempathologie entwickle. Überall wo Menschen arbeiten, müssen in gewisser Weise Fehler passieren und werden

Fehler passieren. Selbstverständlich resultierten Fortschritt und Evolution auch daraus, dass man eben aus solchen Fehlern lernen müsse, dennoch müsse das „aus Fehlern lernen" immer mit der Frage verbunden sein, mit welchen Risiken dies verbunden ist. „Wenn ich das Grundprinzip, Fehler dürfen nicht passieren formuliere, es gibt dann gleich noch eine Ergänzung dazu, d. h. nicht, dass sie nicht doch passieren unter sterblichen und unvollkommenen Menschen in Systemen. Aber die Frage ist, wie hoch ist die Rate der Todesfälle? Ist sie steigend oder ist sie sinkend. Aus welchen Gründen passieren sie? Sind es vermeidbare Gründe, die man durch Früherkennung auch entsprechend vermindern könnte oder sind es, wie sie sagten z. B. schwere Fehler in der Dokumentation …" Er erinnere sich, dass es im hippokratischen Eid heiße, dass man vor allem nicht schaden solle (primum non nocere). Es sei klar, dass Fehler passieren könnten, aber niemandem sollte wissentlich geschadet werden. Insofern seien Fehler, welche aus Schlamperei oder aus Mangel an Ausbildung, aus Mangel an Sorgfalt etc. geschehen würden, auszuschließen und auf solche Fehler könnte auch niemand stolz sein. Aber eigentlich seien solche handwerklichen Dinge nicht das zentrale Problem, sondern man sollte zunächst einmal von der positivst möglichen Voraussetzung an die Sache herangehen und sich fragen: „Wie kommt es trotzdem zu solchen Fehlleistungen, wenn ich unterstelle, dass alle das Beste wollen, alle hoch gebildete Menschen sind, alle engagierte Menschen sind usw." Für die Bearbeitung solcher Fragen in komplexen Systemen beschrieb Professor Malik abschließend das in seinem Zentrum entwickelte Verfahren der Syntegration (siehe Homepage: www.malik-mzsg.ch). Es sei mittlerweile in mehr als 300 Situationen mit komplexen Fragestellungen in der Industrie, in Kommunen etc. angewandt worden und sei eine wirksame, computerunterstützte Kommunikationsstruktur, welche ermögliche, dass viele Personen in kurzer Zeit gemeinsam eine Lösung erarbeiten (Abb. 15 und 16).

Da z. B. 30 Teilnehmer zu einer komplexen Frage nicht gemeinsam kommunizieren können, werden der Modelllogik folgend, dass der Icosaeder in der Natur die stabilste Struktur darstelle, 12 Teilthemen definiert zu denen innerhalb von z. B. 3½ Tagen die größtmögliche Zahl von Menschen in der kürzest möglichen Zeit zu einem Konsens kommen soll. Jeder Teilnehmer werde gebeten anzugeben, bei welchem der 12 Teilthemen er die größte Kompetenz habe. Dieser hierarchisierte Input werde dann in einem mathematischen Optimierungsalgorithmus eingegeben, in dem nun alle Teilnehmer nach ihren Kompetenzen und Fähigkeiten auf die 12 Themen optimal für Arbeitsgruppen zugeordnet würden. Zwölf Themen und 30 Teilnehmer ergeben eine Zahl von etwa 10^{50} kombinatorischen Möglichkeiten für die der Rechner ungefähr 1½ Stunden, z. B. während eines Mittagessens rechnen müsse, um dann die optimale Gruppenzusammensetzung herauszufinden. Nach einem festgelegten zeitlichen Ablauf beginne dann die Diskussion, wobei immer zwei Gruppen simultan diskutieren, über vier limitierte

Abbildung 15: Dreidimensionale Kommunikationsstruktur
(Quelle: malik management zentrum st. gallen)

Die Syntegration vernetzt das Wissen ihrer wichtigsten Leute so, dass sie wie ein einziges grosses, biologisches Gehirn arbeiten. Eine Eröffnungsfrage wird durch die Teilnehmenden in 12 Themen gegliedert. Diese Themen werden durch produktive Kleingruppen vernetzt und selbstkoordinierend diskutiert. Jeder Teilnehmende ist in 8 Themen als Mitglied, Kritiker und Beobachter direkt involviert.

  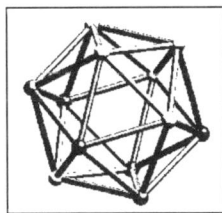

5 Personen   ... bearbeiten 1 Thema   30 Personen bearbeiten 12 Themen

Abbildung 16: Syntegrations Prinzip
(Quelle: malik management zentrum st. gallen)

Die maximale Verteilung von Information von jedem Thema zu jedem Thema (Eckpunkte) und von jeder Person zu jeder Person (Streben) führt zu 90 % Integration des vorhandenen Wissens in nur drei Schritten (Kurve rechts). Dadurch entsteht eine gemeinsame Sichtweise zu einer nachhaltigen Lösung.

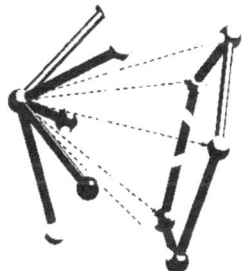 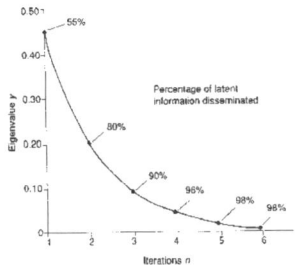

Entwickelt vom Begründer der Management Kybernetik (St. Gallener Management Ansatz) Prof. Dsc. Dr. hc. mult. Stafford Beer in den 90er Jahren. Er nutzte dazu Erkenntnisse aus Mathematik, biologischen Computern, Neurophysiologie und -psychologie, Psychologie, Bionik (die technologische Nutzung von Erfindungen der Natur), Kybernetik und Informationstheorie.

Zeiträume, wie z. B. 45 oder 60 Minuten. Alle 30 Personen erfüllten so über die Zeit hinweg verschiedene Rollen. Sie seien einmal Mitglieder von Diskussionsgruppen, ein anderes Mal Kritiker, die wie ein Reflecting-Team die Diskussion der Diskussionsgruppe verfolgen und eingreifen können oder Zuhörer, die wirklich still, ohne zu intervenieren, zuhören müssen. So komme es zu einem Phänomen, was man vielleicht in den Naturwissenschaften „Reverberation" nennen würde. Wissen würde sich verbreiten und vernetzen. Die ursprünglich 30 individuellen Gehirne würden im Bild quasi beginnen wie eines zu arbeiten. So kämen dann Konsensformulierungen zustande, mit Maßnahmeplänen, die ein hohes Maß an Umsetzungskraft hätten.

Im abschließenden Austausch wurde Herrn Professor Malik noch einmal sehr für seine Informationen, die Zeit und den Personaleinsatz gedankt und gemeinsam über eine mögliche Übertragbarkeit bzw. den Einsatz solcher Methoden bei Kinderschutzfragestellungen spekuliert.

7. Fehlervermeidung durch Landeskinderschutzgesetze?

Versuch einer Effektivierung des Kinderschutzes durch Früherkennungsuntersuchungen und Meldesysteme

Angesichts tödlich verlaufener Fälle früher Vernachlässigung und deren medialer Rezeption und Skandalisierung (vgl. ausf. Kap. 1 und 2) wurde das Thema Kinderschutz in den letzten Jahren vermehrt sowohl in der Bundes- wie in der Kommunal- und Landespolitik als Handlungsfeld wahrgenommen. In der politischen Debatte geriet insbesondere die ärztliche Früherkennungsuntersuchung (§ 26 SGB V) als Mittel zur Feststellung von Vernachlässigungen, Defiziten in der normalen Entwicklung des Kindes oder gar Misshandlungen in den Mittelpunkt des Interesses. Diese wurden als praktikabler Ansatzpunkt für einen flächendeckenden Zugang zu Kindern gesehen. Schätzungsweise 95% aller Kinder in Deutschland (vgl. BR-Drs. 240/07) würden bereits regelmäßig Ärzten, Hebammen oder Entbindungspflegern im Rahmen der U1 bis U9 vorgestellt werden. Von manchen Politikern wurde dies als Chance proklamiert, den Kinderschutz – insbesondere auf dem Gebiet früher Hilfen – mittels solcher „Erstkontaktstellen" zu verbessern. Im Laufe der letzten zwei Jahre entwickelten viele Bundesländer in dieser Hinsicht gesetzgeberische Aktivitäten.

Ziel der Gesetzgebung sollte es generell sein, die Kooperation der am Kinderschutz beteiligten Akteure zu verbessern und das Gesundheitswesen durch eine bessere Vernetzung stärker in die Belange des Kinderschutzes einzubeziehen. Als Basiselement enthalten manche Landeskinderschutzgesetze zur Steigerung der Teilnahme an Kindervorsorgeuntersuchungen Regelungen zu einem verbindlichen Einladewesen. Zur Kontrolle der Inanspruchnahme dieser Untersuchungen sehen die gesetzlichen Regelungen „Frühwarnsysteme" in Form von unterschiedlich ausgestalteten Meldesystemen vor. In einigen Ländern wurden zudem gesetzliche Meldepflichten oder -befugnisse bei Vorliegen von Anhaltspunkten für eine Kindeswohlgefährdung normiert, die zu einem qualitativ verbesserten Kinderschutz beitragen und die Rechtssicherheit für schweigepflichtige Personen erhöhen sollten.

7.1 Die Kinderschutzgesetze der Länder

In Bremen, Hessen, Mecklenburg-Vorpommern, Niedersachsen, Nordrhein-Westfalen, Rheinland-Pfalz, Saarland, Sachsen-Anhalt, Schleswig-Holstein und Thüringen, sind entsprechende „Kinderschutzgesetze" bereits in Kraft getreten. In Berlin, Niedersachsen und Sachsen-Anhalt befinden sich Entwürfe im Gesetzgebungsverfahren (Stand vom 28.7.2009, vgl. Tab. 12, S. 326 ff.). Bayern geht einen etwas anderen Weg über Art. 14 des Gesundheitsdienst- und Verbraucherschutzgesetzes und knüpft die Anmeldung des Kindes in einer Kindertageseinrichtung sowie die Antragstellung auf Landeserziehungsgeld an einen Nachweis, dass die letzte fällige Früherkennungsuntersuchung durchgeführt wurde. Fehlt der Nachweis, wird das Landeserziehungsgeld nicht gewährt (Art. 1 I Nr. 4 BayLErzGG), bzw. werden die Eltern vom pädagogischen Personal der Kindertageseinrichtung auf ihre Verpflichtung hingewiesen. Bei wiederholter Weigerung, das Kind schulärztlich untersuchen zu lassen, wird das Jugendamt eingeschaltet. Das Kinderschutzgesetz Baden-Württemberg verweist auf die Pflicht der Eltern, die Teilnahme ihrer Kinder an Früherkennungsuntersuchungen sicherzustellen. Ggf. erinnert das Gesundheitsamt nachdrücklich an eine Nachholung der Untersuchung. Eine Meldepflicht des Arztes für eine erfolgte U-Untersuchung existiert indes nicht. Hamburg ist das einzige Bundesland, welches derzeit gesetzliche Regelungen noch diskutiert und hinsichtlich des verbindlichen Einladewesens zunächst ein Modellprojekt ins Auge fasst.

7.2 Ablauf des Melde- oder „Frühwarnsystems"

Das System des Einladewesens zu den Früherkennungsuntersuchungen und die daran anknüpfenden (abgestuften) Meldepflichten folgen in fast allen Bundesländern grundsätzlich dem gleichen Prinzip (mit Ausnahme von Bayern und Baden-Württemberg; eine detaillierte Darstellung ist Tabelle 12 zu entnehmen). Deshalb kann sich die folgende Darstellung der Funktion dieses Melde- oder „Frühwarnsystems" beispielhaft an den rheinland-pfälzischen Regelungen des Landeskinderschutzgesetzes Rheinland-Pfalz (LKindSchuG) orientieren: Eine vom jeweiligen Land eingerichtete zuständige Stelle erhält von den Meldebehörden umfassende Daten zu allen Kindern, die für Früherkennungsuntersuchungen in Frage kommen. Mithilfe dieser Daten werden i.d.R. die gesetzlichen Vertreter des Kindes über ihre Mitverantwortung für die gesundheitliche Entwicklung sowie über Inhalt, Zweck und Möglichkeiten der Inanspruchnahme von Früherkennungsuntersuchungen und schließlich das Verfahren bei Nichtteilnahme durch die zuständige Stelle unterrichtet (§ 7 Abs. 1 LKindSchuG).[51] Zusätzlich ist die „eine Früherkennungsuntersuchung durchführende Person" gesetzlich ver-

---

51 Bei Zaun-Rausch 2008, S. 58f. findet sich ein Muster eines entsprechenden Informationsschreibens an die gesetzlichen Vertreter des Kindes.

pflichtet, nach Durchführung einer solchen Untersuchung, per Post oder Fax eine Untersuchungsbestätigung unter Angabe von Datum, Namen, Geburtsdatum und vollständiger Adresse des Kindes sowie der Untersuchungsstufe an die zuständige Stelle zu übersenden (§ 7 Abs. 2 LKindSchuG).[52] In Rheinland-Pfalz hat der Arzt dafür drei Arbeitstage Zeit, in den anderen Bundesländern sind teilweise andere Fristen (z.B. „unverzüglich", „fünf Arbeitstage" oder „14 Tage") vorgesehen.

Durch einen Abgleich der gemeldeten Daten filtert die zuständige Stelle diejenigen Kinder heraus, die noch nicht untersucht wurden und setzt das jeweils für solche Fälle vorgesehene Verfahren in Gang (i.d.R. zunächst Wiederholung der Einladung). Wenn auch nach Wiederholung des „Erinnerungsverfahrens" keine Untersuchungsbestätigung durch einen Arzt eingegangen ist, wird das für das Kind zuständige Gesundheitsamt – unter Angabe umfassender personenbezogener Daten – durch die zuständige Stelle informiert, um sich unverzüglich mit den gesetzlichen Vertretern in Verbindung zu setzen und „in geeigneter Weise auf die Inanspruchnahme der Früherkennungsuntersuchung hin[zuwirken]" (§ 8 Abs. 2 LKindSchuG). Erhält das Gesundheitsamt im Rahmen der Durchführung der Maßnahme Anhaltspunkte für eine Vernachlässigung, einen Missbrauch oder eine Misshandlung des Kindes, unterrichtet es umgehend das zuständige Jugendamt (§ 9 Abs. 1 LKindSchuG) – wiederum unter Angabe aller vorhandenen Daten und in diesem Falle sogar mit der Befugnis noch weitergehende „personenbezogene Daten, die ihnen bei der Durchführung der Maßnahme ... bekannt geworden sind, insbesondere Namen, Anschriften und Telefonnummern und sonstige eine Kontaktaufnahme ermöglichende Daten sowie Gründe für die Nichtteilnahme an der Früherkennungsuntersuchung" zu übermitteln. Ebenso wird das Jugendamt informiert, wenn trotz des Hinwirkens auf die Inanspruchnahme der Früherkennungsuntersuchung eine solche nicht erfolgt (oder sich dies jedenfalls nicht positiv feststellen lässt). In der Folge prüft das Jugendamt den Hilfebedarf und stellt geeignete Maßnahmen zusammen.[53]

---

52 Bei Zaun-Rausch 2008, S. 60 f. findet sich ein Muster einer entsprechenden „Untersuchungsbestätigung zu Früherkennungsuntersuchungen".

53 Ausweislich einer ersten Evaluation des Bremischen „Gesetzes zur Sicherung des Kindeswohls und zum Schutz vor Kindesvernachlässigung (Kindeswohlgesetz-KiWG)" konnte auf diese Weise tatsächlich die Beteiligung an der U9 für Kinder im Vorschulalter von 80 % auf 97 % gesteigert werden, vgl. Gesundheitsamt Bremen 2009. Das Ziel der quantitativen Steigerung der Teilnahmezahlen scheint somit umsetzbar. Zur grundsätzlichen Kritik an diesem Ziel s. u. 7.3..

Tabelle 12: Kinderschutzgesetze der Bundesländer
(Bearbeitung, Stand, Datum)

Bundesland	Name des Gesetzes	Stand des Gesetzes	Regelung eines verbindlichen Einladewesens	Spezielle Befugnisnorm zur Datenweitergabe an das Jugendamt durch schweigepflichtige Personen bei Anhaltspunkten für eine Kindeswohlgefährdung
Baden-Württemberg	Gesetz zum präventiven Schutz der Gesundheit von Kindern und Jugendlichen in Baden-Württemberg (Kinderschutzgesetz Baden-Württemberg;	In Kraft seit März 2009 (LT-Drucks. 14/4081)	nein – Eltern werden auf ihre Pflicht (gemäß Kinder-Richtlinien), die Teilnahme ihrer Kinder an Früherkennungsuntersuchungen sicherzustellen, hingewiesen, ggf. durch Gesundheitsamt nachdrücklich an Nachholung erinnert	ja – § 1 Abs. 5: abgestuftes Meldesystem: Prüfung eigener Mittel und Hinwirken auf Inanspruchnahme weitergehender Hilfen – entspricht dem Vorgehen in RLP
Bayern	Gesundheitsdienst- und Verbraucherschutzgesetz (GDVG)	In Kraft seit Mai 2008 (BayRS 2120-1-UG)	nein – Eltern werden auf ihre Pflicht (gemäß Kinder-Richtlinien), die Teilnahme ihrer Kinder an Früherkennungsuntersuchungen sicherzustellen, hingewiesen – Teilnahme an U9 muss bei Einschulung nachgewiesen werden; Anknüpfungspunkt: Untersuchungen im Rahmen der Schulgesundheitspflege	ja – § 14 Abs. 6: Verpflichtung, dem Jugendamt unverzüglich Mitteilung zu machen, ohne Prüfung eigener Mittel oder Hinwirken auf Inanspruchnahme weitergehender Hilfen
Berlin	Berliner Gesetz zum Schutz und Wohl des Kindes	Im Gesetzgebungsverfahren, als Drs. 16/2154 ins Abgeordnetenhaus Berlin eingebracht, 1. Anhörung erfolgt	ja – Ablauf des Einladewesens vergleichbar mit dem in RLP	ja – § 8: zunächst sollten eigene Schutz- und Unterstützungsmaßnahmen eingesetzt werden, außer bei Gefahr in Verzug – ähnlich wie in RLP
Brandenburg	Gesetz zur Neuregelung des öffentlichen Gesundheitsdienstes und der Krankenhausplanung	In Kraft seit Mai 2008 (GVBl. für das Land Brandenburg, I, Nr. 5, 2008)	ja – Ablauf des Einladewesens vergleichbar mit dem in RLP	nein

Tabelle 12 (*Fortsetzung*)

Bremen	Gesetz zur Sicherung des Kindeswohls und zum Schutz vor Kindesvernachlässigung (Kindeswohlgesetz – KiWG)	In Kraft seit April 2007 (LT-Drucks. 16/1365)	ja – Ablauf des Einladewesens vergleichbar mit dem in RLP	nein
Hamburg	Keine Gesetzesinitiativen (Diskussion bzgl. verbindlichem Einladewesen, zunächst als Modellversuch)	–	–	–
Hessen	Gesetz zur Verbesserung des Gesundheitsschutzes für Kinder (Kindergesundheitsschutzgesetz)	In Kraft seit Januar 2008 (GVBl. des Landes Hessen, I, Nr. 27, 2007)	ja – Ablauf des Einladewesens vergleichbar mit dem in RLP	ja – § 4 Abs. 3: Verpflichtung, dem Jugendamt unverzüglich Mitteilung zu machen, ohne Prüfung eigener Mittel oder Hinwirken auf Inanspruchnahme weitergehender Hilfen
Mecklenburg-Vorpommern	Gesetz über den öffentlichen Gesundheitsdienst	In Kraft seit Oktober 2008 (GVBl. für Mecklenburg-Vorpommern, I, Nr. 13, 2008)	ja – Ab auf des Einladewesens vergleichbar mit dem in RLP	nein
Niedersachsen	Entwurf eines Gesetzes zur Förderung der Gesundheit und Verbesserung des Schutzes von Kindern in Niedersachsen	Noch im Gesetzgebungsverfahren, letzte öffentliche Anhörung im März 2009 (LT-Drs. 16/755)	ja – Ab auf des Einladewesens vergleichbar mit dem in RLP	nein
Nordrhein-Westfalen	Verordnung zur Datenmeldung der Teilnahme an Kinderfrüherkennungsuntersuchungen / U-Untersuchungen (UTeilnahme-DatVO)	In Kraft seit September 2008 (GVBl. NRW 2008, S. 609)	ja – Ablauf des Einladewesens vergleichbar mit dem in RLP, erste Einladung hier aber erst nach Ausbleiben der Untersuchungsbestätigung	nein

Tabelle 12 (*Fortsetzung*)

		In Kraft		Meldesystem
Rheinland-Pfalz	Landesgesetz zum Schutz von Kindeswohl und Kindergesundheit (LKindSchuG)	In Kraft seit März 2008 (GVBl. Rheinland-Pfalz 2008, S. 52)	ja	ja – § 12: abgestuftes Meldesystem: Prüfung eigener Mittel und Hinwirken auf Inanspruchnahme weitergehender Hilfen
Saarland	Gesetz zum Schutz vor Kindern vor Vernachlässigung, Missbrauch und Misshandlung: Neuer § 8 a im Gesundheitsdienstgesetz	In Kraft seit April 2007 (Amtsblatt des Saarlandes 2007, S. 742)	ja – Ablauf des Einladewesens vergleichbar mit dem in RLP	nein
Sachsen	Gesetz zur Förderung der Teilnahme von Kindern an Früherkennungsuntersuchungen (SächsKiSchG)	In Kraft seit Juni 2009 (LT-Drs. 4/14409)	ja – Ablauf des Einladewesens vergleichbar mit dem in RLP	ja – § 5: abgestuftes Meldesystem: Prüfung eigener Mittel und Hinwirken auf Inanspruchnahme weitergehender Hilfen – entspricht dem Vorgehen in RLP
Sachsen-Anhalt	Entwurf: Gesetz zur Verbesserung des Schutzes von Kindern (Das „Gesetz zur Förderung der frühkindlichen Bildung" wurde aus dem ursprünglich zusammenhängenden Entwurf herausgelöst und ist seit Dezember 2008 in Kraft, GVBl. Sachsen-Anhalt, Nr. 28, 2008)	Im Gesetzgebungsverfahren – wird derzeit überarbeitet	ja – der derzeitige Entwurf sieht (noch) vor, dass das Einladewesen im Wesentlichen wie in RLP abläuft, bei Ausbleiben der Untersuchung soll allerdings unverzüglich das Jugendamt eingeschaltet werden, welches wiederum „unverzüglich über Maßnahmen zur Abwendung einer möglichen Gefährdung des Kindes" entscheidet	ja – § 7: abgestuftes Meldesystem: Prüfung eigener Mittel und Hinwirken auf Inanspruchnahme weitergehender Hilfen – entspricht dem Vorgehen in RLP
Schleswig-Holstein	Gesetz zur Weiterentwicklung und Verbesserung des Schutzes von Kindern und Jugendlichen in SH: Neuer § 7a im Gesetz über den öffentlichen Gesundheitsdienst	In Kraft seit April 2008 (GVOBl. Schleswig-Holstein, Nr. 10, 2008, S. 270)	ja – Ablauf des Einladewesens vergleichbar mit dem in RLP – bei Gefahr in Verzug nimmt Jugendamt das Kind in Obhut (§ 7a Abs. 6)	nein
Thüringen	Thüringer Gesetz zur Förderung der Teilnahme an Früherkennungsuntersuchungen für Kinder	In Kraft seit Dezember 2008 (GVBl. für den Freistaat Thüringen, Nr. 14, 2008)	ja – das Einladewesen läuft im Wesentlichen wie in RLP ab, bei Ausbleiben der Untersuchung trotz Erinnerung wird allerdings unverzüglich das Jugendamt benachrichtigt, welches dann weitere Maßnahmen einleitet (§ 7 f.)	ja – § 10 Abs. 2: Befugnis, dem Jugendamt unverzüglich Mitteilung zu machen, ohne Prüfung eigener Mittel oder Hinwirken auf Inanspruchnahme weitergehender Hilfen

Über die Meldung einer durchgeführten Früherkennungsuntersuchung hinaus haben einige Bundesländer zudem Normen zur Datenweitergabe an Jugendämter eingeführt, nach denen schweigepflichtige Personen unabhängig vom Willen der Eltern das Jugendamt informieren können oder müssen, wenn sich gewichtige Anhaltspunkte für eine Kindeswohlgefährdung ergeben (Details s. Tab. 12, S. 326). Die Regelungen sehen teilweise eine unverzügliche Melde*pflicht* bei Vorliegen solcher Anhaltspunkte vor (Bayern, Hessen), zumeist wurde jedoch eine *abgestufte Meldebefugnis* implementiert, nach der zunächst zu prüfen ist, ob die eigenen fachlichen Mittel ausreichen, um eine mögliche Gefährdung abzuwenden.[54] Wenn möglich, soll einer Meldung an das Jugendamt insb. das Hinwirken auf die Inanspruchnahme weitergehender Hilfen bei den Personensorgeberechtigten vorausgehen (Baden-Württemberg, Berlin, Rheinland-Pfalz, Sachsen, Sachsen-Anhalt; in Thüringen gilt eine unverzügliche Meldebefugnis, ohne vorausgehendes eigenes Bemühen). Sind die gesetzlichen Vertreter aber nicht willens oder fähig, die Kindeswohlgefährdung abzuwenden, reichen die eigenen fachlichen Mittel zur Gefahrbeseitigung nicht aus und ist ein Tätigwerden dennoch dringend erforderlich, sind die sog. „Erstkontaktstellen" in Sachsen-Anhalt *verpflichtet* – in den anderen Ländern *befugt* –, die Daten an das Jugendamt zu übermitteln. Die Betroffenen sind vorab von der (Möglichkeit der) Datenweitergabe zu informieren, es sei denn, dies würde den wirksamen Schutz des Kindes in Frage stellen.

7.3 Kritische Stellungnahme zu den Landeskinderschutzgesetzen

Grundsätzlich ist gerade als Konsequenz von gescheiterten Kinderschutzfällen die Intention zu begrüßen, dass die Kooperation und Kommunikation der verschiedenen Akteure, die in Fällen von Kindeswohlgefährdungen zwangsläufig involviert sind, gefördert und damit dem Verschieben von Verantwortung entgegengewirkt werden soll. Entsprechende Forderungen sind auch den für die vorliegende Arbeit geführten Experteninterviews (s. o. Kap. 5.1) zu entnehmen. Die neuen gesetzlichen Regelungen geben jedoch einigen Anlass zu Kritik, die aus den Reihen der Pädiater, der Kinder- und Jugendlichenpsychiater und -psychotherapeuten, des Berliner Kinderschutzbundes oder auch der Bundesregierung (BR-Drs.; 240/07, Deutscher Kinderschutzbund Berlin, 2008; Kindler, 2007b; Nothhafft, 2008) geäußert wurde (z. B. seien die Vorsorgeuntersuchungen als Kinderschutzinstrument

---

54 Ein entsprechendes – viel kritisiertes – Bundeskinderschutzgesetz (KiSchZusG), welches eine einheitliche Befugnisnorm zur „Beratung und Weitergabe von Informationen durch Geheimnisträger bei Kindeswohlgefährdung" enthielt, scheiterte Ende Mai 2009 (vorerst), BT-Drs. 16/12429.

nicht geeignet, oder es würde nicht die richtige Klientel erreicht) und die im Folgenden dargestellt wird.

7.3.1 Zweifel an der Geeignetheit von Früherkennungs- untersuchungen als Instrument zum Schutz von Kindern

Fraglich ist bereits, ob es sich bei den durch die Landesgesetze fokussierten Früherkennungsuntersuchungen überhaupt um ein geeignetes Mittel handelt, Vernachlässigungen und Misshandlungen von Kindern frühzeitig zu erkennen und zu reduzieren und dadurch den Kinderschutz wirksam zu stärken. Nach den neuen Landesgesetzen sollen mittels der Vorsorgeunter- suchungen Erkenntnisse über soziale Gefahren wie Gewalteinwirkungen, Verwahrlosung und Vernachlässigung gewonnen werden können. Bisher sind Früherkennungsuntersuchungen nach den §§ 26 Abs. 1 S. 1 und 2 so- wie 25 Abs. 3 des Fünften Buch Sozialgesetzbuches (SGB V) überwiegend auf die Früherkennung von *Gesundheits- und Entwicklungsstörungen* von Kindern hin ausgerichtet. In dieser derzeitigen Funktion sind sie für sich genommen nicht geeignet, Vernachlässigung und Misshandlung zuverlässig zu erkennen, geschweige denn zu unterbinden. Die Sensitivität der Vorsor- geuntersuchungen im Hinblick auf mögliche Anzeichen von Misshandlung oder Vernachlässigung, wie etwa Entwicklungsrückstände, Verhaltensauf- fälligkeiten oder Beziehungsanomalien, sei als gering einzustufen (Kindler 2007 c). Erkenntnisse über soziale Gefahren für das Kind können lediglich als „Neben-Produkt" gewonnen werden, etwa wenn direkt Folgen von Ge- walteinwirkungen erkennbar werden oder Entwicklungsdefizite auf Ver- wahrlosung oder Vernachlässigung hindeuten, vorausgesetzt, das Misshand- lungs- bzw. Vernachlässigungsereignis fand unmittelbar vor dem Untersu- chungstermin statt. Gerade im Säuglings- und Kleinkindalter finden sich aber abrupte Übergänge von diskreten Hinweisen bis zur akuten Gefähr- dung. Das Erkennen der Notwendigkeit und die Planung von Hilfen muss in diesem Entwicklungsalter in einem extrem engen Zeitraster erfolgen (Fe- gert 2002). Die Abstände zwischen den Untersuchungen, wie sie von der ersten bis zur neunten Untersuchung vorgegeben sind, sind in keiner Weise dafür geeignet Gewähr vor Misshandlung im Intervall zwischen den Unter- suchungen zu bieten. Bei erwartungsgemäß nicht selten plötzlich eintreten- den Gefährdungssituationen für Kinder beziehungsweise bei Auslösern für Gefährdungssituationen, die nicht ursächlich und/oder nicht nur medizi- nisch diagnostizierbar sind, sind die Abstände zwischen den Früherken- nungsuntersuchungen ebenso wie die jeweilige Information und Abklärung unzureichend.

Auch die Themengruppe „Kinder-Richtlinien" des Gemeinsamen Bundes- ausschusses betonte in ihrem Teilabschlussbericht zur Überarbeitung der Kinder-Richtlinien vom 8.8.2007, dass bislang Kindesmisshandlung keine Zielerkrankung der „Kinder-Richtlinien" sei. Nicht selten hinterlassen Misshandlungen bzw. Vernachlässigungen ätiologisch unspezifische Folgen und selbst offensichtliche Verletzungen oder behandlungsbedürftige Beeinträchtigen der körperlichen Entwicklung (z. B. Untergewicht) sind nicht zwangsläufig auf eine vorliegende Kindeswohlgefährdung zurückzuführen. Die Grenzen zwischen Misshandlung und Vernachlässigung sind zudem fließend, wobei körperliche Misshandlung am leichtesten erkennbar ist. Vernachlässigung wird, auch wegen ihres eher schleichenden Verlaufs, gewöhnlich zu wenig beachtet. Sie kommt allerdings wesentlich häufiger vor. Erprobte und wirksame Erfassungsmethoden zur Früherkennung im Rahmen der Kinderuntersuchungen fehlen aber bisher. Früherkennungsuntersuchungen sind deshalb nach den „Kinder-Richtlinien" zum gegenwärtigen Zeitpunkt noch kein zielgerichtetes Instrument zum Erkennen gewichtiger Anhaltspunkte für eine Kindeswohlgefährdung aus ärztlich-medizinischer Sicht (so auch der 13. Kinder- und Jugendbericht v. 30.4.2009, BT-Drs. 16/12860).[55] Dies entspricht auch noch der aktuellsten Version der „Kinder-Richtlinien" vom 6.8.2009. Dort findet sich lediglich auf Seite 4 unter Punkt 4 der Hinweis: „Bei erkennbaren Zeichen einer Kindesvernachlässigung oder -misshandlung hat der untersuchende Arzt die notwendigen Schritte einzuleiten." Konkretere Ausführungen, was solche Zeichen sind oder welche Maßnahmen in diesem Falle einzuleiten wären, werden nicht gemacht.

Des Weiteren liegt die Vermutung nahe, dass Eltern, die ihre Fürsorgepflicht massiv verletzen, ihr Kind – mit oder ohne verbindliches Einladewesen – einer ärztlichen Untersuchung, zumindest so lange, wie eine Kindeswohlgefährdung offensichtlich wäre, ohnehin entziehen (BR-Drs. 240/07). Eltern mit psychosozial belastenden Lebensbedingungen, nehmen häufig die Vorsorgeuntersuchungen jenseits der Neugeborenen- und frühen Säuglingszeit nicht mehr in Anspruch (Antwort der Landesregierung Rheinland-Pfalz auf die Große Anfrage der Fraktion der CDU zu Voraussetzungen und Handlungsbedarf zur Sicherstellung des Kindeswohls und zum Schutz von Kindern vor Vernachlässigung und Misshandlung; Drucksache 15/729)

Auf der anderen Seite ist eine große Anzahl von Kindern, die Vernachlässigungen und Misshandlungen ausgesetzt sind, den kommunalen Behörden durchaus bekannt (BR-Drs. 240/07). Dennoch finden sich auch unter den aktuellen Todesfällen in Folge von Vernachlässigung einige Fälle, bei denen trotz durchgeführter Vorsorgeuntersuchungen keine Auffälligkeiten festgestellt worden waren. Die akribische Analyse und Aufarbeitung des Falls Kevin durch den Bremer Staatsrat Ulrich Maurer bzw. die Untersuchungskommission der Bremischen Bürgerschaft belegt eindrücklich, dass die durchaus kompetente Einschätzung des Kinderarztes, wie sie zu unter-

---

55 Dementsprechend finde sich die Fokussierung der deutschen Ländergesetzgebung zum Kinderschutz auf das Instrument der Früherkennungsuntersuchungen auch nicht in der internationalen Diskussion zu den Instrumentarien eines verbesserten Kinderschutzes wieder (Nothhafft 2008).

schiedlichen Zeiten in der Chronologie der Leidengeschichte von Kevin dokumentiert ist, Misshandlung und Tod des Kindes nicht verhindern konnten. Im Gegenteil war die letzte kinderärztliche Routineuntersuchung vor seinem Tod sogar unauffällig.

Um die Untersuchungen fachlich fundiert für die Erkennung möglicher Misshandlung und Vernachlässigung zu nutzen, wäre eine methodische Erweiterung des Untersuchungskatalogs zwingend. Dazu gehören insbesondere empirisch fundierte Risikoscreeningverfahren. Diese müssen neben kinderärztlichen Kriterien, kinderpsychiatrisch, entwicklungspsychologisch und psychosozial relevante Kriterien einbeziehen. Notwendig wäre eine verbesserte Aus- und Fortbildung über die Hintergründe von Vernachlässigung und Misshandlung sowie Kinderschutz. Notwendig wäre außerdem, dass weiterführende Hilfen strukturell verankert sind und vorgehalten beziehungsweise vermittelt werden können. Für solche erweiterte Standards sind aber im Grunde die zeitlichen Spielräume, die Kinderärzten für Früherkennungsuntersuchungen zur Verfügung stehen, zu gering. Hier müssten erweiterte oder ergänzende Möglichkeiten einer Vergütung des dann deutlich vermehrten fallbezogenen Aufwandes geklärt werden.

Der vorstehenden Argumentation folgend ist zu konstatieren, dass Zwangsuntersuchungen für sich allein genommen nicht als geeignet angesehen werden können, Kindeswohlgefährdung und Vernachlässigung bei Säuglingen und Kleinkindern entscheidend zu verbessern.

7.3.2 Zweifel an der Verhältnismäßigkeit des implementierten Meldesystems

Vor dem Hintergrund der Verhältnismäßigkeit ist zudem zu beachten, dass durch die Landesgesetze zum Kinderschutz – ungeachtet der oben beschriebenen und im Vorfeld der Gesetzgebungen vielfach geäußerten Zweifel über die Geeignetheit der Früherkennungsuntersuchungen als Kinderschutzinstrument – abstrakt-generelle Regelungen getroffen wurden, die flächendeckend alle für U-Untersuchungen in Frage kommenden Kinder einbeziehen und damit der staatlichen Kontrolle unterwerfen. Bedenklich erscheint in diesem Zusammenhang die Frage, inwiefern die bloße Nichtteilnahme an der Untersuchung tatsächlich den Verdacht begründen kann, hier sei zum Wohle des Kindes die Aufsicht, Fürsorge und Kontrolle durch staatliche Organe angezeigt. Für etwa 95% der Eltern, die die Untersuchungen ohnehin freiwillig wahrnehmen, ist die gesetzliche Regelung unnötig. Die Nichtinanspruchnahme von Vorsorgeuntersuchungen oder aber ein häufiger Wechsel des Kinderarztes *kann* ggf. einen Risikoindikator für Misshandlungen oder Vernachlässigungen darstellen. Dies hat sich sowohl in der klinischen Praxis als auch in verschiedenen wissenschaftlichen Untersuchungen gezeigt. In Deutschland liegen bislang jedoch keine validen Erkenntnisse darüber vor, welche Personengruppen sich tatsächlich hinter den Familien verbergen, die trotz Rechtspflicht und Aufforderung nicht an Früherkennungsuntersuchungen teilnehmen. Forschungen im Ausland legen nahe, dass die fehlende Mitteilung zur Teilnahme an einer Früherkennungsuntersuchung per se wohl kaum als gewichtiger Anhaltspunkt für eine Kindeswohlgefährdung gewertet werden kann (vgl. Kindler, H.: Weiterentwicklung des Kinderschutzsystems in Deutschland. Politische Vorhaben und Befundlage, zit. nach Nothhafft 2008).

Gerade mit der Verpflichtung und dem verbindlichen Einladewesen einhergehend wird aber damit zu rechnen sein, dass sich viele Personensorgeberechtigte in der Ausübung ihres Elternrechtes beeinträchtigt und bevormundet sehen und sich in der Folge ggf. bewusst gegen die Teilnahme ihrer Kinder an der Untersuchung entscheiden. Insofern steht zu befürchten, dass gerade durch die Landesgesetze sogar ein neuer Risikofaktor gesetzt wird. Auch der erhebliche Eingriff in das Grundrecht auf informationelle Selbstbestimmung kann zu einer solchen Entscheidung, das Kind nicht zu einer Vorsorgeuntersuchung vorzustellen, führen (so bereits geschehen in einem Fall in Rheinland-Pfalz (RLP), der jüngst vom Verfassungsgerichtshof entschieden wurde – Verfassungsgerichtshof RLP 2009 VGH B 45/08). In all diesen Fällen aber pauschal zunächst den Verdacht auf eine mögliche Kindeswohlgefährdung anzunehmen, der in der Folge vom Jugend- und/oder dem Gesundheitsamt zu überprüfen und zu bestätigen bzw. zu widerlegen ist, bedeutet nicht nur einen faktisch von den Ämtern kaum zu bewältigenden Überprüfungs- und Verwaltungsaufwand.[56] Eltern aufgrund dieses *Nicht*vorliegens einer Meldung unter Generalverdacht zu stellen, könnte ggf. sogar einen ungerechtfertigten Eingriff in das verfassungsmäßig garantierte Elternrecht aus Art. 6 Abs. 2 GG sowie das Allgemeine Persönlichkeitsrecht aus Art. 2 Abs. 1 i. V. m Art. 1 Abs. 1 GG darstellen.

7.3.3 Kinderschutz durch Datenschutz: Das Vertrauensverhältnis als Basis einer effektiven Hilfebeziehung

Wenn auch der Verfassungsgerichtshof RLP das rheinland-pfälzische Landeskinderschutzgesetz kürzlich für verfassungskonform erklärt hat, so stellt doch das verbindliche Einladewesen bzw. das mit ihm verknüpfte Meldesystem – sowie die Meldepflichten und -befugnisse bei Anhaltspunkten für eine Kindeswohlgefährdung – zweifellos einen Eingriff in das informationelle Selbstbestimmungsrecht der betroffenen Kinder und Erziehungsbe-

---

56 Hinzu kommen die zahlreichen – und von den Ämtern zu überprüfenden – Fälle, in denen aufgrund eines Umzuges in ein anderes Bundesland, ggf. auftretende Systemfehler oder eines schlichten (Teilnahme- oder Melde-)Versäumnisses keine Meldung an die zentrale Stelle erfolgt, bedenklich erscheint auch die im Rahmen der neuen Gesetzeslage für das Jugendamt vorgesehene kontrollorientierte Rollenzuschreibung: dies könnte eher zu einer Isolation des Jugendamts führen und die eigentlich intendierte Kooperation erschweren.

rechtigten dar. Dies erscheint vor dem Hintergrund des besonders schutzwürdigen Vertrauensverhältnisses zwischen Arzt und Patient in besonderem Maße bedenklich: Ohne Vertrauen auf die Wahrung des Patientengeheimnisses wäre es fraglich, ob, wann und in welchem Umfang sich der Einzelne überhaupt seinem Arzt oder seiner Hebamme anvertrauen würde. Eine Vertrauensbeziehung zu einem Arzt oder auch zu einer Fachkraft für Kinder- oder Jugendhilfe, kann erheblichen und nachhaltigen Schaden erleiden, wenn Informationen, die Hilfsbedürftige solchen Vertrauenspersonen anvertraut haben, an Dritte weitergegeben werden. Die Rechtsgüter Schweigepflicht und Datenschutz sind keinesfalls als bloßer „rechtsstaatlicher Luxus" anzusehen. Nur durch den prinzipiellen und effektiven Schutz des Vertrauensverhältnisses zwischen Hilfsbedürftigem und Helfer kann gewährleistet werden, dass Helfern Informationen anvertraut werden, die den Schutz von Kindern überhaupt erst ermöglichen. So kommt auch eine Expertise des Deutschen Instituts für Jugendhilfe und Familienrecht (DIJuF) zum datenschutzrechtlichen Rahmen der Kooperation zwischen den für den Kinderschutz zuständigen Stellen zu dem Ergebnis, dass nicht die Nachrangigkeit des Datenschutzes Kinderschutz gewährleiste, sondern dessen konsequente Beachtung (Expertise des Deutschen Instituts für Jugendhilfe und Familienrecht e.V. – DIJuF v. 26.7.2007; Meysen, Schönecker und Kindler, 2009).

Aus diesem Grund hat der Gesetzgeber mit der „ärztlichen Schweigepflicht" – u.a. strafrechtlich geschützt durch § 203 StGB – Ärzten, Hebammen und Entbindungspflegern nicht nur eine Schweigepflicht sondern auch ein Schweigerecht zugestanden.[57] Der Vertrauensschutz im Arzt-Patient-Verhältnis ist bereits seit dem berühmten Hippokratischen Eid, dessen ältestes Textzeugnis ein Papyrus aus dem 3. Jahrhundert nach Christus darstellt, unabdingbare Grundlage jeder Hilfebeziehung. Durch den Eid wird in verschiedenen Versionen betont, dass der Arzt, was auch immer er bei der Behandlung oder auch unabhängig von der Behandlung im Leben der Menschen sehe oder höre, verschweigen und für sich behalten werde (Schubert und Scholl 2005). Spätere Formulierungen finden sich z.B. im Nürnberger Kodex von 1947 (Gerst 1996) und in der Genfer Deklaration von 1948 (Gerst und Fuchs 1997). Das Bundesverfassungsgericht betonte 1972 die Notwendigkeit des Vertrauensschutzes wie folgt: „Wer sich in ärztliche Behandlung begibt, muß und darf erwarten, daß alles, was der Arzt im Rahmen seiner Berufsausübung über seine gesundheitliche Verfassung erfährt, geheim bleibt und nicht zur Kenntnis Unberufener gelangt. Nur so kann zwischen Patient und Arzt jenes Vertrauen entstehen, das zu den Grundvor-

---

57 Analog dazu haben Mitarbeiter des Jugendamtes das Sozialgeheimnis entsprechend der Vorschriften der Sozialgesetzbücher I, VIII und X zu beachten. Gemäß § 65 SGB VIII sind diese zur Beachtung und Einhaltung des besonderen Vertrauensschutzes, vergleichbar der ärztlichen Schweigepflicht, verpflichtet, wenn Daten zum Zwecke persönlicher und erzieherischer Hilfe anvertraut worden sind.

aussetzungen ärztlichen Wirkens zählt, weil es die Chancen der Heilung vergrößert und damit – im Ganzen gesehen – der Aufrechterhaltung einer leistungsfähigen Gesundheitsfürsorge dient." (BVerfGE, NJW 1997, 1123). Der Einhaltung absoluter Diskretion wird damit der klare Vorrang eingeräumt – auch im Zuge immer neuer Auskunfts- und Meldepflichten, wachsender „Begehrlichkeiten" aufgrund elektronischer Datenverarbeitung sowie zunehmender Arbeitsteilung unter Einbeziehung immer mehr Beteiligter im Behandlungsprozess (Ulsenheimer 2008). Ohne Vertrauen gibt es kein Anvertrauen.

Gerade in der aktuellen Kinderschutz-Debatte im Zuge der medialen Skandalisierung von problematisch verlaufenen Kinderschutzfällen, verstärken sich aber die Forderungen nach einer Schwerpunktsetzung „Kinderschutz vor Datenschutz" (vgl. auch Knorr et al. 2009). Datenschutz wird als Hinderungsgrund für einen effektiven Kinderschutz gesehen. Ohne Frage handelt es sich bei dem Kindeswohl um ein hohes Verfassungsgut. Der Schutz von Kindern durch staatliche Organe ist ein zwingender Verfassungsauftrag. Auf Grundlage der neuen Landesgesetze wird es sich nicht vermeiden lassen, dass diese Grundrechte in der Praxis gelegentlich kollidieren können. Im Rahmen *gesetzgeberischer* Aktivitäten gibt es jedoch, von der in Art. 1 GG geregelten Menschenwürde einmal abgesehen, kein Rangverhältnis zwischen Grundrechten. Kein Grundrecht hat Vorrang vor einem anderen. „Es gibt keine ‚Hitparade von Grundrechten' die heute so und morgen anders aussehen könnte." (Stellungnahme des Landesbeauftragten für den Datenschutz v. 10.1.2008). Es ist vielmehr im konkreten gesetzgeberischen Einzelfall eine Abwägung zu treffen, um den möglicherweise in Kollision geratenden Grundrechten zu einer optimalen Wirksamkeit zu verhelfen. Droht einem Kind eine konkrete Gefahr, hat der Datenschutz zurückstehen. Diesem Umstand ist jedoch auch die Rechtslage vor Einführung der landesrechtlichen Kinderschutzgesetze gerecht geworden. Der rechtfertigende Notstand aus § 34 StGB rechtfertigt den Bruch der Schweigepflicht für alle Fälle, in denen die – aus ex ante Sicht – bestehende Gefahr für das Kind nicht anders abwendbar erscheint. Geht es aber, wie vorliegend, um eine abstrakt-generelle Regelung für alle Kinder und ihre Erziehungsberechtigten, ist das verfassungsmäßig garantierte Recht auf informationelle Selbstbestimmung im Sinne einer praktischen Konkordanz (ständige Rechtsprechung des Bundesverfassungsgerichts, vgl. Hesse 1999) ebenso zu berücksichtigen, wie die hohen Verfassungsgüter beispielsweise des Elternrechts oder des Kindeswohls.

7.4 Zwischenfazit

Nach all dem erscheint es fraglich, inwieweit die landesgesetzlichen Regelungen zum Kinderschutz eine gesetzliche Lösung ethischer und rechtlicher Problematiken im Falle einer Kindeswohlgefährdung bieten können. In der ethischen und rechtlichen Bewertung stehen das Vertrauensverhältnis und die Schweigepflicht auf der einen, dem Kindeswohl auf der anderen Seite gegenüber. Automatische Meldungen bei versäumten U-Untersuchungen durchbrechen die aus ethischen Gründen im Behandlungsvertrag zwischen Arzt und Sorgeberechtigtem verankerte Vertrauensbeziehung. Gerade eine solche Aushöhlung des besonders schutzwürdigen Vertrauensverhältnisses kann eine zusätzliche Gefahr für einen effektiven Kinderschutz darstellen, wenn z. B. Eltern aufgrund des fehlenden Vertrauens zu ihrem Arzt ihr Kind diesem nicht mehr vorstellen (so auch Knorr et al. 2009). Hinsichtlich der Rechtmäßigkeit der generellen Meldepflicht nach Durchführung einer Früherkennungsuntersuchung unabhängig vom Willen der Sorgeberechtigten – die durchaus auch als Einbeziehung des Arztes als „Ermittlungsorgan des Staates" gesehen werden kann – scheinen verfassungsrechtliche Bedenken vor allem im Hinblick auf das Grundrecht auf Informationelle Selbstbestimmung aus Art. 2 Abs. 1 i. V. m. Art. 1 Abs. 1 GG schwer von der Hand zu weisen. Ob die „Frühwarnsysteme" erneut einer verfassungsgerichtlichen Überprüfung unterzogen werden, bleibt abzuwarten.

Es stellt sich vorrangig die Frage, ob mit Einführung eines Melde- und Einladewesens der Zugang zu prekären Lebenssituationen von Kindern tatsächlich verbessert oder nicht gar verschlechtert wird – insbesondere dann, wenn die fachliche Qualifizierung der Früherkennungsuntersuchungen aussteht (s. o.). Bedenklich vor dem Hintergrund des Tempos, mit dem gesetzliche Regelungen zum Kinderschutz in den letzten Jahren erarbeitet und verabschiedet worden sind, erscheint vor allem die Fokussierung auf die rein quantitative Steigerung der Teilnahme an Früherkennungsuntersuchungen, die vorgezogen wurde anstatt verstärkt auf die qualitative Verbesserung der Durchführung der Früherkennungsuntersuchungen und der Kooperation zwischen Gesundheitshilfe und Kinder- und Jugendhilfe zu setzen. Hier könnte der Eindruck entstehen, die Demonstration politischer Handlungsfähigkeit habe Vorrang vor einer Weiterentwicklung des Kinderschutzsystems im Hinblick auf die Nachhaltigkeit des Schutzauftrages.

Kritisch zu beobachten ist jedenfalls, wie sich die neuen Vorgehensweisen in der Praxis etablieren und ob durch ein verbindliches Einladewesen tatsächlich die Teilnahmequote jener risikobelasteten Klientel, die vor allem durch diese flächendeckende Maßnahme erreicht werden soll, gesteigert werden kann. Wünschenswert – insb. vor dem Hintergrund der Verhältnismäßigkeit – wäre die Erhebung einer belastbaren Datenlage in Deutschland zum Nutzen der Vorsorgeuntersuchungen als Kinderschutzinstrument, bzw. zur Rate neu entdeckter Kindeswohlgefährdungen aufgrund des in vielen Landesgesetzen implementierten Meldesystems. Internationale Befunde lassen bislang einen eher mäßigen Nutzen in dieser Hinsicht vermuten (Kindler, H.: Weiterentwicklung des Kinderschutzsystems in Deutschland. Politische Vorhaben und Befundlage, zit. nach Nothhafft 2008).

Schließlich sollte durch die Implementierung expliziter Meldebefugnisse für schweigepflichtige Personen durch die Landesgesetze eine erhöhte Rechtssicherheit für Ärzte, Hebammen, Entbindungspfleger etc. im Umgang mit der Schweigepflicht bei gewichtigen Anhaltspunkten für eine Kindeswohlgefährdung geschaffen werden. Und durchaus kann von einer solch konkreten Regelung erwartet werden, dass sie ein gewisses Maß an Vertrauen und Handlungssicherheit in kinderschutzrelevanten Fällen schafft – vorausgesetzt, derjenige, der sich bei einem Schweigepflichtsbruch darauf berufen möchte, ist mit Existenz und Inhalt der entsprechenden Landesnorm hinreichend vertraut. Jüngst förderte eine Befragung von Ärzten in Bayern und Baden-Württemberg zu ihrer Kenntnis bzgl. der Landesregelungen zum Kinderschutz jedoch eine eher ernüchternde Erkenntnis zutage: Insgesamt wussten nur vier von 58 Ärzten überhaupt, dass ihr Bundesland ein Gesetz zu diesem Thema verabschiedet hatte und kein befragter bayrischer Arzt wusste etwas von seiner Meldepflicht im Falle von Anhaltspunkten für eine Kindeswohlgefährdung. Im Übrigen war auch der Kenntnisstand zur Meldebefugnis und Schweigepflicht insgesamt eher mäßig ausgeprägt und zudem unpräzise und teilweise fehlerhaft, wie die Aussage eines Arztes auf die Frage, wie die ärztliche Schweigepflicht im Bereich des Kinderschutzes konkret geregelt sei, verdeutlicht: „Das weiß ich nicht. Das entscheide ich dann für mich." (Knorr et al. 2009)

Unter ethischen Gesichtspunkten könnten die Meldebefugnisse durchaus zu einer Entlastung des Konfliktes führen, wenn sie an eine Aufklärungspflicht den Eltern und dem Kind gegenüber gekoppelt und an Hilfsangebote geknüpft sind. Dennoch ist zu erwähnen, dass es sich eben nicht um eine wirklich neue Befugnis zur Offenbarung von Geheimnissen in Kinderschutzfällen handelt, sondern um eine Klarstellung dessen, was auch bisher (durch den rechtfertigenden Notstand) galt: Liegen gewichtige Anhaltspunkte für eine gegenwärtige oder alsbald bevorstehende Kindesmisshandlung, -vernachlässigung oder einen Missbrauch vor, ist (und war) nach Berücksichtigung der unterschiedlichen Interessen sowie gewissenhafter Prüfung anderer Mittel zur Gefahrbeseitigung die Informationsweitergabe auch gegen den Willen der Sorgeberechtigten zulässig – und zwar gegenüber jedermann (im Gegensatz zur Befugnis aus den Landesnormen, die lediglich das Jugendamt als Adressaten benennen). Der Vorteil der landesgesetzlichen Regelungen – insb. solchen mit einer abgestuften Meldepflicht, wie dem rheinland-pfälzischen LKindSchuG – ist also in der Klarstellung der Rechtslage unter Nennung der einzelnen Prüfungsschritte zu sehen. Entsprechend ist es im Entwurf des Sächsischen Gesetzes zur Förderung der Teilnahme von Kindern an Früherkennungsuntersuchungen (Sächsischer Landtag, Drs. 4/14409) ausgedrückt: „Die Weitergabe von Daten im Falle einer Kindeswohlgefährdung verwirklicht nach geltender Rechtslage nicht den Tatbestand des Geheimnisverrates nach § 203 StGB, weil sich die Datenweitergabe bereits strafrechtlich über § 34 StGB – sogenannter rechtfertigender Notstand – rechtfertigt. Der Vorteil einer Landesregelung für die

Gesundheitsberufe besteht in der geschaffenen Rechtsklarheit, dass sie Daten weitergeben können. Diese Klarheit haben sie direkt und nicht erst am Ende eines möglichen strafrechtlichen Ermittlungsverfahrens." Deutlich schwieriger und unter ethischen Gesichtspunkten als bedenklich zu beurteilen ist die Situation allerdings in jenen Bundesländern (Bayern und Hessen), in denen eine Meldepflicht bei Vorliegen von Anhaltspunkten für eine Kindeswohlgefährdung implementiert wurde. So wurde auch die bayrische Norm im Rahmen der oben bereits erwähnten Befragung von einigen Ärzten „z. T. heftig kritisiert", weil sie eine Pflicht zur unverzüglichen Meldung – ohne Prüfung eigener Mittel zur Gefahrbeseitigung – vorsieht, selbst wenn ein jugendliches Missbrauchs- oder Misshandlungsopfer explizit keine Datenweitergabe wünscht, weil beispielsweise der Täter oder täternahe Personen im Umfeld der Jugendbehörden tätig sind (Knorr et al. 2009).

Insgesamt lässt sich konstatieren, dass Ärzte und andere schweigepflichtige Personen – aus rechtlichen und ethischen Erwägungen – auch weiterhin gut beraten sind, sich eine umfassende Rechtskenntnis anzueignen und hohe Ansprüche an die Voraussetzungen einer Durchbrechung der Schweigepflicht zu stellen (§ 34 StGB), auch wenn die Berufung auf eine andere – diese Maßstäbe ggf. nicht einhaltende – Befugnisnorm sich für den Arzt nicht nachteilig auswirken kann. Die große Chance durch eine bundesgesetzliche Befugnisnorm zur Vereinheitlichung der Rechtslage beizutragen, ist vorerst gescheitert. Mit einer überarbeiteten Version oder einem weiterreichenden Neuentwurf des Bundeskinderschutzgesetzes wird erst in der nächsten Legislaturperiode zu rechnen sein.

Abschließend bleibt festzuhalten, dass einzelne Maßnahmen, wie z. B. punktuelle Früherkennungsuntersuchungen, unzureichend sind. Kinderschutz ist eine interdisziplinäre Angelegenheit, die nicht mit einer isolierten Maßnahme und nicht mit den Kompetenzen einer isolierten fachlichen Disziplin oder Zuständigkeit abgedeckt und gelöst werden kann. Dies bedeutet, dass besondere Anforderungen an Kooperation und Vernetzung zwischen Helfern und Hilfesystemen gestellt werden müssen. Im Bereich der frühen Kindheit ist insbesondere eine verbesserte Verzahnung von Angeboten der Gesundheitshilfe und der Kinder- und Jugendhilfe im Bereich der frühen Kindheit von besonderer Bedeutung.[58]

---

58 Eine dezidierte Auseinandersetzung mit vorgeschlagenen Maßnahmen für einen verbesserten Kinderschutz findet sich bei Fegert, J. M., Stellungnahme im Anhörverfahren im Sozialpolitischen Ausschuss des Landtags Rheinland-Pfalz vom 7.3.2007.

8. Fazit und Ausblick

Nach der historischen Einleitung, die die Bedeutung der Berichterstattung für das Agendasetting im Kinderschutz verdeutlicht hat (Kap. 1), wird schon aus der Fallübersicht über die Medienberichte offensichtlich, dass gravierende Fehler im Kinderschutz insbesondere bei Vernachlässigung in der frühen Kindheit mit *Kommunikationsproblemen zwischen Systemen und innerhalb von Systemen* zusammenhängen. Einer sogenannten *Vernetzungsanalyse* kommt deshalb bei der Fehleranalyse eine wichtige Bedeutung zu. Problemlösungen sind in Prozessstandards sowohl in der innerbehördlichen Kommunikation als auch in der interdisziplinären Kommunikation zu suchen. Präventiv kann z. B. im Kontext „Frühe Hilfen" über manualisierte systematische „Runde Tische" eine effektive Vernetzungsarbeit angebahnt werden (vgl. Ziegenhain et al., im Druck). Betrachtet man Sorgfaltspflichten, so sind teilweise eklatante Verstöße gegen das Mehraugenprinzip bzw. das Prinzip der Teameinschätzung und gegen das Prinzip der sorgfältigen Dokumentation, insbesondere auch von Entscheidungszusammenhängen und Befunden z. B. im Rahmen von Hausbesuchen festzustellen. Offensichtlich bestehen für viele dieser Prozeduren keine einheitlichen Vorgehensweisen bzw. Standards, oder es werden bestehende Standards nicht angewandt oder eingehalten bzw. es werden zwar Befunde erhoben, diese dann aber für die weitere Planung von Hilfen nicht systematisch herangezogen.

In verschiedenen europäischen und außereuropäischen Staaten haben Fallanalysen zu gravierenden Fehlschlägen im Kinderschutz auf solche und andere Schwachpunkte in bestehenden Kinderschutzsystemen hingewiesen, zum Beispiel auf einen teilweise unzureichenden Informationsaustausch zwischen Fachkräften oder auf den verbreiteten Einsatz wenig aussagekräftiger Einschätzverfahren (Sinclair and Bullock 2002). Beispielhaft ist in England die systematische Aufarbeitung einzelner Untersuchungsberichte in regelmäßigen Abständen (2 Jahre) durch unabhängige Wissenschaftler im öffentlichen Auftrag oder die Dokumentation unter einem zentralen Dach wie in den USA („National Center on Child Fatality Review") (Brandon et al. 2008; s. auch Kap. 4), die in Deutschland z. B. unter dem Dach des „Nationalen Zentrums Frühe Hilfen" erfolgen könnte.

Das überwiegende Ziel solcher Analysen besteht darin, die in diesen Fällen enthaltenen Lernchancen für einen besseren Schutz von Kindern zu nutzen. Auch wenn Unterschiede hinsichtlich der organisatorischen und rechtlichen Rahmenbedingungen solcher Analysen bestehen, zeigt sich eine generelle Tendenz zu klaren Regelungen bezüglich der Zusammensetzung von Untersuchungskommissionen, des Untersuchungsauftrags, der Methodik und der

Veröffentlichung der Ergebnisse. Fehleranalysen wurden von den befragten Experten in erster Linie als Möglichkeit gesehen, zentrale Punkte für die Weiterentwicklung des Kinderschutzsystems zu identifizieren und die gesellschaftliche Bereitschaft zu stärken, in die Verbesserung des Kinderschutzsystems zu investieren (Axford and Bullock 2005). Internationale Studien zu Fehleranalysen haben gezeigt, dass Problemfälle im Kinderschutz in der Regel auf Haltungsprobleme zurückzuführen sind. Häufig werden bestimmte Einschätzungen zu früh und auf einer nicht hinreichenden Datenlage bzw. Güterabwägung getroffen. Später werden dann neue Informationen und Befunde nur noch zur Legitimation der ursprünglichen Entscheidung herangezogen.

Die Übersicht zur Methode der Fehleranalyse in anderen Anwendungsbereichen wie der Luft- und Raumfahrt und Medizin (Kap. 3) ergab, dass eine *„Fehlerkultur"* zu einem Lernen aus Fehlern erforderlich ist. Dies bedeutet, dass man prinzipiell die Möglichkeit von Fehlern bei gefahrgeneigten Tätigkeiten akzeptieren und sich primär die Frage stellen muss, ob es Mechanismen gibt, die Fehler eines Einzelnen verhindern bzw. kompensieren könnten. Bei der Fehleranalyse steht also nicht die Schuldfrage im Vordergrund, sondern es geht um Sicherheitslücken im Gesamtsystem. Dabei sind Fragen der *Strukturqualität*, der *Prozessqualität* und der *Ergebnisqualität* zu analysieren. Verschiedene Detektionsmethoden für solche Lücken im System, wie z.B. „Critical Incident Reporting Systeme", retrospektive Analysen (Aktenanalyse von Ermittlungsberichten etc.), sowie die systematische Analyse von Großereignissen wurden dargestellt. Betrachtet man Fehler als eine Kette von Systemproblemen und nicht als das persönliche Versagen des Letzten in der Kette, dann geht es primär auch um *Managemententscheidungen, Ressourcenallokation* und *Organisationsfragen*. Deutlich wurde auch, dass zu einer Fehlerkultur ebenfalls eine Kultur der Kommunikation von begangenen Fehlern gehört. Hier ist eine entsprechende Haltung unbedingt erforderlich, die einräumt, was geschehen ist, die sich entschuldigt, die Gesten des Trostes und der Wiedergutmachung einschließt, die klar die Fakten offen legt und die dann daraus Konsequenzen zieht.

In verschiedenen Interviews (Kap. 5.1 und 6) mit Angehörigen unterschiedlicher Arbeitsbereiche aus Jugendhilfe, Medizin und Management wurde versucht, mit einem qualitativen Ansatz emotionale Dimensionen der Fehlerproblematik, wie z.B. die lähmende Angst besser zu erfassen. Gleichzeitig wurde nach Beispielen mit kreativen Lösungsvorschlägen und vorhandenen Ressourcen im positiven Umgang mit Risiken gesucht. Es erfolgte eine Bewertung der gesetzgebenden Maßnahmen im Rahmen der Kinderschutzgesetzgebung (Kap. 7). Abschließend werden nun auf der Basis der hier vorgelegten Analysen, die sich auf völlig unterschiedliche Quellen wie Gesetzgebungsübersichten, Medienberichte, historische Untersuchungen aber auch die eben beschriebenen qualitativen Interviews und quantitative Auswertungen beziehen, Empfehlungen für die Fortentwicklung eines fehlerbewussten Kinderschutzsystems in Deutschland gegeben.

8.1 Empfehlungen

8.1.1 Verbesserter Umgang mit Sachaufgaben durch gesteigerte Fachlichkeit

- *Steigerung der Kompetenz im Erkennen von Risiken und in der Integration unterschiedlicher Perspektiven im Rahmen einer Güterabwägung* (Lern- und Weiterbildungsziele: systematisiertes Erkennen von Risiken, sorgfältige Abwägung von Risiken und Ressourcen, Erörterung der Entscheidungsgrundlage). Wichtig ist dabei, dass unterschiedliche Fachkräfte nicht einfach Checklisten durcharbeiten, die sie dann mehr oder weniger anwenden, sondern dass sie ein Verständnis des statistischen Risikobegriffs haben und wissen, dass Wahrscheinlichkeiten von Rahmenbedingungen abhängen, in denen sie erforscht und ermittelt wurden. Ohne profunde praktische Kenntnisse und ein mathematisch statistisches Verständnis von Wahrscheinlichkeiten sind Risikolisten allein nicht dazu geeignet, Gefährdungsprognosen zu begründen. Von einer mathematisch über Schwellenwerte abgeleiteten, automatischen Gefährdungsprognose nach einem Algorithmus ist nicht zuletzt wegen mangelnder empirischer Fundierung dringend abzuraten. Checklisten und entsprechende Algorithmen sind Hilfsmittel bei der einzelfallbezogenen Entscheidung. Die letztendliche Falleinschätzung sollte aber durch die Fachkraft, z. B. in der Auseinandersetzung mit einem Fachteam erfolgen und sollte nicht z. B. von einem Computerprogramm vorgegeben werden.

- *Etablierung einer Fähigkeit zur Dokumentation, die den Sorgfaltspflichten entspricht,* d. h. mindestens Dokumentation von Pro- und Contraargumenten für eine Entscheidung, damit eine Güterabwägung deutlich und nachvollziehbar ist. Idealerweise sollten mögliche Szenarien bei verschiedenen Interventionen bzw. Nichtinterventionen abgewogen werden.

- *Steigerung des Wissens über Suchterkrankungen, psychiatrische Erkrankungen, Delinquenz bei Eltern und ihre Auswirkungen auf die Erziehungsfähigkeit.* Das Kapitel Kinder chronisch und psychisch kranker Eltern (S. 235-237) im 13. Kinder- und Jugendbericht (Deutscher Bundestag (2009) hat die Bedeutung der elterlichen Belastung für die Salutogenese und die kindliche Entwicklung noch einmal deutlich gemacht. Fachkräfte, die Einschätzungen im Kinderschutz treffen sollen und damit ein Gefährdungsrisiko abschätzen sollen, sollten sowohl die Versorgungssysteme, z. B. der Erwachsenenpsychiatrie, der Suchtkrankenhilfe etc. kennen, als auch sich mit der Folge von bekannten Risikovariablen für die Erziehungsfähigkeit auseinandergesetzt haben. Hier besteht ein nachhaltiger interdisziplinärer Aus- und Weiterbildungsbedarf, der auch von der Jugendberichtskommission (S. 257) dargelegt wird. Gefordert wird da für Fachkräfte der Kinder- und Jugendhilfe die Einführung gezielter Aus-, Fort- und Weiterbildungen in gesundheitswissenschaftlichen Grundlagen sowie der Transfer medizinischer und entwicklungspsychologischer Forschungsergebnisse in die Praxis und die Vermittlung von Kooperationswissen in Bezug auf Gesundheitsdienste etc. Als zukunftsträchtiges, interdisziplinäres Fort- und Weiterbildungsmodell werden auch E-Learning Angebote angesprochen; die Errichtung von Kompetenznetzen wird empfohlen. Darüber hinaus wird ggf. von Schwerpunktstudiengängen mit Bachelor- und Masterabschlüssen gesprochen. Deutlich wird, dass gerade an der Schnittstelle zwischen Jugendhilfe und Gesundheitswesen vermehrt ein Systeme übergreifendes, praxisrelevantes Handlungswissen vermittelt werden muss. Dies kann nur bewerkstelligt werden, wenn im akademischen Bereich genügend Spezialisten mit Praxiserfahrung und Wissen in der interdisziplinären Kooperation herangebildet werden, die in diesen Feldern akademische Karrieren begründen können und dann zur gezielten Weiter- und Ausbildung beitragen können.

- *Steigerung des Wissens, das für interdisziplinäres Handeln befähigt.* Hierzu gehört die Steigerung der Systemkompetenz: u.a. rechtliche Kenntnisse. Ein Arzt muss beispielsweise wissen, dass er zum Ausschluss von Risiken ein mit Misshandlungsverdacht vorgestelltes Kind auf jeden Fall – auch ohne Einverständnis der Eltern – untersuchen darf. Im medizinischen Bereich haben sich Behandlungsleitlinien zur Orientierung in der Praxis durchgesetzt. Leider bestehen für den Bereich des Kinderschutzes verschiedene Leitlinien, z.B. der Kinderärzte, der Sozialpädiater, der Kinder- und Jugendpsychiater etc. Wünschenswert wäre eine fachlich bindende und anerkannte Leitlinie auf höchstem Niveau (s. Leitlinie nach den Richtlinien der AWMF – Arbeitsgemeinschaft der Wissenschaftlichen Medizinischen Fachgesellschaften, zu finden unter http://www.uni-duesseldorf.de/AWMF/ll/ll_metho.htm, letzter Abruf 17.9.2009) für Vernachlässigung, Kindesmisshandlung und zum sexuellen Missbrauch. Zentrale Elemente der Zusammenarbeit, wie z.B. eine Befugnisnorm zur Weitergabe von Befunden, wenn die Sorgeberechtigten nicht hinreichend zum Schutz des Kindes beitragen und einer Weitergabe von Befunden nicht zustimmen, müssen allgemeinverbindlich geregelt sein. Die Übersicht im vorangegangenen Kapitel zeigt, dass hier die Landeskinderschutzgesetzgebung eher für Verwirrung als für Klärung gesorgt hat. Nicht nur im medizinischen Bereich, sondern auch mit der Jugendhilfe könnten zur Orientierung ausformulierte fachliche Standards im Sinne von solchen Leitlinien und „Standard Operating Procedures – SOPs" festgelegt werden. Solche Standards sollten z.B. für Hausbesuche, für Interventionsentscheidungen etc. definiert werden.

- *Einführung von Critical Incident Reporting Systemen oder eines Berichtswesens zu riskanten Vorfällen.* Multidisziplinär angelegte Analysen von schwerwiegenden Misserfolgen im Kinderschutz sind in mehreren Ländern gängige Praxis. Deutschland hat im Gegensatz zu vielen anderen Ländern wie England, den USA und Kanada bislang keine entsprechenden Vorgehensweisen. Allerdings müssten zunächst einmal hierfür die entsprechenden rechtlichen Grundlagen geschaffen werden.

- *Kommunikation.* Das zentrale Problem ist und bleibt aber die Kommunikation, sowohl die Kommunikation mit Klienten oder Patienten als auch die Kommunikation zwischen den Systemen. In seinem Buch „Outliers" hat Malcolm Gladwell (2009) dargelegt, wie allein die extrem rücksichtsvolle und hierarchieabhängige Kommunikation in Korea dazu geführt hatte, dass die koreanische Luftfahrtgesellschaft, trotz modernsten Maschinenmaterials, deutlich häufiger fatale Flugzeugunfälle hatte als andere Airlines. Allein die Veränderung des Kommunikationsstils hat zu mehr Sicherheit beigetragen. Es ist schwierig innerhalb eines Teams Probleme anzusprechen. Man will Kollegen nicht stören, oft mag man Vorgesetzten nicht widersprechen. Im gleichen Beitrag zu den gesellschaftlichen Bedingungen von statistischen Ausreißerphänomenen wird z.B. auch dargelegt, dass weltweit weniger Flugunfälle passieren, wenn der Co-Pilot steuert, als wenn der Pilot am Steuer sitzt. Der Grund hierfür ist, dass der Pilot keinerlei Scheu hat, in das Handeln des Co-Piloten einzugreifen, da er diesem hierarchisch vorgesetzt ist. Umgekehrt gestaltet sich ein Eingriff schwieriger. Für eine Verbesserung des Kinderschutzes muss folglich geübt werden, Kritik am Vorgehen von Kollegen, auch an Anordnungen von Vorgesetzten, in konstruktiver Weise zu üben und notfalls auch mit Druck erneut Teamreflexionen herbeizuführen. Fachkräfte sollten ein Gefühl dafür entwickeln, wann Sie, um in der Metapher zu bleiben, nicht mehr vertrauensvoll im „Blindflug" handeln können, sondern wann sie sich auf die alte Weisheit verlassen müssen, dass vier Augen mehr als zwei sehen. In der ärztlichen Aus-, Weiter- und Fortbildung, sowie auch in den entsprechenden Ausbildungsbereichen und Weiterbildungen bei Krankenschwestern, Hebammen, Arzthelferinnen etc. muss die einfühlsame Kommunikation von negativen Botschaften von Grenzsetzungen etc. explizit geübt werden. Vermittelt werden sollte auch, wie man Patienten in ein anderes System für eine Hilfe weiterempfiehlt und begleitet und damit sicherstellt, dass nicht nur verwiesen wird, sondern dass die Betroffenen auch dort ankommen. Hierzu ist auch die Steigerung des Basiswissens über die Schweigepflicht und andere datenschutzrechtliche Zusammenhänge eine unabdingbare Voraussetzung.

8.1.2 Verbesserung der Sacharbeit, handwerkliche Optimierung von Arbeitsvorgängen

- *Vorbereitung, Strukturierung und effiziente Lenkung der relevanten Teamsitzungen und Teamentscheidungen.* In medizinischen Teams oder auch in der sozialen Arbeit wird sehr viel Zeit mit Teambesprechungen verbracht. Häufig werden Zeitpläne nicht eingehalten, oft sind Besprechungen wenig strukturiert. Insofern lohnt es sich, durch gute Vorbereitungen Teamsitzungen für alle erfreulicher und effizienter zu gestalten.

In der Regel gehören eine Tagesordnung, ein klarer zeitlicher Rahmen und eine strukturierte Sitzungsleitung zur erfolgreichen Durchführung von Teamsitzungen. Gerade bei den schwierigen Entscheidungen im Kinderschutz ist es wichtig, nicht nur Diskussionsergebnisse zu dokumentieren, sondern Pro- und Contraargumente aufzuführen. Dabei reicht es, einfach eine Liste mit jeweils Plus- und Minus-Argumenten aufzustellen. Ausführliche Wortprotokolle sind meist überflüssig. Ergebnisprotokolle sollten klare To-Do-Listen mit Zuständigkeiten und Fristsetzungen enthalten, so dass zur Kontrolle der beschlossenen Maßnahmen entsprechende Wiedervorlagen vorgenommen werden können.

- *Verbesserung der schriftlichen Kommunikation, Dokumentation und des Berichtswesens durch entsprechende Arbeitshilfen und vorgegebene Standards.* Ähnlich wie sich Sitzungsprotokolle besser standardisieren lassen ist es möglich, viele Dinge in der schriftlichen Kommunikation zu vereinheitlichen und damit übersichtlicher zu gestalten. In den letzten Jahren sind in der Jugendhilfe zahlreiche Anhaltsbögen und orientierende Instrumente zum Einsatz gekommen. Bisweilen werden diese aber nur abgeheftet und nicht in Bezug zu Entscheidungen gesetzt. Es erscheint sinnvoll, dass die vorhandenen Instrumente regelmäßig gemeinsam durchforstet und auf ihre Praktikabilität überprüft werden. Weniger ist manchmal mehr. Gerade wenn Akten von verschiedenen Kolleginnen und Kollegen genutzt werden sollen, hilft ein einheitlicher Aufbau und die Verwendung einheitlicher Hilfsmittel weiter.

- *Controlling und Datenerfassung im Kinderschutzbereich.* Nach wie vor gibt es kaum festgelegte Zielgrößen oder Benchmarks im Kinderschutzbereich. Sowohl in der Medizin als auch in der Jugendhilfe fehlen entsprechende vereinheitlichte Definitions- und Dokumentationssysteme. In den USA haben z.B. die Centers for Disease Controll and Prevention (CDC) ein ganzes Manual zur einheitlichen Definition bei der Erfassung von Kindesmisshandlung und zu empfohlenen Datenerhebungen gegeben (Leeb et al. 2008). Schon Salzmann et al. haben darauf hingewiesen, dass der Mangel an dokumentierten Daten im Kinderschutz auch dazu führt, dass nicht adäquate Reaktionen ausgebildet werden und somit letztendlich Fehler passieren (Salzmann et al. 1999). Gleichzeitig wird durch ein solches mangelndes Monitoring aber auch allen Helfern die Chance genommen, die Effektivität oder das Scheitern ihrer Anstrengungen zu überprüfen. In der CDC Vorlage zur Klassifikation von Kindesmisshandlung werden aktive Taten (Acts of Commission) von Unterlassungstaten (Acts of Omission) unterschieden. Zu den aktiven Taten gehören also die Kindesmisshandlung und der sexuelle Missbrauch und auch psychologische oder emotionale Misshandlung. Zu den Unterlassungs- und Vernachlässigungstaten gehören die physische Vernachlässigung, die emotionale Vernachlässigung, medizinische und zahnmedizinische Vernachlässigung, vernachlässigte Erziehung, nicht adäquate Betreuung und Supervision sowie die Exposition gegenüber bedrohlichen oder gewalttätigen Umwelten. Ein vergleichbares, über die Systeme hinweg abgestimmtes Dokumentationssystem fehlt bei uns. Zwar gibt es in den eingeführten Klassifikationssystemen DSM-IV und ICD-10 entsprechende Kategorien, diese sind aber recht global. Im DSM-IV, der Klassifikation der amerikanischen psychiatrischen Fachgesellschaft, die weltweit in der Forschung viel angewandt wird, gibt es so die Codes 995.54 für körperliche Kindesmisshandlung, 995.53 für sexuellen Missbrauch und 995.52 für Kindesvernachlässigung. In der ICD-10 sind die Gruppe R 62 – Verzögerung der zu erwartenden normalen physiologischen Entwicklung, sowie entsprechende Z-Codes relevant. Diese Z-Codes werden trotz der verbindlichen Verwendung der ICD-10 in Deutschland quasi nie verwandt, weil, wie oben ausgeführt, solche diagnostische Feststellungen automatisch, über die sozialrechtliche Rückholungspflicht der Krankenkassen, zu Strafanzeigen gegenüber den vermutlichen Tätern führen würden. In der multiaxialen Klassifikation für psychische Störungen des Kindes- und Jugendalters nach ICD-10 der WHO, herausgegeben von Remschmidt, Schmidt und Poustka (2009), besteht darüber hinaus in der 5. Achse (assoziierte aktuelle abnorme psychosoziale Umstände) die Möglichkeit zur Klassifikation verschiedener Misshandlungsformen, welche auch den Z-Codes in der ICD-10 entsprechen, so z. B. die körperliche Kindesmisshandlung Z 61.6, der sexuelle Missbrauch innerhalb der Familie – Z 61.4, unzureichende elterliche Aufsicht und Steuerung – Z 62.0, Erziehung welche unzureichende Erfahrung vermittelt – Z 62.8. Aber auch Belastungen z. B. durch psychische Störungen eines Elternteils – Z 63.7 etc. könnten so dokumentiert werden. Es mangelt also nicht an Definitionen und Kategorien sondern es mangelt daran, eine Rechtsgrundlage und einen Konsens für die Anwendung solcher Datenerfassungen zu schaffen, so dass wirklich ein regionales und überregionales Kinderschutzmonitoring in Deutschland etabliert werden kann.

8.1.3 Managementaufgaben

- *Ziele definieren, Verantwortlichkeiten klarstellen, Anreize für Fehlererkennen setzen.* Erreichbare fachliche Ziele müssen in einer Institution oder in vernetzten Verbünden definiert und vereinbart werden. Organisationsmängel müssen abgestellt werden. *Beendigung von Verantwortungsdiffusion,* fehlender Fachaufsicht, fehlender Integrations- und Fachverantwortung- und Steuerungsübernahme der Jugendhilfe bei gleichzeitiger rechtlicher Federführung. Umgekehrt herrscht im Gesundheitswesen häufig die Ansicht, nur abgegrenzte berufliche Aufgaben zu erfüllen und nicht für Organisation und Kommunikation bei weiterführenden Hilfen verantwortlich zu sein. Zentral scheint es, sowohl in der interdisziplinären Kommunikation als auch in der Fallarbeit im Jugendamt, *Anreizstrukturen für das frühzeitige Erkennen von Fehlern und Fehlent-*

wicklungen zu geben. Gedacht werden kann an eine Verknüpfung der notwendigen, differenzierten Ressourcenallokation mit der Bedingung einer fachlichen Standards entsprechenden Dokumentation mit Güterabwägungen und einer systematischen Einschätzung der Situation unter Anwendung von adäquaten Risikoabschätzungsinstrumenten (am Besten abgesichert durch unabhängige Einschätzer).

- *Werte und Haltungen gemeinsam erarbeiten.* Da die Übersicht sowohl der nationalen Krisenfälle wie der internationalen Literatur gezeigt hat, dass häufig Überzeugungen, Einstellungen – letztendlich Werte und Wertungen – dazu geführt haben, dass bestimmte Informationen nicht wahrgenommen oder ausgeblendet wurden, ist es auch wichtig im Sinne der Leitbildentwicklung, die Frage von Werten und Grundsätzen stärker zu diskutieren. Ein zentraler Wertekonflikt, der in der Diskussion der Jugendhilfe scheinbar lähmend wirkt, ist die Vorstellung des Paradigmenwechsels von einem Jugendwohlfahrtsgesetz als „Überwachungsgesetz" weg und hin zu einem Dienstleistungsgesetz mit partizipativen Aushandlungsprozessen mit den Sorgeberechtigten im KJHG. Offensichtlich werden teilweise die Familienorientierung des KJHG und der wichtige Grundsatz der Teilhabe von Familien als Grenze oder Widerspruch in Bezug auf Kinderschutzmaßnahmen angesehen. Die individuell auszutarierende Balance zwischen momentaner Erziehungsfähigkeit und den Aufgaben der staatlichen Gemeinschaft, entsprechend Art. 6 Grundgesetz, auch mit Blick auf die Entwicklungsprognose von Kindern und ihren Förderbedarf, sollte stärker als positives Alleinstellungsmerkmal der Fachlichkeit ausformuliert und in Leitbildern verankert werden und darf nicht weiter als unlösbarer Widerspruch oder als ideologischer Streit aufgefasst werden. So sollten antagonistische Debatten über Ressourcenorientierung versus Interventionen, Auflagen etc. teilweise in neue, ergänzende Ansätze, Entwicklung von Ressourcen, Stärkung von Autonomie z. B. durch Auflagen übergeführt werden. Sowohl im psychotherapeutischen Bereich, als auch z. T. im Bereich der Arbeitsverwaltung hat sich deutlich gezeigt, dass man nicht nur auf Motivation setzen kann, wenn es um Veränderungen geht, sondern dass manchmal auch Druck nötig ist, um erste Schritte einzuleiten, die dann zu einer stärkeren Selbständigkeit und Weiterentwicklung führen.

Aktive Bürgerinnen und Bürger, besorgte Großeltern und Verwandte, die dem Jugendamt Problemlagen mitteilen und somit das wachsame Auge der staatlichen Gemeinschaft repräsentieren, haben ein Recht, auf eine *fachlich fundierte*, im Sinne der zu schützenden Kinder, interessierte Offenheit bei den Fachkräften zu stoßen. Hierzu gehört ein Haltungswechsel, der solche *Melder nicht als Denunzianten oder Störfaktoren* wahrnimmt. Es erscheint wichtig, dass an solchen grundsätzlichen Werten und Haltungen parallel zur handwerklichen Verbesserung der Sacharbeit gearbeitet wird.

Eine zentrale Haltungs- oder Wertefrage ist auch die Frage des Vertrauens der Mitarbeiter auf die Unterstützung durch Teams und Vorgesetzte in solchen schwierigen Fragen. Zentral für eine „offene Fehlerkultur" in der Irrtümer zugegeben und bearbeitet werden können, ist eine *Vertrauenskultur*. Dabei muss jeder verstehen, dass bei grobfahrlässigem Handeln oder *persönlichem* Versagen er/sie auf jeden Fall strafrechtlich als Letzthandelnder verantwortlich ist und auch nicht durch ein Amt geschützt werden kann. Ganz anders verhält es sich mit der *Organisationsverantwortung*, die selbstverständlich bei der Leitung anzusiedeln ist. Dieser Unterschied zwischen strafrechtlicher und zivilrechtlicher Haftung ist vielen Handelnden, sowohl im Jugendamt als auch in der Medizin, häufig nicht geläufig und hat in der Aufarbeitung einiger dramatischer Fälle, wie z. B. dem Osnabrücker Fall, auch zu erheblicher emotionaler Verwirrung geführt.

- *Fallsteuerung und Leistungsbewertung, Beschleunigungsgebot und Sorgfaltsgebot* bei der Fallbearbeitung und bei der Entscheidungsfindung in Risikosituationen; adäquate Ressourcenallokation, mehr Zeit für komplexe Fälle, weniger Zeit für Routinefälle (Ressourcenallokation abhängig von fundierter Falleinschätzung durch Standardinstrumente und adäquater Dokumentation, siehe oben). Kinderschutzfälle bedingen Zusammenarbeit Vieler, deshalb sind Flow-Modelle angebrachter als einzelne Experten oder Abteilungen, die versuchen, jeweils nur ihre Leistung zu optimieren. Eine wichtige Managementaufgabe liegt in der Leistungsbewertung und im Fördern von Mitarbeitern. Insuffiziente Mitarbeiter, die es überall gibt, müssen kompensiert werden und dürfen keine Entscheidungen ohne Fachaufsicht treffen.

- *Qualitätssicherung.* Zur Qualitätssicherung gehört eine gute Beschreibung der lokalen Strukturen (Strukturqualität): wer steht im Netz zur Verfügung, wo sind problematische Schnittstellen. Unsere Forschung hat z. B. gezeigt, dass vielerorts die Arbeitsverwaltung, die psychiatrischen Kliniken und teilweise die Frühförderung in den Köpfen derer, die das Versorgungsnetz bilden, nicht repräsentiert sind.

- *Prozessqualität.* Zum Thema Prozessqualität ist es wichtig, Abläufe stärker zu strukturieren, getroffene Entscheidungen in einen Verlauf einzubetten und den weiteren Verlauf zu verfolgen und damit auch die Richtigkeit von einmal getroffenen Entscheidungen in adäquaten Zeiträumen neu zu überprüfen. Psychologisch können viele kritische Entscheidungen im Kinderschutz, bei denen es, wie es Anna Freud treffend formuliert hat, häufig um das Dilemma geht „zu früh zu viel" oder „zu spät zu wenig" gemacht zu haben, mit dem so genannten Rubikon Paradigma aus der Entscheidungsforschung beschrieben werden: Verschiedene Informationen führen zu einem Ansteigen des Drucks, bis schließlich eine Entscheidung fällt. Wenn die Entscheidung gefallen ist, erfolgt eine gewisse Einengung auf die Umsetzung der Handlung, welche auch notwendig ist, denn es ist schlicht nicht möglich, z. B. einer Familie gegenüber zu treten und z. B. die Fremdunterbringung eines Kindes durchzusetzen und gleichzeitig zu sagen, wir waren uns auch nicht schlüssig, ob das das Richtige ist, aber jetzt versuchen wir es einmal so und dann das Für und Wider auszuführen. Dennoch muss vorher das Für und Wider genau abgewogen und dokumentiert werden und nach der erfolgten Handlung darf im Prozess des Kinderschutzes das Problem nicht als „abgehakt" oder ein für alle mal entschieden gelten, sondern der weitere Verlauf muss zur Evaluierung bisheriger Entscheidungen herangezogen werden. Hierzu gehört auch, dass die zur Handlung notwendige Einengung der Wahrnehmung wieder aufgeweitet wird, so dass die gesamte Breite aller Faktoren neu reflektiert werden kann. Handwerklich gehören zur Prozessqualität z. B. die Definition „sinnvoller" Wiedervorlagen zur Überprüfung von Hilfen, die Definition altersentsprechender, zeitlicher Spielräume, die bei Säuglingen sehr kurz sein müssen etc.

- *Ergebnisqualität.* Festzustellen ist ein genereller Mangel an Daten, sowohl im Gesundheitsbereich als auch im Bereich der Jugendhilfe. Nach wie vor wird Kindesmisshandlung und -vernachlässigung, obwohl entsprechende Klassifikationskategorien in der Zusatzklassifikation der ICD-10 zur Verfügung stehen, im medizinischen Bereich aus verständlichen Gründen nicht gestellt, um die Heranziehung der möglichen Täter und damit den automatischen Einbezug der Staatsanwaltschaft über die Krankenkassen zu vermeiden (§ 294a SGB V).
  Ein Qualitätsmonitoring im Kinderschutz bedarf aber einer vernünftigen Datenlage. Hier sind dringend Verbesserungen in verschiedenen Systemen erforderlich. Ein entsprechendes Berichtswesen sollte etabliert werden.
  Eine wichtige Managementaufgabe liegt in der Leistungsbewertung und im Fördern von Mitarbeitern, welche ihren Stärken entsprechend eingesetzt werden sollten. Erfolgreiche Kinderschutzarbeit erfordert Stärken in der interdisziplinären Kommunikation, in der Entscheidungsfreudigkeit bei gleichzeitiger überlegter Abwägung.

- *Hilfeprozessmanagement als Unterstützung in der interdisziplinären Zusammenarbeit.* Als Folge ernüchternder Ergebnisse unserer bisherigen Vernetzungsforschung beantragten wir bei der World Childhood Foundation ein Projekt zur Hilfeprozesskoordination im Kinderschutz. In dieser Studie ist es uns erstmalig im deutschsprachigen Bereich gelungen, im Kinderschutz eine randomisierte, kontrollierte Interventionsstudie mit wirklichen Fällen aus der Praxis der Jugendhilfe durchzuführen. Diese Studie wurde mittlerweile veröffentlicht in Child Abuse and Neglect, der weltweit führenden Zeitschrift zu empirischer Forschung im Bereich Kindesmisshandlung, Vernachlässigung und sexuellem Missbrauch (Goldbeck et. al. 2007). In unserer Studie bekam eine Fallgruppe Hilfeprozesskoordination (HPK) durch institutionsexterne Supervision/Beratung durch Kinderschutzexperten. Die Fallführung blieb bei der jeweils meldenden Stelle im Feld, d. h. beim Jugendamt oder beim Kinderschutzbund, bei beteiligten Praxen, Beratungsstellen etc. Vereinbart wurde eine einheitliche Qualitätssicherung von Diagnostik und Intervention, welche leitlinienorientiert standardisiert wurde. Die Hilfeprozesskoordination konnte zwei bis sechs Beratungstermine innerhalb von sechs Monaten in Anspruch nehmen. Für Entscheidungen galt nicht ein Mehrheits- sondern ein Konsensprinzip.[59]

8.1.4 Kommunikation verbessern, Kommunikationsprobleme abbauen

Kommunikationsfähigkeit und die Bedeutung der Kommunikation für die Zusammenarbeit sind schon bei den persönlichen Voraussetzungen genannt worden. Es gibt aber auch organisatorische Rahmenbedingungen sowie Vorurteile, z. B. über den Status oder die Minderwertigkeit von Berufsgruppen, welche zu unklarer Kommunikation beitragen. Durch die Bündelung von Zuständigkeiten nach dem Prinzip „One Face to the Customer" (vgl. auch Kap. 6) können bessere Schnittstellen etabliert werden.

Dysfunktionale Kommunikation in Krisenfällen beruht auf mangelnder Zusammenarbeit im „Friedenszustand". Alle später fallentscheidenden Probleme sind also schon im Vorfeld virulent und müssen durch eine gute Praxis der interdisziplinären Zusammenarbeit, z. B. bei gemeinsamer Förderung von Kindern, vorgebahnt werden. Ohne gute Alltagszusammenarbeit besteht

---

59 Insgesamt konnten von 80 gemeldeten Fällen im Jahr 2003 42 in die Interventionsgruppe mit Hilfeprozesskoordination und 38 in eine treatment as usual (TAU) Kontrollgruppe eingeteilt werden. Am Schluss waren die HPK-Teilnehmer zufriedener mit dem erreichten Kinderschutz (2/3 versus 1/2). Sie verzichteten häufiger auf Strafanzeigen, legten Wert auf präzise Absprachen innerhalb des Helfersystems und erreichten ihre in den HPK-Sitzungen vereinbarten Ziele überwiegend. Im Ressourcenverbrauch bestand kein Unterschied zwischen HPK und Kontrollgruppe. Auch dies ist wichtig hervorzuheben in Zeiten, in denen stets der Rotstift des Kämmerers bei der Einführung von Innovation eine entscheidende Rolle spielt. Die HPK-Teilnehmer betonten, dass sie sicherer bei der Interventionsplanung und im Umgang mit Vernachlässigung geworden seien, berichteten aber auch durch ihr höheres diagnostisches Wissen von einer gewissen Verunsicherung bei schweren Misshandlungsformen und bei der Abschätzung von Misshandlungsfolgen, weil hier differentialdiagnostische Überlegungen eine stärkere Rolle spielten. Dieser Effekt ist durchaus positiv, weil offensichtlich hierdurch „Schnellschüsse", also unüberlegte, emotional getriggerte Interventionen in verantwortlicher Weise reduziert werden konnten. Ein negatives Ergebnis hatte die bessere Koordination: In der HPK-Gruppe sank die Partizipation der betroffenen Kinder und Jugendlichen. Dies ist ein Ergebnis, welches eindeutig nach Verbesserung von Prozesskoordinationskonzepten ruft. Offensichtlich haben es die Helfer weniger nötig, mit den Betroffenen zu kommunizieren, wenn sie sich untereinander stärker einig sind. Insofern ist empirische Forschung immer auch Ansatz zu neuer Forschung und zu neuer Entwicklung.

keine Vertrauensbasis bei „Großalarm". Insofern sind Komplexleistungen der Hilfe zwischen den Systemen Gesundheitshilfe und Jugendhilfe, die im SGB IX auch vorgesehen sind z.B. im Rahmen der Frühförderung, unbedingt gemeinsam umzusetzen, weil diese gemeinsamen positiven Erfahrungen die Systeme der Jugendhilfe und Gesundheitshilfe auf eine verlässliche Zusammenarbeit in Krisensituationen vorbereiten. Zentral ist auch die Pflege von guten Beziehungen zu den Medien schon in „Friedenszeiten". Sollte es tatsächlich einmal zu einem Problem oder Zwischenfall kommen, dann muss möglichst transparent kommuniziert werden. Dabei geht es nicht um voreilige Schuldeingeständnisse aber doch darum, Farbe zu bekennen und zunächst einmal emotional authentisch Betroffenheit und Mitgefühl zum Ausdruck zu bringen. In der Akutsituation erwarten weder die Bevölkerung noch die Presse die sofortige Aufklärung eines Falls. Insofern sind Statements, welche alles abstreiten oder Schuldzuweisungen vornehmen in der Regel für diesen Zeitpunkt völlig verfehlt. Vielmehr geht es darum, glaubhaft zu vermitteln dass man selbst ein ureigenes Interesse daran hat, alles gründlich aufzuklären, dass dabei aber natürlich auch Fragen des Datenschutzes, der Schweigepflicht, der Persönlichkeitsrechte etc. berücksichtigt werden müssen. Gerade in Krisensituationen hängt sehr viel davon ab, ob es gelingt empathisch zu vermitteln, dass die Klärung der ausstehenden Fragen hier in guten Händen ist, oder aber, ob der öffentliche Vertreter eines beteiligten Systems verlegen, abweisend oder ignorant auftritt. Hat man dann auf kommunaler Ebene z.B. schon Vorleistungen der Vernetzung, der Verständigung, der Qualitätssicherung erbracht, kann man in solchen Situationen darauf verweisen.

8.1.5 Einstellung, Selbstwert und Emotionalität

Tunnelblick, Haltungsmängel, Einstellungsmängel, „Cognitive Shut Down", Angst Fehler zu machen, überzogene Optimalitätsansprüche, Abkapelung, Intransparenz, hohe Kränkbarkeit, rein auf Besprechungen ohne schriftliche Fixierung beruhende Arbeit, Überbetonung aktiver Hilfe und Handelns, Missachtung des „Schriftkrams" etc. führen zu riskanten, nicht kontrollierbaren Situationen, die den Einzelnen aus dem System herauslösen. Hierzu gehören auch familiäre Belastungen, Sucht oder psychische Probleme von Mitarbeitern im Hilfesystem, die die Leistungsfähigkeit beeinträchtigen können. Insofern ist Fürsorge in diesem Bereich und Offenheit in der Kommunikation über solche Vorgänge unbedingt erforderlich.

Diese Achtsamkeit für die Befindlichkeit aller mit Kinderschutz Beschäftigten ist ein wichtiger Beitrag zur Fehlerprophylaxe. Aktive Arbeit im Kinderschutz gehört zu den Burn-Out gefährdeten Bereichen. Generell wird Stress und Burn-Out als ein Risikofaktor für Fehler angesehen. Zu unterscheiden sind personenbezogene Variablen wie die Helferpersönlichkeit, unrealistische Erfolgserwartungen und das Erleben eigener Unzulänglichkeit etc. Eine arbeits- und organisationspsychologische Perspektive, zu der der emotional beanspruchende und erschöpfende Umgang mit Menschen in schwierigen Lebenslagen sowie die hohe Klientenzahl, der Zeitdruck und Rollenkonflikte gehören. Letztendlich spielt auch die gesellschaftliche Perspektive mit Verdichtung von Arbeit, hoher Fallzahl, Zeitdruck, Anforderungen an schnelle Erreichbarkeit etc. eine große Rolle bei der Entstehung von Burn-Out. Hier muss festgestellt werden, dass durch die kritische öffentliche Diskussion gerade in vielen Jugendämtern der wahrgenommene gesellschaftliche Druck deutlich angestiegen ist, ohne dass gleichzeitig damit ein gestiegenes Sozialprestige oder eine Anerkennung für diese schwierige Arbeit verbunden wäre. Der Begriff Burn-Out wurde Anfang der 70er Jahre von Freudenberger eingeführt (Freudenberger 1974). Er hat ihn zunächst für Erschöpfungszustände von Helfern in einer sozialen Einrichtung für Drogenabhängige in New York angewandt. Charakterisiert wird der Zustand durch zunehmende Erschöpfung, distanzierte und zynische Einstellung gegenüber den Klienten und eine negative Einstellung gegenüber der eigenen Arbeitsweise. Nach Burisch (2005) beschreibt man generell derzeit sieben Phasen von ersten Warnzeichen, über reduziertes Engagement zu emotionalen Reaktionen, wie Minderwertigkeitsgefühlen, Pessimismus, Schuldzuschreibungen an andere. Schließlich beobachtet man eine Abnahme von Fähigkeiten wie Konzentrationsstörungen, Gedächtnisstörungen, Kreativitätseinbruch, Motivationsverlust, mangelnde Flexibilität und vor allem in der sozialen Arbeit auch häufig einen Verlust der Abgrenzungsfähigkeit. Oft folgen ein Abflachen des emotionalen und sozialen Lebens, Hobbys werden aufgegeben, Freizeitbeschäftigungen eingeschränkt und psychosomatische Reaktionen, wie Schlafstörungen, Rückenschmerzen oder Veränderungen der Essgewohnheiten, gesteigerter Alkoholkonsum etc beobachtet. Letztendlich zeigen sich allgemeine Sinnlosigkeitsgefühle, Negativismus, Zukunftsängste, also Verzweiflung und Depression. Insgesamt ist es im Kinderschutz wichtig, auf solche Symptome und Verläufe bei sich selbst und bei Kolleginnen und Kollegen zu achten. Die Arbeit im Kinderschutz kann extrem belastend sein und kann gerade deshalb zur Entwicklung von Burn-Out Reaktionen führen. Diese wiederum stellen eine Gefahren- und Fehlerquelle, nicht nur für die Betroffenen sondern auch für die von Ihnen betreuten Fälle dar.

Generell hängt natürlich das Selbstwertgefühl bei einer Tätigkeit nicht nur von den eigenen Fähigkeiten sondern auch von der gesellschaftlichen Wertschätzung ab. Hier ist das Risiko in der Kinderschutzarbeit „Prügel zu beziehen" groß und durch die mediale Berichterstattung in den letzten Jahren auch jedem in diesem Bereich Engagierten deutlicher geworden (s. bereits Kap. 1 und 2). Auf der anderen Seite mangelt es an prestigeträchtigen Karrierevorbildern in diesem Bereich, so dass eben nicht wie im Management, hohes Risiko auch mit hohen Bonuszahlungen etc. bei Erfolg korreliert.

8.2 Konstruktive Personalentwicklung und Fehlerkultur brauchen ein wissenschaftliches Umfeld

Im Gegensatz zur medialen und öffentlichen Debatte um Kinderschutzthemen kann in Deutschland ein eklatanter Mangel an wissenschaftlicher Auseinandersetzung und Förderung in diesem Bereich festgestellt werden. Die Grundlagenforschung und die angewandte universitäre Forschung befassen sich kaum mit wissenschaftlichen Fragen des Kinderschutzes. Wissenschaftliche Karrieren mit Kinderschutzthemen zu begründen, ist nur in Ausnahmefällen möglich. Explizite familienrechtliche Fragen werden nur an wenigen deutschen Universitäten als zentrale Fragestellungen eines Lehrstuhls behandelt. Sehr viel mehr Publikationen und Begleitforschungsergebnisse stammen von Juristen, welche als Fachhochschullehrer oder als Auftragsforscher im Kontext der Sozialen Arbeit tätig sind. Gleiches gilt für die Medizin. Obwohl alle neueren Texte die Bedeutung des Gesundheitswesens im Kinderschutz hervorheben, haben Kinderschutzthemen weder in der Ausbildung noch in der Weiterbildung oder Fortbildung zum Arzt, Hausarzt, Kinderarzt etc. eine wesentliche Bedeutung. Ähnliches kann für die universitäre Pädagogik und Psychologie gesagt werden, wobei eingeräumt werden muss, dass in der klinischen Psychologie doch mehrere Lehrstühle sich mit präventiven Ansätzen oder mit der Traumaforschung auseinandersetzen. Seit der Schwerpunktförderung der Volkswagenstiftung im Schwerpunkt Recht und Verhalten sind von keiner größeren, ministeriumsunabhängigen Förderorganisation, freie wissenschaftliche Projekte im Kinderschutz ausgeschrieben worden. Auch bei einschlägigen Förderorganisationen wie z. B. der World Childhood Foundation und vielen anderen themenbezogenen NGOs, stehen Praxismodellprojekte im Vordergrund. Die wissenschaftliche Auseinandersetzung, die theoretische Weiterentwicklung und die akademische Forschung zum Kinderschutz führen in Deutschland ein „Mauerblümchendasein". Weder im Rahmen der Gesundheitsberichterstattung, noch im Rahmen von soziologischen Surveys gibt es wie in anderen Ländern eine empirisch fundierte Risikokartographie und Gefährdungsstatistik zum Kinderschutz. Auch die Kommission des 13. Kinder- und Jugendberichts forderte die Bundesregierung auf, *ressortübergreifende Grundlagen- und Praxisforschung* zu initiieren und verwies auf die Erforderlichkeit belastbarer Daten über das Ausmaß von Kindesvernachlässigung und Misshandlung in Deutschland. In ihrer Stellungnahme zum 13. Kinder- und Jugendbericht räumt die Bundesregierung ein, dass sie diese Bedarfslage sehe und dass sie entsprechende, mit dem Datenschutz zu vereinbarende Maßnahmen prüfen werde (Deutscher Bundestag, 2009).

Dennoch wird das Thema derzeit weitergehend nur der Praxis, der Politik und allenfalls Praxisprojekten, so wie in der Lehre den Fachhochschulen, überlassen. Diese mangelnde akademische Auseinandersetzung mit Vernachlässigung, Kindesmisshandlung und sexuellem Missbrauch in Deutschland trägt sicher auch zu mangelndem Selbstwert der Praktiker in diesem

Bereich, zum Mangel an Führungskräften und zu Problemen bei der Personalrekrutierung für diese verantwortungsvollen Bereiche bei. Insofern ist das Unterbleiben einer akademischen Karriereförderung in den einzelnen Disziplinen auch eine Ursache für Mängel in der interdisziplinären Zusammenarbeit. Gezielte Karriereförderinstrumente wie Graduiertenschulen, Graduiertenkollegs, spezifische Masterprogramme und einschlägige Stiftungsprofessuren könnten hier in der Zukunft Abhilfe schaffen. Die Rolle der Wissenschaft und des wissenschaftlichen Nachwuchses läge dabei aus unserer Sicht in der Weiterentwicklung von sechs zentralen Säulen der wissenschaftlichen Fundierung einer verantwortungsvollen praktischen Kinderschutzarbeit.

- Wissenschaftstheorie des Kinderschutzes
- Ethik des Kinderschutzes
- Normen und Normatives im Kinderschutz
- Diagnostik und Falldefinition
- Struktur der Praxis, Organisation und Managementlehre
- Wissenschaftliche Legitimation von Praxis

Gerade die medizinische Forschung hat in den letzten 20 Jahren erhebliche Fortschritte gemacht und im Bereich Misshandlungsfolgen/Misshandlungs risiken zentrale Beiträge zu individuellen Reaktionen und zu mehrgenerationalen Perspektiven, u.a. auch durch genetische Untersuchungen und epigenetische Befunde geleistet. Eine moderne Wissenschaftstheorie des Kinderschutzes müsste solche neuen Erkenntnisse, auch Erkenntnisse der Hirnforschung zur Entwicklungsvulnerabilität, zu Entwicklungsverläufen traumatisierter Kinder und Jugendlicher bündeln und soziologischen Theorien, pädagogischen Theorien, psychologischen Theorien, juristischen Regeln und Theorien gegenüberstellen um Widersprüche bzw. Entsprechungen aufzuzeigen. So könnte, basierend auf einer historischen Kenntnis der Ideenentwicklung und Ideendynamik im Kinderschutz, wie sie im Eingang dieses Buches angedeutet wurde, die soziale Konstruktion der Notwendigkeit des Kinderschutzes hergeleitet werden. Auch die *Ethik des Kinderschutzes* bedarf einer theoretischen wissenschaftlichen Herleitung und Auseinandersetzung, z.B. aus Beziehungsethik, Fürsorgeethik, Verantwortungsethik. Die ethische Bedeutung von Kinderschutz darf nicht allein aus moralischen Debatten über gescheiterte Kinderschutzverläufe abgeleitet werden, denn diese jeweilige moralische Empörung sagt nichts über Lösungsmöglichkeiten, Verantwortungsbeziehungen und relevante Systeme aus, sie prangert nur an, um den, der anprangert, zu überhöhen (dazu ausf. Kap. 1). So gewinnt man allenfalls Stammtischhoheit, aber keine weiterführenden Konzepte. Im normativen Bereich ist der Kinderschutz gerade in Deutschland deshalb interessant, weil er sich an der Schnittstelle zwischen Gesellschaft und Familie, also auf der ausbalancierten Grenze, welche im Artikel 6 GG beschrieben wird, befindet. Gerade weil der Kindeswohlbegriff nach Coester (1983) eine unbestimmte Generalklausel ist, hat er Jahrzehnte überdauert, in denen die erfahrungswissenschaftlichen Theorien, welche seiner Operationalisierung jeweils dienten, kaum widersprüchlicher hätten gewesen sein können. Dieses Spannungsverhältnis einer allgemein angenommenen theoretischen Konstruktion des Kindeswohls als Begriff und der jeweiligen Voraussetzungen, welche wir aus wissenschaftlicher Sicht als Bedingungen für gesundes Aufwachsen, als förderliche Erziehungsbedingungen beschreiben würden, bedarf dringend vermehrter wissenschaftlicher Untersuchung.

Ein zentrales Defizit das auch zu fehlerhaften Fallverläufen und Fehleinschätzungen führt, ist eine völlig unterschiedliche, professionsspezifische Falldefinition und die zum Teil mangelhafte oder auf Missverständnissen beruhende Anwendung statistischer Risikoforschung bei der Gefährdungsabschätzung und Prognose. Hier zeigen sich auch starke berufsgruppenspezifische Unterschiede, welche dann über eine unterschiedliche Falldefinition auch unterschiedliche Zuständigkeitsbereiche ableiten und zu ganz variablen Reaktionsweisen auf Traumata, auch in der Nachsorge und Behandlung, führen. Bisweilen wurden auch in Deutschland Strukturen, insbesondere unter dem Vernetzungsaspekt erforscht. Wir taten dies z. B. mit Förderung der World Childhood Foundation und im Rahmen des Projektes „Guter Start ins Kinderleben". Dennoch bedürfen unsere Hilfenetzwerke und unsere Hilfestrukturen einer gründlicheren empirischen Begleitung und Vernetzung. Methoden in Prävention, Intervention, Rehabilitation und Nachsorge bedürfen einer kontinuierlichen Evaluation. Hierzu benötigen wir auch eine wissenschaftliche Auseinandersetzung über die adäquaten Überprüfungsparadigmen. Wir haben derzeit keine anerkannten Maße für die Kinderschutzqualität und -güte, wir brauchen eine Debatte über Praxisfelder übergreifende Definitionen und die Bestimmung von geeigneten Proxiparametern, an denen wir Erfolg bzw. Misserfolg von Kinderschutzmaßnahmen ablesen können. Nur vor einem solchen wissenschaftlichen Hintergrund kann sich eine Fehlerkultur im Kinderschutz etablieren, da sie dann die Legitimation der jeweiligen Praxis auf dem Stand der Forschung aus moralischen Blickwinkeln aus ethischen Prinzipien, aus Konventionen und dem Recht integriert reflektieren kann. Alleinige Fortbildungsmaßnahmen, nur ein Kommunikationstraining, etwas Qualitätsmanagement etc. werden das hohe Ziel einer Fehlerkultur im Kinderschutz eher verfehlen. Kultur und Kulturgeschichte ist in westlichen Kulturen aufs Engste mit der Universität und ihrer wissenschaftlichen Auseinandersetzung verbunden. Eine (Wissens-) Kultur bedarf der wissenschaftlichen Debatte, nicht nur der ideologisch-moralischen Auseinandersetzung und Herleitung von Programmen.

In der Universität, in der Wissenschaftsförderung, gibt es allerdings einen großen „Hemmschuh" der sich auch auf die Alltagsarbeit in der Praxis auswirkt. Wir reden zwar in Bezug auf den Kinderschutz permanent von Vernetzung und Zusammenarbeit, akademische Karrieren werden aber in der Regel disziplinär und nicht interdisziplinär gemacht. Auch Forschungsprojeke werden primär innerhalb von Disziplinen ausgeschrieben, werden von Gutachtern derselben Disziplin einem Peer-Review-Verfahren unterworfen. Grenzgängertum und Zusammenarbeit ist hier oft sehr schädlich oder passt einfach nicht in die jeweiligen Rahmenbedingungen. Werden z. B., wie in der Medizin, als Leistungsparameter nur englischsprachige peer reviewte Publikationen in medizinischen Zeitschriften anerkannt, so sind sämtliche Veröffentlichungen eines Mediziners in Buchform oder gar in Zeitschriften des Familienrechts, der Jugendhilfe etc. ein luxuriöser Zeitvertreib, der die wissenschaftliche Förderbasis der Institution gefährdet. Solche interdisziplinäre Zusammenarbeit muss man sich unter unseren heutigen Bedingungen erst einmal durch recht viel disziplinären Erfolg leisten können. Gerade wegen des interdisziplinären Förderungsansatzes war der Schwerpunkt der Volkswagenstiftung „Recht und Verhalten" für die Kinderschutzarbeit um die Jahrtausendwende so relevant. Wir brauchen deutlich mehr solcher interdisziplinären Förderschwerpunkte und wir brauchen Anreizsysteme innerhalb der akademischen Forschungsbewertung, welche den Mut des Grenzgängertums boniert und nicht – wie jetzt – pönalisiert.

8.3 Kinderschutz als ressortübergreifende Aufgabe

Die Politik müsste mit gutem Beispiel vorangehen und nicht nur in „Sonntagsreden" die Vernetzung fordern. Kinderschutz ist eine ressortübergreifende Gemeinschaftsaufgabe, welche sowohl das Gesundheitsministerium, z. B. in der Gesundheitsberichterstattung, aber auch bei der notwendigen Änderung des § 294a SGB V, der so genannten Mittlung drittverursachter Gesundheitsschäden an Krankenkassen, welche zu einer vernebelten Datenlage in Bezug auf Kindesmisshandlung führt, erfordert. Auch in ihrer Stellungnahme zum 13. Kinder- und Jugendbericht betont die damalige Bundesregierung, dass ein ganzheitliches Hilfesystem anzustreben sei, so dass vom Nebeneinander zum Miteinander in der Leistungserbringung für Kinder- und Jugendliche mit Integrationsrisiken, eine Entwicklung zu abgestimmten Komplexleistungen erfolgt. Eine im März 2006 beim Bundesministerium der Justiz eingesetzte Arbeitsgruppe „Familiengerichtliche Maßnahmen bei Gefährdung des Kindeswohls" bereitete im Sommer 2008 das Gesetz zur Erleichterung familiengerichtlicher Maßnahmen bei Gefährdung des Kindeswohls vor. Dieselbe Expertengruppe bereitet nun Vorschläge für eine Veränderung des Vormundschaftswesens vor, um persönliche Fallüberlastung und damit Beziehungslosigkeit zu den Mündeln, wie im Fall Kevin, zu vermeiden. Im Bereich Inneres hat die Polizei in vielen Bundesländern in den letzten Jahren starke Anstrengungen unternommen, um Interventionen bei häuslicher Gewalt adäquater und effizienter zu gestalten. Häufig sind dabei allerdings die Lebenslagen der mitbetroffenen Kinder und die Vernetzung in den Kinderschutzsystemen nicht hinreichend berücksichtigt worden (vgl. Helfferich et al. 2004). Im Bereich des BMA sind durch die Veränderungen nach den Hartz-Reformen eine Fülle von Wahrnehmungsquellen über wirtschaftliche

Risiken von Familien angesiedelt, die stärker als früher nun der Wahrnehmung im Zusammenhang mit dem Kinderschutz entzogen sind. Beim BMBF sind derzeit keine gezielten Förderaktivitäten im Bereich der grundlagen- oder anwendungsbezogenen Forschung und Ausbildung zu verzeichnen. So kann also festgestellt werden, dass Kinderschutz ein Querschnittsthema ist, welches schon jetzt von mehreren Ressorts bedacht oder wahrgenommen wird, dass aber eine vorbildhafte, ressortübergreifende (interdisziplinäre) Befassung mit Kinderschutzthemen, quasi eine gemeinsame Kinderschutzprogrammatik einer Bundesregierung, bislang fehlt. Beide in diesem Ausblick geschilderten Dimensionen, die Frage der wissenschaftlichen Etablierung und die Frage der ressortübergreifenden Zusammenarbeit auf höchster Ebene, verbunden mit der anreizbildenden Thematik der interdisziplinären ressortübergreifenden Förderung, sind eng mit der Chance für die nachhaltige Entwicklung einer „Fehlerkultur" im Kinderschutz verbunden. Da solche Entwicklungen aber Zeit benötigen, bedarf es gleichzeitig erster Sofortmaßnahmen, die Probleme zwar nicht lösen, aber zu einer Veränderung beitragen können. Gestützt auf den in der Fachwelt abgestimmten „Ulmer Aufruf zum Kinderschutz", veröffentlicht in Ziegenhain und Fegert (2007), in dem wir schon ausführlich die entsprechenden Forschungsdesiderate und Veränderungsnotwendigkeiten in der Praxis dargelegt haben, wird abschließend folgendes Bündel von Sofortmaßnahmen empfohlen:

1. *Stärkung der Fachkompetenz durch Fortbildung, Weiterbildung und Ausbildung, insbesondere auch durch den kostengünstigen Einsatz von E-Learning Programmen.*
Erarbeitung einheitlicher prozeduraler *Basisstandards* für Hausbesuche, Interventionsentscheidungen, Teamentscheidungen, Dokumentation (Mehraugenprinzip), Hilfeprozessmanagement etc., so genannte Standard Operating Procedures (SOP) für Hausbesuche, für Interventionsentscheidungen, Teamsitzungen, Dokumentation.

2. *Organisationsentwicklung, Management und Auditierung*
für Jugendamtsleitungen v.a. zur Verbesserung der Ressourcenallokation bei schwierigen Fällen als Anreiz für verbesserte, fachlich fundierte Fallarbeit in den Teams. Unterstützung des Aufbaus einer Vertrauenskultur mit hoher Transparenz. Adäquate Ressourcenallokation (Fallzahlbelastung steht in angemessenem Verhältnis zur Schwierigkeit der Fälle). Um engagierten Kommunen einen Anreiz zur Ausformulierung und Überprüfung von Standards im Kinderschutz zu bieten, wird empfohlen, vergleichbar zum Audit Familie und Beruf der Hertie-Stiftung, ein ähnliches Auditierungsverfahren auf freiwilliger Basis mit Bezugnahme auf ausformulierte Standards einzuführen.

3. *Einführung eines prozess- und ergebnisbezogenen Controllings und Hilfeprozessmanagements.*
Generelle Qualitätssicherungsarbeit (Strukturqualität, Prozessqualität). Erfassung relevanter statistischer Daten, denn verbesserte Datenerhebung

im Feld ermöglicht auch verstärkte Evaluation und damit Gesamtsteuerung auf kommunaler Ebene sowie auf Länder- und Bundesebene.

4. *Kommunikationstraining* in der interdisziplinären Perspektive unter Berücksichtigung von Einstellungsfragen, Fragen des professionellen Selbstwerts und der emotionalen Belastung durch Risikofälle. Dazu gehört insbesondere die Verbesserung des Umgangs mit „irritierenden Fremdmeldungen": keine Hostilität gegenüber Fremdmeldern.

Dieses Buch wurde am Ende der 16. Legislaturperiode, in der Phase des Scheiterns eines Bundeskinderschutzgesetztes und des Wahlkampfs der Wahl und Regierungsbildung im Herbst 2009 fertiggestellt. Vielleicht spüren wir in solchen Phasen, in denen politische Agenden neu definiert werden, besonders das Bedürfnis, die ressortpolitische Versäulung zu überwinden und endlich zu einer ressortübergreifenden Politik zu gelangen. Jenseits der Politik sollten wir uns aber in der Fachpraxis und in der Wissenschaft nachhaltig für die Etablierung einer Fehlerkultur einsetzen. Hierzu gehört die Akzeptanz der Tatsache, dass bei stets schwierigen Entscheidungen im Kinderschutz immer wieder von den handelnden Menschen auch Fehler gemacht werden. Was wir aus diesen Fehlern lernen, wie es uns gemeinsam gelingt, mögliche Fehler nicht zu einem großen Schadensereignis werden zu lassen, das sind die Fragen und Herausforderungen, welche uns auch weiterhin in der täglichen Arbeit begleiten werden.

Literatur

Adick, C. (2001). Der Maßstab der UN-Konventionen zu den Rechten des Kindes. 1900-2000. „Das Jahrhundert des Kindes". Verheißungen, Realität, Herausforderungen. C. Henry-Huthmacher. St. Augustin, Konrad Adenauer Stiftung: 28 49

Albrecht, H. J. (2004). Sozialarbeit und Strafrecht: Strafbarkeitsrisiken in der Arbeit mit Problemfamilien. In Deutsches Institut für Jugendhilfe und Familienrecht e.V. (Hg.). Verantwortlich handeln – Schutz und Hilfe bei Kindeswohlgefährdung. Saarbrücker Memorandum. Köln: 183-228

Al-Holou, W. N.; O'Hara, E. A. et al. (2009). Nonaccidental head injury in children. Historical vignette. Journal of Neurosurgery: Pediatrics 3(6): 474-83

Anonym (1784). Historische Chronik. Journal von und für Deutschland: 219

Anonym (1789). Unerhörte Grausamkeiten einer Mutter. Annalen der Gesetzgebung und Rechtsgelehrsamkeit 3: 3-65

Ariès, P. (1975). Geschichte der Kindheit. München

Aubert de la Ruee, R. (2007). Medizinische Behandlungsfehler und Patientenrechte in Schweden. Schweizerische Ärztezeitung 46: 1658-1960

Axford, N.; Bullock, R. (2005). Child Death and Significant Case Reviews: International Approaches. Report to the Scottish Executive. Dartington: Dartington Social Research Unit

Baginsky, A.; Janke, O. (1900). Handbuch der Schulhygiene zum Gebrauche für Ärzte, Sanitätsbeamte, Lehrer, Schulvorstände und Techniker. Stuttgart, Enke

Bandi-Ott, E. (2007). Wenn etwas schiefgeht – Kommunizieren nach einem Zwischenfall. Schweizerische Ärztezeitung 11: 453

Barach, P.; Small, S. D. (2000). Reporting and preventing medical mishaps: lessons from non-medical near miss reporting systems. BMJ 320:759-763

Barnes, J.; Connor, M.; Crowley-Ganser, C.; Delbanco, T.; Federico, F., Freedman, A., Gershanoff, M. D., Hanscom, R., Hopkins, C. C., Jernegan, G., Kim, H., Leape, L., Roberson, D., Ryan, J., Sato, L. and Van Pelt, F. (2006). When things go wrong – Responding to adverse events. A concensus Statement of the Harvard Hospitals. March 2006. www.macoalition.org

Batty, D. (2003). Climibié inquiry: The issues explained. http://www.guardian.co.uk/society/2005/aug/05/climbie, letzter Aufruf am 19.09.2009

Becker, M.; Zander, B. (2008). Ärzte-Outing provoziert Kritik. Spiegel-Online, http://www.spiegel.de/wissenschaft/mensch/0,1518,druck-538596,00.html, letzter Aufruf am 19.09.2009

Benecke, M. (2001). A brief history of forensic entomology. Forensic Science International 120 (1-2): 2-14

Blum, L. L. (1971). Equipment design and „human" limitations. Anesthesiology 35: 101-102

BMFSFJ, Ed. (2005). Nationaler Aktionsplan für ein kindergerechtes Deutschland 2005 – 2010. Berlin

BMFSFJ, Ed. (2008). Nationaler Aktionsplan für ein kindergerechtes Deutschland 2005 – 2010 – Eine Zwischenbilanz. Berlin

Brandon M.; Howe D.; Black J. and Dodsworth J. (2002). Learning How to Make Children Safer. An Analysis for the Welsh Assembly Government of Serious Child Abuse Cases in Wales. Cardiff: Welsh Assembly Government

Brandon M.; Belderson P.; Warren C.; Howe D.; Gardner R.; Dodsworth J. and Black J. (2008). Analyzing child deaths and serious injury through abuse and neglect: What can we learn? A biennial analysis of serious case reviews 2003-2005. London: Department for Children, Schools and Families

Bremische Bürgerschaft (2007). Bericht des Untersuchungsausschusses zur Aufklärung von mutmaßlichen Vernachlässigungen der Amtsvormundschaft und Kindeswohlsicherung durch das Amt für Soziale Dienste. http://www.agsp.de/assets/applets/Kevin_Abschlussbericht.pdf, letzter Aufruf am 19.09.2009

Bringewat, P. (1997). Tod eines Kindes: Soziale Arbeit und strafrechtliche Risiken. Baden-Baden

Bruland, H. (2008). Wilde Kinder in der Frühen Neuzeit. Geschichten von der Natur des Menschen. Stuttgart

Buchmann, B. (2004). Fehlerverarbeitungskultur im Gesundheitswesen. Rede zum Anna Seiler Gesundheitspreis 2004 in Bern. http://www.annaseilerpreis.ch/fileadmin/annaseiler/annaseiler_users/pdf/fehlerkultur_buchmann-mrz04.pdf, letzter Aufruf am 19.09.2009

Bundeszentrale für politische Bildung, Ed. (2004). Menschenrechte. Dokumente und Deklarationen. Bonn

Bundesregierung (2007) Unterrichtung durch die Bundesregierung. Stellungnahme der Bundesregierung zur Entschließung des Bundesrates zur verpflichtenden Teilnahme an Früherkennungsuntersuchungen, BR-Drs. 240/07; http://www.umwelt-online.de/PDFBR/2007/0240_2D07.pdf, letzter Aufruf 19.09.2009

Bunting, L. and Reid, C. (2005). Reviewing Child Deaths – Learning form the American Experience. Child Abuse Review Vol. 14: 82-96

Buttaroni, S. (2003). Ritualmord. Legenden in der europäischen Geschichte. Wien

Calder, J. (2007). Liberal England: The death of Dennis O'Neill and The Mousetrap. http://liberalengland.blogspot.com/2007/11/death-of-dennis-oneill-and-mousetrap.html; letzter Aufruf am 19.09.2009

Calder, J. (2008). Liberal England: The history of child abuse inquiries. http://liberalengland.blogspot.com/2008/11/history-of-child-abuse-inquiries.html; letzter Aufruf am 19.09.2009

Carter Y. H.; Bannon M. J.; Limbert C.; Docherty A. and Barlow J. (2006). Improving child protection: a systematic review of training and procedural interventions. Archives Of Disease In Childhood, 91: 740-43

Christianson-Wood J. and Murray J. (1999). Child death reviews and child mortality data collection in Canada. Ontario: Health Canada

Coester, M. (1983) Das Kindeswohl als Rechtsbegriff. Die richterliche Entscheidung über die elterliche Sorge beim Zerfall der Familiengemeinschaft. Frankfurt am Main

Commission for Children and Young People and Child Guardian (2005). Chapter 1: Historical overview of child death review. Annual Report Deaths of children and young people Queensland 2004-05. http://www.ccypcg.qld.gov.au/df/publications/ eports/annual_report_dcyp_2004-2005/AR_DCYP_chapter1.pdf; letzter Aufruf am 19.09.2009

Cooper, J. B.; Newbower, R. S.; Long C.D. und McPeek, B. (1978). Preventable Anesthesia Mishaps: A Study of Human Factors. Anesthesiology 49: 399-406

Creydt, M. (1996). Kindeswohl versus Kindesrechte. Zur Begrenzung des patriarchalischen Umgangs mit jungen Menschen durch Erweiterung der sogenannten Grundrechtsmündigkeit – neue Standards zeitgemäßer Jugendhilfe? Fachbereich Erziehungswissenschaft, Universität Lüneburg

Cunningham, H. (2006). Die Geschichte des Kindes in der Neuzeit. Düsseldorf

Department of Health, Home Office, Department for Education and Employment (1999). Working Together to Safeguard Children: A guide to inter-agency working to safeguard and promote the welfare of children. TSO: Norwich

Der Bayerische Landesbeauftragte für den Datenschutz (2005). http://www.datenschutz-bayern.de/, letzter Aufruf am 19.09.2009

Der Bundesbeauftragte für den Datenschutz und die Informationsfreiheit (2007). BfDI – Info 1. Bundesdatenschutzgesetz – Text und Erläuterung. Rheinbach

Deutsche Gesellschaft für Medizinrecht e.V. (DGMR) (2006). Rechtsfragen in Klinik und Praxis. Ärzteblatt Sachsen 4: 157-160

Deutscher Bundestag (2009) Bericht über die Lebenssituation junger Menschen und die Leistungen der Kinder- und Jugendhilfe in Deutschland. 13. Kinder- und Jugendbericht – Und Stellungnahme der Bundesregierung, 30.4.2009, BT-Drs. 16/12860

Deutscher Kinderschutzbund, Landesverband Berlin e.V. (2008). Stellungnahme des Berliner Kinderschutzbundes zum Referentenentwurf eines Berliner Gesetzes zum Schutz und Wohl des Kindes vom 08.08.2008 http://www.kinderschutzbund-berlin.de/jahresbericht0708/seite_4.html, letzter Aufruf am 19.09.2009

Deutscher Städtetag (2003). Strafrechtliche Relevanz sozialarbeiterischen Handelns. Empfehlungen zur Festlegung fachlicher Verfahrenstandards in den Jugendämtern bei akut schwerwiegender Gefährdung des Kindeswohls (Stand: 01.04.2003). Berlin/Köln

Deutsches Institut für Jugendhilfe und Familienrecht e.V. – DIJuF (2007). Kooperation für einen guten Start ins Kinderleben – der rechtliche Rahmen. Expertise des Deutsches Institut für Jugendhilfe und Familienrecht e.V. vom 26. Juli 2007 im Auftrag des Universitätsklinikums Ulm, Klinik für Kinder- und Jugendpsychiatrie/Psychotherapie im Rahmen des Projektes Guter Start ins Kinderleben

Deutsches Institut für Urbanistik (2009) Das Jugendamt im Spiegel der Medien. Hilfen und Hinweise im Umgang mit Medien/Krisenmanagement. Aktuelle Beiträge zur Kinder- und Jugendhilfe 72. Dokumentation der Fachtagung am 23. und 24. April 2009 in Berlin. Berlin

Dörr, N. (2004). 165 Jahre Einschränkung der Kinderarbeit in Preußen: Ein Beitrag zum Beginn der Sozialgesetzgebung in Deutschland. MenschenRechtsMagazin 2: 141-151

Doward, J.; Hinsliff, G.; McVeigh, T. and Townsend, M. (2008). Why children are left to die beyond help's reach. http://www.guardian.co.uk/society/2008/nov/16/child-protection-uk-crime; letzter Aufruf am 19.09.2009

Durfee M. and Tilton Durfee D. (1995). Multiagency Child Death Review Teams: Experience in the United States. Child Abuse Review, 4: 377-381

Durfee M., Tilton Durfee D. and West P. (2002). Child fatality review: an international movement. Child Abuse and Neglect, 26: 619-636

Eckhardt, A. (1998). Der Fall Mary Ellen – der Anfang der Kinderschutzbewegung? Pädagogik. Oldenburg, Carl-von-Ossietzky Universität

Edwards, C. (2004). Child Death Enquiries: Bureaucracy Meets the Practitioners. http://nagalro.com/docs/Carol%20Edwards%20paper%20at%20NAGALRO%20 Conf%20Mar%2004%20CHILD%20DEATH%20ENQUIRIES%20%20Bureaucracy%20Meets%20the%20Practitioners.doc; letzter Aufruf am 19.09.2009

Emig, O. (2007). Der vermeidbare Tod eines Kleinkindes unter staatlicher Fürsorge Neue Praxis: 445-464

English, P. C. and Grossman, H. (1983). Radiology and the history of child abuse. Pediatric Annals 12 (12): 870-4

EUCARE, http://www.eucare.de/whatis.html, letzter Aufruf am 04.03.2008

Evans, H. H. (2004). The medical discovery of shaken baby syndrome and child physical abuse. Pediatric Rehabilitation 7(3): 161-3

Falkov A. (1996). Study of Working Together 'Part 8' Reports. Fatal Child Abuse and Parental Psychiatric Disorder: An Analysis of 100 Area Child Protection Committee Case Reviews Conducted under the Terms of Part 8 of Working Together under the Children Act 1989. London: Department of Health.

Fangerau, H. (im Druck). Private Wissenschaft und staatliches Interesse? Forschung am Rockefeller Institute for Medical Research zwischen 1901 und 1925. Jenseits von Humboldt. Wissenschaft im Staat 1850 bis 1990. A. Hüntelmann and M. C. Schneider. Frankfurt a.M.

Fegert, J. M. (1993). Sexuell missbrauchte Kinder und das Recht. Köln

Fegert, J. M. (2007). Stellungnahme im Anhörverfahren im Sozialpolitischen Ausschuss des Landtags Rheinland-Pfalz vom 7.3.2007, Mainz

Fegert. J. M. (2009). Umgang mit von sexuellem Missbrauch betroffenen Mädchen und Jungen. Entwicklung, Etablierung, Qualität und Zusammenarbeit der Hilfesysteme. Tagungsdokumentation: Symposium „Sexuelle Gewalt – Neue Handlungsstrategien für Berlin" am 4. November in Berlin 2009, im Druck

Fegert, J. M.; Salgo, L. und Zenz G. (2002). Vorwort zur deutschen Ausgabe. In: Helfer, M. E., Kempe, R. S., Krugman, R. D. (Hrsg.) Das misshandelte Kind. Frankfurt

Fegert, J. M.; Schnoor, K.; Kleidt, S.; Kindler, K.-H. und Ziegenhain, U. (2008). Verbesserung des Kinderschutzes durch systematische Fehleranalyse. Expertise im Auftrag des Bundesminsiteriums für Familie, Senioren, Frauen und Jugend. Berlin

Fegert, J. M.; Wolff, M., (2006) editors. Sexueller Missbrauch durch Professionelle in Institutionen. 2. Auflage ed. Weinheim

Field-Fisher, T. G.; Davey, M. R. and Stevenson, O. (1974). Report of the Committee of Inquiry into the Care and Supervision provided by Local Authorities and other Agencies in relation to Maria Colwell and the Coordination between them. HSMO: London

Flanagan, J. C. (1954). The Critical Incident Technique. Psychological Bulletin, 51 (4): 327-358

Frank, R. und Räder, K. (1994). Früherkennung und Intervention bei Kindesmißhandlung. Forschungsbericht. München: Bayerisches Staatsministerium für Arbeit und Sozialordnung, Familie, Frauen und Gesundheit

Freud, A.; Goldstein, J. und Solnit, A. J. (1982): Diesseits des Kindeswohl. Frankfurt am Main

Gaba, D. M. (2000). Structural and Organizational Issues in Patient Safety: A Comparison Of Health Care To Other High-Hazard Industries. California Management Review, 43 (1): 83-102

Galtung, J. (1982). Strukturelle Gewalt. Beiträge zur Friedens- und Konfliktforschung. Hamburg

Gambrill, E. and Shlonsky, A. (2001). The Need for Comprehensive Risk Management Systems in Child Welfare. Children and Youth Services Review, Vol. 23, No 1: 79 107

Geeraert, L., van den Noortgate, W., Grietens, H. and Onghena, P. (2004). The Effects of Early Prevention Programs for Families with Young Children at Risk for Physical Child Abuse and Neglect: A Meta-Analysis. Child Maltreatment, 9: 277-291

Gehrmann, G. und Müller, K. D. (2008): Stärkenorientierung – schlecht für das Kindeswohl? Von der Dämonisierung des systemischen Ansatzes in der Sozialen Arbeit nach dem Tod von Kevin. Sozialmagazin, Heft 3: 36

Gellert, G. A., Maxwell, R. M., Durfee, M. J. and Wagner, G. A. (1995). Spotlight on Practice – Fatalities Assessed by the Orange County Child Death Review Team, 1989 to 1991. Child Abuse and Neglect, Vol. 19, No. 7: 875-883

Gerst, T. (1996). 50 Jahre Nürnberger Kodex – Entwicklung, Wirksamkeit und künftige Bedeutung ethischer Kodizes in der Medizin. Dtsch Ärztebl 93: A-1452-A-1453

Gerst, T. und Fuchs, C. (1997). 1947/1997 – Bundesärztekammer im Wandel (XVI): Medizinethik in der Berufsordnung. Entwicklungen der Muster-Berufsordnung. Dtsch Ärztebl 94: A-2808-A-2812

Gestrich, A. K.; Mitterauer, M., Ed. (2003). Geschichte der Familie. Europäische Kulturgeschichte. Stuttgart

Gesundheit und Gesellschaft Spezial 10/2005. Das AOK-Forum für Politik, Praxis und Wissenschaft. Fehlerprävention in der Medizin. Mehr Sicherheit für Leib und Leben

Gesundheitsamt Bremen (2009). Erster Bericht zur Evaluation des bremischen Kindeswohlgesetzes (Autor: Eberhard Zimmermann, Mai 2009)

Geuter, U. and Nitzschke, B. (1989). Freud und Stern. „Jene merkwürdige Bewegung, die sich Psychoanalyse nennt …“. Freud und die akademische Psychologie. Beiträge zu einer historischen Kontroverse B. Nitzschke. München

Gladwell M. (2009). Outliers. The Story of success. London

Geis, I. (2007). Datenschutzrecht. Online-Publikation, aktualisiert im Februar 2007. http://www.ivo-geis.de/veroeffentlichungen/datenschutzrecht.pdf, letzter Aufruf am 19.09.2009

Goldbeck L.; Laib-Koehnemund A. und Fegert J. M. (2007). A randomized controlled trial of consensus-based child abuse case management. Child Abuse and Neglect. 31: 919-933

Gredler, M. E. (1992). Designing and Evaluation Games and Simulations. A Process Approach. Huston: Gulf Publishing Company

Gries, S. (2002). Kindesmisshandlung in der DDR. Münster

Gruner, A. (2006). Aufbewahrung von Patientenunterlagen und Einsichtsrecht in die Patientendokumentationen. Ärzteblatt Sachsen 4: 163-164

Guadagnino, C. (2005). Effects of medical error disclosure and apology. Physician's News Digest 2005. http://www.physiciansnews.com/spotlight/205.html, letzter Aufruf am 19.09.2009

Hacking, I. (1991). The Making and Molding of Child Abuse. Critical Inquiry 17(2): 253-288

Hahn, S. (1994). Die Schulhygiene zwischen naturwissenschaftlicher Erkenntnis, sozialer Verantwortung und „vaterländischem Dienst": Das Beispiel der Myopie in der zweiten Hälfte des 19. Jahrhunderts. Medizinhistorisches Journal 29: 23-38

Hart, D. und Becker-Schwarze, K. (2005). Die juristische Sicht: Konflikt zwischen Haftungsrecht und Incident Reporting? GesundheitsRecht 4 (1): 1-5

Hart, D. und Becker-Schwarze, K. (2007). Risiken verringern – Sicherheit steigern: Ein Critical-Incident-Reporting-System in norddeutschen Kinderkliniken. Gesundheitsökonomie und Qualitätsmanagement 12: 87-95

Heinrich, H. W. (1931). Industrial Accident Prevention. NY and London: McGraw-Hill

Helfferich, C.; Kavemann, B. und Lehmann, K. (2004). Platzverweis – Beratung und Hilfen. Wissenschaftliche Untersuchung zur Situation von Frauen und zum Beratungsangebot nach einem Platzverweis bei häuslicher Gewalt. Abschlussbericht im Auftrag des Sozialministeriums Baden-Württemberg. Freiburg

Helmreich, R. L. (2000). On error management: lessons from aviation. BMJ 320: 781-785

Her Majesty's Government (HM) (2006). Working Together to Safeguard Children. London: The Stationery Office

Herrmann, B. D. R.; Banaschak, S.; Thyen, U., Ed. (2008). Kindesmisshandlung: Medizinische Diagnostik, Intervention und rechtliche Grundlagen. Berlin

Hesse, K. (1999). Grundzüge des Verfassungsrechts der Bundesrepublik Deutschland. 20. Aufl., Heidelberg

Hochreutener, M.-A. (2007). Systematische Fehleranalyse öffnet den Blick. Präsentation 30.05.2007. Stiftung für Patientensicherheit, Zürich. Informationen: http://www.patientensicherheit.ch/, letzter Aufruf am 19.09.2009

Hohenstein, C. (2007). CIRS – wichtiger Teil des Risikomanagements im Rettungsdienst. Rettungsdienst. 6. 30 (590): 22-27.

Holzer, E.; Thomeczek, C.; Hauke, E.; Conen, D. und Hochreutener, M.-A. (2005). Patientensicherheit. Leitfaden für den Umgang mit Risiken im Gesundheitswesen. Wien

Hooper, C.-A. (1989). Rethinking the politics of child abuse. Social History of Medicine 2(3): 356-364

Hopkins, G. (2007). What have we learned? Child death scandals since 1944. http://www.communitycare.co.uk/Articles/2007/01/11/102713/what-have-we-learned-child-death-scandals-since-1944.html, letzter Aufruf am 19.09.2009

Höpler, E. v. (1918). Über Kindesmißhandlung. Archiv für Kriminologie 69 (3/4): 224 – 285

Hosking, G. (2009). A Tale of 10 Children. http://www.wavetrust.org/index.htm? http://www.wavetrust. org/WAVE_Reports/A_Tale_of_10_Children.htm, letzter Aufruf am 19.09.2009

Huber, A. R. und Urbinelli, R. Critical Incident Reporting: Weshalb nicht von den Erfahrungen der Industrie und Luftfahrt lernen? www.sulm.ch/PDF/CIRS-Funktion_Systematik.pdf, letzter Aufruf am 15.09.2009.

Jackson, M., Ed. (2002). Infanticide. Historical Perspectives on Child Murder and Concealment, 1550-2000. Aldershot.

Jaßy (1787). Unerhörte Grausamkeit einer Mutter. Journal von und für Deutschland 4: 220-225

Key, E. (2006). Das Jahrhundert des Kindes. Weinheim

Kindler, H. (2006). Wie kann ein Verdacht auf Misshandlung oder Vernachlässigung abgeklärt werden? In: Kindler, H., Lillig, S., Blüml, H., Meysen, T. und Werner, A. (Hrsg.). Handbuch Kindeswohlgefährdung nach § 1666 BGB und Allgemeiner Sozialer Dienst (ASD). München: dji, 420-428

Kindler, H. (2007a). Empirisch gestützte Diagnostik und Intervention bei Kindeswohlgefährdung. In: Sommerfeld P. und Hüttemann M. (Hrsg.), Evidenzbasierte Soziale Arbeit. Nutzung von Forschung in der Praxis. Hohengehren: Schneider, 76-91

Kindler, H. (2007b). Kinderschutz in Deutschland stärken. Vorschlag für einen nationalen Forschungsplan. München: Informationszentrum Kindesmisshandlung/Kindesvernachlässigung

Kindler, H. (2007c). Stellungnahme für den Sozialpolitischen Ausschuss des Landtags Rheinland-Pfalz am 07.03.2007, Mainz

Kindler, H. und Spangler, G. (2005). Wirksamkeit ambulanter Jugendhilfemaßnahmen bei Misshandlung bzw. Vernachlässigung. Kindesmisshandlung und – vernachlässigung, 8, 101-116

King, M. (1999). Moral Agendas for Children's Welfare. London

Klesczewski, D. (1999). Die Selbstanzeige mit strafbefreiender Wirkung für Dritte. Vortrag vor der Leipziger Juristenfakultät am 15. Dezember 1999, http://www.uni-leipzig.de/~straf/forschung/selbstanzeige.pdf, letzter Aufruf am 19.09.2009

Kloos, R. (2008). Prozess gegen Kevins Sozialarbeiter. http://www.radiobremen.de/magazin/politik/fall_kevin/anklage_sozialarbeiter.htm; letzter Aufruf am 12.12.2008

Knorr, C.; Fangerau, H.; Ziegenhain, U. und Fegert, J. M. (2009) „Ich rede mit Jugendschutzmenschen über alles, was mir am Herzen liegt." Schweigepflicht, Meldepflicht, Befugnisnorm, Frühe Hilfen und die verwirrende Rechtslage für Ärzt/inn/e/n bei der Zusammenarbeit mit der Jugendhilfe. Jamt Heft 07-08/2009, 352-357

Kohler, J., Ed. (1968). Die peinliche Gerichtsordnung Kaiser Karls V. Aalen

Korczak, J.; Heimpel, E.et al. (2008). Wie man ein Kind lieben soll. Göttingen

Krägenow, T. (2007). Internationale Informationssysteme zur Vermeidung von Störfällen – Die Rolle der Betreiber. atw 52 (2): 80-84

Kratz, M. (2006). Datenschutz im nicht-öffentlichen Bereich. Ärzteblatt Sachsen 4: 161-162

Kuhn, H. (2003). „Melden Sie keine Flugzeugunfälle auf diesem Formular!" CIRS medical – Maßnahmen für den Vertraulichkeitsschutz. Schweizerische Ärztezeitung 84 (26): 1399-1407

Kupffer, H. (1999). Kinderschutz als Metapher. Zeitschrift für Soziologie der Erziehung und Sozialisation 19(2): 119-127

Labbe, J. (2005). Ambroise Tardieu: the man and his work on child maltreatment a century before Kempe. Child Abuse and Neglect 29(4): 311-24

Lamb, M. E. and Keller, H. (1991). Infant development: perspectives from German-speaking countries. Hillsdale, N.J., L. Erlbaum Associates

Lascaratos, J. and Poulakou-Rebelakou, E. (2000). Child sexual abuse: historical cases in the Byzantine empire (324-1453 A.D.). Child Abuse and Neglect 24(8): 1085-1090

Leeb, R. T.; Paulozzi, L. J.; Melanson, C.; Simon, T. R. and Arias. I. (2008) Child Maltreatment Surveillance. Univorm Definitions for Public Health and Recommended Data Elements. Atlanta, Georgia: Centers for Disease Control and Prevention; National Center for Injury Prevention and Control

Leitner, H. (2008). Persönliche Mitteilung am 21.08.2008

Leitner, H. und Troscheit, K. (2008). Fälle gravierender Kindesmisshandlung und Kindesvernachlässigung mit Todesfolge und schwerster Körperverletzung im Land Brandenburg. Eine Untersuchung anhand von Staatsanwaltschaftsakten (2000-2005). http://www.fachstelle-kinderschutz.de/cms/upload/Publikationen/Studien/08-06-25_Untersuchung-Todesfaelle-Bericht.pdf, letzter Aufruf am 19.09.2009

Liebel, M. (2007). Wozu Kinderrechte. Grundlagen und Perspektiven. Weinheim, München

Little, M. and Madge, J. (1998). Inter-agency Assessment of Need in Child Protection. Dartington: Dartington Research Unit

Locke, J. (1712). Some thoughts concerning education. London

Lord Laming (2002). The Victoria Climbié Inquiry: Report of an Inquiry by Lord Laming. London: The Stationary Office

Lutterbach, H. (2003). Der zivilisationsgeschichtliche Beitrag der frühmittelalterlichen Bußbücher zum christlichen Kinderschutz. Historisches Jahrbuch 123: 3-25

Lynch, M. A. (1985). Child abuse before Kempe: an historical literature review. Child Abuse and Neglect 9(1): 7-15

Lyons, J. B. (1997). Sir William Wilde's medico-legal observations. Medical History 41(4): 437-54

Martin, E. J. (1995). Incest/child sexual abuse: historical perspectives. Journal of Holistic Nursing 13(1): 7-18

Matschke, J. (2007). „Ich möchte nicht zurück zu Mama“.“ DIE ZEIT 23, 31.05.2007.

Mäurer, U. (2006). Dokumentation über die Abläufe und Zusammenhänge im Todesfall Kevin K. http://www.familienbildung.uni-bremen.de/aktuelles/maeurer 20061030_kevin_untersuchungsbericht_zusammenfassung.pdf, letzter Aufruf am 19.09.2009

Meier, F. (2006). Mit Kind und Kegel. Kindheit und Familie im Wandel der Geschichte. Ostfildern

Merchel, J. (2007). Mängel des Kinderschutzes in der Jugendhilfe. Sozialmagazin, Heft 2: 11-18

Mewes, M. (1996). Fehler in sicherheitsrelevanten Systemen. Referat vom 14.11. 1996 im Seminar „Entwicklung sicherheitskritischer Software-Systeme“ an der Technischen Universität Berlin, Professor Dr. Sergio Montenegro, http://sergio.montenegros.de/seminar/fehler_sicherheit.html, letzter Aufruf am 19.09.2009.

Meyer-Goßner, L. (2007). Strafprozessordnung. 46. Aufl. München

Meysen, T. (2006). Kooperation beim Schutzauftrag: Datenschutz und strafrechtliche Verantwortung – alles rechtens? In: Jordan, E. (Hrsg.): Kindeswohlgefährdung. Weinheim: 63-84

Meysen, T., Schöneker, L. und Kindler, H. (2009). Frühe Hilfen im Kinderschutz. Rechtliche Rahmenbedingungen und Risikodiagnostik in der Kooperation von Gesundheits- und Jugenhdilfe. Weinheim

Mills, C. and Vine, P. (1990). Critical Incident Reporting – an Approach to Reviewing the Investigation and Management of Child Abuse. British Journal of Social Work 20: 215-220

Mörsberger T. und Restemeier J. (1997). Helfen mit Risiko. Zur Pflichtenstellung des Jugendamtes bei Kindesvernachlässigung. Neuwied

Morris, L.; Williams, L. and Beak, K. (2007). A Study of Case Reviews submitted to the Welsh Assembly Government under Chapter 8 of 'Working Together to Safeguard Children: A Guide to Interagency Working to Safeguard and Promote the Welfare of Children'. Cardiff: University of Wales

Munro E. (2005). Improving practice: Child protection as a systems problem. Children and Youth Services Review, 27: 375-391

Munro, E. (2005 a). Improving practice: Child protection as a systems problem. Children and Youth Services Review, 27: 375-391

Munro, E. (2005 b). A Systems Approach to Investigating Child Abuse Deaths. British Journal of Social Work 35: 531-546

Myers, J. E. B. (2008). A Short History of Child Protection in America. Family Law Quarterly 42(3): 449- 463

NASA (2006). NASA Aviation Safety Reporting System Turns 30. http://www.nasa.gov/home/hqnews/2006/nov/HQ_06345_ASRS_turns_30.html, letzter Aufruf am 19.09.2009

National Center on Child Fatality Review (2008). About NCFR. http://www.ncfr.org/about/index.asp; letzter Aufruf am 19.09.2009

Niestroj, H. (2001). Tod eines Kindes. Magazin ArbeitsGemeinschaft für Sozialberatung und Psychotherapie AGSP, Jahrgang März 2001. http://www.agsp.de/html/a14.html, letzter Aufruf am 19.09.2009

N.N. Brief History of Child Care Law in England, Wales and Northern Ireland. http://www.health.bcu.ac.uk/webmodules/GM50T3/Law%20for%20Social%20 Work%20Year%202/Session%201/Brief%20History%20of%20Child%20Care% 20Law%20in%20England%20Wales%20and%20Northern%20Ireland.doc; letzter Aufruf am 19.09.2009

Nothafft, S. (2008). Landesgesetzliche Regelungen im Bereich des Kinderschutzes bzw. der Gesundheitsvorsorge. Informationszentrum Kindesmisshandlung / Kindesvernachlässigung im Auftrag des BMFSFJ, München http://www.fruehehilfen.de/fileadmin/fileadmin-nzfh/pdf/BewertungLaender gesetzegesamt.pdf, letzter Aufruf am 19.09. 2009

Olafson, E. ; Corwin, D. et al. (1993). Modern history of child sexual abuse awareness: cycles of discovery and suppression. Child Abuse and Neglect 17(1): 7-24

Onwuachi-Sanders, C ; Forjuoh, S. N ; West, P. and Brooks, C. (1999) Child death reviews: a gold mine for injury prevention and control. Injury Prevention 1999; 5:276-279

Parton, N. (2004). From Maria Colwell to Victoria Climbié: Reflections on Public Inquiries into Child Abuse a Generation Apart. Child Abuse Review, 13: 80-94

Pollock, L. (1983). Forgotten children: Parent-child relations from 1500 to 1900. Cambridge, Cambridge University Press.

Rall, M.; Martin, J.; Geldner, G.; Schleppers, A., Gabriel, H., Dieckmann, P., Krier, C., Volk, T., Schreiner-Hecheltjen, J. und Möllemann, A. (2006). Charakteristika effektiver Incident-Reporting-Systeme zur Erhöhung der Patientensicherheit. Grundlage für den Aufbau eines bundesweiten Registers für sicherheitsrelevante Ereignisse durch DGAI/ BDA. Anästh Intensivmed 47: 9-19

Reason, J. (2000). Human error: models and management. BMJ 2000 320: 768-770

Reason, J. (1998). Foreword, in: Bognor, M. S. (Hrsg.): Human error in Medicine. Hillsdale, NJ

Reder, P. and Duncan, S. (1999). Lost Innocents. A follow-up study of fatal child abuse. London: Routledge

Reder P., Duncan, S. and Gray, M. (1993). Beyond Blame: Child Abuse Tragedies Revisited. London: Routledge

Reicher, H. (1904). Die Fürsorge für die verwahrloste Jugend. Wien

Remschmidt, H.; Schmidt, M. H. and Poustka, F. (2009) Multiaxiales Klassifikationsschema für psychiatrische Erkrankungen im Kindes- und Jugendalter nach ICD-10 und DSM-IV. Bern

Reynard, B. and Connell, L. (1996). Guest Corner: Das ASRS und das Immunitätsprinzip. EUCAREVIEW 10 (3)

Richardson, G. (1985). Practical approaches to the use of psychology for aviation safety. Focus on commercial aviation safety; Issue 1: 23-29

Richtlinien des Bundesausschusses der Ärzte und Krankenkassen über die Früherkennung von Krankheiten bei Kindern bis zur Vollendung des 6. Lebensjahres („Kinder-Richtlinien"), in der Fassung vom 26. April 1976 (veröffentlicht als Beilage Nr. 28 zum Bundesanzeiger Nr. 214 vom 11. November 1976) zuletzt geändert am 18. Juni 2009, veröffentlicht im Bundesanzeiger 2009; Nr. 114: S. 2 672 in Kraft getreten am 6. August 2009

Rick, L.; Springer, N.; Tezcan, H. und Grahl, M. (2002). Das Führunglück der Herald of Free Enterprise. Seminararbeit WS 02/03 Technische Universität Berlin. http://user.cs.tu-berlin.de/~murki/papers/kosis.pdf, letzter Aufruf am 19.09.2009

Ritzmann, I. (2008). Sorgenkinder. Kranke und behinderte Mädchen und Jungen im 18. Jahrhundert. Köln

Rodin, A. E. (1981). Infants and Gin Mania in 18th-century London. Journal of the American Medical Association 245(12): 1237-1239

Romberg, J. (1996). Warum wir alle Fehler machen. GEO (2): 8–27

Romeike, F. (2001). Krisenmanagement. http://www.risknet.de/108.0.html, letzter Aufruf am 15.09.2009.

Rose, W. and Barnes, J. (2008). Improving safeguarding practice. Study of serious case reviews 2001-2003. London: Department for Children, Schools and Families

Rzepnicki, T. and Johnson, P. R. (2005). Examining decision errors in child Protection: A new application of root cause analysis. Children and Youth Services Review 27: 393-407

Saake, I. (2006). Die Konstruktion des Alters. Eine gesellschaftstheoretische Einführung in die Alternsforschung. Wiesbaden

Salgo, L. (2007). Erste Eindrücke beim Lesen des Untersuchungsberichts der Bremischen Bürgerschaft zum Tode von Kevin. AGSP Magazin. http://www.agsp.de/html/d249.html, letztet Aufruf am 19.09.2009

Sanders, R.; Colton, M. and Roberts, S. (1999). Child abuse fatalities and cases of extreme concern: lessons from reviews. Child Abuse and Neglect 23: 257-268

Schrappe M. (2007). Patientensicherheit: Weitere Entwicklungen und Perspektiven. In: Madea B, Dettmeyer R (Hrsg.) Medizinschadensfälle und Patientensicherheit. Häufigkeit – Beutachtung – Prophylaxe. Deutscher Ärzte-Verlag, Köln: 243-248

Schubert, K. und Klein, M. (2006). Das Politlexikon. Bonn

Schubert, C. und Scholl, R. (2005). Der Hippokratische Eid: Wie viele Verträge und wie viele Eide? Medizinhistorisches Journal 40: 247-273

Schwarz, H. W. (1993). Der Schutz des Kindes im Recht des frühen Mittelalters. Siegburg

Schwerhoff, G. (1991). Köln im Kreuzverhör. Kriminalität, Herrschaft und Gesellschaft in einer frühneuzeitlichen Stadt. Bonn

Shahar, S. (1991). Kindheit im Mittelalter. Düsseldorf

Shelman, E.; Lazoritz, S. et al. (2005). The Mary Ellen Wilson Child Abuse Case and the Beginning of Childen's Rights in 19th Century America. Jefferson

Sinclair, R. and Bullock, R. (2002). Learning from Past Experience: A Review of Serious Case Reviews. London: Department of Health

Solzbacher, C. (2001). Das Jahrhundert des Kindes aus pädagogischer Sicht. 1900-2000. Das Jahrhundert des Kindes. Verheißungen, Realität, Herausforderungen. C. S. Henry-Huthmacher, C. St. Augustin: 7-12

Spormann, R. (2004). Die strafbefreiende Selbstanzeige im Steuerstrafrecht. http://www.spormann.de/selbst/html, letzter Aufruf am 16.09.2009.

Spree, R. (1998). Der Rückzug des Todes. Der epidemiologische Übergang in Deutschland während des 19. Und 20. Jahrhunderts. Historical Social Research 23(1/2): 4-43

Staender, S. (2001). „Incident Reporting" als Instrument zur Fehleranalyse in der Medizin. http://www.cirs.ch/zaefqdef.PDF, letzter Aufruf am 19.09.2009

Stanley, N. and Manthorpe, J. (2004). The Age of the Inquiry. Learning and Blaming in Health and Social Care. London: Routledge

Steigerwald, M. (1996). Datenschutz im KJHG. Referat vom 30. September 1996 im Familien- und Jugendrecht III an der Universität Frankfurt am Main, Professor Dr. Gisela Zenz. http://martin-alt.lichtvoll.de/studium/familienrecht/daten schutz-kjhg.html, letzter Aufruf am 19.09.2009

Stiftung für Patientensicherheit (2006). Wenn etwas schief geht. Kommunizieren und Handeln nach einem Zwischenfall. Ein Konsens-Dokument der Harvard Spitäler. Schriftenreihe Patientensicherheitschweiz Nr. 1/Dezember 2006

Stiftung für Patientensicherheit (2007). Kommunikation mit Patienten und Angehörigen nach einem Zwischenfall. Empfehlungen. 2. Aufl. Februar 2007

Stock, A. (1999). Referatssammlung zum Seminar: Handlungstheorien – Fehlhandlungen – Handlungsfehler. (S. 126-.134) Würzburg

Taxis, K.; Gallivan, S.; Barber, N. und Franklin, B. D. (2005). Can the Heinrich ratio be used to predict harm from medication errors? Report to the Patient Safety Research Programme (Policy Research Programme of the Department of Health). http://eprints.pharmacy.ac.uk/764/1/BarberMedication_Errors.pdf, letzter Aufruf am 19.09.2009

Taylor-Adams, S. and Vincent, C. (2004). Systems Analysis Of Clinical Incidents – The London Protocol (Deutsche Übersetzung der Stiftung Patientensicherheit: Systemanalyse klinischer Zwischenfälle – Das London-Protokoll 2007; http://www.patientensicherheit.ch/de/projekte/londonprotocol_d.pdf, letzter Aufruf am 19.09.2009)

The Argus (2000). It´s horrible to think it's happening over again – By Maria Colwell's Brother. From the archive. http://archive.theargus.co.uk/2000/3/24/ 194157.html, letzter Aufruf am 19.09.2009

Themengruppe Kinder-Richtlinien des Gemeinsamen Bundesausschusses (2007). Screening auf Kindesmisshandlung/Kindesvernachlässigung/Kindesmissbrauch. Teilabschlussbericht des Beratungsthemas „Inhaltliche Überarbeitung der Kinder-Richtlinien". Zusammenfassender Bericht der Themengruppe Kinder-Richtlinien des Gemeinsamen Bundesausschusses über die Bewertung gemäß § 25 Abs. 3 SGB V in Verbindung mit § 135 Abs. 1 SGB V, 8. August 2007 http://www.g-ba.de/downloads/40-268-423/2007-08-08-Abschluss-Kindsmisshandlung.pdf, letzter Aufruf am 19.09.2009

Thomeczek, C., Rohe, J. und Ollenschläger, G. (2007). Incident Reporting Systeme – in jedem Zwischenfall ein Fehler? In: Madea B, Dettmeyer R (Hrsg.) Medizinschadensfälle und Patientensicherheit. Häufigkeit – Beutachtung – Prophylaxe. Deutscher Ärzte-Verlag, Köln: 169 – 176

Trube-Becker, E. (1982). Gewalt gegen das Kind: Vernachlässigung, Misshandlung, sexueller Missbrauch u. Tötung von Kindern. Heidelberg

Ulsenheimer, K. (2003). Risikomanagement aus juristischer Sicht. ZaeFQ 97: 624-630

Ulsenheimer, K. (2008). Arztstrafrecht in der Praxis. Heidelberg

Umehara, H. and Halling, T. (2006). Die deutsche und japanische Schulhygiene im späten 19. und frühen 20. Jahrhundert. Geschichte der Medizin – Geschichte in der Medizin: Forschungsthemen und Perspektiven. J. Vögele, H. Fangerau and T. Noack. Münster: 71-79

U.S. Advisory Board on Child Abuse and Neglect (1995). A Nation´s Shame: Fatal Child Abuse and Neglect in the United States. Department of Health and Human Services, Administration for Children and Families, 1995

Vincent, C.; Taylor-Adams, S. and Standhope, N. (1998). Framework for analysing risk and safety in clinical medicine. British Medical Journal, Vol. 316: 1154-1157

Vock, R.; Trauth, W.; Althoff, H.; Betz, P.; Bonte, W.; Hilgermann, R;. Höhmann, ´E.; Kleiber, M.; Krämer, M., Leukel, H., Lignitz, E., Madea, B., Metter, D., Pedal, I., Pollak, S., Ramms, M. Scheller, M., Schellmann, B., Schlang, C., Schmidt, V., Springer, E., Varchmin-Schultheiss, F., Weiler, G. und Wilske, J. (1999a). Tödliche Kindesmisshandlung (durch physische Gewalteinwirkung) in der Bundesrepublik Deutschland im Zeitraum 1.1.1985 bis 2.10.1990. Archiv für Kriminologie, 203: 73-85

Vock, R.; Trauth, W.; Althoff, H.; Betz, P.; Bonte, W.; Hilgermann, R.; Höhmann, E.; Kleiber, M., Krämer M., Leukel H., Lignitz E., Madea B., Metter D., Pedal I., Pollak S., Ramms M. Scheller M., Schellmann B., Schlang C., Schmidt V., Springer E., Varchmin-Schultheiss F., Weiler G. und Wilske J. (1999b). Tödliche Kindesvernachlässigung in der Bundesrepublik Deutschland im Zeitraum 1.1.1985 bis 2.10.1990, Archiv für Kriminologie, 204: 12-22

Vock, R.; Meinel, U.; Geserick, G.; Gabler, W.; Müller, L.; Mattig, W.; Grimm, O.; Bertelmann, K.; Sannemüller, U., Klein, A., Krause, D. Schröpfer, D., Krüger, U. und Disse, M. (1999c). Tödliche Kindesmisshandlung (durch physische Gewalteinwirkung) in der DDR im Zeitraum 1.1.1985 bis 2.10.1990, Archiv für Kriminologie, 204: 75-87

Vögele, J. (2006). Zur Entwicklung der Gesundheitsverhältnisse im 19. und 20. Jahrhundert. Geschichte, Theorie und Ethik der Medizin. S. Schulz, K.; Steigleder, H.; Fangerau und N. Paul. Frankfurt a.M.: 165-182

Walby, C. (1998). The National Commission of Inquiry into the Prevention of Child Abuse: Will it Make a Difference? Child Abuse Review Vol. 7: 77-86

Walters, H. (2008). An introduction to the child protection system in the UK. http://www.nspcc.org.uk/Inform/factsandfigures/topics/child_protection_system _in_the_uk_wda48949.html , letzter Aufruf am 19.09.2009

Webster, R.; Schnitzer, P.; Jenny, C.; Ewigman, B. and Alario, A. (2003). Child death review: the state of the nation. American Journal of Preventive Medicine, 25: 58-64

Weick, K. E. (1987). Organizational culture as a source of high reliability. California Management Review 29:112-127

Wehling, P. V.; Keller, R. und Lau, C. (2007). Zwischen Biologisierung des Sozialen und neuer Biosozialität: Dynamiken der biopolitischen Grenzüberschreitung. Berliner Journal für Soziologie 4: 547-567

Williams, G. J. R. (1983). Child Protection – A Journey into History. Journal of Clinical Child Psychology 12(3): 236-243

Wissenschaftlicher Beirat für Familienfragen (2005) Stärkung familialer Beziehungs- und Erziehungskompetenzen: Bundesministerium für Familie, Senioren, Frauen und Jugend

Womack, S. (2003). Victoria's care condemned as a lottery. http://www.telegraph.co.uk/news/uknews/1420367/Victorias-care-condemned-as-a-lottery.html?mobile=true, letzter Aufruf am 19.09.2009

Zeitweiliger Ausschuss zur Aufklärung des Todes von Lea-Sophie und zur Optimierung des Verfahrens bei Kindeswohlgefährdungen in Schwerin (2008). Bericht des Zeitweiligen Ausschusses zur Aufklärung des Todes von Lea-Sophie und zur Optimierung des Verfahrens bei Kindeswohlgefährdungen. http://www.dbsh.de/Untersuchung_Lea-Sophie.pdf, letzter Aufruf am 19.09.2009

Ziegenhain, U.; Schöllhorn, A.; Künster, A. K.; Hofer, A.; König, C. und Fegert J. M. (im Druck). Modellprojekt Guter Start ins Kinderleben – Werkbuch Vernetzung. Chancen und Stolpersteine interdisziplinärer Kooperation und Vernetzung im Bereich Früher Hilfen und im Kinderschutz. Schriftenreihe des Nationalen Zentrums Frühe Hilfen

Die Mitarbeiterinnen und Mitarbeiter

Andrea Kemper, Dipl. krim., Dipl. iur., Jg. 1977, ist Wissenschaftliche Mitarbeiterin an der Klinik für Kinder- und Jugendpsychiatrie/Psychotherapie des Universitätsklinikums Ulm.
Ihre Arbeitsschwerpunkte sind Kriminologie, Strafrecht, Maßregelrecht, Jugend- und Drogenkriminalität, Datenschutzrecht.

Heinz Kindler, Dr. phil., Jg. 1963, ist wissenschaftlicher Referent am Deutschen Jugendinstitut in München.
Seine Arbeitsschwerpunkte sind Kinderschutz, Pflegekinderhilfe, Diagnostik in der Jugendhilfe und Bindungsforschung.

Stefanie Kleidt, Jg. 1977, Volljuristin, ist freie wissenschaftliche Mitarbeiterin an der Klinik für Kinder- und Jugendpsychiatrie/Psychotherapie des Universitätsklinikums Ulm.
Ihr Arbeitsschwerpunkt liegt im Kinderschutz- und Datenschutzrecht.

Maria Schmitz, M. A., Jg. 1979, ist Wissenschaftliche Mitarbeiterin am Institut für Geschichte, Theorie und Ethik der Medizin an der Universität Ulm.
Ihre Arbeitsschwerpunkte sind Deutsch-Japanischer Wissenschaftstransfer, Kinderrechte, Mediale Skandalisierung und Kinderschutzdebatten in Deutschland und Japan.

Kathleen Schnoor, Dr. iur., Jg. 1973, ist Rechtsanwältin und war als wissenschaftliche Mitarbeiterin an zahlreichen wissenschaftlichen Studien aus dem Bereich Recht und Psychiatrie zunächst an der Klinik für Kinder- und Jugendneuropsychiatrie/Psychotherapie des Universitätsklinikums Rostock und später an der Klinik für Kinder- und Jugendpsychiatrie/Psychotherapie des Universitätsklinikums Ulm beteiligt.
Ihre Arbeitsschwerpunkte sind psychiatrische und psychologische Gutachten im Strafprozess, Unterbringung im Maßregelvollzug sowie Kinder- und Opferschutz.